Vladimir **Tatlin**

ТАТЛИН

ТАТЛИН Ein internationales Symposium

Herausgegeben von Jürgen Harten DuMont Buchverl

Vladimir

Tatlin

Leben, Werk, Wirkung

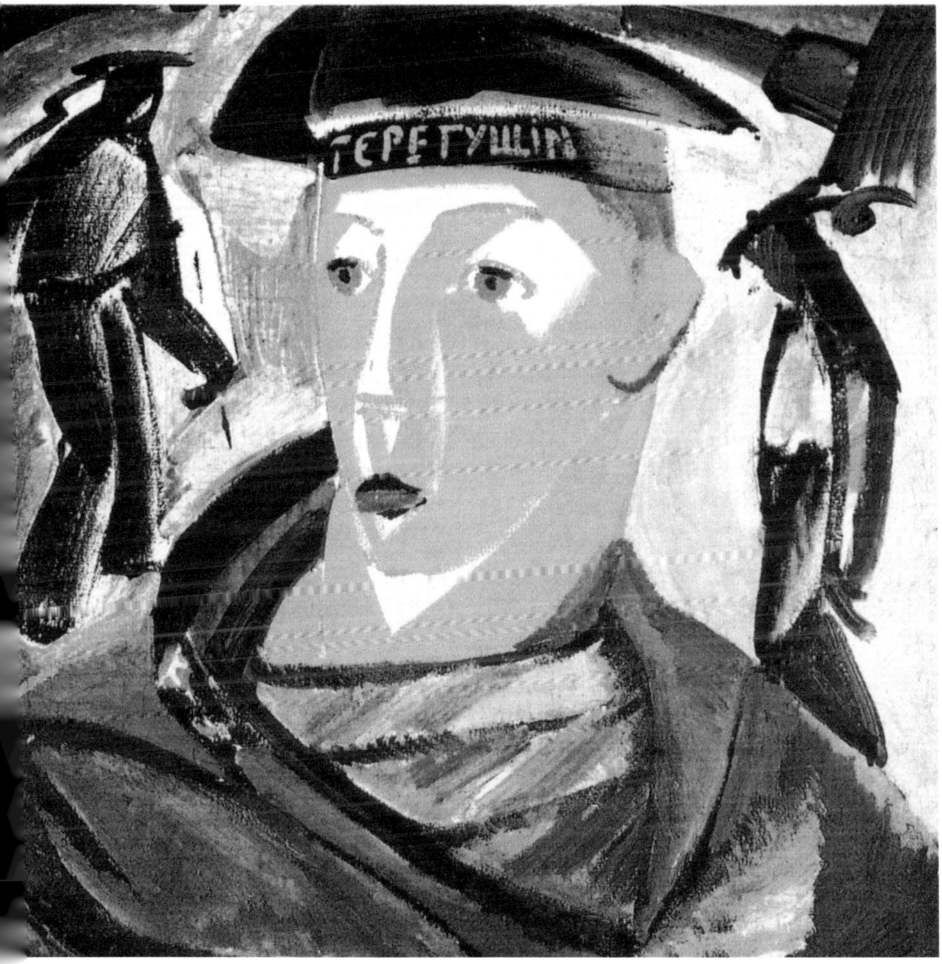

Köln 1993

Umschlagabbildung: Moissei Nappelbaum, »Porträt Wladimir Tatlin«, 1932
(© VG Bild-Kunst, Bonn 1993)
Abbildung Titelseite: Wladimir Tatlin, »Matrose«, 1911, Öl auf Leinwand,
71,5 × 71,5 cm, Staatliches Russisches Museum, St. Petersburg

Vladimir Tatlin
Leben – Werk – Wirkung
Ein internationales Symposium, veranstaltet von der Städtischen Kunsthalle Düsseldorf und dem Kunstwissenschaftlichen Institut des Kulturministeriums der UdSSR, Moskau, Kunsthalle Düsseldorf, 25.–27. 11. 1989.
Ehrenvorsitzender war Herr Pontus Hulten, Paris.

Das Symposium stand unter der Schirmherrschaft des Ministerpräsidenten des Landes Nordrhein-Westfalen, Herrn Dr. h.c. Johannes Rau, und des Ersten Stellvertretenden Kulturministers der UdSSR, Herrn Michail A. Gribanow.
Es wurde unterstützt vom Außenminister der Bundesrepublik Deutschland, Herrn Hans-Dietrich Genscher, dem Ministerpräsidenten des Landes Nordrhein-Westfalen, Herrn Dr. h.c. Johannes Rau, und der Karstadt AG, Essen.

Der Druck des vorliegenden Bandes wurde ermöglicht durch einen Zuschuß der Stiftung Kunst und Kultur des Landes Nordrhein-Westfalen.

NRW KUNST
UND KULTUR

Die Deutsche Bibliothek – CIP-Einheitsaufnahme

Vladimir Tatlin : Leben, Werk, Wirkung ; [ein internationales Symposium] / [hrsg. von Jürgen Harten]. – Köln : DuMont, 1993
Parallelt.: Tatlin
ISBN 3-7701-2552-5
NE: Tatlin, Vladimir E. [Ill.]; Harten, Jürgen [Hrsg.]; PT

Satz: Fotosatz Harten, Köln
Druck: Rasch, Bramsche
Buchbinderische Verarbeitung: Bramscher Buchbinder Betriebe

Printed in Germany ISBN 3-7701-2552-5

Inhalt · Содержание

Vorwort des Herausgebers 7
Предисловие составителя 10

Grußwort des Ministerpräsidenten des Landes Nordrhein-Westfalen 13

Приветственное слово первого заместителя министра культуры СССР 15

Anatoli Strigaljow
Wladimir Tatlins Biographie: Wirklichkeit und Mystifikation 17

Pontus Hulten
Die Stockholmer Rekonstruktion des Denkmals der Dritten Internationale 24

Jean-Claude Marcadé
Über die neue Beziehung zum Material bei Tatlin 28

Hubertus Gaßner
Auf der Suche nach Materialgerechtigkeit. Mißverständnisse und gekrümmte Linien 37

Radu Stern
Letatlin: Natur versus Technik 59

Aleksandar Flaker
Die Spirale als optimale Projektion 64

Dmitri Dimakow
Die Wiederherstellung von Tatlins Werken als Erschließung seiner Methode der »Materialkultur« (Thesen) 69

Valerie J. Fletcher
Tatlins Turm. Das Modell des Hirshhorn Museum and Sculpture Garden 76

Irina Subotić
Die Rezeption Tatlins durch die jugoslawische Avantgarde. Vier Auffassungen 87

Martyn Chalk
Zur Rekonstruktion Tatlinscher Werke 93

Tatjana Ljuboslawskaja/ Irina Arskaja
Tatlins Inszenierung des Metapoems »Sangesi« von Welimir Chlebnikow 101

Alexandr Kowaljow †
Larionow und Tatlin 108

Magdalena Dabrowski 117
Tatlin und der Kubismus

Marco Rosci 126
Über eine scheinbare Entsprechung zwischen Tatlins »Konterreliefs« und Ballas »Plastischen Komplexen« im Jahre 1915

Anatoli Strigaljow 128
Die Bedeutung der altrussischen und der volkstümlichen Kunst in Tatlins Werk

Dmitri Sarabjanow 136
Tatlins Malerei der Jahre 1908–1913 im Kontext der russischen Avantgarde

Marian Burleigh-Motley 145
Tatlins »Matrose«: Eine neue Lesart

Flora Syrkina 152
Das Außergewöhnliche an Tatlins Theater

Irina Arskaja/Tatjana Ljuboslawskaja 156
Tatlin und Chlebnikow. Zur Bühneninterpretation von »Sangesi«

Alexandr Parnis 163
Die Kiewer Episoden in Tatlins Theaterbiographie

Nicoletta Misler 170
Der fliegende Matrose

John E. Bowlt 184
Tatlin und sein Antitisch

Peter Nisbet 196
Lissitzkys Tatlin

Jelena Rakitina 204
Tatlin und Rodtschenko

Charlotte Douglas 210
Tatlin und Malewitsch: Geschichte und Theorie 1914–1915

Hans-Peter Riese 219
Selektive Rezeption

Krisztina Passuth 224
Tatlin und Moholy-Nagy

Christina Lodder 231
Tatlin und Naum Gabo

Ljubow Rudnewa 241
Wladimir Tatlin in den dreißiger Jahren

Wassili Rakitin 247
Tatlin und die Revolution

Boris Groys 252
Das Kunstwerk als nichtfunktionelle Maschine

Wjatscheslaw Koleitschuk 258
Ein Neokonstruktivist sieht Wladimir Tatlin

Rainer Crone/David Moos 266
Tatlin und Flavin

Анатолий Стригалев 273
Реальная и мистифицированная биография Владимира Татлина

Понтус Хультен 278
Стокгольмская реконструкция «Памятника III Интернационала»

Жан-Клод Маркаде 283
О новом отношении к материалу у Татлина

Хубертус Гаснер 292
В поисках соответствия материалу
О непонимании и о кривых

Раду Штерн 310
«Летатлин»: природа против техники

Александар Флакер 315
Спираль Татлина как оптимальная проекция

Дмитрий Димаков 319
Воссоздание произведений Владимира Татлина как раскрытие метода «культура материалов» (тезисы)

Вэлери Флетчер 324
Создание модели татлинской «Башни» в Музее Хиршхорна и Саду скульптуры

Ирина Суботич 336
О восприятии искусства Татлина в югославском авангарде. Четыре различных интерпретации

Мартин Чок 341
Реконструируя работы Татлина

Татьяна Любославская/ Ирина Арская 348
Постановка Татлиным сверхповести Велимира Хлебникова «Зангези»

Александр Ковалев † 353
Ларионов и Татлин

Магдалена Дабровски 358
Татлин и кубизм

Марко Роши 366
О кажущемся сходстве контррельефов Татлина и «пластических комплексов» Балла в 1915 году

Анатолий Стригалев 368
Значение традиций древнерусского и народного искусства в творчестве Татлина

Дмитрий Сарабьянов 373
Живопись Татлина 1908–1913 годов в контексте русского живописного авангарда

Мэриэн Берли-Мотли 379
«Матрос» Татлина –
новая интерпретация

Флора Сыркина 385
Феномен театра Татлина

Ирина Арская/
Татьяна Любославская 389
Татлин и Хлебников.
К некоторым аспектам
сценической интерпретации
«Зангези»

Александр Парнис 394
Киевские эпизоды
театральной биографии
Татлина

Николетта Мислер 400
Летучий матрос

Джон Э. Боулт 409
Татлин и его антистол

Петер Нисбет 417
Татлин Лисицкого

Елена Ракитина 425
Татлин и Родченко

Шарлотта Дуглас 430
Татлин и Малевич:
история и теория. 1914–1915

Ханс-Петер Ризе 438
Селективное восприятие

Кристина Пашут 444
Татлин и Мохой-Надь

Кристина Лоддер 450
О влиянии Владимира
Татлина на Наума Габо

Любовь Руднева 459
Владимир Татлин –
тридцатые годы

Василий Ракитин 464
Татлин и революция

Борис Гройс 469
Произведение искусства как
нефункциональная машина

Вячеслав Колейчук 475
Владимир Татлин глазами
неоконструктивиста

Райнер Кроне/Давид Мос 479
Татлин и Флэйвин

Anhang · Приложение

Über die Autoren 486

Abbildungsverzeichnis 490

Об авторах 500

Список иллюстраций 504

Personenregister 515

Указатель имен 521

Vorwort des Herausgebers

Der Name Tatlin ist Legende, wohl bis heute. Gewiß hat dazu beigetragen, was Anatoli Strigaljow die »Neigung des Künstlers zur Selbstmystifizierung« nennt. Doch war es vor allem das Turmmodell, das den Ruhm Tatlins begründet hat. Diese kinetisch-skulpturale Konstruktion für eine völkerverbindende Weltregierung sollte als Leitmotiv der konstruktivistischen Avantgarde in die Kunst- und Kulturgeschichte des 20. Jahrhunderts eingehen. Aber auch der Umstand, daß das Œuvre ideologisch verdrängt worden, wegen der gegebenen Verhältnisse unerreichbar gewesen und nur lückenhaft überliefert ist, hat die Legendenbildung gefördert.

Pontus Hulten mußte bei der ersten Tatlinretrospektive, 1968 in Stockholm, gänzlich ohne Originale auskommen, und die erste Tatlinmonographie, unter Federführung von Larissa Shadowa in den Jahren nach der Moskauer Tatlinausstellung von 1977 erarbeitet, ist 1984 zwar auf ungarisch und danach auch in anderen Sprachen erschienen, nie jedoch auf russisch.

Das Düsseldorfer Symposium knüpfte dort an. Es vereinte, wenige Wochen nach der Öffnung der Berliner Mauer, über dreißig Kunsthistoriker, Tatlinkenner und Konstruktivismusexperten aus Ost und West. Viele waren einander persönlich nie begegnet, die meisten Mitglieder der sowjetischen Delegation besuchten das westliche Deutschland zum ersten Mal.

Mehr als dreieinhalb Jahre sind seitdem vergangen. Zeitweise drohte die geplante Publikation daran zu scheitern, daß uns das Geld für die Fortführung der aufwendigen Bearbeitung der Texte fehlte. Ohne einen Zuschuß der Stiftung Kunst und Kultur Nordrhein-Westfalen hätten wir, dies sei gleich hier dankend erwähnt, die begonnene Arbeit nicht beenden können.

Dabei galt es, zweierlei Versprechen einzuhalten. Zum einen hatte Düsseldorf das Symposium mitsamt der Veröffentlichung der Vorträge den russischen Partnern als »Vorleistung« für die Beteiligung an der längst fälligen, nun in diesem Herbst beginnenden internationalen Tatlinretrospektive zugesagt; zum anderen sollten die Referate einem größeren Interessentenkreis zugänglich gemacht werden, da die Zahl der Symposiumsteilnehmer mit Rücksicht auf die Simultanübersetzung dreier Sprachen hatte begrenzt werden müssen.

Allerdings mußten wir uns zu erheblichen Beschränkungen durchringen, um die geplante Publikation überhaupt finanzieren und verlegerisch verantworten zu können. Schon die erste Bearbeitung der auf deutsch, russisch und englisch vorliegenden Texte und Tonbandaufzeichnungen hatte erkennen lassen, daß wir uns zuviel vorgenommen hatten, von den nach dem Symposium zu erwartenden Änderungen der Manuskripte und den Übersetzungskorrekturen ganz abgesehen. Wir haben uns dann für eine deutsch-russische Ausgabe entschieden, so daß die ursprünglich auf englisch gehaltenen Referate hier nur in den Übersetzungen veröffentlicht werden. Leider haben wir auch auf die Diskussionsbeiträge verzichten müssen, obwohl die verschiedenen Denkansätze und Auffassungen der Referenten in der spontanen Kontroverse oft deutlicher hervorgetreten sind als in den Referaten selbst. Einige Autoren haben darauf noch nachträglich Rücksicht genommen.

Das verspätete Erscheinen des vorliegenden Bandes ist gewiß bedauerlich; doch selbst wenn einige der Beiträge heute als ergänzungsbedürftig anzusehen wären, möchte der Herausgeber dabei bleiben, das Symposium von 1989 möglichst getreu zu dokumentieren. Nur der Text von Rainer Crone und David Moos, die nicht anwesend waren, ist hinzugefügt worden. Insgesamt erscheinen die Referate als ebenso heterogen und wenig aufeinander abgestimmt wie damals. Im übrigen wäre, von Strigaljow wiederholt nahegelegt, zur Aktualisierung der Tatlinforschung ein zweites Symposium anzustreben.

Alle Beteiligten werden die Düsseldorfer Veranstaltung als ein ungewöhnliches und auch gebührend gefeiertes Ereignis in Erinnerung behalten, das sich zudem der Unterstützung durch namhafte Repräsentanten des öffentlichen Lebens erfreute. Da ist an erster Stelle der damalige Außenminister der Bundesrepublik Deutschland, Herr Hans-Dietrich Genscher, zu nennen, der dem Symposium einen Zuschuß gewährte; sodann der Ministerpräsident des Landes Nordrhein-Westfalen, Herr Dr. h. c. Johannes Rau, und der seinerzeit amtierende Erste Stellvertretende Kulturminister der UdSSR, Herr Michail Gribanow, die die Schirmherrschaft übernommen hatten; schließlich der Oberbürgermeister der Stadt Düsseldorf, Herr Klaus Bungert, der die aus aller Welt angereisten Gäste persönlich begrüßte. Zu nennen sind ferner die Nordrhein-Westfalen-Stiftung, die den russischen Gästen nach dem Symposium während dreitägiger Exkursionen die hiesige Museumslandschaft nahebrachte, und die Karstadt AG, vertreten von Herrn Bernd Hebbering, der für einen opulenten Abschiedsempfang aufkam, zu dem auch Künstlerinnen und Künstler der »Szene« eingeladen waren.

Danken möchte ich auch dem Ehrenvorsitzenden des Symposiums, Herrn Pontus Hulten, und der Präsidentin des CIMAM, Frau Margit Rowell, die die Sitzungen an je einem der drei Arbeitstage leiteten, sowie besonders Herrn Anatoli Strigaljow für die enge, von fachlichem Interesse und freundschaftlicher Kollegialität getragene Zusammenarbeit bei der Vorbereitung des Symposiums. In diesem Zusammenhang darf nicht unerwähnt bleiben, daß alle Referenten uns ihre Texte und Textillustrationen kostenlos überlassen haben.

Das Symposium wurde von einer »Accrochage für Tatlin« begleitet, die wir dank des großzügigen Entgegenkommens von Künstlern und Leihgebern in den Räumen der Kunsthalle einrichten konnten. Da die beabsichtigte Dokumentation der Exponate ebenfalls den Sparzwängen geopfert werden mußte, seien die Beteiligten hier wenigstens erwähnt. Das Nationalmuseum für Moderne Kunst im Centre Pompidou, Paris, erlaubte Ilja Kabakow, seine Installation »Mann, der aus seinem Appartement in den Kosmos geflogen ist« (1983 bis 1989) in Düsseldorf leihweise zu wiederholen. Das Museum Louisiana in Humlebaek und das Rijksmuseum Kröller-Müller, Otterlo, stellten je ein Leuchtstoffröhrenobjekt aus der Reihe der »Monumente für W. Tatlin« (1964 und 1968) von Dan Flavin zur Verfügung. Die Galerie m, Bochum, lieh eine »Aggressive Reihung« aus dem Jahr 1973 von Günther Uecker aus. Aus eigenem Besitz steuerten Zvi Goldstein (»Future Utopia Eschatology«, 1989), Imi Knoebel (zwei unbetitelte Tafeln von 1975 beziehungsweise 1989 und »Schattenraum 1«, 1989), Gereon Lepper (»Mixmaster of Jesus Christ«, 1988) und Katharina Sieverding (»Sonne um Mitternacht schauen«, XXXII, 1988) ihre Arbeiten bei. Die Accrochage wurde ergänzt um Arbeiten, über die die Kunsthalle als Geschenk, Dauerleihgabe oder in Lizenz verfügen kann: von Joseph Beuys (»Loch«, 1981), Bogomir Ecker (»Hochstand«, 1982), Gerhard Richter (»Spiegel«, 1981) und Lawrence Weiner (»The salt of the earth mingled with the salt of the sea«, 1982). Dank freundlicher Vermittlung durch Annely Juda, London, kamen schließlich noch sieben von Martyn Chalk geschaffene Rekonstruktionen Tatlinscher Reliefs dazu.

Das Thema des Symposiums war spannend genug; daß es darüber hinaus zu einem lebhaften und ergiebigen Gedankenaustausch kommen konnte, war aber den vorzüglichen Leistungen der Simultandolmetscher und -dolmetscherinnen der Firma »Schneider Konferenz-Systeme« zu danken. Für die redaktionelle Bearbeitung der Texte waren dann Frau Regina Lange, dankenswerterweise unterstützt von Frau Dr. Johanna Roos – sie besorgte auch die Vorübersetzung fast aller russischen Texte – sowie im wesentlichen Frau Vera Udodenko und Frau Olga Mamontowa zuständig, die ihrerseits auf die Mitarbeit verschiedener Übersetzer angewiesen waren. Es hat allerdings noch des entschiedenen Engagements des DuMont Buchverlags bedurft, um den Symposiumsbericht vorlegen zu können. Dafür danke ich dem Seniorchef, Herrn Ernst Brücher, ebenso wie den bewährten Kräften des Verlags, namentlich Herrn Peter Dreesen, Herrn Winfried Konnertz und Frau Karin Thomas, ganz besonders.

Und schließlich möchte ich es nicht versäumen, den Mitarbeiterinnen und Mitarbeitern in den Büros und der Werkstatt der Kunsthalle zu danken; sie haben für einen glücklichen Verlauf des Symposiums gesorgt.

April 1993 Jürgen Harten

Предисловие составителя

Художник Татлин, может, и по сегодняшний день остается легендарной фигурой. Разумеется, тут сказалась и та особенность мастера, которую А. А. Стригалев определил как склонность к мистификации. Но все же это связано прежде всего с «Башней» Татлина – ведь на ней зиждется его слава. Этой скульптурно-кинетической конструкции суждено было войти в качестве лейтмотива конструктивистского авангарда в историю искусства и культуры XX века. Однако и то обстоятельство, что искусство Татлина было в идеологической опале и дошло до нас в неполном виде, также способствовало возникновению легенд.

В 1968 году, при подготовке первой ретроспективной выставки Татлина в Стокгольме, Понтусу Хультену пришлось вообще обойтись без каких-либо оригиналов. И первая монография о Татлине под редакцией Ларисы Жадовой, подготовленная после 1977 года, после московской выставки работ Татлина, хотя и вышла в 1984 году на венгерском языке, а вслед за тем и на других языках, так и не была опубликована на русском.

Симпозиум в Дюссельдорфе продолжил начатое. На него – всего лишь через пару недель после того, как пала берлинская стена, – съехалось более тридцати искусствоведов, исследователей творчества Татлина, специалистов по конструктивизму, с Востока и Запада.

С тех пор прошло более трех с половиной лет. Временами возникала угроза, что запланированная публикация докладов сорвется из-за отсутствия средств на продолжение работы по подготовке текстов (а это требовало значительных затрат). Без дотации Фонда искусства и культуры земли Северный Рейн-Вестфалия мы не смогли бы завершить начатое; и об этом хотелось бы сказать с чувством особой благодарности.

В данной связи мы должны были сдержать два наших обещания. С одной стороны, Дюссельдорф пообещал русским партнерам публикацию статей в качестве своего рода предварительной компенсации за участие в организации международной ретроспективной выставки Татлина, которая, наконец, откроется нынешней осенью. С другой стороны, важно было сделать доклады доступными для более широкого круга специалистов, поскольку – из-за необходимости синхронного перевода с трех языков – число участников симпозиума пришлось ограничить.

Однако мы вынуждены были значительно урезать наши планы, чтобы вообще найти средства на финансирование задуманной публикации и чтобы достаточно ответственно подготовить издание. Уже первая обработка имевшихся текстов и магнитофонных записей привела к осознанию того факта, что мы слишком много взяли на себя. Мы приняли тогда решение подготовить немецко-русское издание, из-за чего доклады, сделанные на английском языке, печатаются здесь только в переводах. К сожалению, нам пришлось отказаться и от публикации выступлений во время дискуссии, хотя идеи и позиции докладчиков при непосредственном столкновении различных точек зрения выступали подчас в более отчетливой форме, чем в самих докладах. Некоторые авторы задним числом учли это обстоятельство.

Конечно, жаль, что выход данной книги задержался, но даже если некоторые публикации и нуждались бы ныне в каких-либо дополнениях, составитель остается при желании представить точную по возможности документацию симпозиума 1989 года. Добавлена только статья Райнера Кроне и Давида Моса. В общем и целом доклады выглядят сейчас столь же разнородными и не согласованными друг с другом, как и тогда.

У всех участников симпозиума в Дюссельдорфе он останется в памяти как необычное и должным образом отмеченное событие, тем более, что ему оказали поддержку видные представители общественных кругов. И тут в первую очередь следует назвать бывшего министра иностранных дел ФРГ Ханса-Дитриха Геншера, который предоставил симпозиуму субсидию, премьер-министра земли Северный Рейн-Вестфалия, доктора Йоханнеса Рау, господина Михаила Грибанова, являвшегося в ту пору первым заместителем министра культуры СССР, – под их покровительством и состоялся симпозиум, и, наконец, обербургомистра Дюссельдорфа господина Клауса Бунгерта. Далее нельзя не упомянуть и Фонд Северный Рейн-Вестфалия, который после завершения симпозиума познакомил русских гостей с местными музеями, и компанию «Карштадт АГ» в лице господина Бернда Хебберинга, устроившего великолепный прощальный прием.

Хотелось бы поблагодарить также почетного председателя симпозиума господина Понтуса Хультона и президента Международного комитета музеев современного искусства госпожу Маргит Роуэлл – каждый из них вел по одному из заседаний. Особой благодарности заслуживает господин Анатолий Стригалев – за тесное сотрудничество в период подготовки симпозиума, отмеченное профессиональной заинтересованностью. В этой связи нельзя не сказать и о том факте, что все докладчики предоставили нам свои тексты и иллюстрации бесплатно.

Симпозиум сопровождался «Выставкой в честь Татлина», которую нам удалось организовать в помещениях нашего Кунстхалле благодаря великодушию и любезности ряда художников и музеев. Поскольку предполагавшаяся нами публикация экспонатов также пала жертвой вынужденной экономии, то хотелось бы здесь по крайней мере назвать всех тех, кто одолжил нам произведения. Национальный музей современного искусства Центра Помпиду в Париже дал разрешение Илье Кабакову повторить в Дюссельдорфе свою инсталляцию «Человек, который улетел из своей квартиры в космос» (1983–1989). Музей Луизиана в Хумлебеке и Государственный музей Креллер-Мюллер в Оттерло предоставили в наше распоряжение созданные Дэном Флэйвином объекты из неоновых трубок из серии «Монументы для В. Татлина» (1964 и 1968). Галерея «м» в Бохуме одолжила «Агрессивное выстраивание в ряд» (1973) Гюнтера Юккера. Ряд художников предоставил нам свои работы, являвшиеся их собственностью: это Цви Гольдштейн («Будущее Утопия Эсхатология»), Ими Кнебель (две картины 1975 и 1989 годов; «Помещение в тени», 1989), Гереон Леппер («Мастер-смеситель Иисуса Христа», 1988) и Катарина Зивердинг («Смотреть солнце в полночь», XXXII, 1988). Выставка была дополнена произведениями, либо подаренными Кунстхалле, либо на длительное время ему одолженными, переданными в распоряжение по лицензии: «Дыра» (1981) Йозефа Бойса, «Вышка» (1982) Богомира Эккера, «Зеркало» (1981) Герхарда Рихтера и «Соль земли, смешанная с солью моря» (1982) Лоуренса Уинера. Благодаря дружескому посредничеству Аннели Джуда, ко всему этому добавилось еще семь реконструкций рельефов Татлина, созданных Мартином Чоком.

Тема симпозиума уже сама по себе была достаточно увлекательной; но тем, что стал возможен еще и живой обмен мнениями, – этим мы обязаны превосходным переводчикам фирмы «Конференц-системы Шнайдер». Наконец, редакционной подготовкой текстов занимались госпожа Регина Ланге при содействии доктора Йоханны Рос, обеспечившей предварительные переводы почти всех русских текстов (за что мы ей весьма признательны), а также в существенной мере госпожа Вера Удоденко и госпожа Ольга Мамонтова, которые в свою очередь опирались на сотрудничество с переводчиками, чьи имена названы в издании. Однако понадобилась прежде всего активная заинтересованность издательства Дюмон, чтобы материалы симпозиума сумели превратиться в публикацию. И тут особой благодарности заслуживает господин Эрнст Брюхер, равно как и опытнейшие сотрудники издательства в лице господина Петера Дрезена, господина Винфрида Коннерца и госпожи Карин Томас. И разумеется, я хотел бы выразить признательность также сотрудникам Кунстхалле, которые обеспечили успешное проведение симпозиума.

Апрель 1993 Юрген Хартен

Grußwort des Ministerpräsidenten des Landes Nordrhein-Westfalen

Schon immer haben kühne Entwürfe die Menschen begeistert. Dennoch wird man nicht davon sprechen können, daß der Name Tatlin und sein Schaffen einem breiteren Publikum bekannt sind. Wer ihn und sein Werk allerdings kennt, wird sich einer Faszination nicht entziehen können.

Wenn man den Pariser Eiffelturm, den Babylonischen Turmbau oder das World Trade Center, die Kühltürme von Sellafield oder den sternbesetzten Hochbau der Lomonossow-Universität aufzählt, ist mit Nachfragen kaum zu rechnen. Einer der unbekanntesten aller Türme ist dagegen das Denkmal der Dritten Internationale von Tatlin. Das ist der Tatsache zuzuschreiben, daß das Modell in seiner geplanten Höhe von 400 Metern niemals realisiert und als Großarchitektur wahrgenommen werden konnte. Immerhin hielt sich die Kunde von Tatlins Auseinandersetzung mit der Natur der Materialien, von seinen konstruktivistischen Innovationen, von seinen kühnen Lösungen für den Zusammenklang von Form, Raum und Material.

Dank der Arbeit russischer Kunsthistoriker wissen wir, daß Tatlins künstlerische Arbeit außerordentlich breit gefächert war. Sie reicht von Gemälden über Bühnenbilder bis zum Design für Kleidung und Geschirr und bis zu technischen Konstruktionen. Seine Maximen hießen »Kunst ins Leben!« und »Kunst in die Technik!« Diese Verbindung von Alltagskultur und Ästhetik setzte in seiner Zeit neue Maßstäbe: Seine Kunst war revolutionär.

Daß diese Manifestationen einer Avantgarde über viele Jahrzehnte aus dem Blick geraten waren, stimmt nachdenklich. Wenn Tatlin seit zwanzig Jahren zunehmend erforscht wird, so hat das offenbar mit Problemen und Bedürfnissen zu tun, für die wir nicht nur in der westlichen Welt Lösungen suchen. Vielleicht ist es nicht zufällig, daß die Studentenunruhen von Berlin, Paris und Berkeley und die Wiederentdeckung Tatlins gleichzeitig in das Jahr 1968 fallen. Aufbruch und Unruhe der letzten Jahrzehnte sind Anzeichen dafür, daß Ansprüche in unseren Gesellschaften nicht eingelöst worden sind, die bereits zu Beginn des 20. Jahrhunderts formuliert worden waren. Die europäische Avantgarde dieser Jahre beschäftigte sich mit neuen Formen, ohne dabei vornehmlich auf Nützlichkeitserwägungen abzustellen und ohne den Blick sofort auf die Umsetzbarkeit ihrer Ideen zu richten. Wenn Tatlin seinen Turm entwarf, dann verband er dabei menschliches und kosmisches Maß; wenn er sein Fluggerät Letatlin baute, war er nicht in erster Linie auf eine technische Umsetzung seiner Idee aus, sondern er wollte einem utopischen Ziel eine Form geben.

Solche Überlegungen sind uns weitgehend abhanden gekommen. Wir laufen Gefahr, uns der technischen Realität und ökonomischen Sachzwängen zu unterwerfen. Zu Recht begegnen deshalb heute viele Menschen dem fraglosen Fortschrittsglauben kritisch. Wenn ich es richtig sehe, kommt in dem Interesse an Tatlin und an diesem Symposium die Hoffnung zum Ausdruck, daß uns die Utopie in unserer wirtschaftlich und technisch geprägten Welt nicht verlorengeht, sondern neue Impulse gibt. Ich wünsche allen Teilnehmern ertragreiche Tage und viele interessante Begegnungen.

Приветственное слово первого заместителя министра культуры СССР

Министерство культуры СССР приветствует участников международного симпозиума, посвященного творчеству русского советского художника Владимира Евграфовича Татлина (1885–1953).

Вклад Татлина в русскую и мировую художественную культуру XX века – принципиален и длителен по воздействию.

Родившись чуть более века назад, молодой Татлин выступил активным участником художественного авангарда, став одним из своеобразных живописцев 1910-х годов. Тогда же он начал работать в театре, положив начало новому направлению в русской и советской сценографии.

Однако наибольшее значение приобрели беспредметные произведения Татлина, в которых художник синтезировал методы живописи, скульптуры и архитектуры – так называемые «контррельефы», а также его архитектурные и дизайнерские проекты-утопии. Татлин выступил родоначальником художественного конструктивизма, одним из зачинателей современного дизайна, осуществляя идею «искусство – в технику, искусство – в жизнь».

Важно подчеркнуть активную общественную деятельность Татлина в годы революции, когда он выступал в качестве заведующего художественной коллегией Наркомпроса, был председателем «Объединения новых течений в искусстве».

Новаторское искусство Татлина рано приобрело международную известность и вызвало международный резонанс. В 1921 году немецкие журналы первыми за рубежом поместили информацию о его проекте «Памятника III Интернационала», в 1922 году он был одним из основных участников Первой выставки русского искусства в Берлине.

В наше время новый интерес к Татлину возникает в 1960-е годы и с тех пор неуклонно нарастает. Изучение и аналитическое осмысление биографии и творчества Владимира Татлина ведется упорно и успешно в плодотворном сочетании усилий советских и зарубежных исследователей.

Настоящий симпозиум, организованный Кунстхалле г. Дюссельдорфа по инициативе его директора Юргена Хартена при деятельной поддержке правительства земли Северный Рейн-Вестфалия, призван явиться важным этапом в изучении и популяризации творчества Татлина. Залогом этому – авторитетный состав специалистов из разных стран, выразивших желание принять участие в симпозиуме.

Позвольте от имени советской стороны выразить глубокое удовлетворение организацией международного симпозиума, посвященного Татлину, высказать искреннюю признательность его устроителям и участникам и пожелать успехов в его работе.

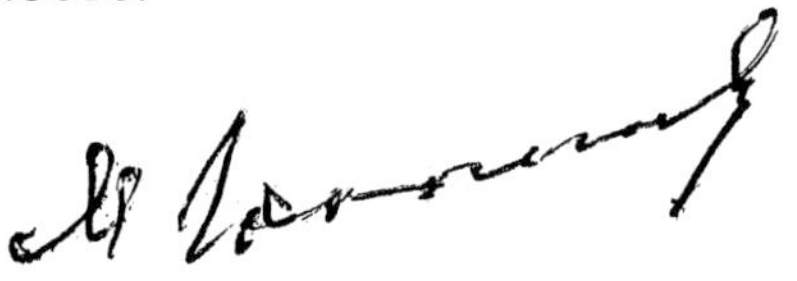

М. А. Грибанов

Anatoli Strigaljow

Wladimir Tatlins Biographie: Wirklichkeit und Mystifikation

Das russische Kunstleben der zehner und zwanziger Jahre unseres Jahrhunderts war reich an bedeutenden Persönlichkeiten und starken Talenten, doch selbst vor diesem Hintergrund erscheint Wladimir Tatlin als ein ganz ungewöhnlicher Künstler und Mensch. Sein Schaffen wurde als außerordentliches Phänomen begriffen und stets mit großen Hoffnungen und Erwartungen verknüpft. Schon im jungen Tatlin sah man einen »um das Verborgene Wissenden« (Chlebnikow, 1916), einen »Seher, der bei einem klaren Traum angelangt ist« (Ehrenburg, 1922), einen »grandiosen Künstler« (Majakowski, 1918), den »besten Künstler im Arbeiter-und-Bauern-Rußland« (Punin, 1920). Vertreter anderer Ansichten über die Kunst apostrophierten Tatlin mit Begriffen aus der hagiographischen Terminologie: »ein wahrhaftiger Heiliger des kommunistischen Futurismus, ein begeisterter Gottesnarr« mit dem »Antlitz eines Großmärtyrers« (Efros, 1929, 1933).

Schon sehr früh und sein ganzes Leben hindurch galt Tatlin als Führer, Lehrer und Autorität, ohne daß er selbst irgendwelche besonderen Anstrengungen dafür unternommen hätte. Man könnte meinen, er habe nicht alle Eigenschaften besessen, die man gemeinhin mit der Rolle des Führers verbindet – zumindest lag ihm nichts daran, sie nach außen zu zeigen. Ebenso seltsam reimt sich seine große Autorität mit seinem niedrigen Sozialstatus zusammen; besonders kraß war die Diskrepanz in seinen letzten Lebensjahren, wo Tatlin als zu Recht vergessen, nutzlos und schädlich deklariert wurde und sein karges tägliches Brot nur mühsam verdiente. Doch auch in dieser Zeit und nach seinem Tod bedeuteten Tatlins Name und seine Werke (auch die verlorengegangenen), seine Biographie und seine mündlich tradierten Aussagen in Künstlerkreisen sehr viel. Tatlin und seine Kunst wurden zum Symbol.

Um Tatlins Persönlichkeit und sein Werk bildete sich früh eine Legende. Der Künstler selbst und viele seiner Zeitgenossen – Freunde, Gleichgültige und Gegner – spannen daran. Tatlin lebte förmlich in dieser Legende. Sie war von hohem geistigem und künstlerischem Sinngehalt; im realen Alltag hingegen diente sie ihm als Schutz und Kompensation, zumindest scheinbar. Tatlins Legende lebt auch Jahrzehnte nach seinem Tode weiter, sie wird sogar gelegentlich durch neue Versionen ergänzt, die spontan entstehen oder von Tatlinforschern in die Welt gesetzt werden.

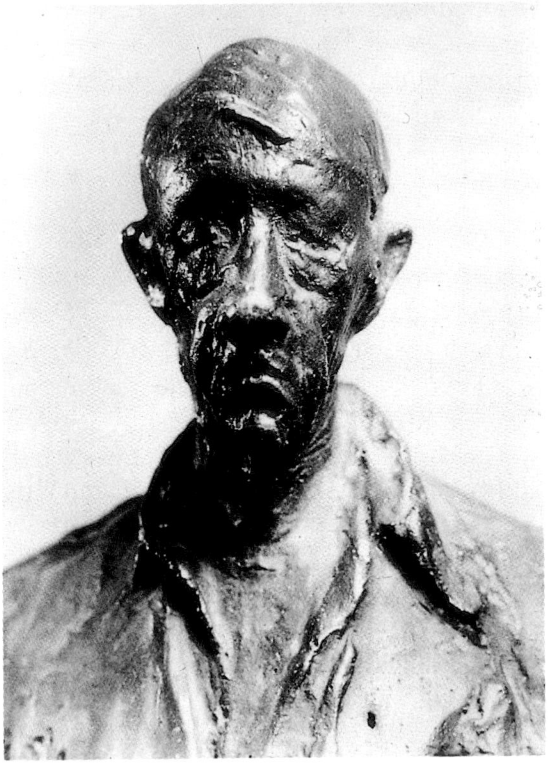

Sarra Lebedewa.
»Porträt Wladimir Tatlin« (Detail). 1943

Сарра Лебедева.
«Портрет Владимира Татлина» (фрагмент). 1943

Ein anschauliches Zeugnis für die besondere Beachtung, die Tatlins Persönlichkeit zuteil wird, sind die ungezählten Versuche, ihn zu porträtieren. Dieses Gemeinschaftsporträt ist bemerkenswert, wenn auch sehr heterogen.

Einstimmig erwähnen Tatlins Zeitgenossen die »Häßlichkeit« seiner Gesichtszüge; er war kein »Gesellschaftsmittelpunkt« und überhaupt nicht sehr gesellig; das Verhältnis zu ihm gestaltete sich meist schwierig, die Beziehung konnte jederzeit einen Knacks bekommen oder jäh abbrechen. Dennoch fühlten sich immer wieder nicht nur Künstler zu ihm hingezogen, sondern auch Schriftsteller, Dichter, Theaterleute und Intellektuelle aus verschiedenen Berufen. Sehr wahrscheinlich gibt es keinen anderen russischen Künstler zur Zeit Tatlins, dessen Bild in Malerei, Graphik, Skulptur und Literatur so häufig gezeichnet wurde und durch die Zusammensetzung der Urheber so repräsentativ ist. Menschen verschiedener Generationen, Gleichgesinnte und Gegner, Frauen, die mit ihm arbeiteten oder in ihn verliebt waren, russische und ausländische Autoren hinterließen ihr Porträt von Tatlin. Man bildete ihn nach der Natur ab – auf zufälligen Skizzen oder bei einer eigens vereinbarten Sitzung; nach der Erinnerung – bisweilen erst nach Jahren – und nach der Vorstellung –

bisweilen einer phantastischen. Und die Zahl der Tatlinporträts wächst immer noch.

Die Porträts sind wesentliche Komponenten in Tatlins Legende, besonders die literarischen Porträts, die uns in Erinnerungen und Essays, Gedichten, Erzählungen und kunstkritischen Aufsätzen gezeichnet werden. Gerade in den literarischen Porträts tritt Tatlin des öfteren als aktiver, wenngleich verborgener Mitverfasser auf. Wie sich nach und nach herausstellt, hielt Tatlin seine Zeitgenossen gewöhnlich mehr oder minder zum besten und machte ihnen etwas vor, was sich dann in deren Erinnerungen widerspiegelte.

Tatlin selbst stellte nur einmal, 1912, ein Bild mit dem Titel »Selbstporträt« aus (wir kennen es übrigens nicht). Jedoch ist sein ganzes Werk von nicht als solche deklarierten Selbstdarstellungen durchzogen. Besonders autobiographisch sind seine frühen Arbeiten. Sie bilden aus diesem Blickwinkel in ihrer Gesamtheit ein ganzes Theater, in dem sich Personen versammelt haben, die unterschiedlich stark an den Autor Tatlin erinnern. Das fällt einem nicht sofort auf, da sie sich untereinander nicht ähneln. Doch viele von Tatlins »Fischern« etwa – manche von raffinierter Feinheit, andere einfacher und gröber – haben eine gewisse Ähnlichkeit mit ihm selbst. Diese Ähnlichkeit finden wir auch bei vielen »Matrosen«, von den »Seebären«, Personen des »Fliegenden Holländers« oder auf frühen Aquarellen und Zeichnungen, bis zu dem braven Matrosen des durch sein Heldentum berühmten Torpedobootes »Stereguschtschi« (»Ma-
Titels. trose«, 1911 – Selbstporträt Tatlins, bei dem der Name dieses Schiffes auf dem
20 Mützenband steht). Der müde Anstreicher (Illustration im »Gebetbuch der
drei«, 1913) und der in seiner Eleganz und Aufgeblasenheit lächerlich wirkende
20 Künstler (»Bildnis eines Malers«, 1913): Beide – ganz verschieden – scheinen Tatlin selbst, scheinen zwei seiner Gesichter darzustellen.

Beabsichtigte Ähnlichkeit mit dem Autor findet sich auch bei Tatlins »Modezeichnungen« in dem Entwurf eines Herrenmantels (1923), beim Piloten auf der
56 Zeichnung des Letatlin (1932), bei dem äußerlich plumpen, häßlichen »Langen
190 Mann« aus der Illustrationsserie zu Daniil Charms' Buch »Erstens und zweitens« (1929) und im Kostümentwurf für den alten Seemann aus dem Stück »Kronstadt« (1940). Im letzten Fall scheint der Zeichner zu analysieren, wie er (oder sein Doppelgänger, der »Matrose« von 1911) nach dreißig Jahren ausgesehen hätte, wenn er nicht Künstler geworden, sondern sein Leben lang bei der Marine geblieben wäre.

Der Schluß liegt nahe, daß die Anklänge an ein Selbstporträt in den Darstellungen der Personen einem »Theater für sich selbst« entstammen (um einen Terminus zu gebrauchen, den der Regisseur Nikolai Nikolajewitsch Jewreinow in den zehner Jahren für ähnliche Phänomene geschaffen hat) – aber auch einem »Theater für andere«, in dem autobiographische Andeutungen, vage Bekenntnisse, Unausgesprochenes und direkte Mystifikationen beim Zuschauer (oder Zuhörer) ein Bild des Autors entstehen lassen, das die Neugier reizt, aber

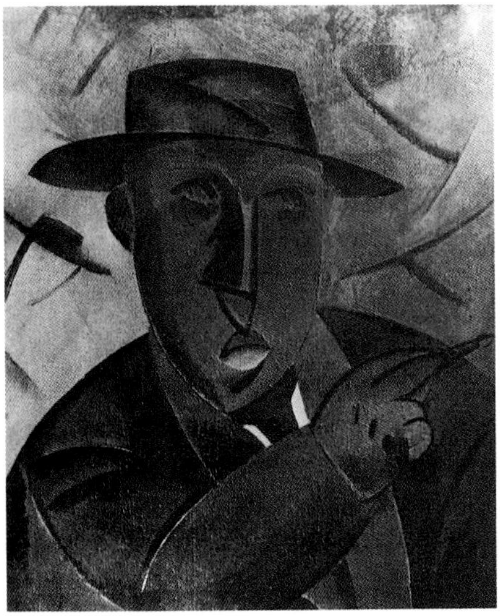

»Bildnis eines Malers«. 1913

«Портрет художника». 1913

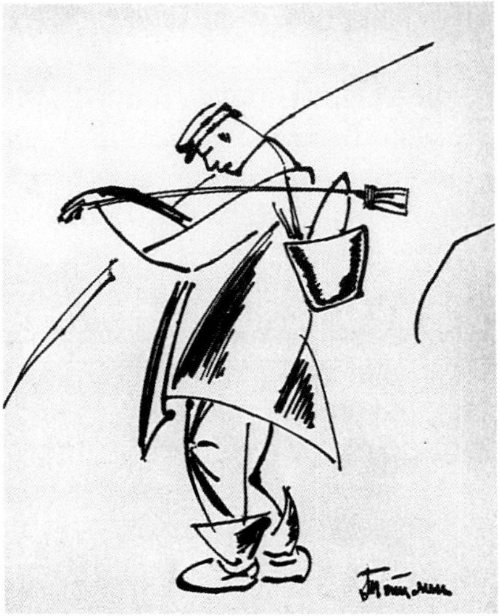

Illustration zum »Gebetbuch der drei«. 1913

Иллюстрация к «Требнику троих». 1913

immer geheimnisvoll bleibt und nur die eine oder andere Facette etwas deutlicher erkennen läßt.

Mit seinem Selbstporträt »Matrose« zum Beispiel behauptet Tatlin nicht, daß er auf einem Kriegsschiff gedient und im Russisch-Japanischen Krieg mitgekämpft habe, doch er verneint diese biographische Möglichkeit auch nicht. Es ist wohl kaum ein Zufall, daß eines der besten literarischen Porträts von Tatlin (aus der Feder der Malerin Walentina Michailowna Chodassewitsch) eine nur beiläufig erwähnte, für seine Charakteristik jedoch nicht unwesentliche Information enthält: »Er leistete seinen Wehrdienst bei der Marine ab.« Dabei war Tatlin überhaupt nicht beim Militär gewesen.

Die Lust am Selbstporträt, die für Tatlins Werk so kennzeichnend ist, entsprang nicht dem Wunsch nach Bekenntnis und adäquater Selbstdarstellung, sondern verband Züge der Selbstanalyse mit einem Spiel, mit der Selbsttheatralisierung.

Tatlin liebte Mystifikationen. Dies war offenbar auch die Quelle, aus der seine dauerhafte Liebe für die Theaterkunst gespeist wurde. Als Mann, der weit herumgekommen war und zahlreiche Abenteuer erlebt hatte, konnte Tatlin viel erzählen und immer auf die Aufmerksamkeit seiner Zuhörer rechnen, aber zu ihrem Verdruß war er nicht sehr wortreich. Ein solcher Erzähler braucht einfach die Gabe der Improvisation. Und die besaß Tatlin.

Bei meiner langjährigen Erforschung von Tatlins Biographie bin ich immer wieder auf unvollständige Informationen gestoßen, auf Widersprüche und die Notwendigkeit, Daten zu korrigieren, die zuvor scheinbar gestimmt hatten. Erst allmählich wurde mir klar, daß in Tatlins herkömmlicher Biographie Fakten mit Mystifikationen, dokumentarisch belegte Angaben mit Legenden vermischt sind. Unter diesen Bedingungen führte das natürliche Bestreben der Forscher, widersprüchliche Daten in Einklang zu bringen, öfters wieder nur zu neuen falschen Behauptungen.

Man kann sagen, daß Tatlin gewissermaßen zwei verschiedene Biographien parallel lebte: eine reale und eine »kanonisierte«. Letztere schuf er in seinen Erzählungen, die weitererzählt wurden, wobei dann manches eine Ummodelung erfuhr. In Tatlin lebte der Künstler, der »sonderbare« Werke schuf, unerhörte Ideen hatte und unerfüllbare Pläne schmiedete, einträchtig mit dem Phantasten, Schauspieler und Mystifikator zusammen. Deshalb wuchsen seine Geschichten wie auch seine Musik, sein Gesang, seine äußere Erscheinung und sein Gebaren über den engen persönlichen Rahmen hinaus und bildeten Fakten seines künstlerischen Lebens. Die Mystifikationen überbrückten die Kluft zwischen seiner realen Existenz und seinen verwegenen Ideen, den Babylonischen Turm fertigzubauen und den Flug des Ikarus zu verwirklichen.

Die mystifizierte Biographie fand Tatlin offenbar nicht nur »besser« oder »interessanter«, sondern sie schien ihm auch dem wahren Kern seines Lebens und seiner Kunst genauer und vollständiger zu entsprechen. Tatlins Berichte und spärliche autobiographische Schriften – über seine Kindheit, Matrosenzeit, Ausbildung, Auslandsreisen, gesellschaftliche Tätigkeit, die Chronologie seiner Werke usw. – entstanden als Fragmente jener »kanonisierten« Biographie, die er hinterlassen wollte.* Außerdem veränderte sich seine autobiographische Retrospektive mit der Zeit, je nachdem, wie sich der Lebens- und Schaffenskampf des Künstlers in den verschiedenen Etappen gestaltete, und auch in Abhängigkeit vom Gesprächspartner.

Wir müssen unbedingt noch einen weiteren Aspekt von Tatlins autobiographischer Tätigkeit streifen – die notorische »Geheimniskrämerei«, die jede seiner Arbeiten und überhaupt sein ganzes Leben begleitete. Tatlin war unendlich mißtrauisch und deshalb stets bemüht, irgend etwas zu verbergen, zu verheimlichen und sich vor jeder wirklichen oder vermeintlichen Neugier und Bespitzelung durch ein Verwirrspiel zu schützen.

* Zwei konkrete Aspekte der Mystifizierung seiner Biographie durch Tatlin selbst habe ich in zwei Aufsätzen aus jüngerer Zeit analysiert: »O poezdke V. Tatlina v Berlin i Pariž« [»Über W. Tatlins Reise nach Berlin und Paris«], *Iskusstvo,* 1989, Nr. 2 und 3, sowie »›Universitety‹ Tatlina« [»Tatlins ›Universitäten‹ «] im Katalog der Tatlin-Jubiläumsausstellung in Pensa (1987), Drucklegung Ende 1989.

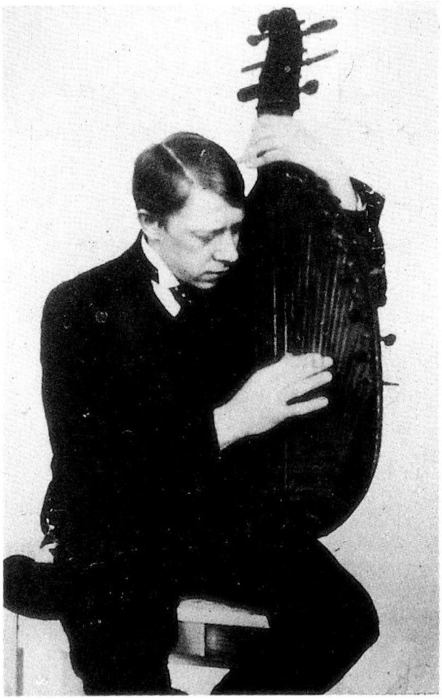

Tatlin spielt Bandura. Um 1910

Татлин играет на бандуре. 1910-е гг.

Tatlin (stehend, 2. v. r.) auf See.
Um 1910

Татлин (стоит, второй справа) во время плавания. 1910-е гг.

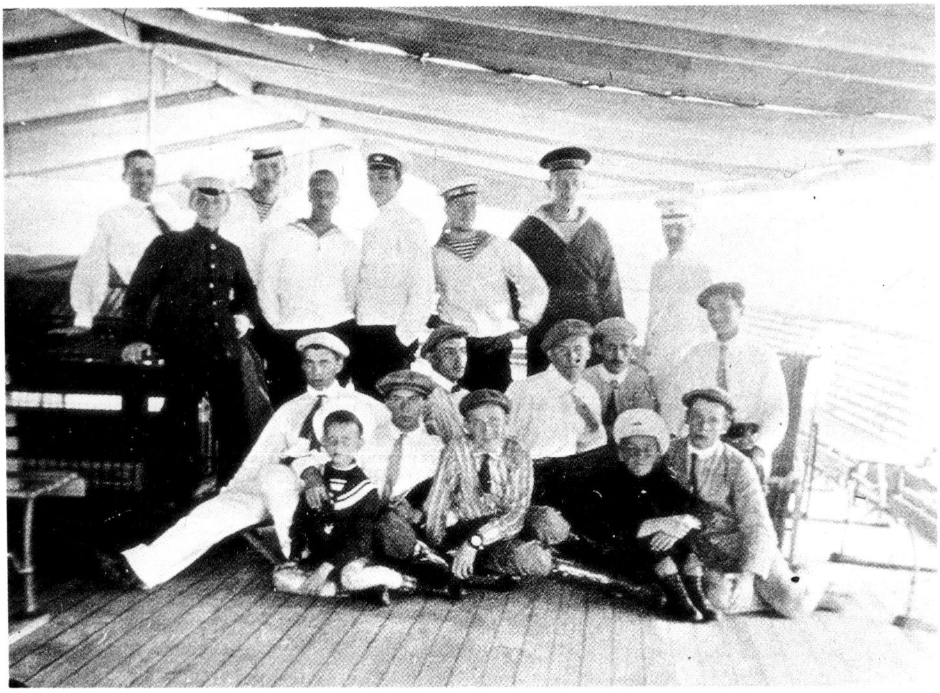

Wie weit Tatlins Mißtrauen gehen konnte, bezeugen zum Beispiel einige Episoden aus seinem Verhältnis zu Kasimir Malewitsch, der angeblich in seine Geheimnisse einzudringen versuchte. Die Malerin Wera Jefimowna Pestel schildert, wie Tatlin, der in ihrem einstöckigen Häuschen in einer stillen Moskauer Gasse wohnte, die Fenster verriegelte, und Walentina Chodassewitsch erzählt, wie er eine Reihe von Gemälden verbrannte. Das Motiv für beide Aktionen war die Furcht, Malewitsch könne heimlich zusehen.

Die Geheimniskrämerei nahm bei Tatlin die Form einer »umgekehrten Mystifikation« an: Sie erzeugte keine Information, sondern vernichtete sie. Ihretwegen ist Tatlins Biographie voller Lücken, die zum Teil nicht aufzufüllen sind. Besonders gravierend wirkte sie sich auf die Kenntnis seiner konkreten Werke aus: Es fehlt ein vollständiges Werkverzeichnis, es gibt weder exakte Titel noch genaue Datierungen, noch allgemein anerkannte Beschreibungen in Ausstellungskatalogen zu seinen Lebzeiten.

Aus diesem Grund haben wir keine Möglichkeit, die erhalten gebliebenen Daten oder Photographien verlorengegangener Werke mit Informationen aus alten Katalogen zu identifizieren. Wir können zum Beispiel vermuten, daß unter den Titeln »Zur Eröffnung der Schiffahrt«, »Der Verkäufer von Seemannsuniformen«, »Matrosen«, »Matrose und Chinese« zu verschiedener Zeit ein und dasselbe Werk figurierte, doch stimmt das auch? Heutzutage verführt das Fehlen verläßlicher Angaben über Tatlins Werke dazu, ihm fremde Arbeiten zuzuschreiben, oder gar zu Fälschungen.

Festzuhalten gilt: Während Tatlins Hang zu Mystifikationen seine reale Biographie romantisierte und kolorierte, fügte seine beinahe krankhafte Verschlossenheit ihr ernstlich Schaden zu.

Zugleich müssen wir jedoch betonen, daß Tatlins mystifizierte Biographie keineswegs eine Fiktion war, sondern eine eigene Wirklichkeit, in der der Künstler lebte und arbeitete und die seine Zeitgenossen akzeptierten und anerkannten.

Die reale und die mystifizierte Biographie verschmolzen für Tatlin selbst zu einem untrennbaren Ganzen. In vielem untrennbar bleiben sie auch für uns, die wir sein Werk mit größter Sorgfalt untersuchen.

Übersetzung aus dem Russischen: Annelore Nitschke.

Pontus Hulten

Die Stockholmer Rekonstruktion des Denkmals der Dritten Internationale

Ich möchte über die Ausstellung im Moderna Museet in Stockholm berichten. Sie entstand eigentlich als Folge einer anderen Ausstellung, die 1965 in Stockholm stattfand. Diese hieß »Den inre och den yttre rymden«, »Innerer und äußerer Raum«, und Malewitsch spielte darin eine wichtige Rolle. Es war eine der ersten Ausstellungen nach der, die Sandberg 1958 in Amsterdam eingerichtet hatte. Nachdem wir sie mehr oder weniger erfolgreich hinter uns gebracht hatten, fragten wir uns, wer sonst der wichtigste Künstler aus der Sowjetunion sei, und deutlich stach Tatlin als derjenige hervor, über den wir mehr herausfinden müßten. Damals war Tatlin relativ unbekannt; seine spätere Biographie lag weitgehend im dunkeln. Ich glaube, Troels Andersen und ich hätten ihm tatsächlich begegnen können, wenn wir gewußt hätten, daß er noch lebte – er ist ja erst 1953 gestorben. Aber das wurde erst später bekannt. Damals wußte man noch nicht einmal, daß er den Zweiten Weltkrieg überlebt hatte. Jedenfalls diskutierten wir die Möglichkeit einer Ausstellung. Troels Andersen hatte sehr gute Beziehungen zur Sowjetunion, zu ihren Archiven, den Archivaren, den Kollegen auf dem Gebiet der Kunstgeschichte. Wir erfuhren, daß Schapiro noch in Leningrad lebte. (Auf der Photographie auf S. 54 unseres Ausstellungskatalogs, die die Mitarbeiter bei der Arbeit am Turm zeigt, ist Schapiro der stehende Mann rechts, der von oben hämmert.) Es bestand die Aussicht, daß er reisen und mit uns sprechen könnte. Angeregt durch diese Chance, mit einem »Überlebenden« zu sprechen, entstand dann die Idee, das Problem einer Rekonstruktion des Turms anzugehen. Troels Andersen reiste zu Schapiro und interviewte ihn, und dabei stellte sich deutlich heraus, wie die verschiedenen Teile des Turmmodells wirklich als bewegliche Teile ausgeführt waren. Das war damals nicht allgemein klar – einige Leute behaupteten, der ganze Turm habe sich gedreht. Wie Anatoli Strigaljow dargelegt hat, existierten ja all diese Theorien und ziemlich mysteriösen Geschichten; und die Tatsache, daß ein Teil des Turms sich bewegt haben soll, hätte auch so eine Geschichte sein können. Wenn man dies aber nicht weiß, ist die Rekonstruktion völlig unmöglich. Tatsächlich haben sich die Teile im originalen Turmmodell bewegt. Zum einen berichten außer Punin verschiedene andere frühe Quellen darüber, zum anderen gibt es die Geschichte von der Vorführung des Turms in Anwesenheit Lenins. Die Teile bewegten sich, und als die Vorführung vorüber war, kroch ein kleiner Junge aus der Basis, und Lenin sagte:

»Was, das ist der Meisteringenieur?« Man kann also annehmen, daß der Junge in der Basis saß und die Mechanik mit Kurbeln in Bewegung setzte.

Wie diese Mechanik ausgesehen haben mußte, wurde uns durch die kleinen, von Schapiro gefertigten Zeichnungen klar, die wir in unserem Katalog von 1968 publiziert haben. Sein Visum bekam Schapiro allerdings nie. Das lag aber wohl nicht an den Moskauer Behörden; eher gefiel es seinen Architektenkollegen nicht, daß er herkommen und außerhalb der Sowjetunion über Tatlin sprechen sollte. Trotzdem – die Diskussionen mit Schapiro beflügelten unsere Idee der Rekonstruktion des Turms endgültig. Im Rückblick scheint mir der Ausdruck »Rekonstruktion« das, was wir taten, nicht so recht zu treffen, aber er hat sich mittlerweile eingebürgert. Eigentlich war es eher eine Art aktiver Liebe, ein Revival.

Troels Andersen und ich sprachen dann mit vier Freunden. Damals war ich Direktor des Stockholmer Museums, und wir hatten eine ausgezeichnete Schreinerei mit zwei außergewöhnlich fähigen Schreinern. Einer hatte bereits lange Jahre bei uns gearbeitet, der andere war ein pensionierter Bühnen- und Filmtechniker. Wir hatten also im technischen Bereich einen Rückhalt. Ich stellte unsere Idee einem Freund vor, einem Bildhauer – sein Name ist Per Olof Ultvedt, er ist jetzt ein ziemlich bekannter schwedischer Bildhauer der älteren Generation –, und einem anderen Freund, Ulf Linde, mit dem ich schon ein größeres ähnliches Unternehmen realisiert hatte; 1961 hatten wir nämlich gemeinsam die Kopie von Marcel Duchamps »Großem Glas« hergestellt. Wir einigten uns auf den Versuch, mit Hilfe der beiden Schreiner einen Turm zusammenzubauen. Somit waren wir zu sechst. Damals hatten wir nur die bekannten Abbildungen aus der Puninpublikation zur Hand, nichts weiter. Es waren hektische Zeiten. Ich bereitete eine Ausstellung in New York vor und konnte nicht immer in Stockholm sein. Als wir dann im Winter 1967 einmal zusammenkamen, hieß es klipp und klar: »Es ist unmöglich. Das steht völlig außer Frage. Tatlin ist nicht mehr Konstruktivist als Rodin. Wir bekommen einfach nicht heraus, wie diese Holzstücke zusammengehören. Wir geben auf.« Und zufälligerweise erschien ungefähr um diese Zeit auf der Titelseite der tschechischen Zeitschrift »Výtvarné Umění« jenes nun so bekannte Photo, das den Turm zeigt, bevor das Innere mit den weiter außen liegenden Elementen und den Spiralen umkleidet ist. Und hier sieht man, wie systematisch und zugleich extrem einfach die Konstruktion ist. Ungefähr zehn Tage später hatten wir ein kleines, ca. 30 cm hohes Modell, das uns vollkommen zufriedenstellte. Wir gaben es unseren Schreinern, und binnen zwei Monaten bauten sie den Turm, den wir dann im Mai 1968 zeigten – was eine merkwürdige Koinzidenz ist; geplant war das nicht.

Ich muß auch über die Rekonstruktionen der Eckreliefs sprechen, die Martyn Chalk in Newcastle bereits früher gemacht hatte. Zu unserer Idee einer Tatlinausstellung, die sich organisch entwickelte – ganz zu Anfang ohne klaren Plan –, kamen diese hinzu, neben unserem Turm. Das Interesse des Stockholmer

Museums an der Rekonstruktion des Turms war auch daraus entstanden, daß das Museum und ich damals für das Museum of Modern Art in New York die große Ausstellung »The Machine as Seen Towards the End of the Mechanical Age« vorbereiteten; sie war für den Herbst 1968 geplant. Auch für diese Ausstellung wollte ich den Turm sehr gern haben.

Es kam also verschiedenes zusammen, was unserem Unternehmen förderlich war: Chalks Rekonstruktionen aus Newcastle und unser Turm. Wir nahmen dann auch Kontakt mit Jekaterina Furzewa in Moskau auf. Nach einiger Zeit und wohl auch einigen Nachfragen erhielten wir eine überraschende Antwort: Wir könnten keinerlei Tatlinmaterial bekommen, alles werde gerade restauriert. So mußten wir uns also bescheiden. Aber unser Projekt, das heißt unser Traum, die Vision der Ausstellung, hatte schon Wurzeln geschlagen. Wir konnten nicht zurück und sagen: »Wenn wir gar nichts bekommen, nicht einmal eine Zeichnung, dann können wir eben keine Ausstellung machen.« Also kam die Ausstellung zustande – ohne ein einziges Original von Tatlin. Ich bezweifle, daß Ausstellungen dieser Art häufig sind. Das war schon ein extremer Fall. Aber wir ließen Photovergrößerungen anfertigen, wir hatten das Material von Martyn Chalk, wir hatten unseren Turm, und wir veranstalteten Diaschauen.

Der Raumbedarf der Ausstellung war ziemlich ambitiös. Sie nahm den ganzen zentralen Saal des Museums und noch einige angrenzende kleinere Räume ein. Die Diaschauen zeigten den historischen Hintergrund, das heißt die futuristische, die kubofuturistische Bewegung und Literatur dieser Jahre einschließlich der Übersetzung längerer Partien aus Chlebnikows Stück »Sangesi«; und natürlich den Suprematismus, der dem schwedischen Publikum bereits vorgestellt worden war. Wir hatten damals ein gutes Publikum, das unser Tun mit großem Interesse verfolgte. Dies war also die Ausstellung, die zu einem sehr günstigen Zeitpunkt stattfand.

Der Turm ging dann an das Museum of Modern Art in New York. Dort stand er den ganzen Winter über im Museumsgarten und machte einiges mit. Danach reiste er durch Deutschland und an viele andere Orte, und jedesmal wurde er auseinandergenommen und wieder zusammengesetzt. Er überstand das glänzend, bis er eines Tages doch restlos in Stücke zerfiel, völlig zerstört durch die Millionen von Nägeln, die hineingeschlagen und wieder herausgezogen worden waren, und verrottet war er auch. Eigentlich freuten wir uns sehr darüber, denn bei der Rekonstruktion – und nun komme ich nochmals zurück auf Stockholm 1968 – waren uns einige Fehler unterlaufen, darunter zwei schwerwiegende, die wir erst erkannten, als der Turm fertig war, und die mit dem Material, das uns zur Verfügung stand, auch nicht leicht zu vermeiden waren. Uns war natürlich klar, daß der Turm einen inneren Kegel hat, der sich zu einer Seite neigt, und daß die Spiralen genau diesen Kegel zusammenhalten. Und ich nehme an, daß der schräge »Balken« für einen Transportmechanismus gedacht war, um hinauf- und wieder hinabzukommen. Wir verstanden aber nicht, daß das von uns als Zylinder rekonstruierte Element ganz oben – die »Spitze« des Turms – kein Zylinder ist, sondern ein sehr steiler, abgeschnittener Kegel. Demzufolge streben die vertikalen Teile einem sehr weit oben gelegenen Punkt zu. Das ist vollkommen evident – fast ist es unglaublich, daß wir so dumm hatten sein können.

Der andere wichtige Fehler war, daß die Grundfläche des Balkens natürlich kein Quadrat ist, sondern ebenfalls dynamisch, nämlich ein Trapezoid. Wegen dieser beiden Fehler wurde unser erster Turm zu statisch. Wir waren ganz zufrieden, als er zerstört war und wir unsere zweite Version bauen konnten.

Eine elementare Frage ist noch immer gerade die Drehung der Teile, wobei mir das konzeptuelle Ziel dieser Beweglichkeit sehr interessant erscheint. Ich glaube, daß die Bewegung der Teile innerhalb von Tatlins gesamtem Konzept eine symbolische ebenso wie eine pragmatische Rolle spielte. Tatlin war politisch außerordentlich scharfsichtig, und er erkannte die große Gefahr, die der Revolution drohte: daß sie stagnieren, daß sie versteinern und monolithisch werden könnte, was ja auch tatsächlich eintrat. Seine Idee war meiner Meinung nach sehr klar und einfach und – für mich – äußerst interessant: die Idee nämlich, daß man, wenn man diese Macht – das heißt die Leute, die die Macht besitzen – in ständiger Bewegung hält, eine gewisse Unruhe erzeugt, so daß sie nicht erstarren können. Für mich geht dies alles mit Tatlins Theorie der Materialien und Übermaterialien zusammen, denn Bewegung ist ja eine Art Übermaterial. So halte ich die Idee für politisch in dem Sinne, daß Tatlin die Politiker in Unruhe halten wollte, wenn er sie in diese rotierenden Räume zu setzen gedachte. Der einzige publizierte Text – jedenfalls einer der wenigen wichtigen Texte Tatlins – ist in der Zeitschrift »Anarchija« erschienen. Tatlin kam aus einer anderen Sektion der revolutionären Bewegung als die Leute, die tatsächlich später die Macht übernahmen, und er sah schon früh das Problem, das sich sehr rasch entwickeln sollte.

Übersetzung aus dem Englischen: John Matheson.

Jean-Claude Marcadé

Über die neue Beziehung zum Material bei Tatlin

Tatlin war kein Theoretiker, kein Denker beziehungsweise Philosoph wie etwa Larionow, Malewitsch, Kandinsky, Filonow oder, wenn auch in geringerem Maße, sein bester Nachfolger Rodtschenko. Seinen Schriften kann man nur knappe Angaben über seine Arbeit entnehmen. Bei ihm wird man keinen Traktat, keine Abhandlung finden. Seine Werke sprechen meistens für sich.

Tatlin ist auch kein »Konstruktivist«, obwohl er an der Entstehung des Konstruktivismus 1921/22 maßgeblich beteiligt war. Er hat dem Konstruktivismus den Weg gezeigt, ist selbst aber in seinem Schaffen immer ein grandioser Außenseiter geblieben. Die utopische Dimension seiner sogenannten »funktionalen« Werke, zum Beispiel des Denkmals der Dritten Internationale oder des Flugapparats Letatlin, bezeugt, daß das Hauptziel seines Schaffens auch nach der Revolution die Kunst als Welterkenntnis blieb.[1] Schon in dem Flugblatt zur Petrograder Ausstellung »0,10« brachte er seine ablehnende Haltung gegenüber allen künstlerischen Gesellschaften und Vereinigungen zum Ausdruck, wenn er schrieb, daß er »weder dem Tatlinismus noch dem Lutschismus [i. e. Rayonismus], dem Futurismus, den Peredwishniki oder anderen Gruppierungen«[2] angehöre. Dennoch war Tatlin das Gegenteil eines Individualisten. Auf paradoxe Weise verkörpert er auch am besten in der russischen Avantgarde das Vorbild eines Meisters im Sinne des Mittelalters, der ein Kollektiv beseelt und ihm in der Praxis all sein Können und Kennen überläßt. Die Arbeit als Schiffsjunge und als Ikonenmaler hat ihm zweifellos dieses Bedürfnis nach innerer Freiheit und sein Gemeinschaftsgefühl gegeben. Das läßt sich am besten in der Art und Weise aufspüren, wie er das Material der Werke bildender Kunst betrachtet. Tatlins neue Beziehung zum Material gehört zum Radikalsten, was die russische Avantgarde überhaupt zur universalen Kunst beigetragen hat. Deswegen ist es notwendig, einige Bemerkungen darüber zu machen.

1. Von der »faktura«

Zwischen 1912 und 1914 stellt sich im russischen künstlerischen Milieu der Erneuerer in erster Linie das Problem der »faktura«. Dieser Begriff erhielt in der russischen Avantgarde den Sinn einer Textur, einer Struktur des Materials selber, eines künstlerischen Gewebes. In der russischen Sprache meint »faktura« zunächst den Charakter der Verarbeitung, des Aufbaus irgendwelchen Materials. Man spricht etwa von der »faktura« eines Marmorsteins oder einer Rinde. Das Akademische Wörterbuch der russischen Sprache in 17 Bänden zitiert als Beispiel eine Stelle aus den »Toten Seelen« von Gogol: »[Tschitschikow] hatte eine entscheidende Kenntnis von allem: Er brauchte erst gar nicht zu wiegen, nicht zu messen, sondern erkannte der Faktura nach, wieviel Arschin Leinwand oder anderen Stoff es in so einem Stück gab« (1. Buch, 11. Kapitel).

Die Faktura im Sinne des künstlerischen Stoffs eines Werkes der Malerei und als Hauptelement der neuen Kunst wurde zum erstenmal 1912 in einem Artikel von David Burljuk behandelt. Ihm ging es um eine neue Klassifizierung der Kunstwerke nach ihrer Faktura, die er als »Struktur der Oberfläche« bestimmte: Regelmäßigkeit, Unregelmäßigkeit; verschiedene Stufen des Glanzes: metallisch, glasartig, fettig, perlmutterartig, seidig; splittrige, hakige, erdige, muschelartige, körnige, faserige, blättrige Oberfläche.[3]

Die Faktura wurde der Hauptbegriff in Praxis und Theorie aller Künstler der russischen Avantgarde zwischen 1912 und 1914. Auf russischem Boden wurden die Experimente der Kubisten und der Futuristen sofort assimiliert und, was noch wichtiger ist, theoretisch-philosophisch durchdacht, weiterentwickelt und in ein spezifisch russisches System überführt. So erschien 1914 das berühmte Buch des lettischen Künstlers und Theoretikers Wladimir Markow, »Prinzipien des Schaffens in den bildenden Künsten. Faktura«[4], als Zusammenfassung aller Auseinandersetzungen und Überlegungen in diesem Bereich. Die Russen waren der Überzeugung, als Bewohner des Ostens, als Teil des Orients und Asiens, also als Eurasier, mehr noch als die Europäer ein Gefühl für Material zu haben. Wladimir Markow hat beträchtlich ergänzt, was David Burljuk nur skizziert hatte. Die Faktura existiert für Markow in allen Zweigen der bildenden Künste: nicht nur in der Malerei, sondern auch in der Skulptur und in der Architektur. Die Faktura ist ein Gesetz der Natur, die »alle Materialien verarbeitet«: »Das organische Leben auf der Erde ist ein Chaos wechselnder Fakturen.«[5] Markow findet in den archaischen Kulturen überall diesen Hang zur Bearbeitung der Oberflächen, sei es der Gegenstände, sei es des menschlichen Körpers. Will man verstehen, unter welchen konzeptuellen Gesamtumständen die neue Kunst Tatlins entstand, so ist das Kapitel »Zusammenstellung von Materialien« zweifellos das wichtigste: Markows »nabor materialow« kommt lexikalisch Tatlins »podbor materialow« (»Materialkombination«) nahe. Markow zählt die Fälle auf, wo der Mensch in allen Teilen der Welt Schönheit durch künstlerische Anordnungen verschiedener Materialien schafft. Insbesondere sind für ihn die Materialkombinationen in der Kunst der Schwarzen und in der Ikonenkunst entscheidend. Der Kunst der Schwarzen hat er übrigens vor seinem Tod am 3. Mai 1914 ein spezielles Buch gewidmet, die erste theoretisch-ästhetische Überlegung zu diesem Thema – ein Jahr vor Carl Einsteins »Negerplastik«.[6]

Markow hebt die Eigenschaften von Negermasken hinsichtlich der Verwendung der Materialien hervor:

1. In den meisten Fällen benutzte der Gestalter mehrere Materialien zugleich: Holz, Nägel, Metallplatten (Eisen, Bronze), Kauri, Ringe, Schnüre, Haare, Stroh, Muscheln, Bernstein, Glas, Glimmer usw.
2. Alles Material ist kunstfähig. Es gibt keine edlen und keine niedrigen Materialien: »Der echte Ziseleur oder der echte Künstler ist derjenige, der auch die billigen Materialien versteht und mit ihnen schaffen kann.«[7]

Auch bei den Ikonen ist die Faktur ein wichtiges Element. In der flächigen Malerei der Ikone, die mit ihren Inkrustationen, Steinen, Metallverzierungen, Dekorationen mit Tüchern, Papierblumen usw. im »schönen Winkel« hängt, sieht Markow den »Kampf zweier Welten, einer inneren, nicht realen Welt, und einer äußerlichen, für uns berührbaren Welt«[8]. Am Ende des Kapitels über die Zusammenstellung von Materialien verweist Markow auf Picasso: »Dieser Künstler klebt Ausschnitte aus alten vergilbten Zeitungen auf die Leinwand und macht darüber eine Zeichnung; er klebt Stückchen von farbigen Plakaten, von Leinwand mit der ungrundierten Seite nach vorn usw. usw. auf. [. . .] Stellenweise verteilt er Häufchen mit Sand gemischter Farbe auf der ebenen Oberfläche des Bildes; er streut auch mit Farbe bedeckte Sandkörner auf die ebene Oberfläche; dazu poliert er einige Teile des Bildes mit Hilfe von Lack.«[9]

All diese konzeptuellen Schlußfolgerungen haben in Tatlins Beziehung zum Material eine große Rolle gespielt. In seiner Praxis läßt sich eine Entwicklung vom Auge hin zum Tastsinn feststellen; es handelt sich um die Frucht einer allgemeinen Bewegung in der russischen Praxis und Theorie zwischen 1912 und 1914 hinsichtlich der Faktura: »Seit 1912 rufe ich«, so schreibt Tatlin 1918, »meine Berufsgenossen zur Vervollkommnung des Auges auf.«[10] Zwei Jahre später, während seiner Arbeit am Turm der Dritten Internationale, fügt er hinzu: »Wir glauben nicht mehr dem Auge, wir stellen das Auge unter die Kontrolle des Tastsinns.«[11]

Zwischen 1914 und 1920 entstanden Tatlins Bild-, Konter- und Eckreliefs, von denen leider fast nichts erhalten ist. So ist das Auftauchen eines bisher nicht bekannten Konterreliefs aus der ehemaligen Sammlung Kurt Benedicts, des Mitbesitzers der Berliner Galerie van Diemen, ein großes Ereignis. An diesem Relief läßt sich sehen, wie Tatlin die zwei Abfallbretter mit einer blaufarbenen Mischung bearbeitet hat. Man muß erwähnen, daß der Künstler den Lewkas, das heißt eine Mischung aus Fisch-, Knochen- oder Kaseinleim, Kreide und Farbe, der Technik der Ikonenkunst entlehnt hat. Schon die Mönche, die Ikonen malten, wußten vielfarbige Pulverfarben aus verschiedenen Steinen zu gewin-

»Blaues Konterrelief«. 1914

«Голубой контррельеф». 1914

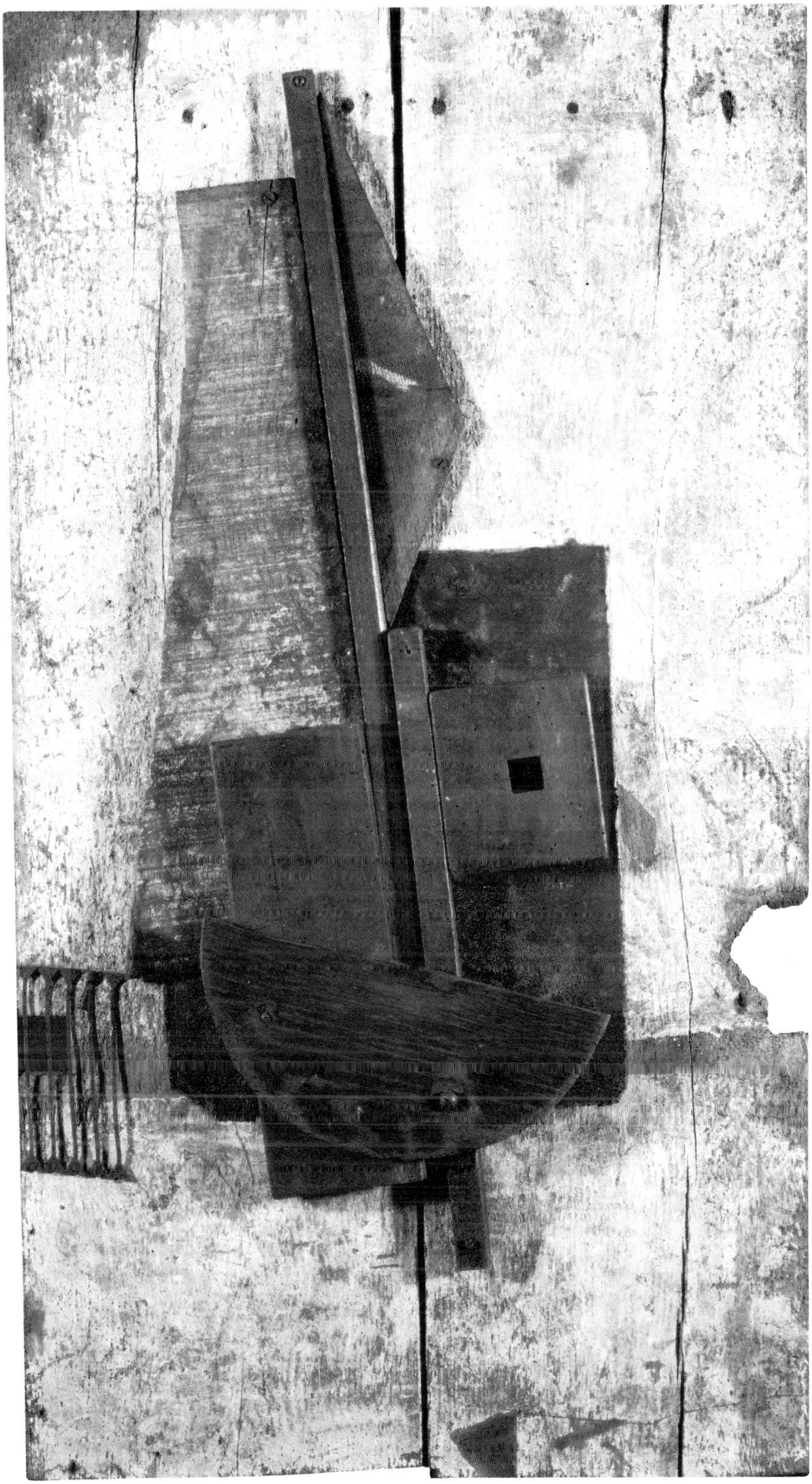

nen. Das Konterrelief der ehemaligen Sammlung der Galerie van Diemen ist eine Materialkombination aus Holz, Leder, Eisendraht, die geklebt oder mit Schrauben verbunden sind. (Man kennt die Materialien der Tatlinschen Werke aus dem schon genannten berühmten Flugblatt von 1915: Holz, Metall, Glas, Stuck, Karton, Lewkas, Teer, Kitt, Repolin, Staub u. a.) Holzanatomische Untersuchungen des Reliefs wurden im Münchner Institut für Holzforschung durchgeführt. Dabei wurden folgende Holzarten nachgewiesen: Fichte, Kiefer, Eiche, eine Birnbaumart (Pyrus communis L.), Weißdorn, Rotbuche.

Die Materialien haben hier nicht die Funktion, etwas darzustellen, zu repräsentieren. Sie leben ihr eigenes künstlerisches Leben. Bei den Franzosen, und besonders auch bei Picasso, war die Aneignung und die Kombination heterogener Medien, die Erfindung der Collage und des Bildreliefs nur ein Experiment unter anderen.[12] Da gab es Werke, auf die die von Ernst Bloch für die literarischen Gattungen erfundene Vokabel »Mischwesen« passen könnte. Dann war da die logische Schlußfolgerung des Kubismus, der, wie Gleizes und Metzinger 1912 schrieben, die »Bruchstücke der Freiheit, die Courbet, Manet, Cézanne und die Impressionisten gewinnen konnten, [. . .] durch grenzenlose Freiheit [ersetzte]«[13]. Die Kombination verschiedener Materialien begünstigte auch eine größere Wirkung der Kontraste, und Kontraste waren ja das Hauptgesetz dieser Kunstrichtung. Auf russischem Boden wurden die Prinzipien der westlichen Kunst sogleich den Prinzipien der russischen Kunsttradition anverwandelt. Die russische Kunsttradition, das waren die Volkskunst, die Lubki, die Ladenschilder, die verzierten Kuchenformen, Spinnräder, hölzerne Isbagiebel, Spielzeug, die Ikonenkunst, die Basreliefs der alten orthodoxen Kirchen und Kathedralen. Ab 1908 war Larionow mit dem originellen Stil des Neoprimitivismus hervorgetreten. Man darf bei der Betrachtung der russischen Avantgarde nie aus den Augen verlieren, daß sie die vom Westen kommende »zivilisierte« Kunsttradition in die Grundstruktur der »groben«, rohen slawisch-russischen Volkstradition integriert hat. Im Gegensatz dazu haben Braque und Picasso die Grundlagen der primitiven Künste in die »zivilisierte« Grundstruktur des europäischen Bildes eingefügt.

Tatlins Verhältnis zum Material ist das eines Fachmanns bei der Verarbeitung von Holz, Metall und anderen Materialien. Die erste Schule des Malers ist augenscheinlich die Schule eines Handwerkers. Larissa Shadowa bemerkt: »Tatlin hat sein ganzes Leben lang selbst getischlert«[14]; und Margit Rowell übernahm die Idee, daß Tatlin diese handwerkliche Erfahrung im Laufe seiner Seereisen als Schiffsjunge gewonnen hat.[15]

2. Die dem Material entspringende Bewegung[16]

Ende 1920 formuliert Tatlin sein Verhältnis zum Material mit der ihm eigenen Nüchternheit so: »[. . .] die Künstler wiederum erniedrigten das Material, indem sie es in den einzelnen Zweigen der bildenden Kunst nicht [seiner] Bestimmung entsprechend verwendeten«[17]. »Erniedrigten«, »nicht seiner Bestimmung entsprechend«, diese Ausdrücke verweisen auf das Material als ein lebendes Wesen, auf jeden Fall als einen lebendigen Organismus, dem gegenüber der Künstler eine moralische Pflicht hat. Es ist hier nicht der Ort, das Thema des »Organizismus« in der russischen Kunst der Avantgarde zu behandeln, sei es bei Larionow, bei Malewitsch, bei Filonow, sei es bei Kulbin, Jelena Guro und Matjuschin.[18] Erwähnen wir nur, daß Matjuschin, der in seiner pantheistischen Suche die künstlerische Handlung mit den Bewegungen der Natur zu identifizieren versuchte, im Pariser Salon des Indépendants 1914 Wurzeln als Skulpturen ausgestellt hat.[19]

In der Art, wie Tatlin sich mit dem Material auseinandersetzt, kann man das Wiederaufleben des Aristotelismus im Kontext der russischen Avantgarde sehen. Für Aristoteles ist das Paar Form/Materie (Eidos/Hyle) eines der vier Prinzipien des Seins. Der Stoff ist die Potentialität der Form. Bei Aristoteles sind Form und Stoff untrennbar, obwohl unterschieden. Aristoteles unterscheidet bei der aktualisierenden Form eine substantielle und eine akzidentelle Form. Die substantielle Form ist die Handlung, dank deren die unbestimmte, als bloße Potenz geltende Materie zu diesem oder jenem Gegenstand wird. Im Unterschied zu Plato, bei welchem die Form als Eidos transzendent, dem Verstand zugänglich, von den einzelnen Dingen getrennt ist, gibt es bei Aristoteles keine Trennung zwischen der Form und ihrem materiellen Substrat. Die Form ist dem Material immanent.[20]

Kein Zweifel, daß Tatlins Verhältnis zum Material sich dieser aristotelischen Sicht fügt. Bisher, sagt Tatlin, habe man das Material nicht respektiert, habe man die in ihm »verborgene Energie« außer acht gelassen.[21] Sergei Issakow hat dieses Element betont: »Der Künstler schaut mit offenen Augen auf das Idol unserer Zeit. Er offenbart das verborgene Leben des Materials, das den Fortgang unserer Industrie bestimmt und eine heftige Divergenz zwischen Ideologie und Wirklichkeit erzeugt, er erschließt die Gesetze der tief in der Materie schlummernden Energien und überträgt sie in die Sphäre des Schönen.«[22] Nikolai Punin seinerseits schrieb: »Die alte Malerei, von Picasso beendet, betrachtete die Form als ein Element, das Farbe und Raum schenkt. Wir betonen den Primat der Farbe (des Materials) und des Raums (des Volumens), aus deren Wechselwirkung die Form hervorgeht.«[23] Im künstlerischen Gegenstand sind also das Material wie der Raum in ihrer »Roheit«, »Unbearbeitetheit« die formbildenden Elemente. Da »den Materialien [. . .] bestimmte Formen eigen«[24] sind, kann man nicht dem Material eine Form diktieren, sondern die Form wird vielmehr vom Material diktiert. Der Künstler ist kein Demiurg mehr, er ist ein Mitwirkender.

3. *»Die Malerei hat jede Verbindung zur Bildhauerei und zur Architektur verloren«*[25]

Tatlin ist kein Bildhauer, er ist kein Architekt im herkömmlichen Sinn dieser Wörter. Er stellt einen neuen Künstlertypus dar. Bis zum Jahre 1913 war er ausschließlich Maler – diese Tatsache ist sehr wichtig. Tatlin kommt als Künstler von der Malerei.[25a] In all den Werken, die wir unter den Bezeichnungen »Bild-«, »Konter-«, »Eckreliefs« oder »Materialkombination« kennen, ist immer das Bild der Staffeleimalerei Ausgangspunkt der Formenentwicklung im Raum, obwohl der Künstler diese Formen – wir haben es schon gesagt – wie ein Handwerker behandelt.

Das Hängen an einer senkrechten, nicht aber an einer horizontalen Fläche ist jeweils die konzeptuelle und gestuelle Basis, worauf der Tatlinsche Raum aufbaut, auch im Falle der Eckreliefs. Diese werden – wie die Ikone mit allerlei Schmuck im »schönen Winkel« der orthodoxen Häuser – an zwei Wänden befestigt. Die Eckreliefs sind keine Skulpturen, sie sind vielmehr ein Materialkomplex, der nicht an die Decke, sondern an die Wand gehängt wird. Der allgemeine Eindruck, den diese Reliefs vermitteln, ist dem vergleichbar, den man beim Anblick des Gewirrs von Masten, Takelwerk, Segeln und Ringen auf Segelschiffen hat.

Alle Objekte, die Tatlin zwischen 1914 und 1920 schuf, gehören zu einer neuen, bis dahin unbekannten Gattung der Kunst. Sie sind eine Akme, der Höhepunkt der Entwicklung der bildenden Künste seit der Renaissance, und zugleich die Rückkehr zu einer Synthese der bildenden Künste, jener bildenden Künste, die Erwin Panofsky ganz allgemein als »zeichnende Künste«[26] charakterisiert hat. Nicht ohne Grund hat Anatoli Strigaljow betont, daß Tatlin »eine völlig originelle grafische Manier« entwickelt hat, »bei der er zahlreiche Zeichnungen der geometrischen Zeichnung annäherte, jedoch die plastische Ausdruckskraft der Zeichnung und sein eigenes künstlerisches Talent bewahrte«[27]. In diesem Sinne sind die Reliefs von Tatlin eine Synthese aus Malerei, Skulptur und Architektur, die auf den einen Nenner der Zeichnung gebracht werden. Später wird diese Ausrichtung im Konstruktivismus noch radikalisiert, besonders bei Rodtschenko, bei dem die Linie als elementares Prinzip der räumlichen Konstruktion zu sehen ist. Bedeutungsvoll ist die von Nikolai Radlow, einem Gegner aller Avantgarde, geprägte Bezeichnung der Tatlinschen Reliefs als »Staffeleiarchitektur«[28].

Die Größe von Tatlins Beitrag zur Kunst des zwanzigsten Jahrhunderts ist augenfällig. Mit Tatlin ist ein neuer Künstlertyp entstanden: Es ist nicht mehr der romantische, um seine außergewöhnliche Berufung wissende Künstler, es ist nicht mehr der Peintre maudit, der sich individualistisch-hochmütig der Masse entgegensetzt (trotzdem wird die Lage aller Protagonisten der Avantgarde sehr schnell überaus tragisch), sondern ein Techniker, der in sich mehrere Disziplinen vereinigt. Tatlin hat die Möglichkeiten der bildenden Künste erweitert. Und die Befreiung der Kunst von der akademischen Routine geht einher mit der exakten Kenntnis der inneren Gesetze der Materialien. Eine solche Achtung vor dem Material bleibt bis heute eine Lehre für jeden Künstler.

Anmerkungen

1 Vgl. Anatoli Anatolewitsch Strigaljow, »Von der Malerei zur Materialkonstruktion«, in: *Tatlin*, hg. v. Larissa Alexejewna Shadowa, ins Deutsche übertr. v. Hannelore Schmör-Weichenhain, Weingarten: Kunstverlag Weingarten, 1987, S. 15–50, hier S. 30: »Für Tatlin ist das ›Material‹ viel empirischer und traditioneller, gleichzeitig sieht aber auch er darin nicht in erster Linie ein utilitaristisches Mittel der Verwirklichung, sondern ein Objekt, auf das sich die schöpferischen Impulse des Künstlers richten.«

2 *Vladimir Evgrafovič Tatlin. 17. XII. 1915*, Petrograd: Novyj žurnal dlja vsech, 1915; dt. in: *Tatlin* (s. Anm. 1), S. 357.

3 David Burljuk, »Faktura«, in: *Poščečina obščestvennomu vkusu* [Eine Ohrfeige dem öffentlichen Geschmack], Moskva, 1912, S. 105; die sich anschließende Beschreibung von Monets »Cathedrale de Rouen« (Sammlung Schtschukin) mit der biologischen Metapher des Wachsens auf der Leinwand wird von Malewitsch übernommen (vgl. ders., *O novych sistemach v iskusstve* [Über die neuen Kunstsysteme], Vitebsk, 1919).

4 V. Markov, *Principy tvorčestva v plastičeskich iskusstvach. Faktura*, Sankt-Peterburg: Sojuz molodeži, 1914.

5 Ebd., S. 25.

6 Wladimir Markows Buch »Iskusstvo negrov« erschien allerdings erst 1919 in Petrograd im Verlag des Volksbildungskommissariats.

7 *Principy tvorčestva v plastičeskich iskusstvach. Faktura* (s. Anm. 4), S. 58.

8 Ebd., S. 60.

9 Ebd., S. 62.

10 Tatlin, »Otvečaju na ›Pis'mo k futuristam‹« [»Meine Antwort auf den ›Brief an die Futuristen‹«], *Anarchija*, 29. März 1918, Nr. 30; dt. in: *Tatlin* (s. Anm. 1), S. 251.

11 V. Tatlin, T. Šapiro …, »Naša predstojaščaja rabota« [»Unsere bevorstehende Aufgabe«], *VIII S-ezd Sovetov (Ežednevnyj bjulleten' s-ezda)*, 1. Januar 1921, Nr. 13, S. 11; dt. in: *Tatlin* (s. Anm. 1), S. 258.

12 Vgl. N[ikolaj Nikolaevič] Punin, *Tatlin (Protiv kubizma)* [Tatlin (Gegen den Kubismus)], Peterburg [vielm. Petrograd], Izdanie Otdela IZO NKP, 1921; dt. (auszugsweise) in: *Tatlin* (s. Anm. 1), S. 415–421, hier S. 416: »In der Kunst Picassos wurde die Untersuchung des Materials auf ein Spiel mit der Oberfläche zurückgeführt, wobei sich als Grundlage dieses Spiels folgende Aussprache von Verlaine erwies: ›nous voulons les nuances encore‹. Picasso kann nicht als Aufbruch einer neuen Ära betrachtet werden.« Bemerkenswert ist die Tatsache, daß Punin hier Nikolai Berdjajews berühmte Formel aus dem Artikel »Picasso« (*Sofija*, 1914, Nr. 3, S. 62) wiederaufgreift: »Picasso ist kein Anfang, Picasso ist ein Ende.«

13 Von Punin in seiner Broschüre »Tatlin (Gegen den Kubismus)« zitiert, vgl. *Tatlin* (s. Anm. 1), S. 417.

14 Larissa Alexejewna Shadowa, »Tatlin, der Künstler der materiellen Kultur«, in: *Tatlin* (s. Anm. 1), S. 88–168, hier S. 91.

15 Vgl. Margit Rowell, »Vladimir Tatlin: Form/Faktura«, *October,* Nr. 7, Winter 1978, S. 83–108, hier S. 102 f.: "Closer to his own experience, were the skeleton masts seen on battleships prior 1914, when he was often at sea. The armature of such masts had the form of a lattice work cone, constructed on the principle of the 'rotational hyperboloid'. The interior of these slatted 'chimneys' was rigged so that equipment could be hoisted or lowered onto the deck or into the hold. Signal lights and radio transmitters were rigged to the top. In visual and functional terms, these masts present a credible point of departure for Tatlin's construction."

16 Vgl. »Unsere bevorstehende Aufgabe« (s. Anm. 11).

17 Ebd.

18 Vgl. Charlotte Douglas, »Evolution and the Biological Metaphor in Modern Russian Art«, *Art Journal,* 44/2, Summer, 1984, S. 153–161.

19 Siehe den Brief von Xenja Puni an Jean Lébédeff (I. K. Lebedew) vom 22. Januar 1913 in: Jean-Claude Marcadé, »L'avant-garde russe et Paris«, *Cahiers du Musée National d'Art Moderne,* 1983, Nr. 11, S. 115–117.

20 Aristoteles, *Physik,* Erstes Buch; *Metaphysik,* 1049a 25.

21 Vgl. S[ergej] K[onstantinovič] Isakov, »K ›kontrrel'efam‹ Tatlina« [»Über Tatlins Konterreliefs«], *Novyj žurnal dlja vsech,* 1915, Nr. 12, S. 46–50; dt. in: *Tatlin* (s. Anm. 1), S. 359–361, hier S. 360: »[Die Futuristen] lassen das Material selbst, die Gegenstände, ihre eigentümliche Wechselwirkung und die ihnen verborgene Energie außer acht.«

22 Ebd., S. 361. Issakow hebt auch die Tatsache hervor, daß die Praxis des Entdeckers der Bild-, Konter- und Eckreliefs der ganzen künstlerischen Tradition des Bezugs zum Material seit den Griechen widerspricht: »Die künstlerische Entdeckung muß darauf ausgerichtet sein, die dem Metall eigene Natur zu begreifen und die in ihm verborgenen Kräfte und Möglichkeiten, die sich in anderen Zahlenverhältnissen ausdrücken als denen, die von den Griechen entdeckt wurden, zu klären« (ebd., S. 359).

23 Punin, »Tatlin (Gegen den Kubismus)« (s. Anm. 12), S. 419.

24 Ebd., S. 420.

25 »Unsere bevorstehende Aufgabe« (s. Anm. 11).

25a Die Lektüre der Korrekturfahnen vorliegenden Artikels fand Anfang Dezember 1992 statt, zu einem Zeitpunkt, als in Paris von mir ein Pevsner-Kolloquium organisiert wurde. Während einer der Diskussionen wurde die Frage des Status von Pevsner angesprochen – Maler und/oder Bildhauer? In diesem Kontext habe ich auf Albertis »De pictura« (1435) verwiesen und folgenden Satz zitiert: »Sunt quidem cognatae artes eodemque ingenio pictura et sculptura nutritae« (II, 27 in fine).

26 Erwin Panofsky, *Idea. Ein Beitrag zur Begriffsgeschichte der älteren Kunsttheorie* (1924), Berlin: Volker Spiess, 1982, S. 22.

27 Strigaljow (s. Anm. 1), S. 23.

28 N[ikolaj Ernestovič] Radlov, »O futurizme i ›Mire iskusstva‹« [»Über den Futurismus und die ›Welt der Kunst‹«], *Apollon,* 1917, Nr. 1, S. 13.

Hubertus Gaßner

Auf der Suche nach Materialgerechtigkeit. Mißverständnisse und gekrümmte Linien

Das Verständnis von Tatlins künstlerischen Intentionen ist wie die Rezeption seines Werkes von Mißverständnissen durchsetzt, und dies schon zu Lebzeiten. Dabei handelt es sich weniger um die üblichen Unterstellungen und Verdrehungen der Kunstkritik als vielmehr um Fehldeutungen von durchaus wohlmeinenden Künstlern.

Am plakativsten wird diese Mißdeutung in der bekannten Aufnahme von George Grosz und John Heartfield auf der Dadamesse in Berlin 1920 zur Schau gestellt. Zusammen halten sie ein Schild mit der Aufschrift »Die Kunst ist tot. Es lebe die neue Maschinenkunst Tatlins« vor die Kamera.

Auch Raoul Hausmann saß dem gleichen Irrtum wie die beiden Dadaisten
187 auf, als er den russischen Künstler in seiner bekannten Collage von 1920 so darstellte, als ob der nichts anderes als Maschinen im Kopf hätte. Die deutschen Künstler gründeten ihre Vorstellungen vom Künstleringenieur aus dem verheißungsvollen Osten auf die erste gedruckte Nachricht von der Kunstrevolution inmitten der politischen Revolution, die der soeben aus Moskau eingetroffene Kunsthistoriker Konstantin Umanski im Münchner »Ararat« unter dem Aufreißer »Der Tatlinismus oder die Maschinenkunst« veröffentlicht hatte.

Ein Jahr später konnte der Berliner Architekt Bruno Taut an seinen holländischen Berufskollegen Jacobus Johannes Pieter Oud schreiben: »Es berührt mich sehr verwandt, kürzlich von Tatlin eine Aeusserung zu lesen, die das Losungswort der Zeit, d. h. den Utilitarismus scharf ablehnt.«[1] Doch ebensowenig wie die dadaistische Wertschätzung Tatlins als Mörder der Kunst im Namen von Technik und praktischer Nutzanwendung trifft Tauts Einschätzung sein Schaffen, hatte er doch schon 1920 die Losung »Nicht das Neue, nicht das Alte, sondern das Notwendige« ausgegeben.

Doch was galt ihm als das Notwendige? Sicher nicht das Dekorative, das Rodtschenko Anfang der zwanziger Jahre von Tatlin fordert, als er ihm vorschlägt, »echte Spezialwerkstätten« für die Bearbeitung verschiedener Materialien einzurichten, wie zum Beispiel eine Schlosserei, eine Dreherei oder eine Holzbearbeitungswerkstätte, damit der dort ausgebildete Künstler »schön bearbeitete Materialien genial zu kombinieren« verstehe. Rodtschenko malt sich aus, wie die bei Tatlin ausgebildeten »Kombinatoren Reliefs zur Hausverzierung« herstellen, die »anstelle von öden Schornsteinen auf den Häusern« ständen oder von Balkonen hingen. Doch anstatt mit professioneller Technologie »fabrikmäßig bearbeitete Materialien« zu schmucken Dekorationen zu kombinieren, bearbeite Tatlin die Naturmaterialien eigenhändig und ohne Maschinen wie ein »Kunsthandwerker«. Deshalb rieche er »nach Erde«.[2]

Nun wollte Tatlin selbst weder Dekorateur sein noch ein Designer, der mit Hilfe der Wissenschaft und neuester Technik Gegenstände entwirft, die von anderen Arbeitern an Maschinen ausgeführt werden, weshalb er auch schon früh den Kontakt zu Rodtschenko und den anderen technologisch eingestellten Konstruktivisten abbricht. »Ich mochte Rodtschenko so sehr«, bekannte Tatlin in späteren Jahren, »aber er verstand mich nicht und schlug den Weg des geometrischen Denkens ein. In ›Gegenstand‹ nannte man mich den Vater des Konstruktivismus. Das war ich niemals ... Ich will die Maschine mit der Kunst hervorbringen, nicht aber die Kunst mechanisieren – hier liegt der Unterschied im Denken.«[3]

Die Zeitschrift »Vešč' – Gegenstand – Objet«, die Tatlin erwähnt, brachten El Lissitzky und Ilja Ehrenburg 1922 in Berlin heraus. Nicht hier, sondern in seinem zur selben Zeit in Berlin und Hannover gehaltenen Vortrag über die neue russische Kunst korrigiert El Lissitzky die verbreitete Vorstellung vom Maschinenkünstler: »In dem Kampf gegen den Ästhetizismus hat der neue Künstler in dem neuen Material einen Stützpunkt gefunden. Das ist die Leistung von Tatlin, der das Material nicht nur für die Augen, sondern auch für das Tasten der Hände entdeckt hat. Sein Problem war die Einrichtung des Auges auf den Tastsinn. [...] 1916 schafft er das ›Winkelkonterrelief‹, einen Körper, der im Raum auf Drähte gespannt ist. Diese Dinge hat man im Westen nach einer oberflächlichen Ähnlichkeit fälschlich Maschinenkunst genannt.«[4]

Obwohl El Lissitzky in seinem Vortrag Tatlin das »Verdienst« bescheinigt, »den Maler an das Arbeiten im realen Raume und an zeitgenössische Materialien gewöhnt« zu haben, betont er in Übereinstimmung mit Rodtschenko seinen »Materialfetischismus«[5]. Um »Gegenstände [...] unabhängig von den rationell wissenschaftlichen Methoden der Technik« aufzubauen, verlasse Tatlin sich zu sehr auf die »intuitiv künstlerische Beherrschung des Materials«[6].

Trotz dieser Charakterisierung der Entwurfsmethoden zeigt El Lissitzkys Collage von 1921/22 einen ganz anderen Tatlin bei der Arbeit. Von einer Erschlie- 198
ßung der äußeren und inneren Materialeigenschaften mit der tastenden Hand ist nichts zu sehen. Statt dessen steht Tatlin, ausgestattet mit Meßlatte und Zirkel, auf einem Schemel inmitten mathematischer Zeichen. Ihn umgeben wie Stellwände im Raum verschiedene »Durchdringungsflächen«, die einem gleichnamigen Proungemälde (1921/22) von Lissitzky entnommen sind (heute in Halle). Auf ein weiteres, diesmal rundes Proungemälde oben rechts richtet das mit dem Zirkel ausgerüstete Auge des vermessenden Tatlin seinen Blick so, als schaue er durch die beiden Zirkelschenkel wie durch ein Fernrohr hindurch. Die Verbindung von Künstlerauge und Zirkel nimmt Lissitzkys berühmtes Selbst-

porträt von 1924 vorweg, wo er sich mittels einer Doppelbelichtung zum »Konstrukteur« – so der Titel – einer neuen Welt des Sichtbaren stilisiert. Man kann bei der Darstellung von Tatlin aber auch an die Worte Naum Gabos aus dem 1920 verfaßten »Realistischen Manifest« denken: »Das Lot in der Hand, mit Augen, so genau wie ein Lineal, den Geist auf den Zirkel gerichtet, konstruieren wir sie [unsere Werke] wie das Universum das seine [...]«[7].

Wenn Tatlin kein Maschinenkünstler und kein Dekorateur, kein Konstruktivist und kein Kunsthandwerker war, ist er dann wenigstens dieser Weltbaumeister, der mit Lineal und Zirkel gerade Linien und Kreise in den Raum zeichnet, um die energetische Gespanntheit von dessen nur scheinbarer Leere zu veranschaulichen – so, wie dies Lissitzky und Gabo vorsahen? In diese Richtung deuten jedenfalls in der Collage die Tatlin zur Seite gestellten mathematischen Zeichen. Das Plus- und das Minuszeichen über dem vom Zirkelschlag eingekreisten Kopf interpretieren seine Vermessungstätigkeit als ein Vordringen vom positiven Raum der Gegenstandswirklichkeit in den negativen Raum der Gegenstandslosigkeit jenseits der im Bild senkrecht gestellten Grenzscheide. Unter diesen Vorzeichen präsentiert die Collage Tatlin gleichsam als Gefährten des metaphysischen »Aviators«, von dem Malewitsch in seinem gleichnamigen Gemälde ein beeindruckendes Bild gibt. So schwarz wie das rechteckige Feld hinter Tatlins Kopf ist auch der quadratische Zylinder auf dem Haupt des Aviators. Wie der Zylinder des Zauberers dient auch dieser der Verwandlung: Gegenstände wie zum Beispiel die plastisch gemalte Gabel werden zur 0-Form dematerialisiert, um dann von hier aus als gegenstandslose reine weiße Energie abzustrahlen und jenseits des Nullpunktes eine neue, dynamisch-energetische Formenwelt aufzubauen. Während diese weißen Strahlen rechts vom Zylinder des Aviators in ihrer Richtung wie auch in ihrer Form den geöffneten Zirkelschenkeln auf Lissitzkys Tatlin-Collage entsprechen, findet sich die große 0 unten in der Collage, unter dem mathematischen Wurzelzeichen neben dem Schemel. Die angeführte Formel der »Wurzel – $\sqrt{}$ – aus dem Unendlichen – ∞ – [...], das zwischen sinnvoll – + – und sinnlos – — – pendelt«[8], versteht El Lissitzky auch als pseudomathematisches Zeichen für »die Kurven des Schattens einer zylindrischen Spirale«[9]. Dieses Verständnis gründet zum einen in der Erkenntnis, daß die Spirale, die wir neben der Formel sehen, zum Zylinder wird, wenn ihr »Scheitel ins Unendliche«[10] verlegt wird. Zum anderen bilden die Schatten der zylindrisch gedrehten Spirale einen imaginären Raum, der in Analogie zu der imaginären Zahl »Wurzel aus plus Unendlich minus« zu sehen ist.[11]

Die Bewegungsbahn, auf der sich El Lissitzky in den imaginären Raum schrauben will, wird durch die Spirale beschrieben. Im Unterschied zur Geradlinigkeit fast aller anderen russischen Konstruktivisten, aber auch im Gegensatz zu den holländischen Konstruktivisten des »Stijl«[12] schätzt El Lissitzky die gekurvte Linie der Spirale durchaus auch als elementare Konstruktionsform in seinen Bildern und Bauten. Neben den Elementen der geschlossenen Form wie

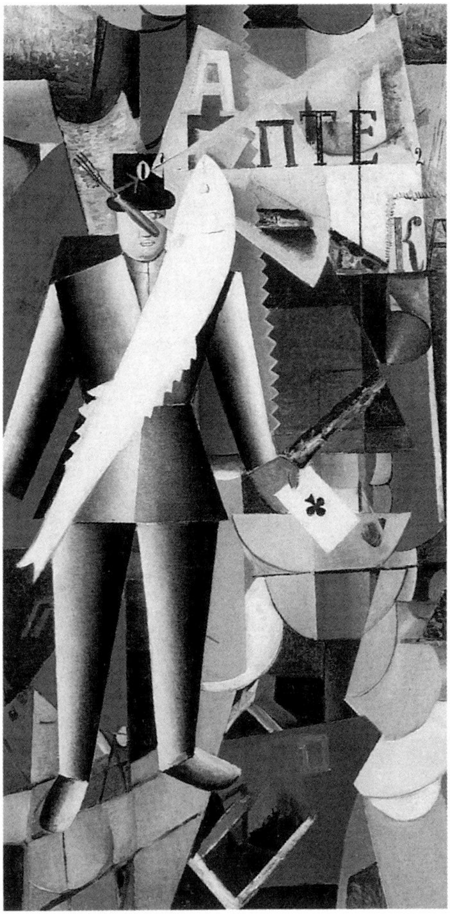

Kasimir Malewitsch. »Aviator«. 1914

Казимир Малевич. «Авиатор». 1914

rechter Winkel, Quadrat, Kubus und Kugel zählt er die Kurvenlinien der Parabel, der Hyperbel und der Spirale als Elemente der offenen Form auf. Als Beispiele dieser offenen Figuren führt Lissitzky außer Brücken und Flugzeugen die »Contrereliefs« von Tatlin an.[13]

Aber nicht nur in den Konterreliefs entdeckt er die offene Kurve der Parabel, Hyperbel oder Spirale, sondern auch in Tatlins Denkmal der Dritten Internationale. In dem Doppelheft 8/9 der Zeitschrift »Merz« (April/Juli 1924) bildet Lissitzky den aus einer doppelten Spirale gebildeten Turm mit einer von Nikolai Punin entlehnten Unterschrift ab: »So wie das Gleichgewicht der Teile, das Dreieck, der beste Ausdruck der Renaissance ist, so ist der Ausdruck unseres Geistes, die Spirale.«

Für Lissitzky ist die Spirale das Symbol des Zeitgeistes, weil sich auf ihr – wie erstmals Einstein aufzeigte – die Lichtstrahlen durch das vierdimensionale gekrümmte Raum-Zeit-Kontinuum bewegen und damit die Form des neu entdeckten Zeit-Raums andeuten. In Spiralen bewegt sich aber auch jene »biomechanische Kraft« im Leben, die nach Auffassung Lissitzkys und seiner wissenschaftlichen Gewährsmänner »alles zur Überwindung der Hindernisse auf ihrem Weg nach Vorwärts antreibt«[14].

Tatlin aber kümmerte sich bei der Konzeption der Doppelspirale für den Denkmalturm weder um die physikalischen Theorien des gekrümmten Univer-

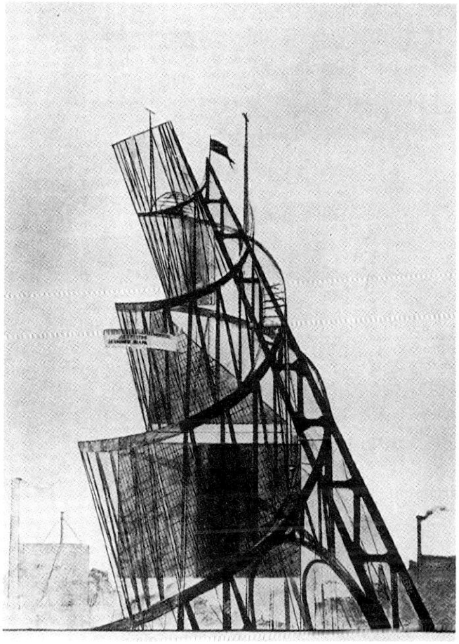

Skizze des Denkmals der Dritten Internationale. 1919

Рисунок «Памятника III Интернационала». 1919

sums noch um die Verlaufsformen biomechanischer Kräfte im allgemeinen. Soweit ich sehe, ist die zweifach geführte Spirale des Denkmalgerüstes auch die einzige ausgeprägte Spiralform in Tatlins Werk überhaupt, aber auch die einzige symbolisch deutbare Form in seinem Schaffen; die Auslegung ist von vielen zeitgenössischen, aber auch späteren Kommentatoren des Denkmals fleißig betrieben worden, ohne daß sie in den Äußerungen von Tatlin selbst einen Rückhalt hätte finden können. In den graphischen Darstellungen und den überlieferten Photographien des Denkmalmodells tritt für den Betrachter denn auch weniger die Doppelspirale in Erscheinung als vielmehr eine Anzahl offener und gekrümmter Bogenlinien, deren Radius sich nach oben hin verkleinert.

Meine These lautet: Nicht die gerade Linie, nicht der vom Zirkel geschlagene Kreis und auch nicht die Spirale sind die Grundformen in Tatlins Werken, sondern die gekrümmte Linie – genauer: ein elastisch gespannter offener Bogen, der weder als Kreissegment noch als geometrisch konstruierte Linie angesehen werden kann. Mit dieser organischen Grundform arbeitet Tatlin, gleich weit entfernt von den mechanisch erzeugten Geraden, Winkeln und Kreisen eines Rodtschenko wie von Lissitzkys offenen geometrischen Formen der Hyperbel, Parabel oder Spirale.

Diese Formdifferenz bezeichnet keineswegs eine nur formalistische Unterscheidung zwischen Tatlin und den Konstruktivisten des INChUK und der Unowis-Gruppe. Die Unterschiede liegen viel tiefer. Sie sind sowohl in der verschiedenen Mentalität und Weltanschauung der Künstler als auch in ihren unterschiedlichen Vorstellungen von einer zukünftigen Gesellschaftsordnung, auf die sie alle drei hinarbeiten, verankert. In den geometrischen oder organischen Linien zeichnen sich an der sichtbaren Oberfläche die Spuren jener untergründigen Bewegungen ab, die nach dem Willen der Künstler in die lichte Zukunft einer befreiten Menschheit führen sollen. Tatlins Bevorzugung der gekrümmten Linie steht in krassem Widerspruch zum technischen Geist, von dem die nachrevolutionäre Zeit ihr künftiges Heil erwartete. Der Schriftsteller Jewgeni Samjatin bringt diesen verbreiteten Zeitgeist in der Negativutopie seines Romans »Wir« (1920) auf die Formel: »Ja, wir werden diese herrliche, das ganze Weltall umfassende Gleichung integrieren! Wir werden die wilde, krumme Linie geradebiegen [...]. Denn die Linie des Einzigen Staates ist die Gerade. Die große, göttliche, weise Gerade, die weiseste aller Linien.«[15]

Rodtschenko stimmt mit diesen Ansichten von Samjatins Romanfigur überein, wenn er in seinem 1921 formulierten Text die geometrisch konstruierte Linie proklamiert: »Die Linie ist das Erste und das Letzte sowohl in der Malerei als auch allgemein in jeder Konstruktion. Die Linie ist die Passage, die Bewegung, der Zusammenstoß, die Grenze, der Halt, die Verbindung, der Schnitt. Die Linie hat also alles besiegt und die letzten Zitadellen der Malerei vernichtet: Farbe, Ton, Textur und Fläche.«[16]

So wird die geometrische Linie im orthodoxen Konstruktivismus zum primären Konstruktionsfaktor. Das Material ist ihr untergeordnet und hat sich ihrer Form zu fügen. Tatlin hingegen behauptet, die gekrümmten Linienbogen erwüchsen aus dem in Spannung versetzten Material. In der Krümmung oder Wölbung trete die innere Verfassung des Materials in Erscheinung.

Wie Rodtschenko die Gerade und den Kreis, so hat Tatlin die gekrümmte Linie als sein ästhetisches Maß definiert, zum Beispiel in einem Interview zum Letatlin: »Ich möchte nicht, daß man an diesen Gegenstand nur vom Standpunkt der Nützlichkeit herangeht. Ich betrachte ihn als Kunstwerk. Sehen Sie diese Krümmung des Flügels [...]. Erweckt der Letatlin nicht den Eindruck eines ästhetisch vollendeten Werkes?«[17]

Tatlin kritisiert die Vorherrschaft der geraden Linie und der rechtwinkligen Formen bei den »Konstruktivisten in Anführungszeichen«, wie er Rodtschenko et alios nennt. Da sie das Material nur nach den formalistischen Gesichtspunkten der darstellenden Geometrie stilisiert hätten, ohne eine »organische Verbindung der Materialien mit [ihrer] tätigen Anspannung« zuwege zu bringen, seien diese Konstruktivisten zu »Dekorateuren« des Materials geworden, statt sich als Konstrukteure zu betätigen.

Im Gegensatz zum geometrischen »Schematismus« der dekorierenden Konstruktivisten betont Tatlin die Notwendigkeit »der Krümmung und der komplizierten Krümmung (solche Formen entstehen durch die vielfache Bewegung von Geraden oder Krümmungen)« sowohl in der Architektur als auch in der Gestaltung alltäglicher Gebrauchsgegenstände, damit diese ihre »Eintönigkeit im Sinne konstruktionstechnischer Lösungen«[18] verlieren und dennoch für den Menschen funktionell sind. Aus dieser Forderung nach einer menschengemäßen Umweltgestaltung folgert Tatlin weiterhin, daß sich die Schaffensmethoden des künstlerischen Produktgestalters und Architekten von den Schaffensmethoden des Ingenieurs unterscheiden müßten, da die »zusammengesetzten gekrümmten Formen [. . .] andere plastische, materielle und konstruktive Wechselbeziehungen«[19] verlangten, als das Studium der Mechanik und der Funktionsweise von Maschinen sie liefern können.

Die programmatischen Äußerungen und die von Tatlin aufgestellten Lehrpläne lassen erkennen, daß die gebogene Linienführung und die gewölbte Fläche für ihn keine Frage des Stils sind, sondern auf der Annahme beruhen, die organischen Formen entstünden als notwendiges Resultat des plastischen Materials, seiner inneren Bewegungen und Spannungskräfte. Anstatt die unterschiedlichsten Materialien in Formen zu pressen, die aus dem Funktionsmechanismus der Maschine oder den Figuren der darstellenden Geometrie abgeleitet sind, fordert Tatlin den »Künstler der Materialkultur«[20] auf, »im Material selbst die Vorbedingungen zur Form ausfindig zu machen«[21]. Tatlin geht von der Hypothese aus, daß bei Ergründung und Berücksichtigung der »Eigenschaften der einzelnen Materialien«, als da seien »Farbe, Faktur, Kompaktheit, Elastizität, Gewicht, Festigkeit«[22], diese Entwurfsmethode unumgänglich zu organischen Formen, das heißt zu gekrümmten Linien und gewölbten Flächen führen werde. Bei der Festlegung des Materials als Ausgangspunkt allen künstlerischen und utilitären Schaffens geht er nicht weniger universalistisch vor als Rodtschenko bei seiner Definition der geometrisch konstruierten Linie als entscheidendem Konstruktionsfaktor der visuellen und materiellen Umwelt.

Tatlin geht bei seiner Materialgestaltung, entgegen seinen eigenen Postulaten, die Materialien sollten als »Ursprung der Kultur [. . .] bei der Gestaltung der Kultur, der Produktion und der Erkenntnis eine führende Rolle«[23] spielen, aber nicht von ihren Eigenschaften aus, sondern von einer bestimmten Form, eben von der zum Spannungsbogen gekrümmten Linie. Zum Beleg der These halte ich mich zunächst an das Offensichtliche und führe eine Reihe von Werken aus Tatlins produktivstem Zeitraum von 1910 bis 1932 an, die alle die gekrümmte Linie als dominante Form aufweisen.

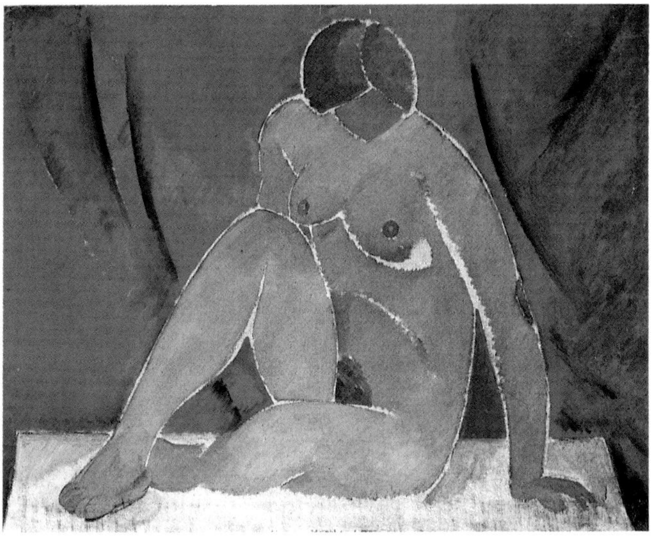

»Akt«. 1913

«Натурщица». 1913

Wie Wladimir Iwanowitsch Kostin in seiner Analyse der frühen Zeichnungen zu Recht festgestellt hat, entwickelte Tatlin die ihm eigentümliche Grundform des elastischen Spannungsbogens in diesen um 1910 entstandenen graphischen Blättern. Diese gebogene Linie wird dann auch in den Gemälden der folgenden
Jahre zwischen 1911 und 1914 und ebenso in den Lithographien, Aquarellen und 20, 173
Theaterkostümen weiterentwickelt und zur vollen Entfaltung gebracht.

In den spannungsgeladenen Bogen aus Eisendraht und den gewölbten Flä-
chen der Konterreliefs überträgt Tatlin die gekrümmte Linie dann ins Räum- 123
liche. Wenn wir die gekrümmten Eisendrähte oder die gespannte Oberfläche des Zink- und Eisenblechs der Materialkombination aus dem Jahre 1916 mit der
ebenfalls gerundeten Glasfläche der verschollenen Materialkombination von 121
1914 vergleichen, so erkennen wir, daß diese gewölbte Spannungsform nicht aus dem jeweils verwendeten Material abgeleitet, sondern vielmehr das Material so ausgewählt wurde, daß es zur gekurvten oder gewölbten Form gebogen werden kann oder diese schon aufweist, wie im Fall des Glases.

Aber nicht nur Glas und Metall erhalten die gleiche Form. Auch das Holz wird in diese Form gebracht. Anfänglich gelingt es Tatlin nur mit Mühe, die hölzernen Scheiben oder Stäbe nach den elastisch gebogenen Linien seiner Zeichnungen zu formen. Entweder verwendet er ein krumm gewachsenes Stück Holz, wie in dem verschollenen, zwischen 1915 und 1920 entstandenen Konterrelief, oder die Begrenzung des Holzes wird kurvig zugesägt. In der Bühnenbildmaquette
für die Inszenierung von »Sangesi« in Petrograd (1923) wird erkennbar, wie gut 179
sich die widerstandsfähigen, aber elastischen Eisendrähte dafür eignen, die gewünschten Krümmungslinien und Spannungsbogen in den Raum zu zeich-

nen, wohingegen das Holz ohne Rücksicht auf seine gewachsenen Strukturen zurechtgesägt werden muß, um die nur scheinbar elastisch geschwungenen Bogenlinien des Konturs zu erhalten. Den gleichen Unterschied finden wir in
157 den Kostümentwürfen des Stücks. Während das »Lachen« vor dem Oberkörper zwei sich überkreuzende Bogenlinien trägt – vermutlich sollten sie aus Metallstäben gespannt werden –, hängt vor der Figur des »Kummers« ein flaches Holzbrett mit seitlich geschwungenem Kontur, wie ihn nur die materialwidrig schneidende Säge zuwege bringt.

Einen Vorläufer haben die gekurvten Konturen der Bretter in Tatlins früheren Bühnenbild- und Kostümentwürfen (1913/14) für die Inszenierung von Michail Glinkas »Iwan Sussanin« (»Ein Leben für den Zaren«). Hier ist die gekurvte
178 Lineatur der Bäume, aber ebenso der steinernen Architektur des Thronsaals und der Textilkostüme unmittelbar aus den Zeichnungen und Gemälden auf die Bühne übertragen worden. Mit den Eigenschaften der dargestellten (Holz und Stein) und der tatsächlich eingesetzten (Kostümstoff) Materialien haben diese straff geschwungenen Linien viel weniger zu tun als mit der spontanen

»Materialkombination«. 1916

«Материальный подбор». 1916

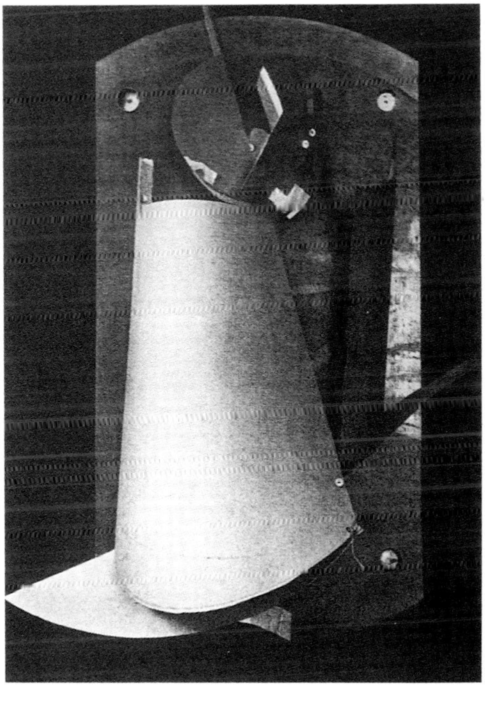

»Konterrelief«. 1915–1920

«Контррельеф». 1915–1920

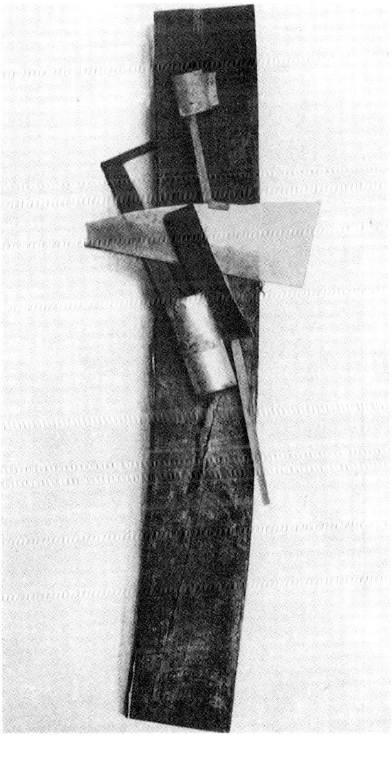

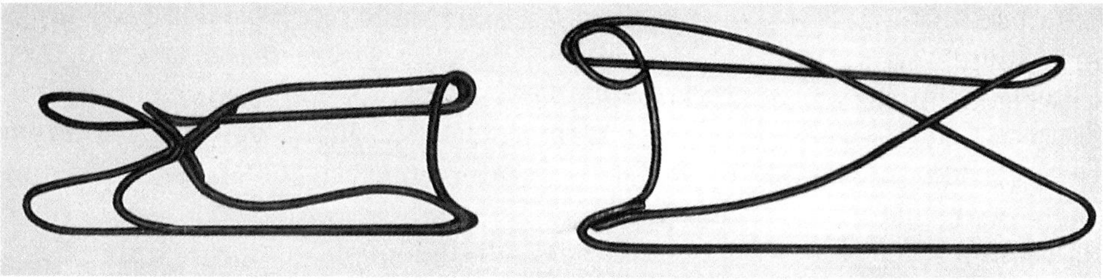

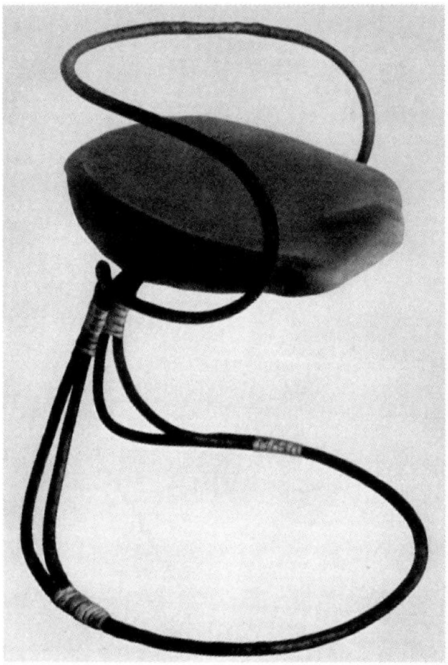

Schlittengestell. Ende der 20er Jahre
(unter Anleitung Tatlins hergestellt)

Санки детские. Конец 1920-х гг.
(под руководством Татлина)

N. Rogoschin (unter Anleitung Tatlins).
Modell eines Stuhles. 1927

Н. Рогожин (под руководством Татлина).
Модель стуля. 1927

Linienführung einer frei zeichnenden Hand einerseits, den Formanleihen bei der Ikonenmalerei und Picassos primitivistischer protokubistischer Phase von 1907/08 andererseits.

Erst mit der Spaltung des Holzes entlang seiner Maserung gelingt es Tatlin in der zweiten Hälfte der zwanziger Jahre, die gewünschte Krümmung in Übereinstimmung mit den Materialeigenschaften des Holzes zu erzielen. Der unter seiner Leitung aus Ahornstangen konstruierte Schlitten gibt dafür ein ebenso eindrückliches Beispiel wie der federnde Stuhl, dessen Stützskelett ebenfalls aus Ahornstangen gefertigt wurde – »gebogen nach dem Prinzip der Thonet-Möbel«[24], wie Tatlin berichtet. Wie wenig materialgerecht allerdings die Formung der Bugholzstühle durch Wasserdampf und Maschinenkraft vonstatten geht, ist bei den Thonetstühlen ersichtlich, auch wenn das hohe Maß an Haltbarkeit, Elastizität und Leichtigkeit beim Endprodukt besticht. Das Biegen mag den inneren Eigenschaften des Holzes vielleicht mehr entsprechen als das Brechen oder Sägen; es käme aber einer Mystifizierung des Produktionsprozesses gleich, würde man die gebogenen Linien des Endprodukts als materialgerechte

Resultate vorführen und sowohl die chemische Aufweichung des Materials als auch seine Verformung unter dem mechanischen Druck der Maschinen verschweigen. Auch hier ergibt sich die gebogene Form nur zum Teil aus dem gewählten Material. Sie ergibt sich weitgehend auch aus der Funktionsbestimmung (haltbar, leicht, federnd) und dem Formwillen des Künstlers beziehungsweise dem Stilempfinden der Zeit.

Bei dem vielgestaltig gewundenen Korbgeflecht und den bestechend schön geschwungenen Flügeln des Letatlin ist dem Formempfinden des Gestalters denn auch offensichtlich nicht nur das Material, sondern auch die Funktion der Flugtauglichkeit untergeordnet worden. Gerade aber aus dieser Dominanz der Form über das Material und den utilitären Zweck gewinnt der Flugapparat seine ästhetische Qualität und seinen Mythos als Verkörperung des unstillbaren Traums vom Fliegen, der ausgeträumt gewesen wäre, hätte der Letatlin seine praktische Funktion erfüllt.

Die Bevorzugung der gekrümmten Linie zeigt sich auch beim Zuschnitt von Kleidungsstücken, von Tatlin in den Jahren 1923 und 1924 entworfen. Die Recht-
176 fertigung der kurvig geschnittenen Mäntel und Anzüge versucht die Verwendung des Raglanschnitts zwar mit dem Argument seiner Funktionalität zu begründen – hängende Schultern und betonte Brustweite gestatteten dem Körper größere Bewegungsfreiheit, während die Verengung am unteren Saum die aufsteigende kalte Luft und den Wind abhalten könnte –, doch die Formanleihen der Schnittmuster bei Tatlins früheren Kostümentwürfen und Figurenzeichnungen, die all dieser schönen praktischen Vorsehungen nicht bedürfen, sind zu offensichtlich, als daß das Argument der Funktionalität der gekrümmten Form glaubwürdig und ausreichend erscheinen könnte. Von der Ableitung der Form aus dem Material ganz zu schweigen. Nicht einzusehen ist, warum ein Bekleidungsstoff den gleichen Spannungsbogen in seiner Silhouette aufweisen soll wie zum Beispiel die aus völlig anderem Material geformten Rippen des Letatlin Flügels.

Am sinnfälligsten zeigt sich die relative Unabhängigkeit der Form vom jeweiligen Material bei dem schön geformten Trinkgefäß. Das Zusammenspiel seiner weichen Rundungen mit den leicht gebogenen Konturlinien, die in die Gefäß-

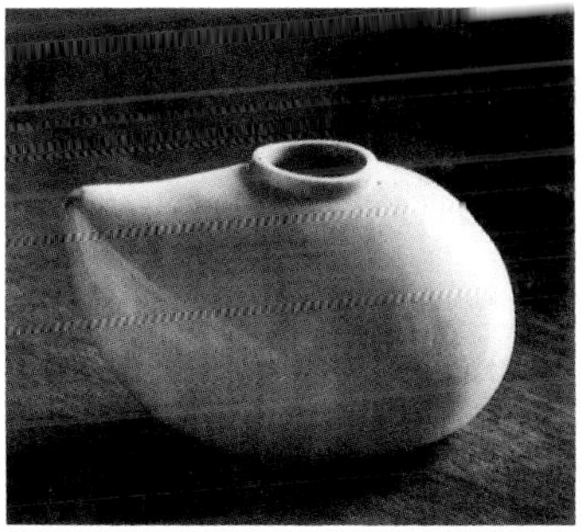

Alexei Sotnikow (unter Anleitung Tatlins). Trinkgefäß für Kleinkinder. 1930

Алексей Сотников (под руководством Татлина). Поильник для грудных детей. 1930

schnauze auslaufen, zeigt die Handschrift Tatlins so eindrücklich, daß sie gerade im Vergleich mit der für die Serienproduktion leicht abgewandelten Gefäßvariante seines Schülers Alexei Sotnikow offensichtlich wird.

In all diesen Beispielen geht die Form nicht eindeutig aus dem Material hervor, erweist sich allerdings auch nicht als materialwidrig. Das Material wird vielmehr so ausgewählt, daß in ihm Tatlins Grundform, die elastisch gebogene Linie, optimal Gestalt gewinnt.

Dieses Abhängigkeitsverhältnis hatte schon Viktor Schklowski klar erkannt, als er an Tatlins Denkmal der Dritten Internationale die Dominantsetzung der Form über das Material konstatierte: »Der Rat der Volkskommissare wurde von Tatlin [. . .] in seinem Denkmal als ein neues künstlerisches Material aufgenommen und [. . .] für die künstlerische Form genutzt.«[25] Wenn schon das mächtige Leitungsorgan des neuen Staates sich dem Formwillen des Künstlers als Material unterordnen mußte, um wieviel gefügiger mußte sich dann weit weniger widerstandsfähiges Material wie etwa die Farbe oder das Holz unter seinen gestaltenden Händen erweisen!

Auf welchen Wegen kam Tatlin zu der charakteristischen gekrümmten Linie?

1. Die vom Wind geblähten Segel des Schiffs, auf dem Tatlin in seiner Jugend als Matrose diente, weisen an der Unterkante jenen besagten Spannungsbogen auf. Als ganze Fläche wölben sich die Segel im Wind wie manche gebogene

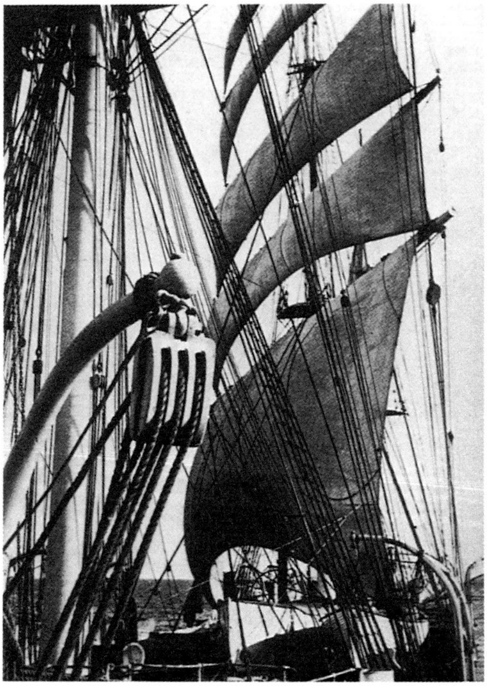

Segelschiff, auf dem Tatlin zur See fuhr

Парусник, на котором плавал Татлин

Form in den Konterreliefs. Auf Deck hatte der Seemann diese Formen stets vor Augen, und man wüßte gern, ob er sie in seinen zahlreichen Zeichnungen an Bord – von ihnen sind leider keine erhalten geblieben – nicht eindrücklich studiert hat. Was lag für den zeichnenden Matrosen näher als das geblähte Segel, in dem sich der Wind verfängt und das Schiff von dannen trägt?

2. Wie schon häufig festgestellt, weisen auch die zur Seite geneigten Hälse der Marienköpfe zahlreicher Ikonen jenen straff gespannten und gebogenen Kontur auf, der für Tatlin charakteristisch ist. Bekannt ist seine Arbeit als Ikonen-
143 maler. Erhalten geblieben ist allerdings nur die zeichnerische Analyse einer Marienikone, zusammengesetzt aus kurzen, straffen Bogenlinien.

3. Auch das Wissen um die Krümmung des menschlichen Sehfeldes mag bei Tatlins Bevorzugung der gekrümmten gegenüber der geraden Linie eine Rolle gespielt haben. 1918 veröffentlichte ein Freund und Geistesverwandter, der Maler Pjotr Mituritsch, Betrachtungen zum Verhältnis von geraden und gekrümmten Linien bei der Objektwahrnehmung und beim Sehen eines Bildes. Mituritschs Gedankengänge zum natürlichen physiologischen Sehen dürften Tatlin vertraut gewesen sein. Auch er wollte das Physiologische gegenüber der Vorherrschaft des Technischen wieder in sein Recht setzen.[26]

4. Die spannungsvoll gekrümmte Linie ist schon in den Zeichnungen der ersten Schaffensperiode zwischen 1910 und 1914 gegenwärtig. Anregungen sei-

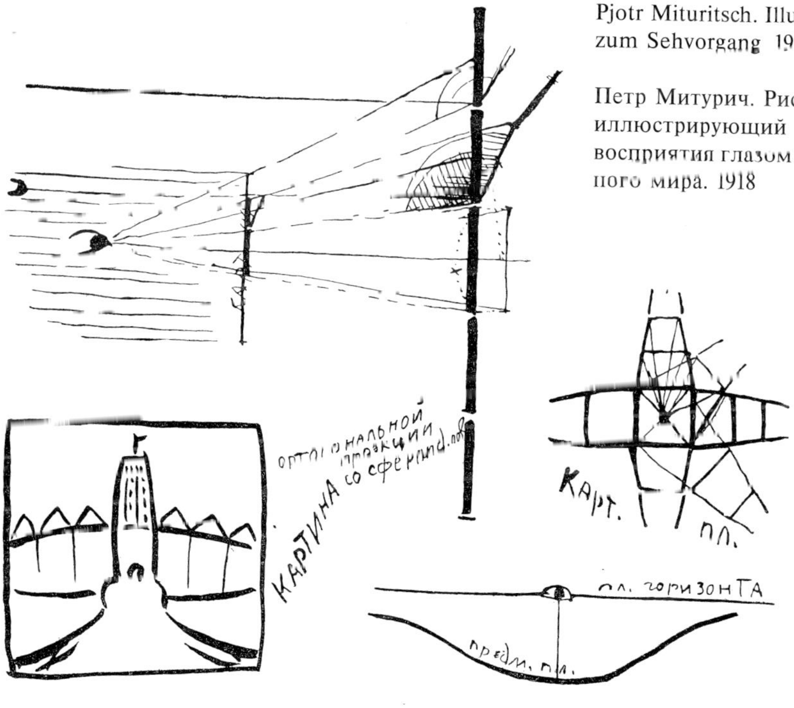

Pjotr Mituritsch. Illustration zum Sehvorgang 1918

Петр Митурич. Рисунок, иллюстрирующий процесс восприятия глазом предметного мира. 1918

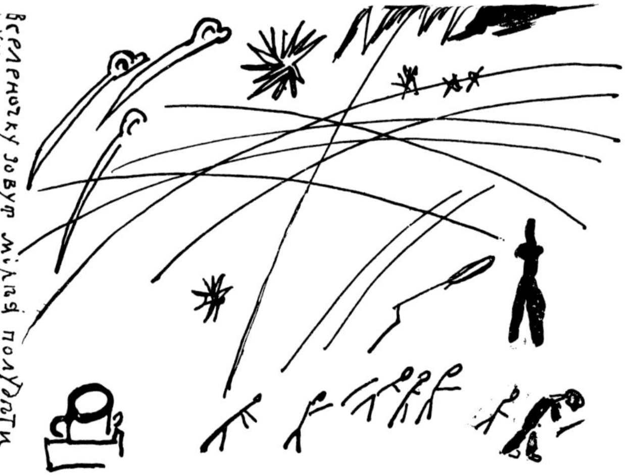

Michail Larionow. Illustration zu »Weltvomende«. 1912

Михаил Ларионов. Иллюстрация к сборнику «Мирсконца». 1912

nes damaligen Freundes und künstlerischen Mentors Michail Larionow könnten bei der Herausbildung der Zeichenmanier mit den schwungvoll und scheinbar schnell hingesetzen Strichen eine gewisse Rolle gespielt haben. Die wiederholten Bogenlinien auf Larionows Zeichnungen zeigen Übereinstimmungen mit Tatlins Linienführung zu dieser Zeit. Als weitere Inspirationsquellen kommen die in der Moskauer Sammlung Schtschukin hervorragend vertretenen Werke aus Picassos primitivistisch-protokubistischer Periode in Betracht sowie der russische Symbolismus, und hier vor allem Pawel Kusnezow mit seiner Vorliebe für rhythmisch gekurvte Lineaturen. Obwohl weicher in den Rundungen und weniger straff gespannt als bei Picasso, Larionow und Tatlin, haben die gekurvten Linien der Symbolisten die gleiche Funktion wie bei den französischen und russischen Primitivisten: das Bildfeld mit einem rhythmisch strukturierten Flächenrapport zu überziehen. Während jedoch durch den ätherisch vibrierenden und nervös flimmernden Flächenrhythmus der symbolistisch entstofflichten Maloberfläche die kosmischen Wellen hindurchschimmern sollten, um die Einheit alles Seienden in der rhythmischen Sphärenmelodie bildhaft zu evozieren, verlegte Tatlin, nicht anders als Picasso, die rhythmischen Schwingungen in die schwere Substanz: in das Material der bildnerischen Gestaltung ebenso wie in den gestaltenden Körper. Beim zügigen, unkontrollierten Zeichnen kann sich der innere Körperrhythmus entäußern. Er findet seinen Niederschlag in den straff gespannten Bogenlinien. Als Schwellinien weisen sie schon einzeln eine rhythmische Bewegung vom leichten Auftakt zum schnellen Ansteigen der Strichbreite durch Verstärkung der Handauflage bis zum Ausklin-

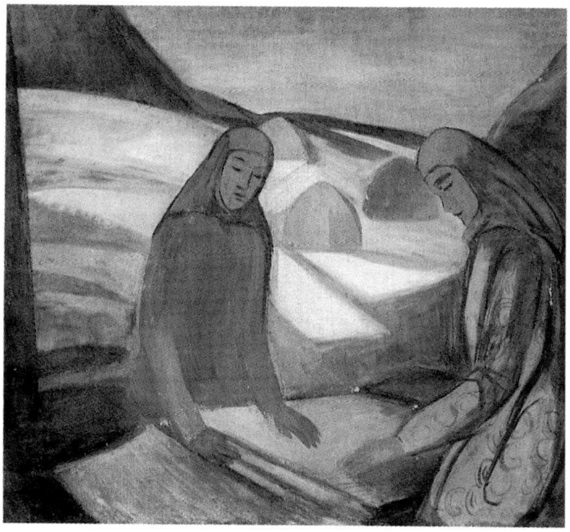

Pawel Kusnezow. »Teppichknüpferinnen«. 1915/16

Павел Кузнецов. «Ковровщицы». 1915–1916

gen in der auslaufenden Spitze auf; zusammengesehen aber ergeben sie ein rhythmisch miteinander und gegeneinander schwingendes Linienmuster.

In den Wachstumslinien der Naturmaterialien sowie in den Krümmungen und Wölbungen organischer, aber auch anorganischer Materialien vermeint Tatlin diesen am eigenen Körper erfahrenen Rhythmus wieder anzutreffen. Deshalb soll die »Kultur der Materialien« diesen inneren Rhythmus kultivieren, indem sie ihm durch eine entsprechende Formung zum Ausdruck und damit zum Leben verhilft. Für Tatlin offenbaren sich diese von ihm in der Natur empfundenen Rhythmen am eindrücklichsten in den gekrümmten Linien. Von der Zeichnung und Malerei überträgt er sie auf die gewölbten Flächen und gekrümmten Bogen des realen Materials, um die technisierte und mechanisierte Welt vom gleichförmigen Takt zu befreien und ihr den schwingenden Rhythmus alles Lebendigen zurückzugeben.

In seinen erläuternden Texten und Lehrprogrammen argumentiert Tatlin ganz in der Tradition einer Ästhetik der Materialgerechtigkeit, die in der Mitte des 19. Jahrhunderts von John Ruskin in England und Gottfried Semper in Deutschland ihren Ausgangspunkt nahm und nach der Jahrhundertwende unter anderem im Deutschen Werkbund wie auch im Bauhaus noch einmal einen Höhepunkt erlebte.[27] Die Besinnung auf die Eigenschaften des Werkstoffs und das Bemühen, die Gestimmtheit der Materialien auch bei ihrer Verarbeitung zu berücksichtigen oder gar für die Wahrnehmung der Benutzer zu steigern, sind als Reaktion auf die Überformung des Materials und die Entstehung immer neuer synthetischer und deshalb formloser Materialien im Laufe der

Industrialisierung zu verstehen. Tatlins materialästhetisches Denken reagiert in diesem Sinne auf die in Rußland im Vergleich zu Westeuropa verspätet einsetzende Industrialisierung. Zugleich antizipieren seine organischen, als Antwort auf Technisierung und Mechanisierung entwickelten Formen den auch in Westeuropa am Ende der zwanziger Jahre einsetzenden Wandel vom geometrisch-konstruktiven zum biomorph-organischen Formkanon.[28] Ganz in zeitlicher Übereinstimmung mit diesem allgemeinen Wechsel gebraucht Tatlin den Begriff der »organischen Form« zum erstenmal in einer Schrift von 1929; er verbindet ihn mit der Forderung an Künstler und Produktgestalter, die »Erscheinungen der lebenden Natur als Muster«[29] in ihren Arbeiten aufzugreifen.

Die organische Form aber geht nicht notwendig aus den Eigenschaften des Materials hervor, wie der Künstler dies in seinen Schriften behauptet. Auch die gewachsenen Naturmaterialien können ganz verschiedene Formen annehmen, ohne daß ihre Gestaltung deshalb gegen den Materialwiderstand und den Grundsatz einer materialgerechten Bearbeitung verstoßen würde. Andererseits erweist sich manche scheinbar materialgerechte Form als durchaus nicht materialgemäß, ohne deshalb schon »unwahr« oder dysfunktional zu sein.

Auch ein Blick auf Tatlins Werke lehrt, daß ihr Material und ihre Form nicht direkt – wie er behauptet –, sondern vermittelt über den menschlichen Körper miteinander in Einklang stehen. In Abweichung von seinem Postulat der absoluten Materialgerechtigkeit der Form berücksichtigt Tatlin bisweilen dieses Dreiecksverhältnis auch in seinen theoretischen Äußerungen. So verlangt er vom »Künstler der Materialkultur«, bei der Produktion eines Gebrauchsgegenstandes sowohl dessen »Funktion« und »alle Eigenschaften der entsprechenden Materialien« zu berücksichtigen als auch »die organische Form (den Menschen)« und seine »Lebensweise«.[30] »Der Mensch«, schreibt Tatlin, »ist ein organisches Wesen, bestehend aus Skelett, Nerven und Muskeln«[31]. Angepaßt an den Aufbau seines Körpers und seine rhythmischen Bewegungen sollen auch die Gegenstände des alltäglichen Lebens gestaltet werden, also im Inneren elastisch federnd bei jeder Bewegung und rhythmisch bewegt in ihrer äußeren Gestalt.

Auf diese Weise will der Künstler zum Aufbau einer Lebensweise beitragen, die sich nicht nur in den Dingen des alltäglichen Gebrauchs »grundlegend von den Gegenständen des Westens und Amerikas unterscheidet«[32], das heißt von der technischen Zivilisation, die gerade zu dieser Zeit auch in der Sowjetunion mit größten Anstrengungen und Opfern durchgepeitscht werden sollte. Die neue Lebensweise sollte den Menschen wieder mit seiner inneren und äußeren Natur in Übereinstimmung bringen, den körpernahen Tastsinn gegenüber dem logozentrischen Auge reaktivieren und das Empfinden des Körpers revitalisieren durch körpergerechte Bewegung im Raum mittels rhythmisch-organisch gestalteter Kleidungsstücke, Sitzgelegenheiten und Fortbewegungsmittel (wie der Bugholzschlitten und das »Luftfahrrad« Letatlin).

Wie der Dichterfreund Welimir Chlebnikow zu den Wortwurzeln zurückkehrte, um aus den Lauteigenschaften eine neue, universelle Sprache der menschlichen Kommunikation aufzubauen, so wollte Tatlin in der Materie die Ureigenschaften entdecken, um auf ihnen eine neue »Kultur der Materialien«, ja eine völlig neue Lebensweise zu errichten. Was allerdings der Dichter und der bildende Künstler auf ihrem Weg zum Ursprung der Zukunft fanden, waren nicht die Wurzeln der Sprache und des Materials. Diese sind in der Naturgeschichte und Kulturgeschichte längst verschüttet und höchstens noch Gegenstand wissenschaftlicher Forschung, von deren Methoden sich Chlebnikow und Tatlin als praktizierende Künstler abgrenzten. Statt auf die Wurzeln stieß der Dichter auf den Rhythmus im Textkörper und im Sprechakt; der Künstler aber fand die rhythmische Konstruktion und Faktur der Gegenstände, hervorgegangen aus der körpernahen Bearbeitung des Materials.

Die von Tatlin intendierte Befreiung des Naturmaterials aus der Fremdbestimmung – durch eine Formung, die allein seine Eigenschaften zum Ausdruck brächte – zielt auf die Freisetzung einer hypothetisch angenommenen Naturkraft, verstanden als Erzeugerin der Materialeigenschaften. In der Annahme dieser unabhängig vom Menschen wirkenden Weltenergie ist sich Tatlin mit Chlebnikow einig. Tatlin erläutert, wie der Poet bei seiner Sprachgestaltung vom Laut als demjenigen »Grundelement« der Sprache ausgeht, das »wortschöpferische, impulsive Kräfte in sich birgt«. Den Lauten selbst, beziehungsweise den ihnen inhärenten Energien, traut Chlebnikow die Kraft zur Wortbildung zu. »Der Laut ›Sch‹ zum Beispiel bringt die Wörter Schale, Schädel, Schuhe, Schachtel hervor, die alle den Begriff einer umhüllenden Schicht assoziieren.«[33]

In Übereinstimmung mit Chlebnikow begreift Tatlin Worte als Artikulationsformen dieser »wortschöpferische[n] Energie«[34]. Das Material versteht er als Materialisierungsform derselben Energie. Für die 1923 erfolgte Aufführung von Chlebnikows »Sangesi« entwarf Tatlin für sechzig unterschiedliche Laute Flächen mit verschiedenen Texturen und Fakturen. Sprachmaterial der Dichtung und stoffliches Material der bildenden Kunst sind für ihn nur zwei Artikulationen derselben Weltenergie: »das Wort ist eine Baueinheit des Gebäudes der Sprache, das Material die Baueinheit des organisierten Raumes«[35].

Diese Art der Bearbeitung des sprachlichen und stofflichen Materials erwies sich als kreatives und produktives Verfahren der Wortschöpfung und Sinngenerierung in der Dichtung und der Erzeugung von haptisch-optischen Qualitäten und Sinneffekten in der bildenden Kunst. Doch die Annahme einer Selbstbewegung des Materials, verstanden als Natura naturans, die durch die helfende Hand des Künstlers gleichsam zu ihrem Selbstausdruck käme, muß bei kritischer Sichtung als das genommen werden, was sie ist: eine mythopoetische Arbeitshypothese des Künstlers.

In Wahrheit ist das heute unhintergehbar gesellschaftlich und technisch geprägte Material auch für einen den Ursprung suchenden Künstler außerhalb seiner Geschichte nicht mehr zu haben. Was als inhärente Eigenschaften des scheinbar natürlichen, vorgeschichtlichen Materials erscheint, ist in Wirklichkeit Produkt menschlicher Arbeit und wird im Aufeinandertreffen der Materialbearbeitung und des Materialwiderstandes immer aufs neue aktualisiert und variiert. Im Zusammenspiel von Körper und Material kann sich der Körperrhythmus auf den Gegenstand durchaus in Übereinstimmung mit den Materialeigenschaften übertragen, so, wie dem Zeichenpapier oder der Leinwand die rhythmischen Spuren der zeichnenden oder malenden Hand unter Berücksichtigung ihrer Oberflächen eingeschrieben werden, ohne daß diese vorrangig die Gestalt der Linien und den Pinselduktus determinieren würden.

Der Kunsthistoriker Nikolai Punin, Freund und erster Kommentator Tatlins, hat diese Bedeutung und Eigenart des Rhythmus im Schaffen des Künstlers erkannt und hervorgehoben und damit auch den Eigenanspruch nach materialgerechtem Gestalten auf die richtige Basis gestellt. »[...] ich aber kenne keine reineren und vollständigeren Rhythmen als die Rhythmen in den Werken Tatlins. Er besitzt in der Beziehung zum Material einen höchst empfindlichen Blick, und gerade durch die Gegenüberstellung der Materialien bestimmt er die Grenzen der rhythmischen Wellen.«[36] Doch dieser Rhythmus in Konstruktion und Faktur der Gegenstände entstammt, wie gesagt, nicht allein der inneren Eigenbewegung des Materials, sondern auch seiner Prägung im Laufe der Bearbeitung durch die gestaltende Hand.

Die Symbiose von innerem Körperrhythmus und materialisierter Rhythmusgestalt zieht sich wie ein Leitmotiv durch Tatlins künstlerisches Schaffen. Dazu einige Beispiele: Dmitri Sarabjanow hat an Gemälden der ersten Schaffensperiode wie etwa dem »Fischverkäufer« zutreffend das Zusammenspiel einer 141
inneren mit einer äußeren Bewegungsform beobachtet. Der aus gekrümmten Spannungsbogen aufgebaute Körper des Fischverkäufers überträgt seinen eigenen, straff schwingenden Bewegungsrhythmus auf die Umgebung, das heißt auf die Fische, den Tisch, die Straße, den Mann mit dem Fischkorb und den Raum. Ausgehend von einem Energiekern, gebildet aus gekrümmten Linien, verbreitet sich die rhythmische Strukturierung des Bildgefüges wellenförmig nach außen, bis sie das gesamte Bildfeld erfaßt hat.

Vergleichbare Relationen von innerem und äußerem Bewegungsrhythmus lassen sich auch am Denkmal der Dritten Internationale beobachten. Im Inneren der Skelettkonstruktion rotieren die unterschiedlich geformten Gehäuse des Volkskörpers in verschiedenen Geschwindigkeiten um ihre jeweilige Achse. »Der untere Stock hatte einen Rhythmus von einem Jahr, der zweite einen monatlichen; der dritte bewegte sich um sich selbst in einem Tag. Hier sollten die Informationen und die Presse untergebracht werden. Die darin Arbeitenden mußten sich dadurch der Zeit bewußt werden«[37] – so beschreibt eine Schülerin Tatlins und Augenzeugin die rhythmischen Kreisbewegungen im Inneren des Denkmalturms. Nach außen hin, an der sichtbaren Oberfläche der Konstruktion, setzen sich diese Rhythmen in den Repetitionen und Staffelungen des Stützskeletts fort, vor allem auch in der aufsteigenden Spiralbewegung, worin die zyklischen Rhythmen mit der linearen Fortbewegung zusammenfließen.

Die genannten Beispiele bilden keine Ausnahmen. Alle von Tatlin geschaffenen Gegenstände sind nicht nur in Entsprechung zu den Bewegungsformen des menschlichen Körpers geschaffen, sie sind dem Körper auch im direkten Sinne ganz nahe: Gleichsam als eine zweite Haut schmiegen sie sich ihm an. Wie Tatlin den Turm als transparente Ummantelung für den rhythmisch bewegten Kollektivkörper der Volksvertreter konstruierte, so schuf er körpergerechte Kleidung für den einzelnen Menschen. Die Konturen dieser textilen Schutzhüllen weisen in gleichem Maße wie die gemalten und gezeichneten Bildfiguren oder das Stützskelett des Turmes eine Abfolge gekrümmter Linien auf.

Dasselbe gilt für den unter Tatlins Anleitung entstandenen Stuhl von Rogo-
46 schin. Die um den Sitzenden in Kurven schwingende Holzkonstruktion ist in Entsprechung zu Aufbau und Haltung des Körpers geformt. Tatlin verweist explizit auf die Notwendigkeit einer körpergerechten Materialwahl und körperanalogen elastischen Konstruktionsform: »Die heutigen Möbelfabriken berücksichtigen bei der Konstruktion der einzelnen Möbeltypen überhaupt nicht die Bedürfnisse des menschlichen Körpers. Sie sind nur an der äußeren Wirkung interessiert. Der Mensch aber ist ein organisches Wesen, bestehend aus Skelett, Nerven und Muskeln. Infolgedessen ist es unerläßlich, daß ein Stuhl federt. [...] Ein billiges Stück aus Brettern aber hat keinerlei Federung. Der von uns konstruierte Stuhl hingegen [...] gibt in genügendem Maße nach.«[38]

Ihren ästhetischen und utopischen Höhepunkt erreicht die Organerweite-
56 rung des menschlichen Körpers zur rhythmischen Konstruktion im Letatlin. Eingebettet in das geschwungene Holzgerüst des Bugs, mußte der Flieger die gewölbten Flügel mit ihren federnd gekrümmten Rippen durch rhythmisches Strecken und Einziehen der Arme in Bewegung setzen, um den Flugapparat in der Luft zu halten. Der Letatlin sollte dem Menschen das Gefühl des Fliegens zurückgeben, das ihm von den Motorflugzeugen mit ihren starren Flügeln geraubt worden war. Im Gegensatz zu diesem mechanischen Fliegen entwirft Tatlin die Möglichkeit des organischen Fliegens mittels der rhythmischen Bewegung des Körpers in der Luft.[39] Die rhythmische Beugung der Arme erzeugte ein ebenso rhythmisches Auf- und Abschwingen der Flügel im Flug.

»Mein Flügel«, sagte Tatlin im Gespräch mit Selinski, »kann dreierlei Bewegungen ausführen, wie bei den Vögeln [...]. Außerdem sind die Flügel zu kleinen Schlägen fähig, wodurch wir uns in der Luft ›schaukeln‹ können. Der Mensch legt sich in die Mitte auf die Brust, steckt die Füße und die Hände in die Tragriemen und lehnt sich gegen den Wind ...«[40]

Im Zusammenspiel des struktiven Formrhythmus aus gekrümmten Linien und gewölbten Flächen des Flugapparates mit den rhythmischen Körperbewegungen des Fliegenden sah Tatlin die Chance, in Übereinstimmung mit der

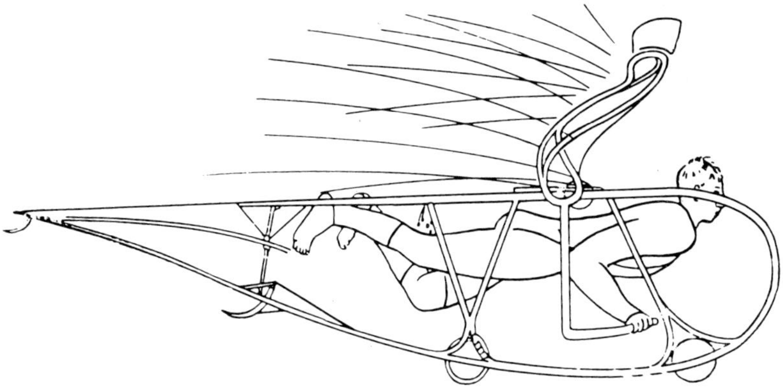

Darstellung der Position des Piloten im Letatlin. Um 1932

Изображение положения летчика в «Летатлине». Около 1932

Natur den Menschheitstraum vom Fliegen zu verwirklichen. Die Erfüllung des Traums hätte – wie alle Projekte Tatlins für die Weiterung des Körpers zur Raumplastik – einen Weg weisen sollen, auf dem Naturgeschichte und Kulturgeschichte wieder ins Lot kommen könnten.

Doch die Geschichte schlug einen anderen Weg ein. Gleichgesetzt mit forcierter Industrialisierung, ließ der Sozialismus den von Tatlin gewiesenen Weg der sanften Technologie links liegen. Die von ihm angestrebte »Anpassung der Technik an die menschlichen Gefühle«[41] und seinen »Glauben an die ›Weisheit‹ der organischen Formen« verurteilten seine Zeitgenossen als »Flucht aus der industriellen Welt von heute«. Einen »Brei von schwerwiegenden, reaktionären Vorurteilen« nannte der Konstruktivist Selinski Tatlins Plädoyer für einen gesellschaftlichen Fortschritt in Übereinstimmung mit der inneren und äußeren Natur des Menschen.

Erst heute, wo wir vor den Trümmern der blinden Technikgläubigkeit und rücksichtslosen Industrialisierung stehen, erkennen wir die Weitsicht des Künstlers, der sich für die Einbeziehung der Körper- und Lebensrhythmen in die Materialbearbeitung aussprach. Immer noch unabgegolten bleibt Tatlins Utopie, die Selbstbewegung des Materials mit der inneren und äußeren Bewegung des Körpers zu einem einheitlichen, doch vielgestaltigen Rhythmus zu verschmelzen, um Natur und Technik durch menschliche Kunst erneut in Übereinstimmung bringen zu können.

1 Bruno Taut, Brief an J. J. P. Oud vom 30. Dezember 1921, unveröffentlicht, Oud-Nachlaß im N.I.A.S. Amsterdam.

2 Alexandr Rodtschenko, Aufzeichnungen, um 1920, zit. n. *Von der Malerei zum Design,* Galerie Gmurzynska, Köln, 1981 (Ausst.-Kat.), S. 116 ff.

3 Tatlin, zit. n. Christina Lodder, *Russian Constructivism,* New Haven and London: Yale University Press, 1983, S. 213.

4 El Lissitzky, »Neue russische Kunst« (1922), in: *El Lissitzky. Maler, Architekt, Typograf, Fotograf. Erinnerungen, Briefe, Schriften,* überg. v. Sophie Lissitzky-Küppers, Dresden: VEB Verlag der Kunst, 1967, S. 330–340, hier S. 337.

5 Ebd.

6 El Lissitzky, *Rußland. Die Rekonstruktion der Architektur in der Sowjetunion.* Wien: Anton Schroll, 1930, S. 10 f. (= Neues Bauen in der Welt, Bd. 1).

7 N. Gabo, Noton [!] Pevzner, *Realističeskij manifest,* 5. August 1920. (Plakat; eine Abbildung findet sich z. B. im Katalog *Arte Russa e Sovietica 1870–1930,* Mailand: Fabbri, S. 411.)

8 El Lissitzky, [Es ist schon genug immer Maschine], *Merz,* Bd. 2, Nr. 8/9, April/Juli 1924; wieder in: *El Lissitzky* (s. Anm. 4), S. 348.

9 El Lissitzky, Brief an Sophie Küppers, Ospedale – Locarno, 6. März 1924, in: *El Lissitzky* (s. Anm. 4), S. 38.

10 El Lissitzky, »Element und Erfindung«, *ABC – Beiträge zum Bauen,* Nr. 1, 1924; wieder in: *El Lissitzky* (s. Anm. 4), S. 347 f., hier S. 347.

11 Ebendiese zylindrische Spirale zeigt ein Fotogramm von El Lissitzky, wo durch den hellen Lichtschatten auf dem dunklen Grund des Fotopapiers der imaginäre Raum eines virtuellen Volumens sich abzeichnet. Eine Abbildung in: Floris M. Neusüss, *Das Fotogramm in der Kunst des 20. Jahrhunderts,* Köln: DuMont, 1990, S. 137.

12 Vgl. El Lissitzky in einem Brief an J. J. P. Oud, den bedeutendsten Architekten des »Stijl«, vom 30. Juni 1924: »Sie erwähnen Mondrians Standpunkt [. . .]. Das Universelle = Gerade + Senkrechte, entspricht nicht dem Universum, das nur Krümmungen, keine Geraden kennt.« In: ders., *Proun und Wolkenbügel. Schriften, Briefe, Dokumente,* Dresden, 1977, S. 125.

13 El Lissitzky, »Element und Erfindung« (s. Anm. 10), S. 347.

14 Ebd., S. 348. Zu El Lissitzkys Kenntnis der spiralförmigen Weltlinie durch das vierdimensionale gekrümmte Raum-Zeit-Kontinuum vgl. die Aussage in einem Brief von 1923: »was mich betrifft, so bin ich nur mit der Lösung eines einzigen [Problems] beschäftigt: in den Arbeitspausen rauche ich mein Pfeifchen und beobachte, in welchen Kurven der Rauch aufsteigt.« In: *Künstlerbekenntnisse,* hg. v. Paul Westheim, Berlin o. J.; wieder in: *El Lissitzky* (s. Anm. 4), S. 346.

15 Jewgenij Samjatin, *Wir,* aus dem Russischen v. Gisela Drohla, Köln: Kiepenheuer & Witsch, 1984, S. 5 f.

16 Alexandr Rodtschenko, Die Linie (1921), zit. n. *Alexander Rodtschenko und Warwara Stepanowa,* Wilhelm-Lehmbruck-Museum Duisburg, 1982/83 (Ausst.-Kat.), S. 96.

17 Kornelij Zelinskij, »Letatlin«, *Večernjaja Moskva,* 6. April 1932, Nr. 80 (12507); dt. (auszugsweise) in: *Tatlin,* hg. v. Larissa Alexejewna Shadowa, ins Deutsche übertr. v. Hannelore Schmör-Weichenhain, Weingarten: Kunstverlag Weingarten, 1987, S. 331 f.

18 V. Tatlin, »Iskusstvo v techniku!« [»Kunst in die Technik!«], in: *Vystavka rabot zaslužennogo dejatelja iskusstv V. E. Tatlina,* Moskva – Leningrad, 1932 (Ausst.-Kat.), S. 5–8; dt. in: *Tatlin* (s. Anm. 17), S. 333–335, hier S. 334.

19 Ebd.

20 V. Tatlin, »Problema sootnošenija čeloveka i vešči. Ob-javim vojnu komodam i bufetam« [»Das Verhältnis zwischen Mensch und Gegenstand. Kriegserklärung an die Kommoden und Büffets«], *Rabis,* 14. April 1930, S. 9; dt. in: *Tatlin* (s. Anm. 17), S. 330 f., hier S. 330.

21 V. Tatlin, »Chudožnik – organizator byta« [»Der Künstler als Organisator der Lebensweise«], *Rabis,* 25. November 1929, S. 4; dt. in: *Tatlin* (s. Anm. 17), S. 329 f., hier S. 329.

22 Tatlin, »Das Verhältnis zwischen Mensch und Gegenstand« (s. Anm. 20), S. 330.

23 Tatlin, Rechenschaftsbericht über die Forschungsarbeit im Jahre 1924. Abteilung Materielle Kultur, Typoskript, ZGAOR, f. 2555, op. 1, ed. chr. 647, l. 348–349; dt. in: *Tatlin* (s. Anm. 17), S. 277 f., hier S. 277.

24 Tatlin, »Der Künstler als Organisator der Lebensweise« (s. Anm. 21), S. 329.

25 V[iktor Borisovič] Šklovskij, »Pamjatnik Tret'emu Internacionalu« [»Das Denkmal der Dritten Internationale«], *Žizn' iskusstva,* Nr. 650–652, 5., 8., 9. Januar 1921, S. 1; dt. in: *Tatlin* (s. Anm. 17), S. 410 f., hier S. 411.

26 Zum gekrümmten Sehfeld und den Konsequenzen für die Kunstgeschichte vgl. auch Erwin Panofsky, »Die Perspektive als ›symbolische Form‹« (1924/1925), in: ders., *Aufsätze zu Grundfragen der Kunstwissenschaft,* Berlin, 1974, S. 99 ff.

27 Zur Frage der Materialgerechtigkeit vgl. Heinrich Lützeler, »Der Werkstoff in der Kunst«, in: *Jahrbuch für Ästhetik und Allgemeine Kunstwissenschaft,* H. 10, 1965, S. 65–97; Günter Bandmann, »Bemerkungen zur Ikonologie des Materials«, in: *Städel-Jahrbuch,* hg. v. Ernst Holzinger, Anton Legner, N. F. Bd. 2, München, 1969, S. 75–100; Günter Bandmann, »Der Wandel der Materialbewertung in der Kunsttheorie des 19. Jahrhunderts«, in: *Probleme der Kunstwissenschaft,* Bd. 1, *Kunstgeschichte und Kunsttheorie im 19. Jahrhundert,* Berlin, 1963, S. 129–157; Dieter Hoffmann-Axthelm, *Theorie der künstlerischen Arbeit. Eine Untersuchung anhand der Lage der bildenden Kunst in den kapitalistischen Ländern,* Frankfurt, 1974, Kapitel »Material«, S. 103–128.

28 Vgl. Thomas Brandt, »Von der Reduktion zum Wachstum. Vom Wandel geometrischer Formen in den 30er Jahren«, in: *»... und nicht die leiseste Spur einer Vorschrift« – Positionen unabhängiger Kunst in Europa um 1937,* Kunstsammlung Nordrhein-Westfalen, Düsseldorf, 1987 (Ausst.-Kat.), S. 23–34; Hubertus Gaßner, »Zum Rhythmusbegriff in Ernö Kállais kunstkritischen Texten«, in: *Akten des Kállai-Kongresses 1991,* hg. v. Gábor Pataki, Budapest, 1993.

29 Tatlin, »Der Künstler als Organisator der Lebensweise« (s. Anm. 21), S. 330.

30 Tatlin, »Das Verhältnis zwischen Mensch und Gegenstand« (s. Anm. 20), S. 330 f.

31 Tatlin, »Der Künstler als Organisator der Lebensweise« (s. Anm. 21), S. 329.

32 Tatlin, »Das Verhältnis zwischen Mensch und Gegenstand« (s. Anm. 20), S. 331.

33 V. Tatlin, »O ›Zangezi‹« [»Über ›Sangesi‹«], *Žizn' iskusstva,* Nr. 18, 8. Mai 1923, S. 15; dt. in: *Tatlin* (s. Anm. 17), S. 268 f., hier S. 268.

34 Ebd., S. 269.

35 Ebd., S. 268; zu den lautäquivalenten Materialtafeln vgl. *Tatlin* (s. Anm. 17), S. 428, Anm. 4.

36 N[ikolaj Nikolaevič] Punin, *Pamjatnik III Internacionala* [Das Denkmal der Dritten Internationale], Peterburg [vielm. Petrograd], Izdanie Otdela IZO NKP, 1920; dt. in: *Tatlin* (s. Anm. 17), S. 411–414, hier S. 414.

37 Margarita Woloschin, *Die grüne Schlange. Lebenserinnerungen einer Malerin,* Frankfurt, 1982, S. 334.

38 Tatlin, »Der Künstler als Organisator der Lebensweise« (s. Anm. 21), S. 329.

39 Vgl. Zelinskij, »Letatlin« (s. Anm. 17).

40 Ebd.

41 Ebd. Dies und die folgenden Zitate sind in dem in *Tatlin* (s. Anm. 17) abgedruckten Auszug aus Selinskis Artikel nicht enthalten.

Radu Stern

Letatlin: Natur versus Technik

Von allen gängigen Kommentaren zum Letatlin ist derjenige am bekanntesten, der die Originalität, wenn nicht gar reine Verschrobenheit des Projekts, dieses merkwürdigen »fliegenden Fahrrads«, betont. Trotzdem beharrte Tatlin darauf, daß der Letatlin keine Laune, sondern eine logische Weiterentwicklung seines vorherigen Werkes sei. In einem Text voller Anspielungen auf die produktivistische Rhetorik konstatierte er: »1. Habe ich als Objekt der künstlerischen Konstruktion einen Flugapparat gewählt, weil dies die komplizierteste dynamische Material-Form ist, die als ein Gebrauchsgegenstand in den Alltag der sowjetischen Massen Eingang finden kann. 2. Bin ich bei der Konstruktion materieller Anlagen aus einfachsten Formen zu komplizierteren vorangeschritten: von der Kleidung, Gebrauchsgegenständen des alltäglichen Lebens zum architektonischen Bau zu Ehren der Komintern. In der gegenwärtigen Etappe meiner Arbeit ist der Flugapparat die komplizierteste Form, die dem aktuellen Bedürfnis der Eroberung des Raumes durch den Menschen entspricht.«[1]

Wenn man dies in Betracht zieht, so ist es sehr anregend, den Letatlin nicht nur als originelles Fluggerät, sondern auch als fliegende Skulptur zu analysieren. Aus diesem Blickwinkel läßt sich der Letatlin als letztes wichtiges Werk des Künstlers als Endergebnis einer lebenslangen Erforschung des Plastischen interpretieren und sollte im Zusammenhang mit Tatlins früheren Versuchen gesehen werden, die Basis einer künstlerischen Komposition möglichst zu reduzieren, ihre Dynamik hingegen zu steigern – Versuche, die mit den ersten Konterreliefs begannen und in den kinetischen Innenstrukturen des Denkmals der Dritten Internationale weiterentwickelt wurden.

Dennoch – wenn der Letatlin die Fortführung eines früheren künstlerischen und sozialen Engagements ist, so ging Tatlins Interesse am künstlichen Flug über den geläufigen Enthusiasmus der Avantgarde für die Fliegerei hinaus. Tatsächlich war die »Eroberung des Raumes durch den Menschen« in der Sowjetunion ein alltägliches Schlagwort. Die späten zwanziger und frühen dreißiger Jahre waren eine entscheidende Periode in der Entwicklung der sowjetischen Luftfahrt. Einige wichtige Ereignisse der Luftfahrt, wie die propagandistischen Langstreckenflüge sowjetischer Flieger nach Japan, in die USA oder zum Nordpol, wurden weithin bekannt gemacht und erweckten Nationalstolz. Diese allgemeine, der Fliegerei mehr als wohlgesinnte Atmosphäre ließe sich mit einer ganzen Reihe weiterer Beispiele illustrieren; man sollte sich aber auch daran erinnern, daß Tatlins Studien zum Letatlin darüber hinaus sehr gut mit einem großen Interesse sowjetischer Luftfahrtexperten für den motorlosen Flug zusammengingen. Wie der Luftfahrthistoriker Robert A. Kilmarx schreibt, wurden »zwischen 1931 und 1933 in der Sowjetunion ungefähr 46 verschiedene Gleiter hergestellt«[2].

Doch war der Letatlin – nehmen wir die Tatsache, daß all diese Geräte ohne Motor konstruiert waren, einmal aus – in einem völlig anderen Geist entworfen, weit entfernt von dem, der in den dreißiger Jahren die Konstruktion von Gleitfliegern bestimmte. Tatlin ließ die Forschungsergebnisse der Aerodynamik bewußt außer acht und entschied sich für den Vogelflug als Modell und Ausgangspunkt seiner Untersuchungen. Während er nur vage äußerte, seit dem »Ikarus der Antike« bestehe diese Idee »schon einige tausend Jahre«[3], versäumten die damaligen Kritiker nicht, präzisere Vermutungen über Vorläufer anzuführen, etwa Leonardo da Vincis berühmte Flugmaschinenzeichnungen oder, zeitgenössischer, die bekannten riesigen Eindecker von Otto Lilienthal. Es liegt auf der Hand, daß Tatlin Leonardos Projekte nicht ignorieren konnte, und seine Kenntnis der Theorien Lilienthals ist dokumentiert.[4]

Doch bleibt zu klären, warum Tatlin diesem so offensichtlich veralteten Gedankengang statt zeitgenössischen, auf Ingenieurswissen basierenden Lehren der Aeronautik folgte. In der Einleitung zum Katalog der Stockholmer Tatlinausstellung von 1968 zitiert Troels Andersen als vermutliche Quelle für Tatlins Ansatz einen Artikel von Konstantin Ziolkowski über Flugmaschinen, in dem der namhafte russische Naturwissenschaftler bekräftigt: »Wenn das Flugzeug je durch Ornithopter ersetzt werden soll, dann wird deren vernünftige Planung sehr viel gründlichere Studien über das Fliegen von Vögeln und Insekten erfordern.«[5]

Wie Troels Andersen erklärt, zeigten Ziolkowskis Schlußfolgerungen jedoch genau, daß jeder Versuch, durch Imitation der Vögel zu fliegen, zum Scheitern verurteilt ist.

Ich möchte eine weitere Hypothese aufstellen und auf Pawel Florenskis »U vodorazdelov mysli« (»An den Wasserscheiden des Denkens«) hinweisen, einen Text, dessen Bedeutung entscheidend zur Herausbildung von Tatlins zum Letatlin führenden Gedanken beigetragen haben könnte. Zwar ist der Text nie vollständig publiziert worden, aber Florenski gab dem Manuskript den letzten Schliff, als er zwischen 1921 und 1924 vor den Studenten der Wchutemas Vorlesungen über die Philosophie der Technik hielt; so könnte Tatlin, der Florenski vor dem Ersten Weltkrieg kennengelernt hatte und über die Veranstaltungen an den Wchutemas auf dem laufenden war, gut über diese Ideen informiert gewesen sein. Unter den von Florenski vertretenen Thesen ist im Zusammenhang mit dem Letatlin eine von besonderem Interesse, und zwar die Theorie der Organprojektion.[6] Freilich stammt diese Idee nicht von Florenski, sondern ist der Zentralbegriff von Ernst Kapps »Grundlinien einer Philosophie der Technik. Zur Entstehungsgeschichte der Kultur aus neuen Gesichtspunkten«, 1877 in Braunschweig erschienen. Von einem vitalistischen Standpunkt aus verwirft der deutsche Philosoph die mechanistische Analogie als Modell zur Beschreibung lebender Organismen; so verkehrt er den positivistischen Ansatz ins Gegenteil und sieht die Technik als Analogon biologischer Strukturen. Daher sei der menschliche Körper als am weitesten entwickelter Organismus die primäre Quelle der Technik, und alle je vom Menschen hervorgebrachten Werkzeuge oder Apparate seien nichts anderes als künstliche Surrogate der biologischen Organe oder eben, um Kapps Begriff zu gebrauchen, eine »Organprojektion«. Kapp verfocht die These, Erfindungen wie das Teleskop, die Orgel und das Klavier seien nur unvollkommene Organprojektionen des Auges, des Ohres und der Kehle als der »organischen Vorbilder«. Ebenso seien Vergrößerungsglas, Mikroskop und Fernglas als Organprojektionen spezialisierter Funktionen des Auges zu interpretieren. Nach Kapp ist die Kanalisation eindeutig die Organprojektion der Blutzirkulation, und es war für ihn klar, daß jede Maschine nur eine mehr oder weniger unbeholfene Kopie jenes vollendeten mechanischen Systems des Skeletts darstelle. Daher dürfe man nicht mit den gängigen Vergleichen der Physiologielehrbücher, die immer noch jene iatromechanistischen Analogien spiegelten, das Herz als mechanische Pumpe, die Bronchien als anatomische Flöte und das Auge als lebende Kamera ansehen, sondern gerade umgekehrt: Jede Pumpe ist dem Herzen nachgebildet, jede Kamera ist nichts anderes als ein mechanisches Auge usw. Folglich behauptete Kapp, aufgrund der Tatsache, daß technische Gegenstände eine dürftige Nachahmung der biologischen Organe mit ihren stets besseren Leistungen seien, gebe das Studium lebender Organismen den eigentlichen Schlüssel für technische Erfindungen an die Hand.

Die Ähnlichkeit zwischen Kapps vitalistischen Theorien, die durch Florenski in Rußland verbreitet wurden, und Tatlins Ansatz beim Entwurf des Letatlin fällt ins Auge. In einem Artikel aus dem Jahre 1930, als die eigentliche Arbeit am Letatlin bereits begonnen hatte, erklärte Tatlin: »Unsere Lebensweise beruht auf gesunden und natürlichen Grundlagen, der Gegenstand des Westens kann uns nicht befriedigen. Wir müssen für unsere Gegenstände vollkommen andere Ausgangspunkte suchen. Deshalb bekunde ich so großes Interesse an der organischen Form als einem Ausgangspunkt zur Schaffung des neuen Gegenstandes.«[7]

Wie wir gesehen haben, steht nach Kapps vitalistischer Theorie die organische Form am Beginn der technischen Entwicklung. Auch ist die organische Form nicht nur die ursprüngliche, sondern, wie der Darwinismus meint, die an die zu erbringende Leistung am besten angepaßte. Von daher gesehen, war Tatlins Entwurfsmethode nicht altmodisch, sondern höchst fortschrittlich. In diesem Licht wurde die Neuschaffung der »ursprünglichen«, notwendigerweise vollkommenen Form das eigentliche Problem technischer Erfindung.

Bisweilen wird Tatlin als Vorläufer der Bionik genannt. Aber wer den Letatlin nur als »bionisches« Projekt deutet, versteht seine wirkliche Komplexität nicht. In einem Interview erläuterte Tatlin seine Absicht bei der Schaffung des Fluggeräts: »Außerdem möchte ich dem Menschen das Gefühl des Fliegens zurückgeben. Der Flug mit der Maschine, dem Flugzeug, beraubt uns dessen. Wir kennen das Gefühl, sich mit dem eigenen Körper in der Luft zu bewegen, nicht.«[8]

Da er die Überlegenheit des Natürlichen gegenüber dem Künstlichen beweisen sollte und organisch entworfen war, mußte der Letatlin auch organisch gehandhabt werden. Dem Argument, simple Berechnungen erwiesen schon, daß die menschliche Muskelkraft sechseinhalbmal größer sein müsse, um den Letatlin zum Fliegen zu bringen, entgegnete Tatlin, die Natur selbst beweise, daß er recht habe. Es sei unmöglich, das Projekt mathematisch anzugehen; statt dessen solle der Mensch das Fliegen erlernen, und er trat für Flugunterricht ein, der in den Schulen ab dem achten Lebensjahr erteilt werden solle; dieses Alter entspreche etwa dem eines zweiwöchigen Vogels, dem Alter also, in dem der Vogel zu fliegen beginne.[9]

Trotz Tatlins Aussagen, die die Dominanz des Organischen über das Technische bekräftigen, ist der Letatlin jedoch kein ausgesprochen antitechnischer Protest. Tatlins Mißtrauen gegenüber der Technik erwuchs aus ihrer Künstlichkeit, ihrer Trennung von der Natur. Eine vom Organischen ausgehende Gestaltung bot einen Weg, auf dem die Unterscheidung zwischen dem Natürlichen und dem vom Menschen Gemachten abgeschafft werden könnte. Wie das Denkmal der Dritten Internationale als Alternative zum erschreckenden Traditionalismus des Leninschen Plans für Monumentalpropaganda entwickelt wurde, so sollte der Letatlin eine Lösung verkörpern, die sowohl der Engstirnigkeit der Technokraten als auch dem reinen Formalismus der von Tatlin so genannten »Konstruktivisten in Anführungszeichen« entgegengesetzt war. Gegen den Eskapismus wie gegen die technizistische Enthumanisierung durch den Stalinschen Fünfjahresplan gerichtet, war Tatlins herausfordernder Apparat als handfester Beweis der Tatsache gedacht, daß trotz des ästhetizistischen Protests der Partisanen der »reinen Kunst« und trotz der offenbaren Skepsis der Ingenieure die langerhoffte Synthese von Kunst und Technik möglich sei.

Indes wäre es, falls die Synthese schließlich verwirklicht würde, der Künstler und nicht der Ingenieur, dem die führende Rolle zukäme, da seine »Schaffensmethode sich qualitativ von der Schaffensmethode des Ingenieurs unterscheidet«[10]. Daher verwies Tatlins Entwurfstheorie den Ingenieur auf eine untergeordnete Position: Seine Aufgabe ist es, die vom Künstler, der ein Gegenspieler der Technik zu sein hat, bereits erdachte Form technisch im Detail zu verbessern. Das fliegende Fahrrad sollte den Weg zu einer neuen Art technischer Schöpfungen bahnen, die ihre Form gemäß künstlerischer Intuition und nicht nur nach wissenschaftlichen Berechnungen finden sollten, denn »Algebra läßt die Harmonie vertrocknen«.

1 V. Tatlin, »Iskusstvo v techniku!« [»Kunst in die Technik!«], in: *Vystavka rabot zaslužennogo dejatelja iskusstv V. E. Tatlina,* Moskva–Leningrad, 1932 (Ausst.-Kat.), S. 5–8, hier S. 7; dt. in: *Tatlin,* hg. v. Larissa Alexejewna Shadowa, ins Deutsche übertr. v. Hannelore Schmör-Weichenhain, Weingarten: Kunstverlag Weingarten, 1987, S. 333–335, hier S. 334.

2 Robert A. Kilmarx, *A History of Soviet Air Power,* London, 1962, S. 110.

3 Kornelij Zelinskij, »Letatlin«, *Večernjaja Moskva,* 6. April 1932, Nr. 80, S. 2; dt. (auszugsweise) in: *Tatlin* (s. Anm. 1), S. 331 f., hier S. 332.

4 In seinem Artikel »Uletavl'« (*Družba narodov,* 1979, Nr. 2, S. 220–236) berichtete Daniil Danin (S. 227), Tatlin habe »eine deutsche oder russische Ausgabe« von Lilienthals Schrift »Der Vogelflug als Grundlage der Fliegekunst« besessen.

5 Troels Andersen, »Notes on Tatlin«, in: ders., *Vladimir Tatlin,* Moderna Museet, Stockholm, 1968 (Ausst.-Kat.), S. 6–11, hier S. 9.

6 Das Fragment »Organoproekcija« wurde veröffentlicht in: *Dekorativnoe Iskusstvo,* Nr. 145, 1969, S. 39–42.

7 V. Tatlin, »Problema sootnošenija čeloveka i vešči. Ob-javim vojnu komodam i bufetam« [»Das Verhältnis zwischen Mensch und Gegenstand. Kriegserklärung an die Kommoden und Büffets«], *Rabis,* 14. April 1930, S. 9; dt. in: *Tatlin* (s. Anm. 1), S. 330 f., hier S. 331.

8 Zelinskij (s. Anm. 3), S. 332.

9 Vgl. I[saj] A[rkadevič] Rachtanov, »Letatlin – vosdušnyj velosiped« [»Letalin – das Luftfahrrad«], *Pioner,* 1932, Nr. 9, S. 12; dt. (auszugsweise) in: *Tatlin* (s. Anm. 1), S. 332 f., hier S. 332.

10 Tatlin, »Kunst in die Technik!« (s. Anm. 1), S. 334.

Übersetzung aus dem Englischen: John Matheson.

Aleksandar Flaker

Die Spirale als optimale Projektion

Der Begriff der »optimalen Projektion« ist in der Zagreber Arbeitsgemeinschaft »Glossarium der russischen Avantgarde« als einer jener Grundbegriffe entstanden, die bei der Bezeichnung avantgardistischer Strukturen behilflich sein mögen. Mit seiner ursprünglichen Semantik (»Wurf nach vorn, in die Ferne«) und hinsichtlich des Umstands, daß er aus der Mathematik und der Physik übernommen wurde, entspricht der Begriff »Projektion« einer Begriffsreihe, die die Avantgarde selbst entwickelt hat; mit ihm wird auch ein konstruktives Prinzip der Texte betont; hervorgehoben wird die Einstellung solcher Texte auf die Zukunft, in deren Namen es möglich ist, die Vergangenheit umzuwerten und die Gegenwart abzulehnen; das Attribut »optimal« schließt die Möglichkeit einer Wahl zwischen verschiedenen Projekten ein.[1]

Zur Beschreibung der geschichtlichen Entwicklung als fortschreitende Bewegung wird in den Texten der Avantgarde zuweilen auch der Begriff der Spirale verwendet. Wie schon in der Tatlinforschung bemerkt wurde, stammt dieser Begriff als Metapher für die Dialektik der Geschichte im Sinne einer zyklischen oder spiralenartigen Bewegung ursprünglich von Hegel.[2] Verbreitung fand die Metapher indessen durch Marx' und Engels' Konzept der Dialektik in ihrer Lehre von den Prozessen, die sich in Natur und Geschichte im Rhythmus These - Antithese - Synthese stufenartig und sprunghaft entwickeln. Deren Zeichen sei also die Spirale, die durch das Aufheben der Widersprüche immer höher und höher steigt. Das revolutionäre Geschehen nach 1917 begünstigte die Verbreitung dieses Zeichens.

Ein Beispiel solchen Gebrauchs der Metapher entnehmen wir den Schriften eines kroatischen Schriftstellers, dem die Revolution in Rußland die optimale Projektion in die Zukunft anbot. Damals benutzte Miroslav Krleža verschiedene Metaphern, die die Vorstellung von Umwertung und Streben nach optimalen Lösungen ausdrücken. In seinen Tagebuchaufzeichnungen bezeichnet Krleža die avantgardistische Malerei im Jahre 1917 (es werden Matisse, Klee, Franz Marc, Kandinsky erwähnt) als »propädeutische Varianten für einen großen, virtuosen Strich über alles«[3]; häufig finden wir bei ihm den Begriff der »Asymptote«[4], aber speziell im Jahre 1917 stellt er dem Verständnis des Begriffs »Progreß« als »einbahnige Linie« sein Verständnis dieses Begriffs als »Bewegung in einem explosiven Sinn in alle Richtungen [...] in die Erde und in den

Himmel, herauf und hinunter, links und rechts, in das Böse und in das Gute, in das Kluge und in das Dumme«[5] entgegen. Später aber, im Jahre 1919, stellt sich Krleža in einem Essay, der sich mit dem Titel »Eppur si muove« auf Galilei beruft (vgl. auch den Titel der »konstruktivistischen« Schrift Ehrenburgs – »A vse-taki ona vertitsja« [»Und sie bewegt sich doch«], Berlin 1922, in der ein Abschnitt dem »Denkmal« Tatlins gewidmet ist), den »Progreß« als Spirale vor: »Und sie bewegt sich. Langsam. Und doch bewegt sie sich! In einer Spirale vollzieht sich der Progreß des Menschengeschlechts, und alle hundert Jahre dreht sich diese ›progressive Spirale‹ um eine Kurve nach oben, so daß sich die Kugel durch geheimnisvolle Biegung erhebt und ihre eigenen Widersprüche durch den ständigen Aufstieg überwindet. Oh, alle langen langen hundert Jahre um eine Biegung höher steigt die Kugel, die die vorgalileischen Jahrhunderte ruhend glaubten und deren Drehung die nachgalileischen Jahrhunderte erkannten und von der wir wieder glauben, daß sie steige.«[6]

Diese Metapher der Spirale wird dann im Text entfaltet. Die Geschichte Europas nach der Französischen Revolution bis zum Untergang der deutschen Marine bei Scapa Flow erscheint als Spirale des Fortschritts, die immer wieder die Antinomien aufhebt und sich dadurch »doch bewegt«.

Die Metapher verbreitete sich auch in Rußland. So erinnert sich Benedikt Liwschiz, daß Nikolai Kulbin in den Anfangsjahren der Avantgarde (etwa 1908) in seinen Vorträgen die Idee »der spiralenartigen Entwicklung der Kunst« vertreten habe: »Die Kunstgeschichte, sagte er, sei – wenn wir ihrer Evolution vom ursprünglichen Chaos bis in unsere Zeit folgen – nichts anderes als ein spiralenartiger Aufstieg mit stets sich wiederholenden Phasen, mit den Wendungen vom Idealismus zum Realismus, vom Realismus zum Idealismus usw.«[7]

Das nächste Beispiel ist schon die Samjatinsche Deutung der Bewegung der Kunstgeschichte nach der Formel »+, –, – –«: »Affirmation; Negation; und die Synthese – die Negation wird negiert. Der Syllogismus ist geschlossen, der Kreis ist vollkommen. Über ihn erhebt sich ein neuer – und doch derselbe – Kreis. Und so ergibt sich aus den Kreisen die himmeltragende Spirale der Kunst. Die Spirale als Wendeltreppe am Turm zu Babel, als Weg des Flugzeugs, das in Kreisen in die Höhe steigt – das ist der Weg der Kunst. Das Gleichnis der Bewegung der Kunst ist das Gleichnis der Spirale.«[8]

Im selben Essay wendet sich Samjatin Brueghel zu: Der Turm zu Babel ist der Turm Brueghels, mit dem mehrmals schon der Turm Tatlins verglichen wurde.

Es mag sein, daß Tatlin in seinem »kinetischen Bauwerk« auch von der »Tradition der alten russischen Kunst«[9] ausgegangen ist, und wir sind in der Tat auf mehrere Vorbilder in Malerei, Skulptur und Architektur aufmerksam gemacht worden[10], obwohl schon Andersen seine Skepsis gegenüber solchen Forschungen geäußert hatte ("The theme itself is as ancient as the wings of Icarus. There is no point in researching the whole iconography of 'the Tower' "[11]). Mit Milner sind wir auch davon überzeugt, daß das Thema der Spirale das Grundthema des

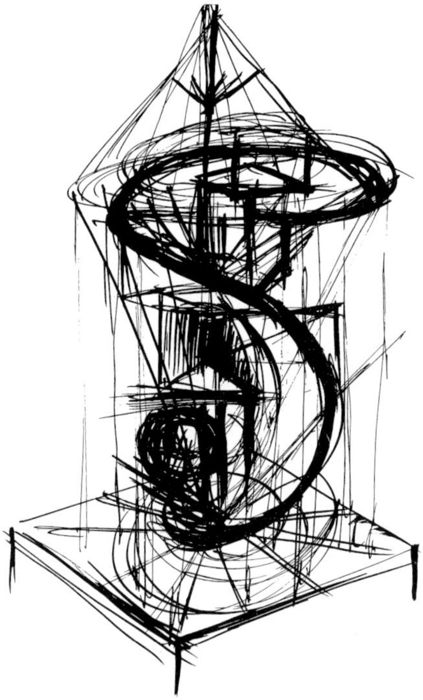

Johannes Itten. Studie zum »Turm des Feuers«. 1919

Йоганнес Иттен. Этюд к «Огненной башне». 1919

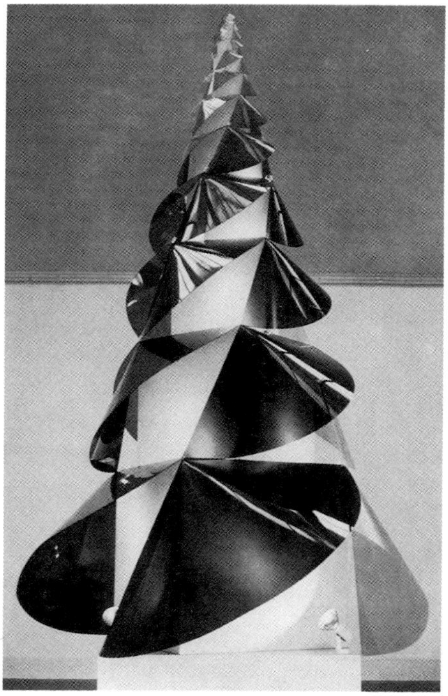

Johannes Itten. »Turm des Feuers«. 1971 (1922)

Йоганнес Иттен. «Огненная башня». 1971 (1922)

Tatlinschen Projekts ist und eine Analogie »to a process of evolution through dialectical conflict«[12] bildet. Auf diese Deutung der Spirale haben auch die ersten russischen Interpreten Tatlins hingewiesen. So bezeichnete zum Beispiel Schklowski den Denkmalentwurf als »Eisenspirale« mit ihrer »eigenen Semantik«, wobei für den russischen Formalisten die Revolution als »Material« der Konstruktion betrachtet werden kann: »Das Denkmal ist aus Eisen, Glas und Revolution geschaffen.«[13] Der Begriff »Revolution« steht ja hier für die revolutionäre Idee. Der erste Propagandist des Tatlinschen Turms, Punin, deutet die Spirale nicht nur als Analogon zum dialektischen Denken, sondern eben als optimale Projektion, als »Bewegungslinie des befreiten Menschen«: »Die Spirale ist der ideale Ausdruck der Befreiung; indem sich ihr Fuß in die Erde stemmt, bewegt sich dieselbe und wird gleichsam zum Symbol für die Befreiung von allen tierischen, irdischen und unterwürfigen Interessen.«[14]

Gerade diese dynamische Spirale mit ihrer geplanten und den Bewegungen der Erde folgenden Kinetik (»Eppur si muove«!) unterscheidet Tatlins Turm von den Vorläufertürmen, und Boccionis »Entwicklung einer Flasche im Raum« (1912) als »radicalization of a nature morte«[15] können wir heutzutage als ironischen Vor-Schein-Kommentar zu Tatlins optimaler Projektion empfinden. Die von Milner hervorgehobene Unmöglichkeit, das »consciously utopian [. . .] and not merely [. . .] impractical project«[16] in den »hungrigen Jahren« Rußlands zu verwirklichen, gibt dieser Spirale die Bedeutung nur im Sinne einer Idee ("It was the idea and not the mechanistic realities which were his prime concern"[17]), der Idee des unaufhaltsamen Vorwärtsstrebens der Menschheit (man darf ja nicht vergessen: Das Projekt ist der Internationale gewidmet), also der optimalen Projektion.

Die Präsenz der Spirale im damaligen Kunstdenken bestätigen nicht nur die Skulpturen der italienischen Futuristen; wir können hier auch Entwürfe von Johannes Itten nennen, etwa seine Zeichnung »Spiralen« oder auch sein »Modell für einen Glockenturm« (»Turm des Feuers«, 1922).

Wir wissen auch, daß Tatlin auf dem hohen Spiralturm einen Rundfunksendemast vorgesehen hatte. Dieser Idee der Dominanz des neuen Mediums im Weltraum entsprechen optimale Projektionen der literarischen Avantgarde: Die globale Sicht wird mehrmals in literarischen Texten durch einen hohen Sendemast motiviert. So zum Beispiel in Texten des tschechischen »Zivilismus« bis hin zu dem Gedichtband »Na vlnach TSF« (»Auf den Rundfunkwellen«, 1925) von Jaroslav Seifert. Majakowskis selten zitiertes Poem »Pjatyj internacional« (»Die Fünfte Internationale«, 1922) beruht auf dem Leitmotiv des »Hochschraubens« des lyrischen Subjekts (vgl. mehrere Varianten des Verbums »vintet'«: »vinti!«, »razvinčivajus'«, »zavinčivajus'«, »vinti ešče«) bis zu globaler Sicht, ja bis in den kosmischen Raum mit der »Spirale« des Sonnensystems und bis zur Metamorphose des Subjekts in einen »riesigen Rundfunksender«, der es ihm erlaubt, die Welträume und die Jahrhunderte zu beherrschen – bis in das 21. Jahrhundert der »Föderation der Kommunen«.[18] Guglielmo Marconi und der Eiffelturm werden im Text erwähnt.

In Zagreb war Tatlin schon im November 1921 bekannt. Dragan Aleksić lehnt sich in seinem Text »Tatlin. HP/s + čovek« (»Tatlin. PS + Mensch«) in Heft 9 der Zeitschrift »Zenit« jedoch an das dadaistische Lob der »Maschinenkunst Tatlins« an und erwähnt den Turmentwurf nicht.[19] Im März 1922 aber druckt der Herausgeber der Zeitschrift, Ljubomir Micić, seinen montageartigen Text »Šimi na groblju Latinske četvrti« (»Shimmy auf dem Friedhof des Lateinviertels«), in dem die globale Sicht des Weltgeschehens und der Projekte der europäischen Avantgarde (Marinetti, Teige, Chaplin, Dada, Rodtschenkos Kiosk werden erwähnt) eben durch den Blick von Tatlins Turm motiviert wird: »Ein Feld bei Petrograd. Das Denkmal Tatlins erreicht die Eisberge der Wolken. Auf der Spitze die Rundfunkzentrale + 400 m. Sie frißt die Flut der Zuckungen Asiens, Europas, des Balkans, Amerikas, Chinas und Japans.«[20]

Und im Herbst 1922 findet sich der Turm in einem Heft der Zeitschrift »Zenit«, das völlig der »neuen russischen Kunst« gewidmet ist. Ilja Ehrenburg und El Lissitzky betreuten von Berlin aus die ganze Nummer, schrieben dafür auch den Text »Neue russische Kunst«, selbstverständlich mit Angaben zu dem berühmten Entwurf. Die Vermittlung Ehrenburgs und Lissitzkys durch die Berliner Zeitschrift »Vešč' - Gegenstand - Objet« ist dabei noch einmal zu vermerken. Die Abbildung des Denkmals der Dritten Internationale wurde dann im Raum der europäischen Avantgarde zum symbolisierenden Zeichen. Das Gespenst des Tatlinschen Turms - dieses unrealisierbaren, aber optimalen Projekts - begann 1922 in Europa umzugehen.

Anmerkungen

1 Siehe Aleksandar Flaker, »Die optimale Projektion«, in: *Glossarium der russischen Avantgarde,* hg. v. A. Flaker, Graz: Droschl, 1989, S. 412–421.
2 Siehe John Milner, *Vladimir Tatlin and the Russian Avant-Garde,* New Haven and London: Yale University Press, 1983, S. 160.
3 Miroslav Krleža, *Dnevnik,* 1–5, Sarajevo: Oslobodenje, 1977, 1, S. 198.
4 Ebd., S. 311.
5 Ebd., S. 321.
6 M. Krleža, *Eppur si muove,* Zagreb: BNP, 1938, S. 9. Vgl. hier die *Erkenntnis* der nachgalileischen Zeit und die Rückkehr zum *Glauben* nach 1917!
7 B. Livšic, *Polutoraglazyj strelec* [Der anderthalbäugige Schütze], Moskva: Sovetskij pisatel', 1989, S. 360.
8 E. Zamjatin, »O sintetizme« (1922), in: ders., *Sočinenija* [Werke], Moskva: Kniga, 1988, S. 412.
9 Anatoli Anatolewitsch Strigaljow, »Von der Malerei zur Materialkonstruktion«, in: *Tatlin,* hg. v. Larissa Alexejewna Shadowa, ins Deutsche übertr. v. Hannelore Schmör-Weichenhain, Weingarten: Kunstverlag Weingarten, 1987, S. 15–50, hier S. 33.
10 Vgl. neben Strigaljow (s. Anm. 9) etwa Milner (s. Anm. 2), S. 156–158.
11 Troels Andersen, »Notes on Tatlin«, in: ders., *Vladimir Tatlin,* Moderna Museet, Stockholm, 1968 (Ausst.-Kat.), S. 6–11, hier S. 7.
12 Milner (s. Anm. 2), S. 155.
13 V[iktor Borisovič] Šklovskij, »Pamjatnik Tret'emu Internacionalu« [»Das Denkmal der Dritten Internationale«], *Žizn' iskusstva,* Nr. 650–652, 5., 8., 9. Januar 1921, S. 1; dt. in: *Tatlin* (s. Anm. 9), S. 410 f.
14 N[ikolaj Nikolaevič] Punin, *Pamjatnik III Internacionala* [Das Denkmal der Dritten Internationale], Peterburg [vielm. Petrograd], Izdanie Otdela IZO NKP, 1920; dt. in: *Tatlin* (s. Anm. 9), S. 411–414, hier S. 413.
15 Andersen (s. Anm. 11), S. 8.
16 Milner (s. Anm. 2), S. 178.
17 Ebd., S. 170.
18 V. Majakovskij, *Polnoe sobranie sočinenij* [Sämtliche Werke], Bd. 4, Moskva: GIChL, 1957, S. 111–134.
19 Siehe »Dokumenti. Časopis ›Zenit‹«, hg. v. Vida Golubović und Irina Subotić, *Književnost,* Belgrad, 1981, Nr. 7–8, S. 1477–1611.
20 Ebd., S. 1528.

Dmitri Dimakow

Die Wiederherstellung von Tatlins Werken als Erschließung seiner Methode der »Materialkultur« (Thesen)

A.1.0. »Tatlin gehört zu denen, die eine klare Entwicklungslinie zeigen. [...] Wenn wir einen Künstler kennenlernen wollen, machen wir uns gewöhnlich mit seinen Werken bekannt, in bezug auf Tatlin wäre es zweckmäßig, sein Auge kennenzulernen, das in seinen Werken Gestalt angenommen hat« (N. Punin, Tatlin [Protiv kubizma] [Tatlin (Gegen den Kubismus)], Petrograd, 1921, S. 7).

1.1. Die »Materialkultur« ist Tatlins Arbeits- und Schaffensmethode, ist die Achse seiner künstlerischen Evolution. Die zeitliche Entwicklung dieser Methode läßt sich nur nachvollziehen, wenn man sich auf Tatlins Œuvre in seiner Gesamtheit stützen kann. Der Bestand seiner auf uns gekommenen Werke kann jedoch nicht als vollständig gelten. Gerade hinsichtlich der für das Verständnis der Methode wichtigsten, programmatischen Werke aus den Jahren 1914–1932 ist er unvollständig und fragmentarisch. Auf der anderen Seite ist die Methode der »Materialkultur« selbst noch nicht erforscht. Dieser mißliche Umstand macht es notwendig und möglich, den Bestand der Werke bei gleichzeitiger Erforschung von Tatlins Schaffensmethode zu ergänzen.

2.0. In diesen Thesen will ich nur die Wege aufzeigen, wie der Bestand der Werke ergänzt werden kann, und eine Methodik darlegen, wie wir bei der Wiederherstellung von Tatlins Werken seine Methode näher erschließen können.

B.1.0. An Verfahren, wie der Bestand der bekannten Werke eines Künstlers ergänzt und das Werk der Forschung zugeführt werden kann, nenne ich vier:

a) die Suche nach neuen, noch unbekannten Werken und die Erforschung noch nicht erforschter Arbeiten des Künstlers (Zuschreibung);
b) die Wiederherstellung fragmentarischer Werke des Künstlers (Restaurierung);
c) die Neuschaffung (Wieder-Herstellung) ehemals existenter, heute jedoch verlorengegangener Werke (Reproduktion);
d) die Ausführung der Skizzen und Entwürfe des Künstlers im Material (Realisierung).

Diese Auflistung kann als erschöpfend betrachtet werden.

1.1. Die allgemeinen, traditionellen Verfahren in der Forschung über einen Künstler sind die ersten beiden (Zuschreibung und Restaurierung); die letzteren beiden (Reproduktion und Realisierung) beziehen sich im wesentlichen auf solche Künstler, deren Schaffen eine rege Entwurfstätigkeit umfaßt (Bühnenbild, Design, Architektur).

1.2. Bei Tatlin werden alle diese Verfahren angewendet, mehr noch: In der Vielzahl der aufgetauchten Varianten des Denkmals der Dritten Internationale, von Konterreliefs, Kleidung und anderem bildete sich die Praxis der »Rekonstruktion« heraus. Unter diesem Einheitsetikett kommen gegenwärtig die Verfahren »Neuschaffung« und »Ausführung« daher, bei denen es sich doch nicht um ein und denselben Ansatz handelt.

2.0. Bei der Erforschung der Methode der »Materialkultur« ist die Trennung der tatsächlichen Verfahren »Neuschaffung« (»Wieder-Herstellung«) und »Ausführung« für uns wichtiger als ihre Vermengung, die dem unkorrekten Gebrauch des nur intuitiv klaren Begriffs »Rekonstruktion« entspringt.

2.1. Ist bei der Wiederherstellung von Werken, von denen nur Teile verlorengegangen sind, die Restaurierung die übliche Praxis, um dem Originalwerk seine Vollständigkeit zurückzugeben, so erweisen sich die Methoden der Restaurierung – Konservierung von Fragmenten und deren anschließende Vervollständigung zu einem Ganzen – für die »Wieder-Herstellung« gänzlich verlorengegangener Werke als unanwendbar.

2.2. Das Verfahren der »Wieder-Herstellung« anhand erhaltener Abbildungen und Texte wird kein »restauriertes Originalwerk des Künstlers« zum Ergebnis haben, sondern ein »im Material wiedergeschaffenes verlorengegangenes Werk« (bzw. dessen »materielle Reproduktion«). Anmerkung: Hier entsteht das Problem der Ausweitung des Begriffs »Reproduktion«; er umfaßt hier also nicht nur »Fotoreproduktion« oder »Farbdruckreproduktion«, sondern auch Reproduktionen in anderen Materialien und Techniken.

3.0. Tatlins Œuvre enthält – wie das jedes anderen Künstlers auch – geplante, aber nicht ausgeführte, begonnene, aber nicht abgeschlossene Arbeiten. Sie sind für die Forschung von großem Interesse: Ihre praktische »Vollendung anstelle Tatlins« erlaubt es, die Technik der Methode empirisch nachzuvollziehen.

3.1. Die Realisierung (= Verwirklichung, Ausführung) von Tatlins Skizzen und Entwürfen gemäß seiner Methode bis zu einem materialisierten Ergebnis wird ein weiteres eigenständiges Verfahren zur Erforschung seiner »Materialkultur« sein. Doch während bei der Restaurierung Umfang und Art der Arbeit vom Originalwerk des Künstlers abhängen und bei der »Wieder-Herstellung« von den vorhandenen Abbildungen des Werkes, haben wir bei der Realisierung im Umgang mit Skizze und Entwurf als Richtschnur unseres Tuns größere Freiheit: etwa hinsichtlich der Bestimmung des Formats, hinsichtlich der Materialauswahl usw.

4.0. Die gegenständlichen Resultate aller aufgezählten Verfahren werden sich dem Ausgangsobjekt der »Restaurierung«, »Reproduktion« oder »Realisierung« mit unterschiedlich hoher Wahrscheinlichkeit annähern, abhängig vom Stand der Methodenbeherrschung und der Kenntnisse über das Objekt. Bei strenger Analyse kann deshalb kein Resultat als einzig richtiges, wahres und endgültiges anerkannt werden; stets wird aus einer Anzahl wahrscheinlicher Varianten die aus der Sicht des Forschers »optimale« ausgewählt.

4.1. Außerdem kann sich der Forscher die Aufgabe stellen, das Objekt nicht allseitig zu untersuchen und (oder) vollständig im Material zu konkretisieren, sondern nur teilweise. Er kann zum Beispiel die »Entwicklung der Form im Raum«, die »konstruktive Verbundenheit der Elemente« oder das »Verhalten des Materials in der Konstruktion« studieren; dann werden alle übrigen Eigenschaften des Objekts von ihm nachgeahmt werden. In diesem Fall werden wir die Nachahmung des Objekts von seiner »glaubwürdigen« Variante unterscheiden müssen.

C.1.0. Bleiben wir bei der Reproduktion der vollständig verlorengegangenen Werke im Material – dem bei unserer Beschäftigung mit Tatlins Arbeiten häufigsten Fall.

2.0. Der geforderte hohe Genauigkeitsgrad der Reproduktion, ihre »Glaubwürdigkeit«, läßt sich erreichen, wenn folgende Bedingungen erfüllt werden:

a) die genaue und umfassende Beschreibung des Ausgangsobjekts anhand von Abbildungen und Texten;
b) die Wiederaufnahme von Tatlins Arbeitsmethode in ihren Hauptphasen als Grundlage für die »Wieder-Herstellung«.

2.1. Die vollständige Beschreibung des Reproduktionsgegenstands besteht aus mehreren Beschreibungen, die die verschiedenen Eigenschaften der einen Form erhellen:

a) Die »morphologische Beschreibung« spezifiziert, das heißt, sie zählt die Elemente der Form auf und beschreibt ihre Anordnung zueinander.
b) Die »materiell-konstruktive Beschreibung« bestimmt die Realisierbarkeit der eigentlichen Konstruktion, verstanden als »Methode zur Verbindung der materiellen Elemente zu einem in sich ruhenden gegenständlichen Gebilde, einer Form«.
c) Die »Farb- und Faktur-« oder »malerisch-konstruktive Beschreibung« weist Wege zur »Hervorhebung« und »Verschmelzung« der Elemente einer ganzheitlichen Form durch die Einwirkung von Farbe und Faktur (abschließende Bemalung und Bearbeitung) auf ihre Oberfläche.
d) Die »semantische Beschreibung« erschließt den Bild- und Sinngehalt der künstlerischen Form.

2.1.1. Die vollständige Beschreibung hält nicht nur die Kenntnisse über das Ausgangsobjekt fest, sondern stellt auch einen Katalog von Forderungen an das Ergebnis der Reproduktion zusammen; darin formuliert der Forscher das Programm für seine praktischen Schritte. Dieses Programm mit einem klar umrissenen Ziel und einer festgelegten Abfolge der einzelnen Schritte und Verfahren zu seiner Erreichung muß auf die »Technologie« der Methode abgestimmt werden; dergestalt bildet es die »Forschungsversion« des wiederherzustellenden Objekts. Anmerkung: Der Vergleich der verschiedenen Versionen eines Objekts kann als Zusatzmaterial hilfreich sein, wenn man die Erforschung der Methode auf ihre Vollständigkeit und Richtung hin analysiert.

2.2. Wir kennen Dokumente und Fakten, die belegen, daß Tatlin selbst seine Methode in vielen Etappen realisierte. Die Abfolge dieser Etappen, die er sogar bei der Arbeit an sehr komplizierten Objekten einhielt, war folgende: Fixierung der Idee (Bleistiftskizzen, »Zeichnungen« in Tatlins Terminologie) – graphischer Entwurf (»Werkzeichnung«) – Modellentwurf der Form oder eines Fragments derselben in vorläufigem Material – Kombination der Materialien – Fertigung der einzelnen Elemente im Material – Zusammensetzung (Montage) der Fragmente und der ganzen Form – letzter Schliff (Bemalung und Fakturbearbeitung).

2.3. Die Methode ist durch die Einhaltung der Etappenfolge allein noch nicht erschöpft. Der strenge Ablauf schafft günstige Voraussetzungen für einen langdauernden Umgang mit dem Material und gibt dem Künstler die Möglich-

»Eck-Konterrelief«. 1915 (Reproduktion 1985/86, Kunstschule Pensa)

«Угловой контррельеф». 1915 (репродукция 1985–1986, Пензенское художественное училище)

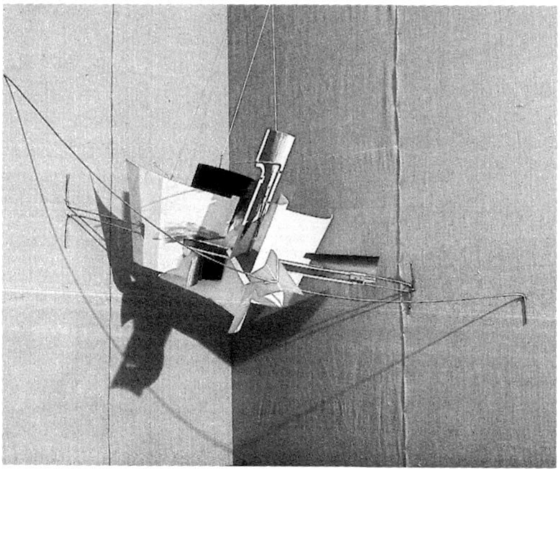

»Konterrelief«. 1914 (Reproduktion 1985/86, Kunstschule Pensa)

«Центровой контррельеф». 1914 (репродукция 1985–1986, Пензенское художественное училище)

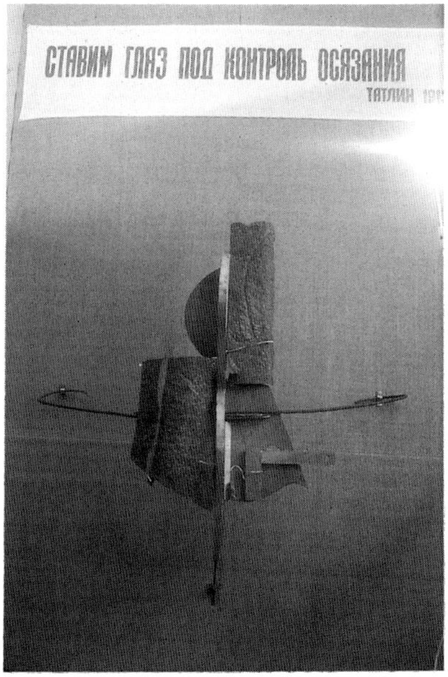

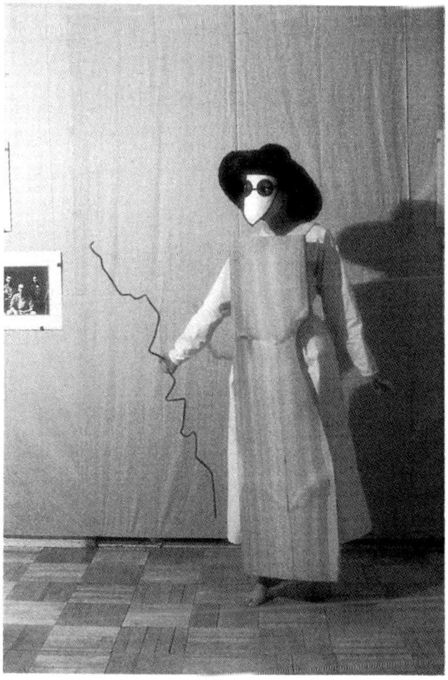

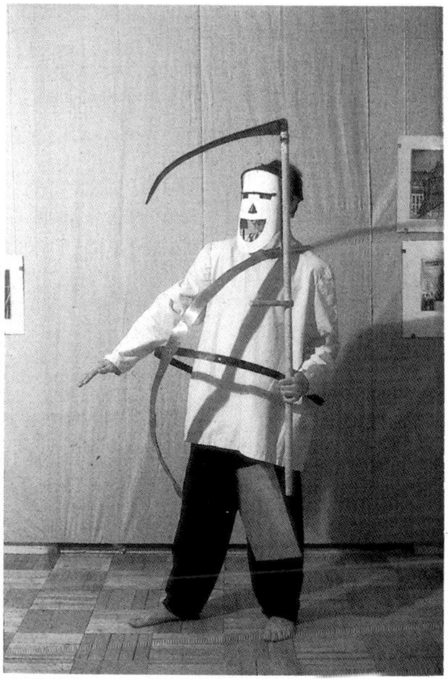

»Kummer« (Entwurf 1923, Realisierung 1985/86, Kunstschule Pensa)

«Горе» (эскиз 1923, реализация 1985–1986, Пензенское художественное училище)

»Lachen« (Entwurf 1923, Realisierung 1985/86, Kunstschule Pensa)

«Смех» (эскиз 1923, реализация 1985–1986, Пензенское художественное училище)

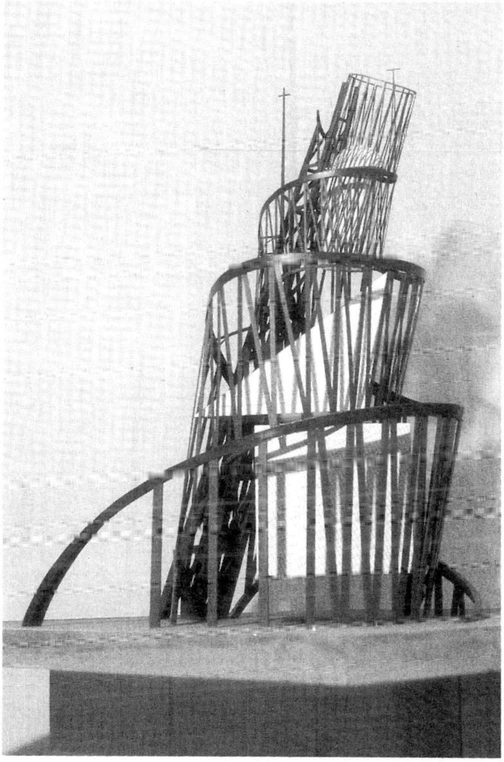

Denkmal der Dritten Internationale (Entwurf 1919, Realisierung 1986/87, Kunstschule Pensa)

«Памятник III Интернационала» (проект 1919, реализация 1986–1987, Пензенское художественное училище)

keit, mit Hilfe seiner Intuition, seiner Hände und Werkzeuge aus dem Material die diesem eigenen Formen herauszuholen. Diese »Arbeit des Materials« kann dann als »Handlung« der »Materialform« gelten. Die Kombinationen des Materials und folglich auch der verschieden »handelnden« Materialformen machen es möglich, komplizierte, mehrdeutige Objekte mit einer eigenen »Dramaturgie« zu schaffen, die in die allgemeine »Handlung« universelle kulturelle Bedeutungen und konkrete historische Ereignisse einbezieht. Dies alles zusammen macht das innere, verborgene Wesen der Methode aus, das sich erst bei ständiger, konzentrierter Arbeit an Tatlins Œuvre zu erkennen gibt. Notwendig ist die Reproduktion nicht nur der Methode, sondern auch der Fakten von Tatlins schwerem Leben. Es muß eine Art »praktisches und dokumentarisches Theater« seines Lebens inszeniert werden, in dem der Forscher die Titelrolle des Wladimir Jewgrafowitsch Tatlin spielt.

3.0. Auf diesem »Sicheinleben«, das alle genannten Verfahren umfaßt, beruht der besondere Ansatz bei der Erforschung von Tatlins Methode, die er während seiner gesamten Entwicklung und in allen seinen Werken gleichbleibend beibehalten hat.

4.0. Vorliegende Thesen sind das Ergebnis des eingehenden Studiums von Tatlins Methode der »Materialkultur«, das seit 1985 an der Sawizki-Kunstschule, Pensa, unter Teilnahme des Verfassers dieser Zeilen betrieben wird. Seither wurden folgende Arbeiten durchgeführt (in der hier vorgeschlagenen Terminologie der Verfahren):

1. Oktober 1985–Mai 1986 die Reproduktion »Materialkonstruktion. Relief«, 72
Original 1914 (?), nach 1 Photographie. Eisen, Holz;
2. Oktober 1985–Mai 1986 die Reproduktion »Materialkonstruktion. Kombi- 72
nation höheren Typs (Konterrelief). Eckrelief«, Original 1914/15, nach 4 Photographien. Eisen, Aluminium, Lewkas, Farbe;
3. Oktober 1985–Januar 1987 die Reproduktion »Straßenkleidung neuen Typs«, Original 1923/24, nach 3 Photographien. Stoff;
4. Dezember 1985 die Reproduktion des Letatlin, verkleinertes Modell des existierenden Apparats, in vom Original verschiedenen Materialien nach 6 Photographien nachgebaut;
5. seit Oktober 1986 die Reproduktion »Stuhl«, Original 1927, nach 1 Photographie. Holz, Stoff. In Arbeit;
6. seit November 1988 die Reproduktion »Bühnenbildmaquette zur Inszenierung von W. Chlebnikows ›Sangesi‹«, Original 1923, nach 1 Photographie. Holz, Karton, Eisen. In Arbeit;
7. seit Februar 1989 die Reproduktion »Materialkonstruktion. Materialkombination. Relief«, Original 1914 (?), 1916 (?), nach 2 Photographien. Stuck, Glas, Eisen, Goudron. In Arbeit;
8. Oktober 1986–Oktober 1987 die Realisierung des Entwurfs »Denkmal der 73
Dritten Internationale« von 1919. Modell. Karton, Holz, Papier, Farbe;

9. Oktober 1985–Mai 1986 die Realisierung des graphischen Entwurfs
73 »Lachen« von 1923: Kostüm zur Inszenierung von W. Chlebnikows »Sangesi«. Stoff, Holz, Eisen, Kupfer, Messing, Karton, Farbe;
73 10. Oktober 1985–Mai 1986 die Realisierung des graphischen Entwurfs »Kummer« von 1923: Kostüm zur Inszenierung von W. Chlebnikows »Sangesi«. Stoff, Holz, Eisen, Karton, Farbe.

Übersetzung aus dem Russischen: Annelore Nitschke.

Valerie J. Fletcher

Tatlins Turm. Das Modell des Hirshhorn Museum and Sculpture Garden

1983 baute das Hirshhorn Museum für die Ausstellung »Dreams and Nightmares: Utopian Visions in Modern Art«[1] ein Modell von Wladimir Tatlins Denkmal der Dritten Internationale. Das Projekt wurde unter der Leitung von Ed Schiesser (Ausstellungsleiter des Museums) von dem professionellen Modellbauer Ben Snouffer mit seinen Assistenten Jim Reuter und Dave Paper durchgeführt. Die im folgenden erläuterten technischen Details stellen vor allem ihre Arbeit vor, tragen jedoch ebenso zu einem besseren Verständnis von Tatlins Turm bei.

Vorbereitungen

Als Grundlage dienten uns die bekannten Bildquellen, die im Moderna-Museet-Katalog »Vladimir Tatlin«[2] zusammengestellt und abgebildet sind:

a) zwei Zeichnungen von 1919, die Tatlins originalen Entwurf von vorn und von der Seite zeigen;
b) zwei Photographien des im Bau befindlichen Modells (März–November 1920);
c) zwei Photographien unterschiedlicher Ansichten des fertigen Originalmodells, wie es im November in Moskau 1920 ausgestellt war;
d) eine Photographie von Tatlins Modell aus dem Jahr 1925, das in Paris gezeigt wurde.

Diese Primärquellen widersprechen sich in vielen Details. Die Zeichnungen von 1919 zeigen die klare konstruktive Geometrie eines Architekturzeichners. Da Tatlin jedoch während des Baus im folgenden Jahr Änderungen am Modell vornahm, entwickelten sich die Elemente zu größerer Komplexität und Unregelmäßigkeit. Wir vollzogen diesen Prozeß nach und bezogen Details sowohl der Zeichnungen von 1919 als auch des Modells von 1920 ein. Bei Widersprüchen zwischen der Klarheit der Zeichnungen und der Komplexität des Modells entschieden wir uns für letzteres.

Anhand damaliger Veröffentlichungen suchten wir das zu betonen, was Tatlin und seinen Zeitgenossen wichtig erschienen war.[3] Überdies zogen wir wissenschaftliche Literatur zu Rate.[4] Wir hatten gehofft, frühere Rekonstruktionen untersuchen zu können; da uns aber eine Reise nach Europa nicht möglich war, blieben wir auf Photographien angewiesen.[5] Rückblickend erwies es sich jedoch als Vorteil, das Modell »nacherfinden« zu müssen. Wir konnten uns den Originalquellen von 1919/20 unvoreingenommen widmen, um zu sehen, welche Lösungen sich daraus ergäben.

Wir beschlossen, Tatlins ursprüngliche *Absichten* zu berücksichtigen – die Absicht, ein inspiratives/revolutionäres *Symbol* aus abstrakten Formen und zugleich einen Architekturprototyp für ein ultramodernes, funktionelles *Gebäude* zu schaffen. Nach Punin sollte der Turm »einen neuen Typ des Monumentalbaus darstellen, der die rein schöpferische Form mit der utilitären Form vereint«[6]. Zeitgenössische Texte behandeln Tatlins Turm von 1920 eindeutig als Modell eines Gebäudes, nicht als Kunstwerk per se; deshalb entschieden wir, den Turm nicht als konstruktivistische Skulptur nachzubauen.[7] Wir fanden es wichtig, zwischen dem Modell von 1920 als physischem, temporärem *Objekt* (das für immer verloren ist) und dem *Projekt* von 1919–1925 als Idee Tatlins und seiner Zeitgenossen zu unterscheiden. Wir entschlossen uns, anstatt einer getreuen Rekonstruktion vielmehr ein Modell dieser Idee zu bauen: der Idee eines inspirierenden symbolischen Gebäudes der utopischen Zukunft.

Diese Entscheidungen und die praktischen Notwendigkeiten des Modellbaus bestimmten die Beschaffenheit unseres Modells:

Maßstab und Größe[8]

Da unsere Ausstellungsräume weniger als vier Meter hoch sind, bauten wir unser Modell etwa halb so groß wie Tatlins Originalmodell, also rund zweieinhalb Meter hoch (2,67 m hoch × 1,75 m breit × 2,03 m tief; ohne die Basis von 0,46 × 1,90 × 2,21 m). Entsprechend unserer Absicht, das Modell eines Gebäudes zu bauen, das mit 400 Metern höher als die meisten der heutigen Wolkenkratzer geworden wäre, plazierten wir neben unser Modell zwei winzige Figuren, um die enormen Dimensionen des Turms zu veranschaulichen.

Materialien

Nach Shadowa bestand das Modell von 1920 aus Holz, Karton, Draht, Metall und Ölpapier.[9] Tatlins Assistent Tewel Markowitsch Schapiro erinnerte sich, das Modell von 1920 sei aus Holz mit Metallnägeln und Papier mit aufgezeichnetem Linienraster gebaut worden, weil kein anderes Material erhältlich gewesen sei, und man habe versucht, die Illusion einer Glas-Stahl-Konstruktion hervorzurufen.[10] Nahezu alle Berichte der zwanziger Jahre halten fest, daß die Materialien des geplanten Gebäudes industriell gefertigtes Metall (also Eisen oder Stahl) und Glas sein sollten.[11] Diese Tatsache war für die inspirierende Wirkung des Turms auf spätere utopische Projekte der Brüder Wesnin, El Lissitzkys, Leonidows, Melnikows, Ladowskis, Gabos und vieler anderer von wesentlicher Bedeutung.[12] Da also die grundlegende »faktura« des geplanten Turms eindeutig von Metall und Glas bestimmt sein sollte, berücksichtigten wir Tatlins Absichten: Wir vermieden die bescheidenen Materialien von 1920 und bauten ein Modell, das das Gebäude der Zukunft vor Augen führt. Da bei einem Modell im Maßstab 1:2 (bezogen auf dasjenige Tatlins) Stahl und Glas unpraktisch sind, benutzten wir für die äußeren Elemente Aluminiumprofile und Fiberglas (jeweils grau gestrichen, so daß sie wie Stahl wirken). Die rotierenden inneren Körper wurden aus milchigem Plexiglas und schwarzem Klebeband hergestellt. Das Modell ist auf einen Holzsockel montiert und somit transportabel.

Beweglichkeit

Da Tatlin beabsichtigt hatte, die Körper im Inneren des Turms mit verschiedenen Geschwindigkeiten rotieren zu lassen, verwirklichten wir dies in unserem Modell, wenn auch mit leicht abweichenden Geschwindigkeiten.[13] Ein im Sockel verborgener Motor steuert die Bewegungen über senkrecht angeordnete Antriebswellen, die mit je einem der geometrischen Körper verbunden sind; die Zahnräder und Ketten sind sichtbar. Weil die rotierenden Körper als bewohnbare gläserne Hallen illuminiert gewesen wären, haben wir unsere von unten mit einer Beleuchtung versehen.

Konstruktion des Modells

Die strukturellen Hauptkomponenten wurden zunächst in einem kleinen Modell aus Draht und Pappe festgelegt. Die Entwicklung von den zweidimensionalen Bildquellen über diese Versuchsmaquette bis zur Konstruktion mit allen Details erbrachte einige Erkenntnisse, die vor allem zweierlei betreffen: a) bestimmte Details in Tatlins Entwurf; b) den wesentlich dialektischen Charakter des Konstruktionsprozesses und seine Anwendungen im Rahmen einer kooperativen utopischen Gesellschaft.

Die Hauptdiagonale

Die auffälligste architektonische Komponente ist die riesige Diagonale, die das ganze Gebäude in Schräglage versetzt. Mitte der zwanziger Jahre erklärte Tatlin Anna Alexejewna Begitschewa, daß sich der Turm im Erdwinkel neige[14]; das wären also 113,5 °. Ein leicht abweichender Winkel ergab sich, als unsere Modellbauer die Bildquellen zwei Untersuchungsmethoden unterzogen. Erstens wurde ein Winkelmesser an der Seitenansicht von 1919 angesetzt, um den mittleren Neigungswinkel der Diagonale zu ermitteln. (Wir benutzten diesen Wert, weil die untere/innere Kante des diagonalen Elements mit 115 ° steiler verläuft als die obere/äußere Kante mit 118 °.) Außerdem unterzog Ed Schiesser die Photographien des Modells von 1920 einer räumlichen Analyse auf mathematischer Basis. Aus beiden Untersuchungen ergab sich ein Winkel von 116,5 °. Diese stär-

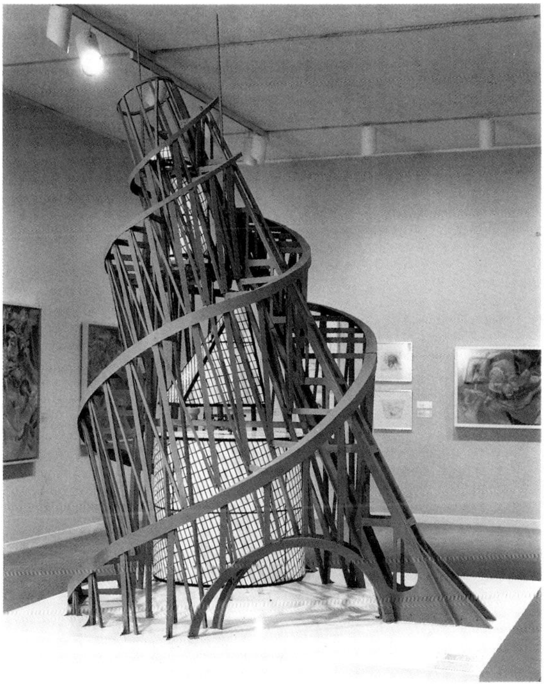

Modell des Denkmals
der Dritten Internationale
(Ausführung: Ed Schiesser, Ben Snouffer, Jim Reuter und Dave Paper. 1983)

Модель «Памятника III Интер-национала» (реализация: Эд Шиссер, Бен Снуффер, Джим Ройтер, Дейв Пейпер. 1983)

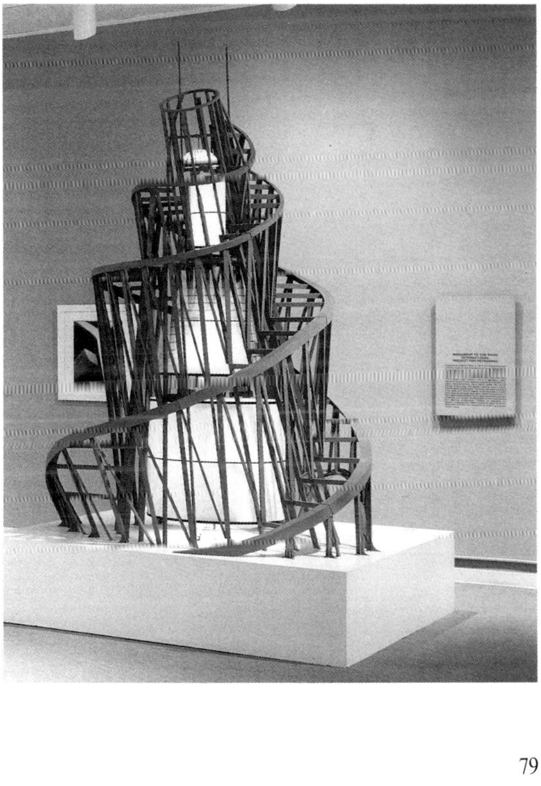

Ansicht des Modells mit den erleuchteten Innenelementen in Rotation

Вид модели с подсвеченными внутренними элементами, находящимися в вращении

kere Neigung verleiht unserem Modell auf subtile Weise eine intensivere Wirkung dynamischen Schubs, als sie anderen Rekonstruktionen eigen ist.[15] Zudem verändert sich dadurch auch der innere Hohlraum.

Lange nach der Fertigstellung unseres Modells stellte ich Überlegungen zur möglichen Korrespondenz dieses Winkels zu wissenschaftlichen Berechnungen der Erdachsenneigung an. Vielleicht hatte Tatlin den Wert von 116,5° als Mittel zwischen 113,5° (der Neigung der Erdachse zur Ebene der Erdbahn um die Sonne) und 120° (dem Winkel einer Projektion der Erdachse in Leningrad) bestimmt.[16] Angesichts der Präzision, mit der Tatlin seinen Turm plante, wären auch solche Berechnungen denkbar, und die Exaktheit der Werte ist verlockend – aber vielleicht handelt es sich um eine rein zufällige Übereinstimmung.

Unsere Modellbauer entdeckten ferner, daß das diagonale Element keine »Vertikale« beschreibt. Betrachtet man es auf der Frontalansicht von 1919 genau, so lehnt es sich nicht nur deutlich schräg nach vorn, sondern neigt sich zugleich um etwa 2° zur rechten Seite. Obwohl dies anhand der Photographien von 1920 weder bewiesen noch widerlegt werden kann, berücksichtigten wir in unserem Modell die seitliche Neigung von 2°. Diese Entscheidung beeinflußte alle Berechnungen der tragenden Teile und führte zu einer bemerkenswerten Vermeidung absoluter Vertikalen – zu einer Antithese traditioneller Architektur.

Die Modellbauer kamen zu dem Schluß, daß die Diagonale bei einem realen Gebäude in der von Tatlin vorgesehenen Größe nicht als wichtigstes tragendes Element dienen könnte. Sie neigt sich so stark, daß sie die inneren Elemente unmöglich halten könnte und zusammenbräche. Zudem wäre sie bei weitem zu groß, um sicher in der Erde verankert werden zu können.

Der zentrale Kegel

Die eigentliche tragende Struktur des Turms besteht aus einem zentralen Kegel mit umlaufenden Doppelspiralen. Ihre Aufgabe ist es, den Hohlraum für die rotierenden geometrischen Körper zu bilden.[17] Die innere Struktur ist ein durchbrochener, geneigter Kegelstumpf, der von 21 Streben gebildet wird. (Dieser innere Kegel ist schwer auszumachen, da ihn viele andere Elemente umgeben und verbergen. Er ist nicht mit der auf den ersten Blick ebenfalls als Kegel erscheinenden Silhouette des Turms zu verwechseln.) Statt einer einfachen Kegelform entwickelte Tatlin ein in mehreren Punkten abweichendes Gebilde. Der Kegel ist nicht nur geneigt, sondern es fehlt ihm auch die Spitze, weil die Streben auf unterschiedlichen Höhen abgeschnitten sind. Zudem stehen sie nicht alle auf dem Boden: Sieben ruhen auf den drei Bogen, die ihrerseits asymmetrisch angeordnet sind. Unsere Modellbauer erkannten schließlich, daß die komplexen Irregularitäten dieser Grundstruktur sich auf den ganzen Turm auswirken.

Die Spiralen

Die Doppelspiralen erwiesen sich als außerordentlich komplex. Im Zusammenhang mit ihrer symbolischen Bedeutung[18] dienen sie einem visuell-ästhetischen Zweck: Sie fügen dem diagonalen Schub des Turms eine machtvolle rhythmische Energie hinzu. Beim Versuch, diesen schwer definierbaren Rhythmus zu erfassen, beobachteten unsere Modellbauer, daß im Modell von 1920 Symmetrie und Regelmäßigkeit in der Aufwärtsentwicklung der Spiralen klar vermieden worden sind. Die Steigungsraten der Spiralkurven variieren. Sie flachen in bestimmten Bereichen ab und nehmen in anderen zu. Darüber hinaus versetzte Tatlin diese Steigungsfluktuationen gegeneinander: Die wechselnden Steigungsbogen beider Spiralen laufen nicht symmetrisch parallel (es findet sich nicht einmal eine umgekehrte Symmetrie, in der eine Spirale der anderen im Gegensinn antworten würde). Diese Unregelmäßigkeit bringt eine fast gestische Energie hervor, wobei die Spiralen aus verschiedenen Blickwinkeln vollkommen unterschiedlich erscheinen. Folglich würde eine Rekonstruktion mit regelmäßigen, symmetrischen, korkenzieherartigen Spiralen viel von der Tatlins Original innewohnenden Energie verlieren.

Wir bestimmten diese Steigungsvariationen empirisch anhand der Photographien von 1920 und wiesen den Rhythmus auch auf mathematischem Wege nach. Ben Snouffer analysierte die dreidimensionalen Kurven durch Übersetzung in graphische Kurven: Er notierte die Reihe der Punkte im Raum, an denen die Querstreben die Spiralen mit dem inneren Kegel verbinden. Eine regelmäßige Spirale würde sich in einer solchen Graphik als gerade Linie darstellen; die Spiralen von Tatlins Turm sind hingegen periodische Funktionen mit ungleichmäßiger Amplitude (ähnlich Sinuskurven von regelmäßiger Periodizität, aber mit wechselnder Amplitude). Dies entspricht Tatlins späteren Ausführungen über die Verwendung der Krümmung und der komplizierten Krümmungen (die durch die vielfache Bewegung von Geraden oder Krümmungen entstehen) in der Architektur.[19]

Über den ästhetischen Zweck hinaus bestand die Hauptaufgabe der Spiralen darin, die 21 Streben des inneren Kegels zu stützen (deren enorme Größe sie in dem realen Gebäude instabil machen würde). Um den inneren Kegel mit den Spiralen zu verstreben, entwickelte Tatlin ein kompliziertes System von Winkelstützen. Aufgrund des variierenden Anstiegs der Spiralen sind diese Winkelstützen von unglaublich unregelmäßiger Länge – ihre Längenzunahme im Aufstieg um den Kegel folgt keinerlei systematischen Progression. (Es wäre viel einfacher gewesen, die ganze Konstruktion gleichmäßiger zu machen.)

Ferner fanden unsere Modellbauer heraus, daß das Strebesystem des Turms einer Serie von Kegeln ähnelt (alle entlang der Hauptdiagonale geneigt); einer steckt im anderen, vom kleinsten oben bis zum größten unten, der sich in die Erde fortsetzt. Tatsächlich ist keine der tragenden Streben senkrecht: Sie neigen sich leicht nach außen.

Tatlins Winkelstützensystem, wie es unsere Modellbauer berechneten, beweist seine Absicht, eine Erstreckung der Spiralen über ihre sichtbaren Grenzen hinaus zu suggerieren. Zusätzlich zu ihrer Aufwärtsbewegung *muß* man sie sich tief in den Boden hinein verlängert vorstellen – anders könnte der Turm niemals gebaut werden. Nur wenn man das Winkelsystem der Stützen in den Boden verlängert, können die Positionen der Hauptstützen, die auf dem Boden ruhen und das Ganze tragen, korrekt bestimmt werden. So bestätigt die technische Konstruktion die Interpretation der Spiralen als Metapher für den Aufstieg der menschlichen Zivilisation von der urzeitlichen Erde hinauf in den Kosmos.

Die innen rotierenden Körper

In seinem Modell von 1920 hatte Tatlin die einfachste und funktionellste Anordnung der rotierenden Formen – nämlich alle entlang einer einzigen Achse – verworfen. Statt dessen plazierte er sie auf leicht versetzten Achsen (entsprechend der Gesamtneigung des Turms). Außerdem ist die zentrale Pyramide nicht gleichseitig, und ihre Spitze beschreibt daher beim Rotieren einen Kreis (anstelle eines Punktes) im Raum. Deshalb mußten unsere Modellbauer sowohl die äußere Struktur als auch die inneren Körper nach der Trial-and-error-Methode modifizieren, besonders, als die inneren Körper in Bewegung gesetzt wurden. Somit war die äußere Struktur nur im Laufe eines mehrstufigen, dialektischen Prozesses, der ihre Interaktion mit dem dynamischen Inneren berücksichtigte, zu bestimmen.

Diese dialektische Beziehung der Einzelkomponenten des Turms war eines der wichtigsten Ergebnisse unserer Rekonstruktionsarbeit. Bei jedem Versuch der Modellbauer, die Formen mit Rücksicht auf architektonische Normen (wie konstruktive Konsequenz, Vertikalität oder Funktionalität) zu regularisieren, nahm die Konstruktion Schaden: Sie verlor die in Tatlins Modell so augenfällige Dynamik und Energie. Nur durch das Akzeptieren der Komplexität und der Unregelmäßigkeiten erreichten wir die dynamischere Qualität des Tatlinschen Originals von 1920. Angenommen, unsere Erfahrungen entsprächen denen Tatlins, könnte hier eine Erklärung für die Unterschiede zwischen den beiden Zeichnungen von 1919 und den Photographien des fertigen Modells aus dem Jahre 1920 liegen. Dieser dialektische Prozeß bietet sich auch als bedeutsame Metapher für die Entwicklung einer utopischen Gesellschaft an: Eine solche Gesellschaft würde das Zusammenspiel geringerer und größerer Kräfte in ihrem Inneren wie auch im Äußeren erfordern, um Energie und Erfolg zu haben.

Während viele Wissenschaftler Bedeutung, Quellen und Wirkungen der geometrischen Hauptfiguren des Turms erforscht haben, wollten wir herausbekommen, was die physische Struktur selbst uns lehrt. Unsere Untersuchung der Details enthüllte unvorhergesehene und grundlegende Kompliziertheiten, die zu weiterreichender Interpretation anregten. Manche Historiker kommen vielleicht zu dem Schluß, die Unregelmäßigkeiten des Modells von 1920 resultierten schlicht aus unvermeidlichen Kompromissen zwischen künstlerischem Ideal und der Notwendigkeit praktischer Lösungen. Da wir aber so zahlreiche Raffinessen entdeckt hatten, schien es uns klar, daß sie nicht einfach auf ungenaue Konstruktion zurückgeführt werden können. Beharrlich und bewußt hat Tatlin Komplexität, Asymmetrie und subtile Variationen in seinen vorwiegend geometrischen Entwurf einfließen lassen; dies betrifft viele wesentliche und weniger auffällige Punkte. Darum stimmen unsere Modellbauer mit Schapiro überein, der 1967 erklärte: »Auch wenn während des Baus verschiedene unvorhergesehene Probleme auftraten, kann das Modell nicht als Improvisation betrachtet werden. Die Plazierung jedes einzelnen Details ist von Tatlin sorgsam bedacht und geprüft worden. Seine Präzisionsstandards waren extrem hoch.«[20]

Tatlins subtile Modifikationen sind vielleicht nur der Ausdruck der Aversion des Künstlers gegen das Regelmaß, das den meisten technischen und architektonischen Entwürfen eigen ist. Aber möglicherweise sollte der Turm auch für eine paradoxe Ästhetik stehen, in der Einfachheit tatsächlich komplex ist und utopische Ziele pragmatisch. Es mag auch sein Wunsch gewesen sein, metaphorisch auszudrücken, daß im Rahmen der umfassenderen Organisation des neuen Utopia Raum für schöpferische, revolutionäre Neuerungen sein würde.

Über die Analyse spezieller Details hinaus diente der eigentliche *Prozeß* der Herstellung unseres Modells der Bestätigung und Veranschaulichung von Tatlins utopischem Konstruktivismus. Bereitwillig erforschten und erfaßten unsere Modellbauer Tatlins paradoxe Ästhetik und vergaßen ihre professionelle Neigung zu Vereinfachung und Regularisierung. Der Versuch, die schwer faßbare Energie des Turms zu ergründen, weckte ihre eigenen schöpferischen Fähigkeiten. Sie erkannten ihre Aufgabe als eine beispiellose Herausforderung, die es gemeinsam zu lösen galt; stets berieten sie über die historischen Quellen und ihre Interpretation. Als die verschiedenen Widersprüche bestimmt wurden, diskutierten sie die Auswirkung des jeweiligen Beitrags auf die Arbeit der anderen. Dieser kooperative, dynamische Prozeß zwischen Individuen *und* zwischen Intellekt und handwerklicher Praxis faßt Tatlins utopische Ideale zusammen. Unsere Modellbauer bewiesen unbewußt, daß Tatlin und andere revolutionäre Utopiker zu Recht der Ansicht waren, Handwerker mit nur geringer Kenntnis von künstlerischer oder intellektueller Symbolik (oder auch revolutionärer Rhetorik) ließen sich ganz und gar und mit Enthusiasmus in dieses Projekt einbeziehen und könnten wesentlich zu seiner optimalen Verwirklichung beitragen. Diese dialektische Synergie empfinde ich als perfekte Verkörperung von Tatlins idealistischem Konstruktivismus.

Anmerkungen

1 Valerie J. Fletcher, *Dreams and Nightmares. Utopian Visions in Modern Art,* Washington D.C.: Smithsonian Institution Press, 1983 (zur Ausstellung im Hirshhorn Museum and Sculpture Garden, Washington D.C., Dezember 1983–Februar 1984).

2 Troels Andersen, *Vladimir Tatlin,* Moderna Museet, Stockholm, 1968 (Ausst.-Kat.), Abb. S. 52–55, 63 und Umschlagvorderseite. Zwei Zeichnungen von 1919 erstmals in N[ikolaj Nikolaevič] Punin, *Pamjatnik III Internacionala* [Das Denkmal der Dritten Internationale], Peterburg [vielm. Petrograd], Izdanie Otdela IZO NKP, 1920; eine Photographie des im Bau befindlichen Turms erstmals in *Výtvarné Umění,* Prag, Nr. 8–9, 1967; zwei Photographien des 1920 ausgestellten Turms erstmals in N[ikolaj Nikolaevič] Punin, *Tatlin (Protiv kubizma)* [Tatlin (Gegen den Kubismus)], Peterburg [vielm. Petrograd], Izdanie Otdela IZO NKP, 1921; die Photographie von 1925 erstmals in *Exposition Internationale des Arts Décoratifs et Industriels. Catalogue URSS,* Paris, 1925.

3 N[ikolaj Nikolaevič] Punin, »O pamjatnikach novogo tipa« [»Über Denkmäler neuen Typs«], *Iskusstvo Kommuny,* Petrograd, 9. März 1919, S. 2 f.; V. Tatlin, T. Šapiro ..., »Naša predstojaščaja rabota« [»Unsere bevorstehende Aufgabe«], *VIII S-ezd Sovetov (Ežednevnyj bjulleten' s-ezda),* Moskau, Nr. 13, 1. Januar 1921, S. 11.; N. Punin, »Tatlinova bašnja/Tour de Tatline«, *Vešč' - Gegenstand - Objet,* Berlin, Nr. 1–2, 1922, S. 22 (Auszug aus *Pamjatnik* [s. Anm. 2]); Il'ja Ėrenburg, *A vse-taki ona vertitsja* [Und sie bewegt sich doch], Berlin: Helikon, 1922, S. 18–20; V[iktor Borisovič] Šklovskij, »Pamjatnik Tret'emu Internacionalu« [»Das Denkmal der Dritten Internationale«], *Žizn' iskusstva,* Nr. 650–652, 5., 8., 9. Januar 1921, S. 1; Ulen [El Lissitzky], »Die Ausstellungen in Rußland«, *Vešč' - Gegenstand - Objet,* Nr. 1–2, 1922, S. 19; A[natolij Vasil'evič] Lunačarskij in *Izvestija VCIK* [Mitteilungen des Allrussischen Zentralexekutivkomitees], Nr. 22, 29. November 1922; Broby-Johansen, »Quod Felix«, *Akademisk Tidskrift,* Nr. 10, 15. Februar 1926, S. 134 f. Alle ins Englische übersetzt in Andersen (s. Anm. 2), S. 51–63. Ferner Gedächtnisbericht Tewel Schapiros von 1967, ebd., S. 23–25 (»Interview with Shapiro«).

4 Neben dem Katalog des Moderna Museet konsultierten wir: John Milner, *Vladimir Tatlin and the Russian Avant-Garde,* New Haven and London: Yale University Press, 1983, Kapitel 8, S. 151–180; Christina Lodder, *Russian Constructivism,* New Haven and London: Yale University Press, 1983, S. 55–66; Kestutis Paul Zygas, »Tatlin's Tower Reconsidered«, *Architectural Association Quarterly,* Bd. 8, Nr. 2, 1976, S. 15–27. Praktisch alle sowjetischen Primärquellen (vor allem das Tatlinarchiv) und wissenschaftlichen Publikationen (einschließlich der Anatoli Strigaljows und Larissa Shadowas) waren uns hingegen nicht zugänglich.

5 Wir lernten viel von der ersten Rekonstruktion, die Ulf Linde und Per Olof Ultvedt für die 1968er Retrospektive im Moderna Museet in bemaltem Holz und Kunststoff ausführten. Sie haben die strukturellen Hauptkomponenten des Turmes herausgearbeitet (s. ihren »Report on the reconstructing« in Andersen [s. Anm. 2], S. 26 f.). Nachdem dieses Modell durch einen Brand zerstört worden war, wurden zwei Nachbauten aus unbemaltem Holz und Kunststoff angefertigt: einer für das Moderna Museet; den anderen führte die Société Longépé für das Centre Georges Pompidou aus. Ein weiteres großes Modell, von Christopher Cross und anderen für die Ausstellung »Art in Revolution« (Hayward Gallery, London, Februar–April 1971) gebaut, haben wir nicht herangezogen, da es in den Grundproportionen zu ungenau ist

(s. Farbabb. IV in Milner [s. Anm. 4], S. 174). Schließlich untersuchten wir das einzige Modell in den USA, eine sehr kleine Rekonstruktion, die für die Ausstellung »The Avant-Garde in Russia 1910–1930« (Los Angeles County Museum of Art, Juli–September 1980) hergestellt wurde; auch dieses Modell ist falsch proportioniert und nicht detailgenau. Von dem kleinen bis mittelgroßen Modell, das mit Schapiros Rat für die 1977 in Moskau durchgeführte Ausstellung »V. E. Tatlin. Zaslužennyj dejatel' iskusstv RSFSR 1885–1953« (»W. Je. Tatlin. Verdienter Künstler der RSFSR 1885–1953«) gebaut worden ist, lagen uns weder Informationen noch Photographien vor. (Das Modell befindet sich heute im Schtschussew-Architekturmuseum, Moskau.)

6 Punin, »Tatlinova bašnja/Tour de Tatline« (s. Anm. 3).

7 In unserem Museum, das für seine Sammlung moderner Skulptur bekannt ist, sind wir uns der möglichen ethischen und ästhetischen Probleme der postumen Rekonstruktion eines Kunstwerks äußerst bewußt. Viele Wissenschaftler in den USA halten solche Nachschöpfungen für ethisch sehr bedenklich. Daher wollten wir der Absicht des Künstlers getreu sein, ohne jedoch ein Objekt zu schaffen, das mit einer Eigenschöpfung verwechselbar wäre. Vgl. zu diesem Thema: College Art Association Board of Directors, »A Statement on Standards for Sculptural Reproduction and Preventive Measures to Combat Unethical Casting in Bronze«, *Art Journal,* Bd. 34, Nr. 1, Herbst 1974, S. 44–50; Sylvia Hochfield, »Problems in the Reproduction of Sculpture«, *Artnews,* November 1974, S. 20–29; Albert Elsen, »Art Replicas: A Question of Ethics«, *Artnews,* Februar 1979, S. 61; Sharon Churcher, »Legal Counterfeiting«, *Art & Auction,* September 1986, S. 120–125; Sylvia Hochfield, »Cast in Doubt«, *Artnews,* Bd. 88, Nr. 2, Februar 1989, S. 108–115.

8 El Lissitzky berichtete 1922 (unter dem Pseudonym Ulen [s. Anm. 3]), der Turm sei fünf Meter hoch. Broby-Johansen beschrieb 1926 das Pariser Modell als vier Meter hoch. Laut Ausst.-Kat. *V. E. Tatlin. Zaslužennyj dejatel' iskusstv RSFSR 1885–1953,* Moskva: Sovetskij chudožnik, 1977, S. 20, war der Turm annähernd fünf Meter hoch, wohingegen Strigaljow die Höhe auf sechs bis sieben Meter schätzte (»O proekte ›Pamjatnika tret'ego Internacionala‹ chudožnika V. E. Tatlina« [»Über Tatlins Projekt des ›Denkmals der Dritten Internationale‹«], in: *Voprosy sovetskogo izobrazitel'nogo iskusstva i architektury* [Probleme der sowjetischen bildenden Kunst und Architektur], Moskva, 1973, S. 408–452, hier S. 413–416). Sowohl Ehrenburg wie Broby-Johansen vermerkten, das Gebäude solle 400 Meter hoch werden.

9 *V. E. Tatlin* (s. Anm. 8), S. 20. In dem 1967 mit Andersen geführten Interview sagte Schapiro, die Materialien der Konstruktion seien Holzlatten und Furnierholz mit Metallnägeln und -beschlagen gewesen; die inneren Formen hätten aus Papier mit aufgemalten Linien bestanden und einen metallenen Rotationsmechanismus gehabt.

10 »Interview with Shapiro«, in Andersen (s. Anm. 2), S. 24 f. Obwohl Tatlinforscher einräumen, daß Schapiros Aussagen bisweilen unzuverlässig sind (Strigaljow im Gespräch mit der Autorin am 25. November 1989), stimmt sein Gedächtnisbericht in diesen und anderen Details mit den historischen Quellen überein.

11 »Unsere bevorstehende Aufgabe« (s. Anm. 3), geschrieben während der Turm in Moskau ausgestellt war, nennt Eisen und Stahl die Materialien der Moderne. Punin notierte in seiner Broschure von 1920 (s. Anm. 3), daß die großen Hallen aus Glas erbaut werden sollten, während Ehrenburg (s. Anm. 3) ausführte, der Turm werde als Teil der modernen Industrielandschaft in Eisen und Glas erbaut. Auch Schklowski (s. Anm. 3) erklärte, der Turm werde aus »Eisen, Glas und Revolution« bestehen; Broby-Johansen (s. Anm. 3) benannte Stahl und Glas.

12 Lissitzky bemerkte später in seinem Vortrag »Neue russische Kunst« (maschr. Man. im Lissitzkyarchiv, ZGALI) kritisch: »Zuletzt legte man in dies Material schon einen symbolischen Sinn: Das Eisen ist stark wie der Wille des Proletariats, das Glas ist rein wie sein Gewissen.« (Abgedruckt in: *El Lissitzky. Maler, Architekt, Typograf, Fotograf. Erinnerungen, Briefe, Schriften,* überg. v. Sophie Lissitzky-Küppers, Dresden: VEB Verlag der Kunst, 1967, S. 330–340, hier

S. 333.) Gabos skulptural-architektonische Arbeiten der Jahre 1920–1923, besonders die »Säule«, sind deutlich durch die *beabsichtigte* (mehr als durch die *tatsächliche*) »faktura« des Turms beeinflußt (vgl. den Beitrag von Christina Lodder in diesem Buch, S. 231–240).

13 Punins Broschüre von 1920 (s. Anm. 3) präzisierte, daß die inneren Formen »mit Hilfe eines Mechanismus verschieden schnell bewegt werden [sollten]. Das untere Stockwerk [...] dreht sich einmal im Jahr um seine Achse [...]. Das nächste Stockwerk [...] dreht sich einmal im Monat um seine Achse [...]. Schließlich der obere Zylinder [...], der sich einmal am Tag um die eigene Achse dreht [...]«. Diese Geschwindigkeiten korrespondieren offensichtlich kosmischen Bewegungen (Umlauf der Erde um die Sonne, Umlauf des Mondes um die Erde und Rotation der Erde um ihre Achse); dies bemerkte Louis Lozowick, »Tatlin's Monument to the Third International«, *Broom,* Bd. 3, Nr. 3, 1922, S. 234. Auch Ehrenburg, Schklowski und Broby-Johansen hielten fest, daß sich die gläsernen Körper drehen würden. Schapiro berichtete über das Modell von 1920: »Alle vier Körper konnten durch ein Übersetzungssystem aus verschiedenen Rädern in Bewegung gesetzt werden. [...] Die Mittelachse des unteren Zylinders ging durch den Boden des Turmsockels und konnte mit einer Handkurbel in Bewegung gesetzt werden.« (Tatlins Zeichnungen und sein Modell lassen die Lösung dieses mechanischen Problems nicht erkennen.) Wir benutzten nicht die von Punin angegebenen Geschwindigkeitsproportionen, denn ein Verhältnis von 1 : 12 : 365 hätte bei der Größe unseres Modells den unteren Zylinder zu langsam und den oberen zu schnell gemacht. Daher rotieren die Körper in unserem Modell mit proportionalen Geschwindigkeiten, die sofort sichtbar und verständlich sind (rund 1 : 7 : 49). Das Stockholmer Modell von 1968 und seine beiden Nachbauten wurden mit mechanisch drehbaren, aber nicht erleuchteten Körpern konzipiert, das Modell von Los Angeles ist erleuchtet, rotiert jedoch nicht.

14 Zit. in Lodder (s. Anm. 4), S. 65; s. auch ebd., Anm. 120 zu Kapitel 2, S. 277. Sowohl Strigaljow in *V. E. Tatlin* (s. Anm. 8), S. 19, als auch Milner (s. Anm. 4), S. 179, notierten, daß die Neigung des Turms der der Erdachse entspricht.

15 Das Stockholmer Team hatte sich 1967/68 für einen Winkel von 110° entschieden (s. Andersen [s. Anm. 2], S. 27). Für die beiden Nachbauten dieses Modells gilt dasselbe.

16 Geoff Chester, Astronom des Smithsonian Institute, legte in einem Gespräch mit der Autorin am 28. September 1989 dar, daß die Projektion der Erdachse auf verschiedenen Breitengraden variiert. Für Leningrad (60° nördlicher Breite) würde sich daher 116,5° als korrekter Wert ergeben. Weiter nördlich bzw. südlich würde sich dies entsprechend verändern (z. B. auf 125° in Moskau). Milner (s. Anm. 4), S. 154 f., weist darauf hin, daß Petrograd ein Zentrum astronomischer Forschung war.

17 Die Analyse der grundlegenden geometrischen Struktur des Turms wurde erstmals für das Modell des Moderna Museet 1967 geleistet; s. Linde/Ultvedt, »Report on the reconstructing«, in Andersen (s. Anm. 2), S. 27.

18 Nach Begitschewas Erinnerungen äußerte Tatlin 1925 ihr gegenüber, er habe die Spiralen ihrer Dynamik wegen gewählt, »ein Symbol der Zeit: Energie, Klarheit und Streben« (zit. in Lodder [s. Anm. 4], S. 65). Die Symbolik der Spiralen wurde umfassend behandelt; vgl. Milner (s. Anm. 4), Kapitel 8.

19 Tatlin, »Iskusstvo v techniku!«, 1932; engl. Übers. (»Art out into technology«) in Andersen (s. Anm. 2), S. 75 f. Die nahezu spasmodischen, aber zugleich fließenden Aufwärtsbewegungen der Spiralen gemahnen an Rhythmen des menschlichen Körpers – etwas, was den meisten Ingenieurbauten und -entwürfen fremd ist und rein ästhetischen Charakter hat. Dies scheint auch für die 1983 von Milner geleistete Interpretation des Turms als schreitende Figur von Bedeutung.

20 »Interview with Shapiro«, in Andersen (s. Anm. 2), S. 25.

Übersetzung aus dem Englischen: Regina Lange.

Irina Subotić

Die Rezeption Tatlins durch die jugoslawische Avantgarde. Vier Auffassungen

Als eine der führenden Figuren der internationalen Avantgarde erscheint Wladimir Jewgrafowitsch Tatlin in der kulturellen Sphäre Jugoslawiens schon Anfang der zwanziger Jahre als Modell und Leitmotiv, Symbol und Paradigma: 1921 als dadaistische Negation der traditionellen Ästhetik, verbunden mit der Idee des Tatlinismus als Maschinismus; 1922 wird Tatlin in den ihm entsprechenden Kontext – den Konstruktivismus – gesetzt; 1923 geht es um die Konfrontation mit den Ideen des Zenitismus oder besser gesagt um Annäherung an und Einbindung in den Zenitismus; 1924 schließlich diskutiert man die Frage nach Tatlins Intellektualismus und in diesem Zusammenhang den Tod der Kunst unter dem Blickwinkel des sogenannten »objektivistischen Marxismus«.

In Übereinstimmung mit der frühen Orientierung der jugoslawischen Avantgardezeitschrift »Zenit« (von 1921 bis 1926 zunächst in Zagreb, später in Belgrad erschienen), die vom Expressionismus zu Dada und zum Konstruktivismus umschwenkte, behandelt Dragan Aleksić 1921 in seinem Text »Tatlin. PS + Mensch«[1] die Frage nach einer neuen ästhetischen Kategorie, die der zeitgenössischen Ästhetik diametral entgegengesetzt war: Maschinismus als Materialismus, gegen Idealismus, anthropozentrischen Expressionismus und Spiritualität.[2] Möglicherweise kannte der jugoslawische Dadaist Aleksić Konstantin Umanskis ziemlich willkürliche Interpretationen der »Maschinenkunst« Tatlins ebenso wie ihre verbalen und visuellen Widerspiegelungen bei den Berliner Dadaisten Grosz, Hausmann und Heartfield, auf die er in seinem Text über Tatlin hinweist. Er bestreitet die Unsterblichkeit der europäischen Genies (wie Raffael, Ivan Meštrović, Rodin) und bietet den Höhepunkt unserer Epoche an: »Materialismus heute. Materialismus – kein Hindernis für die Kunst. Das Bündnis mit dem Menschen.« Eine »neue Grammatik und Ästhetik unseres Zeitalters« sieht er in den Elementen der mechanischen Zivilisation, deren Vokabular er gebraucht (schon im Titel den Begriff »PS«, Pferdestärke, dann die ganze Skala von Dampf, Elektrizität, Sonnenenergie, Rotationsmaschinen, Generatoren, Batterien, Transformatoren usw.). In der charakteristischen alogischen und diskontinuierlichen, absurden und paradoxen Sprache des Dadaismus identifiziert Dragan Aleksić das moderne Zeitalter mit dem Tatlinismus.

Im Februar 1922 zeigte »Zenit«[3] auf der Titelseite einen Entwurf des Denkmals der Dritten Internationale; im Heft selbst taucht er nochmals auf, zusam-

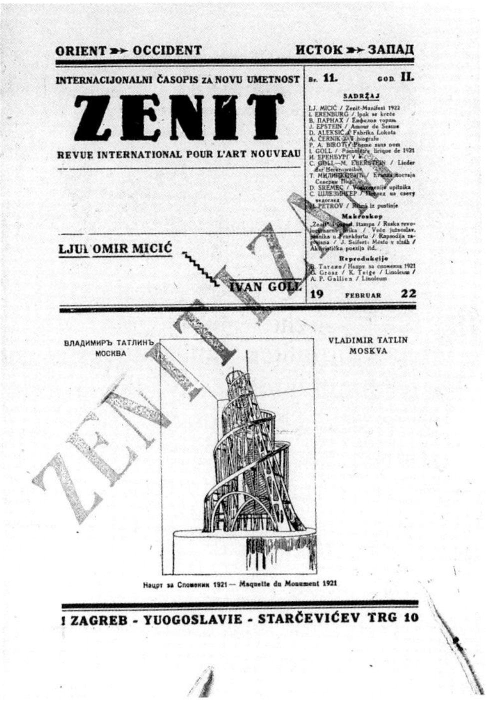

Titelseite der Zeitschrift »Zenit«, Nr. 11, Februar 1922

Титульный лист журнала «Зенит», № 11, февраль 1922

men mit einem Auszug aus Ilja Ehrenburgs Buch »A vse-taki ona vertitsja« (»Und sie bewegt sich doch«), aus dem die Informationen über Tatlin offensichtlich stammen.[4] Julia Szabó[5] hat die ideologischen Aspekte der Dritten Internationale behandelt, die der jugoslawischen Avantgarde durch Tatlin und seinen Entwurf vermittelt wurden. Wenn der Eiffelturm, das größte Bauwerk seiner Zeit, eine Herausforderung an Statik und Maßvorstellungen, den Eintritt ins zwanzigste Jahrhundert mit der modernen Technik des Eisen- und Betonbaus symbolisierte, so wurde Tatlins Turm, der in »Zenit« den Eiffelturm langsam verdrängte[6], mit den höchsten Idealen des Internationalismus und Bolschewismus, mit Kommunikationsmöglichkeiten, Lebensenergien, künstlerischer Imagination, mit kosmischer Bewegung (Jahr – Monat – Tag), planetarischen Proportionen (Neigung, Höhe), geometrischen Formen und geometrischer Ordnung als möglicher Ausdrucksform esoterischer Prämissen identifiziert.

Schon in der nächsten Ausgabe von »Zenit« (März 1922) veröffentlichte Ljubomir Micić, Dichter, Kritiker und Leiter der Zeitschrift, seinen »Zenitistischen Radio-Film in 17 Teilen. Shimmy auf dem Friedhof des Lateinviertels«[7]. Zusammen mit Micić' »Kategorischem Imperativ der zenitistischen Dichterschule«[8] stellt dieser Text nach Form und Inhalt das früheste Beispiel des jugoslawischen Konstruktivismus im Bereich der Dichtung dar. Tatlin spielt in beiden Werken eine entscheidende Rolle. Der »Radio-Film« spielt auf dem »Feld bei Petrograd, wo Tatlins Denkmal durch die Wolkenmasse bricht. Tatlins Radio-Hauptquartier in 400 Meter Höhe ist verbunden mit 17 Radiostationen in zenitistischer Hand« zwischen Moskau und Paris via Belgrad, Zagreb, Tokio, Peking, Berlin, Prag, Warschau, London, New York usw. In Micić' Werk spielt Tatlin dieselbe Rolle wie sein Denkmal der Dritten Internationale: soziales Engagement und internationaler Geist, der Makrokosmos in Aktion, zukunftsgerichteter Blick, die Verknüpfung von Kommunikation und Nachrichtenübermittlung mit einer bezwingenden Hommage an die russische Revolution. »Moderne Dynamik, ausgedrückt in Spiralen«[9] erscheint auch im »Kategorischen Imperativ« in der Eroberung des Raums (»Wörter im Raum«) und in der Fixierung der Koordinaten Ost-West dank dem Symbol der neuen Epoche und des neuen Rußlands – dank Tatlins Denkmal der Dritten Internationale.

Tatlin taucht in fast allen folgenden Nummern von »Zenit« auf: El Lissitzky erwähnt ihn in seinem Text »Kunst und Ausstellungen in Rußland«[10] und erneut in dem gemeinsam mit Ehrenburg verfaßten Artikel »Neue russische Kunst«[11], der speziell für das von den beiden herausgegebene russische Heft von »Zenit« geschrieben wurde. Die Autoren bemühen sich um eine Korrektur der im Westen vorherrschenden Tatlininterpretation – man spreche von »Maschinenkunst« aufgrund bloß oberflächlicher Ähnlichkeiten und vergesse, daß es nicht um technische, sondern um plastische Problemlösungen gehe.

Einen erhellenden Zugang zu Tatlin bietet in mehr oder weniger dadaistischer Manier die Rezension der »Ersten Russischen Kunstausstellung« in der Berliner Galerie van Diemen. Sie stammt von dem zenitistischen Dichter Branko Ve Poljanski und erschien im März 1923.[12] Seine Begeisterung für die russische Revolution überträgt sich auf Tatlins Werk: »Diese Plastiken könnte kein onanistischer Ästhet für irgendeine Art von Dekoration verwenden« und: »Die große pankosmische Heiterkeit durchdrang meine Seele, sie erfuhr den Rhythmus der Luft durch die Konstruktion des Raumes, der in einem der Konterreliefs von Tatlin zum Körper wird, und so spürte ich das Dröhnen der revolutionären Explosion, die Verspottung der Dekorationen in alten Wandelgängen und die Wucht neuer künstlerischer Objekte mit ihrer Mechanik, ihren Schlangenlinien, bewegten Oberflächen und der Energie immerwährender Existenz.«

Solcher Euphorie folgte eine Phase, in der Tatlins Werk sogar noch stärker in die jugoslawische Kunstszene einbezogen wurde: Das Symbol von Tatlins Schöpferkraft bildete während dieser ganzen Zeit sein Denkmal der Dritten Internationale. Wie Ljubomir Micić siedelt ein anderer zenitistischer Dichter, Stevan Živanović, die Szenerie seiner zenitistischen Handlungen in einem Ambiente von universeller Bedeutung (Eiffel- und Tatlinturm) an.[13]

Schließlich wurde das Plakat für den »Großen zenitistischen Abend«, der am 31. Januar 1923 in Zagreb stattfand, aus demselben Geist heraus gestaltet[14]:

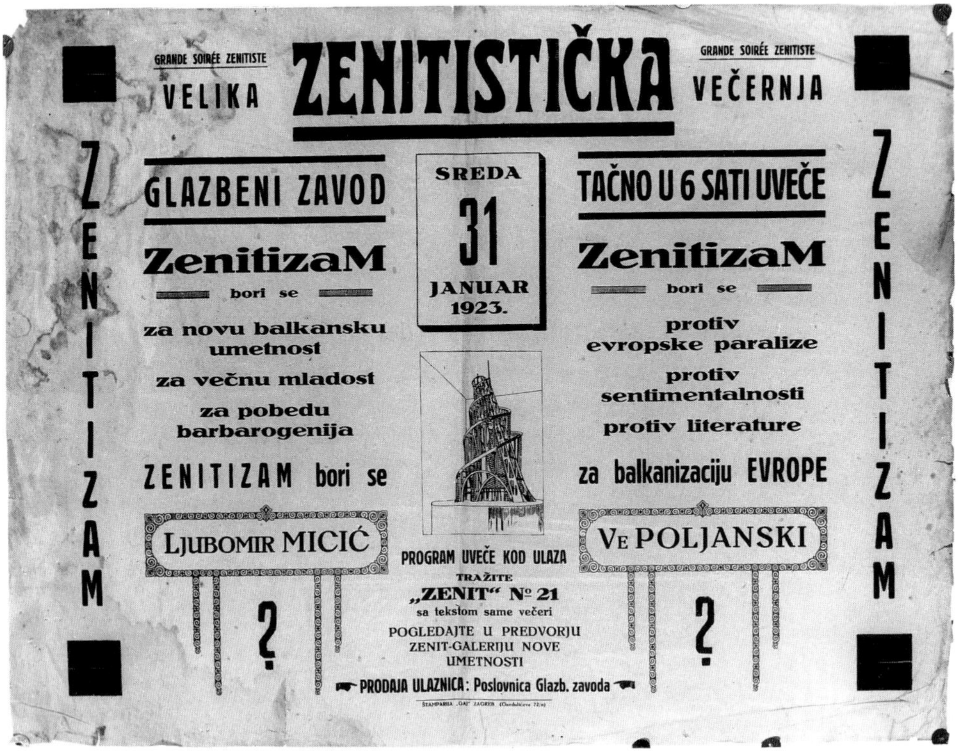

Plakat für den »Großen zenitistischen Abend« am 31. Januar 1923

Плакат для «Большого зенитистского вечера», 31 января 1923

Malewitschs vier schwarze Quadrate in den Ecken und die charakteristischsten zenitistischen Slogans (links: »Der Zenitismus kämpft für eine neue Kunst des Balkans, für ewige Jugend, für den Sieg des barbarischen Genius«, rechts: »Der Zenitismus kämpft gegen die europäische Paralyse, gegen Sentimentalität, gegen die Literatur, für die Balkanisierung Europas«) rahmen eine Abbildung von Tatlins Denkmal. Gerade in einer Zeit intensiver und fruchtbarer Zusammenarbeit mit Josip Jo Seissel/Klek, der als reinster Repräsentant der zenitistischen Position in der Kunst galt, verwendet »Zenit« also für dieses wichtige Plakat kein Werk eines jugoslawischen Künstlers – eine Tatsache, die die Stellungnahme für den Internationalismus, für den Konstruktivismus, eine aktive Zukunft und radikale Ideen klar bezeugt. Provokative Widersprüchlichkeit – typisch für die Avantgarde überhaupt – spiegelt sich sicher nicht zufällig in den dekorativen Jugendstilgirlanden, die die Namen der Hauptakteure der zenitistischen Soirée (Micić und sein Bruder Poljanski) umgeben. Tatlin besetzt jedoch die zentrale Stelle.

Schließlich veröffentlichte der jugoslawische kommunistische Schriftsteller August Cesarec 1924 seine Eindrücke von einer Rußlandreise im Jahre 1922.[15] In seinen Ausführungen zu Boris Arwatows Haltung gegenüber dem Suprematismus und dem Konstruktivismus und zur Zeitschrift »Vešč' – Gegenstand – Objet« schreibt Cesarec von den visionären Abstraktionen, deren revolutionärer Charakter sich in der Revolution der Massen begründe und die danach trachteten, etwas im Leben, in Technik und Industrie Nützliches zu werden – eine Rückkehr zu Umanskis Ideen also, wenn auch auf einer anderen ideologischen Ebene. In diesem Zusammenhang stellt Cesarec die Frage: »Die Probleme der Technik sind ebenso Probleme der Kunst. Ist dann Kunst noch Kunst?« Er wirft Tatlin Phantasielosigkeit vor. Tatsächlich kann er sich nicht davon frei machen, die Vorstellungen, Gedanken und Assoziationen, die Tatlins Konstruktionen bei den Betrachtern auslösen, herausfinden zu wollen. Er sucht nach Nützlichkeit und findet einen »neuen Subjektivismus« und »Früchte der Willkür«, eine »gegenständliche Abstraktion« (im Vergleich zu Malewitschs ungegenständlicher Abstraktion), weit entfernt von praktischer Anwendbarkeit in der Industrie, die – nach seiner Meinung – eigentlich das Ziel des Künstlers war. Cesarec meint: »Es enthält zuviel intellektuelle Konstruktion, um Kunst, und zuwenig, um Technik zu sein.« Der Gesamtblick auf die moderne russische Kunst von Larionows Primitivismus bis zu Tatlins Konstruktivismus führt zum Gedanken an die allgemeine Entwicklung der Zivilisation, die nun mit Künstlern ende, »die willentlich der Revolution dienen und die Kunst zum Selbstmord treiben. Bedeutet das«, fragt Cesarec, »daß Kunst und Revolution tatsächlich zueinander in Opposition stehen?« In dieser letzten Frage klingt – um auf den Punkt zu kommen – der größte und schwerste Vorwurf gegen die moderne, avantgardistische Kunst an. Hier spricht der Geist der Kominternideologie, der Künstlerateliers schloß und Gulags errichtete, die viel länger überdauerten und weiter verbreitet waren als die russischen Kunstexperimente. Auf den Status der Künstler und die künstlerische Kreativität wirkte er sich zudem viel tragischer aus, als üblicherweise berichtet wird. Über ein halbes Jahrhundert lang durchdrang er die gesamte sozialistisch-kommunistische Welt; und sogar heute ist er noch von ferne zu spüren, wenn auch in Agonie – aus der, wie ich zutiefst hoffe, kein Phönix mehr emporsteigt.

Anmerkungen

1 »Tatlin. HP/s + čovek«, *Zenit*, Zagreb, Nr. 9, November 1921, S. 8 f.

2 Vgl. Vida Golubović, »Berlinska Dada/Tatlin«, in: *Pojmovnik ruske avangarde* [Glossarium der russischen Avantgarde], Nr. 6, Zagreb: GZH/Zavod za znanost o književnosti, 1989, S. 261–272.

3 Zagreb, Nr. 11.

4 Nach den Forschungen von Julia Szabó war »Zenit« die erste ausländische Zeitschrift, die eine Abbildung von Tatlins Turm publizierte. Diese wurde dann in anderen Avantgardemagazinen reproduziert.

5 Julia Szabó, »La Tour de Tatline et son influence sur l'avant-garde d'Europe centrale et orientale«, *Ligeia,* Paris, Nr. 5/6, April/September 1989, S. 65–69.

6 Der Eiffelturm erscheint mehrfach in der Zeitschrift und anderen Publikationen von »Zenit«: Ivan Goll, *Paris brennt,* 1921 (Biblioteka Zenit, Nr. 2) (mit dem Eiffelturm gewidmeten Gedichten von Blaise Cendrars, Valentin Parnah und Vicente Huidobro); erneut in *Zenit,* Nr. 11, dort auch der Linolschnitt »Paris« von Karel Teige; das Gedicht »Der Eiffelturm« von Goll erscheint mit Robert Delaunays Zeichnung »La Tour« von 1919 in *Zenit,* Nr. 15, Juni 1922. (Die Zeichnung befindet sich heute im Nationalmuseum in Belgrad.)

7 »Zenitistički Radio-Film u 17 sočinenija. Šimi na groblju Latinske četvrti«, *Zenit,* Nr. 12, März 1922, S. 13–15.

8 »Kategorički imperativ zenitističke pesničke škole«, *Zenit,* Zagreb, Nr. 13, April 1922, S. 18; wieder abgedruckt in dem Buch »Kola za spasavanje« (»Der Rettungswagen«) von Ljubomir Micić (Biblioteka Zenit, Nr. 3), 1922; ebenfalls mit der Reproduktion von Tatlins Turm.

9 Aus der Rezension von Ilja Ehrenburgs Buch »A vse-taki ona vertitsja« (»Und sie bewegt sich doch«), *Zenit,* Zagreb, Nr. 12, März 1922, S. 16 (vermutlich von Micić geschrieben).

10 U. L. [El Lissitzky], »Umetnost i izložbe u Rusiji«, *Zenit,* Zagreb, Nr. 14, Mai 1922, S. 30 f. (aus der Zeitschrift »Vešč' – Gegenstand – Objet«).

11 »Nova ruska umetnost«, *Zenit,* Zagreb, Nr. 17/18, September/Oktober 1922. Die Titelseite dieses »russischen Hefts« gestaltete Lissitzky.

12 »Kroz rusku izložbu u Berlinu« [»Blick durch die russische Ausstellung in Berlin«], *Zenit,* Zagreb, Nr. 22, März 1923, unpag.; der Text entstand laut Notiz des Herausgebers im voraufgegangenen Jahr, konnte jedoch »wegen Materialknappheit« nicht eher veröffentlicht werden.

13 Stevan Živanović, »Verujte matere nerotkinje« [»Glaubt unfruchtbare Mütter«], *Zenit,* Zagreb, Nr. 22, März 1923, unpag.

14 Das Plakat befindet sich heute in der Sammlung des Nationalmuseums in Belgrad.

15 August Cesarec, »Konstruktivizam – Tatlin«, in: *Književna republika,* Zagreb, 1924; wieder in: A. Cesarec, *Svjetlost u mraku* [Licht im Dunkel], hg. v. Jure Kaštelan, Zagreb: Stvarnost, 1963, S. 292–297.

Übersetzung aus dem Englischen: John Matheson.

Martyn Chalk

Zur Rekonstruktion Tatlinscher Werke

Meine ersten Rekonstruktionen entstanden 1966 als studentisches Projekt. Die acht schließlich rekonstruierten Stücke hatte Tatlin 1914/15 geschaffen, und sie gelten als verschollen. Vorliegender Beitrag umreißt einige der Probleme, die das 1981/82 mit der Ausstellung »Missing Presumed Destroyed« bei Annely Juda Fine Art in London und in der Tokyo Gallery in Japan zu einem formalen Abschluß gekommene Projekt aufwarf.[1]

All meine Rekonstruktionen sind deutlich als solche gekennzeichnet, und es sind keine Kopien, Repliken oder Fälschungen. Die Absicht ist nicht, die Originale zu ersetzen, sondern vielmehr, durch dreidimensionale Objekte einen Beitrag zur Erhellung des Archivmaterials zu leisten – Objekte, die genügend Sensibilität gegenüber dem Geist der Originale beweisen, um von Wert zu sein. Ich bin schließlich nicht akademisch vorgegangen, obwohl ich das zugängliche Material sehr genau studiert habe. Die Arbeit erfolgte im Atelier, und die Informationen wurden durch die Erfahrung, die ich als Bildhauer im Umgang mit Material und konstruktiven Problemen habe, modifiziert. Es war nicht beabsichtigt, in sklavischer Weise Genauigkeit anzustreben, was schwerlich zu Lösungen geführt hätte, sondern es ging um die Herstellung von Objekten, die durch die Zeugnisse gerechtfertigt werden können und im Wesen authentisch sind.

Mein Quellenmaterial war unterschiedlicher Natur. Camilla Gray, die Tatlins Witwe gekannt hatte, gab mir Mitte der sechziger Jahre Abzüge von zwei Negativen, die ihrer Meinung nach Originale Tatlins waren.[2] Während der sechziger und siebziger Jahre wurde neues Material in publizierter Form zugänglich, und ich habe das Werk mit verschiedenen Fachleuten diskutiert. Meine Aufmerksamkeit galt ebenso den Schriften von Tatlin und anderen wie auch den auf uns gekommenen Werken aus diesem Zeitraum. In den späteren Stadien des Projekts erwies mir Annely Juda unschätzbare Unterstützung und Ermutigung.

Im ersten und auch in jedem folgenden Stadium der Rekonstruktion habe ich die erhaltenen Abbildungen genau studiert. Jegliche Materialbeschreibung muß am Augenschein sowie an noch vorhandenen Werken überprüft werden. Die Frage nach Alter und Zustand der Materialien ist immer schwierig; noch existierende Werke haben sich seit ihrer Entstehung gewiß verändert, vor allem weil die verwendeten Materialien nicht immer im Hinblick auf Stabilität oder Dauerhaftigkeit gewählt wurden. Sollten also Rekonstruktionen den Eindruck der Originale in ihrem Neuzustand zu erreichen suchen, oder ist der verstrichenen Zeit in irgendeiner Form Rechnung zu tragen?

Tatlins eigene Materialbeschreibungen sind als Ausgangspunkt kaum von Nutzen. In seiner Broschüre zur Ausstellung »0,10« nennt er als Materialien: »Holz, Metall, Glas, Stuck, Karton, Lewkas, Teer usw.«; deren Oberflächen seien mit Kitt, Repolin[3] und Farbe behandelt und mit Staub und anderen Substanzen leicht überpudert worden.

Was meint Tatlin mit »behandelt«, und wie lassen sich Staub und andere Substanzen rekonstruieren?

Da Tatlin »reife« Materialien benutzte, löste ich die Frage nicht durch den Versuch, den Abbildungen direkt zu folgen, sondern durch die Wahl ähnlich beschaffener Materialien. Das machte es erforderlich, einen Vorrat von entsprechend gealtertem, verrottetem und patiniertem Holz und Metall anzulegen. Soweit möglich, wurde dieses Material im Rohzustand verwendet, und die einzigen Veränderungen waren die, die mit dem Schneiden und Formen zur Herstellung der nötigen Formen einhergingen. Tatlin selbst wird wohl häufig mit gefundenen Elementen gearbeitet haben, die keine weitere Bearbeitung erforderten. Die folgenden Arbeiten wurden mit einem Minimum an einfachem Handwerkszeug ausgeführt. Es ist unwahrscheinlich, daß Tatlin unter den in Rußland herrschenden Bedingungen in größerem Umfang Maschinen zur Verfügung standen, und der Anti-Kunst-Charakter des Werks steht auch im Einklang mit einer Ablehnung handwerklicher Perfektion.

Zeichnungen Tatlins aus dieser Zeit beziehen sich auf die ingeniös konstruierten Eckreliefs, aber auch in diesem Fall wird die Darstellung der Materialqualitäten vernachlässigt, und die Zeichnungen[4] scheinen nur konstruktive Möglichkeiten durchzuspielen, oder sie könnten Teil eines Klärungsprozesses für Details bestimmter Werke gewesen sein.

Die praktische Erfahrung beim Bestimmen, Zusammensetzen und Formen der Materialien bringt mich zu der festen Überzeugung, daß Tatlin sich in diesem Stadium vom Zufall leiten ließ, daß der Konstruktionsprozeß anfangs spontan verlief, ohne Rücksicht auf die Geometrie einer vorausberechneten Form oder Komposition, womit er so oft in Verbindung gebracht wird. Dies trifft in besonderem Maße auf die eher zweidimensionalen Reliefs zu, in denen die gespannte Interaktion der Elemente in erster Linie »malerisch« ist, da sie wenig konstruktive Schwierigkeiten enthalten.

Die Identifizierung der Materialien ist eng mit der Frage nach der Farbigkeit verbunden. Erhaltene Werke zeigen, daß Tatlin und andere sich meist auf die natürliche Farbe des Materials konzentrierten, wenn auch Tatlins Hinweis auf »Farbe« damit nicht recht zusammengeht. In meinen Rekonstruktionen habe ich immer die natürliche Materialfarbe eingesetzt oder mich da, wo Tatlin Bemalung oder künstlich gefärbte Materialien verwendete, auf gedämpfte Farben beschränkt, die den Grauwerten der Schwarzweißphotographien entsprechen.

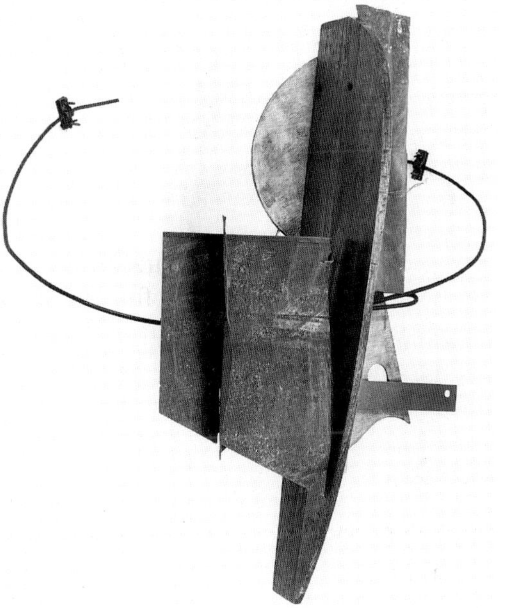

»Konterrelief«. 1915
(Rekonstruktion:
Martyn Chalk, 1966–1970)

«Контррельеф». 1915
(реконструкция: Мартин Чок,
1966–1970)

Das Abphotographieren von Reproduktionen der rekonstruierten Stücke in Schwarzweiß ermöglichte Vergleiche zwischen Abbildungen der »zweiten Generation« und den Reproduktionen, die als Quellenmaterial gedient hatten.

Bei der Analyse der Bilddokumente entdeckte ich sehr bald deutliche Anhaltspunkte für die Größe der Originalreliefs. Bei einigen[5] hatte Tatlin Reißbrettstifte zur Verbindung von Einzelteilen verwendet; so ergibt sich ein Maßstab für das Werk, aus dem sich Maße herleiten lassen, die mit zeitgleichen Werken, deren Größe bekannt ist, übereinstimmen. Nur bei der Festlegung von Größen erschien mir das – maßstäbliche – Zeichnen als wertvolle Hilfe bei der Rekonstruktion; die Photos selbst dienten gleichsam als vorläufige Zeichnungen oder Skizzen für die Rekonstruktion.

Die Bestimmung von Größe und Form und die Materialidentifizierung erbringen unmittelbare Einsichten in die Originalwerke. So erweisen sich zum Beispiel in dem kleinen Konterrelief von 1915[6] die geschwungene Fläche links oben und die spitz zulaufende Fläche mit einem Loch weiter unten rechts als zwei Teile ein und derselben Palette. (Sie ist wohl in drei Teile zerschnitten worden, hier erscheinen jedoch nur zwei.) Paletten sind in verschiedenen Größen erhältlich; hier ist das Daumenloch aber gerade noch sichtbar und gibt einen sehr brauchbaren Hinweis auf die Größe. Auf jeden Fall wäre bei einer wesentlich größeren Rekonstruktion der Palette die entsprechende Dimension des Lochs in dem Tischlerwinkel (unten rechts) unnatürlich groß geworden.

In einem anderen Fall läßt sich das Größenverhältnis zweier Arbeiten dank der Tatsache bestimmen, daß in beiden das gleiche gemusterte Material, möglicherweise Tapete oder Einwickelpapier, erscheint. Ist dies festgestellt, so wird klar, daß die nebeneinanderstehenden Abbildungen in der »0,10«-Broschüre die beiden Werke in unterschiedlichem Maßstab zeigen.[7]

Die Analyse der Photographien erforderte viel Zeit, und zur Dechiffrierung der oft undeutlichen Details bediente ich mich verschiedener Hilfsmittel. Es erwies sich als nützlich, von den Photographien Dias anzufertigen, sie sehr groß zu projizieren und aus einiger Entfernung zu betrachten. Die Helligkeit der Leinwand kann so bei der Aufhellung dunkler Partien helfen. Auf ähnliche Weise entsteht durch die Überlagerung gedruckter Reproduktionen mit einem Halbtonraster (wie es Drucker verwenden) ein Interferenzmuster, das hilft, Helligkeitsunterschiede zu betonen. Der Prozeß ähnelt der archäologischen Analyse von Luftbildaufnahmen.

Eine Folge der Identifizierung und Rekonstruktion von Details ist die Vermutung, daß die Werke bei aller Beschreibung als ungegenständlich oder »gegenstandslos« neben eher verborgenen symbolischen Anspielungen auch direkte Verweise auf die Realität beinhalten. So könnte man im Fall des Bildreliefs von 1913/14[8] (die rechte der beiden Abbildungen in der »0,10«-Broschüre) die allgemeine Anordnung der Formen – unter einer annähernd quadratischen Fläche ein zylindrischer Stab, darin eingefügt ein Wirbel eines Saiteninstruments, ein kurzer Stab oder eine Schraube und eine weitere wirbelähnliche Form – als quasikubistische Anspielung auf ein Musikinstrument lesen. Das Werk entstand kurz nach Tatlins Besuch bei Picasso, und Tatlin besaß und spielte eine Bandura – die Möglichkeit besteht also.

Wenn man diese Vorstellung von Restverweisen auf die sichtbare Welt akzeptiert, wird ein Element in einem Eckrelief[9] klarer. In diesem Relief sind die meisten Komponenten auf eine Weise ineinandergesteckt, die gänzlich aus dem 123
Prozeß des Zusammenbauens resultiert, und es gibt offenbar keinen Grund, nach direkten visuellen Entsprechungen zu suchen. Das zentrale senkrechte Element ist jedoch sehr sorgfältig bemalt, und zwar in einer Weise, die mit den anderen Elementen nicht zusammenstimmt; hinzu kommt die Illusion eines gemalten »Schattens«, der quer über das linke Element verläuft. Es ist anzunehmen, daß irgendwie auf einen Gegenstand verwiesen wird.

Bei diesem Eckrelief und dem Eckrelief mit Drähten[10] stellen sich erneut Fragen zur Interpretation des Originalmaterials. Das Eckrelief erscheint auf mehreren Photographien[11], jedoch zeigt die Rekonstruktion, daß sich, folgt man der Konfiguration auf einem der Photos, andere Ansichten nicht wie erwartet ergeben. Daraus läßt sich schließen, daß entweder die Rekonstruktion sehr ungenau ist und daß bei der Analyse des Ausgangsmaterials die Verzerrung durch die

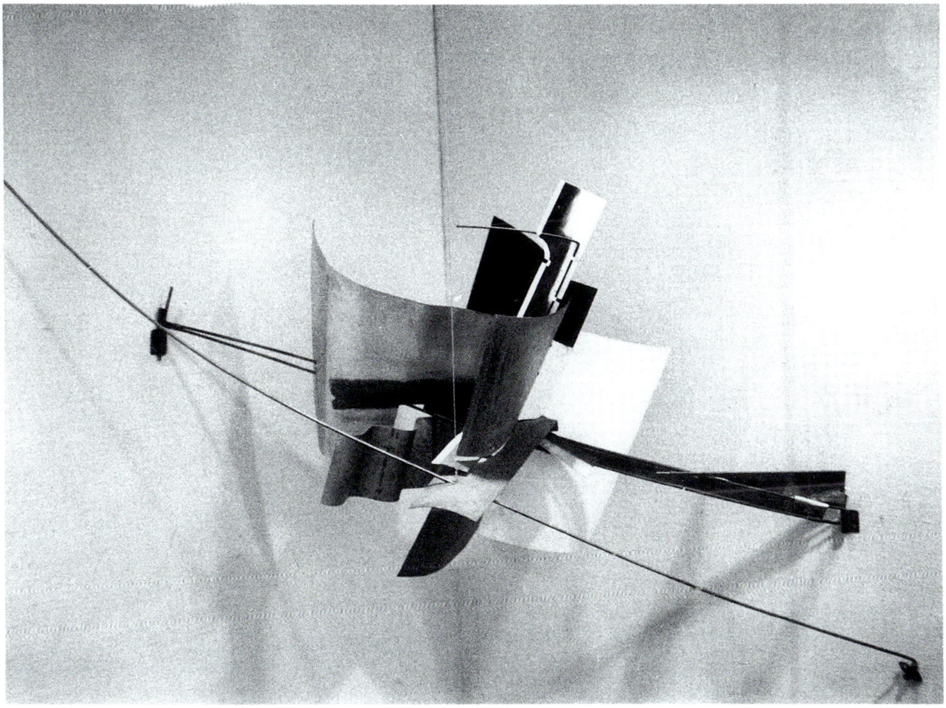

»Eck-Konterrelief«. 1915 (Rekonstruktion: Martyn Chalk, 1966–1970)

«Угловой контррельеф». 1915 (реконструкция: Мартин Чок, 1966–1970)

Kameralinse hätte beachtet werden müssen oder daß das Original in seiner Struktur ebenso flexibel war wie die Rekonstruktion. Diese zweite Möglichkeit bestätigt sich durch das Verhalten der Rekonstruktion: Sie reagiert sehr sensibel auf leichte Veränderungen beim Zusammenbauen und auf kleine Unterschiede in der Geometrie der Ecken, weshalb die ganze Konstruktion jedesmal recht verändert erscheinen kann, wenn sie in einem neuen Raum installiert wird.

Sehr wahrscheinlich wurde das Original nach Ausstellungen völlig auseinandergenommen und danach in situ wieder zusammengebaut. Transport und Handhabung der Rekonstruktion als Ganzes sind schwierig, und die Idee der jeweiligen Neuzusammenstellung stimmt mit den Konstruktionsprinzipien und mit Tatlins offensichtlich spontanem Vorgehen vollkommen überein.

98 Das Eckrelief mit Drähten, offensichtlich das technischste der Reliefs, reagiert besonders sensibel auf die Art der Aufhängung. Bei dieser Arbeit muß die zentrale Elementegruppe auf der von den sie durchziehenden Drähten gebildeten Ebene »schweben«. Wenn Spannung und Winkel dieser Drähte nicht absolut stimmen, wird das Gewicht des Zentrums nicht richtig getragen, und der Ein-

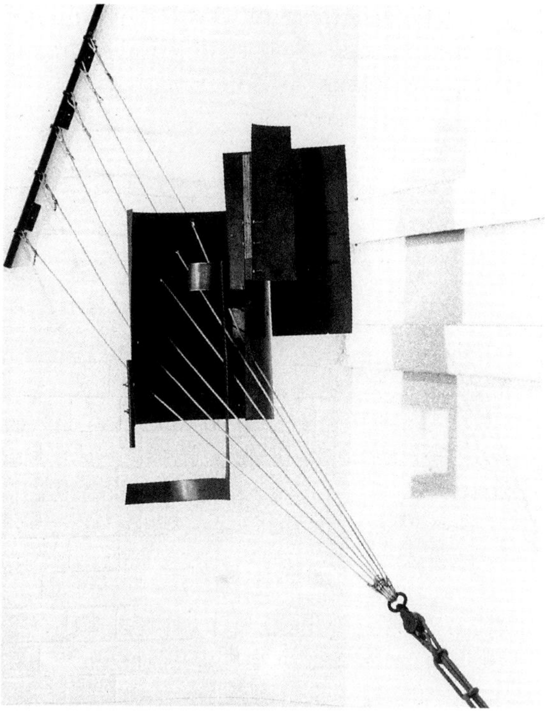

»Eckrelief«. 1914/15
(Rekonstruktion:
Martyn Chalk, 1980/81)

«Угловой рельеф».
1914–1915 (реконструкция:
Мартин Чок, 1980–1981)

druck des Schwebens geht verloren. Es ist schwierig, die Rekonstruktion zu installieren, aber wenn das Durchhängen der Drähte von dem Flaschenzugsystem, das die unteren Enden der Drähte mit der Wand verbindet, aufgefangen wird, gibt es immer den Augenblick, in dem das Stück die richtige Position im Raum gewinnt und zu schweben scheint.

Das Draht- und Schnursystem in dieser Arbeit war anfangs recht schwer verständlich. Auf einer Photographie, aufgenommen 1927 im Russischen Museum[12], scheint sie falsch gehängt. Die Drähte linker Hand, die auf früheren Photographien an einem schräg zur Wandfläche verlaufenden Stab befestigt sind, sind hier an einer senkrechten Leiste oder einem Rahmen befestigt. Rechts sind fünf, links jedoch sechs Drähte zu sehen, wie auf dem Photo in der »0,10«-Broschüre, und es ist vorstellbar, daß ein Draht rückwärtig in Richtung auf die Ecke abgezweigt wurde, wie es auch erforderlich wäre, um diesem Aufhängungsfehler entgegenzuwirken. Ferner sind die Drähte in der späteren Aufnahme von verschiedener Art, während die frühere Photographie Drähte zeigt, die alle aus dem gleichen Material zu bestehen und von gleicher Größe zu sein scheinen. Was auch immer der Grund für diese Veränderungen gewesen sein mag – die älteren Photographien müssen als maßgeblich angesehen werden. Die Interpretation wird viel einfacher, sobald man sich Tatlins Erfahrung als Matrose und sein Interesse an Segelschiffen ins Gedächtnis ruft. Das Draht- und Seilsystem gleicht dem zur Spannung der Takelage eines Segelschiffs und dient einem sehr ähnlichen Zweck[13], auch wenn Marian Burleigh-Motley beobachtet hat, daß die Konfiguration stark an eine Hängematte erinnert.

Mit diesem Werk von 1914/15 erweiterte Tatlin die Konstruktionsprinzipien der aus dem Prozeß entwickelten Form, um dynamische Kräfte einzusetzen, die den Wirkungen des realen Gewichts und der Tendenz des zentralen Komplexes, sich im Raum zu verdrehen, gegensteuern. Die Plastik ist gleichsam zur Maschine geworden.

Das Original wurde vor kurzem im Russischen Museum wiederaufgefunden und restauriert. Im großen und ganzen vermittelt die Rekonstruktion eine deutliche Vorstellung des Originals, wenngleich die Maße differieren. Im Original bestehen die Verspannungen aus Hanf- oder Kokosseil, und es ist erfreulich, festzustellen, daß meine Antwort auf die Tendenz des zentralen Komplexes, die Drähte nach rechts herabzurutschen, mit Tatlins – in den früheren Photographien nicht sichtbarer – Lösung übereinstimmt: Kurze Schnurstücke wurden als »Stopper« um die Hauptseile geknotet – eine Methode, die in der Schiffstakelung üblich ist.

Die originalen Reliefs aus dieser Zeit sind »verschollen, vermutlich zerstört«, aber warum das so ist, bleibt die Frage. Wenn Tatlin die Eckreliefs für jede Ausstellung vor Ort wieder zusammenbaute, liegt es allerdings nahe, daß sie irgendwann auseinandergenommen wurden und die Einzelteile verlorengingen oder im Atelier irreparabel beschädigt wurden. Das Problem liegt im dunkeln, zumindest im Westen, wo Tatlins »Heroismus« Teil einer komplizierten Mixtur aus Mythen und Fakten russischer und sowjetischer Kunst ist; es scheint jedoch durchaus möglich, daß eben Tatlins Idealismus ihn sein Werk zerstören oder zumindest vernachlässigen ließ – im Zuge des Hinausgehens auf die Straße, der Entwicklung der produktivistischen Ethik und des intensiven Interesses für Kunst und Gestaltung als Teil des Alltagslebens.

Anmerkungen

1 Die Rekonstruktionen erscheinen in zahlreichen Publikationen, sind jedoch alle zu sehen in: *Configuration 1910–1940*, Annely Juda Fine Art, London, 1981 (Ausst.-Kat.), sowie in S. Nakahara, *Missing Presumed Destroyed*, Japan, November 1981. Die im Text erwähnten Abbildungen stammen aus verschiedenen Quellen und sind publiziert in: Camilla Gray, *The Great Experiment: Russian Art 1863–1922*, London: Thames and Hudson, 1962; Troels Andersen, *Vladimir Tatlin*, Moderna Museet, Stockholm, 1968 (Ausst.-Kat.); John Milner, *Vladimir Tatlin and the Russian Avant-Garde*, New Haven and London: Yale University Press, 1983.

2 Gray, Taf. 124, 127; Anderson, S. 39, 42.

3 »Repolin« ist eine heute noch in Europa erhältliche Emailfarbe. Tatlin meint damit in diesem Zusammenhang wahrscheinlich industrielle Farbe im allgemeinen, im Gegensatz zu Künstlermalfarben.

4 Milner, Taf. 117, 118, 119.
5 Andersen, S. 35; Gray, Taf. 123 (in einigen Ausgaben auf dem Kopf stehend).
6 Gray, Taf. 128; Andersen, S. 43.
7 Gray, Taf. 122, 123; Andersen, S. 38.
8 Gray, Taf. 123.
9 Gray, Taf. 127; Andersen, S. 42; Milner, Taf. 109 (Rekonstruktion).
10 Andersen, S. 46; Milner, Taf. 107, 120 (Rekonstruktion).
11 Gray, Taf. 127; Milner, Taf. 106, 110; Andersen, S. 37, 42.
12 Milner, Taf. 116; Andersen, S. 46.
13 Milner, Taf. 107, 120 (Rekonstruktion).

Übersetzung aus dem Englischen: John Matheson.

Tatjana Ljuboslawskaja/Irina Arskaja

Tatlins Inszenierung des Metapoems »Sangesi« von Welimir Chlebnikow

Die Inszenierung von Chlebnikows Metapoem »Sangesi« gehört zu den noch nicht ausreichend erforschten Episoden in Tatlins Schaffen. In Bildquellen und Texten enthaltene Informationen erlauben es uns, die Lücke in unserem Wissen über Tatlins künstlerische Biographie in den zwanziger Jahren zwar nicht mit der gewünschten Vollständigkeit, aber doch teilweise zu schließen.

Das Stück wurde am 9. und 11. Mai 1923 im Veranstaltungsraum des Petrogra-
102 der Museums für Künstlerische Kultur aufgeführt, wo Tatlin die Abteilung
Materielle Kultur leitete. Ein erhaltenes Plakat kündigt das Stück für den
30. Mai an, doch haben wir keine Bestätigung dafür, daß an diesem Tag eine Auf-
103 führung stattfand. Tatlin hatte die Rollen mit Studenten der Akademie der Künste, der Bergbauingenieurschule und der Universität besetzt. Der Maler Nikolai Fjodorowitsch Lapschin erinnert sich an seine Teilnahme als Texterklärer-Lektor. Die Rezitatorin und Linguistin Sofja Grigorjewna Wyscheslawzewa studierte mit den Studenten die Deklamationen ein.

Die originelle Idee des Werkes bedingte die komplizierte Komposition der Inszenierung. »Sangesi« besteht aus zwanzig »Ebenen«, das heißt Fragmenten, von oft ungewöhnlichem Genre: Mathematische Formeln und das Wörterbuch »Alphabet des Geistes« stehen neben lyrischen Gedichten. Das hochphilosophische Werk mit seinem außerordentlich breiten Gattungsspektrum und fast ohne jede Handlung erforderte neue Methoden der Regie und der Gestaltung des Bühnenbildes. Tatlin brachte sie ein. Anhand von vier erhaltenen Skizzen können wir den Entwicklungsprozeß seiner Idee für die Inszenierung verfolgen.
Zwei Entwürfe aus dem Bachruschin-Theatermuseum stammen aus der Zeit,
104 als Tatlin mit der Arbeit an »Sangesi« begann. Der frühere hält seinen Kampf
mit der klassizistischen Ausstattung des Saales im Museum für Künstlerische Kultur fest. Tatlin mißt den Bühnenkasten aus und versucht, verkleidete Elemente des Interieurs in die Ausstattung des Stückes zu integrieren. Die Relation der beiden Figuren zu dem entstandenen Bühnenraum zeigt, daß dieser für die Aufführung des Stückes, in dem sehr viele Personen auftreten, zu klein war.
Im weiteren verzichtet Tatlin darauf, die vorhandene Bühne zu benutzen. Auf
179 dem zweiten Entwurf führt er den Baum bzw. Mast als Dominante des Bühnenbildes ein. (Dieses Motiv hatte er schon früher in den Plänen für die Ausstattung der Opern »Ein Leben für den Zaren« und »Der fliegende Holländer« verwen-

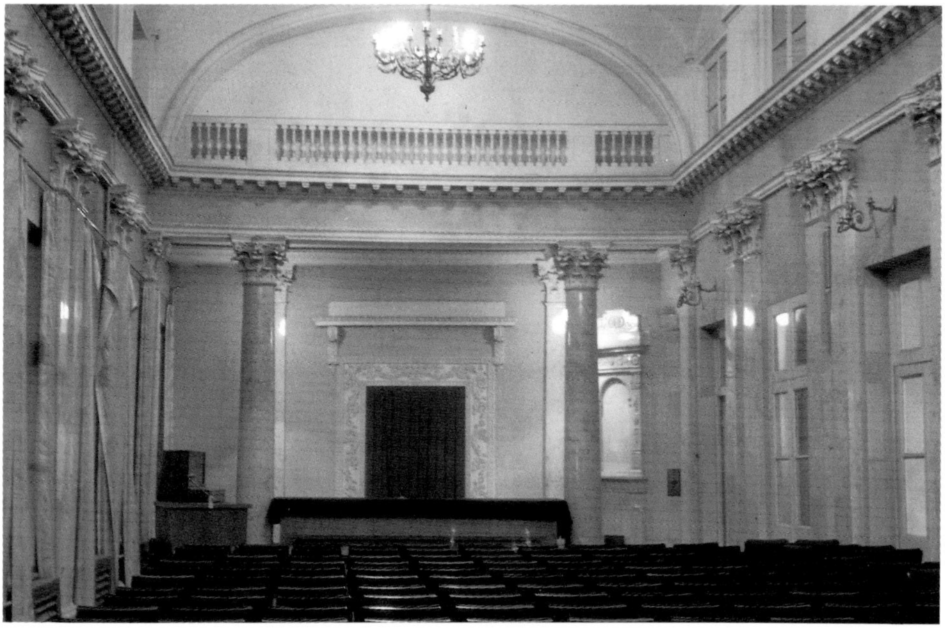

Weißer Saal des Mjatlew-Hauses, wo »Sangesi« 1923 aufgeführt wurde (heutige Ansicht)

Белый зал дома Мятлевых, где в 1923 г. состоялась постановка «Зангези» (современный вид)

det.) Die im Russischen Museum aufbewahrten Entwürfe zu »Sangesi« demonstrieren die Entwicklung zu größerer Konstruktivität und Herausarbeitung des im Stück durchgehaltenen Prinzips der Entsprechung zwischen Wort-»Material« und bildnerischem Material. Die Grundelemente der Bühnenkonstruktion zeigen hier schon eine Anordnung, die der realisierten Lösung sehr nahe kommt, wenn auch nicht in allen Details. In der realisierten Fassung schiebt Tatlin das Proszenium abgewinkelt in den Zuschauerraum hinein, weit vor den Bühnenkasten, und erweitert damit die Spielfläche erheblich. Er ordnet die Bühnenkonstruktion vertikal über die ganze Saalhöhe an und erreicht damit ein monumentales und zugleich dynamisches Gebilde, das Assoziationen an das Denkmal der Dritten Internationale wachruft. Den Charakter der Materialkonstruktion, die den Bühnenraum organisierte, können wir nur nach ungenauen Augenzeugenberichten und zwei Photographien beurteilen, auf denen lediglich der obere Teil zu sehen ist. Im Hinblick auf Tatlins jahrelange Erfahrung mit dem »System des Konterreliefs« läßt sich behaupten, daß es eine Konstruktion aus Materialformen in verschiedenen Fakturen und Farben war. Sie wurde aus Holz, Blech, Tauen, Leinwand und anderen Materialien hergestellt. Dieser Konstruktion entsprachen die in Material und Faktur ebenso verschiedenartigen

105, 181

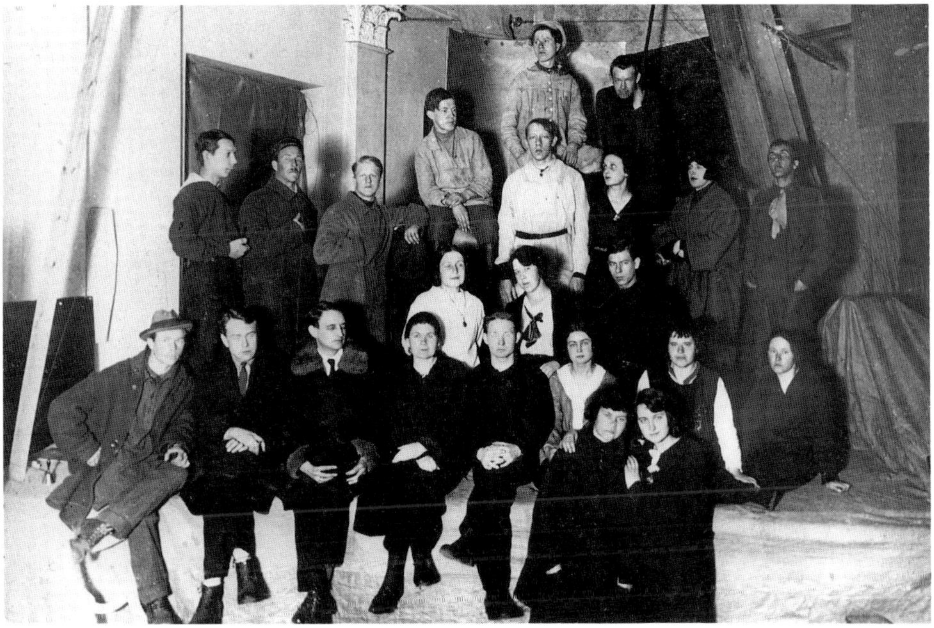

Tatlin (in der Mitte) mit Darstellern des Stückes »Sangesi« auf der Bühne im Mjatlew-Haus (Punin und Jakubinski sitzend links). 1923

Участники спектакля «Зангези» на сцене дома Мятлевых (Татлин – в центре, Пунин и Якубинский сидят слева). 1923

73 Kostüme (das Holzbrett im Kostüm des »Kummers«; goldfarbenes Blech, das
73 um das Bein des »Lachens« gebogen war). Im Verlauf der Handlung hoben zwei Scheinwerfer bei Änderung der Versfaktur die in ihrer Faktur entsprechende Materialform heraus und schufen so eine nach den Worten Punins »einfache und verständliche Parallele zum sprachlichen Material des Poems«. Wir wissen, daß Tatlin für die Inszenierung eigene »Maschinen« erfunden hat, haben darüber aber weiter keine Belege. Eine dieser Maschinen, »Iwerni-wywerni« genannt, wurde 1923 bei der Gemäldeausstellung Petrograder Künstler aller Richtungen gezeigt. Der Name der »Maschine« bringt sie mit Ebene XIX in Verbindung, die mit der Bühnenanweisung »Sangesi wird ein Pferd gebracht. Er steigt auf« eröffnet wird. Der Reiter wendet sich an das Pferd mit den Worten: »Iwerni-wywerni/ Umny igren«*, womit er es zur Eile antreibt. In den folgenden

* In der Übersetzung von Peter Urban (Velimir Chlebnikov, *Werke. Poesie. Prosa, Schriften, Briefe,* hg. v. Peter Urban, Reinbek: Rowohlt, 1985, Teil 1, S. 387), die der Anwendung von Chlebnikows poetischem Prinzip den Vorzug vor semantischer Exaktheit gibt: »Schwenke das Schweifhaar,/ Schecke, gescheiter!« Bei der Übersetzung der weiteren Chlebnikowzitate wurde die genannte Werkausgabe zu Rate gezogen. – Anm. d. Red.

Strophen scheinen durch den Klangrhythmus des Reitens hindurch Bilder von Wolken, Nacht, Abend und Morgenröte auf. Sicherlich ist dieses Fragment eine jener »Stellen höchster Spannung wortschöpferischer Energie«, zu deren visueller Betonung Maschinen eingeführt werden mußten, »die durch ihre Bewegung wiederum eine Parallele zur Handlung darstellen und zugleich mit ihr verschmelzen« (Tatlin). Der Zusammenhang mit der Bewegung geht aus der Bezeichnung »Iwerni-wywerni« hervor. Wahrscheinlich wurde die ungestüm wechselnde Konstruktion der Wörter in der Reiterszene von einem ebenso raschen, mittels der Maschine »Iwerni-wywerny« erzeugten Wechsel der in Farbe und Faktur verschiedenen Materialflächen begleitet. So entwickelte Tatlin hier jene Ideen weiter, die er zuerst in dem Entwurf für das Denkmal der Dritten Internationale vorgestellt und in dessen beweglichem Modell teilweise realisiert hatte. Die Raumbeziehungen der Materialformen veränderten sich im Laufe der Handlung; mit Hilfe der Scheinwerfer und »Maschinen« bildeten sie neue Kombinationen, und die Materialkonstruktion »entwickelte« sich gewissermaßen in der Zeit. In den folgenden Jahren griff Tatlin bei seiner Theaterarbeit auf die Erfahrung von 1923 zurück und stattete seine Bühnendekoratio-

Bühnenbildentwurf für »Sangesi«. 1923

Эскиз оформления сцены к «Зангези». 1923

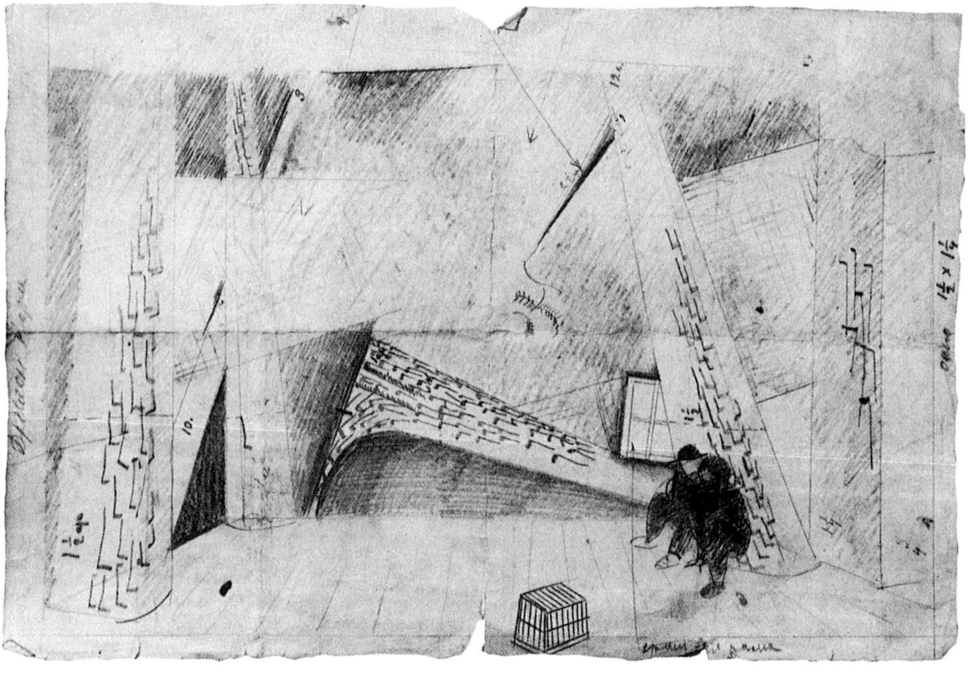

180 nen mit kinetischen Elementen aus (»Ein Komödiant des 17. Jahrhunderts«, »Wir ergeben uns nicht«, »Kapitän Kostrow«).

Eine der wichtigsten Komponenten in Chlebnikows literarischem Erbe ist die Berechnung der Wiederkehr historischer Ereignisse, der sogenannten »Zeitgesetze«, die das Schicksal der Menschheit und des Menschen bestimmen. Fände man diese Gesetze, so könnten die Menschen das Schicksal lenken. In den Pausen zwischen den Akten hielt Punin einen Vortrag über diese Zeitgesetze. Möglicherweise trug er erneut das Referat »Chlebnikow und der Staat der Zeit« vor, das er am 10. September 1922 auf der Sitzung der Freien Philosophischen Gesellschaft gehalten hatte. (Lapschins Inhaltsangabe dieses Vortrags wurde in der Zeitung »Das Leben der Kunst« veröffentlicht.)

Zu den wesentlichen Aspekten von Chlebnikows Werk insgesamt und »Sangesi« im besonderen gehört die Ausarbeitung der »Sternensprache« beziehungsweise des »Alphabets des Geistes« – einer universellen, internationalen Begriffssprache, die auf der These beruht, der Sinn eines Wortes werde von dem (das Wort »lenkenden«) Anfangskonsonanten bestimmt (vgl. den Essay »Unsere Grundlage«). Tatlins Interpretation der »Sternensprache« geht auf

Bühnenbildentwurf für »Sangesi«. 1923

Эскиз оформления сцены к «Зангези». 1923

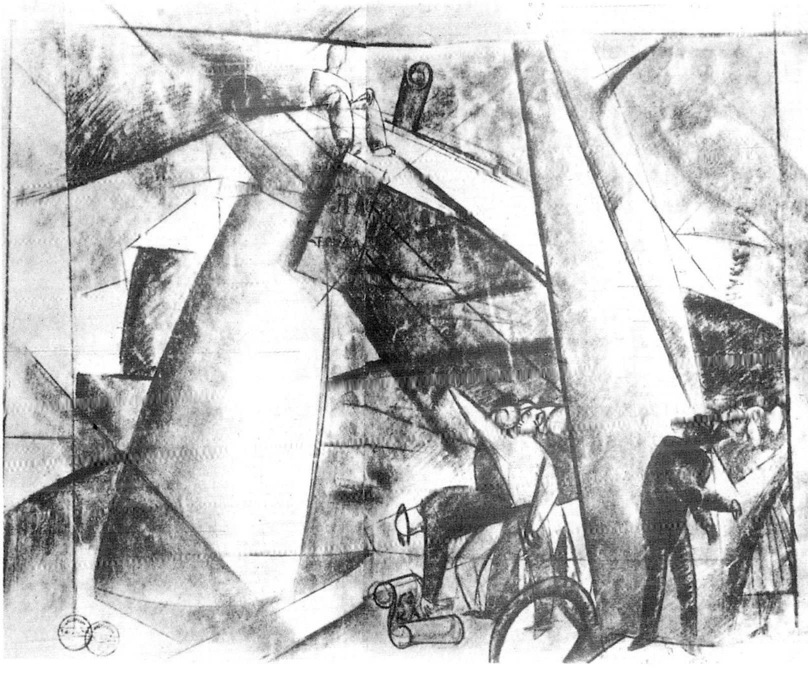

Chlebnikows Artikel »An die Maler der Welt« (1919) zurück. Der Artikel war für die Zeitschrift »Die Internationale der Kunst« bestimmt, an der Tatlin und Chlebnikow mitarbeiten sollten. »Aufgabe des Künstlers der Farbe« ist es nach Chlebnikow, »als Grundeinheiten des Verstandes geometrische Zeichen zu geben«, und er schlägt zwei Realisierungsmöglichkeiten vor. Beide wurden in dem Stück erfüllt. Die erste Methode besteht darin, jeden Laut und somit den ihm entsprechenden Begriff mit einer Hieroglyphe zu bezeichnen: Das Schriftbild drückt den Sinn aus. »Mir erscheint W in der Gestalt eines Kreises und eines Punktes darin, H als Verbindung zweier Linien und eines Punktes« usw. Die von Chlebnikow vorgeschlagenen Schriftzeichen wurden auf eine Tafel auf dem Proszenium gemalt und von dem Philologen Lew Petrowitsch Jakubinski erläutert. »Sangesi selbst spricht, vom Podest herab, die Hymne auf die Konsonanten g, l, r, m u. a., die auf prächtigen Lautverbindungen aufbaut, und währenddessen werden langsam geschriebene Bilder seiner Wortschöpfungen auf die Bühne herabgelassen; man erklärt auf der Bühne mit Hilfe von Zeichnungen ihre Bedeutung und hält einen Vortrag über den Reichtum der Sprecheinheiten des Poems, die Vereinigung der verschiedenen künstlerischen Mittel und nicht zuletzt die Übersinnverse« (A. W. Tufanow). Chlebnikows zweitem Vorschlag zufolge »wäre es möglich, zum Mittel der Farbe Zuflucht zu nehmen und M mit Dunkelblau zu bezeichnen, W mit Grün, B mit Rot, S mit Grau, L mit Weiß usw.« In Tatlins Werkstatt wurden Tafeln für »Sangesi« angefertigt, Farbäquivalente zu den Buchstaben-Begriffen der »Sternensprache«, »Tauschzeichen zwischen den Werten des Lautes und den Werten des Auges«. Punin sah in ihnen die »Umwandlung der Rohfarbe (aus der Tube) in durchgearbeitete, dauerhaft wirkende Farbe« vollzogen, Tatlin beschrieb sie als »nach Material und Bearbeitung verschiedenartige Oberflächen«. Die sechzig Tafeln, die den »Block der Ebenen« bildeten, wurden auf der Gemäldeausstellung Petrograder Künstler aller Richtungen ausgestellt. Tatlins Schüler Nikolai Alexejewitsch Chapajew fertigte sie unter der Leitung des Meisters im Labor für materielle Kultur des Museums für Künstlerische Kultur an. Vom Scheinwerferstrahl beleuchtet, wurden die Tafeln an Tauen von der Spitze der Konstruktion, auf der Tatlin-Sangesi saß, herabgelassen. Währenddessen wurde zum Beispiel folgender Text deklamiert: »Das Scha der Mädchen – ach, ihr rotes Hemd/das Go der Mädchen – die Waldblumenkränze [...].« (Nur eine erhalten gebliebene Tafel ist bekannt; sie befindet sich in der Galerie Gmurzynska in Köln.) Der Oberiuten-Dichter Igor Wladimirowitsch Bachterew erinnert sich in einem Brief an Alexandr Jefimowitsch Parnis: »Das Spiel fand nicht nur auf der Bühne statt, sondern auch in den Pausen, im Foyer, wohin man Tatlins Sternentafeln gebracht hatte und wo Tatlin im Kostüm Sangesis über die Beziehungen zwischen dem Wort und seiner visuellen und fakturiellen Verwirklichung sprach.« Die Tafeln entstanden auf der Grundlage von Tatlins langjähriger Arbeit mit der (Mal-) Farbe als einem Element der materiellen Kultur. Sie führten das Thema der

Internationale der Menschen auf Erden fort, das Tatlin mit seinem Denkmalprojekt schon angeschnitten hatte.

In die Ausstattung des Stückes nahm Tatlin drei große, farbige Tafeln mit den Aufschriften »Menschen«, »Götter«, »Vögel« auf. »Die Götter« ist der Titel der zweiten Ebene in »Sangesi«, in der Götter verschiedener Völker der Welt auftreten. Nach der gestalterischen Lösung zu schließen, betrachtete Tatlin die Gegenüberstellung »Menschen« – »Götter« und »Vögel« als den philosophischen Schlüssel zu dem Metapoem. Die Götterschar bildet die gemeinsame geistige Urheimat der Menschheit; die Götter sprechen eine ihnen allen verständliche Übersinnsprache (Thema des »geeinten Gesprächs der Sterblichen«). Tatlin betonte die Opposition des Geistespantheons der Völker und der Welt der Natur zum »Welthandel« der modernen Zivilisation. Die Tafel mit der Aufschrift »Menschen« stand auf der Bühne, die beiden anderen (»Götter« und »Vögel«) waren an verschiedenen Enden des Zuschauerraumes unter der Decke angebracht. Mit dieser Anordnung sollten sie für die Anwesenden zu sinnhaften Zeichen werden. Die Zuschauer wurden in das Spiel einbezogen und sahen sich vor die Wahl zwischen zwei Polen gestellt: hier Sangesi, der den »Menschen«-Schülern unverständlich ist, dort die Symbole jener Weltharmonie, die Chlebnikow unter den Menschen zu stiften träumte.

Interessant ist, wie Tatlin das Finale des Poems interpretierte – als Vermächtnis des Dichters an seine Zeitgenossen: »Als Abschluß gab eine Tafel bekannt: ›Sangesi ist gestorben . . ./ Er hat sich die Kehle durchgeschnitten,/ Hinterlassen hat er einen kurzen Brief‹. Einer der Darsteller spricht diese Worte im Zuschauerraum, auf der Bühne aber erscheint Sangesi und dementiert damit die Nachricht von seinem Tod. Über der Bühne wird eine Leinwand entfaltet mit der Aufschrift: ›28. VI. 1922‹ – der Todestag Welimir Chlebnikows« (Tufanow).

Die »Sangesi«-Inszenierung ist ein einzigartiger Versuch, das Konzept der materiellen Kultur im Bereich des Theaters anzuwenden. Sie setzte die von der russischen Avantgarde begründete Tradition fort, die schöpferischen Methoden und Ideen der Künstler und der Dichter einander anzunähern. Auch in den folgenden Jahren fesselte Tatlin die Möglichkeit, ein Theaterstück zu schaffen, in dem er dem Text entsprechend Regie führen und bei der Gestaltung des Bühnenbildes die Methode der Materialkultur anwenden könnte. Später plante er mehrmals, »Sangesi« wiederaufzuführen, doch diese Pläne wurden nicht verwirklicht.

Übersetzung aus dem Russischen: Annelore Nitschke.

Alexandr Kowaljow

Larionow und Tatlin

Auf die Frage, welcher Maler seine Kunst beeinflußt habe, nannte Tatlin im März 1928 Afanasjew[1], Larionow und Picasso.[2] Damit bezeichnete er auch die Quellen, aus denen er schöpfte: die russische Volkskunst und die neuesten Strömungen in der russischen und europäischen Malerei.

Der Kontakt zu Larionow und den Künstlern seines Kreises Anfang der zehner Jahre ist ein überaus wichtiger Faktor in Tatlins Entwicklung. Ohne Larionow wie auch ohne die Tradition der russischen Volkskunst wäre der frühe Tatlin gar nicht zu denken. Zu seinen Konterreliefs kam er von der Malerei, die Malerei aber eignete er sich über die künstlerische Konzeption Larionows an, der die professionelle Kunst mit der Volkskunst verbunden hatte.

In Larionows Einflußbereich geriet Tatlin Ende 1910, nach Abschluß seines Studiums an der Kunstschule in Pensa. Zu dieser Zeit war Larionow bereits ein richtiger »Maître« und stand im Mittelpunkt der neuen jungen Kunstszene. Die Ausstellungen des »Goldenen Vlieses« und »Karobube« lagen hinter ihm, wichtige Erfahrungen der russischen Malerei auf dem Weg zur Überwindung des Impressionismus, Historismus und Ästhetizismus.

Wir wissen, daß beide Künstler im Januar 1911 vom Departement der Geheimpolizei observiert wurden. Damals malte Larionow auch die Studie zu einem Tatlinporträt. Im April nahm Tatlin mit den Künstlern aus Larionows Gruppe – Viktor Bart, Artur Fonwisin, Natalija Gontscharowa, Larionow, Malewitsch und Alexei Morgunow – an der Ausstellung der Petersburger Künstlervereinigung »Bund der Jugend« teil. Im selben Jahr stattete er das Volksstück »Zar Maximilian und sein widerspenstiger Sohn Adolf« aus, das im Moskauer Literatur- und Kunstzirkel aufgeführt wurde.

Nach der Spaltung des »Karobuben« präsentierten Larionow, Gontscharowa, Malewitsch, Morgunow, Alexandr Schewtschenko und Tatlin unter dem Gruppennamen »Eselsschwanz« ihre Arbeiten auf der Ausstellung des »Bundes der Jugend« vom Dezember 1911 bis Januar 1912.[3] Tatlins Beteiligung an der Ausstellung der Gruppe »Eselsschwanz« im März 1912 war das wichtigste Ereignis in seiner Künstlerlaufbahn vor dem Ersten Weltkrieg. Seine ausgestellten Hauptarbeiten waren ein »Selbstporträt« (»Matrose«, 1912), zwei Versionen des »Fischverkäufers« (1911) sowie Landschaften, Aquarelle und Studien von 1909: »Pfirsiche«, »Garten«, »Nelken«. Im Ausstellungskatalog ist unter Tatlins

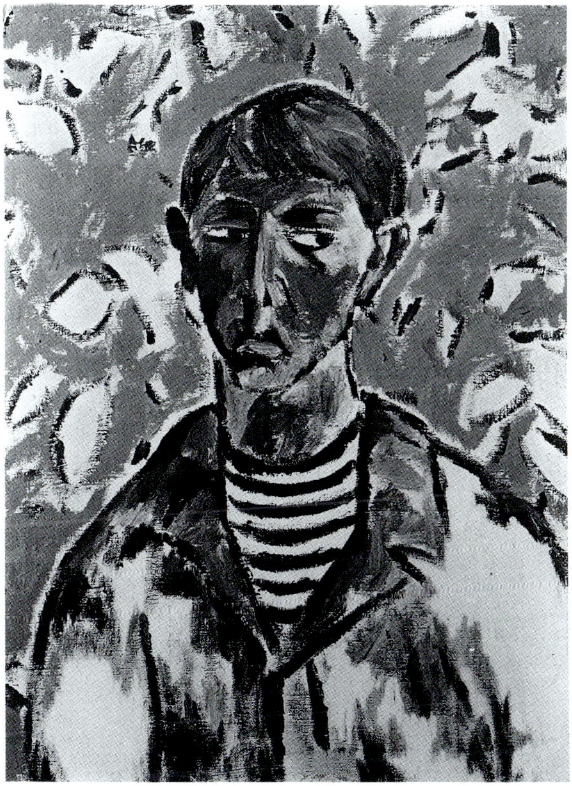

Michail Larionow. »Studie zu einem Porträt Wladimir Tatlins«. 1911

Михаил Ларионов. «Этюд к портрету Владимира Татлина». 1911

Namen die Adresse Larionows angegeben, bei dem sich seine Arbeiten damals befanden. Die in der Ausstellung »Eselsschwanz« gezeigten Bilder – Malewitschs zum Primitivismus tendierende Arbeiten, Gontscharowas bäuerliche Malerei, Larionows und Schewtschenkos Soldatenbilder, die Studien von Kirill Sdanewitsch und Michail Le-Dantu, Barts Kompositionen und Tatlins »Matrosenmotive« – belegen die gemeinsamen Grundsätze der Gruppe: Den meisten ausstellenden Künstlern ging es um das inhaltliche Moment der Kunst, sie setzten sich für die »Herrschaft neuer Themen« ein, die in ihrer Malerei Form annehmen.

Zusammen mit Gontscharowa, Larionow und N. Rogowin illustrierte Tatlin im Herbst 1912 den Band »Weltvomende«, der Gedichte und Prosa von Alexei Krutschonych und Welimir Chlebnikow enthielt.[4] Dies war einer der letzten Kontakte zu Larionow und seiner Gruppe. Obwohl Tatlin auf der »Bund-der-Jugend«-Ausstellung von 1912/13 noch in ihrem Namen auftrat, war der Bruch endgültig. Am 3. Januar 1913 wurde Tatlin zusammen mit Malewitsch, Morgunow, David Burljuk und Michail Matjuschin in die Künstlervereinigung »Bund der Jugend« aufgenommen.

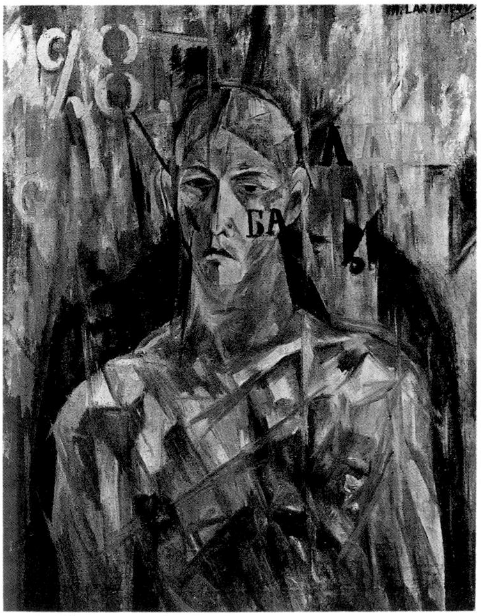

Michail Larionow. »Porträt Wladimir Tatlin«. 1913

Михаил Ларионов. «Портрет Владимира Татлина». 1913

Nach seiner Entzweiung mit Larionow suchte Tatlin neue Kontakte in Künstlerkreisen. Die sporadische Zusammenarbeit mit den Gruppierungen »Karobube«, »Bund der Jugend«, »Welt der Kunst« und »Hyläa« hatte für ihn jedoch bereits keine grundsätzliche Bedeutung mehr. Die »synthesostatischen Kompositionen«, die er erstmals im Mai 1914 in seinem Atelier in der Uliza Ostoschenka ausstellte, leiteten eine neue Etappe der Entwicklung der russischen Kunst ein. An die Stelle visueller Wahrnehmung der Weltdynamik, an die Stelle von Intuition und Erleben traten der Tastsinn, die Logik und die Strukturanalyse – die Gegenüberstellung von malerisch behandelten Oberflächen und Volumina, die die Idee der Spannung und Statik, des Gewichts und des Widerstandes zum Ausdruck brachte –, traten abstrakte Konstruktionen auf dem Weg zur Erforschung der reinen Form.

Larionow konnte es nicht gleichgültig bleiben, daß Tatlin Positionen bezog, die ihm fremd waren. Seinen Empfindungen verlieh er in dem Porträt Tatlins von 1913 Ausdruck. In der Manier des realistischen Rayonismus gemalt, ist es eines von Larionows besten Gemälden. (Er schenkte es Michel Seuphor, und es befindet sich heute im Centre Pompidou.) Mit diesem Porträt kam ihre vorübergehende Zusammenarbeit zum Abschluß.

Wera Pestel schreibt in ihren Erinnerungen über Tatlins Verhältnis zu Larionow: »Tatlin erzählt interessant von seiner Zeit als Matrose und Marinesoldat und wie er als Banduraspieler nach Paris fuhr. [. . .] Manchmal schimpft er auf Larionow, mit dem er befreundet war. Er sagt, er sei ein ›Ferkel‹. Davon, daß er dennoch ein hervorragender Maler ist, spricht er nie. Dabei weiß ich, daß er es weiß und spürt.«[5]

Für die Entwicklung seines Stils war Tatlins Kontakt mit Larionow in den Jahren 1911/12 von entscheidender Bedeutung. Gerade in dieser Zeit, in der er seine Manier dynamisch umformte, malte Tatlin seine besten Bilder. Seit 1909 hatte er einen Weg verfolgt, der ihn vom Impressionismus über die Prinzipien der Volkskunst in der eigenen Malerei zu Larionows Synthetismus und danach zur Neubewertung und Überwindung von dessen malerischem System führte. Larionows Einfluß traf auf Tatlins Neigung zur strengen Organisierung der Bildfläche, zur Reinheit des künstlerischen Idioms, zum Prinzip der Synthese. Dies entfremdete Tatlin von Larionow. Mit seinem Protest gegen die spontane Wahrnehmung verlagerte Tatlin die Problematik des Realismus in der Malerei auf eine grundsätzlich andere Ebene.

Seine konstruktive Tendenz stand im Widerspruch zu Larionows malerischer Poetik. Selbst der Rayonismus, die konsequente Folge aus Larionows Intuitivismus, an dem er seit Ende 1911 arbeitete, bewahrte impressionistische Prinzipien. Licht und Empfindung, die Wahrnehmung der Wirklichkeit von innen heraus, Lyrismus und gefühlsmäßiges Erfassen des Wesens der Dinge sind die Grundlagen von Larionows Kunst. Seine rayonistische wie auch seine »provinzielle« Malerei will in Wahrheit der materialistischen Einstellung der Kultur seiner Zeit und dem, was Kandinsky den »Fall ins Schwarze« genannt hat, das Bestreben entgegensetzen, das Leben als Leben zu erfassen. Nicht von ungefähr zeigte sich Larionow für die Gedanken der »Lebensphilosophie« aufgeschlossen. Das Verständnis der Wechselbeziehung zwischen Kunst und Wirklichkeit verdeutlicht die Formel »Die Kunst für das Leben, und mehr noch – das Leben für die Kunst«.

Die weltanschaulichen Aspekte von Larionows Kunst lagen Tatlin fern. Ihn interessierte weder die Kategorie des Lichts als solche noch das von Larionow propagierte Prinzip, so zu malen, »wie man sieht«, noch die Kategorie des »Lebens«, wie Larionow sie verstand. Die von Tatlin nach der Oktoberrevolution aufgestellte These »Die Kunst ins Leben« meinte ein anderes Verhältnis zur Wirklichkeit, verstanden als oppositionelle Substanz, die der künstlerischen Umgestaltung bedürfe. Gleichwohl konnten Larionows Interesse am Alltag, an »Thema« und »Sujet« und sein Ansatz, die professionelle Kunst mit Prinzipien der Volkskunst zu vereinen, Tatlin ebensowenig unberührt lassen wie verschiedene Elemente seiner Poetik. Die Ähnlichkeit zwischen beiden drückte sich in dem Bestreben aus, »die reine Flächenmalerei mit lebensnahen Themen zu verbinden« und die malerische Idee des Motivs in Kompositionslösungen, in der Behandlung des Raumes und in einer ausdrucksstarken, lakonischen Sprache zu vermitteln. Sogar in Tatlins späteren Entwürfen zu Richard Wagners Oper »Der fliegende Holländer« (1915–1918) ist die Analogie zu Larionows rayonistischen Studien offensichtlich. Wir dürfen wohl getrost sagen, daß der frühe Tat-

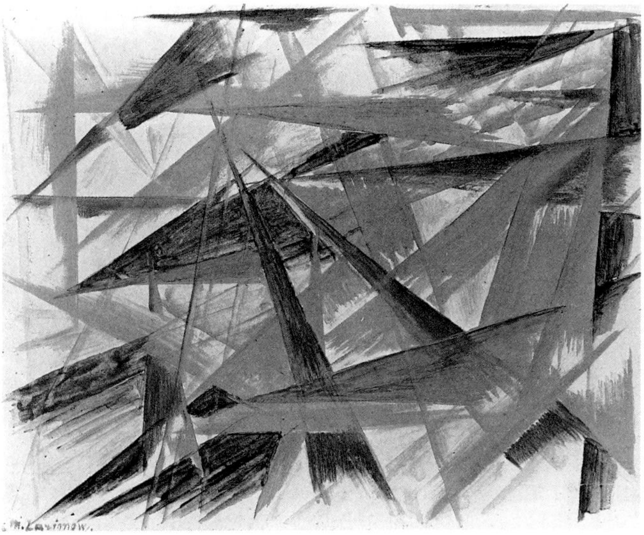

Michail Larionow.
»Rayonistische Studie«
(»Roter Rayonismus«).
1914

Михаил Ларионов.
«Лучистый этюд»
(«Красный лучизм»).
1914

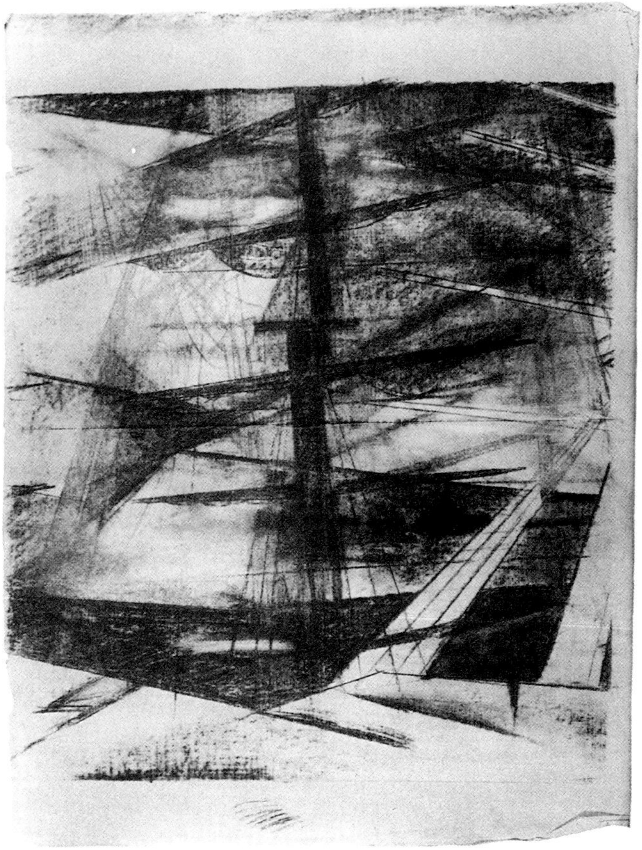

Bühnenbildentwurf
zum »Fliegenden
Holländer«. 1915–1918

Эскиз декорации к
опере «Летучий
голландец». 1915–1918

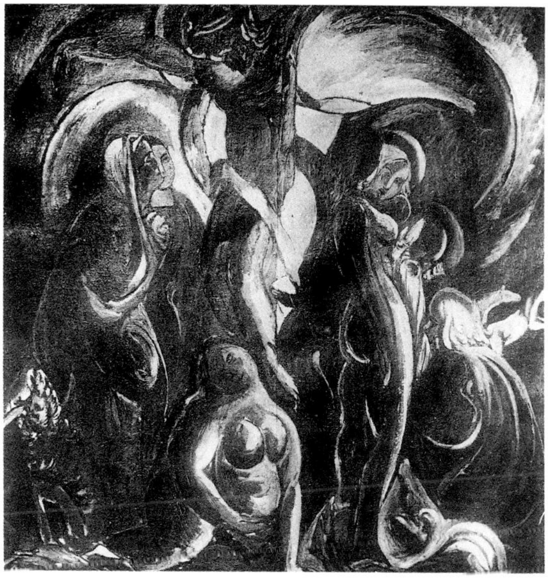

Viktor Bart. »Kreuzigung«. 1911

Виктор Барт. «Распятие». 1911

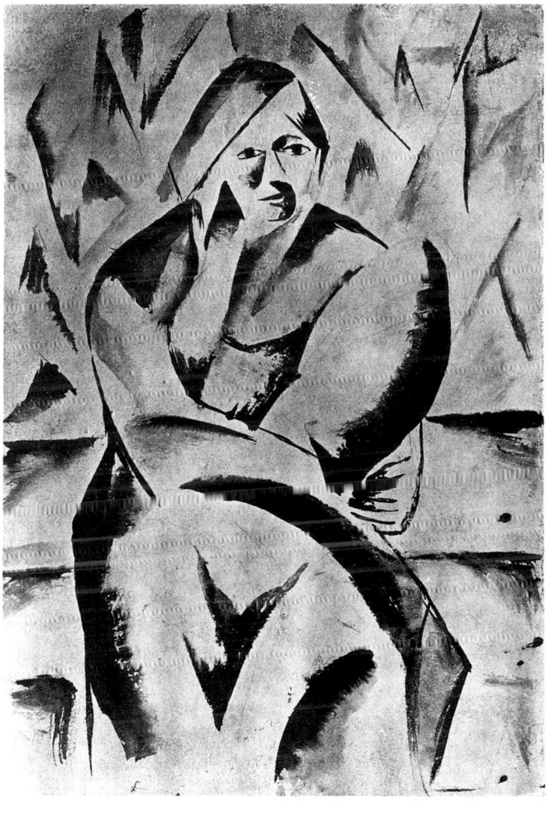

Michail Le-Dantu. »Akt«. 1912

Михаил Ле-Дантю.
«Натурщица». 1912

lin aus Larionow hervorgegangen ist. Für die Zeit nach 1914 können wir dagegen mit einigem Recht von einem Einfluß Tatlins auf Larionow sprechen.

Gemeinsame Prinzipien in der Malerei verbanden Tatlin auch mit anderen Künstlern aus Larionows Kreis, mit Natalija Gontscharowa zum Beispiel oder Viktor Bart, der plastische Gesetzmäßigkeiten der Bewegung in der Kunst suchte. Barts Element war die Komposition. Der Einfluß von Barts kreisenden Rhythmen läßt sich in Tatlins und Malewitschs Arbeiten leicht nachweisen. Kein geringerer Einfluß ging von Le-Dantu aus, der als erster den georgischen naiven Maler Niko Pirosmani entdeckte. In den Jahren 1912/13 stand Le-Dantu selbst unter Larionows Einfluß und warf dessen in der Theorie aufgestellte Ideen durcheinander. In Tatlins und Malewitschs Malerei spürt man den von Le-Dantu ausgehenden konstruktiven Impuls ganz deutlich im Bereich der Komposition, der dynamischen Flächenverbindung und der Farb- und Linienrhythmen.

Der Einfluß Larionows und seines Kreises ist das erste starke Fundament, auf dem Tatlins Stil aufbaut. Natürlich gibt es hier verschiedene andere Probleme, etwa das Verhältnis zur vorangegangenen ästhetischen Erfahrung. Oder das Problem des Individualismus: Beide suchten eine Lösung der Aufgabe, eine universelle Kunst zu schaffen, beide suchten nach integrierenden Prinzipien, beide kamen zur Synthese. Der eine verband in der Tafelmalerei die »hohe« Kunst mit der »niedrigen« Volkskunst und vereinte später, in Diaghilews Ballett, die Malerei mit dem Theater, der Musik, der Choreographie und dem russischen Thema. Der andere gelangte zur Synthese über die Integration verschiedener Kunstgattungen und die Suche nach einem Material, das einer neuen Klassik zugrunde liegen könnte.

Der eine orientierte sich an der freien, individuellen Kunst und ihrer Lebensadäquatheit (ganz in Larionows Tradition wählte sich nach der Oktoberrevolution der unter dem Namen »Makowez« bekannte Künstler- und Dichterverband nicht von ungefähr dessen Leitsatz »Kunst ist Leben« zur Devise). Der andere postulierte eine Kunst, die überpersönlich und innerlich frei wäre, eine synkretistische Grundlage besäße, zur ontologischen Synthese tendierte und folglich eine allesumfassende Umgestaltung des Lebens anstrebte.

Die Fähigkeit zu ganzheitlichem künstlerischem Denken war die wichtigste Eigenschaft des Künstlers Tatlin. Jedes seiner Werke entfaltete die Idee von der Erneuerung der Kunst und der Suche nach einer neuen Welt, erlangte große Bedeutung für den Weg des kreativen Denkens und konnte als geballter Ausdruck der allgemein menschlichen Ideale jener Epoche gelten. Nach dem Denkmal der Dritten Internationale nahm sie im Letatlin Gestalt an, dem Archetyp einer neuen organischen Kunst, die aus dem Käfig von Raum und Zeit zur Natur, zum Leben und zur Freiheit aufrief, die Welt vom Ende her beginnen und die Schönheit und den Geist der Volkstradition wieder in ihre Rechte einsetzen wollte.

Tatlins Konterreliefs ab 1914, diese neuen, nicht organischen Strukturen, bedeuteten nicht nur einen Bruch mit Larionows Ästhetik, sondern auch die neueste russische und europäische Kunst wurde in ihren Grundfesten erschüttert. Der russische Kubofuturismus mit all seiner Umwandlungsenergie trat zur Ablösung des »lyrischen Intimismus« an. Die neue Welle war gegen das individuelle Erleben der Wirklichkeit gerichtet und protestierte gegen Inhalt und Psychologismus, gegen literarische Vorwürfe, gegen Thema und Sujet, gegen Begriffe wie »Künstlerseele«; es war eine revolutionäre, schöpferische Welle, die eine neue Geistigkeit, eine neue Gegenständlichkeit und ein neues Verhältnis zur Gesellschaft suchte. Im Gegensatz zur Emotionalität des Impressionismus und des Futurismus etablierte sich auf den Scherben des Kubismus ein neuer Kanon, das System der künstlerischen Organisation des Materials – der Malfläche, der Faktur und der Farbe. Die Tafelmalerei ging von der Zweidimensionalität in die Dreidimensionalität über und wandelte sich zur räumlichen Konstruktion. Aber schon im August 1913 hatte es in der Deklaration des Sammelbandes »Die drei« (Chlebnikow, Krutschonych, Malewitsch, Jelena Guro) geheißen: »[...] alle diese Siege sind nur Mittel. Das Ziel aber ist jene wunderbare Welt vor uns, in der sogar die Dinge auferstehen werden.«

Die 1914 eingetretene Wende zeitigte einen allgemeinen Ruck in der Kunst der russischen Avantgarde, eine Verschiebung der weltanschaulichen Fundamente des Stils. Tatlin brachte das Wesen dieses Umbruchs entschlossen zum Ausdruck. Angeregt wurde diese Bewegung bereits von anderem: von der jüngsten russischen Lyrik und Literatur, der Theorie und Praxis des russischen Kubofuturismus insgesamt und der freien Universalsprache Chlebnikows und Krutschonychs.

Hinter Nihilismus und Verneinung standen romantische Leitlinien: Die Kunst strebte danach, zum Gesetzgeber des Lebens zu werden, in Chlebnikows Worten: zum »neuen Sammler des Menschengeschlechts«. Die radikal gesinnten Künstler und Dichter machten sich auf die Suche nach der neuen Welt – über die Erneuerung der Grundlagen der Kunst, den Alogismus der Formen und die Saum-Sprache, über die Überwindung des Absurden der umgebenden Wirklichkeit, über den Verzicht auf jegliche Variationen über das Thema ihrer »Verdopplung«. Zur Idealfigur wurde der Künstler als Schöpfer, der das Leben nach künstlerischen Grundsätzen umgestaltet, das Erscheinungsbild und den geistigen Inhalt der anbrechenden Epoche bestimmt und »das Wetterleuchten der Neuen Kommenden Schönheit des sich von selbst entwickelnden Wortes« vorausahnt.

Anmerkungen

1 Alexei Fjodorowitsch Afanasjew (1850–1920) – Maler und Graphiker, Illustrator russischer Märchen; 1905–1909 Direktor der Seliwerstow-Kunstschule in Pensa, wo Tatlin studierte.
2 ZGALI, f. 1938, op. 1, ed. chr. 59, l. 9.
3 In der Literatur über Tatlin finden sich in der Regel unrichtige Angaben zu den Ausstellungskatalogen des »Bundes der Jugend« (1911/12 und 1912/13).
4 A. Kručenych, V. Chlebnikov, *Mirskonca,* Moskva, 1912.
5 Wera Pestel, Unveröffentlichte Erinnerungen, Archiv Jekaterina Drewina, Moskau.

Übersetzung aus dem Russischen: Annelore Nitschke.

Magdalena Dabrowski

Tatlin und der Kubismus

In seiner Tatlinmonographie von 1921, die den Untertitel »Gegen den Kubismus« trägt[1], stellte Punin Tatlins Werk dem der französischen Kubisten und besonders dem Werk Picassos gegenüber. Er definierte den Kubismus mit von Gleizes und Metzinger in ihrem Buch »Du Cubisme«[2] verwendeten Begriffen als »integrale Realisierung der Malerei auf der Fläche« und somit als »synthetische Konstruktion von Realität« und konfrontierte ihn mit Tatlins dreidimensionalen Werken, die er als »wahre« Konstruktion von Realität bezeichnete. Folglich behauptete er einen grundlegenden Unterschied zwischen Tatlins Reliefs und dem Kubismus. Jedoch faßte Punin seine Einschätzung Tatlins und des Kubismus eher in moralischen und emotionalen als in streng analytischen, objektiven Begriffen auf präziser kunsthistorischer Grundlage. Betrachtet im Lichte des damaligen russischen Anspruchs, etwas Neues, von westlichen, das heißt französischen Einflüssen Freies zu schaffen, erscheint sie noch stärker gefärbt. Es lebt darin jenes unbestimmte Klima antiwestlicher Haltung fort, das die ersten Avantgardebewegungen zu Beginn des Jahrhunderts umgab, tatsächlich aber in ihren Arbeiten mit erstaunlicher Geschwindigkeit in eine Assimilation kubistischer Einflüsse mündete. Tatlins Werk zeigt diesen doppelgesichtigen Prozeß beispielhaft, und die Reliefs und Konterreliefs der Jahre 1914–1917 stellen eine tiefgreifende, innovative Konklusion aus den vom Kubismus begonnenen Experimenten dar.

Zweifellos ist Tatlins Werk eine Synthese sehr verschiedener Elemente, einige davon russisch (darunter die Ikone), einige westlich (darunter der Kubismus). Doch ich neige zur Ansicht Jean-Paul Bouillons, der in seinem Essay »Le Cubisme et l'Avant-Garde Russe« von 1971 Tatlins Entwicklung vor allem als Endphase echter kubistischer Errungenschaften und als wahren Ausdruck der Revolution des Kubismus bestimmt.[3] Tatlins Beziehung zum Kubismus ist ambivalenter – viel reicher und komplexer –, als Punin oder Tatlin selbst zugaben.

In Tatlins radikalster Fortsetzung des Kubismus – den Reliefs und Konterreliefs – kulminierten die kubistischen Einflüsse, die wahrscheinlich um 1911/12, als die Kenntnis des Kubismus in den Kreisen der russischen Avantgarde auf ihrem Höhepunkt war, eingesetzt hatten. Tatlins Gemälde wie zum Beispiel
141 »Fischverkäufer«, 1911 (Tretjakowgalerie, Moskau), »Matrose«, 1911/12 (Russi-

sches Museum, Leningrad), und »Bildnis eines Malers«, Anfang 1912 (Gebiets- 20
museum der Bildenden Künste, Kostroma), zeigen neben ihrer Affinität zu Prinzipien der Ikonenmalerei eine Abhängigkeit von kubistischen Methoden, ablesbar in der räumlichen Organisation der Komposition, die durch flächige Gliederung und leichte Geometrisierung der Formen vermittelt wird. Überdies verrät das »Bildnis eines Malers« eine Verwandtschaft mit einigen protokubistischen Bildern Picassos, so zum Beispiel mit »Kopf und Schultern eines Aktes« (1907) aus der Sammlung Schtschukin.[4] Doch liegen die Analogien auf einer recht oberflächlichen, formalen Ebene; sie weisen auf Tatlins Affinität zum Kubismus, nicht aber auf eine tiefere Einsicht in dessen bildnerische Prinzipien hin.

Eine deutlichere kubistische Formmodulation findet sich in den Zeichnungen von etwa 1912–1914, enthalten in den im ZGALI in Moskau aufbewahrten Skizzenbüchern, in denen die menschliche Figur von einem geometrisierten Muster überlagert ist. Dies strebt nach der Wirkung kubistischer Formfragmentierung und erinnert (wenn auch nur entfernt) an Picassos Werke von 1910/11. Zwar scheint das Zeichnen nicht im Mittelpunkt von Tatlins Suche gestanden zu haben, doch bezeugen diese Arbeiten den Versuch der Assimilation kubistischer Strukturen bei der Wiedergabe der menschlichen Figur. Während Picasso aber die Figur in verschiedenen Ansichten zeigt und die Transparenz der Flächen betont, aus denen sie sich zusammensetzt, legt Tatlin schlicht ein Liniennetz über einen ansonsten realistisch dargestellten weiblichen Akt. Die kubistische Bewehrung bringt kein Bild hervor, das vom Betrachter ein »analytisches« Sehen verlangt, sondern ist lediglich eine geometrische Überlagerung des eigentlichen Bildes. Sogar da, wo die Geometrie der Figur auf einen Linienraster reduziert ist, bleiben entscheidende Unterschiede zwischen Picasso und Tatlin. Bei Picasso ist der Raster strukturbildend, bei Tatlin Oberfläche. Tatlins Komposition bleibt eine geometrisierte Figur mit einem linearen Gerüst als Beiwerk ohne strukturellen Zweck. Für Picasso ist die Ausgangsfigur nur der Bezugspunkt struktureller Verschlüsselungen. Somit arbeitet Picasso mehr auf der Ebene der malerischen Darstellung, während Tatlin mehr zum physischen Raum tendiert. In ihrem Beharren, das Volumen verschiedener Körperteile durch geometrisierte Formen zu vermitteln, scheinen solche Zeichnungen Tatlins die strukturellen Prinzipien seiner Bildreliefs vorwegzunehmen. Sie machen deutlich, daß es Tatlin um räumlich aufeinander bezogene Teile geht, und könnten ihm bei seinem Übergang zu dreidimensionalen Arbeiten geholfen haben.

Den Auslöser für diesen Übergang vermutete man in Tatlins Besuch in Picassos Atelier während einer 1913 unternommenen Reise nach Paris, wo er dessen Pappkonstruktionen gesehen habe; der starke Eindruck dieser Entdeckung habe ihn dazu gebracht, selbst derartige Werke zu schaffen. Aufgrund inzwischen in sowjetischen Archiven zugänglicher Quellen ist heute anzunehmen, daß diese berühmte Reise Ende März 1914 stattfand.[6] Wir müssen daher bezwei-

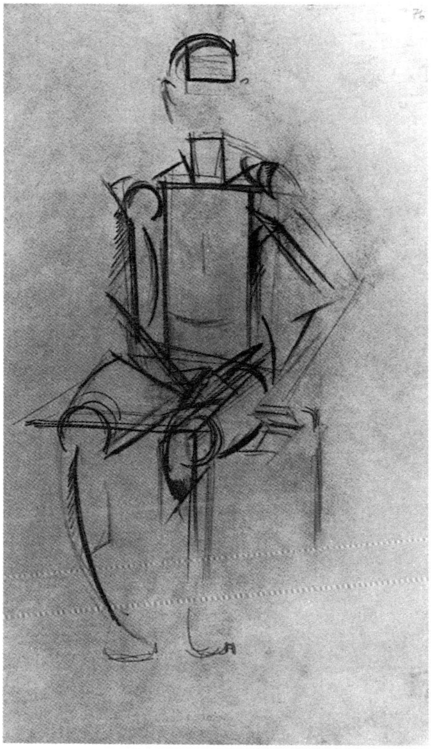

Sitzende Figur in Vorderansicht. Um 1913

Сидящая фигура, в фас. Около 1913

feln, daß die direkte Begegnung mit Picassos Konstruktionen der entscheidende Stimulus für Tatlins Arbeiten war, da zwischen seiner Rückkehr und der Ausstellung seiner Reliefs (10.–14. Mai 1914) nur die kurze Zeitspanne von vierzig Tagen lag. Ich halte es für möglich, daß Tatlin vor seiner Reise nach Paris mit seinen Reliefs begonnen hat. Seine Arbeit könnte durch das Studium von Abbildungen der Konstruktionen Picassos, zum Beispiel der vier Reproduktionen in Apollinaires »Soirées de Paris« vom 15. November 1913[7], vorangetrieben worden sein. Diese Reproduktionen machten die Dreidimensionalität der Objekte deutlich sichtbar. Da Tatlin mit der Praxis der russischen Ikonenmalerei und deren Verfahren zur Erzielung dreidimensionaler Wirkungen gründlich vertraut war, dürfte er selbst in den Reproduktionen den plastischen Charakter der Arbeiten erkannt haben. Diese Kenntnis könnte – zusammen mit der erhöhten Aufmerksamkeit für kubistische Neuerungen wie die Collage und verstärkt durch sein eigenes Interesse am realen Raum und »realen« Materialien – Tatlins Experimente angeregt haben; Experimente, die dann durch die Begegnung mit Picassos Konstruktionen im Jahre 1914 lediglich bestätigt worden wären.

Im Laufe des Jahres 1913 nahm der Einfluß des Kubismus in Rußland gegenüber 1912 noch zu. Es ist recht wahrscheinlich, daß die Künstler Picassos kubi-

stische Werke in den Sammlungen Schtschukin und Morosow mit größerem Interesse eingehend betrachteten. Ein Vergleich der Arbeiten Picassos in der Sammlung Schtschukin mit Werken Tatlins aus jener Zeit enthüllt einige interessante Verbindungen. So reflektieren zum Beispiel die Raumrhythmen in der Komposition des »Fischverkäufers« (wie auch bis zu einem gewissen Grad im 141
»Matrosen«) in ruhigerer Form die der »Komposition mit Schädel« von Picasso. Zudem ähnelt ein Detail wie die Stilisierung der Nase im »Matrosen«, auch Titels.
wenn sie an die Tradition der Ikonenmalerei erinnert, der Behandlung der entsprechenden Partie in Picassos »Dryade«. In anderen Werken, etwa dem »Akt« von 1913 in der Tretjakowgalerie, beobachten wir von Ikonen bekannte Rhythmen, aber auch Rhythmen, die sich in Picassos »Freundschaft« und der »Dryade« finden. Selbst die Farbskala von Blau- und Ockertönen verweist auf die »Freundschaft«. Der »Akt« von 1912/13 im ZGALI zeigt, nicht unähnlich Picassos »Badenden« von 1908, rhythmische Figuration und vollständige Einbindung der Figur in den Hintergrund. Gleichwohl sind diese formalen Ähnlichkeiten weniger bedeutsam als eine gewisse Parallele auf der konzeptuellen Ebene. Als Picasso sich um 1908 mit der Vereinfachung der Figur und mit monumentalen Rhythmen beschäftigte, geschah dies im Kontext seines Interesses an iberischer und afrikanischer Skulptur sowie am Werk Cézannes. Tatlins Entwicklung vollzog sich im Kontext seines Interesses für die Ikonenmalerei und Cézanne: Picassos Werk diente als Katalysator.

Von wirklicher Bedeutung ist im Falle Tatlins jedoch nicht, daß er vom Kubismus beeinflußt wurde, sondern daß er diesen zum Ausgangspunkt für etwas Weitergehendes, nämlich für eine abstrakte skulpturale Sprache, machte. Bei aller Verpflichtung gegenüber dem Kubismus hatte Tatlin ganz andere künstlerische Ziele. Während sich der Kubismus hauptsächlich auf das Bild, auf die Darstellung von Volumina mittels fragmentierter Flächen im Bildraum konzentrierte, galt Tatlins fundamentales Interesse stets dem Raum selbst. Seine Entwicklung verlief von der Negation des illusionistischen Bildraums zur Bestätigung des realen Raumes. In dieser Hinsicht markiert er tatsächlich den Gegenpol zu Picasso (wie Punin unterstrich), und dieser Aspekt seines Werkes stellt seinen wichtigsten Beitrag zur späteren Entwicklung des Konstruktivismus dar. Für Picasso waren die Assemblagen der Jahre 1913–1916 eine merkwürdig kurze Episode (obwohl im November 1913 in den »Soirées de Paris« publiziert, waren sie nicht sehr bekannt und wurden auch nur selten gezeigt). Die meisten waren in einem einzigen Material ausgeführt, und im allgemeinen verwiesen sie auf Gegenstände, zum Beispiel Gitarren. Das Hauptanliegen war, das Volumen eines Gegenstandes aufzubrechen und ihn als eine teils transparente Struktur zu zeigen, die sich aus Flächenelementen zusammenfügt. Tatlins Hauptinteresse hingegen galt unterschiedlichen, konkreten Materialien mit ihren inhärenten Qualitäten und dem realen Raum. Die Materialbetonung erwuchs aus dem Kontext der Erforschung jenes wichtigen Themas, das die

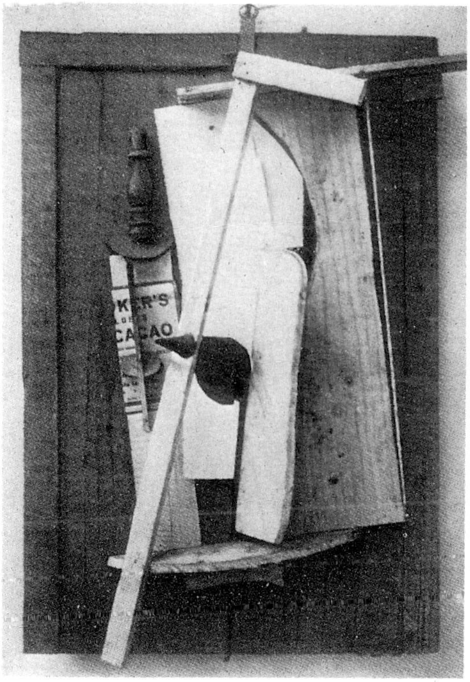

Pablo Picasso. »Stilleben«. 1913

Пабло Пикассо. «Натюрморт». 1913

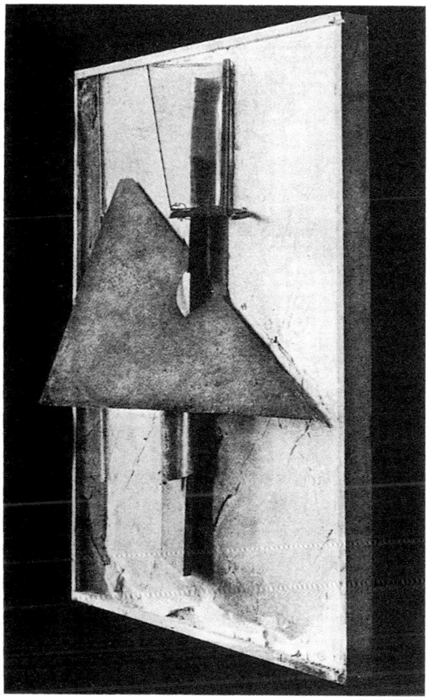

»Materialkombination«. 1914

«Материальный подбор». 1914

Avantgarde seit 1912 beschäftigte – das russische Konzept der »faktura«, wozu noch die Einführung neuer Materialien in der Collage kam.

Anschaulich werden diese Interessen in Tatlins Konstruktion »Flasche«, entstanden gegen Ende des Jahres 1913. Dieses Werk stellt den Übergang von der Malerei zu den stärker dreidimensionalen Bildreliefs dar und zeigt eine gewisse Verwandtschaft mit einer Kartonkonstruktion Picassos, dem in den »Soirées de Paris« vom 15. November 1913 abgebildeten »Stilleben«. Anders als Picasso schafft Tatlin jedoch eine Komposition, die eine Flasche nicht bloß darstellt, sondern sie – und das Material, aus dem sie besteht – vielmehr verkörpert. Die Suche nach einer Möglichkeit zur Vermittlung der besonderen Natur der Materialien und ihres Potentials zur Formbestimmung ist der wesentliche Faktor, der Tatlins Konstruktionen von denen Picassos unterscheidet. Auch strukturell verwandeln Tatlins Reliefs und Konterreliefs das, was sie dem Kubismus verdanken. Wenn man die Reproduktion eines anderen »Stillebens« von Picasso in derselben Ausgabe der »Soirées de Paris« mit Tatlins »Materialkombination« von 1914 vergleicht, scheinen den Arbeiten bestimmte strukturelle Prinzipien gemeinsam zu sein. Wichtige Charakteristika beider Werke sind die diagonale

Achse, ein zentrales Element, das aggressiv aus der Komposition herausdrängt, und das Zusammenspiel der Teile innerhalb eines gemäldeartigen Formats. Dennoch unterscheidet der neuartige Versuch, den Tatlin hier unternimmt, sein Werk von dem Picassos: Während er sich der kubistischen Praktiken der offenen Struktur und der Collage bedient, macht er den Raum zu einem dem Wesen nach aktiven Teil der Form. Körper und Raum in ihrem Zusammenspiel werden bei der Wahrnehmung des Kunstwerks zu gleich entscheidenden Aspekten.

Während Tatlins Reliefs und Konterreliefs von 1914/15 und dann wieder von 1917 den Raum wohl als aktives Element ins Werk einbezogen, dabei jedoch wesentlich frontal angelegt waren und im Arrangement der Teile den Prinzipien des synthetischen Kubismus folgten, erforschten seine Eckreliefs weitere Prinzipien der dynamischen Interaktion zwischen Werk und umgebendem Raum. Auf einzigartige Weise gestalteten sie den Raum als Komplement der Form. Dennoch werfen neuere Forschungen zum Kubismus die Frage auf, ob nicht auch die Formkonfiguration der Eckreliefs im Kubismus einen Vorläufer hat. Ein kürzlich publiziertes Photo von Braques Atelier im Jahre 1914[8] zeigt eine Papier-Eckkonstruktion, die, obwohl ein traditionelles Stilleben, so angelegt ist, daß sie aus der Ecke hervorspringt. Wie William Rubin in »Picasso and Braque: Pioneering Cubism« ausführt, ist es denkbar, daß Tatlin bei seiner Parisreise Braques Papierplastiken gesehen und auf sie reagiert hat. Das Konzept des Auf-

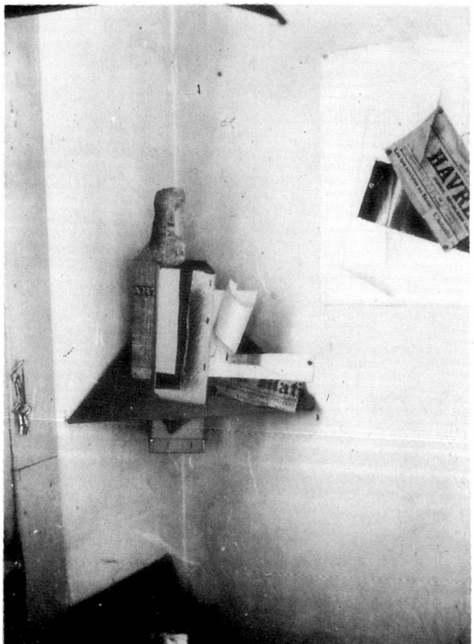

Atelier von Georges Braque mit seiner einzigen dokumentierten Papierplastik (vollendet nach dem 18. Februar 1914)

Мастерская Брака с его бумажной скульптурой (единственной запечатленной на фотографии). Скульптура закончена после 18 февраля 1914.

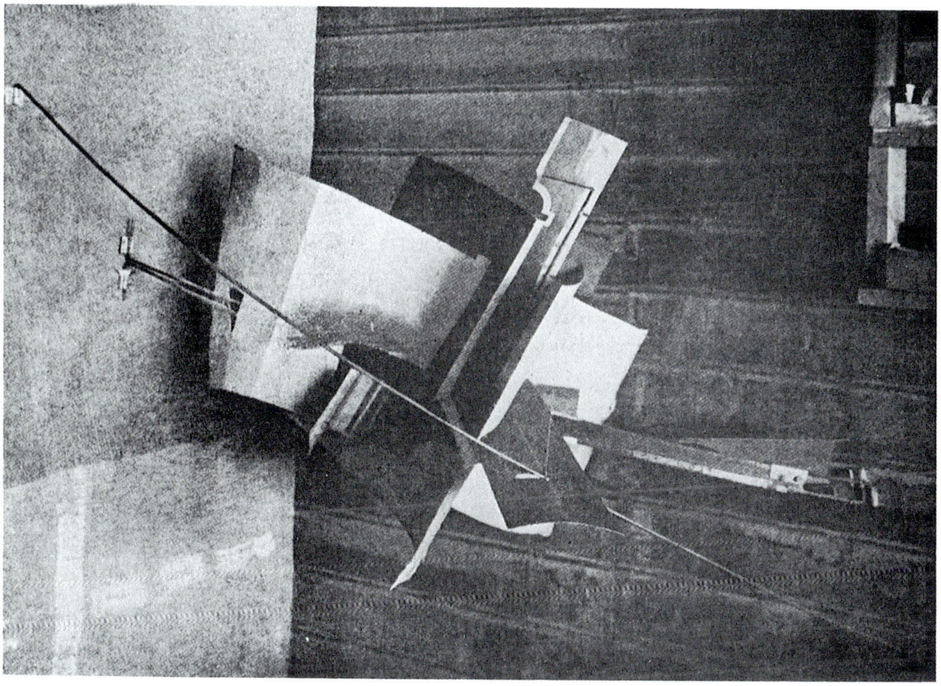

»Eck-Konterrelief«. 1915

«Угловой контррельеф». 1915

baus aus der Ecke in den Betrachterraum hinein ist analog.[9] Doch zweifellos unterscheidet sich Tatlins Werk von Braques Plastik in der Art, wie es den Raum zum aktiven Kompositionselement macht – in einer hängenden, ungegenständlichen Konstruktion. Was für ein Zusammenhang auch immer besteht – der Eigenständigkeit von Tatlins Schöpfung tut er meines Erachtens keinen Abbruch. Kraft des Gebrauchs »realer«, alltäglicher Materialien im wirklichen Raum begründeten die Eckreliefs eine neue Auffassung von der »Realität« des Kunstwerks.

Diese neue »Realität« bedeutete die faßbare, physische Existenz des Kunstobjekts selbst, nicht die Realität des Themas oder der Darstellung. Wie Punin in »Tatlin (Gegen den Kubismus)« festhielt, hatte Tatlin die Künstler seit 1912 zur »Vervollkommnung des Auges« aufgerufen, da er der Überzeugung sei, daß nur durch die »Wiederherstellung des Auges« Realität in Kunst und Kunst in Realität überführt werden könne.[10] Nur durch das Aufspüren der Schönheit in gewöhnlichen Materialien, die ihre Formen selbst vorschreiben und im wirklichen Raum existieren, könne der Künstler wahrhaft »reale« Kunstwerke schaffen. In dieser Hinsicht war der Kubismus ein wichtiger Katalysator: Er zerstörte den Kanon konventioneller Schönheit und eröffnete Künstlern auf der Suche nach anderen Schaffenswegen neue Möglichkeiten. Doch blieb die kubistische Collage im Rahmen der bereits etablierten kubistischen Kunstkonzeption – mit neuen Ansätzen, selbständige ästhetische Objekte zu schaffen, die noch immer mehr oder weniger auf die Gegenstände der umgebenden Welt verwiesen. Im Gegensatz dazu benutzte Tatlin Materialien von spürbarer Solidität und fühlbarem Gewicht, um vollkommen nichtreferentielle, materielle Objekte zu schaffen, die einen Platz inmitten anderer Gegenstände in der Welt beanspruchen könnten.

Während im Kubismus die malerische Innovation im Brennpunkt stand, ging im Falle Tatlins die Suche nach Forminnovation mit einer Suche nach neuem Inhalt einher. Der Inhalt wurde mit der formalen Struktur des Gegenstandes identifiziert, nicht jedoch mit der Behandlung eines Themas. Unabhängig von jeglicher darstellenden Qualität wohnte der Inhalt des Kunstwerks ganz und gar den verwendeten Materialien selbst und der Formtektonik inne.

Die entscheidende Frage hinsichtlich Tatlins Beziehung zum Kubismus ist daher nicht, was er von Picasso und den anderen übernahm, sondern was er seinerseits aus seinen aus dem Kubismus gezogenen Schlüssen zu entwickeln vermochte. Sein Werk läßt sich nur insofern als »gegen den Kubismus« gerichtet betrachten, als es ein den Kubismus überschreitendes Ziel und ein Interesse an realer, dreidimensionaler Form zu definieren sucht. Doch nur dank der kubistischen Neuformulierung der bildnerischen Sprache wurde es möglich, diese Fragen ins Auge zu fassen. Und hier liegt das Paradoxon hinter dem Impuls zur Zurückweisung des Kubismus: erklärte Ablehnung seiner Praxis und zugleich Ausgehen von seinen Entdeckungen.

Anmerkungen

1 N[ikolaj Nikolaevič] Punin, *Tatlin (Protiv kubizma)* [Tatlin (Gegen den Kubismus)], Peterburg [vielm. Petrograd], Izdanie Otdela IZO NKP, 1921.

2 Albert Gleizes/Jean Metzinger, *Du Cubisme,* Paris: Figuière, 1912.

3 Jean-Paul Bouillon, »Le Cubisme et l'Avant-Garde Russe (La ›Revolution‹ Cubiste)«, in: *Le Cubisme,* Travaux IV. Centre Interdisciplinaire d'Etudes et de Recherche sur l'Expression Contemporaine, Université de Saint-Etienne, 1971, S. 188 f. Während ich anderen von Bouillon in seinem Artikel formulierten Hypothesen nicht zustimme, halte ich diese Bewertung von Tatlins Werk für recht gelungen.

4 Alle hier und im weiteren erwähnten Werke Tatlins sind, wenn nicht anders vermerkt, abgebildet in *Tatlin,* hg. v. Larissa Alexejewna Shadowa, ins Deutsche übertr. v. Hannelore Schmör-Weichenhain, Weingarten: Kunstverlag Weingarten, 1987. Picasso, »Kopf und Schultern eines Aktes« (1907): s. Pierre Daix/Jean Rosselet, *Picasso. The Cubist Years 1907–1916,* New York Graphic Society, Boston, 1979, S. 196, Abb. 32. Alle weiteren Werke Picassos, auf die in vorliegendem Aufsatz verwiesen wird, sind im selben Werkverzeichnis abgebildet.

5 Blatt 76 aus einem Skizzenbuch Tatlins, ZGALI, Moskau (43 × 26 cm).

6 Zum Problem von Tatlins Reise nach Paris und Berlin vgl. die ausführliche Diskussion in dem zweiteiligen Artikel: Anatolij Strigalev, »O poezdke Tatlina v Berlin i Pariž« [»Zu Tatlins Reise nach Berlin und Paris«], *Iskusstvo,* Nr. 2, Februar 1989, S. 39–44; Nr. 3, März 1989, S. 26–31.

7 *Les Soirées de Paris,* Nr. 18, 15. November 1913, S. 13, 27, 39, 45. (Reprint: *Les Soirées de Paris,* Tome II, Numéros 18 à 27, Genf: Slatkine, 1971.)

8 William Rubin, *Picasso and Braque. Pioneering Cubism.* The Museum of Modern Art, New York, 1989 (Ausst.-Kat.), S. 315.

9 Andererseits brauchte Tatlin für die Eckreliefs nicht unbedingt Braque als Anregung, denn die russische Tradition, die wichtigste Ikone des Hauses oben in einer Zimmerecke – im sogenannten »schönen Winkel« – aufzuhängen, war ihm wohlbekannt.

10 Vgl. Punin (s. Anm. 1), S. 7–9.

Übersetzung aus dem Englischen: John Matheson.

Marco Rosci

Über eine scheinbare Entsprechung zwischen Tatlins »Konterreliefs« und Ballas »Plastischen Komplexen« im Jahre 1915

Im Jahre 1915 wurde das Manifest »Ricostruzione futurista dell'universo« (»Futuristischer Wiederaufbau des Weltalls«) mit der Unterschrift »Die futuristischen Abstrakten« von Giacomo Balla und Fortunato Depero veröffentlicht. Das Manifest erschien in Mailand bei der »Direzione del Movimento futurista« (»Leitung der futuristischen Bewegung«), wurde aber tatsächlich im Atelierhaus von Balla in Rom ausgearbeitet.

Datiert ist es auf den 11. März 1915; demnach ist es zu der Zeit entstanden, in der die Ausstellung »Tramway W« in Petrograd stattfand. Das Datum ist jedoch nicht sicher, denn die Futuristen liebten »symbolische« Daten – besonders den elften Tag, mit der Bezugnahme auf den 11. Februar 1909, an dem Filippo Tommaso Marinettis Gründungsmanifest des Futurismus erschien. Zum Beispiel: Der 11. Februar 1910 ist das Datum des »Manifesto dei pittori futuristi«, der 11. April desselben Jahres das Datum des »Manifesto tecnico della pittura futurista« und der 11. April 1912 das des »Manifesto tecnico della scultura futurista«, letzteres von Umberto Boccioni.

Das Manifest von Balla und Depero ist das erste der futuristisch-künstlerischen Kultur, das sich nicht nur mit Malerei, Bildhauerei und Architektur beschäftigt, sondern auch mit Festkultur, Mode und angewandten Künsten. Depero schlägt sogar das »futuristische Spielzeug« vor, das er später realisieren wird. Der Hauptgegenstand des Manifestes ist die Erklärung der »Complessi plastici dinamici«, der »dynamischen plastischen Komplexe«. Das Manifest enthält auch Schwarzweißabbildungen von sechs plastischen Komplexen, davon drei von Balla und drei von Depero. Die Arbeiten sind heute verloren, weil ihre Materialien nicht beständig waren.

Ich zeige Diapositive von zwei Abbildungen Ballascher Werke, besonders mit einem methodischen Ziel. In vergleichenden Kunstbetrachtungen, gerade auch der zeitgenössischen Kunst, ist es – vor allem in Italien – immer noch üblich, einen rein formalistischen Vergleich zwischen scheinbar ähnlichen Werken von Künstlern derselben Zeit vorzunehmen – von Künstlern, die ganz unterschiedliche Ziele verfolgen und verschiedenen künstlerischen Kulturen angehören, bei denen selbst die jeweilige nationale Kultur eine Rolle spielt.

Es gibt eine scheinbare Ähnlichkeit zwischen den zwei Komplexen von Balla und Tatlins Konterreliefs sowie auch den späteren Werken von Naum Gabo und

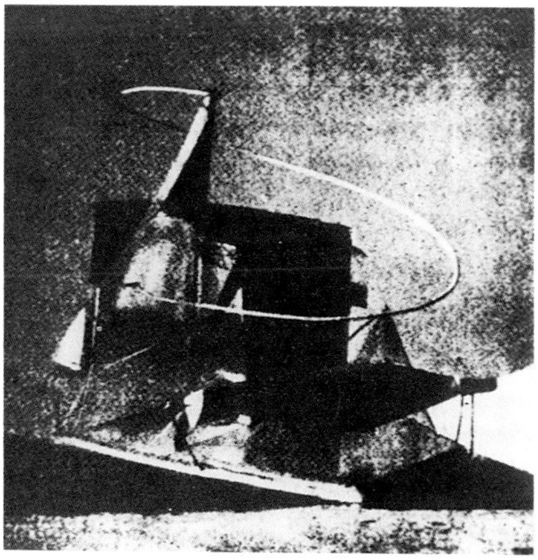

Giacomo Balla. »Farbiger plastischer Komplex«. Um 1915

Джакомо Балла. «Цветной пластический комплекс». Около 1915

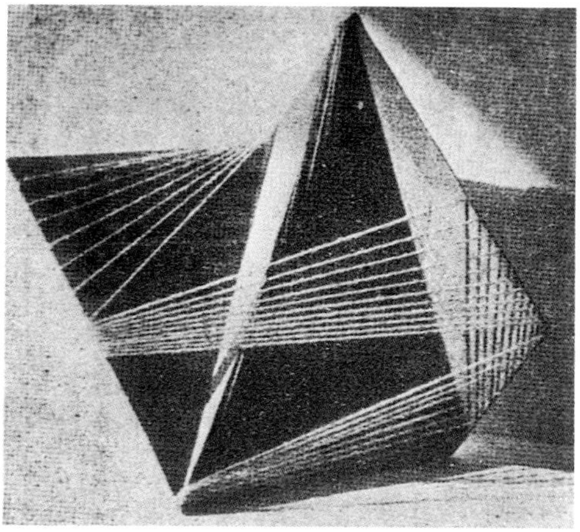

Giacomo Balla. »Farbiger plastischer Komplex«. Um 1915

Джакомо Балла. «Цветной пластический комплекс». Около 1915

Antoine Pevsner. Aber es genügt, die Legenden der beiden Abbildungen zu lesen, um die völlig verschiedenen Auffassungen festzustellen. Die erste lautet: »Farbiger plastischer Komplex von Höllenlärm + Tanz + Fröhlichkeit (Spiegel, Stanniol, Talk, Pappe, Eisendraht)«, die zweite: »Farbiger plastischer Komplex von Linienenergien (Pappe, Wolle, roter Faden, gelber Faden)«. Und, was noch wichtiger ist, man liest im Manifest: »Wir werden Gerippe und Fleisch geben dem Unsichtbaren, Unfühlbaren, Unwägbaren und Unvernehmbaren.«

Im Manifest liest man auch zum ersten Komplex von Giacomo Balla: »Äußerst durchsichtig. Wegen der Geschwindigkeit und der Flüchtigkeit des plastischen Komplexes, der gleichzeitig erscheinen und verschwinden muß, sehr leicht und unfühlbar.«

Zauberei und Spiel – das ist das gerade Gegenteil von Tatlins »Raum-, Material- und Konstruktionswerkstatt« und ihrer »Materialkultur«.

Eine abschließende Bemerkung: Nach meiner Meinung ist die internationale Ausbreitung der Kenntnis und der Einschätzung von Ballas Werk ein Mythos aus der Zeit nach dem Zweiten Weltkrieg – denn außerhalb Italiens sind bis zu diesem Zeitpunkt nur zwei Bilder ausgestellt gewesen, und zwar »Der Rhythmus des Bogens« und »Eine Leine in Bewegung« im Jahre 1913 in Berlin, im »Ersten Deutschen Herbstsalon« des »Sturms«. Hier nenne ich die Originaltitel, wie sie 1913 im deutschen Katalog erschienen sind.

Ich wäre natürlich froh, wenn mich bei diesem Symposium ein Spezialist widerlegen könnte, dem bekannt ist, ob das Manifest »Futuristischer Wiederaufbau des Weltalls« mit den Abbildungen im Jahre 1915 und danach in Rußland verbreitet war.

Anatoli Strigaljow

Die Bedeutung der altrussischen und der volkstümlichen Kunst in Tatlins Werk

Die russische Kultur der zweiten Hälfte des 19. und des frühen 20. Jahrhunderts war gekennzeichnet durch ein vertieftes Interesse an der nationalen historischen Vergangenheit und besonders an der nationalen künstlerischen Tradition. In der Praxis der bildenden Künste realisierte sich diese Tendenz vor allem dadurch, daß der Anteil historischer Themen und Stoffe beträchtlich zunahm und historische Kunstgattungen wiederbelebt und erneuert wurden. Ferner entwickelte sich in der Architektur, der bildenden und der angewandten Kunst das Bestreben, einen »russischen Stil« zu schaffen und bei der Gestaltung neuer Bauten, Kunstwerke und Gebrauchsgegenstände spezifische altrussische Formen zu verwenden. Und schließlich versuchte man, die nationale Tradition der künstlerischen Formgebung in ihrer ganzen Tiefe auszuloten, zu erfühlen und zu verstehen, ohne jedoch in einem neuen Werk fertige historische Formen zu benutzen.

Wladimir Tatlin gehörte zu jenen Künstlern der russischen Avantgarde, die es als eine ihrer Hauptaufgaben betrachteten, eine sowohl neue als auch nationale Kunst zu schaffen. Bei allen persönlichen Meinungsverschiedenheiten stimmten die Führer und Theoretiker der Avantgarde – Larionow, Gontscharowa, David Burljuk, Malewitsch, Tatlin, Le-Dantu, Schewtschenko und andere – darin überein, daß diese Kunst von drei Quellen gespeist werde: vom gegenwärtigen Leben in all seinen Erscheinungen, von der neuen Kunst des »verfaulten« Westens und von der weitverstandenen russischen (oder, weiter gefaßt, der »östlichen«) künstlerischen Tradition (vgl. etwa D. Burljuk, Galdjaščie »benua« i novoe russkoe nacional'noe iskusstvo [Die schreienden »Benois« und die neue russische Nationalkunst], St. Petersburg, 1913, S. 7). Gerade der letzten Komponente wurde grundsätzliche Bedeutung beigemessen.

Doch was die russische Tradition sei, was sie umfasse und enthalte – darüber gab es sehr widersprüchliche Meinungen. Die einen glaubten, die Entwicklung der russischen Kunst sei zu Beginn des 18. Jahrhunderts gewaltsam unterbrochen worden und folglich müsse die Hinwendung zur nationalen Tradition die Rückkehr zu »vorpetrinischen« Kunstformen bedeuten. Andere (etwa die Gruppe »Welt der Kunst«) waren überzeugt, daß die russische Kunst im 18. und zu Beginn des 19. Jahrhunderts eine eigenständige nationale Schule innerhalb der gesamteuropäischen künstlerischen Tradition hervorgebracht und damit eine »junge« russische Tradition begründet habe, die wertvoller und aussichtsreicher sei. Die Künstler der Avantgarde, darunter auch Tatlin, hatten wiederum grundsätzlich andere Vorstellungen von der russischen Tradition. Sie empfanden die Tradition nicht als retrospektiv, sondern als ununterbrochen fortlaufend. Mit den Gestaltungsprinzipien der alten Ikonen- und Wandmalerei speise sie die lebendige bäuerliche Kunst und die »niedrigen« (traditionellen und neuen) Kunstgattungen der »städtischen« Kunst. An diese Tradition schloß sich die unter dem Namen »Primitivismus« (»Neoprimitivismus«) bekannte Avantgardebewegung der Jahre um 1910 an. Auch Tatlin war einer ihrer Vertreter.

Bei alledem gestaltete sich jedoch Tatlins Verbundenheit mit der russischen Kunsttradition sowohl in biographischer wie auch in künstlerischer Hinsicht auf ganz individuelle Weise. So diente das Handwerk der Ikonenmalerei Tatlin (nach seinen eigenen Aussagen) dreimal zur Sicherung seines Lebensunterhalts: in der Jugend, das heißt nach seiner Flucht aus dem Elternhaus (etwa 1900–1902), zu Beginn seiner Moskauer Zeit nach der Pensaer Kunstschule (1910–1912, vielleicht auch früher) und während des Krieges in der Evakuierung. Das erste Mal half er jungen Dorfikonenmalern, und diese Tätigkeit war für ihn überhaupt der unmittelbare Anstoß, es mit einer Laufbahn als professioneller Künstler zu versuchen. Diese Ikonenmaler waren es, die Tatlin (freilich nicht sehr erfolgreich) auf den Eintritt in die Moskauer Schule für Malerei, Plastik und Architektur vorbereiteten.

In seinen Studienjahren an den offiziellen Kunstschulen (1902 in Moskau, 1905–1910 in Pensa) wurde Tatlin auf vielfältige Weise mit der russischen Geschichte und der altrussischen Kunst vertraut gemacht. Seine beiden Hauptlehrer in Pensa – Alexei Fjodorowitsch Afanasjew und Iwan Silytsch Gorjuschkin-Sorokopudow – hegten eine persönliche Vorliebe für historische Themen. Afanasjew fand im Rahmen des historischen Genres zu seinem realistischen und – was die Sprache seiner Malerei betrifft – recht modernen Stil, lyrisch und nicht ohne einen spezifisch russischen Humor. Er war ein Kenner der alten Monumentalmalerei, kopierte und malte selbst Kirchenfresken und hielt seine Studenten dazu an, die Fresken und Mosaiken aus Byzanz, Ravenna und dem alten Rußland mit ihm zusammen und nach den besten Reproduktionen jener Zeit aufmerksam zu studieren und zu kopieren. Eine große Anzahl solcher Kopien hat sich als einzige Spur der Studentenzeit in Tatlins Privatarchiv erhalten. Gegen Ende seines Lebens sollte Tatlin schreiben: »Die Fresken haben mich damals sehr interessiert.«

Der zweite Professor war ein typischer Akademiemaler, der eine Fülle pseudorealistischer Genrebilder aus dem altrussischen und bäuerlichen Leben produzierte. Im konzeptuellen Sinne konnte Tatlin von Gorjuschkin-Sorokopudow nichts übernehmen; dafür war Afanasjew, wie Tatlin wiederholt bekannte, einer der drei Maler, die seinen künstlerischen Werdegang beeinflußten (als die beiden anderen nannte Tatlin Larionow und Picasso).

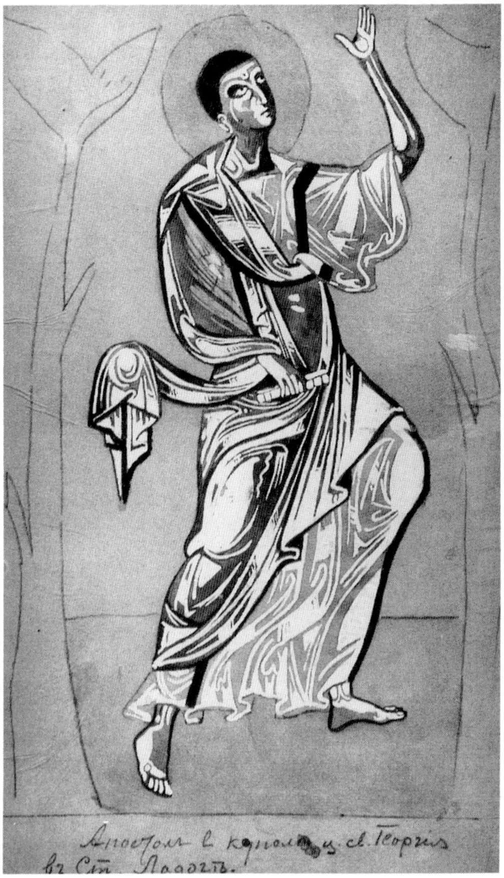

Kopie eines Freskos (12. Jh.)
aus Staraja Ladoga.
1906–1910

Копия фрески (XII в.) из
Старой Ладоги. 1906–1910

Tatlins aktive Teilnahme an der avantgardistischen Bewegung begann parallel zu seinem Studium in Pensa und stand nicht zufällig mit jenem Flügel der Moskauer und Petersburger Avantgarde in Verbindung, dessen Führer Michail Larionow war – ein hochbegabter, von Ideen sprühender Maler, der zudem zielstrebig für eine russische nationale Schule der Avantgardekunst kämpfte. Die Hinwendung zum Primitivismus wurde für die Maler aus Larionows Gruppe zu einer wirkungsvollen praktischen Methode, um zum einen die Trägheit der »landläufigen« Kunst zu überwinden und zum andern den Anschluß an die von ihnen hochgeschätzte, weitverstandene russische Tradition zu finden und einen ganzen Fächer möglicher kreativer Kontakte mit ihr zu erproben. Tatlins Hinwendung zum Primitivismus entsprang keinem ephemeren Interesse, war nicht bloß Episode; vielmehr zog er aus der spezifischen Poetik des Primitivismus gewisse seiner Persönlichkeit entsprechende methodologische Lehren fürs ganze Leben.

Tatlins künstlerische Praxis verknüpfte primitivistische Leitlinien mit programmatischer Raffinesse, Erlesenheit und überaus verfeinertem Geschmack. Es ist sehr wichtig zu bemerken, daß Züge des künstlerischen Neoprimitivismus nicht nur in Tatlins Werken aus der Zeit des »Bundes der Jugend«, des »Eselsschwanzes« und des »Karobuben« (also 1910–1913) zu finden sind, sondern auch – verschieden ausgeprägt – in den meisten Hauptwerken, einschließlich der Konterreliefs, des Turms, des Letatlin, der späten Graphik sowie zahlreicher Bühnenausstattungen und Designarbeiten.

Wir können hinzufügen, daß die Verwendung einer eigentümlichen »primitivistischen Methodologie« Tatlin auch als dauerhaftes Verfahren diente, eine Verbindung zwischen der aktuellen Aufgabe, die er sich stellte, und der russischen Kunsttradition herbeizuführen. Sein Verhältnis zur Tradition war, wie das anderer russischer Avantgardisten, nicht nostalgisch geprägt, sondern tatkräftig und innovativ, dialogisch und polemisch.

Tatlins Umgang mit der Tradition zeichnet sich durch zwei wichtige individuelle Besonderheiten aus. Zum einen empfand er sich als »innerhalb« der russischen (und auch der ukrainischen) Tradition lebend, so wie sie in der russischen Wirklichkeit lebendig war. Diese spontane Selbstwahrnehmung war für Tatlin bestimmend. Bodenständigkeit galt ihm als natürliche persönliche Norm, und die Tradition faßte er weniger im nationalen als vielmehr im volkstümlichen Sinne auf. Sein Traditionsverständnis umfaßte Vorstellungen von der belebten und der unbelebten, jedoch gleichermaßen »heimatlichen« Natur, die Vielfalt der Handwerke und Berufe, die Folklore und die überkommene Mythologie, die gesprochene Sprache und den realen Alltag. Noch in seinen kühnsten Projekten zielte Tatlin auf eine maximalistische Aktualisierung der Tradition ab, und nicht auf einen Bruch mit ihr.

Ein anderer sehr persönlicher Zug Tatlins bestand in der Vielseitigkeit seines Umgangs mit der Volkstradition; er näherte sich ihr nicht nur über die Malerei, sondern auch über das Theater, die Architektur, das Handwerk, die Musik, den Alltag und in seinem eigenen Lebensstil.

Der Umfang des vorliegenden Referats erlaubt nur einen äußerst knappen Abriß von Tatlins Umgang mit der historischen und volkstümlichen Tradition in den verschiedenen Schaffensgebieten.

Allgemein anerkannt (aber noch nicht gründlich analysiert) ist der Einfluß der alten Ikonenmalerei auf Tatlins Kunst in der ersten Hälfte der zehner Jahre (Aktgemälde, Graphik, Bühnenbild). Nicht minder wichtig ist der Einfluß der alten Wandmalereien (bei denen der Kanon größere kompositionelle Freiheit und mehr Dekorativität zuließ). Tatlin stützte sich bewußt auf die Erfahrung der russischen Ikonen- und Freskenmaler und benutzte ihre Kunstgriffe beim Kompositionsaufbau und der rhythmischen Aufteilung der Bildfläche. Er übernahm von ihnen die synthetische Malweise, bei der Silhouette und Bewegung der Figuren in einem dargestellt werden, die flächige Behandlung des Raumes und

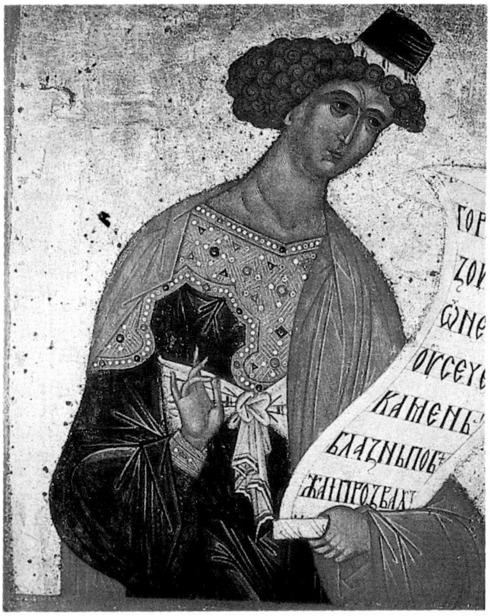

Detail einer Ikone aus Nowgorod. 15. Jh.

Фрагмент иконы из Новгорода. XV в.

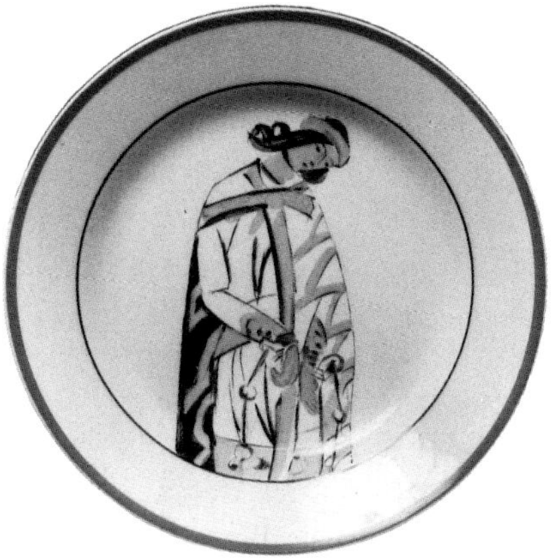

Sergei Tschechonin (nach einem Entwurf von Tatlin). »Zarewitsch«. 1923

Сергей Чехонин (по эскизу Татлина). «Царевич». 1923

der Volumina, den Charakter der Silhouetten und ihrer Verbindung mit den Konturlinien, die Verteilung großer Farbflecken und die Behandlung der Gemäldeoberfläche. Man kann sogar die Schulen innerhalb der altrussischen Kunst ausmachen, denen Tatlin am nächsten stand: die Nowgoroder Ikonenmalerei des 14./15. Jahrhunderts und die Fresken von Jaroslawl und Kostroma vom Ende des 17. Jahrhunderts. Die Ähnlichkeit ist manchmal verblüffend, verdankt sich jedoch nicht direkten Zitaten, sondern dem Eindringen in den Geist der alten Tradition, und sie ist auch das Ergebnis des zielstrebigen Studiums der Ikonenmaltechnik, das Tatlin sein Leben lang betrieb. Er malte zuweilen auf alte Ikonentafeln, wendete gern die für die Ikonenmalerei spezifische Kreidegrundierung (Lewkas) an und erforschte die Verfahren der Ikonen- und Wandmaler bei der Oberflächenbehandlung.

Zu erwähnen bleibt, daß Tatlins Suche nach einem auf die Ikonentradition gestützten malerischen Idiom von seinen Zeitgenossen (Nikolai Punin) als russische Alternative zum Kubismus betrachtet wurde.

In seiner ersten Theaterarbeit (für das russische Volksstück »Zar Maxemjan«, das im Geist einer »tragischen Jahrmarktsvorstellung« inszeniert wurde) operierte Tatlin mit den Mitteln der Volksbilderbogenkunst. Er war an »Kostüm-

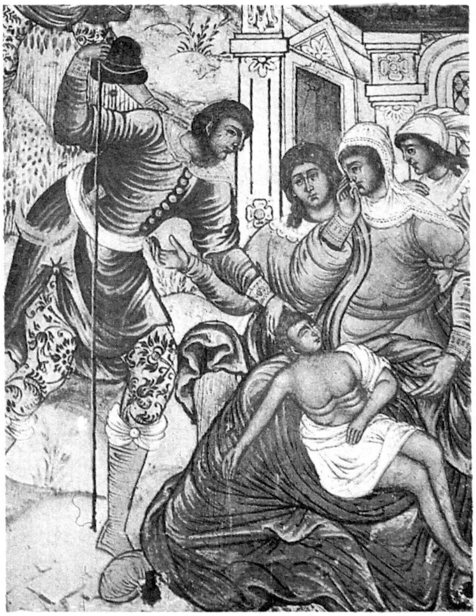

Detail eines Freskos in der Prophet-Elias-Kirche in Jaroslawl. 1680

Фрагмент фрески из церкви Ильи Пророка в Ярославле. 1680

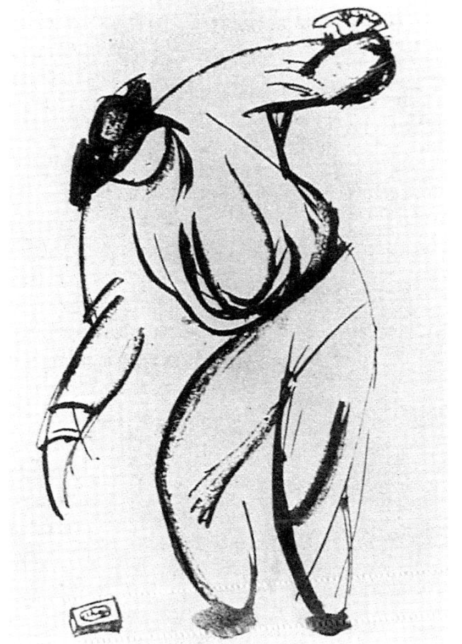

»Mann, eine Streichholzschachtel aufhebend«. 1910

«Поднимающий спички». 1910

stücken« überhaupt nicht interessiert, rechnete aber Stücke mit historischer oder folkloristischer russischer Thematik offenkundig nicht darunter. Außer »Zar Maxemjan« stattete er zu verschiedenen Zeitpunkten die Werke »Iwan Sussanin« (»Ein Leben für den Zaren«), »Ein Komödiant des 17. Jahrhunderts«, »Die Schlacht bei Grünwald« und »Zwölf Monate« aus (letzteres zweimal). Dazu kommt die Arbeit an Welimir Chlebnikows einzigartigem »Sangesi«. Wiederum sei erwähnt, daß der Dichter Chlebnikow – höchste Autorität für Tatlin – gleichsam die aktive Wechselwirkung zwischen tief ins Archaische zurückreichender Tradition und radikaler Innovation verkörperte.

In der Architektur geht Tatlin von der altrussischen Tradition der Denkmalsbauten aus. Er plant eine antithetische Allusion auf den Babylonischen Turm, wobei er sich in gewissem Ausmaß auch an russischer Ikonographie orientiert – zu nennen sind Fresken mit dem Thema des Turmbaus zu Babel. Manche Züge
135 seines Denkmals der Dritten Internationale erinnern zwingend an die auf
134 Ikonen dargestellte Architektur.

Beim Letatlin springt ebenfalls die Verwandtschaft mit alten Mythen und ihrer russischen Interpretation ins Auge – hier mit der apokryphen Legende vom Bauern, der mit selbstgefertigten Schwingen vom Kirchturm fliegt. (Diese

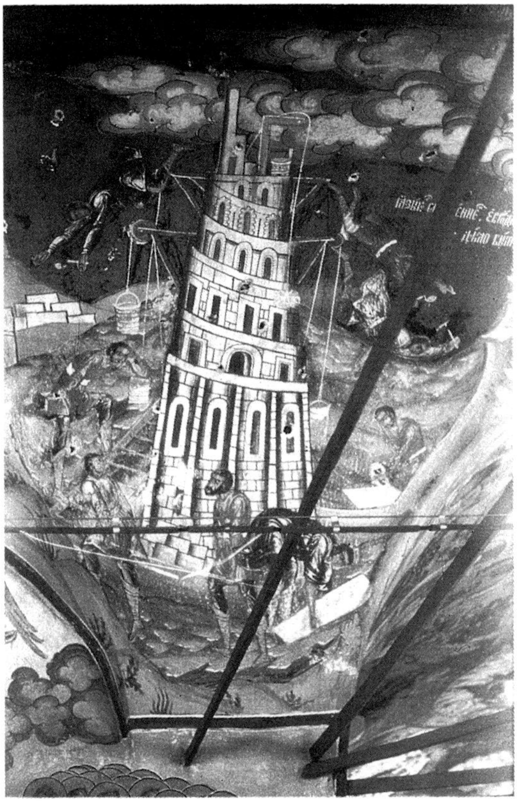

Fresko in der Auferstehungskirche in Tutajew bei Jaroslawl. Um 1680

Фрагмент фрески из Воскресенского собора в Тутаеве (под Ярославлем). 1680-е гг.

Legende lebt in der russischen Kunst auch nach Tatlin fort, etwa bei Deineka und Tarkowski.) Auch bei seinen Entwürfen für Kleidung und Haushaltsgegenstände geht Tatlin sehr oft von volkstümlichen Handwerkstraditionen sowie von Motiven und Konstruktionsmethoden der Volkskunst aus.

Wie bekannt, liebte Tatlin die Musik, und diese Liebe realisierte er vor allem im Bereich der Volksmusik, ihrer Instrumente und ihres Liederschatzes. Er belebte die zu Beginn des 20. Jahrhunderts selten gewordene Kunst des ukrainischen Banduraspiels (Kobsaspiels) und baute eigenhändig eine traditionelle Bandura (Kobsa), auf der er sich im Freundeskreis begleitete. Er spielte und sang aber auch als Berufsmusiker in traditioneller Tracht, und zwar 1914 auf der Ausstellung russischer Volkskunst in Berlin. Zuvor (1913/14) hatte er bei der Ausstellung »Moderne Malerei« ein uns heute unbekanntes avantgardistisches Werk präsentiert, das den Titel »Kobsa« trug.

Der Bezug zur Tradition prägte auch alle Aspekte von Tatlins Alltag und Lebensstil. Wie wir heute wissen, benutzte er in seinen mündlich vorgetragenen, unter Künstlern sehr beliebten autobiographischen Erzählungen bei der

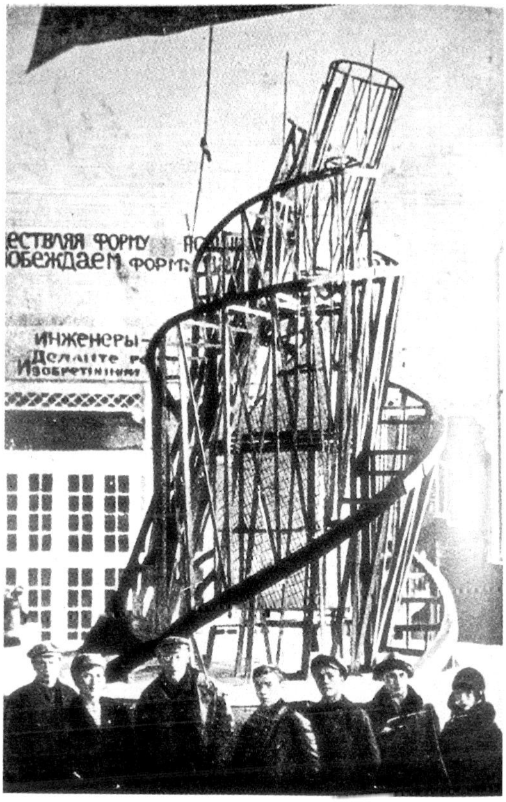

Tatlin mit Mitarbeitern neben dem Modell des Denkmals der Dritten Internationale

Татлин и группа его помощников около модели «Памятника III Интернационала»

Schilderung seiner Abenteuer folkloristische Muster, typische Märchen- oder Legendensituationen, Masken der handelnden Personen, Sprachformeln und anderes mehr. Bezeichnend ist auch, daß er die Werkstatt für die Arbeit am Letatlin im Glockenturm eines mittelalterlichen Klosters einrichtete und bei der Herstellung dieses Flugapparats fast ausschließlich natürliche und »alte« Materialien sowie traditionelle Handwerksmethoden einsetzte.

Sein beständiges Interesse an der Tradition hinderte Tatlin keineswegs, sich als zutiefst modernen Menschen zu empfinden, ja als einen Menschen, der an der Gestaltung der Zukunft arbeitet. In gewissem Sinne läßt sich Tatlins ganzes Werk als eine Brücke von weitgefaßter Tradition hin zu atemberaubend kühner Innovation sehen – eine Brücke, an der er sein Leben lang baute.

Es versteht sich, daß Vorliegendes nur eine Facette von Tatlins Kunst, nur eine der Wurzeln und Komponenten seines Werkes aufzeigt. Ihre Bedeutung sollte nicht überschätzt, jedoch auch nicht ignoriert werden.

Übersetzung aus dem Russischen: Annelore Nitschke.

Dmitri Sarabjanow

Tatlins Malerei der Jahre 1908–1913 im Kontext der russischen Avantgarde

Tatlins gesamte vorrevolutionäre Malerei entstand in einem kurzen Zeitabschnitt. Das erste uns bekannte Gemälde stammt aus dem Jahre 1908; bereits sechs Jahre später gab Tatlin die Malerei auf, um sich ihr erst Ende der zwanziger, Anfang der dreißiger Jahre wieder zuzuwenden. Zu diesem Zeitpunkt hatte er sowohl seine Malweise als auch sein Verständnis von Aufgabe und Bestimmung der Malerei als solcher grundlegend geändert.

Die Jahre um 1910 sind die Zeit, in der sich die Hauptströmungen der avantgardistischen Malerei herausbildeten. Die meisten russischen Avantgardisten begannen beim Impressionismus und schlossen sich darauf postimpressionistischen Tendenzen an. Die Avantgarde als solche beginnt jedoch mit dem Neoprimitivismus, den Künstler verschiedener Gruppierungen, vor allem die des »Karobuben«, des »Eselsschwanzes« und der »Zielscheibe«, mit Nachdruck etablierten.

Der russische Neoprimitivismus entstand parallel zum französischen Fauvismus und zum deutschen Expressionismus. Er gründete sich auf aktiven Intuitionismus und arbeitete mit der freien Deformation, entbehrte dabei aber jener geistigen Spannung und Unruhe, die die Maler der »Brücke« auszeichnet; gespeist wurde er aus den Quellen der russischen Volkskunst. Nachdem er weite Verbreitung gefunden hatte, wurde der Neoprimitivismus für viele Maler der »linken« Bewegung in der Kunst zum Sprungbrett in die nächste Etappe.

Unmittelbar auf den Neoprimitivsmus folgte im Werk seiner Initiatoren Michail Larionow und Natalija Gontscharowa sowie einiger ihrer Anhänger der Rayonismus. Anfang der zehner Jahre entstanden, wurde er zu einer der ersten Spielarten der ungegenständlichen Malerei; er schuf eine Synthese aus Larionows Impressionismus mit seiner raffinierten Ausdeutung der Bildoberfläche und seiner artistischen Impulsivität hier und der expressionistischen Idee, die Wirklichkeit zu transformieren, um das in ihr eingeschlossene Prinzip sichtbar zu machen, dort. Der Rayonismus wurde zur Methode der ihren ursprünglichen Motiven nach expressionistischen Realisierung der Konzeption der Gegenstandslosigkeit, die damals schon bei Kandinsky eine andere Variation erfahren hatte.

Diese war auf Münchner Boden entstanden, und wir könnten sie außer acht lassen, hätten nicht Russen so aktiv am Münchner Kunstleben teilgenommen und wären da nicht Kandinskys feste Verbindungen zur Kunst Rußlands. Der Expressionismus des »Blauen Reiters« erwuchs aus den Traditionen der »Brücke«, des deutschen und des russischen Jugendstils, des russischen und des deutschen Primitivismus und assimilierte ferner Elemente des Fauvismus, womit er die Verwandtschaft der genannten Strömungen demonstrierte.

Mit der expressionistischen Konzeption verbunden (aber gleichwohl nicht dem Expressionismus zuzurechnen) waren Marc Chagall und Pawel Filonow. Zu diesen Künstlern, recht unterschiedlichen Gestalten, die beide außerhalb der Hauptströmungen der damaligen Zeit standen, zeigt Tatlin wenig Nähe.

Die Hauptwege der russischen Avantgarde der Jahre 1910–1915 führten über den Kubismus in die Nähe des Futurismus. Dies waren die letzten gesamteuropäischen Kunstrichtungen, die den russischen Malern als Wegweiser zu eigenen Entdeckungen dienten.

Der Kubismus fand in Rußland keinen so reinen, konsequenten Ausdruck wie in Frankreich. Oft wurden nur Einzelerscheinungen dieser Kunstrichtung rezipiert, außerhalb ihrer Grundkonzeption. Als Element eines eklektischen Systems ist der Kubismus bei den frühen »Karobuben« vorhanden, zuweilen wird er vorübergehend zum Gegenstand direkter Nachahmung (wie bei Lentulow in seinen Lehrjahren bei Le Fauconnier und Metzinger), er erfährt das Korrektiv des Dekorativen (wie bei Alexandra Exter), und schließlich erweist er sich als eine Etappe auf dem Weg zur vollen Eigenständigkeit (wie bei Malewitsch, Popowa, Udalzowa, Rosanowa und Kljun).

Noch weniger fand der Futurismus eine »reine« Verwirklichung. Dabei kamen verschiedene Künstler – Gontscharowa und Larionow, Malewitsch und Exter, Rosanowa und Popowa – durchaus mit ihm in Berührung und erhielten einen »stärkenden Impuls« von ihm.

Um Tatlins Platz in diesen Prozessen zu finden, müssen wir eine weitere Tendenz in der Kunst der frühen zehner Jahre berücksichtigen. Sie manifestierte sich am konsequentesten im Alogismus, der es erlaubte, die Grenzen des gesunden Menschenverstandes zu überschreiten und die gewohnte Logik der realen Erscheinungen zu zerbrechen. Malewitschs »vordadaistisches« Programm fand im Werk vieler seiner Zeitgenossen und Landsleute Resonanz.

Dieser Überblick über die avantgardistische Kunstszene ist freilich nicht vollständig. Nicht berücksichtigt ist zum Beispiel Matjuschins Entwicklung, nicht behandelt wurden einige Maler, die außerhalb Rußlands zu ihrem Stil fanden, nicht erwähnt wurden die Künstler, die sich weiterhin zu voravantgardistischen Prinzipien bekannten. Sie alle könnte man zur Vervollständigung des Bildes heranziehen; bei der Beantwortung der uns interessierenden Frage spielen sie jedoch nur eine sekundäre Rolle.

Es stellt sich das Problem: Wie verhielt sich Tatlin zu den Hauptrichtungen jener Zeit; welche von ihnen brauchte er – als Widerstand, um sich von ihnen abzusetzen, oder um sich ihnen vorübergehend anzuschließen?

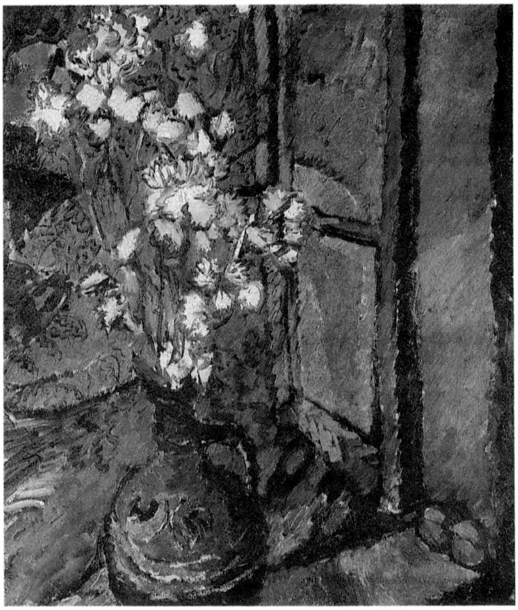

»Nelken«. 1908

«Гвоздика». 1908

Tatlin begann beim Impressionismus. Seine »Nelken« von 1908 sind das Ergebnis der für den russischen Impressionismus recht typischen Verschmelzung von Stilleben, Landschaft und Interieur. Tatlins Anfänge entsprachen der allgemeinen Entwicklung der avantgardistischen Malerei in Rußland, die vom Impressionismus ausging. Dies ist bei Larionow und Kandinsky, bei Malewitsch und Popowa zu beobachten. Jeder von ihnen präsentierte eine Variante des Impressionismus, in der sich bereits Züge des jeweiligen künftigen malerischen Systems erahnen lassen. Im ersten erhalten gebliebenen Gemälde Tatlins sieht man das Interesse an der Bildoberfläche als Wert an sich. Hier kündigen sich schon von ferne jene Experimente mit der Faktur an, die für die Periode der Entdeckungen so charakteristisch werden sollten.

Andere Vorzeichen lassen sich erkennen, wenn man die »Nelken« mit den impressionistischen Arbeiten anderer Maler vergleicht. Nehmen wir zum Beispiel Larionows Bild »Durch das Netz« (1905). Es ist voller rayonistischer Vorahnungen. Die Farbflecken und Linien wollen sich geradezu bewegen, die ganze Oberfläche der Leinwand erfassen, die Gegenstände des Vorder- und des Hintergrundes, das Wichtige und das Nebensächliche vermischen und eine einheitliche rhythmische Struktur schaffen.

Für Tatlin war es wichtiger, den konstruktiven Effekt aus dem Impressionismus zu extrahieren, indem er den Gegenstand auf der Bahn der wichtigsten »Kraftlinien« plazierte. In den »Nelken« steht der Krug mit dem Strauß in einem

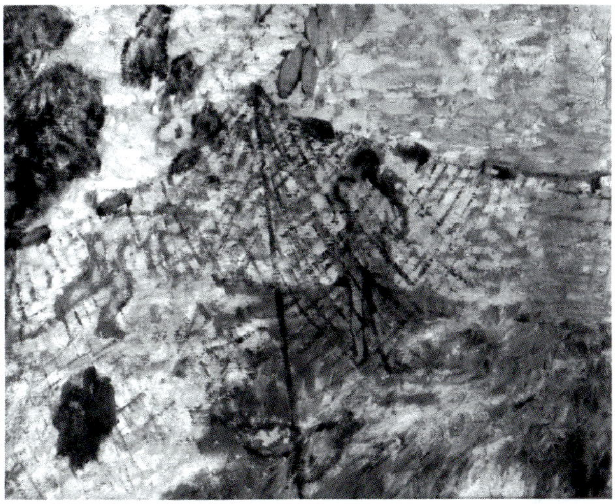

Michail Larionow.
»Durch das Netz«. 1905

Михаил Ларионов.
«Сквозь сети». 1905

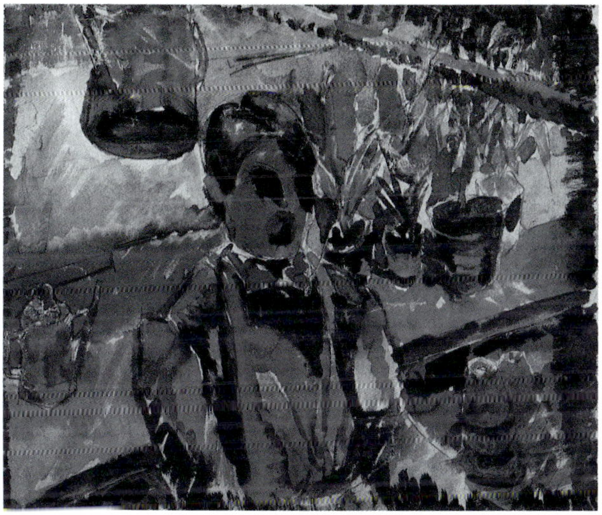

»Sitzende Gestalt«.
1909

«Сидящая фигура».
1909

dreieckigen Feld zwischen dem geöffneten Fensterflügel und dem Fensterbrett. In einer anderen frühen Arbeit, der »Sitzenden Gestalt« (Aquarell, 1909), gerät die Figur selbst in die »Visierlinie« der Diagonalen und hält nur mühsam dem aus der Tiefe herandrängenden Raum stand. Tatlin zerstört die kontemplative Konzeption des Impressionismus. In diesen frühen Arbeiten erfährt der bildnerische Protagonist lediglich die Einwirkung äußerer Kräfte. Doch bald schon – nach der Überwindung des impressionistischen Systems – wird er selbst zum Titels. Schöpfer der Raumsituation. Im »Matrosen« (1911) löst die Kreiskomposition des Brustbildes eine Energiebewegung aus, erschüttert den Raum und schafft ein Kraftfeld um das Zentrum. Etwa nach demselben Prinzip sind die drei berühmten Akte komponiert. Wie wir sehen, klingen schon in Tatlins impressionistischer Periode Qualitäten an, die seine künftige Entwicklung vorahnen lassen und ihn von den Künstlern verwandter Strömungen absondern.

Bekanntlich stand Tatlin in den Jahren um 1910 unter dem starken Einfluß Larionows. 1912 nahm er an der Ausstellung »Eselsschwanz« teil, und erst danach brach er mit dem älteren Freund. Wie nun aber konnte sich Tatlin mit seiner wachsenden Tendenz zum Konstruktivismus im »Eselsschwanz« eingewöhnen, was konnte er dort finden?

Die erste Antwort, die uns spontan einfällt, hängt mit der Ikonographie zusammen. Jeder der Neoprimitivisten wählte sich seinen besonderen Themenkreis, der mit seinem persönlichen Schicksal oder seinen Vorlieben verbunden war. Bei Larionow waren es die Provinz und die Soldaten, bei Gontscharowa die Bauern, ihre Arbeit und ihr Alltag, bei Schewtschenko Soldaten und Wäscherinnen, bei Tatlin Fischer und Matrosen. Dank dieser Motive und Stoffe gelangte jeder Künstler in »sein Element«, das die Phantasie mit traditionellen Denkformen der Volkskunst und mit Alltagsrealien – eingebunden in ein mythologisiertes Vorstellungssystem – nährte. Diese Orientierung erschütterte die Pfeiler des Akademismus und Realismus und provozierte eine freie Einstellung zur Natur. Die in mehreren Varianten dargestellten Fischverkäufer und Matrosen demonstrieren eine Zuspitzung der Bilddynamik. Tatlin zieht daraus einen besonderen

Pawel Filonow. »Westen und Osten«. 1912/13

Павел Филонов. «Запад и Восток». 1912–1913

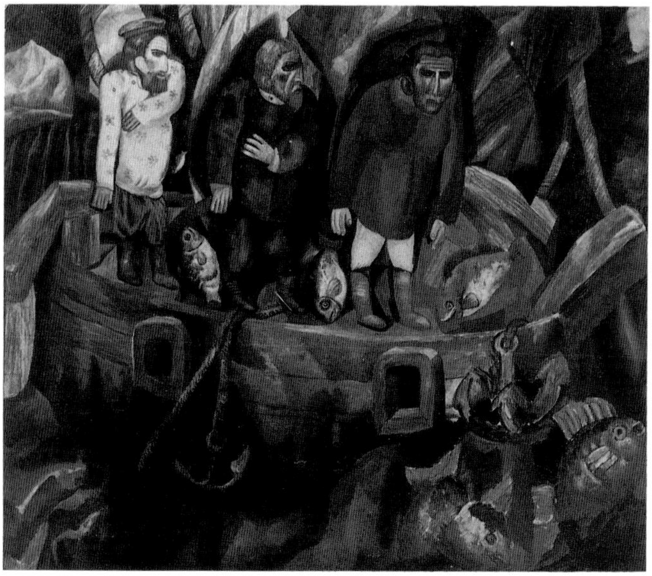

Gewinn, wobei wir hier weniger an die Farbpalette und die Faktur als vielmehr an Rhythmus und Linie denken wollen.

Schon um 1910 entsteht eine Reihe von Aquarellen und Zeichnungen, in denen Tatlin zu einem für seinen ganzen weiteren Weg wichtigen Formelement findet. Sucht man, Malewitsch folgend, das »Zusatzelement« der Tatlinschen Malerei (wir erinnern uns, daß es für den Suprematismus die gerade und im Kubismus die sichelförmige Linie war), so könnten wir es als »strenge« Kurve – als Segment eines großen Kreises oder einer Parabel – definieren. Diese Linien, mit denen die Figuren und Gegenstände umrissen werden, lassen die Form zweckmäßig, ökonomisch und zielgerichtet-funktional wirken. Im Laufe der weiteren Entwicklung strebt die Energie immer mehr in die Linie, die nicht nur mit einer starken Bewegung die Form umreißt, sondern auch in etlichen Fällen die Volumina begrenzt. Diese plastischen Qualitäten werden im »Matrosen« und im »Fischverkäufer« deutlich. Letzterer baut auf der Koppelung verschiedengerichteter Bewegungen, auf einem synthetischen Erfassen der Erscheinungen auf, das deren analytische Zerlegung und Erforschung ausschließt.

Mit seiner Ablösung von der neoprimitivistischen Konzeption grenzt sich Tatlin zugleich auch von anderen zum Expressionismus tendierenden Auffassungen ab. Vergleichen wir den »Fischverkäufer« mit Filonows beinahe zeitgleichem Bild »Westen und Osten«: Der Unterschied zwischen ihnen besteht nicht nur darin, daß Filonows Werk voll symbolischer Bedeutungen ist, daß die Men-

»Fischverkäufer«. 1911

«Продавец рыб». 1911

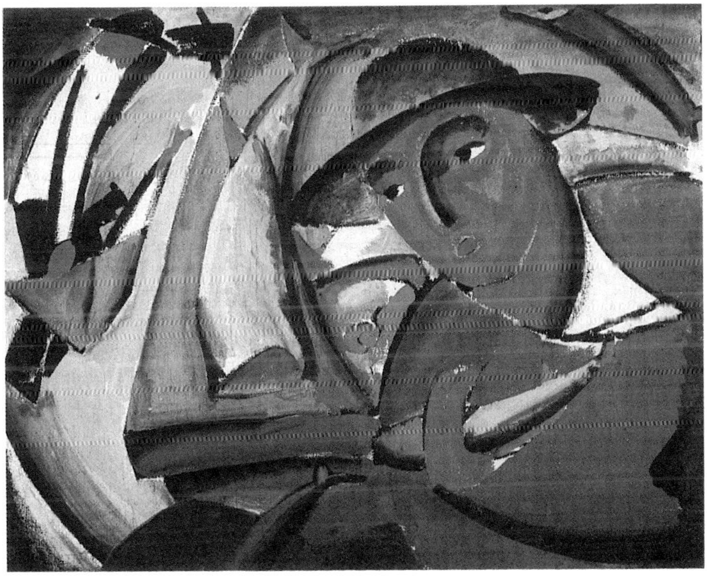

schen bei ihm Archetypen bezeichnen und die Fische christologische Zeichen sind, während sie bei Tatlin als gewöhnliche Naturprodukte – mehr noch: als Ware – erscheinen. Filonows analytische Methode kultiviert separate Elemente, die durch einen höheren Rhythmus zu einem Ganzen verbunden werden. Bei Tatlin ist der Rhythmus organisch, vereinigt mehrere Wirklichkeiten und ist in seiner irdischen Natur nicht weniger stark und groß.

Hierauf tritt ein neues Stadium der Abgrenzung ein, diesmal vom Kubismus. Vergleichen wir zwei äußerlich verwandte Bilder – Tatlins »Fischverkäufer« und Malewitschs »Roggenernte«. Anders als Malewitsch sucht Tatlin keine Stabilität, akzentuiert nicht das Volumen der Gegenstände und Figuren. Er behandelt das Bild als Ding, in dem keine einzige Gegenstandsqualität in ihrem Eigenwert verletzt wird. Die Faktur betont den Charakter der auf die Leinwand aufgetragenen Leimfarbe. Die lineare Rhythmik akzentuiert die Oberfläche. Das Bild als Gegenstand besitzt seine Fläche und kann diesen seinen Ursprung in nichts beeinträchtigen. Daß Tatlin schon bald in den Raum aufbrechen wird, darf uns

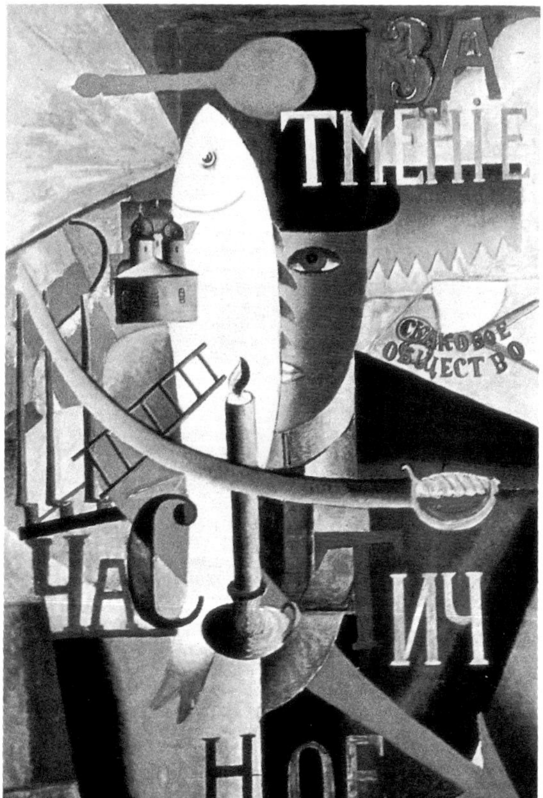

Kasimir Malewitsch.
»Ein Engländer in Moskau«. 1914

Казимир Малевич.
«Англичанин в Москве». 1914

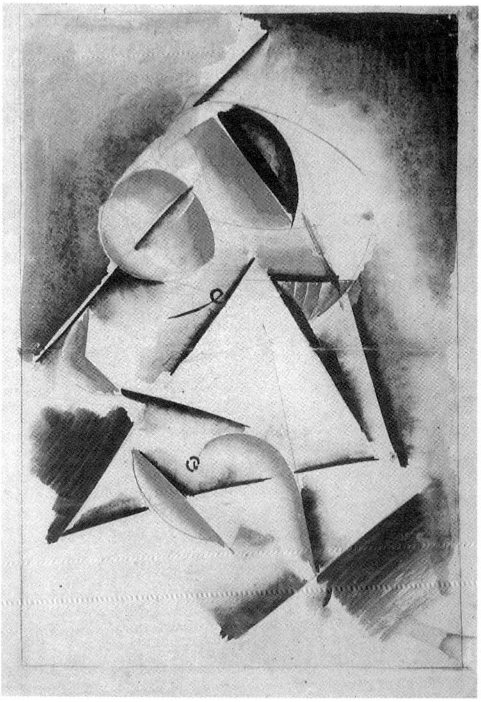

»Kompositionsanalyse«. 1913

«Анализ композиции». 1913

nicht verwirren. Der Raum wird für ihn ebenso real werden, wie es jetzt die Fläche ist.

Im Hinblick auf das Verhältnis der beiden Künstler zur Bildfläche ist es auch interessant, zwei spätere Arbeiten zu vergleichen: Tatlins »Kompositionsanalyse« und Malewitschs »Engländer in Moskau«. Bei Malewitsch, der im Unterschied zu Tatlin darauf verzichtet, ein Phänomen ganzheitlich zu zeigen, stehen Raum und Fläche in komplizierter Verschränkung. Die Deutung des einen und des anderen erreicht einen hohen Bedingtheitsgrad. Der räumliche Durchbruch in die Unendlichkeit, der durch die weiße Silhouette des Fisches gebildet wird, die einzelnen Realitätsfragmente, die unverbundene Raumeinheiten schaffen, die aufeinandergelegten Silhouetten, die im Vordergrund »hängenden« Buchstaben, die die Bedingtheit der Darstellung verstärken – all das macht das Verhältnis zwischen Fläche und Raum eher gedanklich nachvollziehbar als sichtbar-real.

Tatlin bleibt bei seiner Konzeption der Wirklichkeit. An einer Stelle durchbricht er die Fläche des Blattes: Wo der Kopf des Kindes wiedergegeben ist, imitiert er eine Art Schlitz. Tatlin arbeitet nicht wirklich mit dem Messer, wie das Jahrzehnte später Lucio Fontana tun wird; aber die Illusion des Schlitzes ist so überzeugend, daß wir sie für die Realität halten.

Tatlins Begegnung mit Picasso fand zu jenem Zeitpunkt statt, da der Kubismus sich bereits erschöpft hatte und die Künstler neue Ideen zu propagieren begannen. Der Schritt in den realen Raum, den er mit seinen Materialkombinationen und Konterreliefs tat, war für Tatlin gesetzmäßig – wie im übrigen auch für andere russische Meister, die den Kubismus durchlaufen hatten und zu einer buchstäblich raumhaften Malerei gelangt waren (Kljun, Popowa, Puni und andere). Es bietet sich an, ein Werk der – von Popowa selbst so bezeichneten – »plastischen Malerei«, ihren »Krug auf dem Tisch« (1915), mit Tatlins Materialkombination aus dem Jahre 1916 zu vergleichen. Popowa bewahrt die Malfläche, 45
aus der dem Betrachter reale Volumina entgegentreten. Sie sind mit Farbe versehen, und dergestalt dehnt sich die Malerei auf sie aus. Der Unterschied zwischen dargestelltem und realem Volumen ist aufgehoben.

Im Gegensatz zu den genannten Malern, die den Kubismus hinter sich ließen, überwindet Tatlin bei seinem Schritt in den Raum das Prinzip des Abbildens und verleiht dem Raum, der Farbe und dem Material ihren ureigenen Wert. Diese Kategorien der Umwelt existieren bei ihm in ihrer Realität.

Zu den neuen Formen gelangte Tatlin zu ebender Zeit, als Malewitschs Suprematismus entstand. Bei der Geburt des Suprematismus spielte Malewitschs Alogismus zweifellos eine wesentliche Rolle. Den Alogismus brauchte auch Tatlin, um den entscheidenden Schritt in eine neue künstlerische Dimension zu tun, die nicht von der gewohnten Logik gerechtfertigt wurde. Doch die Wege beider Künstler führten in radikal verschiedene Richtungen.

Malewitschs suprematistische Bilder und Tatlins »Materialkombinationen« vom Visuellen her zu vergleichen hat keinen Sinn. Sie sind derart weit voneinander entfernt, daß man sich bei solchem Vergleich »an nichts festhalten« kann. Der Unterschied läßt sich leichter verbal definieren. Malewitsch überschritt die Grenzen des irdischen Systems und schuf eine Welt der »vierten Dimension«. Die bedingten Bedeutungen, die während der von ihm unternommenen Umcodierung der Welt entstanden, erhielten in seiner Vorstellung einen unbedingten Sinn. Das bedingte Zeichen gewann einen eigenen Wert und eigenes Sein.

Tatlin widmete sich der realen Welt; er suchte ihre materiellen Urelemente aufzudecken und ihnen die Bedeutung von Heiligtümern zu geben. Statt der vierten war es, um eine Metapher zu gebrauchen, die »Nulldimension«, die sich »vom anderen Ende her« der vierten näherte. Auf diese Weise wurden zwei Linien festgelegt, die in ständiger Fehde einander bald abstießen, bald anzogen. Malewitsch und Tatlin sind die bleibenden Gestalten in der Geschichte, die diese Bewegungen symbolisieren. Trotz ihrer Feindschaft reichten sie – der eine vom Himmel, der andere von der Erde aus – einander die Hand, wie auch die Erde nicht ohne Himmel und der Himmel nicht ohne Erde sein kann. Ohne den jeweils anderen verlieren beide den Sinn ihres Daseins.

Übersetzung aus dem Russischen: Annelore Nitschke.

Marian Burleigh-Motley

Tatlins »Matrose«: Eine neue Lesart

Tatlins Gemälde mit dem Titel »Matrose« im Russischen Museum in Leningrad ist allen Tatlinforschern wohlvertraut. Anhand einer Inschrift auf der Rückseite wird es üblicherweise auf 1911 datiert.[1] Erstmals gezeigt wurde das Gemälde wahrscheinlich in der »Eselsschwanz«-Ausstellung, die am 11. (24.) März 1912 in Moskau eröffnet wurde.[2] Die Inschrift auf der Mütze des Matrosen lautet »tereguschtschi«, was meiner Meinung nach trotz des Fehlens des Anfangsbuchstabens »S« der Name eines ganz bestimmten Schiffes ist – der »Stereguschtschi«[3]. Fast alle, die bisher über dieses Gemälde geschrieben haben, identifizieren den »Matrosen« als Selbstporträt, und zwar auf der Grundlage des Vergleichs mit Photographien, etwa einer aus dem Jahre 1916. Ebenso wie die Gesamtform des Gesichtes ist die wulstige Unterlippe ein überzeugendes Argument für die Identifikation. Ich werde jedoch einige Argumente anführen, die zeigen sollen, daß Tatlin seine guten Gründe dafür hatte, das Bild »Matrose« statt »Selbstporträt« zu nennen, und auch dafür, auf die Rückseite das Datum 1911 zu setzen, selbst wenn das Gemälde, nach der Datierung Nikolai Punins[4], erst Anfang 1912 ausgeführt worden sein sollte.

Dmitri Sarabjanow hat die formalen Qualitäten dieses Bildes analysiert, das er als Schlüsselwerk Tatlins beschreibt.[5] Er hat hervorgehoben, daß die Komposition auf einem Kreismotiv mit dem Kopf des Matrosen im Zentrum basiert und sich in der Verbindung eines Kreises mit einem Quadrat auf die Tradition der russischen Ikonenmalerei bezieht. Während dies sicher überzeugend ist, steht die These, die Hauptfigur und die beiden kleinen Figuren im Hintergrund stellten möglicherweise dieselbe Person dar, im Widerspruch zu der tatsächlichen Quelle des Gemäldes, die ich hier vorstellen möchte

Ich denke, daß ein Ereignis des Jahres 1911 der unmittelbare Ausgangspunkt für das Gemälde war. Im Mai jenes Jahres wurde in St. Petersburg ein Denkmal des Bildhauers Konstantin Isenberg (1859–1911), das die Heldentat zweier russischer Seeleute verewigen sollte, enthüllt. Die beiden Matrosen hatten am 26. Februar (10. März) 1904 während des Russisch-Japanischen Krieges in Port Arthur das Schiff, auf dem sie Dienst taten, selbst versenkt, um eher mit ihm unterzugehen und den Tod zu finden, als es in die Hände des Feindes fallen zu lassen. Eine Inschrift auf der Rückseite des Denkmals beschreibt das Ereignis. Das Denkmal wurde auf der Petersburger Seite von St. Petersburg im Alexan-

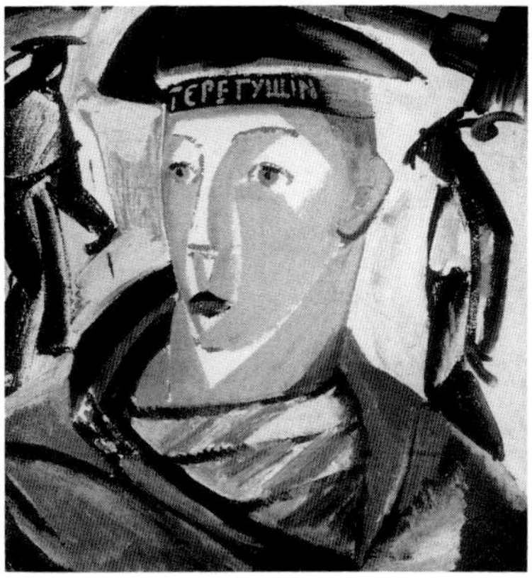

»Matrose«. 1911

«Матрос». 1911

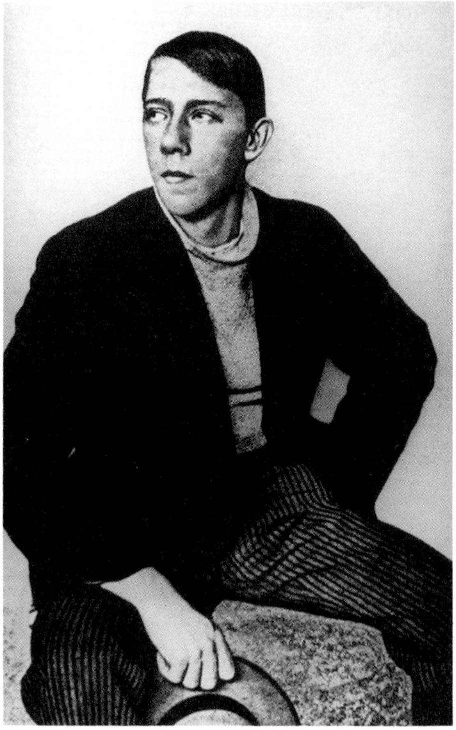

Wladimir Tatlin. 1916

Владимир Татлин. 1916

derpark, dem heutigen Leninpark, an prominenter Stelle errichtet. Tatlin, der 1911 in Moskau lebte, könnte es bei einem Besuch in St. Petersburg gesehen haben oder – nach Larissa Shadowas Chronologie – während er das private Bernsteinsche Zeichenatelier dort besuchte.[6] Der Name des auf dem Denkmal dargestellten Schiffes ist »Stereguschtschi«, wie die Inschrift im oberen Teil bezeugt. Das Schiff war ein Zerstörer, bestimmt zum Kampf gegen die japanischen U-Boote, die den Hafen von Port Arthur besetzt hatten, wo die Japaner mit einem Überraschungsangriff ihrer Marine auf den Hafen und seine Verteidigungsanlagen in der Nacht vom 26. auf den 27. Januar (8./9. Februar) 1904 den Russisch-Japanischen Krieg begonnen hatten.[7] Der Krieg endete mit einer demütigenden Niederlage der russischen Streitkräfte; 1905 wurde ein Friedensvertrag unterzeichnet.

Stadtplan von St. Petersburg (Ausschnitt; Nr. 133: Standort des »Stereguschtschi«-Denkmals)
Фрагмент плана Санкт-Петербурга (№ 133 – памятник «Стерегущему»)

Konstantin Isenberg. Denkmal zum Untergang der »Stereguschtschi«. 1911
Константин Изенберг. Памятник «Стерегущему». 1911

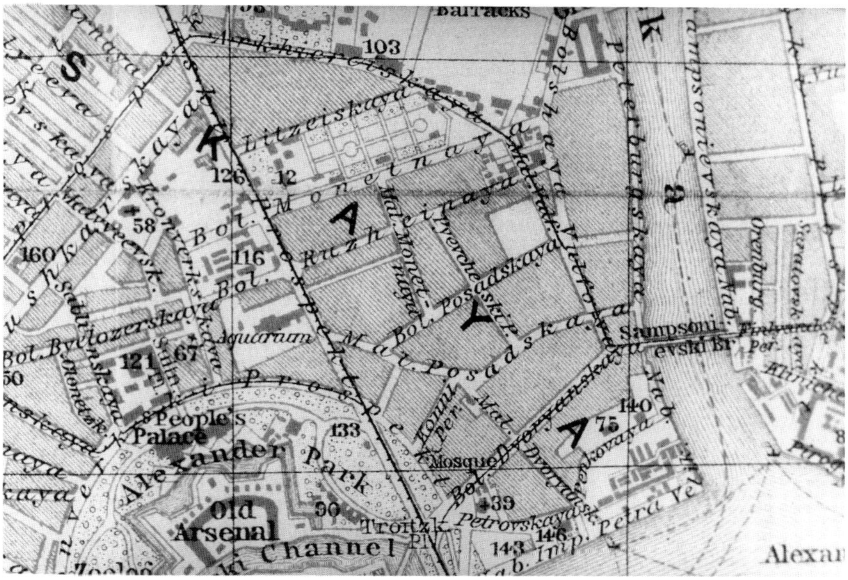

Barracks
103
Litzeiskaya
126
12
Bol. Monetnaya
58
160
116
Bol. Posadskaya
Bol. Byelozerskaya
Aquarium
121
67
Mal. Posadskaya
Sampsoni-
evsky Br.
People's
Palace
133
140
75
Alexander Park
Mosque
Old
Arsenal
90
139
Troitzk.
Pl.
Petrovskaya
143
146
Channel

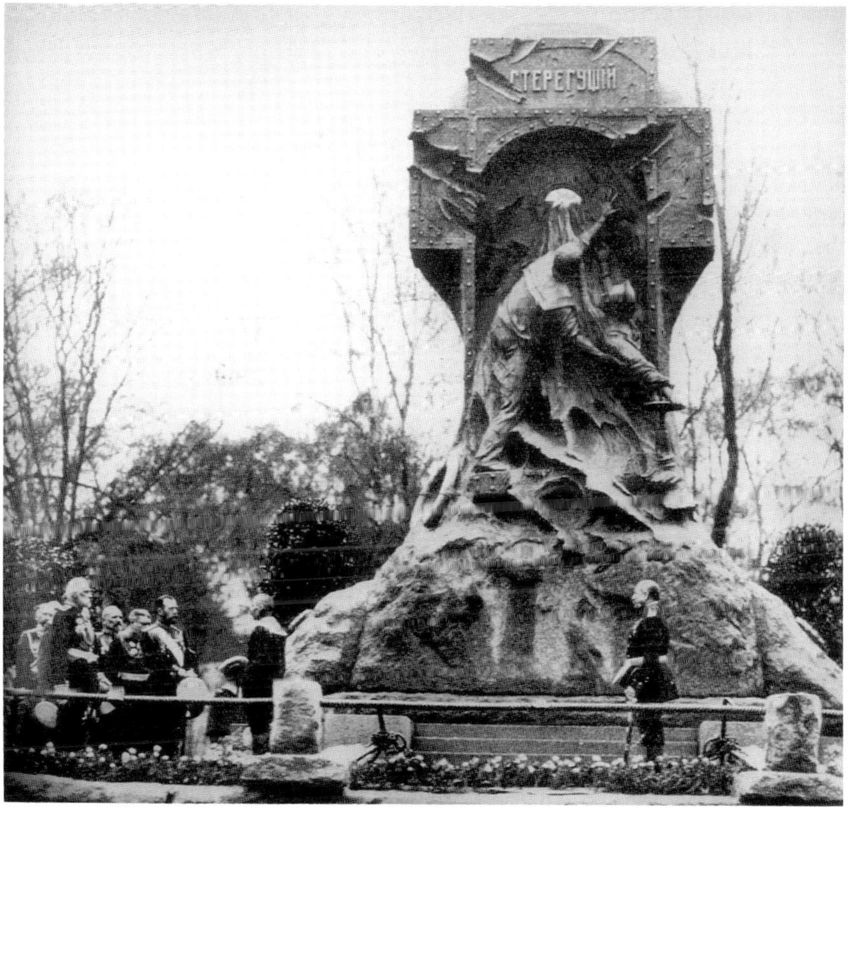

СТЕРЕГУЩІЙ

Es scheint angemessen, zu vermuten, daß Tatlins Interesse, einen Matrosen der »Stereguschtschi« darzustellen, eher durch das in St. Petersburg errichtete Denkmal denn durch das tatsächliche Ereignis der Schiffsversenkung sieben Jahre zuvor angeregt wurde. (Auf das historische Geschehen werde ich später zurückkommen.) Interessant ist wohl die Frage, warum Tatlin an ein Ereignis erinnern wollte, das – wie Glinkas Oper aus dem 19. Jahrhundert, »Ein Leben für den Zaren«, für die Tatlin 1913/14 Kostüme und Bühnenbild entwerfen sollte – die selbst den Tod einschließende Hingabe des russischen Bauern an die Verkörperung der Autokratie, den Zaren, feierte. Da Tatlin selbst Matrose gewesen und 1904 wahrscheinlich auch zur See gefahren war, wußte er sicher, daß zur Zeit des Russisch-Japanischen Krieges die Seeleute der russischen Flotte keine Berufssoldaten waren, sondern zu diesem Zweck ausgehobene arme Bauern, die sich im allgemeinen *nicht* freiwillig entschieden hatten, für den Zaren zu sterben. Es ist verführerisch, so zu argumentieren, wie hinsichtlich der Entwürfe für die Glinkaoper geschehen: daß Tatlin mit dem »Matrosen« von 1911 jenen armen russischen Bauern – und nicht dem Zaren, für den sie starben – Reverenz erweise. Sicher kann aber das Denkmal, der Ausgangspunkt für das Gemälde, nicht in dieser Weise interpretiert werden. Das Denkmal muß die Billigung der zaristischen Zensoren gefunden haben und als der Autorität des Zaren dienlich angesehen worden sein, denn es betont die Treue des russischen Bauern zum kaiserlichen Regime.

Die Anwesenheit Zar Nikolaus' II. bei der Einweihung bestätigt diese Vermutung. Das Photo von der Enthüllung, das am 15. Mai 1911 in der weitverbreiteten Wochenschrift »Niva« veröffentlicht wurde, könnte, falls Tatlin St. Petersburg nicht besucht hat, die Quelle seiner Kenntnis des Denkmals gewesen sein.[8] Der Matrose, der mit der Mütze in der Hand vor dem Zaren steht, scheint die Enthüllung des Denkmals für die beiden heldenmütigen Seeleute durch den Zaren im Namen der Marine anzunehmen. In Berichten über das Denkmal wird er als ein gewisser Ossinin identifiziert, ein Überlebender der Selbstversenkung der »Stereguschtschi«, der behauptete, dabeigewesen zu sein, als man die Ventile öffnete, um das Schiff zu versenken. Anläßlich der Denkmalseinweihung wurde ihm vom Zaren der St.-Georgs-Orden verliehen.

Wenn Tatlin sich also entschied, an das historische Ereignis gerade zu dieser Zeit zu erinnern – gegenüber einem Publikum, dem wegen der weiten Publizität des Denkmals zuzutrauen war, daß es das Schiff und seine Konnotationen kannte –, dürfen wir dann im jungen Tatlin weiterhin die politisch revolutionäre Figur sehen, die er nach 1917 mit Sicherheit wurde? Daß Tatlin als Student von 1909 bis 1911 während seines Aufenthalts in Pensa wegen revolutionärer Aktivitäten registriert war und unter Polizeiüberwachung stand[9], scheint dieser Ansicht zu widersprechen. Andererseits sollten wir in Betracht ziehen, daß nach der Revolution von 1905 wahrscheinlich ein großer Prozentsatz von Studenten auf solchen Listen stand.[10]

In der Tat erscheint das Bild, lesen wir die Formen erst einmal im Licht der im Denkmal festgehaltenen Darstellung des Ereignisses, recht anders als in unserer ersten Wahrnehmung. Der Anfangsbuchstabe »S« des Schiffsnamens ist im Denkmal verstümmelt und fehlt deshalb auch auf dem Bild, obwohl man ihn sich weiter links um die Mütze herum vorstellen kann. Die vom Bildhauer gewählte Darstellung der durch das Bullauge einströmenden Wassermassen könnte Tatlin dazu gebracht haben, die Szene zu zeigen, als das Wasser bereits das Schiffsinnere gefüllt hat. Während die Figur links in Tatlins Bild unzweifelhaft lebt, könnte die rechte – mit geneigtem Kopf, schlaffer Haltung, den Händen hinter dem Körper und ohne sichtbaren Halt durch die Füße – bereits tot sein; ich werde gleich auf dieses Argument zurückkommen. Die zentrale Figur sollte, so glaube ich, als ikonisches Bild des russischen Matrosen (und nur zufällig auch als Selbstporträt des einstigen Matrosen Tatlin) gelesen werden. Dieser ikonenhafte Matrose nimmt den Platz des realen Matrosen auf dem Photo von der Enthüllung ein. Der Gebrauch der weißen Untermalung bei Brauen, Nase und Augenhöhlen leitet sich direkt von Werken wie dem Apostel (12. Jahrhundert) in der St.-Georgs-Kirche in Staraja Ladoga her, den Tatlin 1906–1910
130 kopierte.

Aber kehren wir zu unserer Auslegung der Szene zurück. Zeigt die Kreisbewegung, die Sarabjanow so besonders hervorhob, in Wirklichkeit, daß wir ein kenterndes Schiff kurz vor dem Sinken betrachten? Ist die Kanone vielleicht ein Schornstein, der sich nun in horizontaler Position befindet? So gesehen, befindet sich der lebende Matrose links auf dem oberen Deck des Schiffes, während der Matrose rechts auf einem unteren Deck bereits ertrunken ist. Wir sähen dann einen Raum, der eher von oben nach unten denn von Vorder- zu Hintergrund gegliedert ist. Eine derart radikale Restrukturierung des Raumes scheint nur unter dem Einfluß des Kubismus möglich. Augenscheinlich gibt es keine aufgebrochenen Formen, keine versetzten Elemente, aber Tatlin könnte vom Kubismus den Fingerzeig erhalten haben, den er brauchte, um einen neuen Bildraum zu schaffen. So ließe das Bild sich als Vorwegnahme der späteren Reliefs verstehen.

Was auch immer die stilistischen Quellen des Gemäldes sein mögen (und hier sollte Matisse genannt werden) – es scheint klar, daß Tatlin mit seinem »Matrosen« das durch die Enthüllung des Denkmals wachgerufene Publikumsinteresse ausnutzen wollte. Indem er patriotische Betrachter ansprach, muß er gehofft haben, einen Käufer für den »Matrosen« zu finden. Wir wissen, daß er bei einer Ausstellung[11] als einziger Teilnehmer eine Telefonnummer verzeichnen ließ, was ebenso vermuten läßt, daß er – verständlicherweise – auf Verkäufe aus war. Wir wissen auch, daß er einmal anbot, ausschließlich mit der Gruppe »Welt der Kunst« – im Künstlerischen wohl kaum seine natürlichen Verbündeten – auszustellen[12], vermutlich deshalb, weil er auf größere Beachtung und auf Erfolg hoffte, wenn er mit der älteren Gruppe ausstellte. Wenn diese Interpretation Tatlin als zu merkantil gesinnt erscheinen läßt, sollten wir freilich bedenken, daß er keine andere Einkommensquelle besaß, nachdem er die Seefahrt aufgegeben hatte. Zu Tatlins Mißgeschick scheint sein patriotisches Gemälde von den Besuchern wie auch den Kritikern der »Eselsschwanz«-Ausstellung übersehen worden zu sein, vermutlich wegen des als skandalös empfundenen Charakters der Bilder seiner Mitaussteller Larionow und Gontscharowa, die die meiste Beachtung auf sich zogen. Zur Zeit der »Bund-der-Jugend«-Ausstellung im Winter 1912/13, als das Gemälde erneut gezeigt wurde, waren das Denkmal und das Ereignis, an das es erinnerte, im Gedächtnis des Publikums nicht mehr so frisch. Das Bild wurde danach 1922 in Berlin und 1927 in Leningrad ausgestellt. Tatlin hielt das Gemälde also offensichtlich für wichtig, nun vermutlich aus stilistischen Gründen.

Zu dieser Diskussion ist noch etwas nachzutragen. Eine Durchsicht mehrerer Bücher russischer und englischer Beobachter des Russisch-Japanischen Krieges, in denen der Untergang der »Stereguschtschi« erwähnt wird[13], enthüllte eine Geschichte, die sich von der im Denkmal und, wenn meine Interpretation richtig ist, auch in Tatlins Gemälde geschilderten Version erheblich unterscheidet: Nachdem das Schiff von feindlichem Geschützfeuer getroffen worden war, wurde es von den Japanern geentert; sie töteten die Besatzung mit Ausnahme einiger, die über Bord sprangen. Dann wurde die »Stereguschtschi« mit einem Tau an einem japanischen Schiff befestigt, doch das Tau riß, und das stark beschädigte Schiff sank. Die Japaner warteten nicht, um die über Bord gesprungenen Seeleute aufzunehmen, und es gab, den Berichten zufolge, keine Überlebenden des Untergangs. So konnte der Mythos der zwei heldenhaften Seeleute, die ihr Leben zum Wohle ihres Landes gaben, geboren und zum Denkmal für die Nachwelt werden.[14]

1 Die Inschrift lautet: »W. Je. Tatlin 911 g. ›Matros‹«. Das Gemälde kam 1926 aus dem Museum für Künstlerische Kultur, Leningrad, in die Sammlung des Russischen Museums.

2 In *Tatlin,* ed. by Larissa Alekseevna Zhadova, New York: Rizzoli, 1988, S. 490, wird der »Matrose« nicht unter den in der »Eselsschwanz«-Ausstellung gezeigten Werken aufgeführt; jedoch erwähnt Dmitri Sarabjanow auf S. 61, Anm. 18 desselben Buches den »Matrosen« als in der Ausstellung enthaltenes Gemälde. Der Katalog der »Eselsschwanz«-Ausstellung, reproduziert in Donald E. Gordon, *Modern Art Exhibitions: 1900–1916,* München, 1974, Bd. 2, S. 566, scheint einige Gemälde Tatlins einzuschließen, darunter »Matrose« (Nr. 257), jedoch unter dem Namen Schewtschenko. Die »Bund-der-Jugend«-Ausstellung, in der der »Matrose« (Nr. 84) zu sehen war, wird bei Zhadova (S. 489) auf Winter 1911/12 datiert; tatsächlich fand sie ein Jahr später statt, wie Angelica Zander-Rudenstine dargelegt hat (*The Guggenheim Museum Collection: Paintings, 1880–1945,* 2 Bde., New York, 1976, Bd. 2, S. 449).

3 Das Wort »Stereguschtschi« bedeutet »Wächter« oder »der Wachsame« – wie Anatoli Strigaljow beim Tatlinsymposium in der Kunsthalle Düsseldorf im November 1989 ausführte, ist es hier eine Anspielung auf Tatlins Rolle innerhalb der russischen Avantgarde. Meine auf dem Symposium und in diesem Essay vorgetragene These geht über diese wörtliche Interpretation hinaus. Für die Identifizierung des Schiffes bin ich Larissa Salmina Haskell, früher an der Eremitage, zu Dank verpflichtet.

4 N[ikolai Nikolaevič] Punin, *Tatlin (Protiv kubizma)* [Tatlin (Gegen den Kubismus), Peterburg [vielm. Petrograd], Izdanie IZO NKP, 1921.

5 Vgl. *Tatlin* (s. Anm. 2), S. 50 ff. und S. 445, unter den Jahren 1908–1911.

6 John Milner, *Vladimir Tatlin and the Russian Avant-Garde,* New Haven and London: Yale University Press, 1983, S. 18, gibt 1910 als Datum von Tatlins Besuch des Bernsteinschen Ateliers an.

7 Zum Russisch-Japanischen Krieg s. jetzt R. M. Connaughton, *The War of the Rising Sun and Tumbling Bear: A Military History of the Russo-Japanese War, 1904–05,* London and New York, 1988.

8 *Niva,* XLII, Nr. 21, 15. Mai 1911, S. 393.

9 Siehe Strigaljows Beitrag in *Tatlin* (s. Anm. 2), S. 41, Anm. 64.

10 Margit Rowell wies in »Vladimir Tatlin: Form/Faktura«, *October,* Nr. 7, Winter 1978, S. 83–108 (S. 86) erstmals auf die Möglichkeit hin, daß der junge Tatlin grundsätzlich apolitisch war.

11 »Tramway W. Erste futuristische Gemäldeausstellung«, Petrograd, eröffnet am 3. März (n. St.) 1915. Siehe Herman Berninger, Jean-Albert Cartier, *Pougny, Catalogue de l'œuvre,* Bd. 1: *Les Années d'avant-garde, Russie–Berlin, 1910–1923,* Tübingen: Wasmuth, 1972, S. 148.

12 Siehe den undatierten Brief an Alexandr Nikolajewitsch Benois, vermutlich aus dem Jahre 1913; engl. Übersetzung in: *Tatlin* (s. Anm. 2), S. 182.

13 Siehe Newton A. McCully, *The McCully Report: The Russo-Japanese War, 1904–05,* ed. by R. A. von Doenhoff, Annapolis, Md., 1977, S. 71–73. McCully, ein Korvettenkapitän der US-Marine, war der russischen Seite als Kriegsberichterstatter zugeteilt worden. Siehe auch L. Thiriaux, *La Guerre Russo-Japonaise,* Namur, 1904, S. 116 f., und P. Larenko, *Stradnye dni Port-Artura* [Die Leidenstage von Port Arthur], Sankt-Peterburg, 1906.

14 Eine sorgfältige Durchforschung russischer Marinearchive, 1954 von mehreren höheren Marineoffizieren und Historikern durchgeführt, konnte Ossinins Geschichte, er habe die Selbstversenkung des Schiffs miterlebt, nicht bestätigen. Siehe V. Nesterov, »Pamjatnik Stereguščemu«, *Bloknot agitatora,* 1973, Nr. 20, S. 42–49. Ossinin und andere in seinem Bericht genannte Matrosen haben wohl eher eine frühere Phase der Schlacht miterlebt als die eigentliche Versenkung.

Übersetzung aus dem Englischen: John Matheson.

Flora Syrkina

Das Außergewöhnliche an Tatlins Theater

Daß Tatlin zum Theater kam, lag nicht etwa daran, daß sich zu Beginn des 20. Jahrhunderts wohl alle russischen Maler – insbesondere die Vertreter der »Welt der Kunst« – der Bühnendekoration zuwandten; zum Theater brachte ihn vielmehr das besondere Wesen seiner Begabung. Da war das räumliche Denken, das ihn die Konterreliefs, das Denkmal der Dritten Internationale, den Letatlin und Gebrauchsgegenstände wie Möbel, Geschirr und Kleidung schaffen ließ. Da war die dekorative Farbenvielfalt seiner Palette, die Liebe zu festlichen Farben und kontrastierenden Farbkombinationen, die für seine Tafelmalerei so charakteristisch sind. Da war seine angeborene, ich würde sagen genetische (seine Mutter war Lyrikerin) Liebe zur Literatur, zur Dichtung und zum Drama. Da war seine seltene Musikalität. Er spielte wunderbar Bandura, sang dazu und inszenierte seinen Liedervortrag selbst. Sein Talent als Schauspieler und Regisseur zeigte sich besonders in der »Sangesi«-Aufführung, die seinem Freund Welimir Chlebnikow gewidmet war. Tatlin spielte die Hauptrolle und besorgte die Inszenierung und das Bühnenbild. Die Vielseitigkeit seiner Begabung harmonierte also ideal mit der synthetischen Natur der Theaterkunst.

Thema von Tatlins Theaterarbeiten war vor allem Rußland: das russische Volksstück und die russische Klassik, Stücke über Sowjetrußland, die Revolution, den Großen Vaterländischen Krieg und das friedliche Leben des Volkes.

Von allen »linken« Künstlern, die in den zehner Jahren am Theater debütierten, war Tatlin der erste, der konstruktive räumliche Dekorationen in der Dreidimensionalität der Bühne schuf, nämlich 1911 für das Volksstück »Zar Maximilian und sein widerspenstiger Sohn Adolf«[1]. Er übertrug hier die Flächigkeit des Luboks in die dreidimensionale Sprache der Bühne und baute ein Podium mit steiler Treppe und stereometrischer primitiver Architektur. Noch 1913, als das »erste Futuristentheater der Welt« im Petersburger Theater »Luna-Park« Majakowskis Tragödie »Wladimir Majakowski« (Ausstattung von Filonow und Schkolnik) und die Oper »Sieg über die Sonne« (Musik von Matjuschin, Ausstattung von Malewitsch) spielte, begnügten sich die bildenden Künstler damit, ihre Tafelmalerei auf die Bühne zu bringen – in Gestalt großer Prospekte zum Thema der Stücke. Das für das damalige Theater so aktuelle Problem der neuen räumlichen Bühnenerschließung hatten sie noch nicht gelöst. So war Tatlin auch hier seiner Zeit voraus.

Tatlin, der immer architektonisch dachte, tendierte auch im Theater zur Bühnenarchitektur – zu gebauten Dekorationen. Im Theater war er immer Baumeister. In den zehner Jahren sind es neoprimitivistische und kubofuturistische Bauten, in den zwanziger Jahren konstruktivistische, in den Dreißigern und frühen Vierzigern konstruktive. Erst Ende der vierziger, Anfang der fünfziger Jahre war er gezwungen, in seine Bühnenbauten malerische Elemente zu integrieren.

Charakteristisch für Tatlins Dekorationen war ihre Dynamik. Der Künstler versuchte stets, der Bühnengestaltung eine selbständige, durch die Handlung gerechtfertigte Beweglichkeit zu verleihen. Im »Komödianten des 17. Jahrhunderts« entwickelte sich das Geschehen auf einer Drehbühne, auf der die Dekorationen der verschiedenen Schauplätze untergebracht waren. Auf einem unbe-
180 weglichen Podest nahe der Drehbühne ragte als Vertikale ein kahler Baum mit nur einem Ast auf. Im Finale, wo die Schauspieler in der Rolle altrussischer Mimen das Volksstück »Das Boot«[2] aufführen, setzten sie sich hintereinander an die Rampe der Drehbühne wie in ein Boot und begannen singend ohne Ruder zu rudern, und mit der Drehung der Bühne ruderten sie gleichsam davon. Gleichzeitig begann sich der bis dahin reglose Ast im Takt des Liedes zu heben und zu senken, als winke der Baum den Schauspielern einen Abschiedsgruß nach. Im Stück »Wir ergeben uns nicht« baute Tatlin mit Hilfe von Gegengewichten eine schwankende Platte, um die Gefährdung der Menschen auf einer treibenden Eisscholle auszudrücken. Fachleute hielten ihm jedoch entgegen, daß es auf einer riesigen Eisscholle in Wirklichkeit keine Schaukelbewegung gebe. Zu Recht meinte Tatlin betrübt: »Der Lebensechtheit zuliebe mußte ich auf das künstlerische Bild verzichten.« Schiebendes und berstendes Eis auf der Bühne nachzubilden gelang Tatlin in der Inszenierung von Steins Revolutionsdrama »Kronstadt« (»Frühling '21«). Die berstenden Eisschollen stellte der Künstler in der Weise dar, daß er auf dem angehobenen Bühnenboden einzelne Bretter verschiebbar machte und mittels Gegengewichten schwanken ließ. Wenn sich das Eisschollenbrett hob, schien Wasser aufzublitzen, denn es waren Lampen darunter installiert. Zur Verdeutlichung des Stellenwertes jeder Episode im Stück richtete Tatlin es so ein, daß bewegliche Kulissen und Vorhänge gleichsam eine Blende bildeten, die den Bühnenraum im Laufe der Handlung verengte oder erweiterte.

Tatlin war von Natur aus Konstrukteur und strebte im Theater stets nach Plastizität des Bühnenbildes, das an der Inszenierung aktiv mitwirken und zudem in seiner Faktur einzigartig sein sollte. Wladimir Nikolajewitsch Müller, der damals die Regieabteilung des Zweiten Moskauer Akademischen Künstlertheaters (MChAT-II) leitete, schreibt in seinen Erinnerungen, Tatlin habe geplant, für Ostrowskis »Komödianten des 17. Jahrhunderts« alle Dekorationen aus geflochtener Weide zu bauen. Das Material wurde dem Theater geliefert, und ein anderer Bühnenbildner verwendete es zuerst in seinen Dekorationen. Tatlin empfand dies als Verrat und verzichtete kategorisch auf die bereits erprobte

Faktur. Schließlich konstruierte er die Dekorationen des alten Moskaus aus Sperrholz. Er liebte echtes, kein nachgemachtes Material und trachtete nach Ganzheitlichkeit. Müller erzählt, Tatlin habe auf den Vorschlag, den Ast an dem kahlen Baum mit Hilfe einer Schnur zu bewegen, entrüstet ausgerufen: »Aber Schnur ist eine fremde Faktur!« und einen Mechanismus aus Holz erdacht.

Das Hauptmaterial für das Bühnenbild zu Alexandr Alexandrowitsch Krons Stück »Tiefenbohrung«[3] waren Holzbretter, die die Bauten des Expeditionslagers provisorisch und unkomfortabel wirken ließen. Für Suchowo-Kobylins »Prozeß«[4] sollten die riesigen, vollgestopften Aktenschränke vor einem Vorhang aus poliertem Holz aufgestellt werden – die Gerichtskanzlei als ausweglose Sackgasse.

Tatlin brachte ins Theater, wie übrigens ja auch in seine Malerie und Graphik,
mit Vorliebe Elemente seiner eigenen Biographie ein. In den Dekorations- und
Kostümentwürfen für Wagners »Fliegenden Holländer« stellt er ein vom Sturm
zertrümmertes Schiffsdeck dar und darüber einen riesigen, geneigten Mast – ein 182
Hinweis auf seine schwere Jugend, die er als Schiffsjunge und Matrose auf
See verbrachte. Der Mast, die unerläßliche Vertikale in seinen Theaterkompositionen, wandert aus einem Stück ins nächste. In »Sangesi« (1923) verwandelt er
sich in eine geneigte, kahle Kiefer, in »Tiefenbohrung« in einen Bohrturm usw. 179
Die Vertikale als wichtigstes Kompositionselement findet sich in allen Bühnenbildern Tatlins. Das Moskauer Bachruschin-Theatermuseum besitzt zahlreiche Zeichnungen von Masten mit Takelage, aber auch von Bäumen, die wie Masten aussehen.

In seinen Kostümentwürfen erscheint Tatlin wiederholt selbst: auf einigen Blättern zum »Fliegenden Holländer« als Matrose und Steuermann, im »Leben für den Zaren« als verwaister Sohn des Iwan Sussanin (erinnern wir uns, daß Tatlin selbst ein Waisenkind war, seine Mutter und sein Vater starben früh), in den Skizzen zu »Kronstadt« als älterer Matrose und Revolutionär und als junger russischer Schauspieler in den Skizzen zum »Komödianten des 17. Jahrhunderts«. In den Entwürfen zum »Prozeß« verleiht Tatlin der Heldin Lidotschka die Züge seiner Mutter, einer aufgeklärten russischen Frau. Diese Galerie von Familienporträts ließe sich wahrscheinlich noch fortsetzen, wenn uns mehr Photomaterial zur Verfügung stünde. Ich sehe hierin nicht bloß das Fixieren des eigenen Schicksals, sondern auch Tatlins Furcht, seine Biographie und sein Gesicht könnten in Vergessenheit geraten. All die Selbstbildnisse, die er hinterlassen hat, die Masten, Schiffs- und Zwischendecks sollten wohl die Erinnerung an ihn und sein schweres Leben sichern, sind gleichsam ein verschlüsselter Mythos des Künstlers und seines Schicksals.

Seines Charakters wegen – er war fordernd gegen sich und andere – geriet Tatlin am Theater ständig in Konflikte. Hatte er sich eine Lösung für das Bühnenbild ausgedacht, so ließ er bei der Realisierung nicht die geringste Ungenauigkeit zu. Jeder Anschlag auf seine Gestaltungsideen führte zu einem schweren

Zerwürfnis zwischen Tatlin und dem Theater, für das er gerade arbeitete. Das fing schon beim ersten an, als Bontsch-Tomaschewski 1911 im »Zaren Maximilian« mit Tatlins Figurinen sehr großzügig umging und die Kostüme daraufhin bis zur Unkenntlichkeit entstellt waren. Der größte Konflikt ereignete sich bei der Inszenierung des »Prozesses«, wo Tatlin die Gerichtsbeamten als maskierte Gespenster auf die Bühne bringen wollte. In seinen Entwürfen hatte er bereits ein System entwickelt, wie der Stoff der Uniformen behandelt werden müsse, damit sie sich gleichsam im Bühnenraum auflösten. Die Kostüme sollten mit Hilfe eines Zerstäubers so mit Farbe besprüht werden, daß der Stoff für den Zuschauer kaum zu sehen wäre. Dem Regisseur Popow aber war das neue Tuch zu schade, und er verbot die Bemalung. Tatlin veranstaltete eine Art Gerichtsverhandlung in der Allrussischen Theatergesellschaft, aber das änderte nichts an der Inszenierung.

Wir wissen nicht, wie Tatlins Entwicklung als Bühnenbildner verlaufen wäre, hätte es nicht über viele Jahre hin – bis an sein Lebensende – jene Direktiven von oben gegeben, vor denen die sowjetische Kunst zitterte. Doch wir können sagen, daß er sich nicht brechen ließ, wenn er auch den Rücken krumm machte, und bis zuletzt den Naturalismus im Theater bekämpfte.

Das Außergewöhnliche an Tatlins Theater ist der zeitlose künstlerische Wert seiner Dekorations- und Kostümentwürfe. In diesen Arbeiten wird die Geschichte unseres Theaters wieder lebendig. Sie lassen sich aber auch als eigenständige Werke der Malerei und der Zeichenkunst betrachten.

Das Theater spielte in Tatlins Lebenstragödie die Rolle des positiven Helden. Es war sein Retter und Ernährer in jenen Jahren, da die Kunstbeamten den Bann über ihn verhängten, da seine Bilder als Ausgeburten des Formalismus keinen Eingang in die Museen fanden. (Nach seinem Tode wurden sie gar aus seiner Wohnung auf den Müll geworfen.) Nur das Theater würdigte und akzeptierte Tatlins Talent in jenen Jahren, in denen er totgeschwiegen wurde.

Anmerkungen

1 Literatur- und Kunstzirkel, Inszenierung: Michail Michailowitsch Bontsch-Tomaschewski
2 Gespielte und gesungene Episoden aus dem Leben Stepan Rasins.
3 MChAT, 1943, Inszenierung: Michail Nikolajewitsch Kedrow.
4 Zentrales Theater der Roten Armee (ZTKA), 1940, Inszenierung: Alexei Dmitrijewitsch Popow.

Übersetzung aus dem Russischen: Annelore Nitschke.

Irina Arskaja/Tatjana Ljuboslawskaja

Tatlin und Chlebnikow. Zur Bühneninterpretation von »Sangesi«

Im Mai 1923 inszenierte Tatlin Welimir Chlebnikows Stück »Sangesi«. Tatlin, der bereits Theatererfahrung hatte, trat hier als Regisseur, Bühnenbildner und Hauptdarsteller in einer Person auf. Sprechen wir über »Sangesi«, dann sprechen wir also mit Fug und Recht über »Tatlins Theater«.

Das Metapoem »Sangesi« ist eines der letzten Werke Chlebnikows, in denen er die Summe seines Schaffens zieht. (Das Stück wurde am 16. Januar 1922 endgültig zusammengestellt.) In die komplizierte Struktur sind wortschöpferische Experimente, mathematische Zeitgesetze und Versuche zu einer Universalsprache für die Völker der ganzen Erde eingegangen, mithin all das, was Chlebnikow als Dichter das Wichtigste in seinem Leben war. Er legt seine Ideen dem Helden seines Metapoems in den Mund, dem Einsiedler, Dichter und Propheten Sangesi, dessen Predigten tragischerweise nicht nur Gelegenheitszuhörern, sondern auch seinen eigenen Schülern unverständlich bleiben.

Die erhaltenen Bildquellen, Erinnerungen von Augenzeugen und Kritiken zeugen von Tatlins äußerst sorgfältigem Umgang mit Chlebnikows Text. Die bei der Erarbeitung in verschiedenen Etappen entstandenen Skizzen stellen Varianten des bildnerischen Äquivalents zu Chlebnikows Beschreibung des Handlungsschauplatzes dar: »Berge. Über einer Waldwiese erhebt sich eine rauhe steile Felsklippe, ähnlich einer Eisennadel unter einem Vergrößerungsglas. [...] sie steht neben den lotrechten Steilen der mit Nadelwald überwachsenen Steinschichten. Mit der Grundsteinart verbindet sie ein Brücken-Plätzchen [...]. Dieser Platz ist Sangesis Lieblingsplatz. [...] Von hier aus hält er seine Predigten an die Menschen oder den Wald.« In zwei Skizzen sind Handlungsmomente aus den Ebenen VIII und IX fixiert, zwei andere enthalten die von Chlebnikow erwähnten »stofflichen« Details. Chlebnikow hat lediglich zwei Figuren – »Kummer« und »Lachen« – in ihrem Äußeren beschrieben, und nur für sie entwirft Tatlin Kostüme, wobei er die Bühnenanweisungen des Autors genau befolgt. Das Kostüm des »Kummers« – das Brett und die Maske – beruht zudem auf Chlebnikows Zeilen »Jedes Brett werd' ich verstehn/als Zarentochter Trauer!« (die Aufschrift auf dem Entwurf ist ein ungenaues Zitat) und »Wie eines blauen Falters Flügel/auf dem Stein/sind von schwarzer Träne/die Augen mir umflort.« Der Text wurde offenbar keiner wesentlichen Kürzung unterzogen. Diese Fakten sprechen dafür, daß die Bühneninterpretation des Textes der

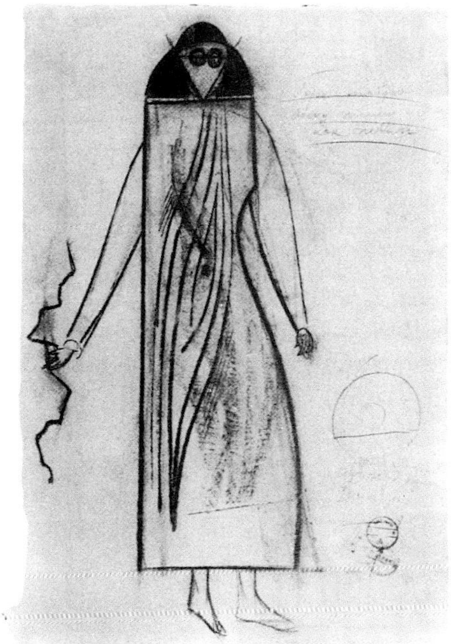

»Kummer« (Kostümentwurf für »Sangesi«). 1923

«Горе» (эскиз костюма к «Зангези»). 1923

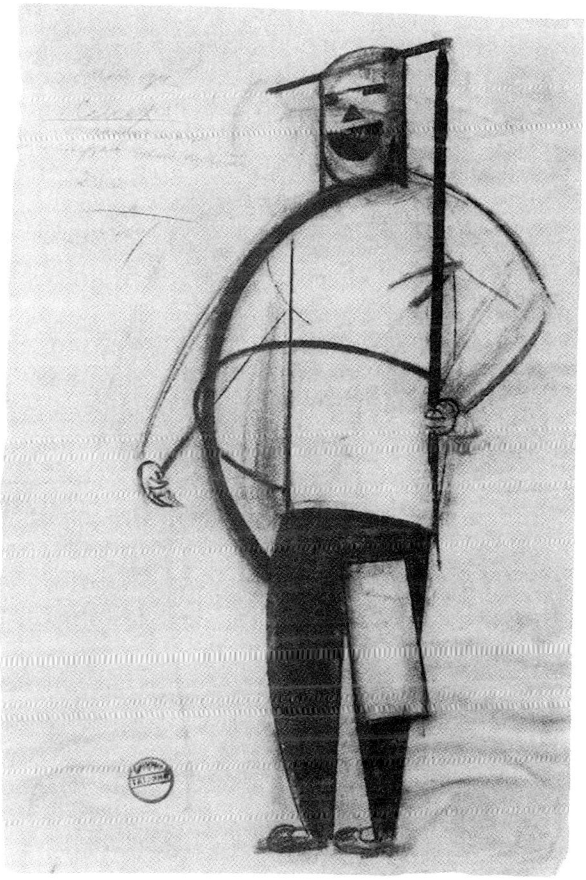

»Lachen« (Kostümentwurf für »Sangesi«). 1923

«Смех» (эскиз костюма к «Зангези»). 1923

Idee des Verfassers so adäquat wie nur möglich sein sollte, was auch andere uns
bekannte Quellen bestätigen. Die auf den erhaltenen Photographien und ande- 160
ren bildlichen Wiedergaben erkennbare Bühnenkonstruktion ist stufenförmig 161
in der Vertikalen angelegt. Zum Teil ist diese Lösung durch die Raumverhältnisse im Saal des Museums für Künstlerische Kultur bedingt – er war nicht für Theateraufführungen konzipiert. Tatlins Streben nach maximaler Textnähe erlaubt uns jedoch, die Bühnenkonstruktion als verdinglichte Metapher zu betrachten: als »Podium für die Leiter der Denker«, wobei der »Denker« ein Künstler und Gelehrter ist, berufen zur »Kunst der Zukunft« (Chlebnikow).

Es gab Gründe, die Tatlin dazu berechtigten, die Rolle von Chlebnikows Alter ego – Sangesi – zu übernehmen und in seinem Namen zu sprechen. Der Impuls aus der Bekanntschaft mit dem Dichter und das intensive Erleben seiner Werke begleiteten Tatlin sein Leben lang, wie Forscher und Zeitgenossen in ihren Erinnerungen wiederholt berichteten. Die Arbeiten zwischen 1910 und 1930 – von den Materialkombinationen bis zum Letatlin – entstanden entweder unter der Einwirkung von Chlebnikows Ideen oder wurden später von Tatlin als diesen verwandt begriffen. Die gedankliche Übereinstimmung der beiden Meister zeigt sich in vielen Aspekten ihres Werkes. Jener kulturelle Kontext der russischen Avantgarde, innerhalb dessen sich das »Denken der Materialform« herauskristallisierte, entstand in beträchtlichem Maße unter Chlebnikows Einfluß. Tatlin entwickelte sein bildnerisches System im Fahrwasser der von vielen Künstlern und Dichtern geteilten Bestrebungen nach neuen Gestaltungsmöglichkeiten.

Die innere Logik in Tatlins Entwicklung führte ihn von den Gemälden der Jahre 1911–1913, die vom scharfen Bewußtsein der Farbe als materieller Grundlage der Malerei durchdrungen sind, zur Hervorhebung des Materials als Grundelement, zu den Materialkombinationen des Jahres 1914 und später zu den Konterreliefs. In der bildenden Kunst gab es nichts diesem Konzept Analoges. Tatlin war in dieser Hinsicht ein Einzelgänger unter den Künstlern; dafür hielt er Chlebnikow für seinen Verbündeten – in dessen Erforschung der Sprache als Material der Literatur sah er eine Entsprechung zu seiner eigenen Arbeit. Eingedenk der von der russischen Avantgarde vielfältig variierten These von der »Analogie der Wege, die zum Verstehen der künstlerischen Wahrheit in Malerei und Dichtung führen« (Majakowski, 1912), läßt sich sagen, daß Tatlins Selbstbewußtsein als Führer einer neuen Kunst dem Gedanken an die von ihm und Chlebnikow angestoßene Neuerungsbewegung in der Kultur entsprang. Als Beweggrund für die Realisierung von »Sangesi« formulierte Tatlin die These: »[Chlebnikow] betrachtet das Wort als plastisches Material. [...] Diese Einstellung machte es mir möglich, die Inszenierung durchzuführen.« 1916 schrieb Chlebnikow ein Tatlin gewidmetes Gedicht, in dem zwei Zeilen die künstlerische Entwicklung Tatlins erstaunlich genau voraussagen: »So unerhört und seherisch/macht sein Pinsel Dinge aus Blech.« In diesen Zeilen finden Tatlins

Konterreliefs eine doppelte Bewertung: »unerhört« meint ihre Beziehung zu Vergangenheit und Gegenwart, während sie »seherisch« sind, wenn sie aus der konkreten, in Chlebnikows Werken modellierten Zukunft betrachtet werden. Für den Dichter steht ein Ding, das nicht in das System des idealen Weltenbaus einbezogen ist und kein Modell der Einstellung des »Zukunftsschöpfers« zur Welt abgibt, letztlich im Widerspruch zum Menschen. In den Konterreliefs sah Chlebnikow ein fruchtbares künstlerisches Konzept, das Zeichen für eine mögliche Lösung des Antagonismus zwischen Mensch und Dingwelt, für den »Sieg« über die Dinge; daher die »seherischen« Dinge. (Man vergleiche Tatlin 1923: »Zur Klärung der Unterschiede muß man das Ding unter dem Aspekt der Materialkultur mit dem Ding in der negativen Bedeutung vergleichen.«) Ebendeshalb nahm Chlebnikow Tatlin in die »Gilde der Sonnenfänger« auf. Leitmotiv des Gedichtes ist das Thema von Vernunft und Chaos; der gezielte schöpferische Wille des Künstlers und »Zukünftlers« besiegt das Chaos (»hat er mit Todeshand/zum geschmiedeten Hufeisen gebunden«). Dem entspricht das Hauptthema in »Sangesi«. Die Kollision zwischen den »verstummten Blinden« und den »Sonnenfängern« wiederholt sich im Verhältnis Sangesis zur Menge, ist aber hier schon von Tragik erfüllt. In dem Metapoem bleiben die »Blinden« blind, sind jedoch nicht »verstummt«. Mit seinem Gedicht erkannte Chlebnikow Tatlin als Gesinnungsbruder an.

Tatlins letzte große Arbeit vor der »Sangesi«-Inszenierung war das Denkmal der Dritten Internationale (1919/20). Diesen Namen erhielt das Werk bekanntlich im Laufe der Arbeit; ursprünglich war ein Denkmal für die Oktoberrevolution geplant gewesen. Sofja Dymschiz-Tolstaja erinnert sich an Chlebnikows Vorschlag, Tatlin solle Vorsitzender der Abteilung Bildende Künste in der geplanten Regierung der Vorsitzenden des Erdballs werden (1917). Die Umwandlung des Namens und die Hervorhebung der Internationalen als bestimmender Idee hängt zweifellos mit Chlebnikow zusammen. Der Turm sollte offenbar Sitz der künftigen Regierung werden.

Die Materialkombinationen und Konterreliefs zerstörten zwar die traditionelle Sicht der Morphologie der Kunst, blieben aber in ihrer realen Funktion weiterhin Museumsgegenstände. Das Denkmalprojekt sollte die aktive Wechselbeziehung von Kunst und Leben demonstrieren. In der Auffassung der Kunst als Projekt des Lebens zeigte sich die geistige Übereinstimmung des Dichters und des Künstlers. Daß Tatlin die Mahnmalfunktion von einem »toten« Denkmal auf das lebendige Bewußtsein der in diesem Gebäude arbeitenden Menschen übertragen wollte, entsprach Chlebnikows Vorstellung von den Menschen der Zukunft als »Zukunftsschöpfern«. Mit dem Denkmalprojekt formulierte Tatlin seinen Standpunkt nicht nur hinsichtlich der Kunst der Zukunft, sondern auch hinsichtlich des künftigen Weltenbaus. Der in ihm verkörperte Traum steht im Einklang mit den Texten »Lebedija der Zukunft«, »Stadt der Zukunft« und anderen futurologischen Werken Chlebnikows. Sie

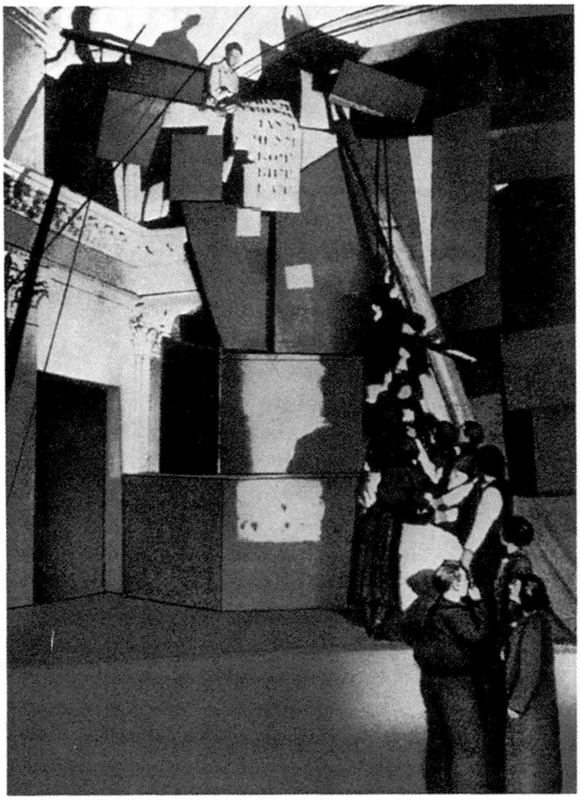

Szene aus »Sangesi«.
9. Mai 1923

Сцена из спектакля
«Зангези». 9 мая 1923

schildern jene Welt, in der das Denkmal eine natürliche Daseinsberechtigung findet.

1922 organisierte Tatlin im Museum für Künstlerische Kultur eine Gedächtnisausstellung für Chlebnikow. In einem Brief an Pjotr Miturits ch bezeichnet er den Tod Chlebnikows als das »wichtigste Ereignis, das uns in dieser ganzen Zeit getroffen hat«. Das oben Gesagte läßt uns nun bei der Betrachtung des von Tatlin inszenierten Stücks die Akzente genauer setzen.

Tatlin notierte: »Die Inszenierung von ›Sangesi‹ folgt dem Prinzip ›Das Wort ist eine Baueinheit, das Material ist die Baueinheit des organisierten Raumes‹« und: »parallel zum Wortgebäude soll eine Materialkonstruktion eingeführt werden«. Die originelle Idee, das Stück in der Formgebung parallel zum Text zu inszenieren, beruht auf Tatlins und Chlebnikows gemeinsamem Verständnis der Formgebung als Konstruieren aus Elementen, die zwar aus verschiedenartigem Material bestehen, jedoch zusammenwirken (»verschiedenfarbige Blöcke des Wortes verschiedener Struktur« bei Chlebnikow). Tatlins Materialkonstruktion ist das Ergebnis der konsequenten Entwicklung dieser Idee, sie ist die materialisierte Geschichte des Weges, den ihr Autor in der Kunst gegangen ist: von den »Elementen der materiellen Kultur« über die »Verbindung verschiedener Materialien« zur »Materialkonstruktion«. Die Einführung der materiellen Kultur erhielt so einen symbolischen Sinn. Ihr Zusammenspiel mit Chlebnikows Text stellte das Endergebnis langjähriger gleichgerichteter künstlerischer Bestrebungen dar (»Sangesi« war in Tatlins Urteil die »Vollendung des Chlebnikowschen Schaffens«). Als Kostüm des Sangesi diente Tatlin deshalb der Arbeitsoverall, in dem er vor dem Modell des Denkmals der Dritten Internationale photographiert wurde. Die »Metaaufgabe« der Inszenierung lautete in Tatlins Formulierung: »Chlebnikows Werk den Massen zugänglich machen.«

Die Kritik reagierte (mit Ausnahme Punins) negativ auf die Aufführung. Bemerkenswert ist der einhellige Vorwurf, dem Stück fehle die Bühnenwirkung. Es ist von prinzipieller Bedeutung, daß Tatlin auf alle Mittel verzichtete, die seine Inszenierung in ein Spektakel hätten verwandeln können. Der in Punins Rezension erwähnte Wunsch, »die Zuschauer nicht vom Poem selbst abzulenken und den Sinn nicht zu verdunkeln«, war das Motiv für den Einsatz von Laiendarstellern, den Verzicht auf Maske und Kostüme usw. Das Stück sollte ein lebenaufbauender Akt werden, in dem die Hauptrolle den Zuschauern zugedacht war. Der Bühnen- und der Zuschauerraum standen ohne Vorhang und Kulissen miteinander in Verbindung. Auf diese Weise befanden sich die

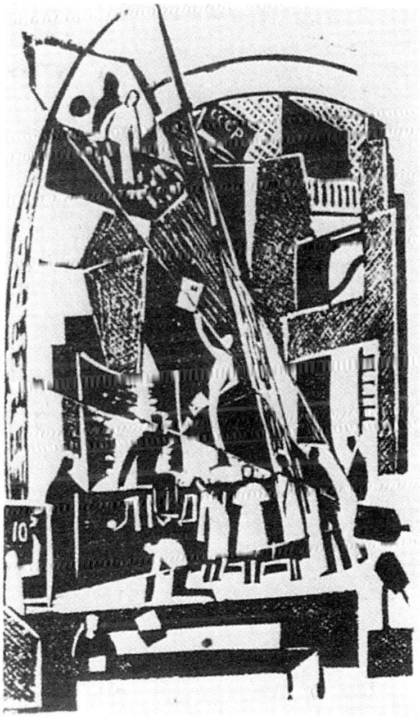

Nikolai Lapschin. Illustration zu Punins Artikel »Über Sangesi«. 1923

Николай Лапшин. Иллюстрация к статье Пунина «О Зангези». 1923

Zuschauer am Fuß der »Leiter der Denker«, auf deren unterster Sprosse Texterklärer-Lektoren Platz nahmen; weiter oben standen Sangesis Schüler, ganz oben auf der »Leiter« agierte der vom Scheinwerfer angestrahlte Protagonist. »Alles, was Sangesi sagt, ist der Lichtstrahl, der sich langsam von oben, vom Denker herab, zu der nichts begreifenden Menge hinbewegt« (Tatlin). Die Inszenierung sah zwei parallele Handlungen mit gegensätzlicher Lösung des Konflikts vor. Das Verständnis, das die Zuschauer für Chlebnikows und Tatlins Ideen aufbringen würden, sollte die Antithese zur Gleichgültigkeit bilden, mit der die Darsteller in dem Metapoem Sangesis Predigten aufnehmen. Der Appell an die Zeitgenossen wurde noch durch die Aufschrift »UdSSR« auf der Bühnenkonstruktion unterstrichen. Gerade weil er sein Werk als Beitrag zum Aufbau des neuen Lebens verstand, empfand Chlebnikow den ewigen Konflikt zwischen dem Dichter und der Menge besonders tragisch: »Und mit Entsetzen begriff ich,/daß ich für niemanden sichtbar bin,/daß man Augen säen muß,/daß der Augen-Sämann gehen muß.« Diese Mission nahm Tatlin auf sich. Er wollte den Konflikt zwischen dem »Sonnenfänger« und den »Blinden«, zwischen den »Erfindern« und den »Erwerbern« »zukünftlerisch« lösen: durch die Verwandlung der Zeitgenossen in »Zukunftsschöpfer«. Dies sollte durch neuartige Methoden bei der Inszenierung und der Gestaltung des Bühnenraums erreicht werden, die Tatlin folgendermaßen zusammenfaßte: »Aufführung + Lesung + Ausstellung von Materialkonstruktionen«. Die Hauptrolle in dem Stück übernahm Tatlin, um damit symbolisch seine Verbundenheit und Solidarität mit Chlebnikows Ideen zu bekunden. Die Losung »Weder alt noch neu, nur nützlich soll es sein«, die Tatlin 1923 aufgestellt hatte, läßt sich bei etwas weiterer Interpretation auch auf die Inszenierung von »Sangesi« anwenden. So betrachtet, fügt sich das Stück organisch in den Kontext von Tatlins Schaffen in den zwanziger Jahren ein, das gekennzeichnet ist von Werken wie dem Denkmal der Dritten Internationale, Entwürfen für Kleidung und Gebrauchsgegenstände und dem Letatlin.

Übersetzung aus dem Russischen: Annelore Nitschke.

Alexandr Parnis

Die Kiewer Episoden in Tatlins Theaterbiographie

In Tatlins Theaterarbeit gab es nach Meinung der Forscher eine mehr als zehn Jahre dauernde Pause. Zwischen der experimentellen Inszenierung von Chlebnikows »Sangesi« (1923) und Ostrowskis »Komödianten des 17. Jahrhunderts« (1935) arbeitete Tatlin 1925 für die Aufführung des Stücks »Cromedeyre-le-vieil« (nach Jules Romains) im Leningrader Großen Dramatischen Theater, doch besitzen wir dazu praktisch keine Informationen. 1926 war Tatlin aber, wie wir inzwischen feststellen konnten, an zwei weiteren Aufführungen beteiligt, und zwar am Kiewer Jugendtheater (TJuS), worüber früher nichts bekannt war.[1]

Über diese Theaterarbeit schreibt Tatlin – sehr vage und ohne die Stücke zu nennen – in seinem Brief vom 1. April 1927 an den Rektor der Moskauer Wchutemas, Pawel Iwanowitsch Nowizki: »Im Theater habe ich als Bühnen- und Kostümbildner gearbeitet, kenne mich aber auch in der Bühnentechnik aus, ich war in dieser Zeit an den technischen Arbeiten für mehrere Bühnenbilder beteiligt. Am Kiewer Institut habe ich außerdem auch ›formanalytische Übungen (Raum)‹ geleitet.«[2]

1939 erinnerte sich Tatlin in einem Vortrag an diese Inszenierungen, ohne die Titel der Stücke zu nennen: »Ich erinnere mich, daß ich 1926 in Kiew zum erstenmal mit der Arbeit an einem Kindertheater in Berührung kam; ich inszenierte ein Märchen von Hoffmann – welches, weiß ich nicht mehr. Die Arbeit am Kindertheater verschaffte mir große künstlerische Befriedigung. Ich erinnere mich, daß ich eine Lösung für das Stück suchte, die für Kinder verständlich wäre, ohne an Eindringlichkeit der Bilder und Situationen zu verlieren. Das erwies sich als sehr schwierig und kompliziert und verlangte viel Zeit, Sitzfleisch und konsequentes Arbeiten.«[3]

Wir wollen versuchen, diese Aufführungen zu rekonstruieren und die »weißen Flecken« in Tatlins Theaterbiographie auszufüllen. 1925 hatte I. Wrona, Kunsthistoriker und Rektor der Kiewer Kunsthochschule, Tatlin berufen, die Sektion Theater-, Film- und Photokunst als Professor zu leiten. Tatlin übte dieses Amt etwa zwei Jahre aus.[4] Das praktische Ergebnis seiner Lehrtätigkeit war die Teilnahme seiner Studenten (und seines Assistenten N. A. Trjaskin) an der Gesamtukrainischen Jubiläumsausstellung im November 1927, wo viele ihrer Arbeiten – Maquetten und Entwürfe für Theater- und Filminszenierungen – präsentiert wurden.[5] Die meisten seiner Studenten wurden später bekannte Bühnenbildner. Tatlins Kiewer Zeit fiel mit der Entstehung des neuen Theaters zusammen. Ende 1924 hatten junge Theaterenthusiasten das Jugendtheater organisiert. Sie versuchten, eine neue künstlerische Richtung zu finden, die Thematik zu erweitern und ein neues Theater mit einem modernen Repertoire zu schaffen. Tatlin, der Erfahrung mit der Theaterarbeit hatte und an der Hochschule mit dem Theaternachwuchs arbeitete, beteiligte sich sofort an diesem Unternehmen und wurde praktisch zu einem der Begründer des ukrainischen Kindertheaters.

Doch vor dem »Hoffmannstück«, das er später erwähnte, hatte Tatlin an einer anderen Aufführung mitgewirkt, an einem Stück des jungen ukrainischen Schriftstellers Wladimir Senonowitsch Gschizki, »Im Morgengrauen« (»Den Sternen nach«). Die Premiere (in ukrainischer Sprache) fand am 28. Februar (geschlossene Vorstellung) beziehungsweise am 1. März 1926 (offizielle Premiere) im Kiewer Jugendtheater statt. Die Inszenierung besorgte I. S. Dejewa, die Textbearbeitung der Regisseur und »Beresilez« Je. Kapli-Jaworowski, die Choreographie Wasjutin, und die Musik stammte von dem jungen Komponisten I. A. Wilenski. An der Ausstattung des Stücks nahm außer Tatlin sein Freund, der Maler und Bildhauer Jewgeni Jakowlewitsch Sagaidatschny, teil. Beide hatten zum Petersburger »Bund der Jugend« gehört und an Ausstellungen neuer Kunst teilgenommen.

Einer der Organisatoren des Kiewer Jugendtheaters, der Schauspieler und Regisseur A. I. Solomarski, erinnerte sich in einem Brief, den er mir schrieb: »Amwrossi Butschma nahm an der Inszenierung des Stückes ›Im Morgengrauen‹ teil. Einmal kam er mit dem Künstler W. Tatlin zur Probe. Butschma erzählte uns sehr lebhaft, interessant und anschaulich vom einmaligen Karpatengebirge. [...] Plötzlich sagte Tatlin, der mit den Schauspielern zusammen A. B. aufmerksam zugehört hatte, laut: ›Eisen, Eisen‹ und verließ eilends den Probenraum. [...] Bald darauf brachte Tatlin die Maquette für ›Im Morgengrauen‹ ins Theater. Die Karpaten waren bei ihm aus schwarzem Eisenblech gemacht: ›Nur diese Faktur vermag bei entsprechender Beleuchtung das leuchtende Bild der herrlichen Karpaten wiederzugeben.‹ [...] A. B. nahm die Maquette: ›Die Karpaten aus Eisen – versuchen wir's mal, das hat was für sich, das ist gut!‹ [...] Mit Tatlin arbeitete der Künstler Sagaidatschny zusammen, an den ich mich nur schwach erinnere, ich habe ihn später aus den Augen verloren. Die beiden tüftelten lange mit dem Beleuchter des Theaters, A. Rschanizyn, an der Beleuchtung herum. Endlich schimmerten die Berge. Die Schauspieler rutschten freilich diese Berge herunter und stürzten in den Abgrund, und dabei dröhnte und polterte das Eisen auf der Bühne. Aber der Bühnenbildner Tatlin triumphierte: ›Das ist genau das, was ich erreichen wollte, das ist der wahre Atem, das wahre Leben der Karpaten.‹ Die Kostüme waren leuchtendbunt wie die Tracht der Huzulen. Die Bühne war bescheiden, vom Zuschauerraum aus sah man verschieden hohe, mit Eisen verkleidete Gestelle, sie waren in zwei Ebenen angeordnet und

1,5–2 Meter hoch. Das Stück wurde ein Erfolg [...]. Diese eigenwillige Faktur erlangte in der Künstlerwelt offenbar Beliebtheit; denn nach ›Im Morgengrauen‹ verwendete ein anderer Bühnenbildner, Walentin Schkljajew, die Faktur ›Weißblech‹ für die Darstellung des Flusses in dem Stück ›Ho‹ von Ja. Mamontow an unserem Theater. Hier liegt eine Ähnlichkeit in der Faktur vor.«[6]

Gschizkis Stück war von dem heroisch-romantischen Pathos getragen, das für jene Zeit typisch war. Die Handlung spielt in Ostgalizien; Aufständische versammeln sich unter roten Bannern in den Bergen. Der Knabe Jurko hört, wie sich sein Vater mit dem Nachbarn darüber unterhält, daß sich in den Bergen rote Sterne versammeln und daß mit ihnen die Freiheit kommen wird. Jurko faßt das symbolisch gemeinte Wort »Sterne« wörtlich auf. Er sammelt die Kinder um sich und geht mit ihnen in die Berge, um die Sterne aufzustöbern und den Menschen zu Freiheit und Glück zu verhelfen.

Dieses Stück, das zuvor (1924) am Charkower Jugendtheater aufgeführt worden war, hatte auch beim Kiewer Publikum großen Erfolg und wurde lange gespielt. Wie Tatlin (gemeinsam mit Sagaidatschny) das Stück konkret ausstattete, ist schwer zu sagen; weder die Maquette noch die Kostümentwürfe sind erhalten. Auch die einzige von uns ausfindig gemachte Photographie, die eine Szene im zweiten Akt festhält, kann uns fast keine Vorstellung davon geben.[7] Aus den Rezensionen über die Aufführung geht ebenfalls kaum etwas hervor. In einer Zeitung hieß es, Tatlins Bühnenbild sei wunderschön[8], und in einer anderen: »Die abstrakten Prinzipien von Tatlins Dekorationen sind dem kindlichen Publikum unverständlich – sie sollten klarer, konkreter und enger mit dem allgemeinen Stil des Theaters verbunden sein.«[9]

Daß Tatlin dem Bühnenbild »eiserne« Konstruktionen zugrunde legte, spricht davon, daß er mit denselben Prinzipien des Bühnenkonstruktivismus arbeitete, die er drei Jahre zuvor in seiner Inszenierung von »Sangesi« verwirklicht hatte. Dieselben Ideen entwickelte er auch in seinen Vorlesungen an der Kunsthochschule. In dieser Zeit versuchte er auch, wie seine damalige Frau, die Bildhauerin M. P. Cholodnaja, und die Regisseurin A. Begitschewa berichten, in Kiew seine Petersburger »Sangesi«-Inszenierung zu wiederholen, und hätte dafür gern den bekannten ukrainischen Regisseur Les Kurbas gewonnen, der das »Beresil« leitete.[10] Für die Ausstattung des Stücks »Im Morgengrauen« verwendete Tatlin eiserne Materialkonstruktionen, deren Ahnenreihe bis ins Jahr 1914 zurückgeht, als er mit seinen Konterreliefs aus Eisen, Holz und Glas begann – Majakowski nannte sie nicht ohne Ironie eine »Verhunzung von schönem Blech und Eisen«[11]. Tatlin war, wie sein Assistent Trjaskin in einem Gespräch mitteilte, der Ansicht, daß die Bühnendekorationen aus echten Materialien geschaffen werden sollten, daß man eine »neue Faktur« verwenden müsse, zum Beispiel Ziegel. Interessanterweise wollte Trjaskin Tatlin von den Eisenbergen abbringen und mußte deshalb auf die Teilnahme an diesem Stück verzichten.[12] Die Inszenierung von »Im Morgengrauen« erhielt insgesamt gute

Kritiken. Derselbe Rezensent, der Tatlins Ausstattung als unverständlich bezeichnet hatte, schrieb, Dejewa habe bei ihrer Regiearbeit »dem Stück einen guten Rhythmus abgerungen und die Elemente zu einem Ganzen zusammengefügt«[13].

Das zweite Stück, das Tatlin am Jugendtheater zur Aufführung brachte und das ihm nach seinen eigenen Worten »große künstlerische Befriedigung« verschaffte, war kein »Märchen von Hoffmann«, sondern »Bum und Jule«, ein Stück des Dramatikers N. G. Schkljar (1876–1952) nach Motiven von Hans Christian Andersen. Diese Märchensatire von den umherziehenden Musikanten und dem herzensguten König wurde 1910 geschrieben und 1911 uraufgeführt; viele Theater nahmen sie in ihr Repertoire auf. Da es noch keine neuen Stücke für Kindertheater gab, ging »Bum und Jule« nach der Revolution natürlich in das Repertoire der Jugendtheater ein. Außer im Kiewer Jugendtheater wurde das Stück auch in Charkow gespielt. Die Kiewer Premiere fand am 3. April 1926 statt; Regie führte Wladimir Platonowitsch Koschitsch, Wilenski hatte die Musik komponiert, und an der Bühnenausstattung hatte außer Tatlin auch Sagaidatschny mitgearbeitet.[14]

Schkljars Märchenstück in drei Akten wurde umgedeutet und mit einem aktuellen gesellschaftlichen Inhalt erfüllt. Die Helden des Märchens, die Straßenmusikanten Bum und Jule, sind arme Kinder, die keine Familie und kein Obdach mehr haben. Nach mancherlei Prüfungen kehren sie gewissermaßen zu sich selbst zurück, zu ihrer Vorstellung vom Glück, zu dem vor allem Freiheit gehört – die Freiheit der Wahl und des Handelns.

Wie aus der Rezension hervorgeht, wurde das Stück, an dem Tatlin nach eigenen Worten »lange und mühevoll« gearbeitet hatte, im Stil der Groteske realisiert. Nach der Kritik an »Im Morgengrauen« wollte Tatlin die Ausstattung »für Kinder verständlich« machen, »ohne die Eindringlichkeit der Bilder und Situationen zu verlieren«. Der Rezensent schrieb: »Am schwierigsten war es, eine Form der Groteske zu finden, in der das Märchenhafte nicht verlorenginge und die der heutigen Vorstellung der Kinder von Königen, Höflingen und Dienern entspräche. Zur Lösung dieser Aufgabe trugen in vielem die Kostüme nach den Entwürfen [der Künstler] bei. Diese aus billigem Stoff genähten Kostüme, die zum Teil (die besten Kostüme) aus einem scheinbar nicht angemessenen Material gefertigt sind, wie normales Bastgewebe, haben einen wunderschönen Effekt. Tatlins Bühnenbild überzeugt im ersten Akt wenig [...]. Das Bühnenbild des ersten Aktes ist nicht auf die Inszenierung abgestimmt, mit Ausnahme des Moments, wo die alte Frau aus der Höhle herauskommt. Insgesamt gerechtfertigt ist das Bühnenbild des zweiten Aktes vom Standpunkt der Funktionalität und der Farbkombination aus. Der dritte Akt ist unter diesem Aspekt etwas schlechter.«[15]

Tatlin versuchte auch an anderen Inszenierungen von Kiewer Theatern teilzunehmen. Les Kurbas hatte ihn, wie sich A. Begitschewa erinnert, gebeten, »Yves de Trouhadec« (nach Jules Romains) auszustatten, doch die Inszenierung kam nicht zustande. Begitschewa berichtet auch, daß Tatlin im November 1926 in ihrer Inszenierung der »Haidamaken« (nach dem Poem von Taras Schewtschenko) in der Kiewer Artillerieschule mitgewirkt und im Prolog und Epilog Kosakenlieder gesungen habe.[16]

Die ersten Aufführungen des Kiewer Jugendtheaters, an denen Tatlin teilnahm, waren nach A. I. Solomarski »eindrucksvolle Seiten«[17] in der Entstehungsgeschichte des ukrainischen Kindertheaters, was natürlich auch Tatlins Verdienst war.

Wir wissen, daß Tatlin in Kiew neben seiner Lehr- und Theatertätigkeit auch Buch- und Zeitschriftengraphik machte. Er gestaltete den Einband für eine
193 Anthologie ukrainischer Lyrik, »Begegnung am Scheideweg« (»Zustrjič na perehrestji«, 1926), wobei sein Name kompositorisch neben denen der Dichter – Michail Semenko, Geo Schkurupi und Mikola Baschan – als der eines gleichberechtigten Mitverfassers erscheint. Es gelang uns auch, zwei weitere früher unbekannte Zeichnungen zu entdecken; sie wurden in der Kiewer Zeitschrift »Kino« gedruckt, an der Tatlin seit 1927 mitarbeitete. Die Zeichnungen sind nicht signiert, doch Tatlins Name erscheint in der Liste der Künstler, die die Zeitschrift graphisch gestalteten. Die stilistischen Besonderheiten dieser Zeichnungen lassen keinen Zweifel daran, daß sie von Tatlin stammen. Die erste Zeich-
168 nung ist eine Art Collage zu Juri Iwanowitsch Janowskis Essay »Des Meisters Geschichte« (erschienen unter dem Pseudonym Jurtschenko) über Alexandr Petrowitsch Dowschenkos ersten Film, »Die Tasche des diplomatischen Kuriers« (»Kino«, 1927, Nr. 5). In der Zeichnung fehlt interessanterweise im ukrainischen Titel »Sumka dipkur'era« das Weichheitszeichen – bei einem Künstler, für den das Ukrainische nicht Muttersprache ist, ein verzeihlicher Fehler. Und gerade dieser Fehler kann als indirekter Beweis für Tatlins Urheberschaft gelten. Die »Collage« zeigt eine Überschneidung diagonal angeordneter Filmbilder und der winklig zueinander stehenden Wörter des Filmtitels. Im Zentrum sieht man eine auf den Kopf gestellte Filmaufnahme: zwei miteinander kämpfende Figuren, worin sich das Hauptmotiv des Films ausdrückt. Der Film handelt vom Tod des diplomatischen Kuriers T. Nette. Hier begegnet Tatlin, der 1912 als erster Majakowski illustriert hatte, also gleichsam seinem Freund und Mitstreiter wieder, dem Verfasser des Gedichtes »Genosse Nette – Dampfer und Mensch«.

168 Die zweite Zeichnung, auf der Umschlagrückseite des neunten Heftes der Zeitschrift »Kino« (Mai 1927), ist eine Illustration zu dem Film »Borislaw lacht« (nach der gleichnamigen Erzählung von Iwan Jakowlewitsch Franko). Sie zeigt ebenfalls die Überlagerung verschiedener Ebenen und das Spiel der Buchstaben, die den Filmtitel bilden. Die Komposition dieser Zeichnung erinnert an den Einband der Anthologie »Begegnung am Scheideweg«; der Stil ist ganz ähnlich. Sehr vieles spricht dafür, Tatlin als Urheber dieser wie auch der oben beschriebenen Arbeit anzusehen. Tatlins Name scheint zwar das ganze Jahr

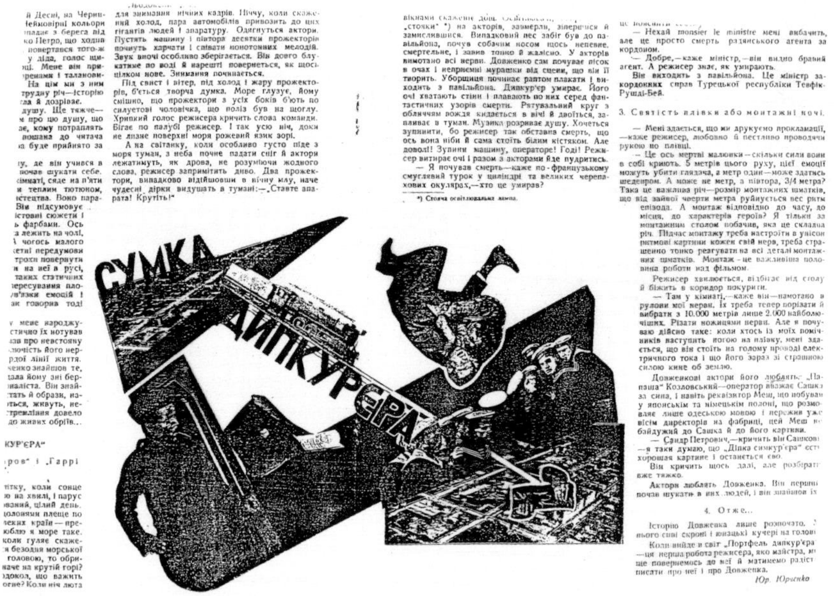

…для зимання нічних кадрів. Ніччу, коли скажений холод, пара автомобілів привозить до цих гігантів людей і апаратуру. Одягнуться актори. Пустять машину і півтора десятки прожекторів почнуть харчати і співати монотонних мелодій. Звук вночі особливо зберігається. Він довго блукатиме по воді й нарешті повернеться, як щось цілком нове. Знимання починається.

Під свист і вітер, під холод і жару прожекторів, б'ється творча думка. Море глузує, йому смішно, що прожектори з усіх боків б'ють по силуетові чоловічка, що поліз був на щоглу. Хрипкий голос режисера кричить слова команди. Бігає по палубі режисер. І так усю ніч, доки не лизне поверхні моря рожевий язик зорі.

А на світанку, коли особливо густо піде з моря туман, з неба почне падати сніг й актори лежатимуть, як дрова, не розуміючи жодного слова, режисер запримітить диво. Два прожектори, випадково відійшовши в вічну млу, наче чудесні дірки видушать в тумані:—„Ставте апарата! Крутіть!"

…вікнами скажене дощ. Освітлювачі… „стояки" *) на акторів, завмерли, зіпершися й замислившися. Випадковий пес забіг був до павільйона, почув собачим носом щось непевне, смертельне, і завив тонко й жалісно. У акторів вимотано всі нерви. Довженко сам почуває пісок в очах і неприємні мурашки від сцени, що він її творить. Уборщиця починає раптом плакати і виходить з павільйона. Дипкур'єр умирає. Його очі хватають стіни і плавають по них серед фантастичних узорів смерти. Рятувальний круг з обличчям вождя кидається в вічі й двоїться, запливає в туман. Музика розриває душу. Хочеться зупинити, бо режисер так обставив смерть, що ось вона ніби й сама стоїть білим кістяком. Але доволі! Зупини машину, операторе! Годі! Режисер витирає очі і разом з акторами йде пудритись.

— Я почував смерть—каже по-французькому смуглявий турок у циліндрі та великих черепахових окулярах,—хто це умирав?

*) Стояча освітлювальна лампа.

це пояснити…

— Нехай monsier le ministre мені вибачить, але це просто смерть радянського агента за кордоном.

— Добре,—каже міністр,—він видно бравий агент. А режисер знає, як умирають.

Він виходить з павільйона. Це міністр закордонних справ Турецької республіки Тевфік-Рушді-Бей.

3. Святість плівки або монтажні ночі.

— Мені здається, що ми друкуємо прокламації, —каже режисер, любовно й пестливо проводячи рукою по плівці.

— Це ось мертві малюнки—скільки сили вони в собі криють. 5 метрів цього руху, цієї емоції можуть убити глядача, а метр один—може здатись шедевром. А може не метр, а півтора, 3/4 метра? Така це важлива річ—розмір монтажних шматків, що від зайвої чверти метра руйнується вес ритм епізода. А монтаж відповідно до часу, до місця, до характерів героїв? Я тільки за монтажним столом побачив, яка це складна річ. Підчас монтажу треба настроїти в унісон ритмові картини кожен свій нерв, треба страшенно тонко реагувати на всі деталі монтажних шматків. Монтаж—це важливіша половина роботи над фільмом.

Режисер хвилюється, відбігає від столу й біжить в коридор покурити.

— Там у кімнаті,—каже він—намотано в рулони мої нерви. Їх треба тепер порізати й вибрати з 10.000 метрів лише 2.000 найболючіших. Різати ножицями нерви. Але я почуваю дійсно таке: коли хтось із моїх помічників наступить ногою на плівку, мені здається, що він стоїть на голому проводі електричного тока і що його зараз зі страшною силою кине об землю.

Довженкові актори його люблять. „Папаша" Козловський—оператор вважає Сашка за сина, і навіть реквізитор Меш, що побував у японськім та німецькім полоні, що розмовляє лише одеською мовою і пережив уже вісім директорів на фабриці, цей Меш не байдужий до Сашка й до його картини.

— Сандр Петрович,—кричить він Сашкові —я таки думаю, що „Діпка симкур'єра" есть хорошая картине і останеться єво.

Він кричить щось далі, але розбирати вже тяжко.

Актори люблять Довженка. Він перший почав шукати в них людей, і він знайшов їх

4. Отже…

Історію Довженка лише розпочато. … нього сиві скроні і юнацькі кучері на голові

Коли вийде в світ „Портфель дипкур'єра" —ця перша робота режисера, яко майстра, ми ще повернемось до неї й матимемо радість писати про неї і про Довженка.

Юр. Юренко

Collage zu einem Essay von Ju. Janowski über A. Dowschenkos Film »Die Tasche des diplomatischen Kuriers«. 1927

Коллаж к очерку Ю. Яновского о фильме А. Довженко «Сумка дипкурьера». 1927

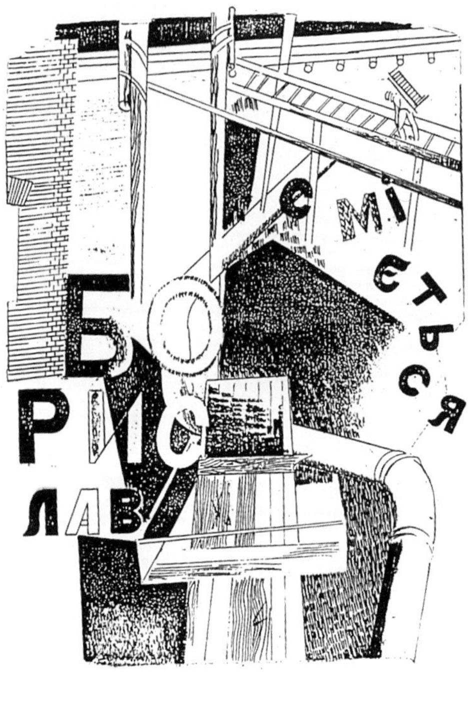

Zeichnung nach Motiven aus dem Film »Borislaw lacht«. 1927

Рисунок по мотивам фильма «Борислав смеется». 1927

1927 hindurch im Impressum der Zeitschrift auf, doch konnten wir in den übrigen Heften keine weiteren Zeichnungen von ihm finden.[18]

Diese neuentdeckten Materialien über Tatlins unbekannte Inszenierungen und seine Mitarbeit an der Zeitschrift »Kino« erlauben es uns, den Stellenwert des ukrainischen Mythos in Tatlins Werk näher zu bestimmen und festzustellen, welche Rolle der Künstler in der Geschichte der ukrainischen Kunst gespielt hat.

Anmerkungen

1 Die Information über diese Stücke, die Flora Syrkina in ihrem Aufsatz über Tatlins Bühnenschaffen anführt (in: *Tatlin.* Szerkesztette: Larisza Alekszejevna Zsadova, Budapest: Corvina, [1984], S. 163); dt. [»Das Theater Tatlins«] in: *Tatlin,* hg. v. Larissa Alexejewna Shadowa, ins Deutsche übertr. v. Hannelore Schmör-Weichenhain, Weingarten: Kunstverlag Weingarten, 1987, S. 169–196, hier S. 178 f.), wurde ihr von uns überlassen.

2 Ebd., S. 260 f.

3 Zentrales Staatliches Bachruschinmuseum für Theatergeschichte, f. 467, ed. chr. 70.

4 *Vitčizna,* Kiew, 1986, Nr. 10, S. 201.

5 *Katalog vseukrainskoï jubilejnoï vistavki «10 roki Žovtnja». 1917–1927.* Charkow–Kiew–Odessa, 1927, S. 45 f.

6 Brief von A. I. Solomarski an A. Je. Parnis vom 18. April 1978.

7 *Žizn' iskusstva,* 1927, Nr. 4, S. 8 (Szene aus dem 2. Akt).

8 *Proletars'ka pravda,* Kiew, 1926, 3. März.

9 *Kievskij proletarij,* 1926, 2. März.

10 Aus einem Gespräch des Autors mit M. P. Cholodnaja; A. Begičeva, «Komisar Narkomosu», *Vitčizna,* 1968, Nr. 2, S. 163.

11 V. Majakovskij, *Polnoe sobranie sočinenij* [Sämtliche Werke], Bd. 4, Moskau, 1957, S. 246.

12 Diese Angaben verdanke ich D. J. Gorbatschow.

13 *Kievskij proletarij,* 1926, 2. März.

14 *Visti VUCVK,* Kiew, 1926, 2. April; *Proletars'ka pravda,* 1926, 9. April.

15 *Proletars'ka pravda,* 1926, 9. April.

16 *Vitčizna,* 1968, Nr. 2, S. 164 f.

17 A. I. Solomarskij, *Šestdesjat let v teatre* [Sechzig Jahre im Theater], Kiew, 1981, S. 41.

18 Hier kann nicht ausführlich auf die Zuschreibung dieser Zeichnungen eingegangen werden. Ich hoffe, auf diese Frage noch zurückkommen zu können.

Übersetzung aus dem Russischen: Annelore Nitschke.

Nicoletta Misler

Der fliegende Matrose

In einer Beschreibung aus dem Jahre 1932, die eine merkwürdige Ähnlichkeit mit einer Geschichte von Daniil Charms hat, beschwört der Schriftsteller Issai Rachtanow dies seltsame Bild Tatlins: »Der hochgewachsene Mann auf der Bühne sprach: Berechnungen? Die Genossen Ingenieure mögen es mir nur nicht übelnehmen. Haben Sie die Krähe gefragt, nach welchen Berechnungen ihre Flügel konstruiert sind? [...] – Haben Sie sie gefragt, warum sie fliegt, fuhr der hochgewachsene Mann fort. – Nein? Es wäre unnütz. Ich war Matrose. Die Möwen flogen hinter unserem Heck. Und sie wurden nicht müde. Drei Tage lang flogen sie, und keine wurde müde. Es war Sturm, der Wind blies mit gewaltiger Stärke, was kann es ihnen ausmachen, die ehrfurchtgebietenden Vögel fliegen und ermatten nicht.«[1]

Dasselbe Bild der unermüdlich hinter dem Schiffsheck herfliegenden Seemöwe finden wir in einem Interview, das Tatlin, ebenfalls 1932, dem Schriftsteller Korneli Selinski gab: »Erweckt der Letatlin nicht den Eindruck eines ästhetisch vollendeten Werkes? Ist er nicht wie eine schwebende Möwe? Eine Möwe kann wochenlang einem Dampfer folgen, indem sie sich nur in der Luft hält.«[2]

Diese Worte scheinen zutiefst autobiographisch, und sie rufen jene doppelte Assoziation hervor, die Tatlins künstlerische Karriere durchzieht: das Segelschiff, das dem Flug der Seemöwe folgt, und die Seemöwe, die im Wind segelt wie das Schiff. Wie Tatlin im selben Interview mit Selinski hinzufügte: »Aber das Schwimmen in der Luft muß ebenso erlernt werden wie das Schwimmen im Wasser [...].«

Somit liefert uns Tatlin selbst den Schlüssel zu seinem Letatlin – dem sicherlich synthetischsten Objekt seiner künstlerischen Karriere –, indem er uns geradezu auffordert, ihn zu seiner, Tatlins, maritimen Umgebung in Beziehung zu setzen, speziell zu den Erfahrungen seiner frühen Seereisen vor den Jahren reifer Künstlerschaft. Diese Verbindung ist für das Verständnis Tatlins wichtig – des introvertierten Tatlin, der (im Gegensatz zu seinen Kollegen) mit Wort und Schriften kargt –, denn sie kann als Matrix einer ganzen Reihe maritimer Assoziationen angesehen werden. Um so mehr Grund also, den tieferen, unbewußten Kontext dieses ständigen Motivs aufzudecken zu versuchen, und wir sollten nicht nur die offensichtliche, »praktische« Erweiterung seiner Arbeit als Schiffsjunge und dann als geschickter Handwerker, etwa als Zimmermann, hervorheben. Gewiß gilt es, diese Vermutung noch zu beweisen. Jedoch beabsichtige ich nicht, hier neue biographische Daten zu präsentieren, da ich keine spezifischen Forschungen auf diesem Gebiet unternommen habe, und so oder so scheinen unsere sowjetischen Kollegen soweit wie möglich die meisten konkreten Fakten zu Tatlins Leben aufgespürt und untersucht zu haben.

Natürlich betonte auch Tatlin selbst in seinen kurzen biographischen Notizen die Bedeutung seiner Ausbildung zum Seemann. Beispielsweise versicherte er 1952/53: »Ich möchte sagen, daß mich dies, abgesehen vom Gelderwerb, auch als Künstler erzogen hat«[3] – eine Einschätzung, die auch in einer anderen Autobiographie anklingt: »Ich zeichnete auch, als ich zur See fuhr [. . .].«[4] Tatlin sagt weiter, daß er »auf verschiedenen Schiffen der Russischen Dampf- und Handelsschiffahrtsgesellschaft der Zivilflotte« gearbeitet habe, darunter das Dampfschiff »Jewgenija Oldenburgskaja« und das Segelschiff »Marija Nikolajewna«. Dies dokumentiert ein Zertifikat (jetzt im ZGALI, Moskau), das vom Kapitän der »Marija Nikolajewna« ausgestellt wurde: »Bestätigung, hiermit dem Schiffahrtsschüler Wladimir Tatlin erteilt, darüber, daß er während seiner Zeit auf See im Jahre 1904 vom 19. August bis zum 23. Oktober auf dem mir anvertrauten Schulschiff segelte.«[5]

Laut den von Larissa Shadowa in der von ihr herausgegebenen Tatlinmonographie zusammengestellten biographischen Angaben arbeitete Tatlin auf dem Segelschiff »Woronesch« und den beiden bereits erwähnten Schiffen »Jewgenija Oldenburgskaja« und »Marija Nikolajewna«. Hingegen steht in Tatlins Lebenslauf von 1929, der im dokumentarischen Teil derselben Monographie abgedruckt ist, er habe auf kleineren Segelschiffen *in* Woronesch gearbeitet. Somit sind also manche der aus verschiedenen Quellen zusammengetragenen Informationen noch immer widersprüchlich und bruchstückhaft. Den vier im ZGALI
48 aufbewahrten Photographien des Segelschiffs, auf dem Tatlin zur See fuhr, mangelt es beispielsweise an den grundlegendsten Identifikationshinweisen

Nach einer heute weit verbreiteten Annahme hat Tatlin sich seine bemerkenswerte Fähigkeit im Umgang mit Materialien während seiner Seereisen angeeignet. Margit Rowell etwa macht dieses Können in jeder – frühen oder späten – Entwicklungsphase Tatlins aus. Wir lesen, er habe den Palisanderholzgrund in
45 seinem Konterrelief von 1916 (heute in der Tretjakowgalerie, Moskau) bis zur Perfektion geschnitten und geformt und die Streben der Flügel des Letatlin seien nicht gesägt, sondern auf die entsprechende Stärke gespalten, entsprechend dem Prinzip des Schiffbaus, das Holz und daher die Fasern unversehrt zu lassen.[6] Auch Anatoli Strigaljow unterstreicht diesen Aspekt von Tatlins Begabung: »Und schließlich machte es ihm die spezifische seemännische Lebensweise zur Gewohnheit, seine persönlichen Gebrauchsgegenstände – Möbel, Werkstattausstattung, einzelne Kleidungsstücke, Werkzeuge, Bandura usw. – eigenhändig anzufertigen.«[7] Strigaljow erwähnt auch die für Tatlin prägende Bedeutung dieser frühen Jahre und sieht einen direkten Zusammenhang mit

seiner späteren künstlerischen Entwicklung. Ich habe den Eindruck, daß die Bedeutung von Tatlins Leben als Seemann noch über diese grundlegenden materiellen Tatsachen hinausgeht. Natürlich sollte dieser Aspekt seines Lebens nicht überbetont werden, aber die Annahme scheint plausibel, daß gerade die Erfahrung der Seereise an Bord eines Segelschiffs – einer Reise, die in beträchtlichem Ausmaß von den Elementen abhängt und daher ein Moment von Zufälligkeit und Abenteuer einschließt – für Tatlin von fundamentaler Bedeutung war. Es ist etwas, was an die Wanderungen der Nomaden in der Steppe erinnert. Lassen Sie mich noch einmal aus Tatlins Autobiographie zitieren: »[Ich ging] auf ferne Seereisen, um Geld zu verdienen, dies gab mir auch die Möglichkeit, Schiffe, das Meer, verschiedene fremde Länder, Menschen, Fische und Vögel zu sehen, und ich habe schon damals all dies genauestens beobachtet. Es weckte in mir verschiedene Gedanken, die ich später auch zum Teil verwirklicht habe.«[8]

In dieser Beschreibung seiner Reisen unterstreicht Tatlin das Moment der Initiation; eine fast wörtliche Entsprechung lesen wir in Pawel Filonows Erwähnung seiner eigenen frühen Reisen, bei denen er als junger Mann auf einem Schiff die Wolga hinabfuhr und sechs Monate lang zu Fuß und zu Schiff mit anderen Pilgern ins Ausland reiste: »Während dieser Zeit malte und zeichnete Filonow Bettler, Straßenkehrer, Pilger, Beduinen, Griechen, Neger, Abessinier, Juden, Türken, Zigeuner, Bauern, Fischer, Wolgatreidler, Greise, Mädchen, Kinder und Landschaften.«[9]

Nicht von ungefähr besaßen beide Künstler die Fähigkeit zu fanatischer, pedantischer Beobachtung von Objekten und Lebewesen, die sie zu einem Interesse an genauer Analyse von Organismen (bei Tatlin Vögel, bei Filonow der menschliche Körper) führte – einer Analyse als Hilfsmittel zum Verstehen von Funktionsgesetzen (im Falle Tatlins) beziehungsweise psychologischen Gesetzen (im Falle Filonows). Diese Vorstellung vom Reisen als Initiation ist wichtig, denn sie kennzeichnet die Reise ohne bestimmtes Ziel (selbst bei Tatlins Reisen ist das »Ziel« nicht dasselbe wie der praktische »Zweck«, das heißt der Gelderwerb). Dieses Verständnis des Reisens ist ein Bestandteil der russischen Kultur, erkennbar beispielsweise im Vagabundenleben eines Chlebnikow. Reisen, um sich zu verlieren, gehört auch zum Thema von Wagners »Fliegendem Holländer«, in russischen Aufführungen übrigens gelegentlich »Morjak-skitalez« (»Seemann-Wanderer«) genannt. Diese Oper ist für die künstlerische Laufbahn des fliegenden Matrosen Tatlin besonders wichtig. Tatsächlich war Tatlin vom Libretto des »Fliegenden Holländers« so fasziniert, daß er sich ohne offiziellen Auftrag entschloß (zwischen 1915 und 1918), die gesamte Ausstattung (Bühnenbilder und Kostüme) dafür zu entwerfen. Tatlins Entwürfe enthalten die beiden Themen des Reisens auf einem Segelschiff – als Metapher des Reisens schlechthin wie auch den Übergang vom Segeln auf dem Meer zum Fliegen mit derselben Antriebskraft, dem Wind. Es war Rodtschenko, der später erzählte, Tatlin habe diese Entwürfe ohne Auftrag ausgeführt und trotzdem mit

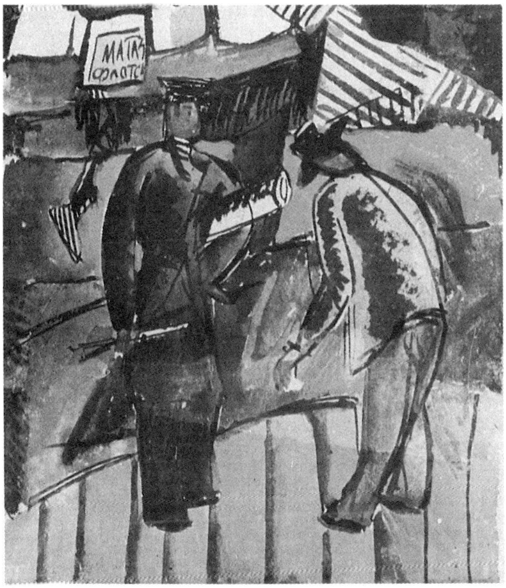

»Der Verkäufer von Seemannsuniformen«. 1910

«Продавец флотских форм». 1910

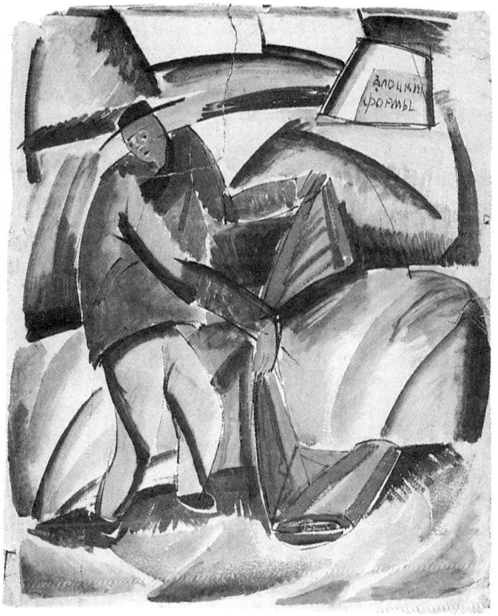

»Seemannsuniformen«. Kurz nach 1910

«Флотские формы». Начало 1910-х гг.

großer Hingabe daran gearbeitet – was das Bild von Tatlin als pragmatischer, jedoch nicht utilitaristischer Persönlichkeit bekräftigt; er war an den Materialaspekten seiner Objekte, jedoch nie an materiellen Vorteilen interessiert. Rodtschenko schrieb: »Wladimir Jewgrafowitsch lebte an der Staro-Basmannaja [...] Er arbeitete damals an einer Inszenierung von Wagners Oper ›Der fliegende Holländer‹. Er arbeitete ohne Auftrag – nur für sich selbst. Kostüme und architektonische Details für die Bühnenbilder; ich war verblüfft von ihrer Menge und den Varianten für ein und dasselbe Detail der Deckenbefestigung im Zimmer. Er untersuchte all dies mit sorgfältiger Aufmerksamkeit und großem künstlerischem Geschmack.«[10]

In denselben Erinnerungen beschreibt Rodtschenko die Lebensweise eines Menschen, der noch immer stark mit seinem Leben als Seemann verbunden ist. Es ist ein Bild, das wir auch aus einigen Porträts gewinnen und auf das Tatlin sehr stolz gewesen zu sein scheint. Rodtschenko fährt fort: »Er lebte allein, und wie bei einem ehemaligen Seemann war es überall ordentlich und sauber. [...] Er mochte alles Einfache, aber Haltbare und Starke. Er trug Matrosenbluse und -hose [...].«[11]

Tatlins Vorliebe für Matrosenuniformen erinnert uns sogleich an seine zwei Aquarelle von 1910, den »Verkäufer von Seemannsuniformen« (Radischtschew-

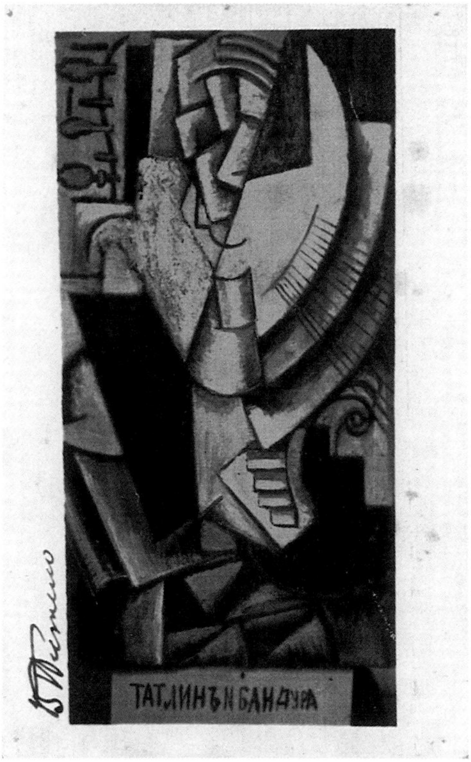

Wera Pestel. »Tatlin und seine Bandura«. 1916

Вера Пестель. «Татлин и его бандура». 1916

museum, Saratow) und »Seemannsuniformen« (Bachruschinmuseum, Moskau). Tatlin selbst als Matrosen sehen wir auf der Photographie, auf der er Matrosenkleidung trägt, auf Larionows Porträt von 1908 (?), dem Selbstporträt von 109, Titels.
1911 (Russisches Museum) und auf dem lithographierten Selbstporträt von 1912 (Sammlung Sarabjanow, Moskau). Natürlich ist dies nicht das einzige Erscheinungsbild des frühen Tatlin. Ein anderes Bild ist das des Banduraspielers, zu sehen auf Photographien und in Wera Pestels Bild »Tatlin und seine Bandura« 22
(1916; Verbleib unbekannt), das 1916 in der Ausstellung »Magazin« in Moskau gezeigt wurde. In einer lebendigen Schilderung hob Wera Pestel die Bedeutung hervor, die der schweigsame Tatlin seiner äußeren Erscheinung beimaß: »Tatlin, der bis dahin, sommers wie winters, in einem alten grauen Tuchmantel gegangen war, ohne Handschuhe, das ganze Jahr über mit demselben steifen Filzhut – etwas wie eine Kreissäge –, den er ›Tatlinewaja‹ nannte [. . .].«[12]

Daß Tatlin die Matrosenbluse – weit und bequem, mit schrägen Schultern, was die Armbewegungen erleichtert – als perfekten Kleidungstyp ansah, wird aus seinen eigenen Kleidungsentwürfen deutlich. In den Erläuterungen zu einem Anzug, den Tatlin für sich selbst entwarf, schrieb der (anonyme) Kom-

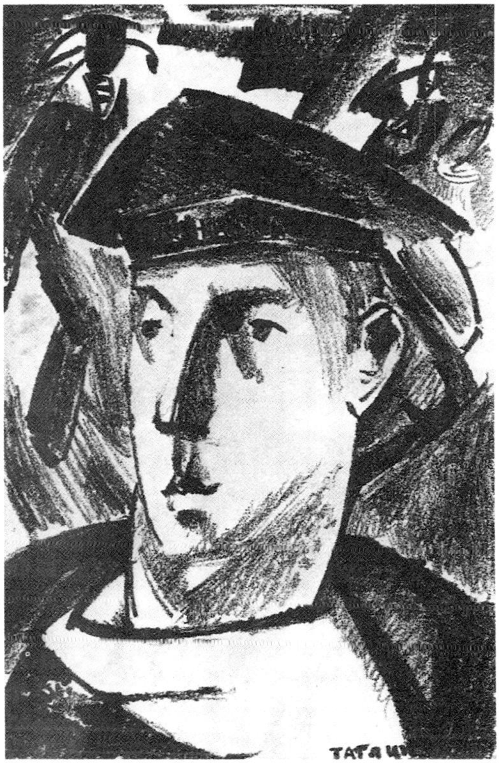

»Matrose«. 1912

«Матрос». 1912

mentator: »Der abgebildete Mantel hat folgende Charakteristika: Die in den Schultern und um den Torso (Leib) weitere, nach unten zu schmaler werdende Form schafft folgende Qualitäten: Unten entweicht keine Wärme, der Stoff liegt nicht eng am Körper an, es bleibt eine Luftschicht, einerseits wird so die Wärme besser gehalten (Prinzip des Doppelfensters), andererseits werden bessere hygienische Bedingungen geschaffen.«[13]

Tatsächlich entspricht dies dem Schnitt von Matrosenkleidung, die den Träger vor Wind schützen muß, ohne ihn in den Bewegungen zu hindern. Dies fällt auch an Tatlins Entwurf für einen Herrenmantel auf (1923, Bachruschinmuseum, Moskau), den wir wiederum mit dem Entwurf für das Kostüm des Steuermanns im »Fliegenden Holländer« vergleichen können (zwei Varianten im Bachruschinmuseum).[14] Wie sehr das Leben an Bord eines Schiffes Tatlins Leben prägte, wird erneut in Rodtschenkos Bemerkungen über Tatlins asketisches Verhalten deutlich. An Bord ist Raum etwas Kostbares, und die ganze Einrichtung, alle Utensilien und sonstige alltägliche Gegenstände sind an den Wänden angebracht oder miteinander verbunden; vor allem sind sie auf ein Minimum reduziert. Daher erstaunt es nicht, daß Tatlin in seiner »Kriegserklä-

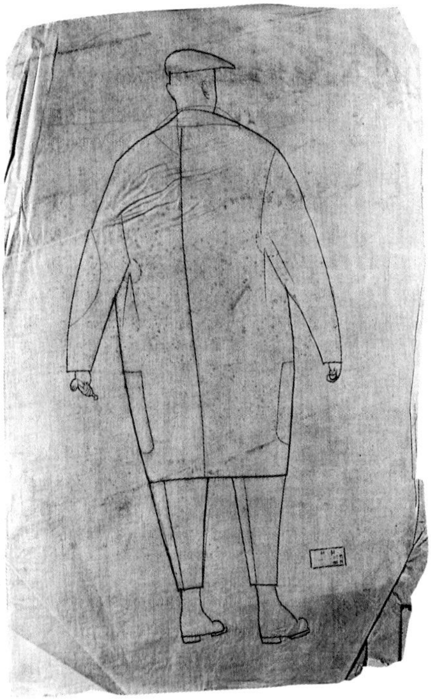

Entwurf eines Herrenmantels. 1923

Эскиз мужского пальто. 1923

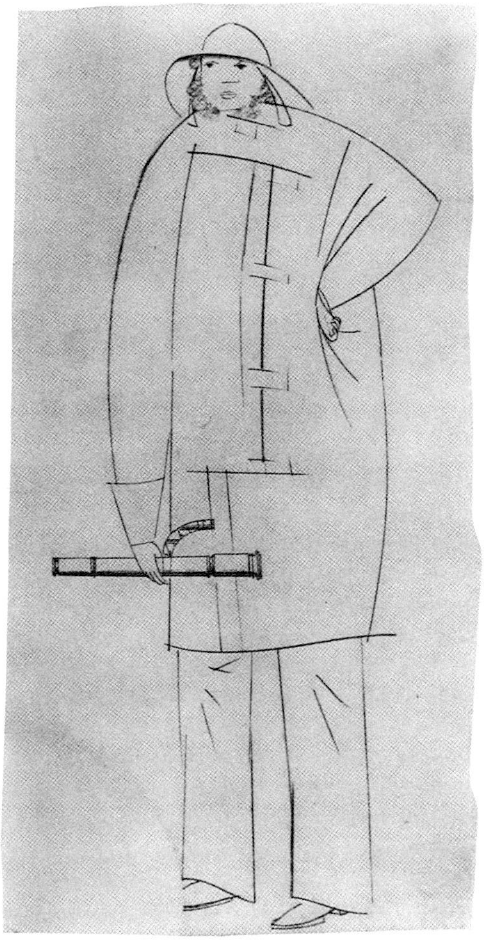

»Der Steuermann« (Kostümentwurf zum »Fliegenden Holländer«). 1915–1918

«Рулевой» (эскиз костюма к «Летучему голландцу»). 1915–1918

rung an die Kommoden und Büffets« dieses Prinzip zweifach verteidigt: »Unser gesamtes Leben, so auch die Produktion, trägt an der Bürde der Gegenstände und hauptsächlich solcher, die zur Aufbewahrung anderer Gegenstände dienen. Deshalb ist danach zu trachten, dieselben abzuschaffen, von ihnen nur einzelne Teile zu übernehmen und diese in die Architektur des Gebäudes einzubauen (Regale in Wandvertiefungen usw.).«[15]

Etwas von diesem Bestreben, »alles zusammenzuhalten«, spürt man in Tatlins Konterreliefs, die mehr den symbolischen als den funktionalen Gebrauch
gespannter Drähte betonen, zum Beispiel in dem Konterrelief von 1914/15, das 98
in der Petrograder Ausstellung »0,10« (Dezember 1915–Januar 1916) gezeigt wurde. Sicher sahen viele Forscher in diesem Relief das Bild einer Takelage, aber zweifellos gibt es noch eine andere – viel stärkere – Assoziation: die des Groß-

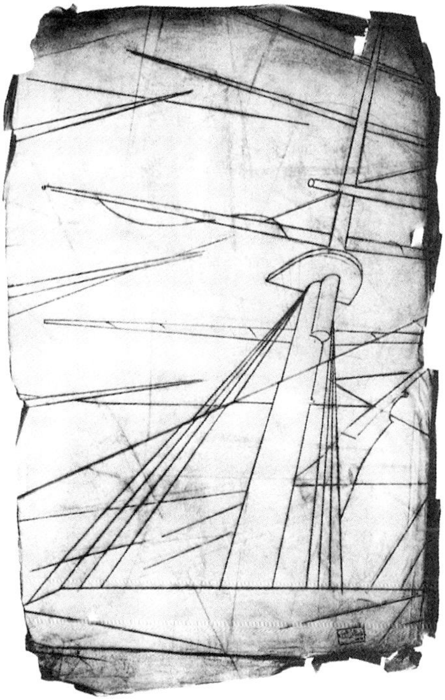

»Mast« (Bühnenbildentwurf zum »Fliegenden Holländer«). 1915–1918

«Мачта» (эскиз декорации к «Летучему голландцу»). 1915–1918

mastes eines Segelschiffs, die mit fast obsessiver Präsenz in beinahe allen Tatlinschen Projekten auftaucht. Flora Syrkina wies mehrfach darauf hin[16], wobei sie die Form als Baum oder Schiffsmast identifizierte; jedoch sollte man vielleicht betonen, daß diese beiden Vorstellungen eigentlich nicht sehr verschieden sind, sondern sich eher als Verbindung oder Koppelung darstellen, ganz wie Segeln und Fliegen für Tatlin miteinander verbunden sind.

Tatlins technischste und präziseste Wiedergabe eines Schiffsmasts ist seine Kohlezeichnung auf Papier im Bachruschinmuseum (vergessen wir nicht, daß Tatlin von der Malereifakultät der Kunstschule in Pensa mit einem Zeichnerdiplom abging). Jedoch enthält selbst diese nüchterne Zeichnung die geometrische Grundstruktur eines Waldbaums. Zugleich enthalten andere Darstellungen von Bäumen potentiell die Strukturen eines Schiffsmasts: Nehmen wir etwa den großen Baum auf der linken Seite des Entwurfs für die Waldszene im vierten Akt von »Iwan Sussanin« (»Ein Leben für den Zaren«)[17] (1913/14). Hier sehen wir einen kahlen, gewundenen Baumstamm, dessen einziger Ast wie eine Rahe aussähe, wäre er nicht gebogen. Zugleich sind die Wurzeln zu einem tragenden Dreieck reduziert, wie wir es auch bei dem Hauptmast auf der Photographie der »Sangesi«-Bühnenbildmaquette von 1923 beobachten können, ferner in der unteren Verstrebung des diagonalen »Balkens« beim Denkmal der Drit-

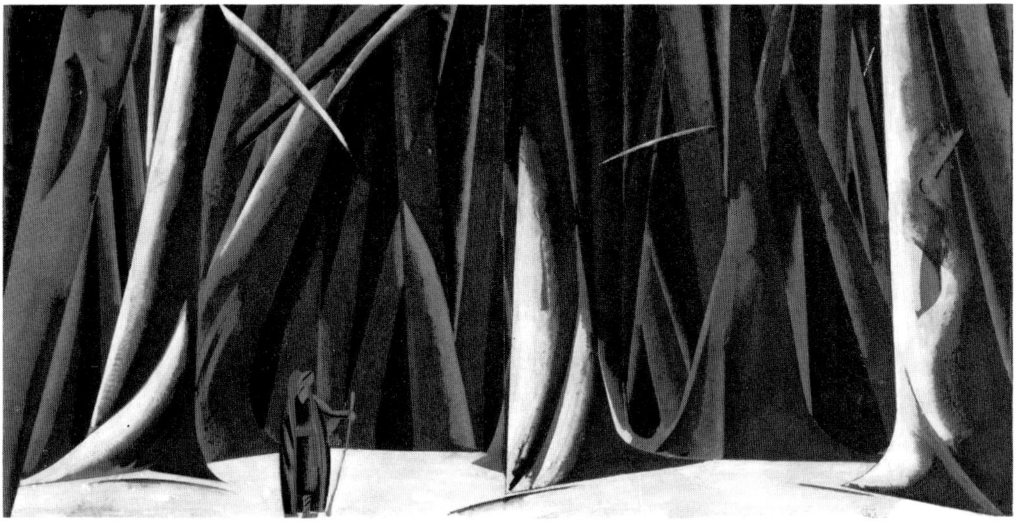

»Der Wald« (Bühnenbildentwurf für »Iwan Sussanin«). 1913/14

«Лес» (эскиз декорации к опере «Иван Сусанин»). 1913–1914

ten Internationale (besonders deutlich in der schematischen Zeichnung, die in Ilja Ehrenburgs Buch »A vse-taki ona vertitsja« (»Und sie bewegt sich doch«) abgebildet ist.

In den verschiedenen Entwürfen zur »Sangesi«-Inszenierung ist ein Mast bald in seiner maritimen, bald in eher botanischer Form zu erkennen. Das Bachruschinmuseum besitzt einen Entwurf mit der im wesentlichen vegetabilen Form, selbst wenn die nackten Äste uns mehr an Rahen erinnern. In der Photographie der »Sangesi«-Maquette[18] hingegen gemahnt der Baum rechts der Bühnenmitte an einen Mast, der sich über dem Deck eines Schiffes erhebt, wobei die Gliederung in zwei Elemente, deren schmaleres am oberen Teil des anderen angefügt und verankert ist, sich zweifellos auf die typische Verbindung von Untermast und Stenge bezieht, die sich oft in der Mitte befindet. Diese spezifische Verbindung erinnert wiederum an Tatlins Fähigkeit, Objekte zusammenzusetzen und zu verklammern, wobei dies, in den oberen Partien eines Schiffes verwendet, eine direkte Anspielung aufs Fliegen darstellt. Schließlich kehrt das Motiv der Zusammenfügung in dem schlanken Baum oder Mast des Bühnenbildes (1934/35) zu Alexandr Ostrowskis Stück »Ein Komödiant des 17. Jahrhun- 180
derts« wieder. Auch hier scheint ein Ast wie ein richtiger Ast hervorzuragen; trotzdem aber wirkt die Stelle, an der der Ast am Baum sitzt, wie die Verbindung zwischen einer Stenge und einem straff gespannten Tau und erinnert an eine Takelage.

Bühnenbildmaquette für »Sangesi«. 1923

Макет декорации к «Зангези». 1923

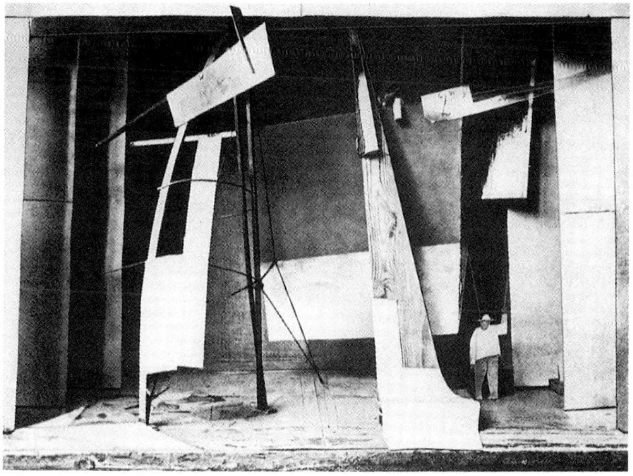

Zeichnung des Denkmals der Dritten Internationale. 1922

Рисунок «Памятника III Интернационала». 1922

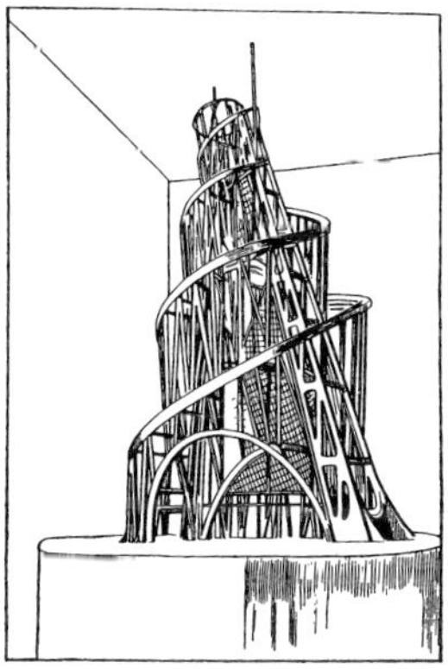

Bühnenbildentwurf zu »Sangesi«. 1923

Эскиз декорации к «Зангези». 1923

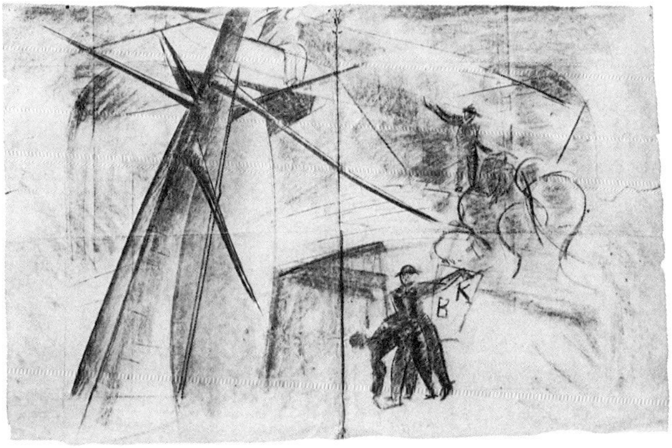

Eine weitere gelungene Darstellung des Decks eines Segelschiffs schuf Tatlin für den Umschlag zu Sergels Buch »Na parusnom sudne« (»Auf einem Segelschiff«).[19] Dank dokumentarischer Quellen können die Buchillustrationen eindeutig Tatlin zugeschrieben werden, auch wenn als Name des Künstlers »Lot« angegeben ist.[20] Die Sequenz scheint jedenfalls Erinnerungen an Tatlins Leben als Seemann zu illustrieren. Weitere Beispiele für Tatlins Vorliebe sind die
177 Zeichnung (Kohle auf Papier) für Mast, Rahen und Takelage zum »Fliegenden Holländer« (Bachruschinmuseum) und das berühmte Ölgemälde, das die ganze Szene zeigt. Die Zeichnung scheint beinahe eine Illustration zu Tatlins Beschreibung seines Entwurfs zu der Verfilmung von Fjodor Sologubs »Totenzauber«, die Wsewolod Meyerhold 1917 plante: »Meyerhold bat mich, für die Aufführung einen mystischen, ›sonderbaren Baum‹ zu entwerfen. [. . .] Ich aber behandelte den ›sonderbaren Baum‹ auf meine Weise und baute einen gewalti-

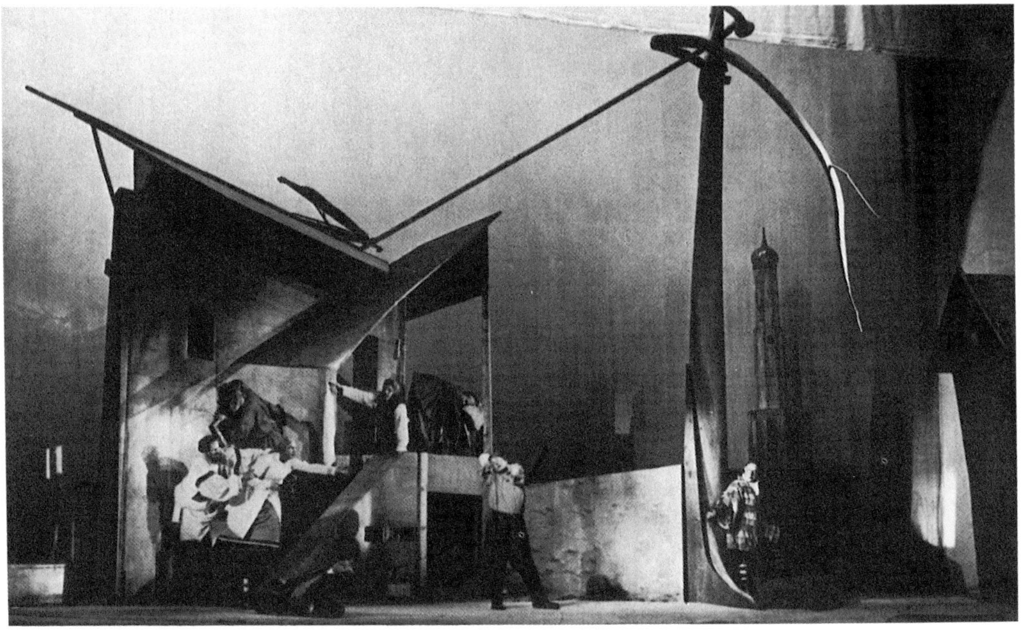

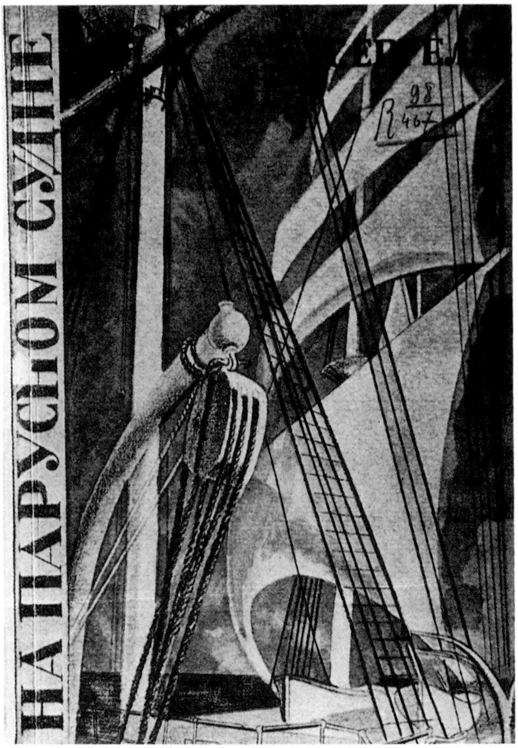

Bühnenbild zu Alexandr Ostrowskis »Komödianten des 17. Jahrhunderts«. 1935

Декорация к пьесе Александра Островского «Комик XVII столетия». 1935

Umschlag zu S. Sergels Buch »Auf einem Segelschiff«. 1929

Обложка книги С. Сергеля «На парусном судне». 1929

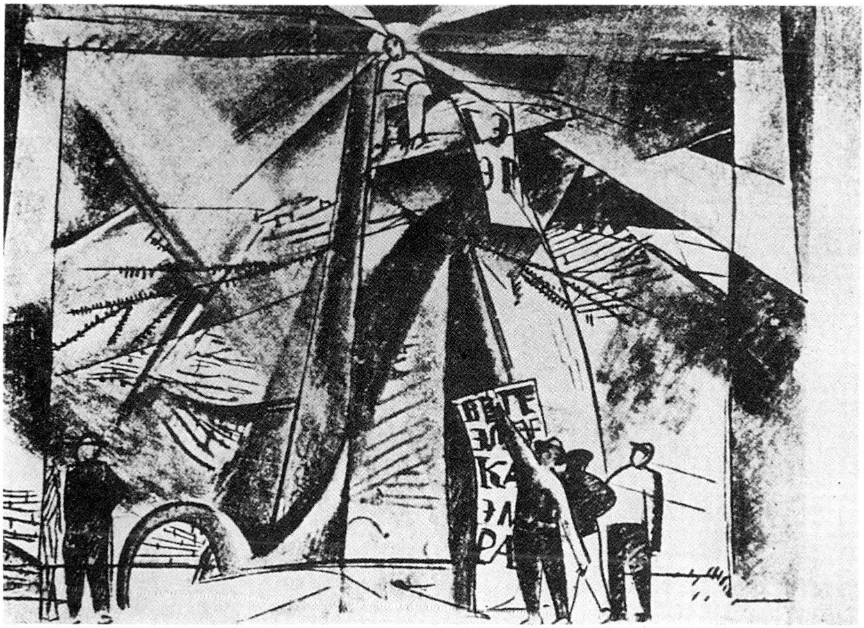

Bühnenbildentwurf zu »Sangesi«. 1923

Эскиз декорации к «Зангези». 1923

gen Schiffsmast mit allen seinen Kennzeichen auf dem Meer – Takelwerk und Marsc. Klettert nur auf den Mast [...], das heißt auf den Baum, und spielt zu eurem Wohlgefallen.«[21]

Diese Beschreibung der Masten und Ausluge, auf die man hinaufklettern kann, läßt uns an die brillante Lösung denken, die Tatlin als Regisseur von »Sangesi« wirkungsvoll einsetzte – als er, oben auf der Spitze einer hohen Konstruktion, seine Rolle deklamierte. In dem Entwurf (heute im Russischen Museum), der von Nikolai Punin publiziert wurde[22], läßt diese besondere Position an einen Mann denken, der auf der oberen Rah eines Schiffes im Krähennest sitzt.

Segel erscheinen in Tatlins Werk seltener; offenbar rief er den Eindruck bewegter See lieber mittels einer Bewegung oder eines Schaukelns der Bühne hervor, wie mit der Drehbühne zum »Komödianten des 17. Jahrhunderts«.[23] Das gleiche gilt für das Stück »Wir ergeben uns nicht« (1935), in dem die Schauspieler ihre Texte auf einer geneigten »Eisscholle« stehend sprechen sollten, die mittels ausgeklügelter Gegengewichte zum Schwanken gebracht werden sollte.[24] Auch in dem Gemälde zum »Fliegenden Holländer«, das das Schiffsdeck wiedergibt, ist die Mittelbühne geneigt. Genaugenommen ist dies ein Ateliergemälde und sicher eines der rätselhaftesten und malerischsten Werke Tatlins. Hier können wir das Schiffsdeck erkennen, das aussieht wie ein durcheinandergeworfener

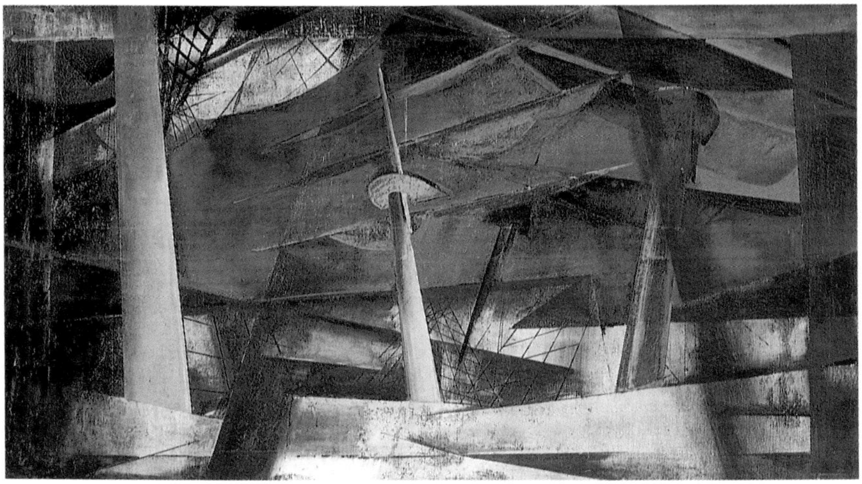

»Schiffsdeck« (Bühnenbildentwurf zum »Fliegenden Holländer«). 1915–1918

«Палуба корабля» (эскиз декорации к «Летучему голландцу»). 1915–1918

Stapel von Holzstämmen, die sich zum Bühnenhintergrund hin verkreuzen: Das Motiv der technischen Zeichnung des Mastes mit seiner Spitze und den 177
gerefften Segeln wiederholt sich in einer unwirklichen Tiefe, in der dunkle Blautöne den Eindruck von Chaos und Trostlosigkeit steigern. Nichts bewegt sich. Und doch deutet alles den Sturm an, und das bald durch den Sturm fliegende, bald in ihm verschwindende Gespensterschiff birgt dieselbe Botschaft eines drohenden Falles wie der Flug des Ikarus. In diesem kritischen Augenblick nehmen wir einen Tatlin wahr, der sich von dem handfesten, wenn auch visionären Tatlin, den wir so gut kennen, sehr unterscheidet. Plötzlich scheinen Phantome des Unterbewußten aus Tatlins Jugend wiederaufzutauchen, und sie enthüllen einen dunklen, kryptischen Aspekt dieses pragmatischen Künstlers, der, wie Nikolai Punin es formulierte und Jewgeni Kowtun wiederholte, »sich die Erde sicherte«[25].

Anmerkungen

1 I[sai Arkadevič] Rachtanov, »Letatlin – vozdušnyj velosiped« [»Letatlin – das Luftfahrrad«], *Pioner*, Moskva, 1932, Nr. 9, S. 12; dt. (auszugsweise) in: *Tatlin*, hg. v. Larissa Alexejewna Shadowa, ins Deutsche übertr. v. Hannelore Schmör-Weichenhain, Weingarten: Kunstverlag Weingarten, 1987, S. 332 f., hier S. 332.

2 Kornelij Zelinskij, »Letatlin«, *Večernjaja Moskva*, 6. April 1932, Nr. 80 (12507), S. 2; dt. (auszugsweise) in: *Tatlin* (s. Anm. 1), S. 331 f. (Eine vollständige englische Übersetzung findet sich im Katalog der Ausstellung »Vladimir Tatlin« im Moderna Museet, Stockholm, Juli–September 1968.)

3 Avtobiografija zaslužennogo dejatelja iskusstv Tatlina [Lebenslauf des Verdienten Künstlers Wladimir Jewgrafowitsch Tatlin], 1953, Manuskript, ZGALI; dt. in: *Tatlin* (s. Anm. 1), S. 345 bis 351, hier S. 348.

4 Avtobiografija [Lebenslauf], 1929, Manuskript, Privatsammlung, Moskau; dt. in: *Tatlin* (s. Anm. 1), S. 326–328, hier S. 326.

5 »Udostoverenie Nr. 315« des Büros der Hauptverwaltung der Handelsschiffahrt und der Häfen, betreffend das Schulschiff Großfürstin Marija Nikolajewna des Odessaer Instituts für Handelsschiffahrt, vom 23. Oktober 1904. Dieses Dokument war 1977 in der Ausstellung »W. Je. Tatlin. Verdienter Künstler der RSFSR« im Haus der Schriftsteller in Moskau zu sehen.

6 Margit Rowell, »Vladimir Tatlin: Form/Faktura«, *October,* Cambridge, Mass., Nr. 7, Winter 1978, S. 98. Siehe hierzu auch: Kestutis Paul Zygas, »Tatlin's Tower Reconsidered«, *Architectural Association Quarterly,* London, 1976, Bd. 8, Nr. 2, S. 15–27.

7 Anatoli Anatolewitsch Strigaljow, »Von der Malerei zur Materialkonstruktion«, in: *Tatlin* (s. Anm. 1), S. 15–50, hier S. 17.

8 Lebenslauf des Verdienten Künstlers (s. Anm. 3), S. 347.

9 P. Filonov, Avtobiografii, 1929–1932, Manuskript, ZGALI; engl. in: *Pavel Filonov: A Hero and His Fate,* ed. by Nicoletta Misler and John Bowlt, Austin: Silvergirl, 1983, S. 121.

10 Aleksandr Rodčenko, »O Tatline 1915–1917 gg.«, in: ders., *Stat'i. Vospominanija. Avtobiografičeskie zapiski. Pis'ma* [Aufsätze. Erinnerungen. Autobiographische Notizen. Briefe], Moskva: Sovetskij chudožnik, 1982, S. 84.

11 Ebd., S. 85.

12 Vera Pestel', O chudožestvennom proizvedenii [Über das Kunstwerk], Typoskript, Privatarchiv, S. 8.

13 »Novyj byt« [»Die neue Lebensweise«], *Krasnaja panorama,* Leningrad, 1924, Nr. 23, S. 17.

14 Auf diese Verbindungen zwischen der Matrosenuniform und Tatlins Anzugentwurf machte Larissa Shadowa aufmerksam: »Tatlin – proektirovščik material'noj kul'tury« [»Tatlin, ein Designer der materiellen Kultur«], *Sovetskoe dekorativnoe iskusstvo 1977–1978,* Moskva: Sovetskij chudožnik, 1980, S. 204–234, hier S. 219.

15 V. Tatlin, »Problema sootnošenija čeloveka i vešči. Ob-javim vojnu komodam i bufetam« [»Das Verhältnis zwischen Mensch und Gegenstand. Kriegserklärung an die Kommoden und Büffets«], *Rabis,* 1930, Nr. 15, 14. April, S. 9; dt. in: *Tatlin* (s. Anm. 1), S. 330 f., hier S. 331.

16 Flora Jakowlewna Syrkina, »Das Theater Tatlins«, in: *Tatlin* (s. Anm. 1), S. 169–196.

17 Ebd., S. 171.

18 In: *Russkoe iskusstvo,* Moskva, 1923, Nr. 1, Abb. zu S. 20, als Illustration zu Nikolai Punins Artikel »Obzor novych tečenij v iskusstve Peterburga« [»Überblick über die neuen Tendenzen in der Kunst Petersburgs«], S. 17–28.

19 S. Sergel, *Na parusnom sudne* [Auf einem Segelschiff], Moskva: Molodaja gvardija, 1929.

20 Larissa Alexejewna Shadowa, »Tatlin, der Illustrator und Buchgestalter«, in: *Tatlin* (s. Anm. 1), S. 82–87, hier S. 83 f.

21 Š., »Chudožnik ili konstruktor« [»Künstler oder Konstrukteur«], *Sovetskoe iskusstvo,* Moskva, 1934, Nr. 43, 17. September; dt. (auszugsweise) in: *Tatlin* (s. Anm. 1), S. 337 f. Vgl. Syrkina (s. Anm. 16), S. 173 f.

22 Punin, »Obzor novych tečenij« (s. Anm. 18), zweite Abb. zu S. 20.

23 Vgl. Syrkina (s. Anm. 16), S. 179 f.

24 Ebd., S. 182 f.

25 Punin, Iskusstvo i revoljucija. Neizdannye vospominanija [Kunst und Revolution. Unveröffentlichte Erinnerungen], Manuskript, Familienarchiv, Leningrad; zit. in: E. Kovtun, *Sovetskoe iskusstvo 20–30-ch godov* [Sowjetische Kunst der zwanziger und dreißiger Jahre], Leningrad: Iskusstvo, 1988, S. 15.

Übersetzung aus dem Englischen: John Matheson.

John E. Bowlt

Tatlin und sein Antitisch

Wladimir Tatlin wird oft als Ingenieur, Entwerfer und Konstrukteur gesehen und bezeichnet, und Wörter wie »rational«, »berechnet«, »realistisch« werden gern mit seinem Leben und Werk verknüpft. Nikolai Punin zum Beispiel beschrieb ihn als Advokaten »des Materials, des Raums und der Konstruktion«[1], und für Welimir Chlebnikow war er natürlich »der Schraube strenger Sänger«[2]. Auf den ersten Blick scheint Tatlin also ein Meister der Vernunft zu sein, dessen Grundkenntnisse der Arithmetik, des Ingenieurwesens und der Aeronautik mutmaßlich einen klaren Geist, Nüchternheit der Vision und eine positivistische Mentalität spiegeln.

Lassen wir aber unseren Zweifel in der Schwebe und entkleiden wir unsere Vorstellungen der dichten Mythologie und des Wunschdenkens, die Tatlins Œuvre umgeben, so können wir eine ganz andere schöpferische Persönlichkeit umreißen: Wir sehen einen Künstler, der dem Dada-Irrationalismus näherstand als der linearen Ökonomie des Konstruktivismus. In der Tat lassen gewichtige Zeugnisse in Tatlins Biographie darauf schließen, daß er in vieler Hinsicht Dadaist oder, präziser, Absurdist war und daß sein grundlegender ästhetischer Instinkt ihn eher Un-Dinge schaffen und reine Phantasieprodukte erfinden ließ denn funktionelle Objekte für die neue, revolutionäre Wirklichkeit. Nicht von ungefähr nannte George Grosz ihn den »großen Narren«[3], und nicht von ungefähr sagte Abram Efros, er sei einem »Großmärtyrer«[4] ähnlich, von einem Gedanken besessen und langsam in der Bewegung – Beschreibungen, die Tatlin in die lange Tradition der heiligen Narren Rußlands einreihen. Wie anders denn durch diese Tradition können wir das wesentliche Paradoxon erklären, mit dem die Kunstgeschichte die Geschichte der Kunst Tatlins umhüllt hat – daß Tatlin der Vorreiter der »materiellen Kultur« und des Konstruktivismus gewesen sei? Das Paradoxon liegt in der Tatsache, daß die Tatlindiskussion und die Bewunderung für ihn heute in erster Linie um Dinge kreist, die *nicht* überlebt haben (und vielleicht auch nicht überleben sollten – wie die Reliefs), um Dinge, die er *nicht* gebaut hat (beispielsweise das Denkmal der Dritten Internationale), um Dinge, die *nicht* funktioniert haben (beispielsweise der Letatlin), und um Entwürfe, die *nicht* im Alltag verwendet wurden, sondern im Theater. Darüber hinaus ist die Tatsache, daß bis in die jüngste Zeit ein Großteil der Forschung zu Tatlin, besonders im Westen, auf postumen Werken beruhte, ein weiteres Glied in dieser

Kette des Nichts. Es ist dieses ständige Spiel mit Negativen, Zurücknahmen und Unvereinbarkeiten, das Tatlin eine direkte Verbindung nicht mit den Moskauer Konstruktivisten wie Alexandr Rodtschenko, sondern mit den Leningrader Absurdisten – den Oberiuten – einträgt. Schlüsselzeichen dieser Verbindung sind Tatlins Freundschaft mit Daniil Charms, dem Anführer der Oberiuten, und seine Arbeit als Illustrator von Charms' Kindergeschichte für Erwachsene »Erstens und zweitens«[5].

1919 oder 1920 besuchte der Künstler Wladimir Milaschewski Tatlins Atelier. Tatlin und seine Mitarbeiter waren zu der Zeit mit dem Modell des Denkmals beschäftigt – es stand auf einer kreisförmigen Basis, die wie eine Art Altar aussah –, und Milaschewski hinterließ folgende Beschreibung: »Wir begannen zu essen. Dazu nahmen wir alle auf der Kreislinie des Altars Platz. Wir saßen mit dem Rücken zum Turm, so daß wir radial nach außen schauten, vom Modell als dem Zentrum weg, den Blick auf die Atelierwände gerichtet. Wir konnten nur den jeweils Nächstsitzenden sehen. Um jemanden etwas zu fragen, mußte man sich zurücklehnen und zur Seite beugen, während der Gesprächspartner die gleiche Schlangenbewegung in die entsprechende Richtung machen mußte. So waren wir gezwungen, längs einer Sehne des Kreises miteinander zu sprechen. Man könnte nun sagen, daß dies ein Antitisch war, der Gegensatz zu jenem gewöhnlichen Tisch, an dem die Gesprächspartner seit Jahrhunderten, den Blick einander zugewandt, Platz nehmen.«[6]

In nuce finden sich hier mehrere Elemente, die Tatlin mit Charms und mit der absurdistischen Auffassung des Lebens verbinden – des Lebens als eines Komplexes von Wechselbeziehungen, dessen einzige legitime Bedeutung die sogenannte »fünfte Bedeutung« ist; das heißt, die konventionellen Prädikate, die wir als die »nützliche« Rechtfertigung eines Gegenstandes ansehen, sind falsch, und der einzige ewige, syntagmatische Wert ist der Gegenstand selbst, seine totale Unabhängigkeit und sein Widerstand gegen die irdische Schwerkraft. Wie Charms erläutert: »Jeder Gegenstand [...] hat vier *funktionale* Bedeutungen und eine FÜNFTE *wesentliche* Bedeutung.

Die ersten vier sind: 1) die darstellbare (geometrische) Bedeutung, 2) die zweckhafte (utilitäre) Bedeutung, 3) die Bedeutung der emotionalen Wirkung auf den Menschen, 4) die Bedeutung der ästhetischen Wirkung auf den Menschen.

Die fünfte Bedeutung bestimmt sich durch die Tatsache der Existenz des Gegenstandes selbst. Sie liegt jenseits der Verbindung zwischen Gegenstand und Mensch und dient dem Gegenstand selbst. Die fünfte Bedeutung ist der freie Wille des Gegenstandes. [...] Ein solcher Gegenstand ›SCHWEBT‹. [...] Nicht nur Gegenstände, sondern auch Gesten und Handlungen können schweben.«[7]

Wie Milaschewski in seiner Beschreibung von Tatlins Atelier andeutet, ordnete Tatlin seine Welt, um Unordnung zu schaffen – niemand konnte kommunizieren, das Kunstwerk (der Turm) hatte eine Unabhängigkeit gewonnen, die die normalen räumlichen Ordnungen zwischen Erfinder und Erfundenem durcheinanderbrachte, und das Endergebnis – der »Antitisch« – hatte eine unheimliche Ähnlichkeit mit den Nichtobjekten und der »personalisierten« Ausstattung in Charms' Wohnung. Überdies zeigt schon die Tatsache, daß Tatlin (nach Juri Annenkow) gern ein schlagendes Herz im Turm plaziert hätte, um eine »belebte Maschine«[8] zu schaffen, Parallelen zu Charms' Überzeugung, Objekte besäßen einen eigenen existentiellen Geist. Tatlins »Kriegserklärung an die Kommoden und Büffets«[9] sollte deshalb nicht als konstruktivistisches Plädoyer für neues, nützliches Mobiliar verstanden werden, sondern eher als Plädoyer für Kommoden, die im gleichen Sinne Kommoden wären, wie bei Charms ein Schrank ein Schrank sein sollte.[10]

Die Oberiuten interessierten sich sehr für solche bewußten Dyslexien, und mit ihrem Anspruch, den Sinn des Gegenstandes und des Wortes zu vertiefen, ihn aber in keiner Weise zu zerstören[11], erzeugten sie ihre literarischen Absurditäten mittels der Dada-Montagetechnik, des willkürlichen Dehnens und Verzerrens der Zeit, der Beschwörung des Unendlichen (das eigentliche Thema von »Erstens und zweitens«) und der Zahlenparodie. Tatlin war nicht Mitglied der Gruppe Oberiu; sein kritischer Gönner Punin und seine jungen Kollegen Leonid Tschupjatow und Wladimir Lebedew allerdings gehörten offenbar dazu[12], und alle waren an den verschiedenen Aktivitäten des GINChUK in Leningrad beteiligt. Tatlin inszenierte dort beispielsweise »Sangesi«, Punin stand zwischen 1924 und 1926 der Abteilung Allgemeine Ideologie vor, und Alexandr Wwedenski und Igor Terentjew trugen zu den phonologischen »Saum«-Experimenten bei.

Viele Oberiu-Konzepte spiegeln sich in Tatlins Werk wider: in der unendlichen Rotation seines unbaubaren Turms oder in seinen exotischen Materialassemblagen – ein Eimer oder ein Teil eines Abflußrohrs, auf ein Gemälde genagelt. Natürlich wäre es verlockend, sich vorzustellen, daß die deutschen Dadaisten sich gerade aus diesem Grund von Tatlin angezogen fühlten: Raoul Hausmann mit seiner Collage »Tatlin zu Hause«, George Grosz und John Heartfield, die 1920 auf der »Ersten Internationalen Dadamesse« in Berlin verkünden: »Die Kunst ist tot. Es lebe die neue Maschinenkunst Tatlins«. Aber wie vor kurzem ein deutscher Wissenschaftler unterstrich[13], kannten die Dadaisten eher die Legende denn die Wirklichkeit der Kunst Tatlins und interpretierten diese ausschließlich als die Ersetzung bürgerlicher »Schönheit« durch proletarische oder maschinelle Produktion. Sie hätten Punin zugestimmt – er wertete Tatlins Kunst

Raoul Hausmann. »Tatlin zu Hause«. 1920

Рауль Хаусман. «Татлин у себя дома». 1920

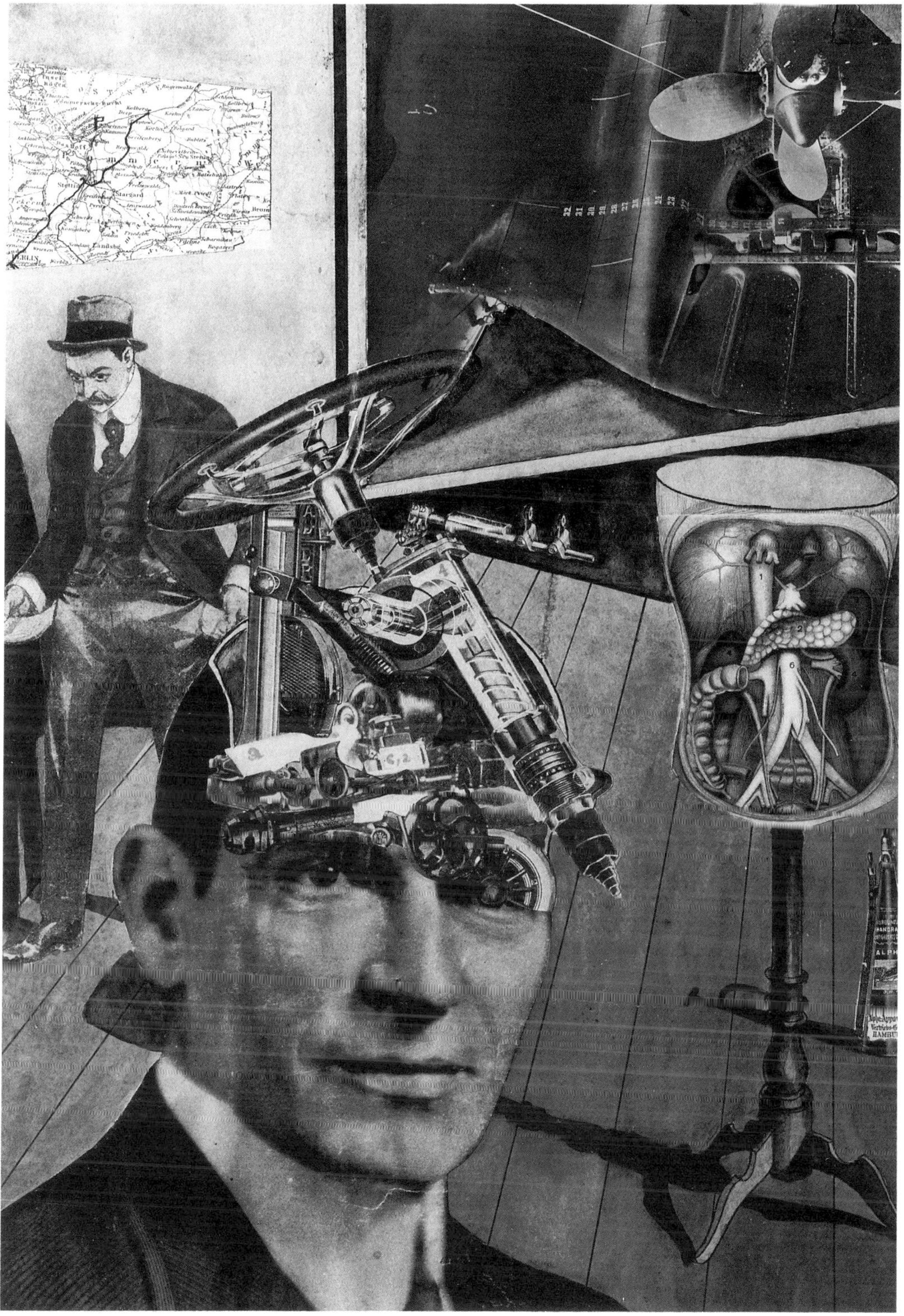
Stettin
Stargard

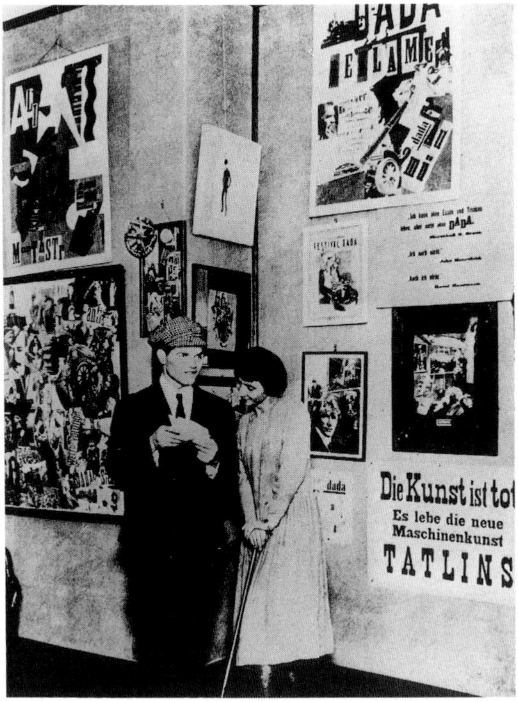

Raoul Hausmann und Hannah Höch 1920 bei der Dadamesse in Berlin

Рауль Хаусман и Ханна Хёх на выставке «Дада» в Берлине. 1920

als technische Kombination von Materialien, Wirtschaftlichkeit und Effizienz gemäß der Formel, daß die Funktion die Form bestimme: »Wenn der moderne Mensch sich alle Kräfte, die die Schaffung dieses oder jenes Kunstwerks bewirken, ganz zu eigen machen will, so muß er sich dem Werk durch Studium und Analyse mittels der wissenschaftlichen Methode nähern.«[14]

Aber weder die Dadaisten noch Punin scheinen die Tatlins Kunst inhärente Absurdität erfaßt zu haben. Gewiß war Tatlin an der Maschine, an Technik und Technologie interessiert, aber sein künstlerischer Gestus reichte über die praktische Anwendbarkeit hinaus und hatte mit der »wissenschaftlichen Methode« im Grunde wenig zu tun. Mit seinen rotbemalten Rippen, dem schimmernden Glas und dem Radiozubehör mag etwa der Turm von manchen Sympathisanten und Historikern später als Urbild des Konstruktivismus und des Maschinenzeitalters betrachtet worden sein, aber für viele intelligente Zeitgenossen wie den Schauspieler Konstantin Miklaschewski und den Künstler Iwan Puni war er ein »Treibhaus zur Ananaszucht«[15] und eine »ideologische Absurdität«[16].

Es gibt klare Zeugnisse von Tatlins »absurder« Weltsicht. Boris Semjonow etwa erinnert sich daran, daß Tatlin wie Charms (vgl. das »Schweben«) an Levitation glaubte[17], und Grosz kommen die Hühner, die Tatlins Atelier bevölkerten, in den Sinn – und nicht die strenge Geometrie.[18] Tatlin war zum Darsteller berufen, und viele seiner kreativen und rekreativen Auftritte hatten mit dem Beruf des Schauspielers, des Fakirs und des Zauberers zu tun. Er spielte Bandura, sein erster größerer öffentlicher Auftritt war 1911 die Inszenierung des Volksstücks »Zar Maximilian und sein widerspenstiger Sohn Adolf«, 1917 schuf er Dekorationen für den nicht fertiggestellten Film »Nav'i čary« (»Totenzauber«), und 1914 in Paris kostümierte er sich mit einem bunten Gewand und dunkler Brille, um Picassos Aufmerksamkeit zu erregen.[19] Mit anderen Worten, wie die Oberiuten schätzte Tatlin die Kultur der Possenreißer und weiter die des Zirkus, des Clowns und des Zauberkünstlers. Die wenigen Kunstwerke, die auf uns gekommen sind (oder vielleicht sollten wir besser sagen, die vielen Kunstwerke, die nicht auf uns gekommen sind), »lächerlich, aber kühn« nach Arkadi Rylow[20], sind fast alle »Antiobjekte« wie der Tisch im Atelier. Da gab es einen Anzug, der nicht getragen wurde, einen Stuhl, in dem keiner saß, und ein Flugzeug, mit dem keiner flog – Objekte, deren künstlerischer Erfolg gerade durch die Leichtigkeit ihres Seins garantiert war und ist. Es ist, als habe Tatlin, ein Meistermagier, uns mit Taschenspielertricks oder Augentäuschung dazu gebracht, zu glauben, der Turm hätte ein echter Turm werden oder der Letatlin als Massenprodukt hergestellt werden sollen. Tatlins Objekte waren also absurd – jedoch nicht unsinnig, denn sie appellierten an den höheren, den fünften Sinn, und existierten oder existieren als Wesenheiten gerade so, wie die alten Damen und die gliederlosen Männer in Charms' Kurzgeschichten existieren.

Charms' Erzählung »Erstens und zweitens« erschien 1929 in einer Auflage von 10 000 Exemplaren. Tatlins Umschlagbild und seine neun Illustrationen sind wohlbekannt, da sie mehrmals reproduziert worden sind, aber die Geschichte selbst ist nicht geläufig. Die Handlung ist in zehn Kapitel oder Bilder gegliedert: Dem Ich-Erzähler schließt sich sein Freund Petka an (der Held russischer Kleinkindergeschichten und ein Verwandter von Petruschka), und sie ziehen singend los. Ausgangspunkt und Ziel werden nie verraten, doch im Laufe der Geschichte begegnen die beiden verschiedenen Leuten, Objekten und Orten. Zuerst stoßen sie auf den »kleinsten Mann der Welt«, und er willigt ein, sie auf ihrer Reise zu begleiten. Als zweitem begegnen sie einem Mann, der so lang ist, »daß man nicht sehen kann, wo seine Beine enden«. Die vier ziehen weiter und begegnen einem Esel, einem Boot und einem Automobil, und im vorletzten Kapitel übernachten sie im Gasthaus einer Stadt. Am nächsten Morgen kommen ein Elefant und ein kleiner Hund dazu, und alle reiten zufrieden fort und pfeifen sich eins. Was nachher geschieht, schreibt der Autor, wird ein ander mal erzählt. Diese Geschichte à la Swift handelt von bunt gemischten Zufallsbekanntschaften und hat weder Anfang noch Ende (das »erstens, zweitens« kann augenscheinlich ewig weitergehen). Es gibt keine realen zeitlichen, örtlichen oder meteorologischen Verhältnisse, und nur eine Figur, Petka, hat einen Namen. Die einzigen anderen konkreten Individuen aus der Menschenwelt sind der »kleinste Mann der Welt« und der »lange Mann«.

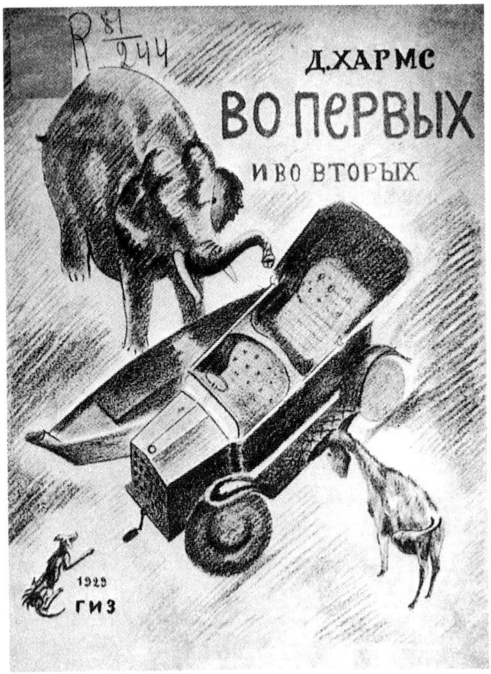

Umschlag zu »Erstens und zweitens«
Обложка книги «Во-первых и во-вторых»

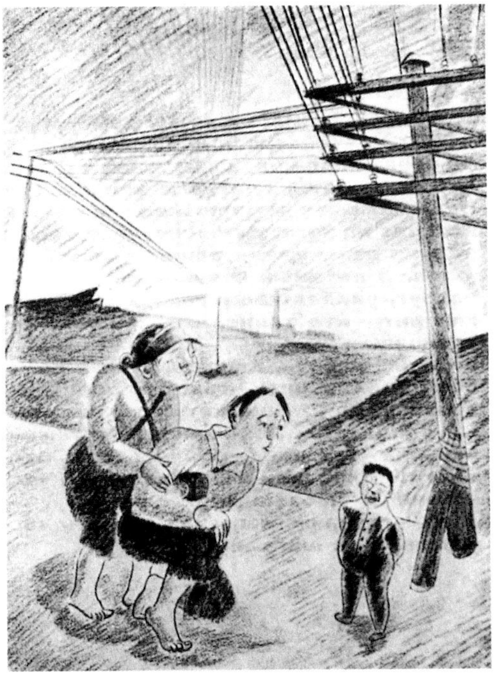

»Drittens«
«В-третьих»

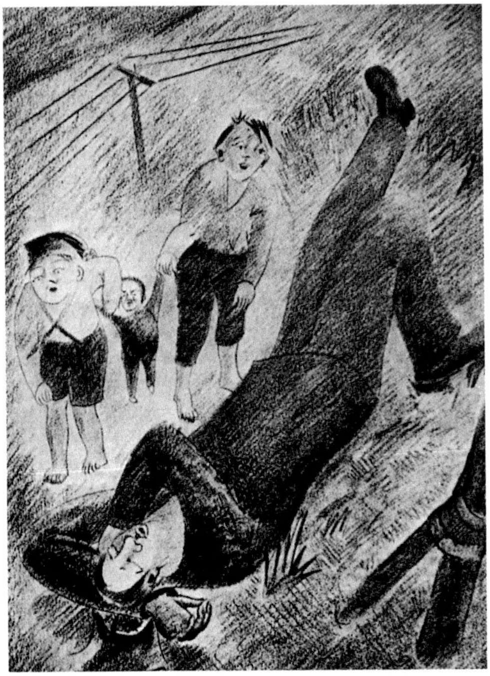

»Viertens«
«В-четвертых»

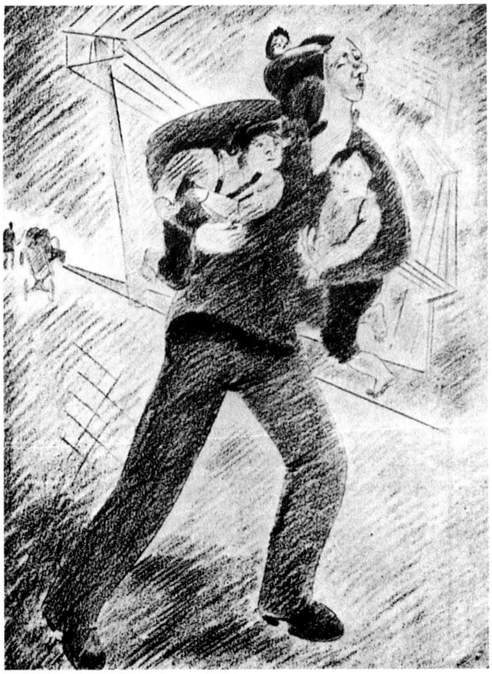

»Viertens« (zweite Abbildung)
«В-четвертых» (иллюстрация вторая)

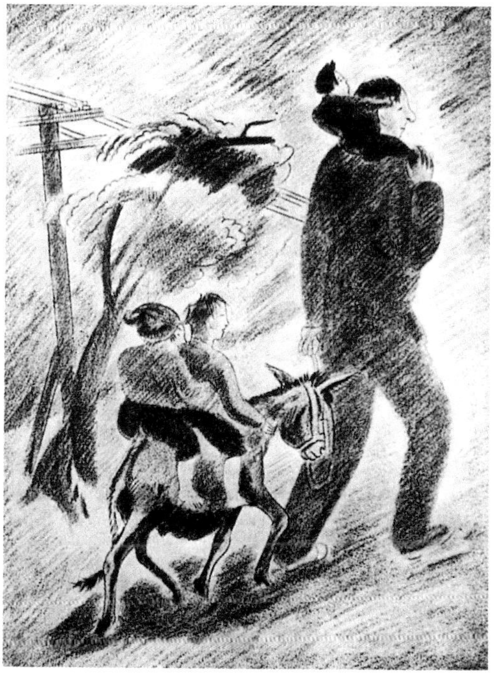

»Fünftens«
«В-пятых»

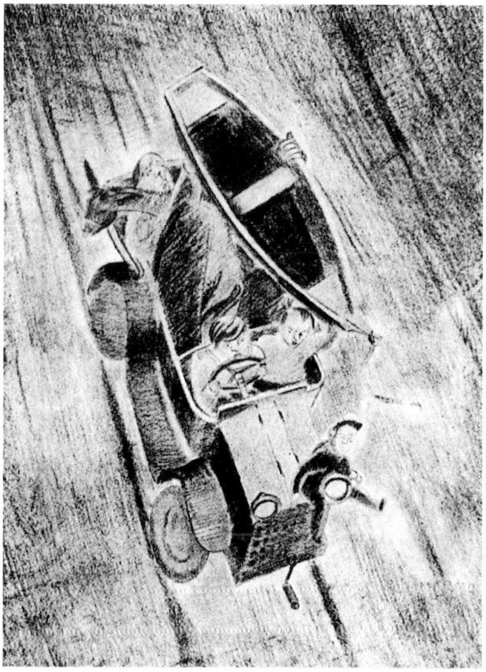

»Siebtens«
«В-седьмых»

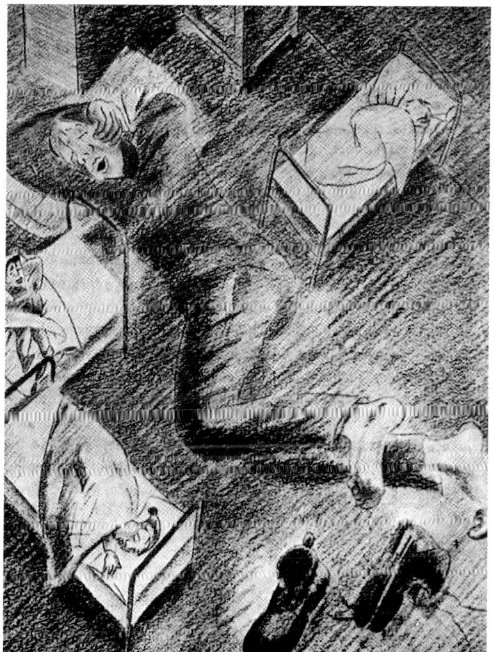

»Achtens«
«В-восьмых»

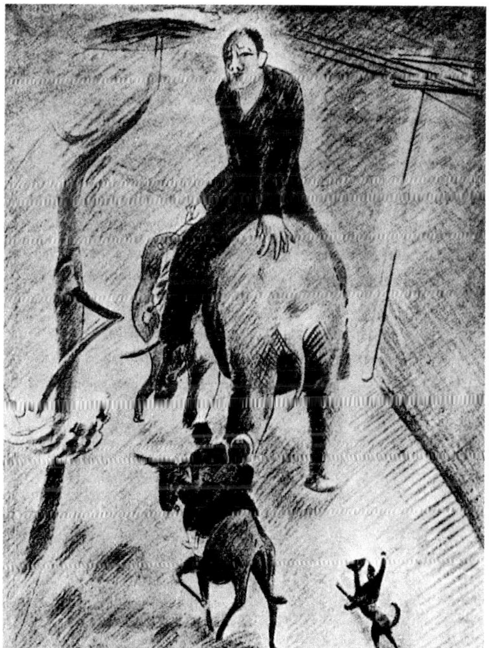

»Neuntens«
«В-девятых»

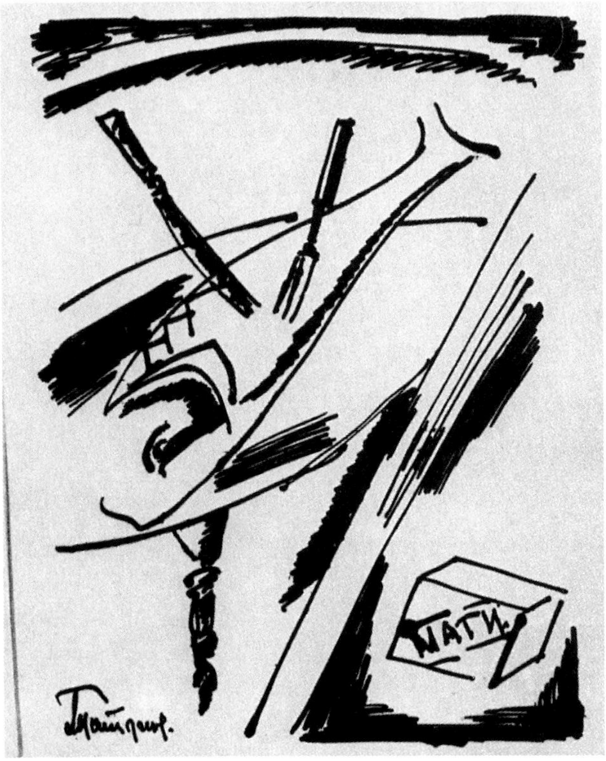

Illustration zum
»Gebetbuch der drei«.
1913

Иллюстрация к
«Требнику троих».
1913

Tatlins Zeichnungen zu »Erstens und zweitens« unterscheiden sich deutlich von seinen futuristischen Beiträgen etwa zu »Mirskonca« (»Weltvomende«) und »Trebnik troich« (»Das Gebetbuch der drei«) von 1912/13, denn er illustriert die Geschichte wörtlich und in regelmäßiger Folge: Gegenüber jeder Textpassage (die erste und die letzte ausgenommen) bietet er eine graphische Interpretation der jeweiligen Episode, ergänzt allerdings, anders als der Autor, die nackten, monochromatischen Strukturen mit physischen Details – Gesichter, eine Straße, Telegraphenmasten, hier und da ein Baum usw. Wie Larissa Shadowa aufgezeigt hat[21], ist die vielleicht bedeutendste Hinzufügung Tatlins offensichtliche Identifikation des »langen Mannes« mit sich selbst; beim aufmerksamen Betrachten der Gesichter von Schöpfer und Geschöpf sehen wir eine frappierende Ähnlichkeit zwischen beiden. Wie Wassili Komardenkow sich erinnert, war Tatlin »groß, breitschultrig, überhaupt stattlich. Sein Kopf saß in einer eigenartigen Weise auf, und er hatte ein einfaches, aber energisches Gesicht [. . .].«[22] Dem können wir hinzufügen, daß Tatlin eine große Nase hatte, in einem ausgebeulten dunklen Anzug zu gehen pflegte und das Haar nachlässig in die Stirn gebürstet trug. All diese Charakteristika sind in Moissei Nappelbaums berühm-

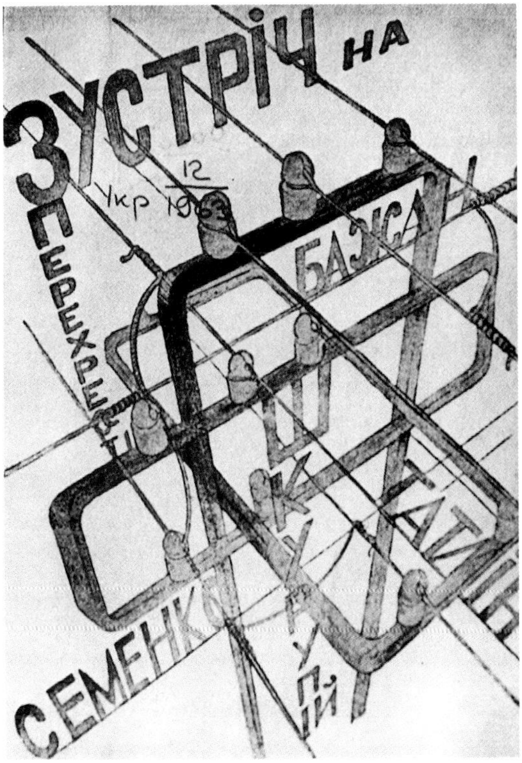

Umschlag zu »Begegnung am Scheideweg«. 1927

Обложка книги «Встреча на перекрестке». 1927

tem Porträt zu sehen – und in Tatlins Darstellung des »langen Mannes« aus Charms' Erzählung. Möglicherweise gibt es sogar einen phonetischen Anhaltspunkt im Wort »d*linny*« (»lang«) mit seinem Echo auf Tat*lin* – die Art Namensspiel, der Tatlin gerade zu dieser Zeit nachging, als er am Le*tatlin* zu arbeiten begann. Wenn Tatlin der »lange Mann« ist, wer ist dann der »kleinste Mann der Welt«? Natürlich Kasimir Malewitsch – nicht nur wegen des zweiten Wortspiels von »*male*nki« (»klein«) und *Male*witsch, sondern auch, weil Malewitsch tatsächlich klein und untersetzt war. Für manche war er »irgendwie quadratisch, mit unangenehmen, unsteten Augen, unaufrichtig, selbstverliebt, dümmlich beschränkt«[23] – eine Beschreibung, die von Tatlins Darstellung des kleinsten Mannes (besonders in der Konfrontation mit dem längsten Mann in Kapitel 4) nicht allzu weit entfernt ist. Auf jeden Fall repräsentierten diese beiden Künstlergestalten für Charms die extremen Errungenschaften der russischen Avantgarde, und es liegt etwas gleichermaßen Aktuelles und Anrührendes darin, daß die Oberiuten (Petka und der Erzähler) die beiden auflesen, als sie zu ihrer Reise ins große Unbekannte aufbrechen. Überdies war Tatlin, wie wir aus der beiderseitigen Feindschaft zwischen ihm und Malewitsch so gut wissen, wohl liebend gern bereit, körperliche mit künstlerischer Kleinheit gleichzusetzen, besonders weil die Geschichte ihm erlaubte, den kleinsten Mann in die bescheidenste Position, sich selbst aber groß in den Vordergrund zu bringen.

Selbst wenn diese Entschlüsselung von »Erstens und zweitens« falsch ist, bleiben uns immer noch die Geschichte selbst und die bemerkenswerte Übereinstimmung der literarischen und künstlerischen Auffassungen Charms' und Tatlins. Dies war das einzige Projekt, bei dem die beiden zusammenarbeiteten, selbst wenn zu dieser Zeit Malewitschs Schüler Wera Jermolajewa und Lew Judin eifrig Charms und Wwedenski illustrierten und Tatlin andere Autoren wie
Michail Semenko und Sergei Sergel. Charms mit seinen »Drähten und Federn 180
[...], Schachteln, Teufelchen, Symbolen und Emblemen«[24], Tatlin mit seinen Hühnern, seinem Antitisch und der Bandura - beide, der Schriftsteller wie der Künstler, lebten in einer Welt der Phantasie, die mit den »vier Bedeutungen« nichts, mit »Sinnlosigkeit«[25] jedoch alles zu tun hatte. Wenn wir zur letzten Illustration von »Erstens und zweitens« kommen und den Don-Quichotte-Tatlin nach einem Jahrzehnt der Niederlagen und unerfüllten Träume auf seinem Elefanten in den Sonnenuntergang hineinreiten sehen, dann hören wir gleichsam, wie er Charms absurdeste Geschichte aus dem »Blauen Heft« auf seine Weise erzählt:

»Es war einmal ein rot gerippter Turm, der hatte keine Seiten und keine Basis. Er hatte auch kein Gerippe, so daß er eigentlich nur so rot gerippt genannt wurde.

Er konnte sich nicht bewegen, denn er hatte keinen Motor. Bewegliche Teile hatte er auch nicht.

Er hatte kein Glas oder Metall. Er hatte auch keinen Rahmen, und er hatte kein Rückgrat, und er hatte auch sonst kein Inneres.

Er hatte überhaupt nichts! So daß unverständlich ist, worum es hier eigentlich geht. Reden wir also besser nicht mehr darüber.«[26]

Anmerkungen

1 N[ikolaj Nikolaevič] Punin, *Novejšie tečenija v russkom iskusstve* [Jüngste Strömungen in der russischen Kunst], Leningrad: Gosudarstvennyj Russkij muzej, 1927, lekcija 1, S. 8.

2 V. Chlebnikov, »Tatlin, tajnovidec lopastej« [»Tatlin, Hellseher geflügelter Schrauben«], zit. in R. Duganov, »Risunki Chlebnikova«, in: *Panorama iskusstv* [Panorama der Künste], Bd. 10, Moskva: Sovetskij chudožnik, 1987, S. 373; dt. in: *Tatlin,* hg. v. Larissa Alexejewna Shadowa, ins Deutsche übertr. v. Hannelore Schmör-Weichenhain, Weingarten: Kunstverlag Weingarten, 1987, S. 362 f. (Übersetzung des Gedichts: Richard Pietraß).

3 George Grosz, *Ein kleines Ja und ein großes Nein,* Reinbek: Rowohlt, 1955, S. 172.

4 A. Ėfros, »Ob Aristarche Lentulove« [»Über Aristarch Lentulow«], in: ders., *Mastera raznych epoch* [Meister aus verschiedenen Epochen], Moskva: Sovetskij chudožnik, 1979, S. 249, 250.

5 Daniil [Ivanovič] Charms, *Vo-pervych i vo-vtorych,* Moskva – Leningrad: Gosudarstvennoe izdatel'stvo, 1929.

6 V. Milaševskij, *Včera, pozavčera* [Gestern, vorgestern], Leningrad: Chudožnik RSFSR, 1972, S. 202.

7 D. Charms, »Predmety i figury, otkrytie Daniilom Ivanovičem Charmsom« [»Gegenstände und Figuren, entdeckt von Daniil Iwanowitsch Charms«], 1927; russ. und engl. Teilübers. in: I. Levin, »The Fifth Meaning of the Motor-Car«, *Soviet Union/Union Sovietique,* Tempe, 1978, Bd. 5, T. 2, S. 287–300.

8 Ju. Annenkov, *Dnevnik moich vstreč* [Tagebuch meiner Begegnungen], New York: Inter-Language Literary Associates, 1966, Bd. 2, S. 243.

9 V. Tatlin, »Problema sootnošenija čeloveka i vešči. Ob-javim vojnu komodam i bufetam« [»Das Verhältnis zwischen Mensch und Gegenstand. Kriegserklärung an die Kommoden und Büffets«], *Rabis,* 1930, Nr. 15, S. 9; dt. in: *Tatlin* (s. Anm. 2), S. 330 f.

10 »Die fünfte Bedeutung des Schrankes ist Schrank.« Nach Levin (s. Anm. 7), S. 299.

11 A. Vvedenskij ..., »OBERIU«, in: R. R. Milner-Gulland, »Left Art in Leningrad: the OBERIU Declaration«, *Oxford Slavonic Papers,* 1970, Bd. 3, S. 70.

12 Laut Levin (s. Anm. 7), S. 288.

13 Ch. Ol'brich, »Sovetskaja vystavka 1922 goda v Germanii« [»Die sowjetische Ausstellung von 1922 in Deutschland«], in: *Vzaimosvjazi russkogo i sovetskogo iskusstva i nemeckogo chudožestvennoj kul'tury* [Die Beziehungen zwischen der russischen und sowjetischen Kunst und der deutschen künstlerischen Kultur], Moskva: Nauka, 1980, S. 165.

14 N. Punin, *Pervyj cikl lekcii* [Erster Vorlesungszyklus], Petrograd: 17 Gosudarstvennaja tipografija, 1920, S. 54.

15 K[onstantin Michailovič] Miklaševskij, *Gipertrofija iskusstva* [Die Hypertrophie der Kunst], Petrograd, 1924, S. 65.

16 I[van Al'bertovič] Puni, *Sovremennaja živopis'* [Moderne Malerei], Berlin: Frenkel', 1923, S. 31.

17 B. Semenov, *Vremja moich druzej* [Die Zeit meiner Freunde], Leningrad: Lenizdat, 1982, S. 270.

18 Grosz (s. Anm. 3).

19 So von Georgi Jakulow berichtet; s. V. Komardenkov, *Dni minuvšie* [Vergangene Tage], Moskva: Sovetskij chudožnik, 1972, S. 56.

20 A. Rylov, *Vospominanija* [Erinnerungen], Leningrad: Chudožnik RSFSR, 1977, S. 193.

21 Larissa Alexejewna Shadowa, »Tatlin, der Illustrator und Buchgestalter«, in: *Tatlin* (s. Anm. 2), S. 82–87, hier S. 84 f.

22 Komardenkov (s. Anm. 19), S. 55.

23 A. M. Rodčenko, »O Tatline 1915–1917 gg.«, in: ders., *Stat'i. Vospominanija. Avtobiografičeskie zapiski. Pis'ma* [Aufsätze. Erinnerungen. Autobiographische Aufzeichnungen. Briefe], Moskva: Sovetskij chudožnik, 1982, S. 84.

24 A[lisa Ivanovna] Poret, »Vospominanija o Daniile Charmse« [Erinnerungen an Daniil Charms], in: *Panorama iskusstv,* Bd. 3, Moskva: Sovetskij chudožnik, 1980, S. 352.

25 Punkt 12 von Charms' Manifest »Predmety i figury ...«: »Überführt man diese Reihe [Gegenstände, präsentiert in ihrer fünften Bedeutung – J. B.] in ein neues System, so erhält man eine Wortreihe, die menschlich SINNLOS ist.« In: I. Levin (s. Anm. 7), S. 300.

26 Paraphrase von Charms' »Golubaja tetrad' No. 10« [»Blaues Heft Nr. 10«], in: Daniil Charms, *Izbrannoe* [Ausgewähltes], Würzburg: Jal, 1974, S. 47.

Übersetzung aus dem Englischen: John Matheson.

Peter Nisbet

Lissitzkys Tatlin*

Tatlins öffentliche Präsentation seines Denkmals der Dritten Internationale gegen Ende des Jahres 1920 muß auf die rivalisierenden Gruppen der künstlerischen Avantgarde in Moskau, Petrograd und anderswo überwältigend gewirkt haben. Seine architektonische Skulptur war in den Jahren darauf sicherlich ein Katalysator der Hauptentwicklungen in der Kunstwelt; diese Annahme wird durch verstreute Berichte über die durch die Präsentation des Modells ausgelösten ernsthaften, engagierten Diskussionen bestärkt.

Ein besonders interessanter Bericht stammt von El Lissitzky. Während seines achtzehnmonatigen Aufenthalts in Witebsk zum leidenschaftlichen Anhänger von Malewitschs Suprematismus geworden, traf Lissitzky gegen Ende des Jahres 1920 in Moskau ein und bezog bald Position in den Diskussionen und Meinungsverschiedenheiten, die das intellektuelle Klima in der Zeit nach dem Bürgerkrieg prägten. Im Manuskript eines Artikels über die Architektur der Sowjetunion (geschrieben gegen Ende 1924, also etwa vier Jahre nach der Präsentation des Denkmals) ist ein solcher Fall festgehalten. Lissitzky schreibt: »Auf dem großen Meeting in der Akademie in Moskau (1921), wo abgestimmt wurde ob der Turm gebaut werden soll, war ich der erste den Entwurf zu kritisieren und doch dafür zu stimmen.«[1]

Lissitzky nennt zwar das Jahr 1921, meint aber sicher die öffentliche Diskussion, die wahrscheinlich am 10. Dezember 1920 stattfand, wie aus Äußerungen anderer Teilnehmer hervorgeht.[2] Daß eine solche Veranstaltung überhaupt stattfand und daß die Mitglieder der Avantgarde über das Modell abstimmten, weist deutlich auf die Herausforderung hin, die es darstellte. Überdies ist es typisch für Lissitzky, die Ausführung eines solchen Projekts unterstützen zu wollen; er war stets dafür, zu experimentieren und wenn nötig aus Fehlschlägen und Irrtümern zu lernen. Höchst interessant in diesem Zusammenhang ist, daß er mit Kritik am Entwurf schnell bei der Hand war und es auch noch Jahre später wichtig fand, seine Vorbehalte zu äußern.

---

* Dieser Aufsatz ist eine für die vorliegende Publikation revidierte und gestraffte Fassung des auf dem Düsseldorfer Symposium im November 1989 gehaltenen Vortrags. Für wertvolle Hinweise möchte ich Jürgen Harten, Christina Lodder, Hubertus Gaßner, David Elliott und Susan Compton danken.

Natürlich machte Lissitzky nie ein Hehl aus seiner Reserviertheit gegenüber Tatlins Werk. Immer zeichnete sich seine Bewunderung durch etwas Skepsis aus.[3] Als zutiefst loyaler Anhänger Malewitschs mußte Lissitzky gegenüber dem langjährigen Rivalen seines Mentors verständlicherweise kritisch sein. Erst kurz zuvor, 1919, hatte es von Tatlin geheißen, er habe den Suprematismus als die »Summe aller Irrtümer der Vergangenheit« bezeichnet.[4] Wenn auch Malewitsch in diesen Jahren anscheinend nicht explizit zu Tatlin Stellung genommen hat, so leuchtet doch ein, daß Anhänger des suprematistischen Lagers nicht ganzen Herzens auf Tatlins Seite sein konnten.

Neben den schriftlichen Aufzeichnungen verdient ein weiteres Zeugnis der unmittelbaren Reaktion des Künstlers auf das Denkmal ernsthafte Betrachtung. Lissitzkys ursprünglich unter dem Titel »Tatlin bei der Arbeit am Denkmal der Dritten Internationale« bekannte Collage ist uns zwar seit den frühen sechziger Jahren dank zahlreicher Ausstellungen und Reproduktionen vertraut, wurde aber noch nicht gründlich erforscht.[5]

Die direkte Verknüpfung mit dem Gegenstand des vorliegenden Buches verdankt sich der männlichen Figur, die in Arbeitskleidung auf einem niedrigen Tisch steht, in der Hand eine Holzlatte. Diese Figur ist in Graphit gezeichnet, erscheint jedoch wie ein fremdartiges, fast photographisches Element. Und in der Tat handelt es sich um eine Zeichnung nach einem inzwischen berühmten Photo von Tatlin mit seinen Assistenten bei der Arbeit am Modell des Denkmals.[6] Die Figur steht vor einer Konfiguration geometrischer Flächen und komplizierter Linien. Ausgefeilt, vexierend dreidimensional, ähnelt diese abstrakte Komposition stark Lissitzkys »Prounen«, namentlich der heute allgemein als »Durchdringungsflächen« bekannten Komposition.[7] Sie bildet den Hintergrund und sozusagen die Wände des Raums, innerhalb dessen die Tatlinfigur arbeitet. Eine weitere Prounform, die auf der als »Proun 6 B«[8] bekannten Kreiskomposition basiert, ein zylindrisches Element und eine längliche Dreiecksform sind diesem Rahmen rechts eingefügt und bilden eine Konfiguration, auf die sich die Hauptaufmerksamkeit des Mannes zu richten scheint.

Ein geöffneter Zirkel ersetzt seine Augen – eine Anspielung auf Geometrie und Mathematik, die durch mehreren der Prounflächen eingeschriebene Diagramme und Formeln verstärkt wird. Diese scheinen nicht ohne weiteres verständlich; so hat zum Beispiel die Formel, in der das Unendlichkeitssymbol die Kubikwurzel aus minus null überkreuzt, mathematisch keinen Sinn. Oberhalb dieses Zusammentreffens von Mensch, Wissenschaft und abstrakter Kunst findet sich das einzige echte Collageelement des Werkes, die Photographie eines Frauenkopfes, rechts und am Hals beschnitten, mit einer weißen, rechteckigen Form, die den Mund verdeckt.

Jegliche Erhellung muß von der Tatsache ausgehen, daß diese seltsame Komposition nicht als autonomes Kunstwerk entstand, sondern vielmehr als Illustration zu einer Erzählung von Lissitzkys engem Kollegen, dem Schriftsteller und

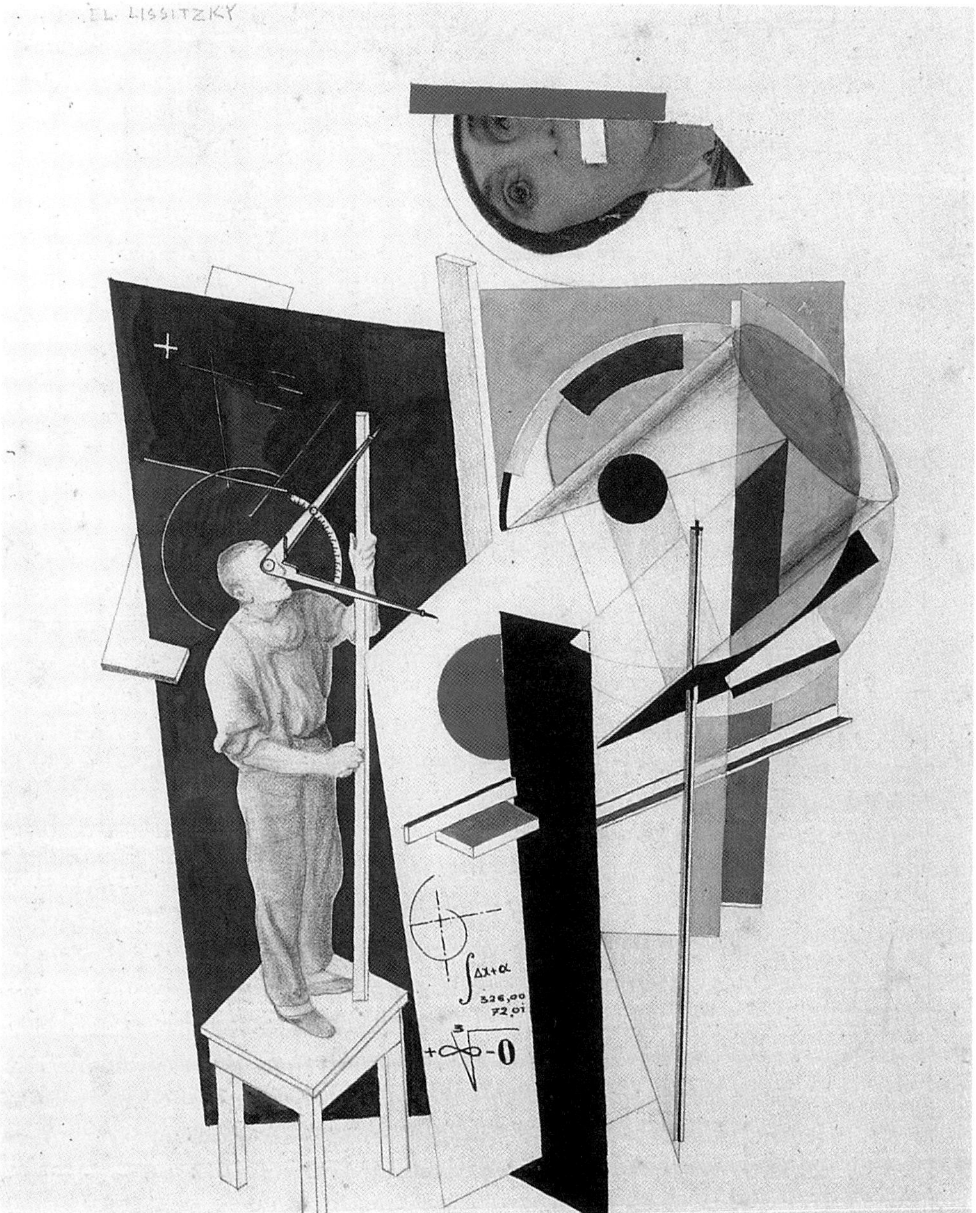

El Lissitzky. »Tatlin bei der Arbeit am Denkmal der Dritten Internationale«. 1921/22

Эль Лисицкий. «Татлин за работой над Памятником III Интернационала». 1921–1922

Journalisten Ilja Ehrenburg. Als schließliche Buchillustration erschien eine aus dieser Collage entwickelte Strichzeichnung, und zwar in Ehrenburgs »Sechs Erzählungen mit leichtem Schluß« (1922), einem Buch, für das Lissitzky fünf weitere Illustrationen und den Umschlag entwarf.[9] Der auf Tatlin und sein Denkmal verweisende Titel der Collage führt in Wirklichkeit irre. Die von dieser Illustration begleitete Erzählung heißt »Vitrion«. Geschrieben in Ehrenburgs typischem anspielungsreichem Telegrammstil, ist sie ein vielschichtiger, komplexer Bericht über eine Figur namens Wassili Below, und die Illustration müßte eigentlich, wie der folgende kurze Abriß der Handlung verdeutlicht, »Below bei der Arbeit an seiner beweglichen Konstruktion Vitrion« genannt werden. Darüber hinaus offenbart der Inhalt der Geschichte, daß Lissitzkys Verwendung einer Photographie Tatlins, auch wenn diese nicht zum direkten Bezugsfeld der Illustration gehört, tatsächlich nicht zufällig oder bedeutungslos ist. Sie verleiht dem Verständnis der Reaktion der Avantgarde auf Tatlin und seine Werke in den frühen zwanziger Jahren eine neue Dimension.

Zu Beginn der Erzählung[10] begegnen wir dem Helden Below, der allein in einem düsteren Raum sitzt: »Merkwürdige Dinge im Zimmer: Bretter mit Steckern daran, ein Hufeisen, Schnüre ringsumher, Blechscheiben, Glas, ein rostiges Rad einer Wanduhr, Zigarettenschachteln, Plunder. All das nicht zufällig, kein fortgeworfenes Gerümpel, sondern sorgfältig zusammengetragen, voller Bedeutung. Below war kein Sonderling, kein Lumpensammler, sondern ein künstlerischer Konstrukteur.«

Trotz alltäglicher harter Plackerei kann Below »Zirkel. Zahl. Kreis, groß und erhaben« heraufbeschwören. Das »Gegebene« war »wie Kohl, kraus, verdorben. Aber man kann es mit dem Zirkelrachen packen, vermessen, rekonstruieren« und so einen »Gegenstand« bauen, der sich »allein außerhalb der Erde dreht – ein neuer Körper unter Körpern«. (Lissitzkys Illustration spielt sehr direkt auf Schlüsselelemente dieser Beschreibung an.)

Below, so erfahren wir, beschäftigt sich seit zwei Jahren mit einem »Denkmal der neuen Zeit«. Eine »neue Form« aus Zylindern, Kugeln und ineinandergreifenden Dreiecken, »alle kreisend« und »in Bewegung«. (Wiederum hat Lissitzky dieses Objekt in seiner Illustration bemerkenswert getreu dargestellt.) Das Denkmal kann »nicht wie eine Vogelscheuche stillstehen«, sondern soll durch Moskau spazieren, wird unvermeidlich Aufmerksamkeit erregen und die Menschen zum Glauben an die neue Zeit bekehren. Der Konstrukteur hat für dieses Gebilde den Namen Vitrion, »als sei in Belows Bauch unter Zylindern noch immer irgendein romantischer Plunder am Werk«.

Doch in Belows Leben gibt es noch ein anderes Objekt, die Frau Lidia Stepanowna Barykowa, die er liebt, ohne zu verstehen warum. »Man kann einen Gegenstand konstruieren, der im Raum kreist – groß, stählern, einzig. Aber mit der Liebe wird man nicht fertig: leg sie hin, und sie fliegt hoch, sag ›Flieg!‹, und sie fällt herab wie ein Stein und tötet dich.« Lidia erwidert Belows Gefühle nicht und beklagt sich, daß er in seiner Arbeit niemals die Liebe zeige. (Sicher stellt der Kopf in der Collage Lidia dar.)

Der Staat lehnt Vitrion ab, weil er einen »hohen Kommunisten« aus der Fassung bringt. Statt dessen schlägt ein Vertreter der Unterabteilung Zirkus der Theaterabteilung des Volksbildungskommissariats Below vor, Vitrion als erfolgreiche Zirkusnummer einzusetzen; das Publikum sei die Elefanten leid. Lidia besucht Vitrions erste Vorstellung im Zirkus; die Nummer hat bezeichnenderweise die Dritte Internationale zum Thema. Vitrion steuert augenblicklich auf Lidia zu. Abrupt verlassen sie den Zirkus und verbringen die Nacht in Lidias Wohnung. Am Morgen kommt Below und zerstört Vitrion wutentbrannt in einem Anfall rasender Eifersucht.

Nach wochenlanger Krankheit erfährt er von Lidia, daß sie von Vitrion schwanger ist. Dies treibt ihn in den Wahnsinn; er landet in einer Irrenanstalt, wo er sich schließlich mit dem Gedanken tröstet, der Urvater, der Patriarch eines »großen Blechstammes« von Vitrions Nachfahren zu sein. Alle um ihn herum sind »keine Leiber, sondern bis zum Schwitzen aufgeheiztes Blech«. Below ist froh, diese neue Rasse erzeugt zu haben, doch ebenso, ihr nicht anzugehören, sondern für sich zu sein, »in einem Bett neben dem Fenster«. Hier endet die Erzählung.

Die zahlreichen Anspielungen auf Tatlin in dieser Geschichte brauchen wohl nicht im einzelnen dargelegt zu werden. Sicherlich darf man sagen, daß diese komische Erzählung das Modell des Golems, Pygmalions und des Zauberlehrlings benutzt, um zahlreiche Anmaßungen der »künstlerischen Konstrukteure« in der Sowjetunion zu verspotten. Es gibt genügend überzeugende Ähnlichkeiten zwischen Tatlin und seinem Denkmal auf der einen, Below und Vitrion auf der anderen Seite, um Lissitzkys Entscheidung, eine direkte Anspielung auf Tatlin einzufügen, als plausibel und gerechtfertigt anzusehen.

Die Collage steht also am Schnittpunkt dreier schöpferischer Lebenswege, und bei der Beschäftigung mit ihr sollte stets klar definiert werden, welcher Bezugspunkt jeweils zur Debatte steht. Sie kann uns etwas über den Autor Ehrenburg sagen, etwas über den Illustrator Lissitzky – und bestimmt auch etwas über Tatlin selbst.

Gilt das Interesse dem Autor, dann lassen sich die Erzählung »Vitrion« und ihre getreue Illustration als Produkt von Ehrenburgs intensiver Beschäftigung mit den in Kreisen der sowjetischen Avantgarde diskutierten Fragen sehen. Ehrenburg war sicher gut informiert. Gerade vor seiner Ankunft in Berlin gegen Ende 1921 hatte er für eine französische Zeitschrift einen wichtigen Artikel über moderne russische Kunst verfaßt, ferner eine enthusiastische Abhandlung, die einen Überblick über die Tendenzen der sowjetischen Avantgarde bietet und positive Bemerkungen zu Tatlin, Rodtschenko, Lissitzky und anderen enthält.[11] Das Bild des Künstler-Konstrukteurs, das die Erzählung entwirft, ist keine ignorante Karikatur, sondern eine gescheite Übertreibung. Ehrenburgs Prosa dieser

Zeit ist deutlich von Ironie und karnevalesker Groteske gekennzeichnet. Diese intelligente Ambivalenz bildet auch den Kern des geistreichen Porträts von Below/Tatlin. Der Idealismus, die Hingabe und der Erfindungsreichtum der Figur werden mit Sympathie geschildert, aber damit einher geht eine recht herbe Kritik an der Kurzsichtigkeit und Unzulänglichkeit eines solchen Künstlers. Verschlüsselt oder expressis verbis wird alles kritisiert – von der kommunistischen Regierung bis zum romantischen Individuum.

Innerhalb von Lissitzkys künstlerischer Entwicklung gesehen, kann die Collage viele entsprechende Beobachtungen bekräftigen. Ehrenburgs intellektuelle Laufbahn war zwar unstet, markiert durch vorübergehende Begeisterung und nur zeitweilige Bindungen, doch standen seine Interessen und Überzeugungen zu jener Zeit (1922) denen Lissitzkys erkennbar nahe. So gaben die beiden eben damals gemeinsam die dreisprachige Zeitschrift »Vešč' – Gegenstand – Objet« heraus. Auch in Lissitzkys Schaffen spielte das Problem der Auflösung der Spannung zwischen Organischem und Mechanischem eine Hauptrolle, und er stellte die Idee des Individuums (besonders der emotionalen und erotischen Dimension) und die Irrationalität des Schöpferischen noch immer hoch genug, um sich von vielen Motiven der Erzählung des Schriftstellers angesprochen zu fühlen. Auch Lissitzky war vorsichtig gegenüber der bolschewistischen Regierung, deren Kulturpolitik er mit einigem Argwohn betrachtete.

Dennoch, wenn dieses Bild so eng mit Ehrenburgs fiktionaler Erzählung verknüpft ist – kann es sehr viel über Lissitzkys Sicht des realen Tatlin verraten? Sicher drückt sich in der Einbindung von Tatlins Porträt in diesen nicht sonderlich schmeichelhaften Kontext auch Lissitzkys ständige Rivalität mit Tatlin aus.[12] Aber man kann nicht genug betonen, daß der Konstrukteur, obwohl die menschliche Gestalt hier tatsächlich die Tatlins ist, an und in Lissitzkyschen Formen (Prounen) arbeitet. Wenn Lissitzky auch öffentlich die Ansicht verfocht, seine Prounkunst sei objektiv, überindividuell und in gewisser Weise anonym, so gewinnt man doch den deutlichen Eindruck, daß er die Figur Tatlins hier als eine Art Selbstporträt gebraucht.

Der Gedanke, daß es in dieser Collage in bestimmter Hinsicht um Lissitzkys eigene künstlerische Belange geht, regt zur Diskussion der Frage an, wie dieses Werk (und auch andere Illustrationen zu Ehrenburgs Erzählungsband) Lissitzkys Untersuchung des Problems, das Menschliche seiner abstrakten Kunst einzufügen, vor Augen führt – das Problem also der Vereinigung konstruktivistischer Formen mit Verweisen auf Figürliches. Im Laufe seiner Karriere sollte Lissitzky diese Fragestellung in den Bereichen Architektur und Umweltgestaltung – Umschließung und Beherbergung des Menschen – verfolgen.

Dem aber galt nicht nur Lissitzkys Interesse. Man darf sicher behaupten, daß es Tatlin nach seinen Reliefs und Konterreliefs um ebendasselbe ging. Sein Denkmal ist, in einer Lesart, eine abstrakte Skulptur, die Menschen beherbergt. Ein gut Teil von Tatlins Arbeit der zwanziger Jahre ist dem Problem der Einbringung humaner Aspekte in Fragen des Designs und der Technik (sei es deren soziale oder mechanische Seite) gewidmet. Und wirklich ging Tatlin dieses Problem zumeist so an, daß er die Art und Weise untersuchte, in der gestaltete Dinge den Menschen einhüllen oder umschließen: sei es als Kleidung oder als Gerüst einer Flugmaschine. Von daher gesehen ist es bedeutsam, daß Lissitzky die Tatlinfigur in seiner Collage nicht einfach bei der Arbeit an einer von ihr getrennten Konstruktion zeigt, sondern sie in eine Umgebung prounartiger Formen regelrecht einschließt.

Innerhalb dieses Komplexes von Fragen und Anregungen kann Lissitzkys sogenannter »Tatlin bei der Arbeit« Licht auf mehr als nur die Erzählung werfen, die er so gelungen und amüsant begleitet. Gemessen an der späteren wissenschaftlichen Analyse mag sich in der Collage sehr wohl ein Mißverstehen Tatlins zeigen. Dennoch bezeugt sie beredt, welch starke Herausforderung Tatlins Leistung für seine Künstlerkollegen darstellte. In der Indirektheit und Mehrdeutigkeit der Bezüge spricht die Collage von der Schwierigkeit, die die direkte Konfrontation mit Tatlin für die Künstler bildete. Die Bedeutungsvielfalt macht dieses Werk zu einem fesselnden Dokument, einem wesentlichen Zeugnis in der ausgedehnten Geschichte von Tatlins Einfluß auf Kunst und Kultur seiner Zeit.

Anmerkungen

1 ZGALI, f. 2361, op. 1, ed. chr. 27, l. 1–8. In der publizierten Fassung des Artikels ließ Paul Westheim diese und andere anekdotische Bemerkungen weg. Vgl. dazu seine Postkarte vom 22. Dezember 1924 an Lissitzky (ZGALI, f. 2361, op. 1, ed. chr. 36, l. 6). Die redigierte Fassung des Artikels (»SSSR's Architektur«) erschien in Westheims Zeitschrift »Das Kunstblatt«, Bd. 9, Nr. 2, Februar 1925, S. 49–53. Der Wiederabdruck in *El Lissitzky. Maler, Architekt, Typograf, Fotograf. Erinnerungen, Briefe, Schriften* überg. v. Sophie Lissitzky-Küppers, Dresden: VEB Verlag der Kunst, 1967, S. 366–368, ist unvollständig und daher irreführend.

2 Siehe *Tatlin,* hg. v. Larissa Alexejewna Shadowa, ins Deutsche übertr. v. Hannelore Schmör-Weichenhain, Weingarten: Kunstverlag Weingarten, 1987, S. 423. Das Treffen zwischen Gabo und Tatlin, über das Christina Lodder in ihrem Beitrag zu diesem Symposium berichtet (vgl. S. 235 f.), fand vermutlich ebenfalls bei dieser Zusammenkunft statt.

3 Ausführlich hatte er diese Zweifel in seinem 1923 gehaltenen Vortrag über russische Kunst dargelegt. Lissitzky beschuldigte Tatlin und seine Kollegen eines gewissen Romantizismus, des Materialfetischismus und der Vernachlässigung der Notwendigkeit eines »neuen Planes«. Lissitzkys Bemerkungen lassen die Einschätzung durchblicken, daß das Denkmal, obwohl es das erste Werk der neuen Generation sei, die von sich selbst »Erfindung, elementare Gestaltung, eindeutige Konstruktion und Materialbeherrschung« fordere, diesen Zielen nicht gerecht geworden sei. Der Text des Vortrages findet sich in den Lissitzky-Akten des ZGALI (f. 2361, op. 1, ed. chr. 26, l. 1–30) und gedruckt in *El Lissitzky* (s. Anm. 1), S. 330–340.

4 Zit. von Nikolai Punin in *Iskusstvo Kommuny,* Nr. 10, 9. Februar 1919, S. 2; hier nach [Kazimir] Malévitch, *Écrits*. Présentés par Andrei B. Nakov. Traduction du russe par Andrée Robel-Chicurel. Paris: Champ Libre, 1975, S. 143 und Anm. 19, S. 154 (in der »Note biographique« des »Prologue« von A. B. Nakov).

5 Aquarell, Tusche, Graphit und Collage auf Papier, 29,2 × 22,8 cm. Sammlung Mr. und Mrs. Eric Estorick, wahrscheinlich aus der Sammlung der Witwe des Künstlers. Erstmals gezeigt wurde die Collage in der Grosvenor Gallery, London (*Two Decades of Experiment in Russian Art [1902–1922],* 1962; Kat.-Nr. 37), datiert auf 1917, betitelt »Tatlin Working on 3rd. International Statue«. Bei vielen folgenden Veröffentlichungen wurde das Datum in 1921/22 korrigiert, der Titel manchmal auf »Tatlin bei der Arbeit« verkürzt.

6 Lissitzkys Quelle für die Photographie war mit größter Wahrscheinlichkeit Nikolai Punins Tatlinmonographie, die 1921 in Petrograd erschien, im Jahr bevor Lissitzky die Collage schuf.

7 Die in Öl ausgeführte Fassung dieser Komposition befindet sich heute in der Staatlichen Galerie Moritzburg in Halle (vgl. *El Lissitzky 1890–1941,* Busch-Reisinger Museum, Cambridge, Mass., 1987 (Ausst.-Kat.), S. 170, Proun Inventory Nr. 68). Eine Gouache befindet sich im Busch-Reisinger Museum (ebd., S. 161, Proun Inventory Nr. 20, Tafel 48).

8 *El Lissitzky 1890–1941* (s. Anm. 7), S. 90 f., Tafeln 27 und 28.

9 Details zu diesem Buch und zu Lissitzkys Beitrag in *El Lissitzky 1890–1941* (s. Anm. 7), S. 185, Nr. 1922/12, Tafel 91. Es lohnt die Feststellung, daß die Illustration, wie sie in Ehrenburgs Buch erschien, eine getreue Strichzeichnung nach Lissitzkys Collage ist. Die einzige Abweichung ist eine rechts von den unsinnigen algebraischen Symbolen eingefügte enge Zahlenkolonne, offensichtlich aus einer Zeitung (Börsenbericht?). Verschiedene grobe Schraffuren sollen Lissitzkys Farben wiedergeben.

10 Meine Inhaltsangabe und Zitate aus dieser Erzählung nach Louis Lozowicks Übersetzung ins Englische, erschienen in dem monatlichen Kulturmagazin »Broom«, Berlin – Rom – New York, Bd. 3, Nr. 2, September 1922, S. 83–94. [Für vorliegende deutsche Übersetzung des Beitrags von Peter Nisbet wurde auch die russische Originalausgabe der Erzählung konsultiert; in: Il'ja Erenburg, *Šest' povestej o legkich koncach,* Moskva – Berlin: Helikon, 1922, S. 9–28. – Anm. d. Red.]

11 Elie Ehrenbourg, »L'Art russe d'aujourd'hui«, *L'Amour d'art,* Bd. 2, Nr. 11, November 1921, S. 367–370; Il'ja Erenburg, *A vse-taki ona vertitsja* [Und sie bewegt sich doch], Moskva–Berlin: Helikon, 1922. Interessanterweise berichtet Ehrenburg in seinem Buch über den Spott, dem das Denkmal bei seiner Präsentation 1920 ausgesetzt war (S. 19 f.).

12 Ein offenkundigeres Beispiel dieser Rivalität bietet Lissitzkys Brief vom 20. Mai 1924 an Adolf Behne (Privatarchiv, Berlin), in dem er auf seine sogenannte Lenintribüne eingeht. Lissitzky legt Wert auf die Feststellung, daß die Idee zu diesem Projekt von ihm und seinen Studenten in Witebsk entwickelt wurde, *bevor* Tatlins Denkmal vollendet war oder bekannt wurde.

Übersetzung aus dem Englischen: John Matheson.

Jelena Rakitina

Tatlin und Rodtschenko

Die Namen Tatlin und Rodtschenko werden häufig – durch ein Komma zusammengeordnet – nebeneinandergestellt. Das führt dann dazu, daß sie nicht nur als Zeitgenossen, sondern in vieler Hinsicht auch als Waffengefährten in der Kunst angesehen werden.

Wenn man das Werk dieser beiden Künstler vergleicht und die Geschichte ihrer Beziehungen untersucht, so ist das natürlich für beider Biographien interessant. Doch gibt es keineswegs für beide Seiten gleichwertige dokumentarische Zeugnisse. Erhalten sind ein paar kurze offizielle Briefe von Tatlin und Rodtschenko, korrekt und höflich, aber wohl kaum als Korrespondenz zwischen Freunden anzusehen.[1] Rodtschenko hat seine Eindrücke von den Begegnungen mit Tatlin in den Jahren 1916–1918 aufgeschrieben[2], doch äußert er sich nicht dazu, weshalb sich ihre Wege getrennt haben.[3] Möglicherweise hat er sich gar nicht klargemacht, daß hinter den zufälligen Anlässen zum Streit prinzipielle künstlerische Meinungsverschiedenheiten stehen könnten.

Die Arbeiten von Tatlin betrachtete er unter dem Gesichtspunkt der Neuheit ihrer Verfahren, ihr inneres Leben jedoch ließ er außer acht. In dieser Hinsicht ist seine Rezeption bezeichnend und steht, so möchte ich meinen, ganz in der Tradition von Tatlins Zeitgenossen. Bereits 1920 hat der junge russische Diplomat Konstantin Umanski in seinem Buch »Neue Kunst in Rußland 1914–1919«[4] Tatlins Konterreliefs, die ihm antiplastisch schienen, ohne Arg als Maschinenkunst, als Sieg des Intellektuellen, Materiellen über die geistige Kunst Kandinskys und Malewitschs charakterisiert.

Ein Schritt weiter, und diese Definitionen werden zu den Bürgerschreckslosungen der Dadaisten: »Die Kunst ist tot. Es lebe die neue Maschinenkunst Tatlins!«

Tatlin, Schöpfer des Modells des Turms, wird zu einem künstlerischen Mythos. Und noch ein Schritt, und die in Berlin erscheinende Zeitschrift »Gegenstand«, herausgegeben von Ilja Ehrenburg und El Lissitzky, letzterer Opponent Tatlins wie Rodtschenkos, erklärt Tatlin zum Vater des Konstruktivismus.

Auch Rodtschenko in Moskau fördert und propagiert gemeinsam mit einer Gruppe von Künstlern und Soziologen den Konstruktivismus.

Tatlin kehrt nach 1922 nicht mehr zu den Konterreliefs zurück.

Rodtschenko malt sein letztes Bild.

Die Dadaisten machen aus der Losung »Nieder mit der Kunst« eines der raffiniertesten ästhetischen Spiele in der Kunst des zwanzigsten Jahrhunderts.

Rodtschenko und eine Reihe anderer Künstler wenden sich der Produktionskunst zu – räumlichen und optischen Projekten für Dinge des täglichen Gebrauchs, Textilien und Bucheinbände.

Auch Tatlin, der organisatorisch nichts mit dieser Künstlergruppe zu tun hat, weil er in Petrograd lebt, entwirft einen Mantel und baut bei sich zu Hause einen Sparofen.[5]

Äußerlich eigentlich nicht wenige Übereinstimmungen, die man auch als Gemeinsamkeiten ansehen könnte, wenn man von den Ähnlichkeiten in Thema und Aufgabenstellung ausgeht, nur mit Zitaten und Deklarationen operiert und die Arbeiten selbst außer acht läßt.

So erging es zum Beispiel Boris Groys in seinem Buch »Gesamtkunstwerk Stalin«, das kürzlich in München erschienen ist.[6] Bei ihm verschmilzt alles Innovatorische in der Kunst der zehner und zwanziger Jahre zu dem einen Bild einer vielköpfigen Hydra, die mal mit der Stimme Malewitschs oder Chlebnikows, mal mit der Stimme Gans oder Arwatows spricht. Die Köpfe lassen sich leicht austauschen und abschlagen. Tatlin und Rodtschenko befinden sich hier – im Kontext des Buches – in äußerst schlechter Gesellschaft. Sie sind Maschinenanbeter, die Konstruktionsmodelle schaffen, um das Leben nach einem künstlerisch einheitlichen Plan durchzuorganisieren, getrieben vom Willen zur Macht. Verwirklicht jedoch wird ihr Plan von dem heimtückischen Josef Stalin, der ja selbst das Leben nach einer einheitlichen künstlerischen Idee organisiert. Was für ein Krimi!

Klar, mir fiel sofort ein, daß Rodtschenko in den dreißiger Jahren als Photograph zum Bau des Weißmeerkanals fuhr und sich dort von dem Modell der Umerziehung von Gefangenen zu gesunden Sowjetbürgern, wie es die Tschekisten den angereisten Kunstschaffenden vorführten, täuschen ließ.[7]

Aber bei Tatlin konnte ich mich nicht an so eine Selbsttäuschung erinnern.

Mir fielen auch die sensationellen historisch-kunstwissenschaftlichen Exkurse von Tom Wolfe ein, der dem »Schwarzen Quadrat« und dem Bauhaus die Schuld am Triumph der Naziideologie gab. Und der sowjetische Ästhetiker Michail Lifschiz, der ähnliche Dinge über Picasso und Malewitsch und überhaupt alle Modernisten auf der Welt behauptete.[8] Und wie lieb und geradezu sentimental kamen mir die dreißig Jahre alten streitbaren Thesen des Pariser Kritikers Waldemar George vor: Er war der Meinung, der erste wirkliche Konstruktivist sei Marx gewesen, weil er die Kraftlinien für eine Neuordnung der Welt erforscht hätte.

Es geht natürlich nicht darum, zu beweisen, daß der eine schuldig ist und der andere nicht. Rodtschenko ist selbst ein Opfer des Stalinismus, und der Produktionskonstruktivismus ist nicht das Modell des Lebens im Stalinismus. Das soziale Ideal des Produktionskonstruktivismus hat einer seiner Gegner ziemlich präzise definiert: Amerikanismus minus Kapitalismus[9]. Es geht vielmehr darum, daß wir uns endlich daran gewöhnen müssen, daß eine einzige künstlerische Persönlichkeit von größerer Bedeutung sein kann als eine ganze Kunstrichtung, daß sie eine besondere künstlerische Welt mit ihrem Eigenleben ist. Und bei etwas mehr Aufmerksamkeit den Arbeiten Rodtschenkos und Tatlins gegenüber stellen wir sofort fest, daß ihre Positionen in der Kunst einander diametral entgegengesetzt sind. Es sind Künstler unterschiedlichen Typs.

Hinter allem, was Tatlin gemacht hat, verspüren wir einen Menschen, der alles Sichtbare voller Wißbegier betrachtet und die Welt hinter dem oberflächlich Sichtbaren zu verstehen sucht. Material, Faktur – das sind für ihn Wege, über die er sich in die absolute Harmonie einfühlen, zu ihr durchdringen will. Tatlin ist ein Künstler des absoluten Auges. Das Schaffen wird bei ihm zum künstlerischen Erleben. Nein, Tatlin ist kein Mystiker – im Unterschied zum Malewitsch der Periode des weißen Suprematismus. Reinheit und Klarheit der künstlerischen Empfindung – das ist Tatlins Devise.

Rodtschenko vertritt eine andere Position, sein Talent ist von anderer Natur, er kommt aus einer anderen Schule.

Für Nikolai Punin, den engen Freund Tatlins und ersten wirklichen Historiker der Avantgardebewegungen in der russischen Kunst, ist Rodtschenko ein Schüler Tatlins, der nicht ausgelernt hat.[10] Für andere ist er eine bestimmte Schlußfolgerung aus dem Suprematismus. Rodtschenko reagiert auf Malewitschs »Weiß auf Weiß« polemisch mit »Schwarz auf Schwarz«. Malewitsch findet sogar in Rodtschenkos Entwurf für einen Arbeiterklub auf der Pariser Internationalen Kunstgewerbe- und Industrieausstellung 1925 Spuren von Suprematismus, wohingegen »Rodtschenko« als künstlerischer Terminus in Suprematistenkreisen eine äußerst negative Konnotation hat.[11] Zweifellos hat der suprematistische Stil auf viele von Rodtschenkos Buchumschlägen und überhaupt auf viele Projekte der Produktionskonstruktivisten gewirkt. Aber all das rückt diese prinzipiell unterschiedlichen, einander diametral entgegengesetzten Tendenzen in der Kunst nicht näher zusammen.

Rodtschenko verblüfft durch seine Empfänglichkeit für die unterschiedlichsten Prinzipien. Doch ist er kein Eklektiker. Vielmehr sind das die Reaktionen auf alles und jedes bei einem Künstler, der ständig mit allen avantgardistischen Künstlern konkurriert. Im Unterschied zu Tatlin oder der Popowa hat er nicht gelernt, die modernen Strömungen sorgfältig zu analysieren, sondern reagiert auf das, was jetzt und heute zu sehen ist, und lebt in ständigem Wettstreit damit. In diesem Sinne steht ihm die formale Variation geometrischer Formen im Schaffen von Olga Rosanowa wesentlich näher als Tatlin oder Malewitsch. In seinen Reaktionen und Improvisationen findet er, da er sehr rasch, in Serien arbeitet, ausgezeichnete Varianten. Obwohl er scheinbar in einer schwindelerregenden Pirouette von Aubrey Beardsley zum abstrakten Formschaffen gelangt ist, bleibt er doch der Linie als dem grundlegenden Element seiner Kunst treu. Die Tatlinsche »Materialkultur« ist ihm fremd. Über lineare Konstruktionen auf der Fläche gelangt er zu Konstruktionen im Raum. Rodtschenko ist ein Künstler eines neuen Stils, im Grunde ein dekorativer Künstler.

Tatlins Vater war Ingenieur, Brückenbauer. Von ihm hat Tatlin die Liebe zu Erfindungen, zu solide gearbeiteten realen Dingen. Rodtschenko verbrachte seine Kindheit im Theater, wo sein Vater als Requisiteur arbeitete. Die erste Landschaft in Rodtschenkos Leben war die gemalte Dekoration. Die Kunstwelt der Bühne war realer als die wirkliche Welt außerhalb der Mauern des Theaters.

Der Künstler Rodtschenko, einer der Aktivisten in der Gruppe der Produktionskonstruktivisten, schafft im Grunde die Dekorationen zu einer Welt, die es nicht gibt, die aber theoretisch entstehen könnte. Den Stil der RSFSR – den Stil der geraden Linie, gleichsam voller Verachtung für das bunte Leben im Moskau der NEP-Periode Anfang der zwanziger Jahre und auch heute noch der aktuelle Stil. Agitation für eine mögliche Zukunft, aber auch der letzte Schrei der künstlerischen Mode.

Ganz anders Tatlin. Den Ofen baute er, weil er in einem kalten Zimmer wohnte, er nähte einen Mantel, der nach unten enger wurde, damit der kalte Wind vom Meer nicht durchdringen konnte. Keinerlei Agitation für die Zukunft, keinerlei modische Extravaganzen. Diese Gegenstände und Kleidungsstücke passen genausogut zu seinen Helden aus dem »Fliegenden Holländer« und »Sangesi«, zu den Gestalten der Illustrationen für Daniil Charms' Buch »Erstens und zweitens«.

Wenn Tatlin der Vater des Konstruktivismus sein soll, dann wäre Rodtschenko ebensowenig Konstruktivist wie Suprematist, obgleich er seine Arbeiten bei Ausstellungen Suprematismus nannte! Doch das Problem so anzugehen wäre die reinste Scholastik. Bei Tatlin nimmt vieles seinen Anfang – der Konstruktivismus, die Assemblage und viele, viele räumliche Objekte. Er hat wenig geschaffen und viel zur Entwicklung der Kunst beigetragen. Natürlich lassen sich ohne den Schock des Projekts von Tatlins Turm die Entstehung und das rasche Fußfassen des Konstruktivismus überhaupt nicht vorstellen. Aber Tatlin ist mehr als der Konstruktivismus, ebenso wie Schwitters sich nicht auf den Dadaismus reduzieren läßt. Mehr noch, wir stoßen hier auf ein historisches Paradoxon: Einer der Inspiratoren des Konstruktivismus steht in schroffem Gegensatz zum Konstruktivismus.

Christina Lodder, die diesen Gegensatz spürt, führt in ihrer gründlichen Arbeit den Begriff des »organischen Konstruktivismus«[12] ein. Tatlin ist natürlich sehr organisch, so wie er auch dem Leben der nichtgeometrischen, der krummlinigen Form seine Aufmerksamkeit schenkt. Aber erstens wird der Begriff des Organischen, der organischen Kultur in der Geschichte der avantgardistischen Richtungen im Rußland des zwanzigsten Jahrhunderts gewöhnlich mit dem Schaffen Michail Matjuschins und seiner Schüler assoziiert – und die gehen von anderen Prinzipien aus. Zweitens bleibt es nicht aus, daß sich in den Kreis der Konstruktivisten auch Künstler einbezogen sehen, die sich dem Konstruktivismus bewußt entgegenstellten, wie Pjotr Mituritsch oder Lew Bruni.

So bringt uns denn der Versuch, die Schaffensprinzipien Tatlins und Rodtschenkos einander gegenüberzustellen, aufs neue zu einer für die allgemeine Kunstgeschichte prinzipiellen Definition von Grenzen und Logik der Entwicklung des Konstruktivismus - zur Definition der Korrelation von künstlerischer Persönlichkeit und Kunstrichtung, Größe und Eigenart der Arbeit eines jeden Künstlers.

Anmerkungen

1 A. M. Rodčenko, *Stat'i. Vospominanija. Avtobiografičeskie zapiski. Pis'ma* [Aufsätze. Erinnerungen. Autobiographische Aufzeichnungen. Briefe], Moskva: Sovetskij chudožnik, 1982, S. 114 f.

2 Rodčenko (s. Anm. 1), S. 83-87 (»O Tatline. 1915-1917 gg.« [»Über Tatlin. Die Jahre 1915-1917«]). Bemerkt sei, daß die Überschrift nicht ganz korrekt ist. In den Erinnerungen geht es auch um Ereignisse des Jahres 1918.

3 Aus Rodtschenkos Erinnerungen kann der Eindruck entstehen, er habe mit Tatlin zu den Künstlern gehört, die den Anstoß dafür gaben, daß die Abteilung Bildende Künste beim Volksbildungskommissariat (ISO Narkompros) ihre Tätigkeit auf Moskau ausweitete. »Eines Abends kam W. Je. [Tatlin] zu mir und erzählte mir mit geheimnisvoller Miene, daß I. Puni [Schreibfehler von Rodtschenko; gemeint ist N. Punin - Je. R.], Altman und Schterenberg nach Moskau gefahren seien [...]. Er [Tatlin] sei zum Moskauer Kommissar der Kunstabteilung ernannt worden, und ich solle zu ihm kommen« (S. 87). Im Frühling 1918 tritt Rodtschenko indes, vom Anarchismus hingerissen, als flammender Gegner der Petrograder auf. In seiner Polemik gegen das neue Organ zur Organisation des Kunstlebens bekommt auch Tatlin sein Fett weg: »Einer von uns wurde tatsächlich von der Staatsmacht erwählt. So ein Sieg ist uns ein Greuel [...]«; »Seht her: Hier ist das Aquarium, darin schwimmen die ordentlich von uns gewählten Künstler, aber dickes Glas ist zwischen uns. Seht, wie sie unseren verwegenen Tanz tanzen. Wir klatschen ihnen Beifall und klappern dabei vor Hunger mit den Zähnen« (»Novyj komissariat/Chudožestvennaja kollegija« [»Neues Kommissariat/Künstlerkollegium«], *Anarchija,* Moskva, 1918, Nr. 43, 21. April). In einer anderen Bemerkung aus dieser Zeit werden die Künstler, die den Vorschlag der Petrograder unterstützten, von Rodtschenko bezichtigt, sie zögen den praktischen Vorteil der Kunst vor: »[...] Morgunow und Tatlin [...] arbeiten sich [...] langsam und allmählich in die einträglichen Kommissariate hinein [...]« (*Anarchija,* 1918, Nr. 50, 30. April).

4 Konstantin Umanskij, *Neue Kunst in Rußland. 1914-1919.* Potsdam - München, 1920.

5 Rodtschenkos Verständnislosigkeit gegenüber der Eigenart von Tatlins Designtätigkeit ist bezeichnend. In seiner Beurteilung von Tatlins Unterrichtsprogramm für die Studenten der produktionsbezogenen Fakultäten des Höheren Künstlerisch-Technischen Instituts (Wchutein) meint er, Tatlin wiederhole vieles von dem, was er, Rodtschenko, und Lissitzky machten (ZGALI, f. 681, op. 3, ed. chr. 208, l. 239).

6 Boris Groys, *Gesamtkunstwerk Stalin. Die gespaltene Kultur in der Sowjetunion,* aus d. Russischen v. Gabriele Leupold, München: Hanser, 1988.

7 »Mich überwältigte die Klugheit und Sensibilität, mit der die Umerziehung der Menschen durchgeführt wurde.« (A. Rodčenko, »Perestrojka chudožnika« [»Umbau des Künstlers«], *Sovetskoe foto,* Moskva, 1935, Nr. 5-6. Wieder in: *A. M. Rodčenko. V. F. Stepanova,* Moskva: Kniga, 1989, S. 111.)

8 M. Lifšic, *Krizis bezobrazija* [Die Krise des Häßlichen], Moskva: Iskusstvo, 1966. *Iskusstvo i sovremennyj mir* [Die Kunst und die moderne Welt], Moskva, 1973, Moskva: Izobrazitel'noe iskusstvo, 1978.

9 Ein Ausdruck des Dichters N. Smirnow.

10 Vgl. Punins »Obzor novych tečenij v iskusstve Peterburga« [»Überblick über die neuen Strömungen in der Kunst Petersburgs«], *Russkoe iskusstvo,* Moskva - Petrograd, 1923, Nr. 1, S. 18-21.

11 K. S. Malevich, *Essays on Art. 1915-1933.* Part II, New York: George Wittenborn, 1971, S. 80 f.

12 Christina Lodder, *Russian Constructivism.* New Haven and London: Yale University Press, 1983, Kapitel 7.

Übersetzung aus dem Russischen: Barbara Conrad/Annelore Nitschke.

Charlotte Douglas

Tatlin und Malewitsch: Geschichte und Theorie 1914–1915

Der Ehrenplatz, den Wladimir Tatlin und Kasimir Malewitsch in der Kunstgeschichte einnehmen, verdankt sich vor allem dem frühen Übergang zu einer Kunst der reinen Form, den sie im zweiten Jahrzehnt unseres Jahrhunderts vollzogen. Bis heute liegt dieser folgenschwere Schritt – im Falle Tatlins zu den Reliefs, bei Malewitsch zur suprematistischen Malerei – weitgehend im dunkeln. Zum Teil ist dies auf den von Natur aus hermetischen Charakter schöpferischer Innovation zurückzuführen, aber man muß es auch der Zurückhaltung der Künstler zuschreiben, die diesen Prozeß dem prüfenden Blick der Öffentlichkeit nicht aussetzen mochten.

Vielleicht haben wir uns auch durch unsere Bereitwilligkeit, die aus den persönlichen Feindseligkeiten dieser beiden Künstler entstandenen Polaritäten zu übernehmen und folglich anzunehmen, sie hätten recht isoliert voneinander gearbeitet, selbst am Verstehen der Ursprünge der Abstraktion gehindert.[1] Lange hat man diese Künstler als Herrscher ganz verschiedener Welten gesehen: Malewitsch als den Meister des Planetarischen, Ätherischen, Geistigen, Tatlin als den Meister des Irdischen, Konkreten, Materiellen.[2] In Begriffen ihres künstlerischen Ansatzes: Intuition versus Ratio. Um aber die kunst- und ästhetikgeschichtliche Bedeutung des Werkes dieser beiden Künstler zu bestimmen, sollte man sie nicht nur unter diesem zeitgenössischen Aspekt der Gegensätzlichkeit betrachten, sondern auch aus der Perspektive unserer eigenen Zeit und unserer Interessen. Das heißt, die Berührungspunkte zwischen Tatlin und Malewitsch und das Geflecht ihrer wechselseitigen Beziehungen zur entscheidenden Zeit der Entwicklung ungegenständlicher Kunst um 1914/15 herauszuarbeiten. Um diesen vermuteten künstlerischen Dialog, der zu der epochemachenden Ausstellung »0,10« führte, und um die Beiträge der beiden Künstler zur allgemeinen Entwicklung der Abstraktion geht es im folgenden.[3]

Sowohl Tatlin als auch Malewitsch erkannten sofort, daß ihr jeweiliger Durchbruch von mehr als nur vorübergehendem Interesse war. Tatlins Mythenbildung um seinen Besuch bei Picasso muß gleich nach seiner Rückkehr aus Frankreich begonnen haben; und es dauerte nur einen Monat, bis er die Ergebnisse seines »neuen Denkens« zumindest halböffentlich zeigte. Der Stellenwert, den Tatlin der Ausstellung in seinem Atelier (10.–14. Mai 1914) beimaß, führt uns zu der Annahme, daß er die enorme Bedeutung seiner neuen Werke sehr genau verstand. Obwohl es offenbar keinen Katalog gab, scheint die Ausstellung eine recht formelle Veranstaltung gewesen zu sein. Tatlin ließ Einladungen drucken, auf denen er die tägliche Besichtigungszeit – von sechs bis acht Uhr abends – angab. Um den Ereignischarakter des Ganzen zu steigern, deklamierte Sergei Podgajewski allabendlich ab sieben seine »Post-Saum-Rekorde«.[4] Vermutlich erwartete man, daß sich die Besucher während des gesamten zweistündigen »Entertainments« in der Ausstellung aufhielten.[5] Die Ausstellung fand gegen Ende der Saison statt, und angesichts der Tatsache, daß Tatlin erst kurz zuvor aus dem Ausland zurückgekehrt war, ist es bemerkenswert, daß er sie nicht bis zum Herbst hinausschob. Offensichtlich lag ihm viel daran, daß die Reliefs der laufenden Ausstellungssaison zugerechnet würden – derselben Saison, in der Malewitsch mit seinen Arbeiten für die Oper »Sieg über die Sonne« im Dezember 1913 beträchtliche Aufmerksamkeit erregt hatte. Jahrelang datierte Tatlin seine ersten Reliefs in die »Saison 1913/14«.

Tatlin war von seinen Reliefs überzeugt genug, um sie auch im weiteren Verlauf des Jahres zu zeigen, obwohl bei Ausbruch des Krieges viele moderne Künstler zu einem leichter verständlichen Stil zurückkehrten. Ende 1914 waren die Reliefs bereits wohlbekannt. Tatlin nahm an mindestens zwei der nach Dutzenden zählenden Ausstellungen zugunsten der Kriegsopfer und ihrer Familien teil.[6] Sogar im Rahmen dieser riesigen Veranstaltungen blieben die Reliefs nicht unbemerkt. Der Kritiker von »Utro Rossii« hielt fest, Tatlin habe zu der Ausstellung »Moskauer Künstler für die Kriegsopfer« »wunderbare Dekorations- und Kostümentwürfe für die Oper ›Ein Leben für den Zaren‹« beigesteuert sowie »wenig verständliche ›Bildreliefs‹, die theoretisch und ausgeklügelt sind. Um diese Reliefs aus unbearbeiteten Holzstucken, Karton, Drähten, Blech usw. machten einige Mitglieder des Ausstellungskomitees einen höchst unliebsamen und unnötigen Wirbel – sie verlangten ihre Entfernung aus der Ausstellung. W. Je. Tatlin ist zweifellos talentiert; seine hervorragenden Kostüm- und Dekorationsentwürfe legen davon Zeugnis ab. Und selbst wenn seine Bildreliefs nichts weiter wären als eine Exzentrizität zur Erregung von Aufmerksamkeit, so muß man doch zugeben, daß er diese eher verdient als verschiedene mit dekorativen Werken überladene ›Maestros‹.«[7]

Vermutlich hat Malewitsch Tatlins Reliefs im Mai 1914 gesehen, aber selbst wenn er nicht eingeladen war oder die Einladung ausgeschlagen oder die Ausstellung schlicht verpaßt haben sollte, muß er sie in einer der folgenden Ausstellungen studiert haben. Die Publizität, ja Anerkennung, die ihnen zuteil wurde, muß den extrem ehrgeizigen Malewitsch ziemlich aufgebracht haben. Auch er hatte an diesen Ausstellungen teilgenommen, jedoch nicht annähernd solche Beachtung gefunden.[8] Man kann sich vorstellen, daß er sehr darauf bedacht war, mit einem ebenso imponierenden stilistischen Aufbruch zu antworten.

Anfang 1915 fand Tatlins sensationelles neues Werk starken Widerhall im Werk seiner Künstlerkollegen, ebenso wie Braques und Picassos Plastiken von

1913/14. Ein aggressiver, oft humorvoller, dreidimensionaler Kubismus wurde ein Hauptanliegen der russischen Avantgarde. Malewitsch und Tatlin fanden sich wiederum in mehr als einer Ausstellung beieinander. Sie nahmen an »Tramway W« und dem »Jahr 1915« teil, die beide im März 1915 eröffnet wurden.[9] Tatlin reichte zu »Tramway W« seine Reliefs ein, Malewitsch achtzehn Gemälde, darunter die neuen, aber vergleichsweise zahmen Werke »Dame an einer Litfaßsäule«, »Aviator« und »Ein Engländer in Moskau«. Im Katalog finden wir jedoch 40, 142
den ersten Hinweis auf Malewitschs Suche nach einem neuen Malstil; zu fünf dort aufgeführten Werken ist vermerkt: »Der Inhalt der Bilder ist dem Künstler nicht bekannt.« Die spezielle Betonung des Inhaltsproblems, der Hinweis darauf, daß der Inhalt unbekannt oder verborgen sei, bringt gerade das Wesentliche von Tatlins Reliefs auf den Punkt, und diese von Malewitsch ausgestellten Werke waren vielleicht eine frühe Antwort darauf.

Wiederum wurde den Reliefs unerhörte Beachtung geschenkt. Es kursierte sogar das Gerücht, Schtschukin habe eines – »drei Stückchen Holz«, ausgestellt bei »Tramway W« – für 3000 Rubel gekauft.[10] Kurz nach Eröffnung der Ausstellung zog sich Malewitsch zum Sommeraufenthalt nach Kunzewo zurück. Aus den Briefen von dort lassen sich seine Aktivitäten zu dieser Zeit bis zu einem gewissen Grade rekonstruieren.[11] Ein Jahr zuvor hatte Malewitsch seine künstlerischen Hoffnungen an eine Neuinszenierung von »Sieg über die Sonne« geknüpft und Pläne für eine Aufführung in Moskau ausgearbeitet, die jedoch zu Kriegsbeginn Ende Juli zurückgestellt worden waren. 1915 wurden sie wiederaufgenommen, als Krutschonych und Matjuschin mit der Arbeit an einer Neuausgabe des Librettos begannen. Zu ebendieser Zeit muß Malewitsch sich unter außerordentlichem Druck gefühlt haben, für die nächste Ausstellung, also die damals bereits in der Planung befindliche berühmte »0,10«, etwas Sensationelles, etwas den Tatlinschen Reliefs Ebenbürtiges zu produzieren.

Malewitsch dürfte 1915 einer der wenigen gewesen sein, die den revolutionären Charakter von Tatlins Reliefs und den Schritt, mit dem er den Kubismus hinter sich zu lassen im Begriff war, verstanden. Nach Nikolai Chardschijew hatte Tatlin tatsächlich bei Malewitsch Unterricht in kubistischer Malerei genommen, und erst als er im Frühling 1914 seine ersten Reliefs ausführte, hatte er Malewitsch mitgeteilt, er sehe ihn nicht mehr als seinen Lehrer an.[12] 1915 schrieb Malewitsch: »Durch die Vernichtung des Gegenstandes bewegt sich der Kubismus auf die reine Malerei zu«[13], und den Herbst über suchte er Kollegen aus der Avantgarde zu überzeugen, ihm über die Grenzen des Kubismus hinaus zu folgen.

Vor dem Krieg hatten viele Mitglieder der Avantgarde vor allem auf Picasso als einen Wegweiser neuer Kunstrichtungen geblickt. Nicht nur Tatlin, auch Malewitsch verfolgte Picassos Werk sehr aufmerksam. Es nimmt daher nicht im geringsten wunder, daß Braques und Picassos kubistische Reliefs direkte Inspirationsquellen für Tatlins Reliefs sein konnten, wie sie auch das Werk vieler

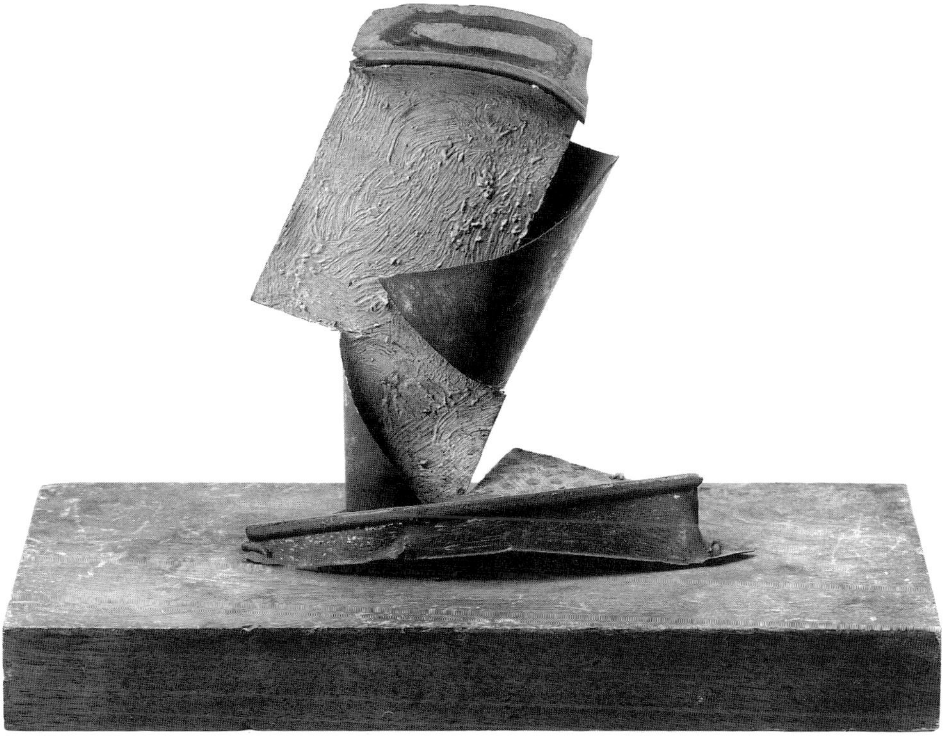

Pablo Picasso. »Glas«. 1914

Пабло Пикассо. «Стакан». 1914

anderer Mitglieder der Avantgarde beeinflußten. Wesentliche Unterschiede zwischen Tatlins frühen Reliefs und Picassos »Gitarre« von 1912/13 sind oft aufgezeigt worden[14]; da aber inzwischen klar ist, daß Tatlin Picassos Atelier nicht 1913, sondern Anfang April 1914 (Ende März nach dem alten Stil) besucht hat[15], ist vorstellbar, daß Tatlin andere Reliefs von Picasso sah, die in der Komposition freier und nicht so flächig waren wie die »Gitarre«. Picassos plastisches Werk aus
122 gebogenem und bemaltem Blech zeigt ebenso wie Braques Eckrelief aus etwa derselben Zeit bestimmte Formelemente, die Elementen der frühen Tatlinschen Reliefs sehr verwandt sind.

Freilich ging Tatlin weiter als Braque oder Picasso. 1915 hatte er bereits entdeckt, daß bei der Weiterentwicklung des Kubismus in die Dreidimensionalität die Materialien selbst genügend Kontraste boten, um das Werk zu einem eigenständigen Objekt zu machen. Tatlins Reliefs gaben schrittweise die kubistischen Gegenstandsbezüge auf, bewahrten jedoch die absichtsvolle Vielfalt der Oberflächen und Oberflächenstrukturen des synthetischen Kubismus. In diesem Zusammenhang entwickelte sich Tatlins Interesse an der Natur der Materialien, ihren unterschiedlichen Texturen und den notwendigen Formen ganz natürlich.

Malewitschs Durchbruch zum Suprematismus ließ nicht lange auf sich warten. Vielleicht hatte er sich tatsächlich schon vor »Tramway W« angekündigt. Doch der entscheidende Schritt zum Suprematismus erfolgte entweder kurz vor oder während der Zeit, da Malewitsch zu »Sieg über die Sonne« einige Zeichnungen machte, die *gänzlich neu* waren, obwohl er sich sehr bemühte, Matjuschin zu überzeugen, in den Originalzeichnungen von 1913 seien keine wesentlichen Änderungen vorgenommen worden.[16] Ende Mai 1915 war die »Entdekkung« des Suprematismus geleistet, eine vorläufige Theorie erarbeitet und die Veröffentlichung einer gemeinsamen Zeitschrift des Titels »Null« geplant. Malewitsch schrieb damals an Matjuschin mit der inständigen Bitte um Publikation, sandte ihm drei Zeichnungen und verknüpfte seine neuen Ideen rückblickend mit der ersten Inszenierung des »Sieges«, die – passenderweise – im Dezember 1913 über die Bühne gegangen war, also vier Monate vor Tatlins erster Atelierausstellung.

Die Zeichnungen, die Malewitsch in der Neuausgabe von »Sieg über die Sonne« zu publizieren hoffte, unterscheiden sich stilistisch deutlich von den Entwürfen von 1913. Sie enthalten zusätzlich kriegerische Bilder und Vorstellungen, wie zum Beispiel die Vernichtungswaffe des »Zukünftlerischen Kraftmenschen«, die auch in der Darstellung einer Schlacht auftaucht. In Malewitschs Beschreibung besteht die Waffe aus durchlöcherten drehbaren Kegeln, die Feuer absorbieren und in Elektrizität umwandeln können. Die Schlacht ist natürlich als Luftschlacht dargestellt, inklusive der elektrischen Kegel; die Komposition basiert auf den Luftbildkarten, die während des Krieges publiziert und allgemein bekannt wurden. Damals fand Malewitsch in einer derjenigen Tatlins vergleichbaren Entdeckung heraus, daß der Eindruck des Fliegens einfach mittels der Rechtecke evozierbar war, selbst ohne andere Hinweise.[17] Obwohl sich in verschiedenen suprematistischen Kompositionen schematische Anklänge an Luftbildkarten ausmachen lassen, genügen häufiger allein die Dynamik und die einfachen Beziehungen eines Rechtecks zu einem anderen, um ein überzeugendes Bild zu schaffen.

Wie Tatlin beschrieb und verteidigte Malewitsch seine abstrakten Formen als dem physischen Material des Kunstwerks selbst innewohnend, in seinem Falle also als der Farbe inhärente Formen. In der Broschüre, die er in der Ausstellung »0,10« verteilte, schrieb er: »Man muß sich direkt den gemalten Massen als solchen zuwenden und darin die ihnen eigenen Formen suchen.« Dieses Interesse an den Materialien inhärenten Formen scheint bei Malewitsch plötzlich und etwas überraschend. Eine denkbare Quelle sind die Diskussionen über die natürliche Form von Materialien, die unter Tatlins engen Freunden, darunter Issakow, Udalzowa und Popowa, gerade stattfanden. Issakow schrieb zum Beispiel, die schöpferische Einbildungskraft eines Künstlers solle sich auf das Erfassen der besonderen Natur des Metalls konzentrieren, auf das Verstehen seiner verborgenen Kräfte und Möglichkeiten.[18] In seiner »0,10«-Broschüre beklagt

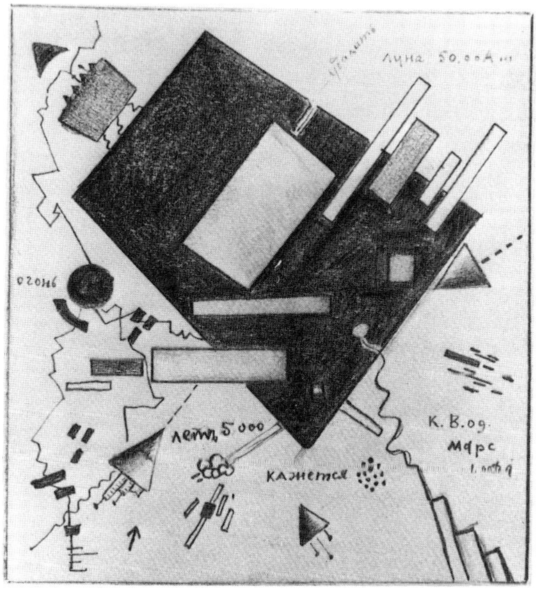

Kasimir Malewitsch. »Sieg«. 1915

Казимир Малевич. «Победа». 1915

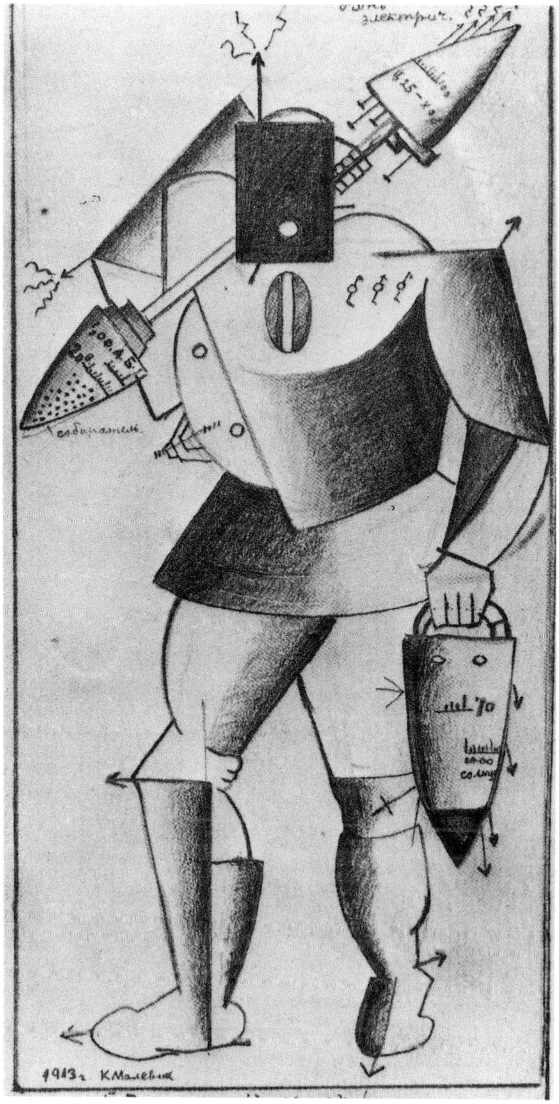

Kasimir Malewitsch. »Zukünftlerischer Kraftmensch«. 1915

Казимир Малевич. «Будетлянский силач». 1915

Malewitsch, daß auch in der Skulptur der Natur des Materials nicht genug Aufmerksamkeit geschenkt werde: »Jede bemalte Fläche, die in ein gewölbtes Bildrelief verwandelt wurde, ist künstliche Skulptur«, und: »[...] aus dem Marmorblock wurde nicht die ihm inhärente Form des Kubus, des Quadrats, der Kugel u. a. hervorgeholt.«

Aber als »0,10« eröffnet wurde, hatte Tatlin bereits den Schritt vollzogen, zu dem Malewitsch seine eigenen Kollegen drängte: Die neuen Reliefs hatten alle eindeutigen Hinweise auf Gegenständliches ausgemerzt, und ihr Inhalt bestand allein aus den Beziehungen von Form und Material. Die Assemblagen beeindrucken trotz der großen Vielfalt und Nüchternheit ihrer Materialien durch ihre Harmonie und ihre natürlichen, ja klassischen Proportionen. Die Eckreliefs vermitteln einen Eindruck von Schwerelosigkeit, der nicht nur von ihrem »Schweben« in der Luft und der durch das Fehlen eines festen Hintergrundes hervorgebrachten Raumhaftigkeit herrührt, sondern auch durch ihr Aufwärtsstreben und die schiefe Installation bewirkt wird. Genau wie Malewitsch in seinen diagonal angelegten suprematistischen Kompositionen schien Tatlin mit dem Hintergrund die Schwerkraft selbst eliminiert zu haben.

Berührungspunkte beider Künstler finden sich sogar in ihrem letzten ästhetischen Ziel: Beide suchten eine universelle Kunst, die sich in der Natur der Materialien, in natürlichem Gleichgewicht und in der Illusion von Schwerelosigkeit offenbart. Zumindest für die Dauer fünf weiterer Jahre findet man beiderseitige Anliegen: hier in Malewitschs technoiden Zeichnungen für fliegende suprematistische Gebilde, dort in den rotierenden Geometrien des Tatlinschen Turms. Das Interesse an der Schwerelosigkeit konkretisierte sich später in der Sehnsucht beider Künstler nach dem motorlosen Flug, bei Malewitsch in seinen Planiten, bei Tatlin im Letatlin.

Natürlich gab es auch wesentliche Unterschiede in ihrem Ansatz gegenüber der neuen ungegenständlichen Kunst. Malewitsch kennzeichnet in besonderer Weise sein Interesse an philosophischen Fragen und Formproblemen, also am intellektuellen Kontext des Suprematismus, an seiner rationalen Erklärung[19]; Tatlin hingegen ging sein Werk eher rein ästhetisch an, mit der Intuition des Künstlers beim Verstehen der Materialien und ihrer glücklichen Zusammenführung in einem Kunstwerk. Tatlins Freund, der Kritiker Issakow, bemerkte dies 1915, als er Tatlins Bemühungen beschrieb, verschiedene Arten von Material so zu kombinieren, daß ihre Zusammenstellung einer natürlichen künstlerischen Intuition entspricht.[20]

Doch der bedeutendste Unterschied zwischen beiden Künstlern hatte tiefgreifende Auswirkungen auf die weitere Entwicklung der Geschichte: Malewitsch begriff die einzelnen Elemente des Suprematismus als »Einheiten« eines neuen *Systems,* das alle Medien, einschließlich Malerei, Plastik, Dichtung und Musik, umfaßte. Suprematistische Elemente bildeten die Basis eines konsequenten, strengen Stils, der Systematisierung der angewandten Kunst und Architektur und der Entwicklung einer Wissenschaft des Designs. Malewitsch sah dies sofort voraus, lange vor »0,10«. Tatlin jedoch folgte seiner Intuition und gab seine Reliefs bald zugunsten wissenschaftlich-phantastischer Projekte auf.

1 Extreme Feindseligkeiten zwischen Tatlin und Malewitsch scheinen nur in der Zeit ihrer abstrakten Neuerungen in Erscheinung getreten zu sein.

2 In den dreißiger Jahren unterstrich der Kritiker und Historiker Nikolai Nikolajewitsch Punin diese Unterscheidung: »Soweit ich mich an sie erinnere, teilten sie immer die Welt unter sich auf: die Erde, den Himmel und den interplanetaren Raum; sie errichteten ihre Einflußsphäre überall. Tatlin vereinnahmte gewöhnlich die Erde für sich und versuchte, Malewitsch wegen seiner Gegenstandslosigkeit in den Weltraum zu verweisen. Malewitsch lehnte die Planeten nicht ab, wollte aber auch die Erde nicht aufgeben, denn er meinte ganz richtig, auch sie sei ein Planet und somit vielleicht gegenstandslos.« (Iskusstvo i revoljucija [Kunst und Revolution], unveröffentlichte Memoiren, zit. in E. F. Kovtun, »K. S. Malevič, pis'ma k M.V. Matjušinu« [»K. S. Malewitsch, Briefe an M. W. Matjuschin«], in: *Ežegodnik Rukopisnogo otdela Puškinskogo doma na 1974 god* [Jahrbuch 1974 der Handschriftenabteilung des Puschkinhauses], Leningrad: Nauka, 1976, S. 183.)

3 Das Problem der Gemeinsamkeiten zwischen dem Suprematismus und Tatlins Konterreliefs habe ich erstmals diskutiert in meinem Beitrag »0-10«, in: *The Avant-Garde in Russia 1910–1930: New Perspectives,* Los Angeles County Museum of Art, 1980 (Ausst.-Kat.), S. 34–45.

4 Sergei Podgajewski, bildender Künstler und Dichter, war damals offensichtlich gerade aus der Ukraine in Moskau eingetroffen. Er hatte in Senkow (Gebiet Poltawa) einige Gedichtbände veröffentlicht und publizierte 1914 in Moskau »Pisanka futurista Sergeja Podgaevskago«. Im Katalog zu Larionows Ausstellung »Nr. 4« sind 18 Werke Podgajewskis aufgelistet (Nr. 127–144).

5 Die gedruckte Einladung zur Atelierausstellung lautet: »Sehr geehrter Herr: Am 10., 11., 12., 13. und 14. Mai dieses Jahres wird in der Zeit von 6 bis 8 Uhr abends das Atelier des Künstlers Wladimir Tatlin (Ostoschenka 37, Wohnung 3) zur unentgeltlichen Besichtigung seiner synthesostatischen Kompositionen geöffnet sein, und der Futurist Sergei Podgajewski wird an den genannten Tagen ab 7 Uhr abends seine neuesten Post-Saum-Rekorde dynamodeklamieren. Moskau 1914.« Die von der Autorin untersuchte Einladung ist an L. I. Schewerschejew adressiert und trägt den Poststempel des 8. Mai 1914. Handschriftenabteilung des Staatlichen Russischen Museums, Nr. 61, f. 121, ed. chr. 117.

6 Tatlin beteiligte sich an der für viele Gruppen offenen Ausstellung »Moskauer Künstler für die Kriegsopfer«, eröffnet am 6. Dezember 1914, und an der Ausstellung »Künstlerinnen für die Familien eingezogener Soldaten«, eröffnet am 26. Dezember. Zu letzterer s. *Utro Rossii* [Der Morgen Rußlands], Nr. 308, 11. Dezember 1914, S. 5, sowie *Utro Rossii,* Nr. 324, 28. Dezember 1914, S. 4.

7 *Utro Rossii,* Nr. 304, 7. Dezember 1914.

8 Malewitsch ist im Katalog der »Künstlerinnen«-Ausstellung als Teilnehmer aufgeführt und nahm sehr wahrscheinlich auch an der großen Ausstellung »Moskauer Künstler« teil. Sein lubokähnliches Werk zur Unterstützung der Kriegsanstrengungen wurde auch auf der am 20. November 1914 in Moskau eröffneten Ausstellung »Der Krieg und die Presse« gezeigt.

9 Aus Kritiken geht hervor, daß beide Künstler an der Ausstellung »Das Jahr 1915« teilnahmen, auch wenn sie im Katalog nicht aufgeführt sind. Bei der Ausstellung »Tramway W« zeigte Puni ein kompliziert konstruiertes Relief aus Holz, Eisen, Tapete und anderen Materialien, betitelt »Kartenspieler«. Die Boguslawskaja zeigte eine Assemblage, die eine echte Verpackung für Puder und ein Stück eines Holzrahmens enthielt; Kljun stellte seine »Voruberziehende Landschaft« aus, ein Relief aus bemalten Holzteilen. Zwischen all diesem plastischen Kubismus war die revolutionäre Natur von Tatlins frühen Reliefs nicht leicht zu erkennen.

10 Siehe *Birževije vedomosti* [Börsennachrichten], Nr. 14706, 12. März 1915.

11 Eine Auswahl von Malewitschs Briefen findet sich in E. F. Kovtun, »K. S. Malevič, pis'ma k M.V. Matjušinu« (s. Anm. 2), S. 185–195, sowie in Jewgenij Kowtun, »›Sieg über die Sonne‹«,

in: *Sieg über die Sonne. Aspekte russischer Kunst zu Beginn des 20. Jahrhunderts,* Berlin, 1983 (= Schriftenreihe der Akademie der Künste, Bd. 15), S. 38-49. Siehe ferner K. Malevič, »Pis'ma i vospominanija« [»Briefe und Erinnerungen«], *Naše nasledie* [Unser Erbe], Nr. 2, 1989, S. 127-135.

12 N. I. Chardžiev, »Vmesto predislovija« [»Statt eines Vorworts«], in: *K istorii russkogo avangarda* [Zur Geschichte der russischen Avantgarde], Stockholm: Hylaea Prints, 1976, S. 88.

13 K. S. Malevič, *Ot kubizma k suprematizmu. Novyj živopisnyj realizm* [Vom Kubismus zum Suprematismus. Der neue malerische Realismus], Petrograd, 1916 [1915], S. 10.

14 Margit Rowell, »Vladimir Tatlin: Form/Faktura«, *October,* Nr. 7, Winter 1976, S. 83-108.

15 A[natolij Anatolevič] Strigalev, »O poezdke Tatlina v Berlin i Pariž«, *Iskusstvo,* Nr. 2, Februar 1989, S. 39-44; Nr. 3, März 1989, S. 26-31, hier Nr. 3, S. 29.

16 Diese mit 1913 datierten Werke befinden sich jetzt im Staatlichen Literaturmuseum, Moskau. Die Entwürfe von 1913 wurden häufig publiziert, zuerst in Camilla Gray, *The Great Experiment: Russian Art 1863-1922,* London: Thames and Hudson, 1962, S. 163.

17 Solche Rechtecke dienten eine Zeitlang in Malewitschs kubistischen Werken einem besonderen psychologischen Zweck.

18 Siehe S[ergej Konstantinovič] Isakov, »K ›kontrrel'efam‹ Tatlina« [»Über Tatlins Konterreliefs«], *Novyj žurnal dlja vsech* [Neue Zeitschrift für alle], Nr. 12, 1915; dt. in: *Tatlin,* hg. v. Larissa Alexejewna Shadowa, ins Deutsche übertr. v. Hannelore Schmör-Weichenhain, Weingarten: Kunstverlag Weingarten, 1987, S. 359-361, hier S. 359. Man beachte, daß dieser Text vermutlich im Oktober/November 1915 geschrieben wurde. Es gibt noch weitere Hinweise dafür, daß Malewitsch Tatlins Aktivitäten dicht auf den Fersen war. In der bei »0,10« verteilten Broschüre, die vermutlich verfaßt wurde, bevor Tatlin die neue Methode der aufgehängten Reliefs erfand, bezeichnet Malewitsch »Konterreliefs« als kubistisch oder besser kubofuturistisch. Dieser Gebrauch des Wortes »Konterrelief« ist zeitgleich mit Tatlins erstmaligem Gebrauch desselben Begriffs in seiner eigenen Broschüre, die ebenfalls bei »0,10« verteilt wurde.

19 Sogar Malewitschs mystisches Denken war recht systematisch.

20 »K ›kontrrel'efam‹ Tatlina« (s. Anm. 18).

Übersetzung aus dem Englischen: Regina Lange.

Hans-Peter Riese

Selektive Rezeption

In meinen Anmerkungen zur Tatlinrezeption will ich gar nicht erst den Versuch unternehmen, mit genauen Fundstellen verschiedene Rezeptions- und Interpretationsmuster herauszuarbeiten. Vielmehr will ich von dem Eindruck ausgehen, den ich seit Jahren habe und der sich schon durch die relative Uniformität dessen einstellt, was über Tatlin veröffentlicht ist. Man kann wohl die Behauptung wagen, daß Wladimir Tatlin einer der unbekanntesten Künstler der sogenannten russischen Avantgarde geblieben ist. Natürlich findet sich sein Denkmal der Dritten Internationale in jedem ernstzunehmenden Architektur- und Skulpturkompendium. Und selbstverständlich kann kein seriöser Autor, der sich mit dem Kubismus und der russischen Avantgarde befaßt, einer Erörterung der Konterreliefs ausweichen. Und in den einschlägigen Veröffentlichungen findet sich sicher auch in der Regel ein Photo des Letatlin, jener Flugmaschine, mit welcher die Autoren meist am wenigsten anfangen können. Aber bereits diese Aufzählung dürfte bei den meisten von uns ganz bestimmte Bilder evozieren – es sind immer dieselben Abbildungen, die uns in den Büchern begegnen und die wir vor unserem inneren Auge Revue passieren lassen.

Natürlich, dafür gibt es einleuchtende Erklärungen, jeder kennt sie. Tatlin hat insgesamt ein schmales Werk hinterlassen, nur wenig wurde ausführlich genug dokumentiert, die bisher bekannten Dokumente sind gründlich ausgewertet und immer wieder in verschiedenem Zusammenhang publiziert worden.

Aber was erfahren wir eigentlich, nehmen wir alles zusammen, von diesem Künstler Tatlin, sehen wir einmal von jenen Leistungen ab, die buchstäblich Bestandteil der Kunstgeschichte geworden sind? Und, weiter gefragt, in welchen Zusammenhang werden diese Leistungen und ihre künstlerischen Artefakte gestellt? Denn nur in einem solchen konkreten Zusammenhang, so denke ich, können sie historisch wirken. Nun brauchen wir uns hier nicht darüber zu unterhalten, daß Kunstwerke unabhängig von ihren Autoren und deren Intentionen Wirkungen in der Kunstgeschichte entfaltet haben, nicht selten sogar gegen die künstlerisch-ästhetische Strategie, der sie ihre Existenz verdanken. Wir kennen auch Kunstepochen, aus denen uns zwar Kunstwerke überliefert sind, nicht aber Informationen über den kulturellen Zusammenhang, aus dem heraus sie entstanden sind und aus dem heraus wir sie interpretierend uns aneignen könnten.

Dies ist, davon zeugt eine Fülle von Dokumentationen, bei der russischen Avantgarde nicht der Fall. Und doch befällt den interessierten Zeitgenossen, wenn er sich mit dieser Kunst und ihrem gesellschaftlichen Zusammenhang befassen will, sehr schnell das Gefühl, bei weitem nicht das Maß an Information zu besitzen, das ihm in anderen Zusammenhängen zur Verfügung steht.

Die Gründe dafür liegen auf der Hand: das politische Verdammungsurteil gegen diese Kunst, die vollkommene Unterbrechung der Forschung über sie und der Entzug des konkreten Anschauungsmaterials durch die Verbannung in die Magazine der Museen. Meine sowjetischen Kollegen kennen diese Leidensgeschichte der russischen Avantgarde besser als ich, und hier war davon und von den Folgen schon ausgiebig die Rede. Ich meine auch nicht diese Forschungslücken, die gleichsam »technische« Ursachen haben. Ich meine vielmehr, daß dieser Kunst und ihren Autoren ein doppelt tragisches Schicksal widerfahren ist und daß wir heute Gefahr laufen, einer objektiven Forschung und damit Aufklärung vielleicht endgültig den Weg zu verlegen.

Zu fragen ist doch, ob es nicht für die westliche Rezeption der russischen Avantgarde recht bequem gewesen ist, diese durch das Verdammungsurteil Stalins gleichsam von dem Geruch politisch-ästhetischer Implikationen befreit zu sehen, mit denen man sich sonst inhaltlich auseinanderzusetzen gehabt hätte. (Übrigens wäre in diesem Zusammenhang die These von Boris Groys zu diskutieren, die Avantgarde habe gleichsam das Moment des Totalitarismus ästhetisch verfremdet in sich aufgehoben. Die These müßte dann allerdings auch als Element der Rezeptionsgeschichte dieser Kunst diskutiert werden. Ich verzichte hier in diesem Zusammenhang auf eine vertiefte Erörterung, weil ich eine andere Argumentation verfolgen möchte.)

Die Vermutung, die westliche Rezeption der Kunst der russischen Avantgarde habe eine mit den vorhandenen Kategorien schwer faßbare gesellschaftlich-politische Dimension dieser Kunst wenn nicht wissentlich unterschlagen, so doch gerne unberücksichtigt gelassen, läßt sich schon deshalb nicht einfach von der Hand weisen, weil die Hauptschemata der Interpretationen in zahlreichen Büchern nachzulesen sind.

Könnte es sein, so könnte man doch weiter fragen, daß uns als gleichsam in der klassischen Kunstgeschichte erzogenen Kunstwissenschaftlern die Kriterien nicht zu Gebote standen und stehen, mit denen die neue Kunst der russischen Avantgarde zu beurteilen war? Der Kollege Strigaljow hat in seinem Aufsatz »Von der Malerei zur Materialkonstruktion« in der von Larissa Shadowa herausgegebenen Tatlinmonographie bemerkt, daß Tatlin selber, wenn er beispielsweise von seinen Konterreliefs gesprochen hat, nie auf ein einzelnes Werk hingewiesen hat, sondern von einer neuen Gattung der Kunst sprach. Die westliche Interpretation zumal folgt indessen dem bekannten Schema, das nach den Vorbildern und Anregungen sucht, einen strukturellen Zusammenhang herstellt und Querverbindungen aufzeigt. Wir erfahren so, was auch unmittelbar sichtbar ist, daß nämlich ein Zusammenhang zwischen Picassos frühen kubistischen Skulpturen und Tatlins Reliefs besteht. Aber was sagt uns diese Information wirklich, wozu dient sie?

Wer heute, aus dem Abstand fast eines Jahrzehnts, noch einmal aufmerksam den Katalog der Ausstellung »Paris – Moskau« durchliest, der findet manchen Hinweis darauf, daß solche – ich sage einmal bewußt: westliche – Interpretationsschemata, angewandt auf die russische Avantgarde, dazu dienen, dieser eine wesentliche Dimension zu nehmen, nämlich die politisch-soziale.

In welchem Licht beispielsweise vermögen wir heute Tatlins Aussage – in der für Texte von ihm typischen dritten Person – »Tatlin war der erste Künstler, der sich der Arbeit für die Sowjetmacht zuwandte« zu interpretieren? Wir neigen dazu, einen solchen Satz in den »Zeitzusammenhang« zu stellen, und das heißt in Wahrheit, dem Künstler eine solche Aussage als Irrtum zu vergeben, deckt doch die Qualität seiner Arbeiten das Defizit an politischem Bewußtsein gleichsam ab. Selbst der Kollege Strigaljow – ich will ihn nur noch einmal zitieren – neigt dazu, diese Seite der Avantgarde insgesamt und Tatlins im besonderen gleichsam herunterzuspielen, indem er anmerkt, »es wäre unfair, dieses Selbstbewußtsein unterzubewerten«, wenn er über das Engagement der Avantgardekünstler für die Revolution spricht. Westliche Interpreten – so auch die Texte im Pariser Katalog – haben es sogar so weit gebracht, die Einheit von Künstler und Werk weitgehend aufzuspalten. Man ordnet die Werke in den Zusammenhang der europäischen Avantgardekunst zu Beginn des Jahrhunderts ein, weist die Einflüsse und Verbindungen nach und kann so auf eine ausführliche Interpretation der Texte dieser Künstler und eine spezifische Erörterung der Beziehung zwischen Theorie und künstlerischer Praxis verzichten. Dies fällt um so leichter, je umfangreicher – und bekannter – das jeweilige künstlerische Werk ist. Bei Kasimir Malewitsch beispielsweise hat sich die westliche Forschung und Rezeption nahezu ausschließlich auf die Bilder im Besitz des Stedelijk Museum Amsterdam gestützt. Die von Troels Andersen frühzeitig und verdienstvoll edierten Texte, die zu einem großen Teil nicht nur Ergänzungen zu den von Malewitsch selber in den zwanziger Jahren zur Veröffentlichung bestimmten und hinterlassenen Texten darstellen, sondern einen ganz anderen Aspekt seines Denkens und seiner Theorie darbieten, diese Texte sind, soweit ich sehen kann, bis heute nicht wirklich zur Grundlage einer neuen Rezeption geworden.

Bei Tatlin ist die Situation noch schlimmer. Westliche Museen besitzen praktisch keine nennenswerten Sammlungen seiner Arbeiten. Ein großer Teil dessen, was wir aus der Anschauung kennen, ist »Rekonstruktion«. Die wenigen Photos aus der Zeit, die immer und überall wiederkehren, bilden, so scheint mir, mittlerweile eine Art Schutzwall vor dem eigentlichen Werk, das noch gar nicht entdeckt ist. Wir haben es, etwas überspitzt gesagt, in den Veröffentlichungen im Westen mit einer Art »Phantomtatlin« zu tun. Der indessen scheint vollkommen ausreichend für die Interpretation zu sein, denn die Rezeptionsgeschichte hat diesen Arbeiten – weil sie in der Reproduktion so wohlfeil zur Verfügung standen? – einen festen und anscheinend unverrückbaren Platz angewiesen.

Indessen genügt in Wahrheit ein Vergleich der einzelnen Schaffensperioden von Tatlin und der jeweiligen Ergebnisse, um die ungeheure Heterogenität dieses Werkes zu erfassen. Tatlin war, daran kann in der Rückschau auf sein Werk kein Zweifel bestehen, ein wirklicher Konzeptkünstler in dem Sinne, daß es ihm praktisch von Anfang an nicht unbedingt auf das Einzelergebnis seiner künstlerischen Tätigkeit ankam, sondern auf die kategoriale Aufhebung dieses Einzelergebnisses, nenne man es nun Kunstwerk, Artefakt oder Design, in einem Gesamtzusammenhang, der nicht kunsthistorisch-ästhetisch definiert war, sondern gesellschaftlich. Wenn Tatlin schreibt, es habe die Notwendigkeit bestanden, »reine künstlerische Formen mit utilitaristischen Intentionen zu verbinden«, dann steht ein solcher Satz in der westlichen Rezeption und wissenschaftlichen Aufarbeitung völlig isoliert da. Das hat natürlich seine Gründe, auf die hier nicht weiter einzugehen ist. Bezogen auf Tatlin indessen bedeutet dieses Festhalten an den eigenen Kategorien gegenüber diesem Künstler und seinem Werk wenn nicht eine Verfälschung, so doch mindestens eine Verkürzung.

Zu thematisieren wäre, daß es einen unmittelbaren Zusammenhang gibt zwischen der Tatsache, daß Tatlin die Revolution und die Sowjetmacht in künstlerischen Manifesten und Aufrufen unterstützt hat, und der, daß er sich weitgehend, konkreter als die meisten seiner Kollegen, auf die administrative Beteiligung an der neuen Gesellschaft eingelassen hat. Kaum ein anderer Künstler der Avantgarde hat nach 1917 so viele und einflußreiche Positionen im Kulturbetrieb – wie man heute wohl sagen würde – innegehabt wie Tatlin.

Man könnte noch weiter gehen und sagen, daß er nach dem Modell des Denkmals der Dritten Internationale kein herausragendes künstlerisches Werk mehr geschaffen hat. Aber hier sollte ich schon über meine eigene Formulierung stolpern: Was heißt »herausragendes künstlerisches Werk«? In welchem Rahmen, mit welchen Kriterien gemessen? Für die Rezeption scheint ausgemacht, daß dies ein »künstlerisches Verstummen« Tatlins war, und zwar ein Verstummen, das aus einer Kombination von innerer Resignation und äußerem Druck zustande gekommen war. Die westliche Rezeption – auch übrigens die unmittelbare durch Künstlerkollegen – hat sich bisher nicht die Mühe gemacht, dieses »Verstummen« aufzuarbeiten und auf das Gesamtwerk zu beziehen. Es kann hier in diesem Zusammenhang nicht darum gehen, die Beziehung Tatlins zu der »neuen Gesellschaft« in der Sowjetunion nach der NEP-Periode darzustellen. Es geht eher darum, daß gerade Tatlin ein Beispiel dafür abgibt, wie leichtfertig die westliche Rezeption sich politische Beurteilungskriterien zu eigen gemacht hat, um künstlerische Prozesse zu erklären. Nachzuweisen wäre indessen, daß die Reaktion Tatlins auf den inneren Zustand der Sowjetgesellschaft so kompliziert und zeitversetzt war wie seine Reaktion auf die ersten Erschütterungen der alten Gesellschaft vor der Revolution. Diese Zusammenhänge sind übrigens bis heute weder in West noch in Ost hinreichend untersucht worden. Im Gegenteil, wenn ich heute in Moskau beobachte, wie im Rahmen der Beschäftigung mit den »weißen Flecken« der Geschichte auch die Avantgarde aufgearbeitet wird, so springt ins Auge, daß dabei überwiegend dieselben Methoden und Interpretationsschemata angewendet werden, wie wir sie aus dem Westen seit dem Kriege kennen. Die Neigung vieler sowjetischer Kollegen, westliche Interpretationen zu übernehmen, weil sie diese für »wahrer« halten als die eigenen, die durch die Periode des Stalinismus deformiert worden sind, führt leider nicht selten dazu, daß erneut Schemata einfach reproduziert werden.

Dabei ist eine gewisse Unlust verständlich, sich auf gesellschaftlich-politische Interpretationen einzulassen, weil diese einfach diskreditiert sind. Wenn diese Unlust hingegen so weit geht, daß erneut die Periode der Avantgarde verkürzt rezipiert wird, dann ist für diese Kunst vielleicht endgültig Gefahr im Verzug, Gefahr der historischen Verfälschung. Während einer Veranstaltung im Rahmen der Ausstellung von Günther Uecker in Moskau, wo westliche Kunstwissenschaftler und Künstler eine Reihe von Vorträgen hielten, wurde eine bemerkenswerte Reaktion des meist sehr interessierten und sachkundigen Publikums praktisch zum Standard: Jede Art der theoretischen Interpretation von Kunst im Sinne ihrer gesellschaftlichen Rückbezüglichkeit oder ihres politischen Engagements wurde vom Publikum spontan abgelehnt. Ich selber habe dies erlebt mit einem Vortrag, der in einer etwas allgemeineren Form dasselbe Thema wie dieses Referat zum Gegenstand hatte. Nach der Publikation dieses Vortrags in einer sowjetischen Kunstzeitschrift erhielt ich einen Brief eines Kunstwissenschaftlers, der mir schrieb: »Es war gerade die Tragik der sogenannten russischen Avantgarde, daß sie sich auf die bolschewistische Revolution eingelassen hat. Nur die hervorragendsten und stärksten Künstler, wie Malewitsch und Tatlin, haben dank ihres göttlichen Talents diesen Irrtum nicht mit der völligen Vernichtung ihres Talents bezahlen müssen.«

Auf Tatlin – und natürlich auch auf Malewitsch – bezogen, liegt es auf der Hand, daß der Briefschreiber das Eigentliche dieser Kunst verfehlt hat. Die Frage ist nur, ob wir nicht weitgehend den Boden für eine nachträgliche Uminterpretierung dieser Kunst bereitet haben. Gerade bei Tatlin scheint mir dieser Verdacht mehr als bestätigt zu sein. Bei keinem Künstler dieser Zeit ist die Interpretation und Rezeption des Werkes so vereinfacht und vereinheitlicht wie gerade bei ihm. Die Tatlinrenaissance, die hoffentlich mit dieser verdienstvollen Veranstaltung einsetzen wird, wäre verheerend, wenn sie nicht die Kraft und die Möglichkeiten freisetzte, Tatlin gleichsam vom Kopf wieder auf die Füße zu stellen. Das heißt nichts anderes, als den *ganzen* Tatlin ins Blickfeld zu nehmen. Dies bedeutete, sowohl das Werk als auch den Menschen und seine Theorie als Einheit zu betrachten. Erst dann werden sich die Einzelleistungen in ihren Beziehungen zueinander ordnen und in ihrer wahren Wertigkeit erkennbar werden. Erst dann kann man von einer Tatlinrezeption wirklich sprechen.

Krisztina Passuth

Tatlin und Moholy-Nagy

»Niemand von uns, der Moholy vorgeschlagen hatte, mochte seinen Konstruktivismus. Dieser ›russische‹ Trend, der außerhalb des Bauhauses entstanden war, mit seinen exakten, angeblich technischen Formen, war für uns [...] widerwärtig«[1] – so erinnerte sich Paul Citroen, einer von Moholy-Nagys Studenten am Bauhaus, an ihn als einen Vertreter des Konstruktivismus. Moholy-Nagy selbst war es, wenn wir ihm Glauben schenken, gleichgültig, daß man ihn einen Konstruktivisten nannte: »Aber es interessiert mich nicht, ob Herr Kemény [...] oder sonst jemand mich als Suprematist, Konstruktivist, Funktionalist usw. klassifiziert [...]. – Was immer die Qualität meiner Bilder und meiner Plastiken sein mag, ich bin dankbar für die Gelegenheit – die nur wenigen vergönnt ist –, Revolution in materielle Wirklichkeit umzusetzen«, schrieb er 1924.[2]

Diese spontane Bemerkung läßt darauf schließen, daß Moholy-Nagy vom absoluten Wert seiner Kunst überzeugt war. Dennoch muß ihm bewußt gewesen sein, daß nicht er, sondern Tatlin den entscheidenden Schritt zur »Umsetzung von Revolution in materielle Wirklichkeit« getan hatte.

Nach Dmitri Sarabjanows Ansicht ging Tatlin »gleich vielen anderen europäischen Künstlern [...] von den Traditionen der Tafelmalerei aus, um dann diesen Rahmen zu sprengen und Übergangsformen zu anderen Kunstgattungen [...] zu schaffen. Den gleichen Weg gingen Malewitsch und Mondrian, [...] Moholy-Nagy und Schwitters.«[3] Dies ist im Falle Tatlins und Moholy-Nagys zwar im großen ganzen richtig, trifft aber nicht auf *alle* Stationen ihrer künstlerischen Laufbahn zu. Die vergleichbaren und die ganz unterschiedlichen Besonderheiten des Werdegangs dieser beiden Künstler reflektieren die Parallelen und Divergenzen osteuropäischer und mitteleuropäischer Kunst.

Moholy-Nagys Bedeutung liegt nicht so sehr in der originalen Erfindung als in der – auf höchstem Niveau geleisteten – Verbreitung von Ideen und einer bestimmten künstlerischen Praxis. Er war zweifellos Konstruktivist, jedenfalls zwischen 1920 und 1924, und dies manifestierte sich sowohl in seinen Gemälden als auch in den Plastiken. Im letztgenannten Bereich können erste Ähnlichkeiten zwischen den Aktivitäten Moholy-Nagys und Tatlins in den Entwürfen zu Reliefs und Assemblagen beobachtet werden (bei Tatlin zwischen 1914 und 1920, bei Moholy-Nagy zwischen 1920 und 1924). Später sind Berührungspunkte in ihren Theorien der Materialkombination zu erkennen (bei Tatlin zwischen

1914 und 1915, bei Moholy-Nagy zwischen 1923 und 1929). Zugleich sieht man Parallelen in der Herausbildung des Ideals vom Künstler-Ingenieur und schließlich im Skizzieren grandioser Utopien sowie in ihren Versuchen, diese in die Realität umzusetzen. Andererseits unterscheiden sich die Theorien und Aktivitäten beider Künstler grundsätzlich in bezug auf die Einschätzung der Problemkreise von Kunst und Gesellschaft.

1. Reliefs und Assemblagen. Tatlins und Moholy-Nagys Konstruktivismus

Es ist unübersehbar, daß Moholy-Nagy bereits in den ersten Jahren der Emigration, also 1920–1922, Kenntnis von Tatlins Arbeit besaß: durch Konstantin Umanskis Buch und dessen Vortrag in Wien, durch die Photos, die Alfred Kemény (Alfred Durus) und Béla Uitz aus Moskau mitbrachten, durch die Artikel und Illustrationen im Magazin »Egység« (»Einheit«) und viele andere Informationsquellen.[4] Bevor Moholy-Nagy auf der »Ersten Russischen Kunstausstellung«, die im Herbst 1922 in der Galerie van Diemen in Berlin stattfand, Tatlins »Konterrelief« (Nr. 569) sah, hatte er zusammen mit Lajos Kassák bereits Punins Artikel über das Denkmal der Dritten Internationale in der Mai-Jubiläumsausgabe des Jahres 1922 des in Wien erscheinenden ungarischen Magazins »Ma« (»Heute«) und ein Photo ebendieses Denkmals im September 1922 im »Buch Neuer Künstler« veröffentlicht. Jedoch ist es im Dezember 1923 nicht Tatlin (wie es logisch wäre), sondern Rodtschenko, den er bittet, für die Bauhausbücher über Konstruktivismus zu schreiben (was nie realisiert wurde).[5]

In »Abstract of an Artist«, seinem später erschienenen Buch, ruft Moholy-Nagy die Anfänge seines Schaffens in Erinnerung, und es ist offensichtlich, daß er darin versucht, die Existenz Tatlins wie auch des gesamten russischen Konstruktivismus aus seinem Gedächtnis zu verdrängen. Obwohl 1920–1922 seine Assemblagen auch vom russischen Konstruktivismus inspiriert waren, erwähnt er lediglich den Einfluß des »industriell hochentwickelten Deutschland«. Seine Reliefs waren – wie er schreibt – »eher neue Strukturen, konzipiert als meine eigene Version maschineller Technologien, wiederzusammengefügt aus demontierten Teilen [...] ich plante dreidimensionale Assemblagen, Konstruktionen, ausgeführt in Glas und Metall.«[6]

Moholy-Nagy schuf seine Reliefs fünf oder sechs Jahre nach Tatlins Materialkombinationen und Konterreliefs. Von Tatlin übernahm er den Gebrauch unbearbeiteter industrieller Materialien. Er befestigte Zahnräder, Teile aus Glas und Räder auf rauhen Holzplatten oder stellte seine »Holzstatue« (»Montierte Plastik«) 1921 aus »maschinenbearbeitetem Holz« zusammen.[7] Trotzdem haben die Reliefs (nach den noch vorhandenen Photos zu urteilen) eine zweidimensionale Wirkung, und ihre Struktur ähnelt der der Gemälde aus derselben Zeit: »Großes Eisenbahnbild« (1920/21), »Großes Rad (Große Gefühlsmaschine)«

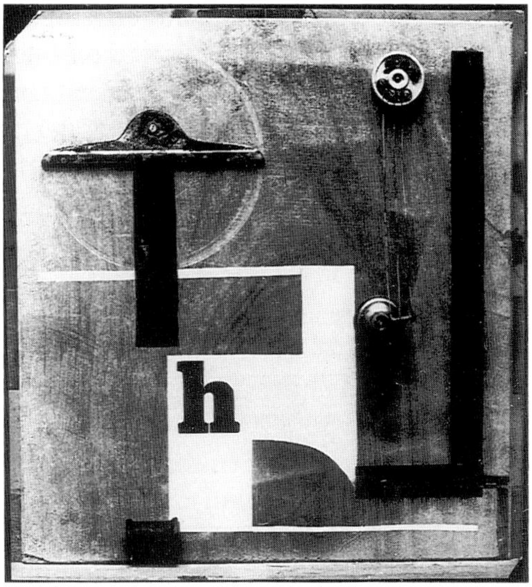

Laszlo Moholy-Nagy. »Relief mit h«. Um 1921
Ласло Мохой-Надь. «Рельеф с буквой h». Около 1921

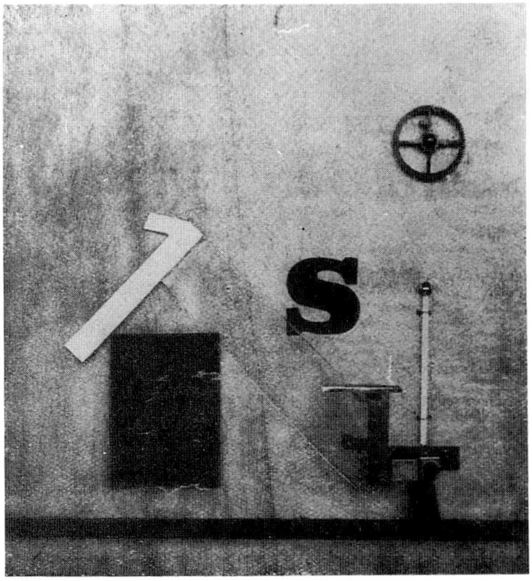

Laszlo Moholy-Nagy. »Relief mit s«. Um 1922
Ласло Мохой-Надь. «Рельеф с буквой s». Около 1922

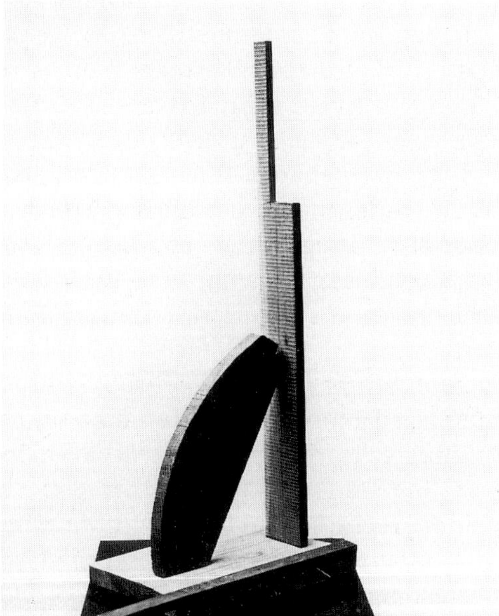

Laszlo Moholy-Nagy. »Holzstatue«. 1921
Ласло Мохой-Надь. «Деревянная скульптура». 1921

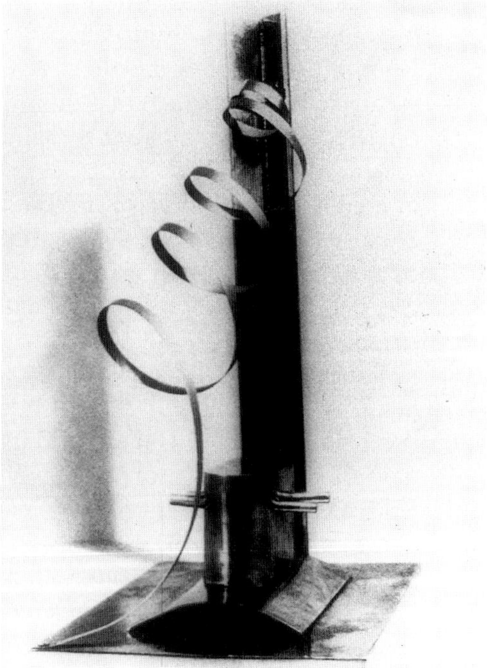

Laszlo Moholy-Nagy. »Nickelplastik«. 1921
Ласло Мохой-Надь. «Никелированная скульптура». 1921

(1920/21) und »E-Bild« (1921). (Die Grundidee ist dieselbe: Die einfachen geometrischen Teile stehen in scharfem Kontrast zum neutralen, eher rauhen Bildträger, der aus grundierter oder ungrundierter Leinwand, aus schwarzer Leinwand, Nessel, Sperrholz oder aus emaillierten Oberflächen bestehen kann.) In den Bildern sind die Formen gemalt oder collagiert, während sie in den Reliefs durch Assemblage entstehen. Das Resultat ist in allen Fällen statisch, die Formen sind mit der Wand niveaugleich, sie treten nicht hervor. Bei Moholy-Nagy – in seinen Gemälden wie auch in seinen Skulpturen – wandelt sich die dramatische Spannung der Tatlinschen Konter- und Eckreliefs ins Spielerische, in Gleichgewicht und Harmonie.

Zu der Zeit, als Moholy-Nagy Kenntnis von Tatlins Konstruktivismus erlangte – erlangen konnte –, nämlich um 1920 oder 1921, hatte dieser seine erste, dynamischste und erfindungsreichste »Laboratoriums«-Periode bereits hinter sich. Die erste resignative Phase kann um 1920 beobachtet werden, als Tatlin von Moskau, dem künstlerischen Hauptzentrum, nach Petrograd umzog. Ungefähr um dieselbe Zeit, im Winter 1919/20, verließ Moholy-Nagy das bäuerliche Ungarn und traf, nach einem kurzen Zwischenaufenthalt in Wien, im ausgesprochen großstädtischen Berlin ein. Hier lernte er Tatlins Kunst kennen, zunächst durch verschiedene Publikationen, darunter Umanskis Buch und Punins Untersuchungen, die alle Tatlin als »Maschinenkünstler« darstellten, als den Ingenieur-Designer der neuen Gesellschaft. Die komplexe und widersprüchliche Persönlichkeit des wirklichen Tatlin wurde durch dieses im Westen von ihm entworfene Bild verschleiert und stereotypisiert. Moholy-Nagy lernte dieses Stereotyp zur selben Zeit kennen wie die neue Zivilisation von Berlin, die Brücken, Bahnhöfe und Gleisanlagen, und zur selben Zeit wie die Berliner Dadabewegung. All diese Einflüsse überschnitten und vermischten sich, so daß Moholy-Nagy Tatlins wahre Bedeutung und seine künstlerische Einzigartigkeit nicht erfassen konnte. Dies ist um so verständlicher, als sich trotz bestimmter äußerer Ähnlichkeiten sowohl ihre grundsätzlichen Charakterzüge wie auch ihre künstlerischen Ziele essentiell unterschieden.

Moholy-Nagy muß von Tatlins Image des Künstler-Ingenieurs fasziniert gewesen sein, ohne zu erkennen, daß der Designer in Wirklichkeit einen dörflichen »Hans-Dampf-in-allen-Gassen« überspielte, der seine einzelnen Werke beinahe in den Rang von Ikonen erhob und stets auf natürliche Formen (auf die Kurven und die innere Dynamik des Körpers) und auf natürliche Materialien (vor allem Holz) zurückgriff. Sogar sein Flugapparat, den er durch Menschenkraft in Bewegung setzen wollte, war dem menschlichen Körper angepaßt. Im Gegensatz zu Tatlins handwerklich hergestelltem Denkmal der Dritten Internationale und zum Letatlin waren Moholy-Nagys sogenannte »Telefonbilder« unter den Bedingungen industrieller Serienproduktion in einem Emaillierwerk hergestellt, und sein »Lichtrequisit« (»Licht-Raum-Modulator«) konnte nur mit der Hilfe einiger Ingenieure aus den dauerhaftesten industriellen Materialien und unter Einsatz eines elektrischen Mechanismus realisiert werden. So war Moholy-Nagy der Verkörperung des Ideals vom Künstler-Ingenieur tatsächlich näher als Tatlin, besonders wenn wir auch seine Aktivitäten auf den Feldern der Photographie, der Kinematographie und Typographie in Betracht ziehen. Was Tatlin betrifft, so war dieser nicht gegen die Herstellung nützlicher Objekte, und das spielte bei seinen Aktivitäten in den Wchutemas eine wichtige Rolle. Aber das Zentrum all seiner Bemühungen, ob er nun Kleidung, Stühle oder Teetassen entwarf, war der menschliche Körper, dessen Formen er mit der kleinsten Kurve und dem gesamten Rhythmus aller seiner Entwürfe folgte – eine Verbindung seiner Kunst mit dem zukünftigen Benutzer. Sehr selten, wie etwa bei dem als Auftragsarbeit hergestellten Modell des Denkmals der Dritten Internationale, entfernte sich Tatlin von dieser menschlichen Dimension. Moholy-Nagy hingegen war von Anbeginn an der visuellen Umsetzung der kühnsten wissenschaftlichen Utopien interessiert, vom Grammophon, das ohne vorausgegangene Tonaufnahme direkt in eine Platte eingravierte graphische Zeichen abspielen könnte (und somit selbst zum Instrument würde), bis zum Spiel mit Licht, das auf die Wolken projiziert werden könnte. Dennoch kamen sich die handwerkliche Könnerschaft und der Erfindungsreichtum des »Hans-Dampf-in-allen-Gassen« Tatlin und die utopistisch-waghalsige Imaginationskraft Moholy-Nagys einige Male sehr nahe. Worin die beiden sich jedoch am meisten unterschieden, war ihr jeweiliger Platz in der Gesellschaft: eine Rolle, die von dem einen bewußt angenommen, dem anderen aufgezwungen wurde.

2. Kunst und Gesellschaft

Tatlins und Moholy-Nagys Kunst waren von unterschiedlichen Quellen inspiriert und hatten unterschiedliche Bedeutung in ihrem Umfeld. Beide gingen von den primären Besonderheiten des Materials aus, die sie in ihrer frühen Lehrtätigkeit sorgfältig analysierten (Tatlin in Moskau von 1918 bis 1919 und in Petrograd zwischen 1919 und 1922; Moholy-Nagy im Bauhaus-Vorkurs ab 1923 wie auch in seinem 1929 erschienenen Buch »Von Material zu Architektur« sowie vielen anderen, nie realisierten Projekten). Nach 1920 wollten beide aus der Rolle des im Elfenbeinturm isolierten Künstlers ausbrechen, um statt dessen für die Gesellschaft als Ganzes zu arbeiten, indem sie Werke schufen, die für diese nützlich und wichtig sein sollten. Doch ihre utopistischen Ideen waren ebenso verschieden wie die Rolle, die sie selbst in der Realität spielten. Moholy-Nagy war an der Räterepublik von 1919 nicht beteiligt und suchte nie eine gesellschaftliche Position, nicht einmal im kulturellen Bereich, die politische Macht eingeschlossen hätte. »Links« zu sein bedeutete für ihn, alle Menschen für gleich begabt zu halten. Er träumte von einer Gesellschaft, in der jedermann maximalen Gebrauch von den gegebenen technischen und kulturellen Möglichkeiten machen und seine Persönlichkeit umfassend entwickeln könnte. Während Moholy-Nagy aus der Mittelklasse stammte, kam Tatlin zwar aus einer guten Familie, begann aber seine Laufbahn als Matrose, wohingegen Moholy-Nagy als Jurastudent und Dichter anfing.

Tatlin, dessen kraftvolles Talent sich bereits vor 1914 manifestiert hatte, stand von Beginn an auf der Seite der Oktoberrevolution, spielte in der Führung der Kunstpolitik als Organisator eine aktive Rolle (er saß in der Jury des Denkmalwettbewerbs von 1918, beteiligte sich an der Organisation des Ausbildungssystems, im GINChUK usw.), und seit dieser Zeit hing seine soziale und erzieherische Aktivität von denen ab, die die Macht besaßen, von Gnade oder Ungnade der Parteicliquen oder der Persönlichkeiten des Augenblicks. Die Autoritäten, auf deren Seite er stand, richteten nicht nur sein Denkmal der Dritten Internationale nicht auf, sondern schafften es sogar, das Modell, das Tatlins Idee hätte bewahren können, in diversen Magazinen verschwinden zu lassen.

Die dreißiger Jahre bedeuteten einen Bruch in der künstlerischen Karriere Tatlins. Die Karriere Moholy-Nagys, der vor dem Faschismus floh, erlebte nach 1933 ebenso einen Bruch. Er entschloß sich, Deutschland, ja sogar Europa zu verlassen. Das bescheidene, aber immerhin existierende Modell seiner Ideen, das »Lichtrequisit« (»Licht-Raum-Modulator«), begleitete ihn auf all seinen Wanderungen, um schließlich mit seinem Schöpfer in Amerika anzukommen. Moholy-Nagy übersetzte seine Kenntnis von Material, Licht und Gebrauchsgegenständen in die praktische Lehre und formulierte sie auch in seinem postum erschienenen Buch »Vision in Motion« (1947). Dank seiner Schüler und Publikationen wirkte sein Einfluß auf vielen Wegen weiter, während der Name und das Schaffen Tatlins, des bei weitem größeren Künstlers, für Jahrzehnte zum Mythos wurde und seine wirkliche Geschichte heute nur rekonstruiert werden kann anhand noch existierender Fragmente in seiner Heimat sowie der Forschungsarbeit, die in der Sowjetunion und anderswo geleistet wird

Anmerkungen

1 Siehe Sibyl Moholy-Nagy, *Moholy-Nagy. Experiment in Totality,* Cambridge, Mass.: MIT, 1969, S. 35; dt. n. Sibyl Moholy-Nagy, *Laszlo Moholy-Nagy. Ein Totalexperiment,* Mainz – Berlin: Kupferberg, 1972, S. 42.
2 Brief an den Herausgeber des »Kunstblattes«, in: Sibyl Moholy-Nagy, *Moholy-Nagy. Experiment in Totality,* S. 43 f.; dt. n. *Laszlo Moholy-Nagy. Ein Totalexperiment,* S. 49.
3 Dmitri Wladimirowitsch Sarabjanow, »Die Malerei Tatlins«, in: *Tatlin,* hg. v. Larissa Alexejewna Shadowa, ins Deutsche übertr. v. Hannelore Schmör-Weichenhain, Weingarten: Kunstverlag Weingarten, S. 51–70, hier S. 51.
4 Siehe Krisztina Passuth, »Contacts between the Hungarian and Russian Avantgardes in the 1920s«, in: *The First Russian Show,* Annely Juda Fine Art, London, 1983 (Ausst.-Kat.), S. 48–66.
5 Moholy-Nagys Brief an Alexandr Rodtschenko in: Krisztina Passuth, *Moholy-Nagy,* London: Thames and Hudson, 1985, S. 392 f.
6 Laszlo Moholy-Nagy, *The New Vision and Abstract of an Artist,* New York: George Wittenborn, 1967, S. 72.
7 Laszlo Moholy-Nagy, *Von Material zu Architektur,* München: Albert Langen, 1929, Abb. 108.

Übersetzung aus dem Englischen: John Matheson.

Christina Lodder

Tatlin und Naum Gabo

Dieser Beitrag sucht Tatlins Einfluß auf Naum Gabo während der Jahre 1917–1922, als beide Künstler ihren Stil und ihre Philosophie des Konstruktivismus entwickelten, im Hinblick auf Art und Reichweite zu bestimmen. Wenn Tatlin auch für die Konstruktionen, mit denen Gabo 1915 in Norwegen begonnen hatte, erste Anregungen gegeben haben mag, so liefen diese doch mit verschiedenen Stimuli zusammen, die im Kubismus und Futurismus, im Werk Archipenkos und in Gabos naturwissenschaftlichen Studien seiner Münchner Zeit zu suchen sind. Mit Gabos Rückkehr aus Norwegen – als noch unbekannter Bildhauer am Anfang seiner Karriere – beginnt die Zeit eines engeren Kontaktes mit Tatlins Werk und Ideen. Sie endet mit Gabos Emigration nach Deutschland im Jahre 1922, als er bereits ein wichtiger Vertreter einer bestimmten konstruktivistischen Praxis und Theorie ist.

Bei seiner Ankunft in Moskau im Herbst 1917 lernte Gabo unzweifelhaft die neuesten Entwicklungen der Avantgarde kennen, wozu auch die Idee der reinen Abstraktion gehörte. Seine erste nachweisbare abstrakte Konstruktion ist ein
232 1922 in der ungarischen Zeitschrift »Egység« abgebildetes Werk, das dort auf
1919 datiert ist.[1] Diese Komposition scheint sich aus Arbeit an den Köpfen herzuleiten, vor allem vom »Kopf in einer Ecknische«, auch als »Konstruktiver Kopf Nr. 3« bekannt (1917–1920, Museum of Modern Art, New York).[2] Der diagonal gelagerte Hohlraum deutet die Nase an, während die kurvigen Elemente oben und unten die Schädelrundung beziehungsweise die Schultern suggerieren. Die Arbeit scheint aus Holz und Karton zu bestehen und auf den Flächen teilweise bemalt zu sein, wodurch Doppeldeutigkeiten im Zusammenspiel der Formen entstehen und das Spiel von Licht und Schatten intensiviert wird. Dieses Interesse an der Vielfalt von Texturen und Materialien markiert einen neuen Ansatz bei Gabo und läßt vermuten, daß seine ersten Experimente mit der Abstraktion von Tatlins Reliefs angeregt und direkt davon beeinflußt wurden. Die Reliefform selbst deutet auf eine Anregung hin, obwohl die dünnen, sich überschneidenden Flächen bei Gabo Tatlins Eck-Konterreliefs von 1914/15 näherzustehen scheinen. An Tatlin erinnern besonders die rauhen Texturen und die Art, wie sich die Komposition in schwingenden Kurven um die diagonale Achse bewegt. Darüber hinaus ähnelt die Anordnung der Konstruktion in der Schachtel der Weise, in der Tatlins Werke in den Raumecken verspannt sind.

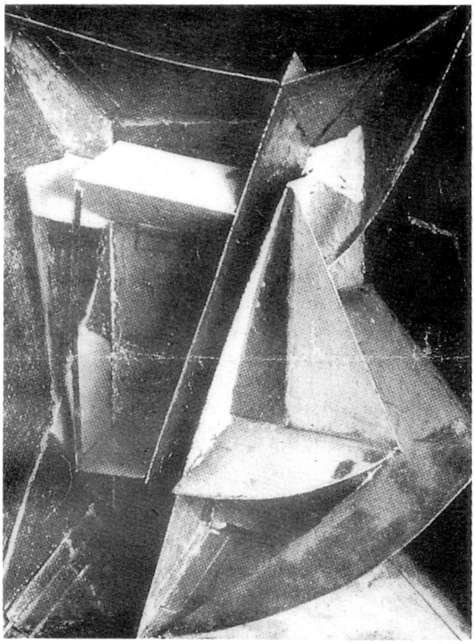

Naum Gabo. »Construction en creux«. 1919

Наум Габо. «Конструкция в углублении». 1919

Gabo hatte sich zwischen April 1914 und Frühjahr 1917 außerhalb Rußlands aufgehalten, kann also keines von Tatlins Reliefs in einer Ausstellung gesehen haben, denn in der Zeit zwischen den Ausstellungen »Magazin« vom März 1916 und »Neue künstlerische Strömungen« von 1922 wurden sie nicht öffentlich gezeigt.[3] Er könnte jedoch Reproduktionen von Tatlins Reliefs in der Broschüre »Wladimir Jewgrafowitsch Tatlin« von 1915 und in der ersten (und einzigen) Ausgabe von »Izobrazitel'noe iskusstvo« (»Bildende Kunst«, 1919) gesehen haben.[4] Nach seiner Ankunft in Moskau im Herbst 1917 hat er vielleicht das »Café Pittoresque« besucht, an dessen Gestaltung Tatlin im Sommer und Herbst desselben Jahres gemeinsam mit Georgi Jakulow und anderen gearbeitet hatte, und das »Café Poetow«, das Ende November eröffnet wurde und ebenfalls Dekorationen von Tatlin enthielt (allerdings kamen Tatlins künstlerische Vorstellungen in beiden Fällen nicht sonderlich klar zum Ausdruck).[5] Unwahrscheinlich ist die Annahme, Gabo habe Zutritt zu Tatlins Atelier gehabt, in dem einige Reliefs installiert waren.[6] Aber er könnte Gelegenheit zum Besuch von Tatlins Atelier in den Staatlichen Freien Kunstwerkstätten (Swomas) gehabt haben; die Arbeiten der Studenten dort sollte Wladimir Stenberg später als »tatlineske Werke« beschreiben.[7] Gabos Bruder Natan (später Antoine) Pevsner nahm wohl im Herbst 1919 seine Lehrtätigkeit an den Kunstwerkstätten auf, also etwa um die Zeit, als Tatlin nach Petrograd ging. Es kann eine zeitliche Überschneidung gegeben haben, die Gabo vielleicht Zutritt zu den Ateliers ermöglichte.[8] Ebenso könnte Gabo die Arbeiten Tatlins, die von der Abteilung Bildende Künste des

Volkskommissariats für Bildungswesen (Otdel ISO Narkompros) erworben wurden, wie auch die in der Sammlung Schtschukin gesehen haben.[9]

Ab 1920 war Tatlins Einfluß nur mehr am Rande spürbar; zu denken ist hier in erster Linie an das Modell des Denkmals der Dritten Internationale, das im Dezember 1920 in Moskau ausgestellt wurde. Sicherlich schätzte Gabo die im Turm verkörperte Idee der Nutzung kinetischer Energien. Im »Realistischen Manifest« vom August desselben Jahres hatte er geschrieben: »Die Realisierung unserer Empfindungen der Welt in den Formen von Raum und Zeit ist das einzige Ziel unseres bildnerischen Schaffens. [...] Wir bekräftigen [...] die kinetischen Rhythmen als Grundformen unserer Empfindungen der realen Zeit.«[10] Als Demonstration dieser Prinzipien entstand Gabos »Kinetische Konstruktion« (»Stehende Woge«, Tate Gallery, London) mit einem dünnen Metallstab, der durch einen Motor in Schwingung versetzt wird und so oszillierend eine virtuelle Figur im Raum beschreibt. Gabo datierte dieses Werk auf den Winter 1919/20.[11] Wenn dieses Datum zutrifft, wäre die »Kinetische Konstruktion« dem Turm voraufgegangen.[12] Da Gabo seine Arbeiten aber häufig nach dem Zeitpunkt des Entwurfs statt nach dem der Ausführung datierte, ist das Werk vielleicht erst später entstanden. Doch selbst wenn es im Laufe jenes Winters konstruiert worden ist, könnte es – und überhaupt Gabos Interesse an Kinetik in gewissem Umfang von Punins 1919 publizierter Beschreibung des Tatlinschen Projekts angeregt worden sein. Punin betonte, daß »erstens alle Elemente des Denkmals moderne technische Apparate sein sollten, die der Agitation und Propaganda dienen«, und daß »zweitens das Denkmal ein Ort intensivster Bewegung« sein sollte.[13] Auch wenn es zur Zeit schwierig ist, die Beziehung zwischen beiden Künstlern exakt herauszuarbeiten, scheint es doch bezeichnend, daß die beiden Konstruktionen Tatlins und Gabos damals wohl die einzigen Plastiken waren, die einen Motor hatten beziehungsweise haben sollten.[14]

Gabos »Construction en creux« (zerstört) ist in der Komposition dem Karton-
234 relief ähnlich. Ein altes Photo, von Gabo auf 1921 datiert, läßt vermuten, daß diese Arbeit nach und nicht vor Gabos »Realistischem Manifest« (August 1920) und nach der Ausstellung von Tatlins Turm in Moskau (im Dezember desselben Jahres) geschaffen wurde. In diesem Relief hat sich der Umgang mit der Textur verändert, und die Betonung liegt nunmehr auf Transparenz, Geometrie und einem komplexeren Zusammenspiel abstrakter Flächen. Das Relief scheint Glas oder eine frühe Art von Kunststoff zu enthalten.[15] Zu einem gewissen Grad könnte diese größere Klarheit und Präzision von Malewitsch und der Formensprache des Suprematismus angeregt sein. Wie das Glas zur Erzielung des Eindrucks von Formen auf verschiedenen Ebenen verwendet ist und wie die Reflexe Tiefe schaffen – dies scheint der Formenorchestrierung in einem suprematistischen Gemälde nahe zu stehen. Andererseits kann Gabos Entscheidung zur Verwendung von Glas sehr wohl auch durch Tatlins beabsichtigten Gebrauch von Glas in seinem Turm und von seiner Verherrlichung der Moderni-

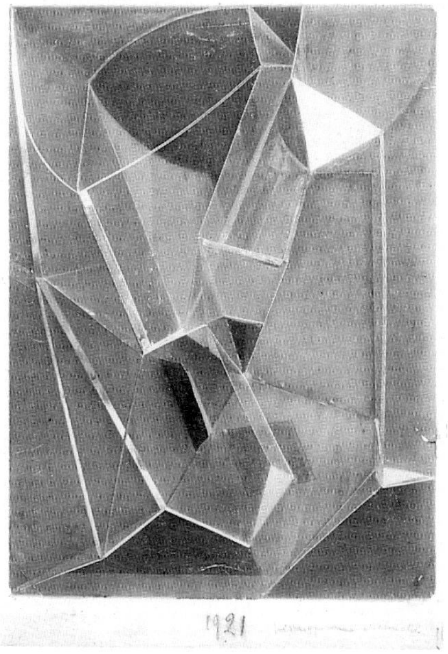

Naum Gabo. »Construction en creux«. 1921

Наум Габо. «Конструкция в углублении». 1921

tät dieses Materials angeregt worden sein. In dem Text »Unsere bevorstehende Aufgabe«, veröffentlicht im Dezember 1920, bezeichnete Tatlin Glas und Eisen als »die klassischen Materialien unserer Zeit«.[16] Gabo könnte wie Tatlin Glas als Ausdruck zeitgenössischer Technik und als Metapher für Modernität verwendet haben.

Der auf das Maschinenzeitalter und die Technik verweisende Aspekt des Turms war offenkundig von weitreichender Wirkung. Gabos »Reliefkonstruktion« entstand vermutlich ebenfalls 1921. Ein kürzlich entdecktes Photo, das die ursprüngliche Anordnung zeigt, läßt vermuten, daß Gabo geometrische Elemente aus Glas oder Kunststoff gegen einen dunklen rechteckigen Hintergrund setzte. Die quadratischen Röhrenstrukturen, anscheinend serienmäßig hergestellte Erzeugnisse, könnten farbige Flüssigkeiten enthalten haben.[17] Dieses Relief zeigt einige interessante Affinitäten zu Georgi Stenbergs »Material-Farbkonstruktion Nr. 7« von 1920 (Tretjakowgalerie, Moskau). In beiden Arbeiten finden sich Glasröhren, unterschiedliche Texturen und eine ähnliche geometrische Komposition. Beidemal rufen Formen und Materialkombinationen Assoziationen an Technik und Industrie wach. Stenbergs Arbeit nutzt mit der Verwendung von Sand und metallenen Oberflächen eine größere Vielfalt von Texturen und markiert einen Übergang von den früheren Gemälden zu jenen Konstruktionen, die eindeutiger von technischen Strukturen angeregt sind und im Mai 1921 in der Ausstellung der »Gesellschaft junger Künstler« (Obmochu)

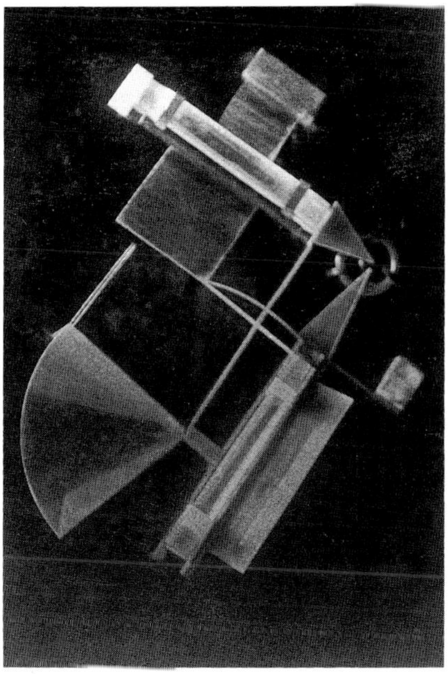

Naum Gabo. »Reliefkonstruktion«. 1921

Наум Габо. «Конструкция в рельефе». 1921

gezeigt wurden. Die dort ausgestellten Konstruktionen von Rodtschenko, den Brüdern Stenberg, Medunezki und Ioganson spiegelten durchweg die Idealisierung technischer Formen wider, die in Tatlins Turm angelegt ist.

Unzweifelhaft teilte Gabo den visionären Impuls, der in Tatlins Turm zum Ausdruck kam. Später erinnerte er sich: »Ich war einer von den Hunderten von Künstlern in Moskau, die von der Vision eines neuen Lebens besessen waren.«[18] Dies spiegelte sich in Gabos voraufgegangenen Projekten, etwa seinem Entwurf für eine Rundfunkstation. Gabo datierte ihn später auf den Winter 1919/20, fügte aber hinzu, Tatlins Denkmal sei ein Jahr zuvor entstanden.[19] Man möchte daher annehmen, Gabo habe seine Zeichnung später, nach der Fertigstellung von Tatlins Turm, gemacht. Offenkundig hat Tatlins Arbeit ihn inspiriert; der Bezug auf den Eiffelturm und die unten hinzugefügten kleinen Gebäude erinnern an die Abbildungen in Punins Schrift.[20] Mit Sicherheit hat Gabo das Modell des Turms gesehen, und tatsächlich berichtete er, mit Tatlin selbst darüber diskutiert zu haben, und zwar in einer öffentlichen Debatte im Dezember 1920 im Cézanne-Club der Wchutemas: »Tatlin saß da, ohne ein Wort zu sagen. ›Entschuldige‹, bat ich ihn, denn ich hatte ihm bereits unter vier Augen gesagt, was ich über die ganze Sache dachte. Dem Publikum sagte ich, der Turm sei eine mittelalterliche Idee [wie] der Babylonische Turm. [. . .] In einem Punkt sei dieser neue Turm wahrscheinlich anders – in der Idee der sich bewegenden Teile. Doch diese seien absoluter Unsinn. ›Sie wissen ganz genau‹, sagte ich, ›daß so etwas technisch nicht in Frage kommt. Nicht, daß es nicht gebaut werden könnte, aber es wird niemals gebaut werden. Man dreht kein sechs- oder siebenstöckiges Gebäude nach der Sonne.«[21]

Daß Gabo den Turm als reales Gebäude verurteilte, bedeutet jedoch nicht, daß er sich nicht davon inspirieren ließ. Im Gegenteil, die räumliche Qualität der offenen Struktur, ihre Transparenz und Dynamik und die Verschmelzung von Kunst und Technik scheinen Gabos eigene Interessen, wie sie im »Realistischen Manifest« formuliert sind, gespiegelt zu haben. Tatlins Aussagen einschließlich seiner Botschaft »Ingenieure schaffen neue Formen« stehen Erklärungen Gabos nahe, etwa dieser: »Das Lot in der Hand, mit Augen, so genau wie ein Lineal, den Geist auf den Zirkel gerichtet, [...] konstruieren wir sie [unsere Werke] wie das Universum das seine, wie der Ingenieur seine Brücken, wie der Mathematiker seine Formeln der Planetenbahnen.«[22]

Angesichts dieser Ähnlichkeiten der Ziele und Interessen Gabos und Tatlins ist zu vermuten, daß Gabos Suche nach einer Form, die Skulptur und Architektur verschmilzt, zum Teil von Tatlin inspiriert wurde. Anerkannter Höhepunkt von Gabos Suche war die 1922 ausgeführte »Säule«.[23] Zwei sich überschneidende Glasflächen sind das Konstituens der Konstruktion. Gabo bezeichnete sie zwar ausdrücklich als Architekturmetapher, doch zugleich war die »Säule« als kleinformatiges Werk und ebenso als größere öffentliche Plastik gedacht. Offensichtlich stellte sich Gabo die »Säule« als Denkmal für die Verfassung vor und plante, den Text der Sowjetverfassung auf die vier transparenten Flächen gravieren zu lassen.[24] Dies deutet darauf hin, daß die »Säule« wie Tatlins Turm als Antwort auf Lenins Plan für Monumentalpropaganda (1918) entwickelt wurde.[25] Doch angesichts des späten Datums von Entwurf und Ausführung muß man sie in diesem Zusammenhang wohl eher als Kritik an Tatlins Projekt und weniger als direkte Reaktion auf Lenins Plan ansehen. Tatsächlich ist die »Säule« im Gegensatz zu Tatlins Turm als Denkmal eine bei weitem begrenztere, einfachere, praktischere und realisierbarere Konstruktion. Offensichtlich hoffte Gabo, die Texte bei Nacht beleuchten lassen zu können.[26] Solche Art Lichteinsatz erinnert an die Beschreibung, die Punin von Tatlins Entwurf gab: an die geplante »Projektorenstation, die Lichtbuchstaben in den Himmel schreibt«[27], und den »Apparat, der auf eine große Leinwand projizieren kann«[28]. Eine vielleicht deutlichere Parallele, der Tatlin sicher zugestimmt hätte, findet sich in einem kurzen Prosastück Welimir Chlebnikows aus dem Jahre 1921, betitelt »Das Radio der Zukunft«. Chlebnikow prophezeit darin, es würden Radiowellen auf die dunklen Seiten riesiger Bücher projiziert, von Büchern größer als Häuser, die auf den Plätzen emporgewachsen sind und ihre Seiten langsam

Naum Gabo. »Säule«. 1922

Наум Габо. «Колонна». 1922

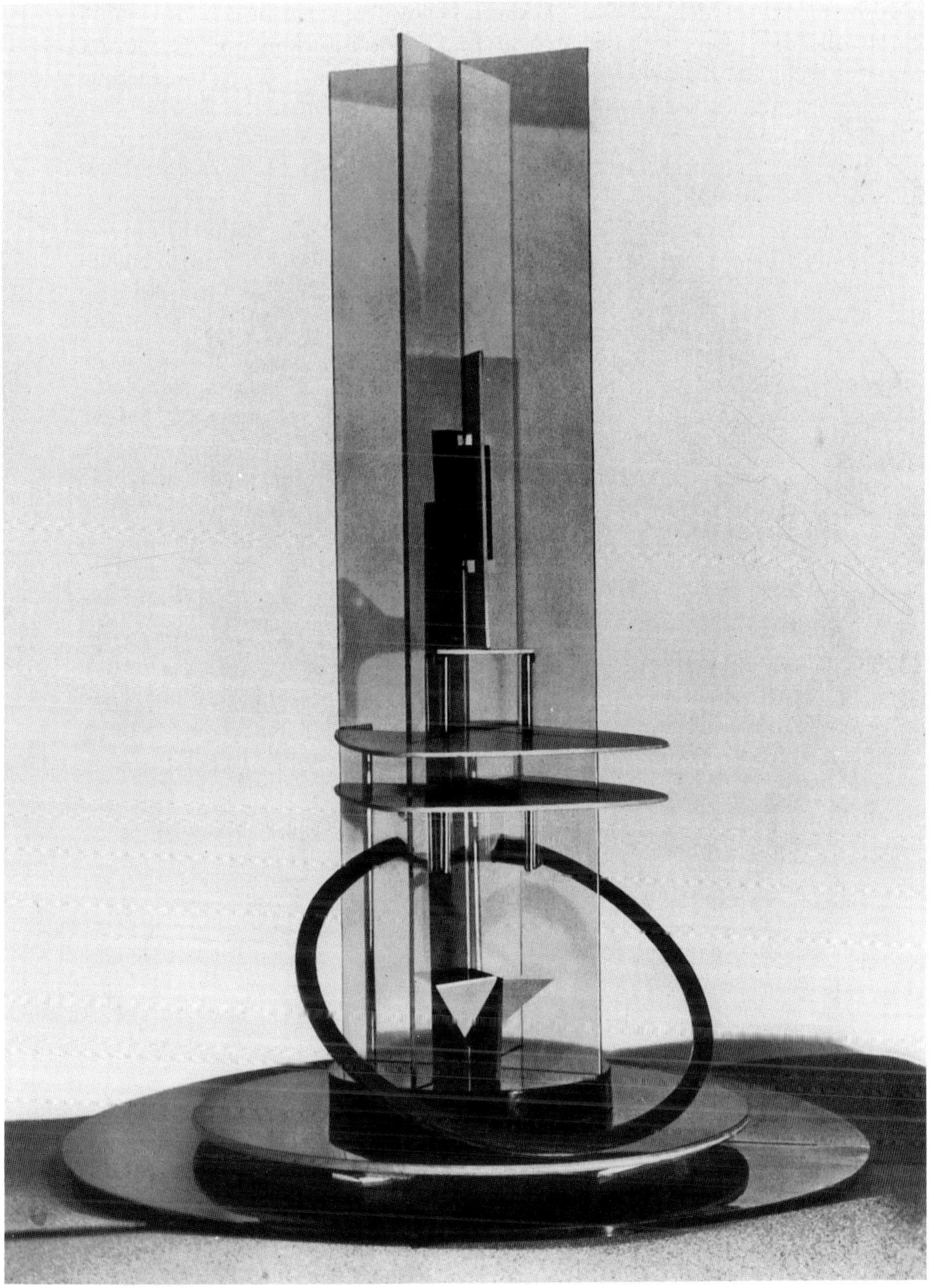

bewegen.[29] Wir wissen, daß Gabo Chlebnikow gelesen hat und daß er später schrieb: »Lieber, lieber Welimir! Wieviel hast du vorausgesehen!«[30] Die Propagandafunktion der »Säule« legt auch die Annahme nahe, daß die Transparenz des Glases neben der willkommenen ästhetischen Wirkung auch dieselbe symbolische Bedeutung haben sollte, die Punin als integralen Aspekt der Transparenz des Turms beschrieb, das heißt, daß sie die Reinheit der Unternehmungen der neuen sozialistischen Regierung symbolisieren sollte.[31]

Als Gabo die »Säule« schuf, hatten andere von Tatlins Vorbild inspirierte Künstler in Rußland die Ideen der Ersten Arbeitsgruppe der Konstruktivisten aufgegriffen und setzten ihre künstlerischen Fähigkeiten für das Entwerfen von Gebrauchsgegenständen ein. Kluzis zum Beispiel entwarf Propagandastände und -kioske. Sicher war Gabos Vorstellung von dem, was aus Tatlins Ansatz entwickelt werden könne, weniger extrem und verblieb innerhalb eines erkennbaren Konzepts von Kunst. Vielleicht ist es symptomatisch für diese ästhetische Dimension, daß die »Säule« ebenso den Einfluß Malewitschs widerspiegelt, wie sie Tatlin verpflichtet ist. Doch ein ähnlich komplexes Geflecht von Beziehungen und Anregungen läßt sich auch an den plastischen Arbeiten anderer Künstler wie Kluzis und Rodtschenko beobachten, die sich umfassender utilitären Zielen widmeten.

Diese Untersuchung legt die These nahe, daß Tatlins Turm für Gabo und wahrscheinlich auch andere Künstler sowohl formal als auch ideologisch von Bedeutung war. Mit anderen Worten: Er gab nicht nur einen Impuls zur Formulierung der Ideen der Ersten Arbeitsgruppe der Konstruktivisten, sondern er gab auch einen ästhetischen Impuls zur Verwendung präziser, maschinell gefertigter Formen, von Formen und Materialien industrieller Technik.

Anmerkungen

1 Siehe *Egység,* Nr. 2, 1922, S. 8. Das Werk ist hier »Realista kompozicio« (»Realistische Komposition«) benannt.

2 Zur weiteren Diskussion dieses Aspekts s. Steven Nash, »Naum Gabo: Sculptures of Purity and Possibility«, in: *Naum Gabo: Sixty Years of Constructivism,* ed. by Steven Nash and Jörn Merkert, München: Prestel, 1985, S. 18 ff., und Christina Lodder, *Russian Constructivism,* New Haven and London: Yale University Press, 1983, S. 37 f.

3 Siehe *Vystavki sovetskogo izobrazitel'nogo iskusstva. Tom I, 1917–1932* [Ausstellungen sowjetischer bildender Kunst. Bd. 1, 1917–1932], Moskva: Sovetskij chudožnik, 1965, S. 97 und 530; Troels Andersen, *Vladimir Tatlin,* Moderna Museet, Stockholm, 1968 (Ausst.-Kat.), S. 89; *Tatlin,* ed. by Larissa Alekseevna Zhadova, London: Thames and Hudson, S. 492 f. (dt. Ausg.: *Tatlin,* hg. v. Larissa Alexejewna Shadowa, ins Deutsche übertr. v. Hannelore Schmör-Weichenhain, Weingarten: Kunstverlag Weingarten, 1987, S. 525).

4 Nikolai Punins Broschüre »Tatlin (Protiv kubizma)« (»Tatlin [Gegen den Kubismus]«) erschien erst 1921.

5 Anscheinend war Georgi Jakulow allein für die Entwürfe zu den Dekorationen des »Café Pittoresque« (nach der Oktoberrevolution: »Roter Hahn«) verantwortlich, und Tatlin und andere führten seine Entwürfe lediglich aus; s. dazu Jean-Claude Marcadé, »Situation de Georges Yakoulov en 1972 (Quelques éléments concernant la naissance du ›constructivisme‹)«, *Notes et Documents Edités par la Société des Amis de Georges Yakoulov,* Nr. 3, Paris, 1972, S. 5–7. David Burljuk, Georgi Jakulow, Wera Chodassewitsch und Aristarch Lentulow wurden wie Tatlin mit Dekorationen für das »Café Poetow« beauftragt. Siehe V. P. Lapšin, »Kafe poetov v nastas'inskom pereulke«, in: *Chudožnik, Stena,* Moskva, 1978, S. 178–188. *Moskovskij listok,* 16. Dezember 1917, erwähnt nur die ersten drei Künstler.

6 Siehe Vasilij Komardenkov, *Dni minuvšie* [Vergangene Tage], Moskva, 1972, S. 55 f.

7 Wladimir Awgustowitsch Stenberg in einem Gespräch mit der Autorin, April 1974.

8 Tatlins eigene Aussagen betreffend den Zeitpunkt seines Umzugs nach Petrograd sind ziemlich vage. Vor kurzem wurde Spätsommer – Frühherbst als Datum vorgeschlagen; s. *Tatlin,* London (s. Anm. 3), S. 446. Antoine Pevsner selbst gab an, 1918 Professor an den Swomas geworden zu sein (»Notes biographiques« in Bernard Dorival, *Le dessin dans l'œuvre d'Antoine Pevsner,* Paris: Prisme, o. J., unpag.). Wassili Rakitin zufolge übernahm er Malewitschs Atelier, als dieser im Frühherbst 1919 nach Witebsk ging (s. V. Rakitin, »Gustav Klucis: Between the Non-Objective World and World Revolution«, in: *The Avant-Garde in Russia 1910–1930. New Perspectives,* Los Angeles County Museum of Art, 1980 (Ausst.-Kat.), S. 60.

9 Gabo gab an, bei der Abteilung Bildende Künste und ihrer Ankaufskommission mitgewirkt zu haben. Vgl. John Reads Film »Naum Gabo«, 1972, Typoskript der Tonspur, Rolle 2, S. 5 f., The Beinecke Rare Book and Manuscript Library, Yale University (i. folg.: Yale). Einen detaillierteren Bericht über seine Erfahrungen als Mitglied der Ankaufskommission gab Gabo 1958 in einem Brief an Herbert Read (s. Kopie des Briefes an Read, 24. Juni 1958, S. 2, Yale).

10 *Realističeskij manifest,* Moskau, 5. August 1920 (Plakat); in einem Viertel der Originalgröße reproduziert in *Gabo: Constructions, Sculpture, Paintings, Drawings, Engravings,* London: Lund Humphries, 1957, S. 149; Gabos englische Übersetzung ebd., S. 151 f. Das gedruckte Manifest ist von Gabo und Antoine (als Noton) Pevsner unterzeichnet. Antoine Pevsner bezeichnete sich immer als Koautor (s. etwa »Propos d'un sculpteur. Interview d'Antoine Pevsner par Rosamond Bernier«, *L'Œil,* Nr. 23, November 1956, S. 30). 1957 behauptete Gabo, alleiniger Autor zu sein (*Gabo,* S. 158). Alexei Pevsner bestätigte dies und berichtete, Gabo habe das Manifest verfaßt und Antoine habe gebeten, es unterschreiben zu dürfen (Alexei Pevsner, *A Biographical Sketch of My Brothers Naum Gabo and Antoine Pevsner,* Amsterdam, 1964, S. 24). Später sagte Gabo, Antoine habe den Teil über Malerei geschrieben und das Manifest unterzeichnet, während er selbst den Hauptteil verfaßt habe.

11 Siehe Colin Sanderson/Christina Lodder, »Catalogue Raisonné of the Constructions and Sculptures of Naum Gabo«, in: *Naum Gabo: Sixty Years of Constructivism* (s. Anm. 2), S. 205, Nr. 9.1.

12 Naum Gabo, »The ›Kinetic Construction‹ of 1920«, *Studio International,* Bd. 178, Nr. 914, September 1969, S. 89.

13 N[ikolaj Nikolaevič] Punin, »O pamjatnikach novogo tipa« [»Über Denkmäler neuen Typs«], *Iskusstvo Kommuny,* Nr. 14, 9. März 1919, S. 2 f.; engl. in Andersen (s. Anm. 3), S. 56 f., hier S. 56.

14 Daß Tatlin bei der Ausstellung des Modells einen kleinen Jungen anstellen mußte, der die Körper durch Drehen einer Kurbel in Rotation versetzte, tut der zugrundeliegenden Idee keinen Abbruch.

15 Da Kunststoffe in Rußland erst seit den spaten zwanziger Jahren als Massenprodukt gefertigt wurden, wird es eher Glas gewesen sein. Doch lassen die Reflexe an den Kanten vermuten, daß auch Kunststoffteile verwendet wurden. Es ist möglich, daß Gabo einen Teil des Materials in Norwegen erstanden hat oder aber daß er einige Elemente später austauschte oder das Werk nach seiner Emigration (1922) nachbaute.

16 V. Tatlin, T. Šapiro ..., »Naša predstojaščaja rabota« [»Unsere bevorstehende Aufgabe«], *VIII S-ezd Sovetov (Ežednevnyj bjulleten' s-ezda),* Nr. 13, 1. Januar 1921, S. 11; engl. in Andersen (s. Anm. 3), S. 51, und *Tatlin,* London (s. Anm. 3), S. 239; dt. in *Tatlin,* Weingarten (s. Anm. 3), S. 258.

17 1977 erzählte Gabo Alan Bowness, es habe sich dabei um ein mehrfarbiges Werk gehandelt; bei früherer Gelegenheit hatte er gegenüber Olson und Chanin von einer »Konstruktion aus dem Jahre 1921« gesprochen, die »Röhren mit farbigen Flüssigkeiten« enthalten habe, »um Lichter einzufangen«; s. Colin Sanderson/Christina Lodder, »Catalogue Raisonné of the Constructions and Sculptures of Naum Gabo«, in: *Naum Gabo: Sixty Years of Constructivism* (s. Anm. 2), S. 207 f., Nr. 11.

18 Tagebuch von Naum Gabo, 23. August 1940, Archiv der Familie.

19 1957 schrieb Gabo: »Das ›Projekt für eine Rundfunkstation‹, an dem ich im Winter 1919/20 arbeitete, und Tatlins Modell für die Dritte Internationale, das ein Jahr früher entstand, zeigen die Richtung unserer damaligen Gedankengänge« (*Gabo* [s. Anm. 10], Legende zu Tafel 26).

20 N[ikolaj Nikolaevič] Punin, *Pamjatnik III Internacionala* [Das Denkmal der Dritten Internationale], Peterburg [vielm. Petrograd], Izdanie Otdela IZO NKP, 1920.

21 S. Frederick Starr/Kenneth Frampton, »Russian Art in Revolution and Emigration: An Interview with Naum Gabo«, 1969, redigierte Abschrift, S. 19, Yale (s. Anm. 9). Über dieses Treffen und Gabos Kritik berichtet auch Nikolai Chardschijew (»Majakovskij i Tatlin«, in: *Neue russische Literatur: Almanach,* Salzburg, 1978, S. 90). Peter Nisbet zufolge berichtete auch Lissitzky über seine Teilnahme an einer Versammlung, die 1921 in der Akademie in Moskau stattgefunden habe (vermutlich handelt es sich um die genannte Debatte im Cézanne-Club) und bei der über den Bau des Turms beratschlagt worden sei (s. Peter Nisbets Aufsatz »Lissitzkys Tatlin« in vorliegendem Band, S. 196). Die Information stammt aus einem im ZGALI aufbewahrten Manuskript Lissitzkys (f. 2361, op. 1, ed. chr. 27, l. 1–8), das in revidierter Form unter dem Titel »SSSR's Architektur« veröffentlicht wurde (*Das Kunstblatt,* Bd. 9, Nr. 2, Februar 1925, S. 49–53).

22 *Realističeskij manifest* (s. Anm. 10).

23 Siehe *Gabo* (s. Anm. 10), Legende zu Tafel 26.

24 Gabos Assistent Charles Wilson im Gespräch mit der Autorin, März 1988.

25 Lissitzky deutete ebenfalls an, daß Gabo mit Arbeiten gemäß dem Plan für Monumentalpropaganda beschäftigt war; s. seinen Vortrag »Neue russische Kunst«, in: *El Lissitzky. Maler, Architekt, Typograf, Fotograf. Erinnerungen, Briefe, Schriften,* überg. v. Sophie Lissitzky-Küppers, Dresden: VEB Verlag der Kunst, 1967, S. 343.

26 Charles Wilson, März 1988.

27 N. Punin, »O pamjatnikach novogo tipa« (s. Anm. 13).

28 N. Punin, »Tatlinova bašnja/Tour de Tatline«, *Vešč' – Gegenstand – Objet,* Nr. 1–2, 1922; engl. in Andersen (s. Anm. 3), S. 57.

29 V. Chlebnikov, »Radio buduščego«, in: ders., *Tvorenija* [Werke], Moskva, 1986, S. 637; engl. in: *Khlebnikov: The King of Time,* translated by Paul Schmidt, ed. by Charlotte Douglas, Harvard University Press, 1985, S. 155; dt. in: Velimir Chlebnikov, *Werke. Poesie. Prosa, Schriften, Briefe,* hg. v. Peter Urban, Reinbek: Rowohlt, 1985, S. 270–274 (Teil 2), hier S. 271.

30 Eintragung Naum Gabos in einem kleinen Notizbuch, undatiert, vermutl. siebziger Jahre. Archiv der Familie.

31 N. Punin, *Pamjatnik III Internacionala* (s. Anm. 20); engl. in *Tatlin,* London (s. Anm. 3), S. 344–346, hier S. 346; dt. in *Tatlin,* Weingarten (s. Anm. 3), S. 411–414, hier S. 414.

Übersetzung aus dem Englischen: John Matheson.

Ljubow Rudnewa

Wladimir Tatlin in den dreißiger Jahren

Auch in den dreißiger Jahren trug Wladimir Tatlins künstlerisches Schaffen wesentlich zur Bereicherung der Kultur und zur Entwicklung der Kunst bei. Die begabtesten und empfänglichsten jungen Künstler jener Zeit sahen sich von Tatlins schöpferischer Arbeit und seiner selten starken, universellen Persönlichkeit beeinflußt. Eine Lehre in geistiger und handwerklicher Hinsicht war ihnen auch, daß er trotz immer stärker werdenden normativen Drucks, sich ausbreitender Pseudokunst und bald auch offener Hetze sich selbst treu blieb ... Viele, die Tatlin in seinem Atelier besuchten, waren fasziniert von seiner Art, das, was er sich vorgenommen hatte, hartnäckig durchzusetzen. Er liebte den Arbeitsprozeß selbst. Sein Wissensdurst war unstillbar, und auch sein Drang, Antworten auf die Fragen zu finden, die sich ihm bei der Verwirklichung seiner Ideen stellten. Dies beeinflußte wiederum das künstlerische Potential derer, die Kontakt zu ihm suchten; es bildete ihren Geschmack und half ihnen, ihren eigenen Weg in der Kunst zu finden.

Ungeachtet seines großen Talents, seiner Erfahrung und seines Könnens war Tatlin unerbittlich streng und anspruchsvoll gegen sich selbst. Er hatte seinen Weg als höchst eigenwilliger Künstler begonnen und setzte ihn auch in der Zeit des Unglücks und der Entbehrungen fort. Erstaunlich unabhängig offenbarte er sein von tiefer Geistigkeit geprägtes bildnerisches Potential, wenn er an einem Porträt oder Stilleben arbeitete. Immer konnte man neue Besonderheiten in seiner Seh- und Malweise entdecken. Konzentriert, auf seine ganz eigene Weise durchdringend, betrachtete er das Gesicht seines Zeitgenossen. Als Maler und Zeichner lotete er in den verschiedensten Arbeiten die Möglichkeiten aus, wie die innere Substanz einer Person, ihre seelische Verfassung und zuweilen auch ihr Schicksal aufzudecken sei. Er schuf in jener Periode Bilder, die das besondere Siegel ihrer Zeit trugen – und der pseudorealistischen Nichtkunst gab er kein Jota nach ...

Mitte der dreißiger Jahre hatte ich Gelegenheit, das Entstehen einiger Porträts unmittelbar zu beobachten und eine Ahnung vom Wesen dieses Prozesses zu bekommen. In fünf oder sechs Sitzungen malte Tatlin mein Portrat auf Leinwand (im Format von etwa 65 × 55 cm). Ab und zu fielen einige Worte. Sie bezogen sich nicht auf das Modell, sondern auf etwas anderes – auf sein Verhältnis zu den Farben und zur Leinwand. Die Sitzungen dauerten eine bis anderthalb

Stunden, manchmal auch länger. Ich war entzückt davon, wie Tatlin seine Arbeitsbesessenheit im Griff hatte. Er wußte, das Modell ist am allerwenigsten von Ambitionen und müßigen Betrachtungen über »Ähnlichkeit« erfüllt. Das würde der Maler später nebenbei erwähnen. Nach der zweiten Sitzung zeigte er mir das Porträt, das da schon auf der Leinwand zu leben schien. In der Art, wie die Aufgabe gelöst war, glich es nicht den Arbeiten, die ich früher von ihm gesehen hatte. Seine inneren Rhythmen schienen zu klingen, der Pinselstrich wirkte dreidimensional. Von den bronzefarben überhauchten Locken und den Obertönen der purpurroten Jacke, begleitet vom durchdringenden Blau – nein, nicht der Augen, sondern eher des erstaunten Blicks der jungen Frau, ging eine Wellenbewegung aus. In allem lag eine ungeheure Lichtfülle, vom Maler gebändigt, gemildert in der Modellierung des Gesichts, um das herum sich Wirbel zu bilden schienen ...

Von der überraschend »leidenschaftlichen« Dynamik dieses Porträts sprach später, schon in unserer Zeit, M. Gonta, die Frau des Dichters Dmitri Petrowski. Ihre Freundschaft mit Tatlin stammte noch aus den zwanziger Jahren. Als sie Mitte der dreißiger Jahre sein Atelier besuchte, so erzählte sie mir, prägte sich ihr dieses – wie sie es nannte – »aufgewühlte« Porträt ein, das doch nur so kurz existierte.

Tatlin hatte Schwierigkeiten mit dem Farb»meer« – es tobte geradezu in der purpurroten Jacke, die aus einem uralten Tuch meiner Urgroßmutter genäht war. Eine weitere Sitzung und noch eine zweite, eine dritte dauerte der Kampf – irgend etwas wollte sich dem Maler nicht entschlüsseln. Immer wieder warf er einen durchdringenden Blick unter schweren Lidern hervor auf die Jacke wie auf ein Lebewesen, schätzte wieder und wieder etwas ab und geriet in Rage, man sah es an seinen Lippen. Ab und zu murmelte er plötzlich etwas. Fast wie im Stakkato änderte sich die Richtung der Pinselbewegung. Und auf einmal entrüstete er sich: »Sie klirrt!« Er meinte damit die Farbe der Jacke auf der Leinwand.

Er nahm einen großen Pinsel und begann erneut zu malen. Nur einen Augenblick stockte er, bevor er den Blick auf der Leinwand dämpfte.

Um die Atmosphäre zu beleuchten, in der das zweite Porträt desselben Modells entstand, möchte ich einige Züge von Tatlins Persönlichkeit erwähnen, über die bisher wenig geschrieben wurde. Zwar hatte bittere Erfahrung ihn gelehrt, auf der Hut zu sein, aber dennoch faßte er volles Vertrauen, wenn er sich davon überzeugen konnte, daß sein Gesprächspartner, sei er auch noch so jung, selbst eine ernsthafte geistige Prüfung durchgestanden hatte und seine Interessen und Ansichten ihm, Tatlin, sympathisch waren. Das traf besonders dann zu, wenn sein Gegenüber genau wie er selbst schon früh ein selbständiges Leben begonnen hatte. Er schätzte es sehr, daß sich ihm die Möglichkeit bot, genau verstanden zu werden und mit seinen Gemütsbewegungen und Ideen bei seinem jüngeren Gesprächspartner unmittelbare Resonanz zu finden. Im übrigen hatte er immer einen ironischen Scherz parat, wenn irgendein Außenstehender sich neugierig nach seinem Leben und seiner Arbeit erkundigte. Er konnte auch sarkastisch sein, wenn er sich an das letzte Gefecht mit seinen Widersachern erinnerte, die auf Versammlungen mit Vorliebe jemanden »entlarvten« und »fertigmachten« ... Doch wie leicht und schnell ließ er dann wieder alle leidigen Lappalien beiseite und lenkte das Gespräch auf anderes. Wie über einen älteren Gesinnungsgenossen dachte er über Leonardo da Vinci nach, ganz ohne Kothurn und Pathos. Tatlin war nicht sehr gesprächig, doch offenbar führte er einen fortgesetzten Dialog mit sich selbst und dachte ein Problem hartnäckig zu Ende. Nicht von ungefähr war seiner Skizze zu Wagners »Fliegendem Holländer« ein langes Leben in seinem Atelier beschieden; die Reformpläne des Komponisten reizten ihn ... Doch um welches Thema es auch ging, Tatlins Hände waren fast immer beschäftigt, wenn er nicht gerade irgend etwas zeigte. Mal vervollkommnete er Details einer Bühnenbildmaquette – immer ein kleines Meisterwerk –, mal korrigierte er etwas Nebensächliches, das nur er sehen konnte.

Meist aber wandten sich seine Gedanken Welimir Chlebnikow zu. Als Musiker und Maler rezitierte er dessen Gedichte vor den verschiedensten Leuten und machte dabei Chlebnikows Orchestrierung, Naivität, Weisheit und Polyphonie deutlich. Beim Rezitieren empfand Tatlin die Anwesenheit seines engsten Freundes sicherlich besonders intensiv. Dabei hatte sein freier, eindringlicher Vortrag wie beim Singen alter Lieder und Volksweisen etwas von frischer Improvisation. Mir schien, daß er damit seine Einsamkeit bezwang und seinen Weg in diesem ständigen Umgang mit Chlebnikow konsequent weiterging. Er erinnerte sich an dessen Aphorismus: »Das Vernunftstreben ist nicht geformt von dem, was ist, sondern von dem, was man möchte ...«

Doch Tatlin war auch ein selten aufmerksamer Zuhörer. Einmal las ich ihm nach einem kleinen Disput, der zwischen uns aufgeflammt war, Majakowskis tragisches Liebespoem »Pro eto« (»Darüber«) vor, das er paradoxerweise »verpaßt« hatte. Den Rücken leicht gekrümmt, die Arme auf die Knie gestützt und den Kopf ein wenig geneigt, hörte er zu. Ganz vertieft lauschte er, auf etwas Eigenes und spezifisch Majakowskisches fixiert. Nach dieser Lesung – die Verse hatten ihn stark beeindruckt, wie er sagte – zog er ein Blatt Papier heraus und zeichnete mit Bleistift ein Porträt von mir. Das war ein Jahr oder anderthalb nach dem gemalten Porträt.

Es handelt sich um ein Kniestück. Die Pose des Modells, das dem Betrachter in einer Dreivierteldrehung so zugewandt sitzt, daß sich die weich mit einer feinen Linie umrissenen Schultern leicht diagonal vor den festeren, aber nicht harten, breiten Vertikalen des Hintergrundes abzeichnen, vermittelt ein Gefühl von ruhiger Lebenskraft. Der Kopf ist leicht geneigt und dem Betrachter ein wenig zugewandt. Flüchtige Linien deuten sparsam die Figur an und geben unaufdringlich die Weiblichkeit der Gestalt wieder. Ohne daß die Geschlossenheit des Bildes zerstört würde, zieht das Gesicht oder vielmehr das rechte, weit geöffnete Auge mit der großen, stark betonten Pupille, die an Wrubelsche

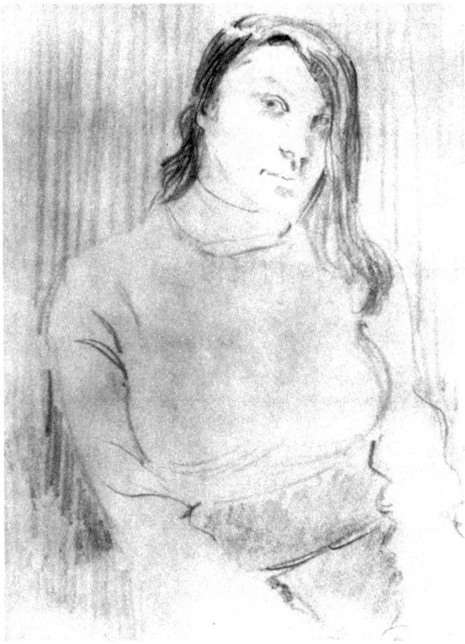

»Porträt Ljubow Rudnewa«. 1936

«Портрет Любови Рудневой». 1936

Gespanntheit erinnert, die Aufmerksamkeit auf sich. Der Blick kommt gleichsam aus dem innersten Wesen der Frau, die so einfach und anspruchslos auf dem Blatt dargestellt ist. Eine eigentümliche Weisheit, Wissen und genaues Betrachten spricht daraus. Und diese Wirkung dauert an, wird sie doch von der Geistigkeit der Person, der Gestalt, ausgelöst. Die Ruhe dieser Pose und die Darstellung des Auges als Zentrum der geistigen Wirkung vermitteln dem Betrachter das Gefühl einer gewissen Monumentalität. Vielleicht ist in diesem »Schauen«, in diesem Akt des Blickens auch etwas Bekenntnishaftes enthalten, das Tatlin besonders auszeichnete.

Einmal zeigte er mir Zeichnungen von Wrubel, die er in einer nur ihm eigenen Art schätzte. Als er sie wegräumte, nahm er das Porträt aus der Mappe, betrachtete es lange, und mit einemmal schenkte er es mir: »Nimm's! Nimm's an dich!«

Im Herbst desselben Jahres, 1936, kamen Tatlin und Meyerhold beinahe gleichzeitig auf den Gedanken an ein Treffen. Obwohl sie sich lange nicht gesehen hatten, sprach der Regisseur öfter und vor aller Ohren über die hohe Begabung und Innovationskraft des Malers. Damals fragte er mich nun, wie es denn Tatlin so gehe. (1935 hatte mich Meyerhold geholt, um im wissenschaftlichen Labor seines Theaters zu arbeiten und an der Schauspielschule zu unterrichten.) Tatlin interessierte sich seit langem für Meyerholds neue Ideen, für den Verlauf der Repetitionen des »Boris Godunow« und der »Kleinen Tragödien« sowie für den Kern der »Puschkinschen Reform« des Theaters und deren Interpretation durch Meyerhold. Dankbar erwähnte er auch Meyerholds Inszenierung von Mussorgskis Oper »Boris Godunow« zu Beginn der zehner Jahre im Petersburger Marientheater. Er liebte Mussorgski und Puschkin und wußte ihre Neuinterpretation zu schätzen.

Die Begegnung in Meyerholds Wohnung dauerte lang. Zunächst vertrieben geistreiche Witzeleien ein wenig die Unruhe und Alltagspein, die beide großen Meister erfaßt hatte; die Hetzjagd war ja verstärkt worden. Doch dann kam das Gespräch aufs Essentielle. Sie diskutierten über die Inszenierung der Tragödien von Puschkin, Shakespeare und zeitgenössischen Autoren in Meyerholds Theater, sobald dies wiedererstanden wäre, und besprachen eine Zusammenarbeit. Notwendige Umänderungen zeichneten sich ab ... Doch schon bald wurde die Arbeit an Puschkins Tragödie verboten. Am 7. Januar 1938 wurde das Theater »liquidiert«. 1939 wurde Meyerhold verhaftet und hingerichtet. Tatlin war diese Begegnung sehr teuer, sie war für ihn ein Zeichen tiefer Gemeinsamkeit. Das erzählte er mir, als er Gogols »Revisor« gesehen hatte, und auch später noch.

»Porträt Welimir Chlebnikow«. 1940

«Портрет Велимира Хлебникова». 1940

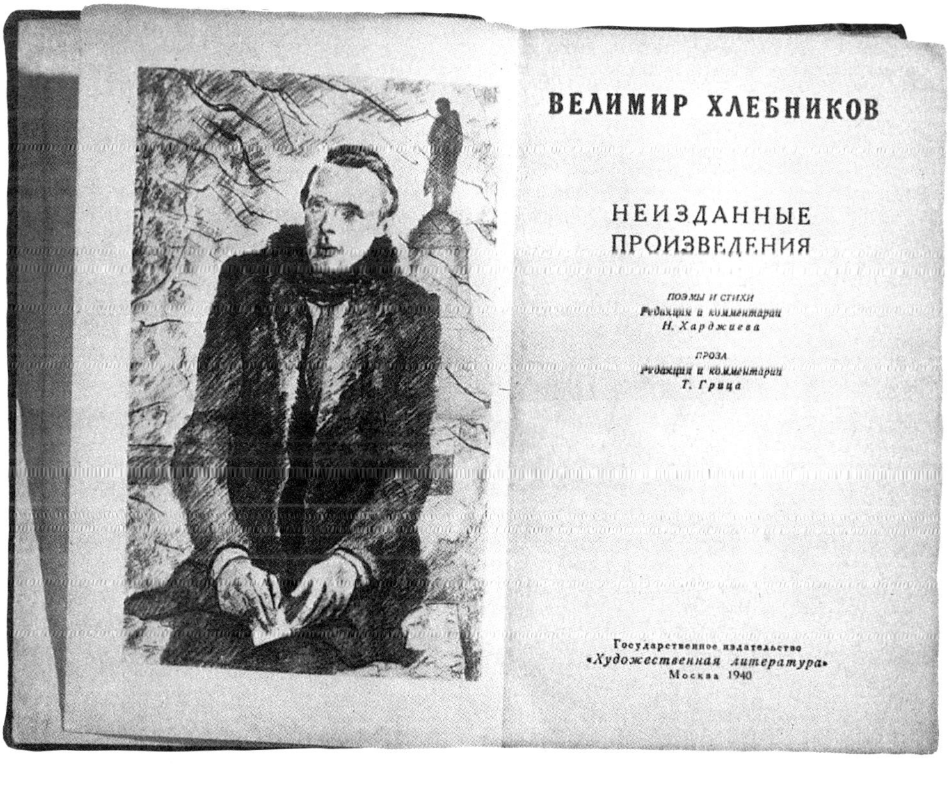

Auf dem Weg zu Meyerhold machte er mich in der Straßenbahn mit den Augen auf eine sonderbare Frau aufmerksam, die ein anachronistisches Hütchen trug, ein »Schiffchen« mit Blumen. Das längliche, aschgrau angehauchte Gesicht war alterslos. Abwesender Blick, die Hände auf den Knien gefaltet. Es vergingen einige Monate, Tatlin zeigte mir Stilleben, Blumen wie kleine Bekenntnisse. Und auf einmal das Porträt jener Frau. In graublauen und dunkelblauen Tönen, im gedämpften Spiel heller Einbrüche – die Blumen auf dem Hütchen –, die Figur mit einer durchgehenden Linie umrissen, die Schultern eckig, das Gesicht leicht verlängert, und darauf das Hutschiffchen. Das Geometrische der Darstellung war keine Betonung des Künstlers, sondern entsprang gleichsam der Einsamkeit, die die Namenlose prägte. Es war ein Bildnis, in dem ein Typus verschlüsselt war: Diesem Wesen hatten Zeit und Schicksal jeden lebendigen Impuls, jede Hoffnung geraubt. Als eigenartiger Kontrapunkt dazu entstand 1940 Chlebnikows explizit romantisches Porträt für den Band »Unveröffentlichte Werke«; das Bildnis ist mit dem Himmelsraum und der Landschaft verbunden. In der dichten Schraffur verbirgt sich gewissermaßen ein Zustand besonderer Konzentration: der Dichter bei der Arbeit. Gerade aufgerichtet und dem Betrachter nahegerückt – besonders die Hände –, sitzt er auf einer Bank, als absorbiere und verdichte er den Raum. Unter den schreibenden Fingern schimmert das weiße Blatt als helles Feld. Auch das Antlitz schimmert hell. Der nachdenkliche Blick geht auf einer unsichtbaren Diagonalen über das Blatt hinaus. Die Lippen sind leicht geöffnet. Sein Freund, der Kunstkenner Nikolai Chardschijew, sagte mir einmal: »Das sind Lippen bei der Arbeit. Chlebnikows Lippen!« Hinter der Schulter scheinen sich die entlaubten Zweige zu bewegen, in der Tiefe aber, rechts, zum oberen Rand des Himmels hin, leicht abschattiert und verschwommen – Puschkin, seine aufgerichtete Gestalt auf der Kuppel des Postaments. Inmitten der tragischen Kataklysmen blieben Tatlin, Meyerhold und Chlebnikow im Dialog mit Puschkin. Und die Porträts aus jener Zeit machen Tatlins neue bildnerische Mittel und seine geistigen Erkenntnisse deutlich.

Übersetzung aus dem Russischen: Annelore Nitschke.

Wassili Rakitin

Tatlin und die Revolution

Wladimir Tatlin liebte ein altes Soldatenlied:

»Hast du die Nummer hundertsieben,
So kommst du heil davon,
Doch mir gab man die Nummer eins . . .
Wo ich steh', dort fall' ich schon.«

In der Kunst der Revolutionsjahre entfiel auf Tatlin die Nummer eins . . .

Die bolschewistische Epoche etablierte ein neues Kriterium im Verhältnis zwischen Künstler und Gesellschaft. Die Gesellschaft, wie sie sich auch verändere und umgestalte, hat immer recht. Der Künstler muß sich ständig umstellen, um äußerlich mit der Gesellschaft übereinzustimmen. Im Grunde genommen bildete sich also eine sklavische Beziehung heraus.

Tatlin vermochte sich nicht umzustellen. Doch auch seine Biographie kann man, läßt man nur ein paar Einzelheiten weg, als die durchaus erfolgreiche Biographie eines Künstlers seiner Zeit darstellen. Als einer der ersten erhielt Tatlin den Titel »Verdienter Künstler«, und beigesetzt wurde er auf dem prestigeträchtigen Friedhof am Neujungfrauenkloster in Moskau.

Natürlich lassen manche Kommentare zu den Fakten Zweifel aufkommen: Der verdiente Künstler kann seine figurative Malerei nicht in Ausstellungen zeigen, will es dann auch einfach nicht. Die Theaterarbeit der späten Schaffensjahre – alles in allem, weil er sich ein Stück Brot verdienen mußte. Ebendeshalb gestaltete er auch das Anschauungsmaterial für die geographische Fakultät der Moskauer Universität auf den Leninbergen. So wurde am Ende auf dem Friedhof des Neujungfrauenklosters praktisch ein Bettler begraben.

Der eine erinnerte sich dunkel, daß er nach der Revolution einiges geschaffen hatte. Ein paar wußten, daß er ein Genie war. Wieder andere hatten gehört: ein vom Pech verfolgter Kauz. Übrigens – gerade dieser Ruf half ihm, die permanent schweren Zeiten zu überleben.

Der Ruf des Sonderlings ist vielleicht eine der beständigsten Charakterisierungen seiner Persönlichkeit. Dabei ist es offensichtlich, daß sich im Begriff »Sonderling« gewöhnlich eine bewußte Ablehnung der kreativen Bemühungen des Künstlers ausdrückt. Danach haben wir folgende Situation: Die Ablehnung wird als ungerechtes Nichtverstehen bewertet; bleibt nur, die Gerechtigkeit wiederherzustellen.

Tatlin kämpfte nicht wie Don Quichotte gegen Windmühlen. Er tat so, als existiere er in der Kunst seiner Zeit überhaupt nicht. Schon der Typ seiner schöpferischen Persönlichkeit – aktive künstlerische Wahrnehmung, die Verbindung von Kraft und Subtilität, Klarheit und Komplexität – stand sowohl der plakativen, geradlinigen Dynamik der zwanziger als auch dem pseudorepräsentativen Sozialklassizismus der dreißiger Jahre entgegen.

In der kunstgeschichtlichen Dimension erweist sich Tatlin, Zeitgenosse von Natan Altman[1], Alexandr Gerassimow[2] und Alexandr Deineka[3], eher als Zeitgenosse Leonardos, der alten Meister des Fernen Ostens und der Erbauer der altrussischen Kirchen.

Und ausgerechnet Tatlin, der stille, keiner Gruppierung angehörende Künstler, setzt sich kühn mit der stürmischen Realität der Bürgerkriegsepoche auseinander! Wir sehen ihn unter den Organisatoren eines neuen Modells des Kunstlebens, das in seiner weitgespannten Konzeption renaissancehafte Züge zeigt.

Es läßt sich behaupten: Zum gesellschaftlichen Engagement trieben Tatlin die neue Kunst, sein Glaube an ihre historische Notwendigkeit und ihre Universalität, seine Sorge um ihre Schicksale in den Jahren der Zerstörung aller Grundfesten des Lebens. Tatlin hatte keinerlei Karriereambitionen, und die spekulativ-politische Tagespsychologie war ihm zutiefst fremd, wie er sich auch nicht nach dem Gestern zurücksehnte. Die Kunst war ganz einfach in Gefahr, und man mußte ihr helfen, neue Lebensformen zu finden.

Tatlin hatte lautere und in ihrer Art naiv-patriarchalische Vorstellungen von diesem neuen Modell des Kunstlebens. Schon 1914 träumte er in der Moskauer Zeitung »Neuland« von einer harmonischen Vereinigung von Künstlern unterschiedlicher Richtungen, von einer freundschaftlichen Künstlerfamilie. Dabei sollte die Initiative von den am meisten Gekränkten ausgehen: von den Erneuerern.[4] 1917 gründete Tatlin zusammen mit Sofja Dymschiz-Tolstaja, Georgi Jakulow und Nadeschda Udalzowa die »Linke Föderation« der Gewerkschaft der Maler. Die »Linke Föderation« war davon überzeugt, daß die »Form der Kunst einer entsprechenden Form des Lebens« bedürfe.[5] Die Kunst der zehner Jahre hatte gelernt, von der Gesellschaft unabhängig zu sein, und diese innere Freiheit wollte sie behalten. Die Künstler versuchten, in dem tobenden Chaos des Lebens einen Status zu fixieren und einen Platz zu finden, an dem die Kunst unabhängig existieren könne.

Tatlin war vorsichtig wie ein erfahrener Lotse. Man versucht ihn in den Kreis um die Zeitung »Anarchija« einzubeziehen, aber er wahrt Distanz. Der anarchische Geist steht nicht im Widerspruch zur künstlerischen Freiheit, aber die »Anarchija« beschränkt sich auf die reine Polemik, greift alles und jedes an – und Tatlin ist kein Duellant, sondern Künstler.

Nach der blutigen Unterdrückung des Anarchismus haben die Moskauer Neuerer keine andere Wahl, als das Verhältnis zur bolschewistischen Staatsgewalt zu klären. Die spricht nicht mehr im Namen der abstrakten Freiheit, sondern im Namen des nicht minder abstrakten Proletariats und erklärt ihre Macht für die Diktatur des Proletariats. Das Proletarische ersetzt als neuer ideologischer Mythos die Volksverbundenheit, mit der man in der ersten, demokratischen Etappe nach der Februarrevolution ausgiebig herummanipuliert hatte. Der neue Staat braucht moralische und praktische Unterstützung, die neue Kunst erträgliche Bedingungen, um in den extremen Verhältnissen des Bürgerkriegs zu funktionieren. Das zeitweilige Übereinkommen beruht auf der Anerkennung der Automie der Kunst, des Rechts der Künstler, das Kunstleben nach eigenem Gutdünken zu organisieren. Für kurze Zeit findet eine Unterschiebung statt: Die künstlerischen Interessen erscheinen als staatliche Interessen. Ein Teil der Künstler begeistert sich für die à la longue gefährliche historische Metapher der Parallelität von künstlerischer Innovation und sozialer Entwicklung. Die moderne Kunst sei ihrer Form nach revolutionär, die revolutionäre Kunst proletarisch.[6] Wie dem auch sei – für kurze Zeit hindert niemand die Künstler, zu träumen und phantastische Projekte vorzuschlagen.

Tatlin ist eine tatkräftige Natur, und er zeigt in dieser Situation deutlich Profil. Die Abteilung Bildende Künste, in der er eine gewichtige Stellung innehat, erarbeitet Pläne zur Reorganisierung der Kunstschulen und des Museumswesens. Er möchte unmittelbar mit den Massen zu tun haben, über die Köpfe der Ideologen hinweg; die »parteiliche Gesinnungsgleichheit mit den Führern des Volkes« lehnt er ab. Doch zugleich ist die Abteilung Bildende Künste beim Volksbildungskommissariat eine staatliche Institution. Mit ihrer Hilfe will der neue Staat seine eigene Politik durchführen und den Künstlern deren Prinzipien anerziehen. Kompromisse sind unvermeidlich, vorübergehende zwar, aber doch Kompromisse. Tatlin muß mit ansehen, wie Lenins Plan der Monumentalpropaganda in die Tat umgesetzt wird, obwohl er, wie auch Malewitsch, die Grundprinzipien dieses Plans ablehnt. Auch die Ideen der Agitationskunst können ihn nicht begeistern: Die Künstler des Neuen befürchten, daß man die neue Kunst zum Propagandamittel machen will. In der Abteilung Bildende Künste entbrennt unter den Anhängern der neuen Kunst ein heftiger politischer – im Sprachgebrauch jener Jahre: ein konterrevolutionärer – Konflikt. Malewitsch flieht ins provinzielle Witebsk. Tatlin »emigriert« aus der roten Hauptstadt Moskau in das hungernde, verödete Petrograd mit seinen eingefrorenen Wasserleitungen und Klosetts, seinen Läusen und den übriggebliebenen, somnambulisch phantasierenden Intellektuellen. Nikolai Punin[7], Kunstkritiker und nunmehr Kommissar für Kunst, nimmt ihn als Monument der neuen Kultur unter seine Fittiche. Er ermöglicht ihm, am Turm, dem Absolutum dynamischer Form, zu arbeiten. Die Idee des freien künstlerischen Schaffens wird für Tatlin zur Lebensweise …

Über den Turm wurde vieles und Interessantes geschrieben. Ich möchte nur auf einige Momente seiner Entstehung und Rezeption unter sozialpsychologischem Aspekt eingehen. Heute, da Jewgeni Samjatins Antiutopie »Wir« endlich auch in der Sowjetunion veröffentlicht worden ist, kann man mit ziemlicher Sicherheit voraussagen, daß manche Kunstkritiker den Turm bald mit Samjatins »Integral« identifizieren werden. Die Einbandgestaltung jedenfalls regt zu derlei historischen Allusionen an.[8] Der Turm aber mit seiner neuen Harmonie, in der das Sensible und Kunstvolle zum Maß des Universalen wird, widerspricht sowohl der mechanischen Logik des »Integrals« als auch der ganz aufs Praktische gerichteten Interpretation der Internationale durch bestimmte bolschewistische Kreise. Sie wollten durch die Internationale zur weltumspannenden Kraft und zum letzten Rom werden.

Wem ist der Turm gewidmet – der von allen vergessenen Dritten Internationale? Aber er ist auch ein Requiem für das zugrundegehende Petrograd und ein Vorstoß in die Welt jenseits ideologischer Scheuklappen. Er ist ein romantischer Aufbruch in eine neue klassenlose Zivilisation und die Überwindung der uralten Ungerechtigkeit der Völkerentzweiung, er ist der neue, endlich vollendete Babylonische Turm. Mit Tatlins Turm erscheint eine neue Vorstellung von der freien Menschheit und dem freien, harmonischen Menschen. Und den brauchte die neue Staatsgewalt nicht. Wie Maxim Gorki bemerkte: »Die Kulturarbeit [. . .] nahm fast immer – ich weiß das sehr gut – einen Charakter an, den die Leute, die die Macht ergriffen hatten, als feindselig empfinden mußten.«[9]

Die Revolution als historische Notwendigkeit und nur mit Mühe kontrollierbare Naturgewalt eröffnete die Freiheit. Wir beobachten parallele Entwicklungen in der sozialen Aktivität: die kreative Arbeit der Künstler und der Volksmassen und gleichzeitig den zielgerichteten sozialen Aufbau des Staates mittels »Reglementierung und Kasernenordnung«[10]. Diese Parallelität führte zu heftigen und oft tragischen Konflikten. Auch bei Tatlin – ohne Aufsehen, in der Stille, aber etwas Grundsätzliches: die Nichtübereinstimmung der hohen Ideale mit der harten politischen Realität . . .

Der Turm bestimmte Tatlins Sicht des alltäglichen Lebens der Epoche und ihrer Realitäten. Tatlin will nicht in ihrem Dienst stehen. Nein, er gibt sich nicht den Anschein, als stünde er über dem Leben. Das Vokabular verbindet ihn auf merkwürdige Weise mit manchen Tendenzen der Epoche. Zum Beispiel: »nützliche Kunst«. Nützlich für wen, wofür? Hier fand Tatlin nur schwer Verbündete. Seine bemerkenswerten Projekte – »Sangesi«, der Letatlin – werden als etwas Kurioses und Eigenartiges bemerkt, nicht aber als neues Wort.

Tatlin fühlt sich mit jedem Jahr mehr als Robinson auf einer unbewohnten Insel, in einer künstlerischen Wüste. Politik? Wie verschiedenen Erinnerungen zu entnehmen, vermied er es, darüber zu sprechen. Doch ganz bewußt verläßt er das Epizentrum des Kunstlebens, wird zum Außenseiter. Der ukrainische Kunstwissenschaftler Iwan Wrona, der Tatlin in den Kiewer Jahren 1926/27 gut kannte, erinnert sich, daß der Künstler die offizielle Kulturpolitik der zwanziger Jahre als zutiefst reaktionär und ihm und seinen Überzeugungen feindlich empfand.[10]

Tatlins unmerkliches Ausscheiden aus dem Kunstleben ist ein Symptom für das Verschwinden der Illusionen im Sozialen überhaupt. Die Ideale erwiesen sich als unnütz und sogar gefährlich.

Und dennoch: Konnte der Dichter Ilja Selwinski sagen, die Revolution sei ausgebrochen, damit Alexandr Blok sein Poem »Die zwölf« schreibe, so können wir mit noch größerer Berechtigung sagen, die Revolution sei ausgebrochen, damit Wladimir Tatlin seinen Turm baue.

Anmerkungen

1 Natan Altman (1889–1970) – Maler, einer der Organisatoren des Petrograder Kunstlebens in den Jahren 1918–1921, schuf eine Art »Agitationsmalerei«, welche Verfahren der ungegenständlichen Kunst mit der Parole und dem Plakat verband.

2 Alexandr Gerassimow (1881–1963) – Maler, dessen Werk häufig mit dem sogenannten sozialistischen Realismus der dreißiger bis frühen fünfziger Jahre gleichgesetzt wird; 1947–1957 Präsident der Akademie der Künste der UdSSR.

3 Alexandr Deineka (1899–1969) – Maler des »sowjetischen Traums«; sein künstlerisches Programm ist im Text eines seiner Plakate enthalten: »Ein gesunder Geist in einem gesunden Körper.«

4 Siehe »K organizacii ›Chudožestvennogo obščestva‹ na novych načalach. Otkliki na voprosy redakcii« [»Zur Organisation einer ›Künstlerischen Gesellschaft‹ auf neuer Grundlage. Echo auf die Fragen der Redaktion«], *Nov'*, Moskva, 1914, Nr. 152, 23. Dezember.

5 Siehe »Obščee sobranie chudožnikov. Doklad t[ovarišča] Udal'covoj (Levaja federacija)« [»Künstlervollversammlung. Vortrag von G[enossin] Udalzowa (Linke Föderation)«], *Anarchija,* Moskva, 1918, Nr. 96, 28. Juni.

6 Dies kam besonders augenfällig in den Texten und Parolen der ersten Nummern der Petrograder Zeitung »Iskusstvo Kommuny« (»Kunst der Kommune«) zum Ausdruck und erregte den Protest des Volksbildungskommissars Anatoli Lunatscharski. Siehe »Ložka protivojada« [»Ein Löffel Gegengift«], *Iskusstvo Kommuny,* 1918, Nr. 4. In Moskau beliebter war die Parole: »Dem befreiten Proletariat eine befreite Kunst.«

7 Nikolai Nikolajewitsch Punin (1888–1953) – Verfasser mehrerer Schriften über Tatlin, stellte Tatlin über alle zeitgenössischen Künstler. Wir können jedoch zwischen Punins Meinung und Tatlins eigene Ansichten über die Kunst und seine konkreten Arbeiten kein Gleichheitszeichen setzen.

8 E. Zamjatin, *My* [Wir], O. Chaksli [A. Huxley], *O divnyj novyj mir* [Brave new world], Moskva: Chudožestvennaja literatura, 1989 (Buchgestaltung: A. Antonow)

9 M. Gor'kij, *Sobranie sočinenij* [Gesammelte Werke], Moskva: Chudožestvennaja literatura, 1953, Bd. 24, S. 34.

10 L[ev] Lunc, »Počemu my ›Serapionovy brat'ja‹« [»Weshalb wir die ›Serapionsbrüder‹ sind«], *Literaturnye zapiski,* Petrograd, 1922, Nr. 3, S. 13.

11 I. Vrona, Moi vospominanija o Vladimire Evgrafoviče Tatline [Meine Erinnerungen an Wladimir Jewgrafowitsch Tatlin), Kiew, 1967, Typoskript, S. 2, Privatarchiv.

12 I. Sel'vinskij, *Zapiski poeta* [Aufzeichnungen eines Dichters], Moskva – Leningrad: GIChL, 1928, S. 14.

Übersetzung aus dem Russischen: Inna Seidel/Annelore Nitschke.

Boris Groys

Das Kunstwerk als nichtfunktionelle Maschine

Die russische Avantgarde läßt sich – wie die klassische Avantgarde des beginnenden zwanzigsten Jahrhunderts überhaupt – in erster Linie als Reaktion auf die neu entstandene Technik sehen. Das Auftauchen der Maschine als eines künstlichen Objekts, das weder in der Natur noch in der Tradition direkte Vorbilder hat und dessen Form nur dem inneren Prinzip seiner Funktionsweise entspringt, übte eine fast magische Wirkung auf viele Künstler aus und brachte sie zu dem Versuch, ein Kunstwerk als eine Art »ästhetische Maschine« zu konstruieren, die nicht als Zeichen von etwas anderem, als Zeichen irgendeines außerhalb liegenden »Inhalts« funktionierte, sondern lediglich als Manifestation der eigenen Konstruktion. Die Künstler der Avantgarde setzten auf diese Weise ein Gleichheitszeichen zwischen Kunstwerk und Maschine nach dem gemeinsamen Kennzeichen »originales Artefakt«, um auf diese Weise einen neuen Typus künstlerischer Praxis zu initiieren und zu legitimieren und Unabhängigkeit von der herrschenden, innerhalb des Avantgardediskurses als »vormaschinär« kompromittierten künstlerischen Tradition zu erkämpfen.

Diese Strategie, die sich im Kampf mit der alten Kunst als ausreichend effektiv erwies, erzeugte jedoch ein neues Problem, das die avantgardistischen Künstler wie auch die Theoretiker lange Zeit beschäftigen sollte: das Problem der Wechselbeziehung zwischen avantgardistischem Objekt und utilitärer Maschine. Es versteht sich, daß die Industriemaschine keine reine Manifestation ihrer Form ist: Diese Form wird ihr von außen durch ihre utilitäre Funktion und die vorhandenen technischen Mittel zur Realisierung dieser Funktion diktiert. Angesichts dieser Tatsache fand sich die avantgardistische Praxis und Theorie vor einem schwierigen Dilemma. Die Versuche, die Kunst vor der technischen Utilitarisierung zu bewahren und ihre Autonomie zu sichern, waren unausweichlich dem Verdacht ausgesetzt, reaktionär zu sein, zum beliebigen Subjektivismus in der Kunst zurückzuführen und den privaten ästhetischen Geschmack wieder herrschen zu lassen: Die Identifizierung von Kunst und Maschine durfte nicht in Zweifel gezogen werden, denn sonst hätte das Grundargument der Avantgarde im Kampf mit der Tradition seine Kraft verloren und mithin die Avantgarde selbst ihre Raison d'être. Aber eine vollständige Identifikation mit der Maschine führte die avantgardistische Kunst natürlich von neuem zur Gegenständlichkeit und zur Definition durch etwas Äußerliches.

Noch komplizierter wurde die Sache durch das Bestreben der nachrevolutionären sowjetischen Ideologie, die gesamte Gesellschaft nach dem Bild der Maschine zu organisieren, so daß das weitere Insistieren auf der Grundidentifikation »Kunst = Maschine« die Avantgarde unausweichlich nicht nur zur technischen, sondern auch zur sozialen, ideologischen und in letzter Konsequenz zur staatlich-bürokratischen Utilitarisierung hinführte.

Die gesamte Geschichte der russischen Avantgarde kann als Geschichte der Realisierung der Metapher Kunst = Maschine verstanden werden: Die russische Avantgarde entwickelte sich so konsequent (vom Kubismus zum Suprematismus und Konstruktivismus, zur Produktionskunst usw.), wie sie diese Metapher als Identität interpretierte – bis hin zur vollen Integration in die Staatsmaschine des Stalinismus.[1] Dabei hielt übrigens kein einziger Künstler der Avantgarde die Logik dieser Bewegung bis zum Ende durch. Jeder, von Malewitsch bis Rodtschenko, gab irgendwann nach, wurde vom avantgardistischen Bewußtsein selbst als Reaktionär verurteilt und trat tatsächlich bald den Rückzug zu traditionellen Formen an. Dieses Nachgeben entsprang natürlich nicht einer Charakterschwäche des jeweiligen Künstlers. Die Identifizierung Kunst = Maschine war von Anfang an nur ein strategischer Zug im Kampf der Avantgarde um eine autonome, ja die herrschende Position in der Kunst, und daher war die Absage an diese Identifizierung in dem Augenblick, da diese selbst die Autonomie der Avantgarde zu bedrohen begann, nicht weniger von der Logik dieses Kampfes diktiert denn das Beharren darauf.

Eine vollständige Beschreibung der entsprechenden Strategeme fällt, wie schon gesagt, mit der Geschichte der russischen Avantgarde überhaupt zusammen. Das Werk Tatlins nimmt darin einen besonderen Platz ein, da Tatlin von allen russischen Avantgardisten wohl am konsequentesten den Versuch realisierte, autonome künstlerische Maschinen zu schaffen, unter denen natürlich das Denkmal der Dritten Internationale (1920; es läßt sich auch als eine Maschine betrachten, die die Drehung ihrer Elemente sichert) und insbesondere der Letatlin (1930–1932) hervorragen; daher kann vielleicht eine – notwendigerweise sehr kurze – Betrachtung der in diesen Arbeiten realisierten künstlerischen Strategien das Dilemma der klassischen Avantgarde insgesamt verdeutlichen.

Tatlins künstlerisches Programm, gewöhnlich als Konstruktivismus charakterisiert, wurde von seinen Zeitgenossen häufig als die radikalste Hinwendung zur »Maschinenkunst« begriffen.[2] Dies macht die von mindestens zwei entgegengesetzten Positionen aus geführte Polemik der Vertreter der Avantgarde gegenüber diesem Programm verständlich. So war für Malewitsch – besonders in der nachrevolutionären Zeit – die verdeckte oder offene Polemik gegen den Konstruktivismus das grundlegende Thema und der innere Motor seiner Schriften. Denn Malewitsch sieht in der Verwischung der Grenze zwischen Künstler und Ingenieur eine neue Gefahr der »Gegenständlichkeit« und dementsprechend einen drohenden Verlust des von ihm im Suprematismus erreichten Niveaus der »Gegenstandslosigkeit«, die Malewitsch zunehmend nicht so sehr als Absage an eine Darstellung der Gegenstände der Welt interpretiert, sondern als »Zwecklosigkeit«, Nichtutilitarität und Nichtausrichtung des Willens auf konkrete Güter, das heißt als Absage nicht nur an die Welt der Tradition, sondern auch an die Errichtung einer neuen Welt – eine Aufgabe, die Malewitsch als bedrohlichste Falle für die neue Kunst betrachtet. Hierbei verwendet Malewitsch vor allem das Argument, daß die Utilitarisierung die Kunst von der Wissenschaft mit ihrem relativen und historisch variablen Wissen abhängig mache. Die Kunst ist für Malewitsch eine Sache für »Nichtgebildete«, sie gehorcht einem geheimen, »nichtgegenständlichen« inneren Rhythmus des Lebens, der Raum und Zeit insgesamt umfaßt, und ist daher jedem gleichermaßen zugänglich. Malewitsch erkennt die technische Maschine wie auch die soziale Maschine des Kommunismus als »nichtgegenständlich« nur insoweit an, als ihre Form nicht hierarchisiert ist; die Utilitarisierung dieser Form aber ist für ihn mit der Entstehung eines neuen Wissens, einer neuen Hierarchie, einer neuen Gegenständlichkeit und folglich mit einem Regreß gegenüber der Gegenstandslosigkeit des Suprematismus gleichbedeutend.[3]

Zur selben Zeit wird der Konstruktivismus Tatlins und seiner Schüler auch von »linken« Positionen her, zum Beispiel von Nikolai Tarabukin, als »naiv und dilettantisch« attackiert, als Bastelei, die vom Geist der modernen Produktion weit entfernt sei.[4] In Tatlins Konstruktionen wird das Fehlen von Fachkenntnissen und utilitärer Funktion festgestellt, die dem künstlerischen Objekt reale Funktionalität und folglich auch innere Überzeugungskraft verleiht. Ähnlich betont auch Leo Trotzki insbesondere, daß wahre Schönheit mit Funktionalität einhergehe, und daher fällt sein Vergleich zwischen Tatlins Denkmal der Dritten Internationale und dem Eiffelturm zugunsten des letzteren aus.[5] Tatsächlich hält der Tatlinsche Turm weder in bezug auf die Standfestigkeit der Konstruktion noch hinsichtlich der technischen Sicherung der verlangten Drehung einer ingenieurtechnischen Kritik stand. Eine solche Kritik wurde besonders gegenüber dem Letatlin laut, einem Apparat, der, wie es scheint, seiner Form nach fürs Fliegen gebaut war, der – wie Tatlin selbst versicherte – tatsächlich fliegen sollte – jedoch nicht flog.

Diese Nichtfunktionalität der Tatlinschen Maschinen wurde gewöhnlich als Mangel betrachtet und auf zweierlei Weise entschuldigt. Die verbreitetste Entschuldigung lautet, Tatlins Maschinen seien utopisch: Sie entsprächen nicht dem damaligen neuesten Stand der Technik, dafür wiesen sie den Weg für deren weitere Entwicklung und eilten in diesem Sinne ihrer Zeit voraus. Dergestalt wird Tatlins ingenieurtechnischer Dilettantismus in eine Art Science-fiction umgebogen. Aber eine solche Erklärung ist in der Sache wenig überzeugend: Die Tatlinschen Maschinen unterscheiden sich von zeitweise nicht realisierbaren wissenschaftlichen Projekten dadurch, daß ihr Mißerfolg programmiert und von Anfang an deutlich erkennbar ist, weil ihr Bauprinzip in wissenschaftlicher Hinsicht nichts Neues bedeutet. So folgt der Letatlin keinerlei neuem Bewegungsprinzip: Ähnliche Apparate waren seit langem bekannt, und es war auch seit langem bekannt, daß sie nicht fliegen. Wenn es stimmt, daß Tatlin die einschlägigen Berechnungen Ziolkowskis kannte, dann mußte er wissen, daß der Letatlin nicht fliegen kann.[6]

Der zweite Typus einer Entschuldigung besteht darin, daß derselbe Letatlin beispielsweise vor allem ein Kunstwerk sei – das sagt Tatlin selbst in dem bekannten Gespräch mit Korneli Selinski.[7] Aber dies so zu verstehen – wie es häufig geschieht –, daß die Formen des Letatlin an sich »schön« seien, bedeutet, auf den Pfad der traditionellen Ästhetik zurückzukehren, die Tatlin bekämpfte, und es bedeutet auch, die Frage nicht stellen zu wollen, weshalb der Letatlin gleichwohl gerade als Maschine gebaut wurde. Um ein schönes »organisches« Muster zu schaffen, genügt ja auch die Ästhetik etwa des Jugendstils – die Avantgarde braucht man dafür nicht.

Die hier sich aufdrängende Interpretation geht dahin, daß gerade die Nichtfunktionalität, die Nichtutilitarität und der Dilettantismus namentlich des Tatlinschen Turms oder des Letatlin sie zu einem Faktum der Kunst machen: Tatlin interessiert die Maschine gerade in dem Augenblick, da sie nicht arbeitet, da sie ihre utilitäre Funktion nicht erfüllt. Die Maschine und der technische Fortschritt müssen zuerst eine Niederlage erleiden, um anschließend ästhetisiert zu werden, sie müssen zuerst ihren praktischen Wert verlieren, um einen künstlerischen Wert zu erhalten. Die Tatlinsche Strategie erinnert somit eher an Duchamps Ready-mades denn an ein zukunftsorientiertes Ingenieurprojekt. In diesem Zusammenhang sei daran erinnert, daß Tatlin in dem erwähnten Gespräch mit Selinski Ikarus als Vorgänger des Letatlin bezeichnete; er bezieht sich also auf den Mythos eines Fluges, der mit einer Katastrophe endete. Der Letatlin verweist mit seiner Form auf die endlose Reihe dieser historisch überlieferten Niederlagen (der Flugapparat des Leonardo ist lediglich das berühmteste solcher Beispiele). Rein visuell erinnert er ferner an einen riesigen archaischen Pterodaktylus, der aus vorhistorischen Zeiten in die moderne Zivilisation geflogen ist. Dies ist natürlich kein Zufall: Die russische Avantgarde und insbesondere jener Flügel, dem Chlebnikow angehörte und dem Tatlin nahestand, war nicht nur auf die Industriemaschine orientiert, sondern auch auf archaische, magische Techniken; avantgardistische Texte und Objekte sind Maschinen des archaischen Unbewußten, Instrumente »dinglicher Magie«, die die russische Avantgarde häufig mit einer archaischen Schicht des russischen Lebens, der russischen Volkskunst und der Sprache identifizierte. Aus dieser Sicht läßt sich der Letatlin als Zeichen einer unangemessenen, laienhaften, wilden, magischen oder »unwissenschaftlichen« Rezeption der modernen Technik interpretieren, die auch an Malewitschs – Tatlin selbstverständlich bekannte – Traktate erinnert. Das entspricht der allgemeinen antiwestlichen Einstellung der russischen

Avantgarde: Die Orientierung auf das Primitive, Archaische und Magische übernahm die russische Avantgarde natürlich von der westlichen Avantgarde, aber sie gab ihr eine spezifisch nationalistische Färbung.

Diese Interpretation stellt den Letatlin in eine Reihe mit literarischen Werken jener Zeit wie den Romanen von Andrei Platonow, den Erzählungen Michail Soschtschenkos oder der Poesie des Daniil Charms, den Tatlin übrigens illustriert hat und bei dem das Motiv des Fenstersturzes häufig vorkommt. In all diesen Fällen wird das laienhafte, unwissenschaftliche, »russische« Bewußtsein thematisiert, das die »moderne Kultur« nicht richtig versteht, und man kann sagen, daß die russische Avantgarde gerade insofern, als sie diese Situation des Scheiterns demonstriert (und nicht weil sie den Sieg dieses wissenschaftlich-unwissenschaftlichen Denkens entwirft), jene humanistische Dimension erhält, die häufig an ihr geleugnet wird, und auf eigenartige Weise das traditionelle russische Thema nicht des neuen, sondern des kleinen Menschen verfolgt. Aber der Zusammenbruch der Technik im »unwissenschaftlichen« Rußland wird hier natürlich nicht nur als Mißerfolg des Laien, sondern auch als Mißerfolg der modernen Technik selbst verstanden, die unfähig ist, ein wirkliches Flugerlebnis, eine echte Transformation der menschlichen Situation zu vermitteln; in diesem Sinne fliegt der Letatlin, ohne sich von der Stelle zu bewegen, höher als jedes Flugzeug: Er demonstriert augenfällig, daß jegliches Flugzeug im Grunde genommen auf der Stelle bleibt.

Bereits bei Tatlins frühen Konterreliefs frappieren die äußerste Armut und Antitechnizität ihrer Materialien, die jeden Gedanken an eine Utopie ausschließen. Das Tatlinsche Denkmal der Dritten Internationale – ein Babylonischer Turm mit ewiger Drehung, die die Revolution in die Unendlichkeit kosmischer Zyklen integriert – ist ebensowenig gar so utopisch, wissen wir doch vom Babylonischen Turm in erster Linie, daß er zerstört wurde.[8] Warum aber verknüpft Tatlin dennoch sein Schicksal mit dem der kommunistischen Utopie? Man kann annehmen, daß die Gründe dafür dieselben sind wie bei vielen anderen Schriftstellern und Künstlern seiner Generation, denen die sozial-industrielle kommunistische Maschine ehrlicher und aufrichtiger schien denn der »Idealismus« der traditionellen Gesellschaft und ihrer Kunst, so daß sie diese »Maschinenehrlichkeit« akzeptierten, ohne die damit verbundenen Hoffnungen auf eine lichte Zukunft unbedingt zu teilen. Wenn Tatlin Illusionen hegte, dann bezogen sich diese offenkundig auf die Authentizität des von ihm geschaffenen Bildes der Welt als nichtfunktioneller Maschine – das der offiziellen Ausrichtung auf Effektivität gegenübergestellt ist.

Es bleibt so die Frage, in welchem Maße Tatlin, als er sein magisches Simulakrum der Maschine schuf, erkannte, daß die gesamte damalige soziale Maschine mit all ihren äußeren Ansprüchen auf Wissenschaftlichkeit und Effektivität selbst genauso ein Simulakrum war, das heißt eine nichtutilitäre und nichtproduktive, avantgardistische »Konstruktion«. Möglich, daß er dies später doch begriff und gerade dann zum Blumenmalen überging. Aber auf alle Fälle stellen sich dem gegenwärtigen »postkommunistischen« Bewußtsein die Tatlinschen Maschinen und insbesondere der Letatlin zusammen mit dem von Tatlin aus Stalin gewählten Motto »Die Technik entscheidet alles«[9] gerade so dar: als Denkmal für jene einzigartige Synthese aus Archaik, Magie und Technik, die der russische Kommunismus war.

Anmerkungen

1 Zur Wechselbeziehung der russischen Avantgarde und des Stalinismus s. Boris Groys, *Gesamtkunstwerk Stalin. Die gespaltene Kultur in der Sowjetunion,* aus d. Russischen v. Gabriele Leupold, München: Hanser, 1988.

2 Charakteristisch ist hier das Plakat mit der Aufschrift »Es lebe die neue Maschinenkunst Tatlins«, präsentiert von George Grosz und John Heartfield auf der Berliner Dadamesse im Juni 1920.

3 Siehe Kasimir Malewitsch, *Suprematismus. Die gegenstandslose Welt,* hg. v. Werner Haftmann, aus d. Russischen v. Hans von Riesen, Köln: DuMont, 1989, S. 61 f.

4 Nikolaï Taraboukine, *Le dernier tableau. Du chevalet à la machine,* Paris: Champ libre, 1980, S. 40.

5 Leo Trotzkij, *Literatur und Revolution,* aus d. Russischen v. Eugen Schaefer und Hans von Riesen, Berlin: Gerhardt, 1968, S. 168 f.

6 Siehe Troels Andersen, *Vladimir Tatlin,* Moderna Museet, Stockholm, 1968 (Ausst.-Kat.), S. 9 f.

7 Ebd., S. 77–80.

8 Über die kosmische Symbolik des Tatlinschen Turmes s. John Milner, *Vladimir Tatlin and the Russian Avant-Garde,* New Haven and London: Yale University Press, 1983, Kapitel 8.

9 Motto zu Tatlins den Letatlin behandelnden Aufsatz »Iskusstvo v techniku!« (»Kunst in die Technik!«, 1932); s. Andersen (s. Anm. 6), S. 75.

Übersetzung aus dem Russischen: Johanna Roos.

Wjatscheslaw Koleitschuk

Ein Neokonstruktivist sieht Wladimir Tatlin

Im Bild der Avantgarde zu Beginn des zwanzigsten Jahrhunderts nimmt Wladimir Tatlin einen besonderen Platz ein. Mit seinem Werk schuf er die Grundlagen für ein neues Denken in der Kunst und eröffnete einen neuen Bereich künstlerischen Schaffens. Die dingliche Komponente seines Werkes im Verein mit seinen theoretischen und methodischen Ausführungen ist für mich die Illustration, das sichtbare Modell seines konzeptuellen Denkens, seines Künstlerwillens, der sich nicht mit der Reflexion dessen, was er in der Kunst vorfand, und nicht mit dem mimetischen Prinzip zufriedengab, sondern auf die Begründung von Neuem gerichtet war.

Über die Alltäglichkeit hinausgehoben, bezog er Impulse für sein Schaffen aus Bereichen, die der traditionellen Kunst fernlagen – aus Mathematik, Mechanik, Werkstoffkunde und Psychologie –, und begründete damit das, was zu seiner Zeit von den einen als »l'art pour l'art« und von den anderen als »Training oder Justierung des Auges« bezeichnet wurde. Heute definiert man eine vergleichbare Kunst als »Gymnastik für den Geist«.

Zu Beginn unseres Jahrhunderts erkannten die Künstler, daß die Evolutionsprinzipien des Lebens in der Kunst von Prinzipien der Revolution abgelöst wurden. Es war nun möglich, nicht nur Kunstobjekte und -raritäten herzustellen, sondern auch Stile, Ismen, »arts« und Prinzipien der Formbildung, das heißt künstlerische Ideen im weitesten Sinn zu produzieren. Am stärksten und deutlichsten demonstrierte dies die zweite Welle der Avantgarde nach dem Krieg.

Der konzeptuelle, programmatische, willensbetonte Ansatz bei der künstlerischen Tätigkeit erforderte einerseits einen engeren Rahmen beim Experimentieren in der Kunst (vergleichbar mit dem naturwissenschaftlichen Experimentieren), was zur Entstehung unzähliger Strömungen führte, die sich ihren eigenen Namen gaben (kinetische Kunst, Op-art, Pop-art, Konzeptkunst, Happening, Environment, Soz-art usw.); andererseits bewirkte er die Zerstörung unserer traditionellen Vorstellungen von Rolle und Ort der Kunst in der Kultur und von ihrer Formen- und Mitteltypologie. Das Pathos des Experimentierens und Forschens in der Kunst erhielt sowohl in kreativer wie in organisatorischer Hinsicht konkrete, anschauliche Züge.

Zugleich erlaubte es dieser zeitlich verdichtete, regionale Ansatz den Künstlern, ihre verschiedenen, meist lokalen Aufgaben in suggestiver Form zu lösen und ihre Lösungen der Welt in einem breiten Spektrum künstlerischer Konzeptionen zu präsentieren (als Thema mit Variationen). Damit gelang es ihnen, unsere Aufmerksamkeit zu steigern, uns neue Horizonte in unserer Weltsicht zu eröffnen, die Erkenntnisfähigkeit zu stärken, neue Wörter ins Wörterbuch des visuellen Schaffens einzutragen und der Entwicklung des visuellen Denkens sowie der visuellen Kultur insgesamt einen starken Impuls zu geben.

Gerade das Voraussehen einer neuen Prädestination sowie neuer Formen und Mittel der Kunst, gerade die Entwicklung und Propagierung des experimentellen Denkens in der Kunst machen Tatlins Werk auch heute aktuell. Genau darin – und nicht nur in stilistischer Hinsicht – zeigt sich die Verbindung zwischen der Avantgarde zu Beginn des Jahrhunderts und der Avantgarde unserer Zeit. Betrachten wir uns nun das Werk des Meisters genauer.

Bekanntlich lehrte Tatlin die neue künstlerische Disziplin »Materialkultur«, zuerst in Petrograd (an den Staatlichen Freien Kunstwerkstätten, 1919/20), danach an der Kiewer Kunsthochschule (1925–1927) und schließlich am Moskauer Wchutein (Höheres Künstlerisch-Technisches Institut, 1927–1930). Das Problem des Materials, genauer gesagt, das Problem, was im Kunstschaffen als Material gelten solle, hatte Tatlin in seinen Reliefs und Konterreliefs bearbeitet und demonstriert. Diese Erfahrung ermöglichte es ihm, das Konzept des »allgemeingültigen malerischen Materials« vorzulegen. In den Reliefs und Konterreliefs manifestierte sich zum erstenmal das Prinzip der Umdeutung und Umwandlung des realen Materials (Stuck, Metall, Glas, Holz usw.) durch den Künstler in eine frei im Raum schwebende, dematerialisierte malerische Substanz, in der die realen Eigenschaften des Materials (Faktur, Textur, Transparenz, Elastizität, Masse) zur Qualität der beseitigten malerischen Materie werden.

In den Konterreliefs demonstriert Tatlin auf virtuose Weise seine Antithese zur traditionellen Aufgabe des Malers, aus Farbe eine trügerische Gegenständlichkeit zu schaffen. An die Stelle der Vergegenständlichung tritt hier die Entgegenständlichung als Aufgabe. Eine Zeile von Puschkin fällt uns dabei ein: »Und das Genie, des Paradoxen Freund.« Das Prinzip dieser kühnen Erweiterung unserer Vorstellung vom Material, das Prinzip seiner Umdeutung in der Kunst hat in der Folge seine Weiterentwicklung erfahren.

In unserer Zeit gibt der Künstler, der Designer oder der Architekt dem Material dadurch eine Bedeutung, daß er es verwandelt. In diesem Fall schließt der Begriff »Material« ein breites Spektrum von Objekten, Eigenschaften und Erscheinungen der materiellen und immateriellen Welt ein, bis hin zu psychologischen und organisatorischen. Die Notwendigkeit zu dieser Erweiterung entsteht bei der Definition kombinatorischer Systeme aller Art, in denen sowohl Elementreihen wie auch die Regeln (Gesetze) ihrer Organisation die Rolle des Materials (nennen wir es »analytisches Material«) für sich beanspruchen. Erinnern wir uns weiter an die Technik der Collage und der Assemblage. Hier wird

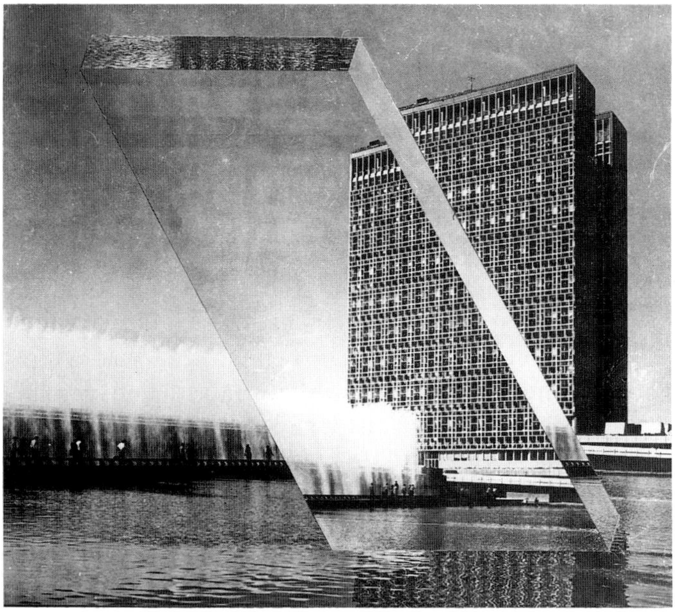

Wjatscheslaw Koleitschuk. »Glasprisma«. 1983

Вячеслав Колейчук. «Стеклянная призма». 1983

Wjatscheslaw Koleitschuk. »Landschaft im klassischen Stil«. 1985

Вячеслав Колейчук. «Пейзаж в классическом стиле». 1985

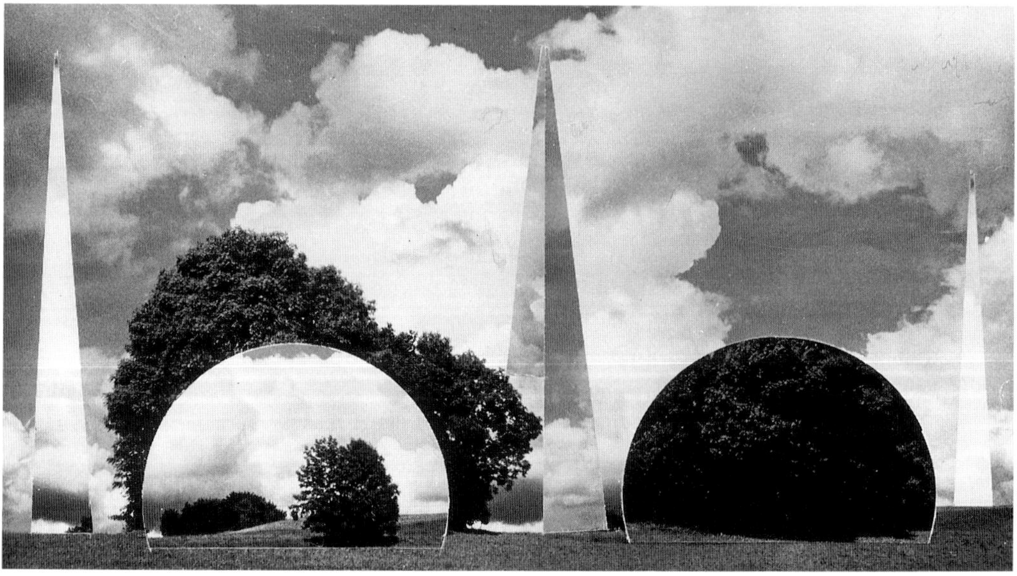

durch die Gegenüberstellung und Kombination komplizierter visueller Formen eine bildliche Transformation der Ausgangselemente erreicht. Im Endeffekt erscheint ein neuer visueller Text, ein geschlossenes Bild, das gewissermaßen aus einander ergänzenden oder ausschließenden kulturellen, ideellen, symbolischen und anderen Zitaten gewebt ist. Die Umdeutung und Verlagerung einer fertigen künstlerischen Form, eines Objekts oder eines Patterns auf die Stufe des Ausgangsmaterials für eine nachfolgende Umwandlung ist in der Kunst inzwischen eine weithin gebräuchliche Methode. Ich führe einige Beispiele an:

Die von mir »Selbstcollage« genannte Methode der Formbildung besteht darin, daß ein intaktes Bild in Elemente unterteilt und deren Lage dann verschoben wird. Das Bild wird mit Schnitten von beliebiger Symmetrie versehen, wobei Elemente entstehen, die ihre eigene Symmetrie haben. Daraufhin werden durch Verdrehen und Umstellen dieser Elemente gewissermaßen neue visuelle Formen, zum Beispiel gläserne, spiegelartige, metallische oder andere, in das Bildgewebe aufgenommen. Obwohl das Formbildungsprogramm auf dem strengen Symmetrieveränderungssystem im Sinne einer abfallfreien Technik aufbaut, hat die Wahl des Ausgangsmaterials für die folgenden Umwandlungen rein künstlerischen Charakter und ist eher durch die künstlerische Praxis und die Schulung des Auges bedingt. Das Mechanische (Kombinatorische) der Formbildungsmethode wird in diesem Fall durch die Vielfalt, Kompliziertheit und Ausgeprägtheit der entstehenden visuellen Formen kompensiert.

Die Tatlinforscher Larissa Shadowa und Anatoli Strigaljow haben das Bestreben des Künstlers festgestellt, elastische, geschmeidige und federnde Konstruktionen und Kompositionen zu verwenden. War dies in seinem graphischen Werk und später im Entwurf und Modell für den Turm der Dritten Internationale eher ein kompositorisches Verfahren, so waren die Elastizität und Geschmeidigkeit des Materials im berühmten Modell des Letatlin und im Stuhl das Grundprinzip der Formbildung, der Impuls, eine für den Konstruktivismus neue Formsprache zu schaffen, die Sprache naturnaher Formen.

Zeitgenössische Prinzipien bei der Verwendung der Elastizität als Formbildungsfaktor lassen sich an einer Reihe meiner eigenen Arbeiten und an Werken des Architekten B. Stutschebrjukow demonstrieren.

Hier werden Form und Struktur der Objekte hauptsächlich durch die Biegsamkeit und Spannkraft von Messingblech determiniert. In der Komposition »Stehender Faden« dehnt eine Reihe gebogener Blütenblätter aus Messing den senkrecht stehenden Stahlfaden. Beim Betrachter entsteht der paradoxe Eindruck einer senkrechten Komposition, in der die Messingelemente an einer hauchdünnen Sehne hängen. Es ist ihm nicht klar, was den Faden in der Vertikalen hält. Seine stereotypen Vorstellungen von einer Konstruktion geben ihm keine Erklärung für die faktische Existenz der Komposition, ja die Komposition widerspricht ihnen geradezu. Die Erfahrung tritt in Widerspruch zu der beobachteten Erscheinung, und es kommt zu einer Art »intellektuellem Schock«.

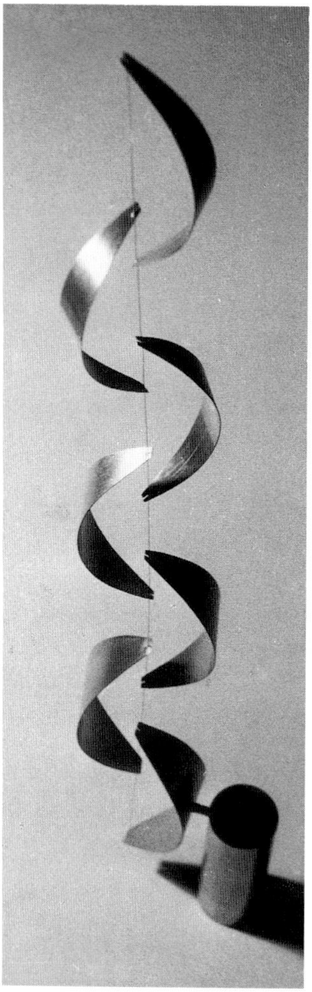

Wjatscheslaw Koleitschuk. »Stehender Faden«. 1978

Вячеслав Колейчук. «Стоящая нить». 1978

Wjatscheslaw Koleitschuk. »Möbius-9«. 1975

Вячеслав Колейчук. «Мёбиус-9». 1975

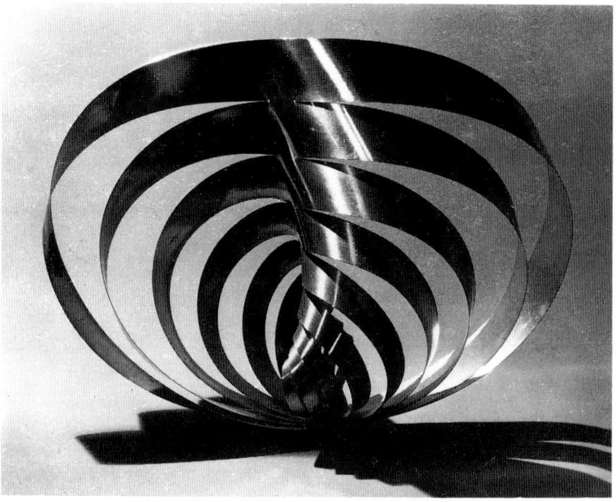

Die Antwort ist dennoch einfach: Die dem Auge unsichtbare Federkraft überwindet die Schwerkraft und läßt die Komposition senkrecht stehen. In der Komposition »Möbius-9« wird die räumliche Form aus flachem, elastischem, eingeschnittenem Messingblech gebildet. Auch hier beruhen die räumliche Form und ihre plastischen Merkmale hauptsächlich auf dem Verhalten des elastischen Materials.

In Stutschebrjukows »Mobiljor« (1980) werden die Elastizität und Spannkraft der Stahlfeder höchst artistisch benutzt. Ein dem Auge des Betrachters verborgener Mechanismus, der das ringförmige Stahlband dreht, verwandelt den Kreis in eine Reihe räumlicher Formen. Dabei alternieren Phasen langsamer, elasti-

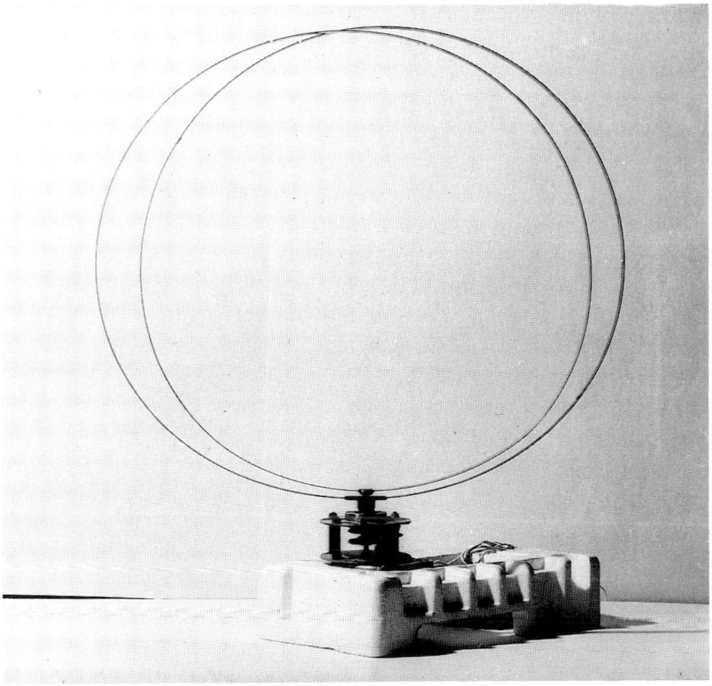

B. D. Stutschebrjukow.
«Mobiljor«. 1980

Б. Д. Стучебрюков.
«Мобилёр». 1980

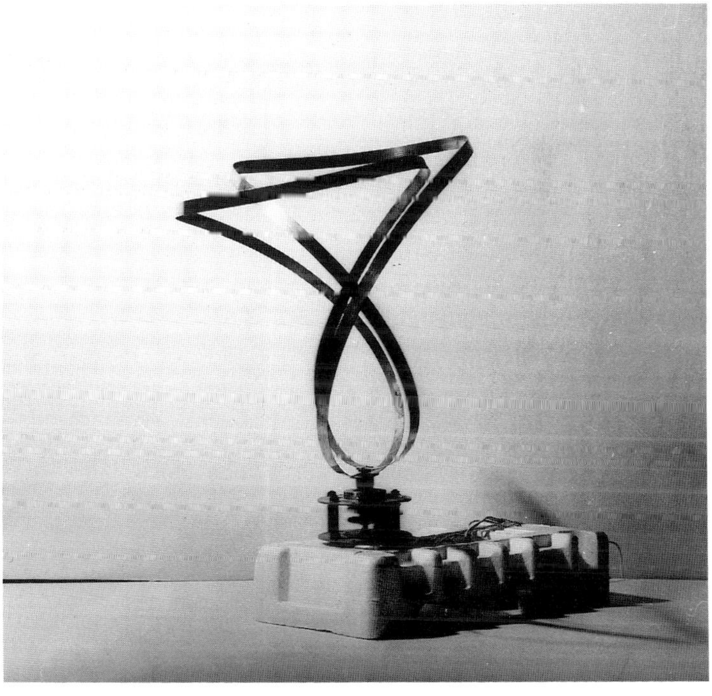

B. D. Stutschebrjukow.
«Mobiljor«. 1980

Б. Д. Стучебрюков.
«Мобилёр». 1980

scher mit Phasen explosionsartiger, katastrophischer Veränderungen des Objekts. Die Komposition hat etwas Meditatives, das den Betrachter gleichsam verzaubert.

Selbstverständlich konnte ich bei meiner theoretischen und künstlerischen Reflexion über Tatlins Werk das weltberühmte Denkmal der Dritten Internationale nicht ausklammern. Bekanntlich haben Symbole (und Tatlins Turm ist für uns ein Symbol) eine starke Anziehungskraft; sie werden nicht nur zum Zeichen der Zeit und des Stils, sondern auch zur Visitenkarte ihrer Urheber. Mein Wunsch, eine meiner konstruktiven Kompositionen Tatlin zu widmen, war daher ganz natürlich. Die »Kosmische Spirale« (»W. Tatlin gewidmet«) ist eine Komposition, in der ich mit neuen Mitteln (selbstspannende Konstruktion) meine Verehrung für das Werk des Meisters ausdrücken und auf das unsichtbare Band zwischen Menschen und Zeiten hinweisen wollte.

Übersetzung aus dem Russischen: Annelore Nitschke.

Wjatscheslaw Koleitschuk (mit W. Stepanow und W. Galkin). »Kosmische Spirale«. 1972

Вячеслав Колейчук (при участии В. Степанова и В. Галкина). «Космическая спираль». 1972

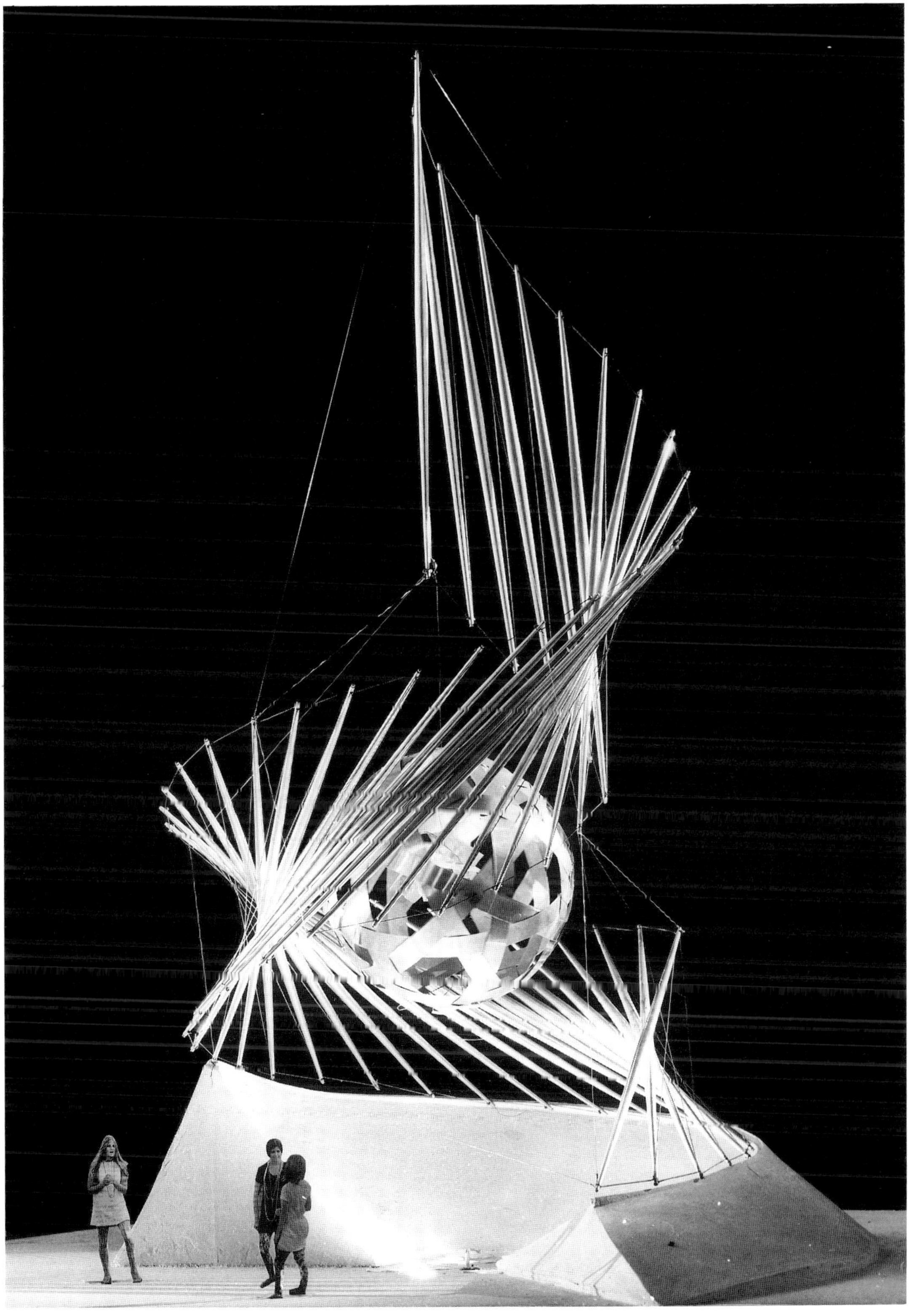

Rainer Crone/David Moos

Tatlin und Flavin

»Die Metaphorik des Auges erschien oftmals als privilegierte Sprache zur Beschreibung epistemologischer Verwirrungen«, stellt Frederic Jameson zum russischen Formalismus und Strukturalismus fest. Und er fährt fort: »So beschrieben Marx und Engels die Illusion des Idealismus – die Idee der Autonomie der Kultur und des Überbaus im allgemeinen – wiederholt als Ergebnis einer Umkehrung, die die Dinge auf der Netzhaut des Auges verkehrt herum abbildet.«[1] Hinsichtlich der Objekte, die sich durch sehr verschiedene Merkmale definieren, und der daraus resultierenden (kompositorischen) Bedeutung erhebt sich die Frage: Bestimmt sich eine Bedeutung aus der Beziehung zu entsprechenden Bezugspunkten in Kultur und Gesellschaft, aus den Zusammenhängen der Form oder ausschließlich aus den ihr inhärenten und den ganz offensichtlichen, erkennbaren Eigenschaften?

Über seine Lichtskulpturen aus Leuchtstoffröhren sagte Dan Flavin 1966: »Die Physikalität der Leuchtstoffröhre als Objekt in seiner Stellung war das Bestimmende, ganz gleich, ob sie ein- oder ausgeschaltet war. (Ungeachtet der Tatsache, daß ich die aktuelle Eigentlichkeit des Neonlichts betone, empfinde ich dennoch den zusammengesetzten Begriff ›Bildobjekt‹ als die treffendste Beschreibung meines Umgangs mit diesem Medium.)«[2] Flavin greift die dialektische Beziehung zwischen der Struktur von Objekten und deren Wahrnehmung (Interpretation) auf und hinterfragt die Grenzen der Form sowie die Begrenztheit des Raums, den die Objekte einnehmen. An welchem Punkt – wenn überhaupt – überschreitet beziehungsweise transzendiert die tatsächliche Form die sie umreißenden Grenzen und entfaltet darüber hinaus eine andere oder größere Wirkung auf den Betrachter?

Im Einsatz des Mediums Licht läßt sich Flavins Werk als Erweiterung jener Formanliegen betrachten, die in diesem Jahrhundert bereits von Wladimir Tatlin behandelt worden sind. In der als »Konterreliefs« bekannten Werkreihe stellte Tatlin konstruktivistische Formen in Raumsituationen, die die Komplexität dieser skulpturalen Arbeiten prägten, und betonte die zugrundeliegende Ambiguität von Konvention und konzeptueller Implikation diverser Materialien und Formen. Das 1915 bei der Ausstellung »0,10« in Petrograd (Katalog-Nr. 132)
gezeigte Eck-Konterrelief von 1914/15 (Holz, Eisen, Metall, Draht etc.) ist zwi- 98
schen zwei planen Flächen, rechtwinkligen Wänden, verspannt und setzt deren

Wertigkeit als massive Trägerflächen außer Kraft, so daß der durch die Konstruktion selbst entworfene Raum das Wichtigste wird. Solche Hinterfragung der Stabilität und Massivität einer Wand als Trägerstruktur spielt ebenso in allen Lichtarbeiten Flavins eine Rolle.

Ausgehend von seinen ersten Skulpturen aus einzelnen Neonröhren zu Beginn der sechziger Jahre, formulierte Flavin schnell konkrete konzeptuelle Positionen zu Bedeutung und Plazierung längerer Leuchten. »Untitled (to Barnett Newman to commemorate his simple problem red, yellow and blue)« (1970) bestand aus sechs 2,44 m langen Neonröhren, jeweils zwei in einer Farbe, die in einer Ecke präsentiert wurden, wobei die waagerechten Röhren gleichsam die Hypotenuse eines mit den Wänden gebildeten rechtwinkligen Dreiecks darstellten. Das Rot, Gelb und Blau der Flavinschen Skulptur bezieht sich unmittelbar auf Newmans Bilderserie »Who's Afraid of Red, Yellow and Blue« (1966/67). Die beiden senkrechten roten Leuchtstoffröhren lassen sich je nach Raumhöhe des jeweiligen Ausstellungsortes durch Auseinander- beziehungsweise Zusammenschieben so montieren, daß sie genau bis zur Decke reichen. Diese Neigung zum Umgreifenden steht in einem Zusammenhang mit Newmans Bildern, die mit riesigen horizontalen Farbflächen dem Betrachter Transzendenz physisch zu vermitteln suchten. Durch die Plazierung der Arbeit in der Ecke und durch ihre Ausdehnung bis zur Decke überwindet Flavin jene Grenzen des Formats, über die Newman niemals hinauszugehen vermochte, weil der Blick unvermeidlich die Begrenztheit der Leinwand bemerkt. Mit Hilfe des Lichts konnte Flavin das Auge mit Farbigkeit sättigen, ohne daß es eine klar definierte Grenze akzeptieren müßte.

Ähnliche Schwierigkeiten sah auch Tatlin für das Medium der Malerei als Kommunikationssystem, das in die definitiven Grenzen der an den vier Rändern der Leinwand endenden Bildfläche gezwungen und somit eingeschränkt ist. Seine Konterreliefs zeugen von dem Wunsch, die ebene Bildfläche zu durchbrechen und die Ränder der Leinwand zu überschreiten. In der Ausstellung »0,10« zeigte Tatlin zum erstenmal eine Serie von zwölf Konterreliefs. Da er sich mit Kasimir Malewitschs radikalen suprematistischen Gemälden nicht anfreunden konnte, ließ er seine Reliefs in einem separaten Ausstellungsraum zeigen. Am Eingang seiner Abteilung befand sich ein Schild mit der Aufschrift »Ausstellung professioneller Maler«. Daß Tatlin seine Reliefs als Malerei und nicht als skulpturale Objekte verstand, zeigt, daß sie unmittelbar aus einer malerischen Problemstellung entstanden, die er – anders als Malewitsch, der formal radikale Lösungen fand – mit den Vorgaben der Malerei nicht in Einklang zu bringen vermochte.

1923 hatte Tatlin seine der konventionellen Malerei zuwiderlaufende konzeptuelle Position weiter ausgebaut. Von 1923 bis 1925 arbeitete er am Museum für Künstlerische Kultur in Petrograd/Leningrad und verfocht dort die Ansicht, daß Farbe als Werkstoff an sich zu betrachten sei. Nachdem er die spezifischen

Eigenschaften verschiedener Werkstoffe gründlich studiert hatte, formulierte er die Ergebnisse seiner Untersuchungen in präzisen Definitionen von Materialkultur: »a) Elemente der materiellen Kultur (Muster: Holz, Glas, Stoff, Metall, Farbe usw.); b) Kombination der verschiedenen Materialien (Relief, Konterrelief usw.); c) Materialkonstruktionen: teils schon vorhandene, teils in der Werkstatt angefertigte Gegenstände - Modell des Denkmals, Ofen, Geschirr, Kleidung.«[3]

Dieses tiefe Eingehen auf Werkstoffe und Objekte bestimmt auch Flavins Umgang mit seinem wichtigsten künstlerischen Material - den Leuchtstoffröhren. Flavin indes geht über Tatlin hinaus, denn sein Interesse am Medium ist nicht primär materieller Art, sondern vielmehr konzeptioneller Natur und umfaßt implizit alle Bedeutungen von Licht. Sein Umgang mit der Leuchtstoffröhre orientiert sich eindeutig an der vorgegebenen Funktion des Objekts selbst, und durch das Fehlen direkter Eingriffe werden die hauptsächlichen Funktionen transzendiert, so daß eine neue Bedeutungsebene entsteht. Während Tatlin sich mit der Oberflächenbeschaffenheit (»faktura«) und den inhärenten Eigenschaften seiner Materialien und Objekte auseinandersetzt, gelingt es Flavin, seine Beziehung zum Material zu entmaterialisieren und sich weniger aufs Objekt selbst (die Leuchtstoffröhre) zu konzentrieren als vielmehr auf dessen Wirkung als Kunstwerk in einem bestimmten Kontext: »Im Frühjahr 1963 waren mir meine neuen Arbeiten so vertraut, daß ich mit dieser Gruppe aufhören konnte. Nach einer gerade entstandenen Zeichnung proklamierte ich ›die Diagonale persönlicher Ekstase (die Diagonale vom 25. Mai 1963)‹, einen gewöhnlichen, zweieinhalb Meter langen Streifen mit Neonlicht in jeder handelsüblichen beliebigen Farbe. [...] Es gab buchstäblich keinen Grund, dieses System in eine bestimmte Komposition zu zwingen; es schien sich an meiner Atelierwand unmittelbar, dynamisch und dramatisch selbst zu tragen - ein leichtes, flüchtiges Bild, das durch die Brillanz seine physische Präsenz scheinhaft der Unsichtbarkeit annäherte.«

Flavin behauptet, daß die Leuchtstoffröhre selbst nicht notwendigerweise durch ihre materiellen Grenzen definiert ist, sondern eine umfassendere Präsenz bietet, die sich bei der Betrachtung an der Wand wandelt und sich zudem in die Reflexe auf Boden und Decke erstreckt. Formenwandel und konzeptuelle Flexibilität dieser Lichtskulpturen sind evident. Flavin erklärt: »Ich weiß, daß ich jeden beliebigen Teil meines Neonlichtsystems in adäquater Form wiederholen kann. Die Elemente oder Teile dieses Systems verändern sich einfach in der Situation der jeweiligen Installation.« Im Gegensatz zur Avantgarde des frühen zwanzigsten Jahrhunderts neigt Flavin zur Synekdoche, wenn er mit solcher Unbefangenheit moderne Materialien aufgreift und all ihre inhärente Wertigkeit der Kunst einverleibt.

Flavin bereichert die Dialektik zwischen dem Objekt und seiner Situation, dem Vorurteil und der Rezeption. Die Banalität des künstlerischen Materials

Dan Flavin. »Monument for Vladimir Tatlin«. 1968

Дэн Флэйвин. «Монумент Владимиру Татлину». 1968

wird in dessen unverblümter Präsentation offen dargelegt, doch nicht ausdrücklich betont, denn alle Bezüge zur eigentlichen Funktion der Neonröhre als Mechanismus zur Erhellung von Dunkelheit bleiben verborgen. Die Erweiterung des Objekts zum Kunstwerk ist kontrolliert und in konzeptuelle Richtung gesteuert. Den einzelnen Werken sind explizite und unterschiedliche Titel beigegeben, so daß Vergleiche und die Herstellung von Beziehungen hinsichtlich Intention und Bedeutung möglich werden. Manche Titel, wie beispielsweise »Gold, Pink and Red, Red« (1964), beziehen sich lediglich auf die Elemente der Skulptur, wohingegen andere, wie »Untitled (to Flavin Starbuck Judd)« (1968) oder »Monument 7 for V. Tatlin« (1964), es dem Betrachter erlauben, eine intimere Beziehung zum Werk und durch Assoziationen auch zum Künstler zu entwickeln. Der Tiefgang solcher Assoziationen hängt von den Bezügen ab, von denen manche dem Betrachter vertraut sein mögen, während andere eher verschlossen und daher der Spekulation überlassen bleiben. Diese Verneinung von Besonderheit geht einher mit der Fähigkeit des Werkes, sich dem Raum, in dem es sich befindet, einzufügen und damit auf diesen zu reagieren.

Was Tatlin mit der Erweiterung räumlicher Schranken in Werken wie dem Denkmal der Dritten Internationale (1919/20) intuitiv erreichte, radikalisierte Flavin durch Entmaterialisierung, indem er Spielraum und faßbare Präsenz klassischer Grenzen erweiterte. Tatlins Denkmal verläßt mit seinem utopischen Maßstab die klassischen geometrischen Regeln und behauptet sich im Raum, indem es einerseits unregelmäßige Formen beschreibt und schafft und andererseits nach außen hin seine Stabilität verschleiert und letztendlich die Definition und Darstellung von Raum in Frage stellt. Flavins »Monument for Vladimir Tatlin« von 1968 (Rijksmuseum Kröller-Müller, Otterlo) nimmt Bezug auf Tatlins Turm. Acht Leuchtstoffröhren in genauer proportionaler Beziehung bilden Flavins Lichtturm. Dem Betrachter erscheint das Kernstück der Skulptur massiv, was die Reflexe auf dem Boden entschieden unterstreichen. Die unteren zwei gleich langen Röhren überlappen sich zu einem Viertel ihrer Länge; nach diesem Prinzip ist die gesamte Struktur aufgebaut, da die folgenden Neonröhrenlagen jeweils um exakt dieses Maß kürzer sind. Die oberen Röhren haben genau ein Viertel der Länge der unteren beiden. Dieser augenscheinliche Konstruktionsgegensatz zu Tatlins Spirale ist nicht antithetisch; vielmehr handelt es sich um die weiterentwickelte Artikulation eines früheren Regelbruchs, der in ein anderes Medium übertragen wurde. Flavins konstruktiv geordnete Skulptur aus handelsüblichen, in einer begrenzten Zahl von Größen hergestellten Elementen der Massenproduktion entfaltet ihre ganze Signifikanz dort, wo sie sich dem Blick in kontrollierter Situation mit Reflexen und Schatten präsentiert. Das Licht verschleiert die Form der Röhren wie eine Flüssigkeit, die über die materiellen Grenzen ihres Gefäßes hinausschwappt, fließend und ständig sich wandelnd im Blick des umhergehenden Betrachters.

1967 sagte Flavin: »[...] betrachten Sie meine Arbeit nicht als Skulptur und mich nicht als Bildhauer [...]. Ich ersinne und produziere keine dreidimensionalen Stilleben [...]. Probleme von Bildhauerei und Malerei liegen mir fern [...].« In den zwanziger Jahren hatte sich Tatlin von der Malerei abgewandt und lehnte zugleich auch ein bloßes Bildhauerdasein ab. In seiner vielfältigen Beschäftigung mit Architektur, Biologie, Technik und Ingenieurwesen zeigte sich denn auch sein Drang, Formprobleme eher zu schaffen als zu lösen. Daß Flavin von 1964 bis 1982 immer wieder Denkmäler für Tatlin schuf, bezeugt, wie sehr er diesen als vielseitigen Innovator zu schätzen wußte. Eine ähnliche Beweglichkeit seines konzeptuellen Ansatzes verlangt auch das Werk Flavins.

Die Kontrolliertheit, mit der Flavin Medien und Material untersuchte, verrät seine – intuitive oder erworbene – Kenntnis der umfangreichen Forschungen, die Tatlin über die Natur seiner Materialien anstellte. 1924 hielt Tatlin zwei Vorträge über die Einteilung der Materialkultur; und bereits aus den Titeln lassen sich Implikationen ablesen, die erst Jahrzehnte später begriffen wurden. Maximen für die Zukunft gleich, waren die Vorträge überschrieben »Die Form als Resultat von Raummaterial« und »Die Entwicklung der Raumwahrnehmung von den neuesten künstlerischen Strömungen zum Konterrelief«. Gerade die kompetente Analyse verwandter zeitgenössischer Kunst vermittelt und erweitert einen profunden Einblick in das Werk eines Künstlers wie Tatlin. Ungeachtet eines Zeitraums von fünfzig Jahren, der die Leistungen dieser beiden Künstler voneinander trennt, und der enormen Unterschiedlichkeit ihres jeweiligen künstlerischen Milieus ist es vielleicht die Kunst allein, die alle Grenzen zu überschreiten vermag (seien sie zeitlich, geographisch oder politisch) und das Diktat der Geschichte transzendiert.

Anmerkungen

1 Frederic Jameson, *The Prison-House of Language: A Critical Account of Structuralism and Russian Formalism.* Princeton, NJ: Princeton University Press, 1972, S. 206.

2 Dieses und alle folgenden Zitate von Dan Flavin nach dem anläßlich der Ausstellung »"monuments" for V. Tatlin 1964–1982« im Rijksmuseum Kröller-Müller, Otterlo (1985/86) herausgegebenen Faltblatt.

3 Protokoll eines Rechenschaftsberichts vom 3. September 1923, LGALI, f. 4340, op. 1, ed. chr. 18, l. 13. Zit. n. *Tatlin,* hg. v. Larissa Alexejewna Shadowa, ins Deutsche übertr. v. Hannelore Schmör-Weichenhain, Weingarten: Kunstverlag Weingarten, 1987, S. 89.

Übersetzung aus dem Englischen: Nansen.

Анатолий Стригалев

Реальная и мистифицированная биография Владимира Татлина

Даже на фоне изобиловавшей крупными яркими индивидуальностями русской художественной среды 1910–1920-х годов Владимир Татлин выделялся как совершенно необычный художник и необычная личность. Его деятельность воспринималась как экстраординарное явление, с ней всегда связывались дальнейшие ожидания и надежды. В Татлине смолоду угадывали «тайновидца» (Велимир Хлебников, 1916), «провидца, достигшего явственной мечты» (Илья Эренбург, 1922), видели «величайшего художника» (Владимир Маяковский, 1918), «лучшего художника рабоче-крестьянской России» (Николай Пунин, 1920); представители иных взглядов на искусство характеризовали незаурядность Татлина агиографической терминологией: «настоящий святой комфутуризма, вдохновенный юродивый», имеющий «облик великомученика» (Абрам Эфрос, 1929, 1933).

Очень рано и на протяжении всей жизни Татлин, без каких-либо специальных действий с его стороны, воспринимался как лидер, учитель, авторитет. Казалось бы, он не вполне обладал качествами, привычно связываемые с ролью лидера, во всяком случае – не заботился о их внешнем проявлении. Также странным образом его высокая авторитетность совмещалась с низким социальным статусом, особенно в поздние годы жизни, когда Татлин был заживо объявлен справедливо забытым, ненужным, вредным, и тяжело зарабатывал скудный повседневный хлеб. Но и в эту пору, а затем посмертно имя Татлина, его произведения (в том числе – утраченные), его биография, устно пересказываемое слово значили в художественной среде очень многое. Татлин и его искусство превратились в некие символы.

Вокруг личности Татлина и его произведений рано стала складываться легенда. Ее творил сам художник и многие его современники – друзья, равнодушные и противники. Татлин жил в ситуации легенды. Легенда носила высокий духовный и творческий смысл. А в реальном быту служила художнику защитой и компенсацией или – казалось, что служила. Татлинская легенда жива и спустя десятилетия после его смерти. Она даже пополняется иногда новыми версиями – стихийными или предлагаемыми исследователями.

Одно из наглядных свидетельств особого внимания к личности Татлина – изобилие попыток изобразить его. Коллективный портрет Татлина замечателен, хотя и очень неоднороден.

Современники в один голос отмечают «некрасивость» черт его лица; он не бывал «душой общества» и вообще не был общительным; отношения с ним у большинства складывались трудно, всегда могли нарушиться или резко оборваться. И все же к Татлину постоянно тянулись не только некоторые художники, но и писатели, поэты, люди театра, интеллектуалы разных профессий. Почти наверняка – нет другого русского художника, современного Татлину, суммарная иконография которого в живописи, графике, скульптуре и в литературе была бы столь же 18
обширна по количеству и представительна по составу ее авторов. Портреты Татлина оставили люди разных поколений, единомышленники и противники; женщины, сотрудничавшие с ним или влюбленные в него; русские и иностранные авторы. Его изображали с натуры – на случайных набросках и при специальном позировании; по воспоминаниям, подчас – спустя много лет; по представлениям, подчас – фантастическим. А число портретов Татлина продолжает расти.

Портреты – очень существенные компоненты татлинской легенды. Особенно – литературные портреты, предлагаемые мемуарами и эссе, стихотворениями, повестями, художественно-критическими статьями. Тем более, что как раз в литературных портретах сам Татлин нередко выступает активным, хотя и скрытым соавтором писавшего. Как постепенно выясняется, Татлин обычно в той или иной мере разыгрывал и мистифицировал своих собеседников, что и отразилось потом в текстах мемуаристов.

Сам Татлин только однажды, в 1912 году, выставлял произведение, именовавшееся «Автопортрет» (сегодня нам, кстати, неизвестный). Однако обильная автоиконография необъявленно проходит через все творчество Татлина. Особенно автобиографичны его ранние произведения. С этой точки зрения они в совокупности являют целый театр, в котором собрались персонажи, в разной степени напоминающие автора – Татлина. Это не сразу бросается в глаза, так как они непохожи между собой. Но, например, многие татлинские «рыбачки» – в одних случаях изысканно изящные, в других более простоватые, грубоватые – все чем-то похожи на Татлина. Такое же сходство имеется у многих «матросов» – от «морских волков», персонажей «Летучего голландца» или с ранних акварелей и рисунков, до бравого «военмора» с известного геройством миноносца «Стерегущий» («Матрос», 1911 – автопортрет Татлина, в кото- тит. лист
ром название этого корабля написано на ленте бескозырки). Усталый «маляр» (иллюстрация в «Требнике троих», 1913) и смешноватый в своем 20
щегольстве и важности «художник» («Портрет художника», 1913), оба – 20

совсем разные – будто показывают самого Татлина в контрасте его возможных профессиональных обличий.

Черты намеренного сходства с автором присутствуют и в татлинских
«модных картинках» с проектами пальто (1923), и в пилоте на чертеже
56 «Летатлина» (1932), и во внешне нескладном, некрасивом «Длинном
190, 191 человеке» из серии иллюстраций к Даниилу Хармсу (1929), и в эскизе
театрального костюма старого моряка для пьесы «Кронштадт» (1940). В
последнем случае автор словно анализирует: как бы он (или его двойник
«Матрос», 1911) выглядел спустя тридцать лет, не сделайся он художником, а останься на всю жизнь во флоте?

Напрашивается вывод, что автопортретные ассоциации в изображенных персонажах возникали в результате некоего «театра для себя» (по термину, предложенному для сходных по природе явлений режиссером Николаем Евреиновым в 1910-х годах). А также и такого «театра для других», в котором автобиографические намеки, полупризнания, недоговоренности и прямые мистификации создают в представлениях зрителя (и слушателя) весьма интригующий, но всегда таинственный, лишь приоткрывшийся той или иной гранью образ автора.

Например, автопортретом «Матрос» Татлин не утверждает, что он служил на военном корабле, участвовал в русско-японской войне, но как бы и не отрицает такой биографической возможности. Вряд ли случайно в одном из лучших литературных портретов Татлина (принадлежащем перу художницы Валентины Ходасевич) имеется бегло упомянутая, но не безразличная для характеристики деталь: «отбывал воинскую повинность на флоте», хотя Татлин вообще не был на военной службе.

Автопортретизм, характерный для татлинского творчества, не имел исповеднического характера, стремления к адекватному отображению, а сочетал черты самоанализа и своеобразной игры, автотеатрализации.

Татлин любил мистификации. Видимо, отсюда и проистекала его постоянная любовь к искусству театра. А как бывалый человек, переживший множество приключений, Татлин был замечательным рассказчиком, всегда владевшим вниманием слушателей, но, к их досаде, не очень многословным. Такому рассказчику просто необходим дар импровизатора. И Татлин им обладал.

Долгие годы исследуя биографию Татлина, я постоянно сталкивался с неполнотой информации, ее противоречивостью, необходимостью исправлять сведения, ранее казавшиеся верными, и т.д. Только постепенно стало ясно, что в традиционной биографии Татлина факты перемешаны с мистификациями, документальные сведения с легендами. В этих условиях естественное доверчивое стремление исследователей согласовать некоторые разноречивые данные иногда только выдвигало новые неверные утверждения.

Можно сказать, что Татлин параллельно прожил как бы две разных биографии: реальную и «канонизированную». Вторую он создавал в своих рассказах и с помощью молвы, которая подхватывала и дополнительно переиначивала услышанное от Татлина. В Татлине художник, создатель «странных» произведений, автор неслыханных идей и несбыточных проектов сосуществовал в органическом единстве с фантазером, актером, мистификатором. Поэтому его рассказы, как и его музыка, пение, внешний облик, стиль поведения перерастали узкие личные рамки и становились фактами художественной жизни. Мистификации заполняли разрыв между реальной экзистенцией и дерзкими замыслами: достроить Вавилонскую башню, осуществить полет Икара.

Видимо, мистифицированная биография представлялась Татлину не просто «лучшей» или более «интересной», но и такой, которая полнее и точнее соответствовала подлинной сути его жизни и его искусства. Рассказы и немногочисленные автобиографические писания Татлина – о своем детстве, матросской службе, образовании, заграничном путешествии, общественной деятельности, творческой хронологии и т. д. – возникали как фрагменты его «канонизированной» биографии, той, которую он хотел оставить после себя.* Кроме того, его автобиографическая ретроспекция менялась во времени – в зависимости от хода жизненной и творческой борьбы художника на разных этапах и в зависимости от ... собеседника.

Совершенно необходимо коснуться еще одного аспекта автобиографической деятельности Татлина. Я имею в виду пресловутую татлинскую «таинственность», сопутствовавшую любой его работе и вообще всей жизни. Он был бесконечно мнителен и поэтому всегда что-то скрывал, секретничал, хотел запутать чье-то действительное или мнимое любопытство и соглядатайство.

До каких степеней могла доходить его мнительность, свидетельствуют, например, некоторые эпизоды отношений с Казимиром Малевичем, который будто бы стремился проникнуть в татлинские секреты. Художница Вера Пестель описывает, как Татлин, живший в ее одноэтажном домике в глухом московском переулке, загораживал окна, а Валентина Ходасевич – как Татлин сжег ряд своих живописных работ. Обе акции мотивировались опасностью подглядывания со стороны Малевича.

Таинственность выступала у Татлина своего рода «мистификацией наоборот»: не порождала, а уничтожала информацию. Из-за татлинской

---

* Два конкретных аспекта мистификации Татлиным своей биографии проанализированы мной в двух недавних статьях: *О поездке В. Татлина в Берлин и Париж* (Искусство, 1989, № 2 и 3); *«Университеты» Татлина* (Каталог юбилейной выставки В. Е. Татлина, Пенза, 1987; вышел из печати в самом конце 1989 г.).

таинственности его биография полна лакун, в том числе – невосполнимых, что особенно тяжело отразилось на знаниях о конкретных произведениях Татлина: отсутствует их сколь-нибудь полный перечень, нет ни определенных наименований, ни точных датировок, ни общепринятых описаний в каталогах прижизненных выставок.

Из-за этого нет возможности идентифицировать сохранившиеся данные или фотографии утраченных произведений со сведениями из старых каталогов. Например, можно полагать, что под наименованиями «К открытию навигации», «Продавец флотских форм», «Матросы», «Матрос и китаец» фигурировало в разное время одно произведение – но так ли это? В наши дни отсутствие твердых сведений о произведениях Татлина соблазняет приписывать ему чужие работы, а то и вовсе подделки.

Надо признать, что если склонность Татлина к мистификациям расцветила и романтизировала его реальную биографию, то его почти патологическая скрытность нанесла ей очень серьезный ущерб.

Одновременно следует подчеркнуть, что мистифицированная биография Татлина отнюдь не была какой-то фикцией, а представляла собой особую реальность, в которой художник жил и творил и которую принимали и признавали за Татлиным современники.

Реальная и мистифицированная биографии стали для самого Татлина неразделимы, слились воедино. Во многом они останутся неразделимыми и для нас, скрупулезно изучающих его творчество.

Понтус Хультен

Стокгольмская реконструкция «Памятника III Интернационала»

Я хотел бы рассказать о выставке в Музее современного искусства в Стокгольме. Собственно говоря, ее возникновение было обусловлено другой выставкой, состоявшейся в Стокгольме в 1965 году. Та выставка называлась «Внутреннее и внешнее пространство», и Малевич играл в ней значительную роль. Она явилась одной из первых выставок после той, что была организована Сандбергом в 1958 году в Амстердаме. После более или менее удачного завершения выставки «Внутреннее и внешнее пространство» мы задались вопросом, кто же еще может относиться к числу крупнейших советских художников, и при этом на первый план выступил именно Татлин – как художник, о котором стоило бы разузнать побольше. В то время Татлина знали сравнительно мало, последний этап его жизни в значительной мере был покрыт мраком неизвестности. Думаю, мы с Труельсом Андерсеном и в самом деле могли бы с ним встретиться, знай мы, что он жив, ведь он умер только в 1953 году. Но это выяснилось лишь позже. Тогда ведь даже не знали, что он пережил Вторую мировую войну. Как бы то ни было, мы принялись обсуждать возможность выставки. У Труельса Андерсена были очень хорошие отношения с Советским Союзом, с его архивами, владельцами документов, коллегами-искусствоведами. Мы узнали, что в Ленинграде еще живет Шапиро. (На фотографии, помещенной на с. 54 каталога нашей выставки, где сняты люди за работой над сооружением «Башни», Шапиро виден справа сверху с молотком в руке.) Был шанс, что он сможет приехать и побеседовать с нами. Открывшаяся перед нами возможность пообщаться с одним из «уцелевших» породила к жизни идею заняться проблемой реконструкции «Башни». Труельс Андерсен поехал к Шапиро и обстоятельно с ним поговорил; при этом удалось выяснить, каким образом были выполнены различные части модели «Башни», задуманные как части движущиеся, какими они были в действительности. В ту пору на сей счет не было ясности, некоторые утверждали, что будто бы вся «Башня» вращалась. Как весьма убедительно рассказал об этом Анатолий Стригалев, ведь и в самом деле существовали всяческие теории и мистифицированные истории; и тот факт, что часть «Башни», должно быть, двигалась, мог оказаться одной из таких баек. Но если этого не знать, реконструкция будет совершенно невозможной. В действительности части «Башни» в оригинальной модели вращались. С одной стороны, об этом сообщают, кроме Пунина, и другие источники, с другой стороны, сохранился рассказ о демонстрации «Башни» в присутствии Ленина. Части «Башни» двигались, а когда демонстрация «Башни» была завершена, из ее основания вылез мальчонка и Ленин сказал: «Как, это главный инженер?» Так что можно предположить, что мальчик сидел в основании «Башни» и приводил механизм в движение при помощи рычага.

Как должен был выглядеть этот механизм, нам стало ясно благодаря маленьким рисункам, сделанным Шапиро и опубликованным нами в 1968 году в нашем каталоге. Однако сам Шапиро так никогда и не получил визу. Может, в том повинны были вовсе и не московские власти, скорее, его коллегам-архитекторам не понравилось то, что он должен был поехать за пределы Советского Союза и рассказывать там о Татлине. Но все же именно разговоры с Шапиро стали для нас мощным импульсом, заставившим нас заняться идеей реконструкции «Башни». Задним числом термин «реконструкция» кажется мне не слишком точным, но он за это время успел войти в обиход. Собственно говоря, это было нечто вроде активной любви, своего рода возрождение к жизни.

И вот мы с Труельсом Андерсеном поговорили с четырьмя нашими друзьями. В ту пору я был директором стокгольмского музея, и у нас была великолепная столярная мастерская с двумя на редкость талантливыми столярами. Один из них уже давно работал у нас, другой был техником, который трудился прежде в театре и в кино, а ныне был пенсионером. Так что в области техники у нас была надежная опора. Сначала я поделился своей идеей с одним своим другом – со скульптором Пером Улофом Ультведом (сейчас он довольно известный в Швеции скульптор старшего поколения), а затем с другим – Улофом Линде, с которым я уже раньше осуществил подобное же, весьма значительное предприятие: в 1961 году мы создали с ним копию «Большого стекла» Марселя Дюшана. И вот мы договорились, что сделаем попытку с помощью обоих столяров построить модель «Башни». Таким образом, нас было шестеро.

Тогда мы располагали только известными всем фотографиями из пунинской публикации, больше ничего у нас не было. Это было беспокойное время. Я готовил выставку в Нью-Йорке и не мог находиться все время в Стокгольме. Но когда мы зимой 1967 года все же как-то раз сошлись все вместе, четко и ясно прозвучало одно: «Это невозможно. Даже не подлежит обсуждению. Татлин конструктивист не больше, чем Роден. Мы не можем установить, как соединяются эти куски дерева. Мы сдаемся». И чисто случайно, примерно в эти же дни, на титульном листе чешского журнала «Вытварне умени» появилась ставшая ныне столь известной фотография, которая показывает модель «Башни» в процессе ее создания – до того, как ее внутренняя часть была окружена элементами, обращенными скорее к периферии, и большими спиралями. И здесь видно, насколько последовательна и в то же время проста была ее конструкция. Примерно десять дней спустя у нас уже была маленькая, высотой около 30 см модель, которая полностью нас удовлетворила. Мы дали ее нашим столярам, и за два месяца они построили «Башню», которую мы затем показали в мае 1968 года – это было примечательным совпадением, нами отнюдь не запланированным.

Надо упомянуть здесь также и о реконструкциях угловых рельефов, которые сделал ранее Мартин Чок в Ньюкасле. Наш проект выставки Татлина, который развивался органично и не имел вначале ясного плана, дополнился и этими вещами. Интерес стокгольмского музея к реконструкции «Башни» был обусловлен также и тем, что этот музей и я лично готовили для Музея современного искусства в Нью-Йорке большую выставку «Машина и ее восприятие в конце эпохи механики»; она была запланирована на осень 1968 года. И для этой выставки мне очень нужна была «Башня».

Так что разные вещи, способствовавшие осуществлению нашей затеи, сошлись воедино: реконструкции Чока из Ньюкасла и наша «Башня». Затем мы установили контакт с Екатериной Фурцевой в Москве. Через некоторое время после ряда повторных запросов мы получили ошеломляющий ответ: нам не может быть предоставлен какой-либо материал по Татлину, так как все именно сейчас находится в реставрации. Этим нам и пришлось довольствоваться. Но наш замысел – точнее, наша мечта, наше представление о выставке пустил уже корни. Мы не могли отступить и сказать: «Если мы ничего не получим, хотя бы одного-единственного рисунка, то не сможем сделать выставку». Так эта выставка и состоялась – без единого оригинала Татлина. Сомневаюсь, что такого рода выставки встречаются часто. Это был, конечно, крайний случай. И все же мы подготовили увеличенные фотографии, у нас был материал Мартина Чока, у нас была наша «Башня», и мы устраивали просмотры диапозитивов. Пространственная организация выставки была весьма амбициозной. Она занимала весь центральный зал музея, ряд соседних залов и несколько помещений поменьше. Диапозитивы демонстрировали исторический фон – то есть, футуризм, кубофутуризм и литературу тех лет, включая перевод больших отрывков из поэмы Хлебникова «Зангези», разумеется, и супрематизм, с которым шведская публика была уже ознакомлена. В ту пору у нас была благодарная аудитория, которая следила за нашими делами с большим интересом. Так что это была выставка, которая состоялась в благоприятный момент.

Затем «Башня» отправилась в Музей современного искусства в Нью-Йорк. Там она всю зиму простояла в саду музея, что не обошлось для нее без испытаний. Затем она путешествовала по Германии и прочим местам, где она каждый раз разбиралась и затем заново собиралась. Она переносила это блестяще, пока в один прекрасный день не распалась целиком и полностью на отдельные куски, совершенно разрушенные миллионами гвоздей, которые вбивались и снова вытаскивались, да и подгнить она успела. Собственно, мы этому очень обрадовались, так как во время реконструкции – и тут я снова возвращаюсь к Стокгольму 1968 года – у нас вкрались какие-то ошибки, две из них были весьма серьезными, и осознали мы их лишь тогда, когда «Башня» была уже готова; с материалом, имевшимся в ту пору в нашем распоряжении, избежать их было непросто. Конечно, нам было ясно, что у «Башни» был внутренний конус, который наклонен в одну сторону, и что спирали сдерживают именно этот конус. Я предполагаю, что косо идущая балка задумана для транспортного механизма, чтобы подниматься и спускаться. Но мы не поняли, что этот элемент, который мы реконструировали как барабан, вовсе не барабан, а очень высокий усеченный конус. Поэтому все вертикальные элементы устремлены к точке, находящейся далеко вверху. Это абсолютно очевидно, просто трудно поверить, что мы могли быть столь глупы.

Другая большая ошибка была связана с сечением балки: это сечение представляло собой, конечно, не квадрат, а другую, более динамичную форму – трапецию. Из-за обеих этих ошибок наша «Башня» была слишком статичной.

Элементарным вопросом остается до сих пор вращение частей, причем концептуальная цель этого движения выглядит весьма интересной. Думаю, что движение частей в рамках общей концепции Татлина должно было играть как символическую, так и практическую роль. В политическом отношении Татлин был весьма зорок, и он осознал угрожавшую революции опасность, опасность стагнации, превращения в нечто застывшее и монолитное, что и произошло на самом деле. Его идея была, полагаю, очень ясной и простой и – по крайней мере, для меня – чрезвычайно интересной: это была идея, что если эту власть, то есть людей, обладающих властью, держать в постоянном движении, то создается известное беспокойство, способное воспрепятствовать отвердению. Для меня все это совпадает с теорией материалов и сверхматериалов, так как движение – это своего рода сверхматериал. Так, я считаю эту идею политической в том смысле, что Татлин хотел постоянно теребить политиков, задумав поместить их в эти движущиеся пространства. Во всяком случае, единственный опубликованный текст – или, по крайней мере, один из немногих действительно важных текстов Татлина

– появился в газете «Анархия». Татлин пришел из иного крыла революционного движения, чем те, кто впоследствии взял на самом деле власть, и он достаточно рано осознал проблему, которая заявила о себе столь быстро.

(Настоящий текст подготовлен по стенограмме импровизированного выступления П. Хультена на симпозиуме. Перевод с английского: Ольга Мамонтова.)

Жан-Клод Маркаде

О новом отношении к материалу у Татлина

Татлин не был ни теоретиком, ни мыслителем. Он не был художником-философом, как, например, Малевич, Кандинский, Филонов и – пусть даже и в меньшей степени – Родченко, лучший из его последователей. Из сочинений Татлина можно почерпнуть лишь самые скупые сведения о его работе. У него мы не найдем ни трактатов, ни исследований. Произведения Татлина обычно говорят сами за себя.

Татлин не был и конструктивистом, хотя и способствовал в значительной мере формированию конструктивизма в 1921–1922 годах. Он проторил конструктивизму путь, но в собственном творчестве всегда оставался великим аутсайдером. Утопический размах его так называемых «функциональных» произведений, например, «Памятника III Интернационала» или летательного аппарата «Летатлин» свидетельствует о том, что и после революции основной целью его творческой деятельности было создание искусства, понимаемого как средство познания мира[1]. Уже в буклете петроградской выставки «0,10» нашла выражение его отрицательная позиция по отношению ко всем творческим объединениям и группировкам – в словах Татлина о том, что он «ни к татлинизму, ни к лучизму, ни к футуризму, ни к передвижничеству, ни к прочим группам не принадлежал и не принадлежит»[2]. И все же Татлин являл полную противоположность индивидуализму. Как ни парадоксально, он более, чем кто-либо иной из художников русского авангарда воплощал собой образцовый тип средневекового мастера, воодушевляющего определенный коллектив и передающего ему в практической деятельности все свои знания и все свое умение. Несомненно, что работа в качестве корабельного юнги и иконописца породила в нем потребность во внутренней свободе и наделила его чувством «соборности». Лучше всего это можно проследить на примере его отношения к материалу в произведениях изобразительного искусства. И вообще татлинское новое отношение к материалу – это одно из радикальнейших достижений русского авангарда, одно из тех, что стали вкладом в мировое искусство. Поэтому считаю необходимым высказать ряд соображений на данную тему.

1. О фактуре

В период между 1912 и 1914 годами русские художники-новаторы ставят перед собой прежде всего проблему «фактуры». Под этим понятием в русском авангарде подразумевается «текстура» (texture), структура самого материала, материальной «ткани» художественного произведения и ее состава. Слово «фактура» обозначает в русском языке в первую очередь «характер обработки, строения какого-либо материала». Можно говорить о «фактуре мрамора, фактуре коры». В академическом словаре русского языка в семнадцати томах для примера приводится отрывок из «Мертвых душ» Гоголя: «[Чичиков] знал решительно все: даже не весил, не мерил, а по фактуре узнавал, сколько в какой штуке аршин сукна или иной материи».

Проблема «фактуры», понимаемой как художественная ткань произведения живописи и как основной элемент нового искусства, впервые была схематично очерчена в статье Давида Бурлюка, написанной в 1912 году. Давид Бурлюк предложил новую классификацию произведений искусства в соответствии с их фактурой. Он определял фактуру как «структуру поверхности», которая может быть ровной и неровной, обладать различным «характером блеска» – металлическим, стеклянным, жирным, перламутровым, шелковистым; поверхность может быть также занозистой, крючковатой, землистой, раковистой, зернистой, волокнистой, слоистой[3].

«Фактура» стала основным понятием теории и практики всех художников русского авангарда в период между 1912 и 1914 годами. Эксперименты кубистов и футуристов сразу же были ассимилированы на русской почве и, что еще важнее, были теоретически и философски переосмыслены и развиты, трансформированы в специфическую русскую систему. Так, в 1914 году вышла в свет знаменитая книга латышского художника и теоретика Владимира Маркова (Вальдемара Матвея) «Принципы творчества в пластических искусствах. Фактура», обобщившая критические суждения и размышления в этой области[4]. Русские художники были убеждены, что они, будучи жителями не только Европы, но и Востока, Азии, то есть будучи евразийцами, обладают более выраженным, чем европейцы, чувством материала. По Маркову, фактура существует во всех видах пластических искусств, не только в живописи, но и в скульптуре, и в архитектуре. Фактура – это закон природы, а «природа обрабатывает любые материалы»: «Органическая жизнь на Земле – это хаос сменяющих друг друга фактур»[5]. Во всех древних культурах Марков обнаруживает эту склонность к обработке поверхностей, будь то предметы или тело человека. И для того, чтобы понять, в каком концептуальном контексте появилось новое искусство Татлина, следует обратиться к главе «Набор материалов» – несомненно, самой важной в этом плане главе в книге Маркова. Выражение «набор материалов» у Маркова лексически близко татлинскому «подбору материалов». Марков перечисляет случаи, когда во всех частях света человек творит прекрасное посредством художественной компоновки различных материалов. Особо принципиальное значение обретают для него комбинации материалов в африканском искусстве и в иконописи. Кстати, незадолго до своей смерти, последовавшей 3 мая 1914 года, он написал целую книгу, специально посвященную африканскому искусству. Она явилась первым теоретико-эстетическим исследованием на эту тему, созданным на год раньше, чем знаменитая «Негритянская скульптура» Карла Эйнштейна[6].

Марков выделяет особенности негритянских масок с точки зрения использования в них материалов и констатирует следующее:

1) В большинстве случаев художник использовал одновременно несколько различных материалов: дерево, гвозди, металлические пластинки – железные и бронзовые, скорлупу улиток, веревки, кольца, волосы, солому, раковины, янтарь, стекло, слюду и т. д.

2) Любой материал годится для искусства. Не бывает материалов благородных и низких: «истинный ювелир или художник тот, кто понимает и дешевые материалы и может ими творить»[7].

Важным элементом является фактура и в иконописи. В плоскостной живописи иконы, декорированной камнями, металлическим окладом и украшенной полотенцами и бумажными цветами, видит Марков борьбу «двух миров, внутреннего, нереального мира и мира внешнего, осязаемого нами»[8]. В конце главы «Набор материалов» автор обращается к примеру Пикассо: «Этот художник наклеивает на холст вырезки старых пожелтевших газет, причем поверх этих обрезков делает рисунок; наклеивает кусочки цветных афиш, холста, негрунтованной стороной кверху и пр. и пр. 〈...〉 Местами, на гладкой поверхности картины, он разбрасывает кучки краски, смешанной с песком; также раскидывает на гладкой поверхности отдельные зерна песку, покрытые краской; зато некоторые части картины он 〈...〉 полирует при помощи лаков»[9].

Все эти концептуальные выводы сыграли важную роль в становлении принципов отношения к материалу у Татлина. В его творческой практике прослеживается развитие от «глаза» к «осязанию», здесь можно говорить о результате общего движения в русской художественной теории и практике в период между 1912 и 1914 годами, которое было связано с представлением о «фактуре». «С 1912 года», – пишет Татлин в 1918 году, – «я призывал всех членов моей профессии улучшить глаз»[10]. Двумя годами позже, уже работая над «Памятником III Интернационала», он добавляет: «Выразив недоверие глазу, мы ставим глаз под контроль осязания»[11].

Между 1914 и 1920 годом возникли живописные рельефы, контррельефы и угловые рельефы Татлина. К сожалению, эти работы почти не сохранились. Недавно произошло большое событие – в бывшем собрании Курта Бенедикта, совладельца берлинской галереи Ван Димен, неожиданно обнаружился неизвестный ранее контррельеф. По нему 31
видно, как Татлин обрабатывал голубой краской в смешанной технике две старых доски. Заслуживает здесь упоминания и факт заимствования из техники иконописи: художник использовал «левкас» – грунт, состоящий из смеси рыбного, костного и казеинового клея, мела и краски. Уже монахи-иконописцы умели добывать пигменты разных цветов из всевозможных камней. Контррельеф из бывшей коллекции галереи Ван Димен представляет собой «подбор материалов»: дерева, кожи, железной проволоки; они либо склеены, либо соединены винтами. Материалы и технические приемы, которыми пользовался Татлин, перечислены в знаменитом буклете 1915 года: дерево, металлы, стекло, штукатурка, картон, левкас, гудрон, шпаклевка, реполин, припорашивание пылью ... В Мюнхенском научно-исследовательском институте дерева был сделан древесно-анатомический анализ данного рельефа; были установлены следующие породы дерева: ель, сосна, дуб, разновидность грушевого дерева (Pyrus communis L.), боярышник, красный бук.

Материалы в этом рельефе не должны что-либо представлять или изображать. Они живут своей собственной художественной жизнью. У французских мастеров, особенно у Пикассо, освоение и комбинирование неоднородных художественных средств, изобретение коллажа и живописного рельефа – это лишь один из экспериментов в ряду прочих[12]. У французов были такие произведения, к которым весьма бы подошло определение «смешанный вид» (Mischwesen), придуманное Эрнстом Блохом для обозначения литературных жанров. Можно говорить и о логическом выводе, сделанном кубизмом, который, как писали Глез и Метценже в 1912 году, заменил «беспредельной свободой» те «обрывки свободы, добытые Курбе, Мане, Сезанном и импрессионистами»[13]. Сочетание различных материалов повышало силу контрастов, ведь контрасты являлись главным законом этого художественного направления. На русской почве принципы западного искусства сразу же слились с принципами, отличавшими русскую художественную традицию, а эту традицию представляло народное искусство – народные картинки (лубки), торговые вывески, узорчатые пряничные доски, прялки, деревянные наличники изб, игрушки, иконопись, плоские барельефы старинных православных церквей и соборов. С 1908 года Ларионов разрабатывает оригинальный неопримитивистский стиль. При изучении русского авангарда нельзя упускать из виду тот факт, что он интегрировал идущую с Запада «цивилизованную» художественную традицию в основополагающей структуре «сырой», «грубой» славянско-русской народной традиции. Брак и Пикассо, напротив, включили в «цивилизованную» базисную структуру европейской картины исходные элементы примитивных искусств.

Отношение Татлина к материалу – это отношение специалиста, работающего с деревом, металлом и другими материалами. Чувствуется, что первой школой живописца была школа ремесла. Лариса Жадова отмечала: «Татлин столярничал всю свою жизнь»[14], а Маргит Роуэлл высказала мысль о том, что Татлин приобрел ремесленные навыки в морских путешествиях, когда служил юнгой на корабле[15].

2. *«Сложные исследования материала как такового, так и его следствия – движения»*[16]

В конце 1920 года Татлин, с присущим ему трезвым взглядом на вещи, так говорит об отношении к материалу: «〈...〉 художники, обращавшисся к материалу, низводили его до степени выверта по отношению к одной из отраслей изобразительного искусства»[17]. Выражение «низводили материал» создает представление о материале как о живом существе или живом организме, по отношению к которому у художника есть моральные обязательства. Здесь не место обсуждать тему «органического» в искусстве русского авангарда, будь то творчество Ларионова, Малевича, Филонова или Кульбина, Елены Гуро или Матюшина[18]. Упомянем лишь, что Матюшин, который в своих пантеистических поисках пытался отождествить действия художника с движениями природы, выставил в парижском Салоне независимых в 1914 году древесные корни в качестве скульптур[19].

В том, как Татлин обходится с материалом, можно усмотреть возрождение идей Аристотеля в контексте русского авангарда. По Аристотелю, оппозиция форма/материя (εἶδος/ὕλη) является одним из четырех принципов бытия. Материя несет в себе потенцию формы. Согласно Аристотелю, форма и материя неразделимы, хотя и отличаются друг от друга. Аристотель различает в актуализированной форме субстанциальную и акцидентальные формы. Субстанциальная форма – это действие, вследствие которого неопределенная, существующая в виде чистой потенции материя становится тем или иным предметом. В отличие от Платона, у которого форма как «эйдос» (εἶδος) трансцендентна, доступна разуму и отделена от единичной вещи, Аристотель не разделяет форму и ее материальный субстрат. Форма имманентна материалу[20].

Нет сомнения, что татлинский подход к материалу согласуется с идеями Аристотеля. Раньше, говорит Татлин, к материалу относились без уважения, упускали из виду «скрытую» в нем «энергию»[21]. Сергей Исаков отмечает этот момент особо: «Художник открытыми глазами взирает на идола нашего времени. Он обнажает потаенную жизнь материала, который определяет прогресс нашей промышленности и порождает значительное расхождение между идеологией и действительностью, он постигает законы энергии, дремлющей в глубине материи, и переносит ее в сферу прекрасного»[22].

Николай Пунин, со своей стороны, писал так: «Старая живопись, заключенная Пикассо, принимала форму как элемент, дарящий цвет и пространство. Мы утверждаем первичность цвета (материала) и пространства (объема), во взаимодействии дающих форму»[23]. Следовательно, в художественном объекте материал, равно как и пространство, в своем «сыром», «необработанном» состоянии является формообразующим элементом. Поскольку «материалам свойственны определенные формы»[24], нельзя диктовать материалу какую-либо форму – форма диктуется самим материалом. Художник более не демиург, он стал ныне «соавтором».

3. «Всякая связь живописи со скульптурой и архитектурой утратилась»[25]

Татлин не был скульптором или архитектором в обычном смысле этих слов. Он представляет собой совершенно новый тип художника. До 1913 года он был только живописцем. И этот факт очень важен. Татлин как художник вышел из живописи[25a]. Во всех его произведениях, известных нам под названиями «живописный рельеф, контррельеф, угловой рельеф» или «материальный подбор», исходным моментом для развертывания в пространстве той или иной формы всегда является станковая картина, пусть даже художник – как мы уже говорили – обрабатывает такие формы подобно ремесленнику.

Подвешивание к вертикальной плоскости (а не, например, к горизонтальной плоскости – потолку) является основой татлинской концепции и художественного жеста, основой, на которой строится пространство, даже в том случае, если речь идет об угловых рельефах. Последние, подобно разукрашенным иконам в «красном углу» домов православных, крепятся сразу на двух стенах. Угловые рельефы – это не скульптуры, а материальный комплекс, который подвешивается не к потолку, а к стене. Общее впечатление, производимое этими рельефами, можно сравнить с тем, что возникает при виде хаотичного сочетания мачт, такелажа, парусов, колец на парусном судне.

Все объекты, созданные Татлиным между 1914 и 1920 годами, относятся к новому, дотоле неведомому виду искусства. Они являются вершиной, апогеем в развитии пластических искусств с эпохи Ренессанса и одновременно возвращением к синтетическому единству пластических искусств, которым Эрвин Панофский дал общее обозначение «рисующие искусства» (zeichnende Künste)[26]. Анатолий Стригалев не без оснований утверждает, что «Татлин разработал глубоко оригинальную графическую манеру, уподобляя многочисленные свои рисунки геометрическому чертежу, но сохраняя при этом силу пластической выразительности и свойственный ему художественный талант»[27]. В этом смысле рельефы Татлина представляют собой синтез живописи, скульптуры и архитектуры, сведенных к общему знаменателю, каковым является рисунок. Позднее такая направленность обретет в конструктивизме еще более радикальный характер, особенно у Родченко, у которого линия должна рассматриваться как оригинальный и элементарный основополагающий принцип пространственной конструкции. Определение «станковая архитектура», данное татлинским рельефам противником авангарда Радловым, несет в себе глубокий смысл[28].

Значительность вклада Татлина в искусство XX века очевидна. Татлин обозначил собой появление нового типа художника. Это больше не был романтический художник, полный сознания исключительности своего призвания, это уже не был «проклятый художник» (peintre maudit), индивидуалистически противопоставляющий себя толпе (заметим, что несмотря на все это, положение всех представителей авангарда очень скоро стало в высшей степени трагическим), это был техник, объединяющий в своей работе несколько дисциплин. Татлин расширил возможности пластических искусств. И освобождение искусства от академической рутины продвигается вперед вместе с точным знанием внутренних законов материалов. Подобное уважение к материалу и на сегодняшний день может служить наукой для каждого художника.

Примечания

1 См.: A. Strigaliow. *Von der Malerei zur Materialkonstruktion*. – In: *Tatlin*. Hg. v. Larissa Alexejewna Shadowa. Weingarten: Kunstverlag Weingarten, 1987, S. 30: «Для Татлина «материал» гораздо более эмпиричен и традиционен, но в то же время художник также видит в нем, в первую очередь, не утилитарное средство воплощения, а объект, на который направляются творческие импульсы художника» (цитата дается в переводе с немецкого).

2 *Владимир Евграфович Татлин*. Буклет. См.: *Tatlin*, Abb. 125.

3 Давид Бурлюк. *Фактура*. – В сб.: *Пощечина общественному вкусу*. М., 1912, с. 105. Сделанное Бурлюком описание картины Моне «Руанский собор» (собр. С. И. Щукина, ныне в Государственном музее изобразительных искусств им. А. С. Пушкина в Москве) с его метафорой биологического роста, происходящего на холсте, позднее

было заимствовано Малевичем (*О новых системах в искусстве. Статика и скорость.* Витебск, 1919).

4 В. Марков. *Принципы творчества в пластических искусствах. Фактура.* СПб: О-во художников «Союз молодежи», 1914.

5 Там же, с. 25.

6 Книга Владимира Маркова «Искусство негров» была издана в Петрограде лишь в 1919 году (изд. Наркомпроса).

7 В. Марков. *Принципы творчества ...*, с. 58.

8 Там же, с. 60.

9 Там же, с. 62.

10 В. Татлин. *Отвечаю на «Письмо к футуристам».* – Анархия, 1918, 23 марта, № 30.

11 В. Татлин и др. *Наша предстоящая работа.* – VIII Съезд Советов (Ежедневный бюллетень съезда), 1921, 1 янв., № 13, с. 11.

12 Ср.: Н. Пунин. *Татлин (Против кубизма).* Петербург [Петроград]: Отдел ИЗО НКП, с. 7: «В искусстве Пикассо изучение материала было сведено к игре фактурами, причем основание этой игры: – «nous voulons les nuances encore» (мы хотим еще нюансов – Верлен). Пикассо не может быть понят как день новой эры». Любопытно, что Пунин подхватывает здесь знаменитую формулу Николая Бердяева из статьи «Пикассо», опубликованной в 1914 году в журнале «София» (№ 3): «Пикассо – это не новое творчество. Он конец старого».

13 Цитируется Пуниным в кн.: *Татлин (Против кубизма)*, с. 8.

14 L. Shadowa. *Tatlin, der Künstler der materiellen Kultur.* – In: *Tatlin.* S. 91. Цитата дается в переводе с немецкого.

15 Margit Rowell. *Vladimir Tatlin: Form/Faktura.* – October, winter 1978, no. 7, pp. 102–103: «Есть моменты, более близкие собственному опыту Татлина. Таковы каркасы мачтовых антенн, установленных на боевых кораблях в период около 1914 года, когда он часто бывал в море. Арматура таких антенн имела форму конусообразных решетчатых конструкций, сделанных по принципу «вращающегося гиперболоида». Внутренняя часть этих щелевых «труб» была сконструирована таким образом, чтобы снаряжение могло быть либо поднято на палубу, либо спущено в трюм. Сигнальные огни и радиопередатчики были помещены сверху. В визуальном и функциональном отношении эти мачтовые антенны представляют собой абсолютно вероятный исходный элемент для татлинских конструкций».

16 В. Татлин и др. *Наша предстоящая работа.*

17 Там же.

18 См.: Charlotte Douglas. *Evolution and Biological Metaphor in Modern Russian Art.* – Art Journal, 44/2, summer 1984, pp. 153–161.

19 См.: письмо Ксении Пуни Жану Лебедеву (И. К. Лебедеву) от 22 янв. 1913 г. – В: Jean-Claude Marcadé. *L'avant-garde russe et Paris.* – Cahiers du Musée National d'Art Moderne, 1983, No. 11, p. 115–117.

20 Аристотель. *Физика.* Книга первая. *Метафизика,* 1049a 25.

21 См.: С. К. Исаков. *К «контррельефам» Татлина.* – Новый журнал для всех, 1915, № 12: «Они [футуристы] упускают из виду сам материал, предметы, особенное их взаимодействие и скрытую в них энергию». Цитата дается в переводе с немецкого.

22 Исаков подчеркивает тот факт, что практика изобретателя живописных угловых рельефов и контррельефов противоречит всей художественной традиции отношения к материалу, начиная с Древней Греции: «Художественное открытие должно быть направлено на то, чтобы постичь присущую металлу природу и выявить таящиеся в нем силы и возможности, которые выражаются в иных числовых соотношениях нежели те, что были открыты греками». (Там же, цитаты даются в переводе с немецкого.)

23 Н. Пунин. Ук. соч., с. 13.

24 Там же, с. 13
25 В. Татлин и др. *Наша предстоящая работа.*
25а Гранки настоящей статьи я читал в начале декабря 1992 г. – это были дни, когда в Париже проходил организованный мною коллоквиум, посвященный творчеству Певзнера. Во время одной из дискуссий был затронут вопрос о том, кем является Певзнер – живописцем *или* скульптором. В данной связи я указал на трактат Альберти «О живописи» (1435) и процитировал следующую фразу: «Искусства родственно близки друг другу, и один и тот же дух питает живопись и скульптуру».
26 Erwin Panofsky. *Idea. Ein Beitrag zur Begriffsgeschichte der älteren Kunsttheorie.* Berlin: Volker Spiess, 1982, S. 22.
27 A. Strigaljow. Op. cit., S. 23.
28 Н. Радлов. *О футуризме и «Мире искусства».* – Аполлон, 1917, № 1, с. 13.

Перевод с немецкого: Ирина Порудоминская.

Хубертус Гаснер

В поисках соответствия материалу
О непонимании и о кривых

Попытки разобраться в художнических намерениях Татлина, равно как и восприятие его творчества, в значительной мере отмечены непониманием самой сути явления, что было очевидно еще при жизни мастера. Причем речь здесь идет не об обычных вольных допущениях или передержках со стороны художественной критики, сколько о неверных интерпретациях, к которым склонны были и весьма благожелательно настроенные художники.

Наиболее ярко запечатлелся сей факт ошибочного толкования на фотографии, сделанной в 1920 году на выставке «Дада» в Берлине: Георг Грос и Джон Хартфильд держат плакат с надписью: «Искусство умерло. Да здравствует новое машинное искусство Татлина.»

Ту же ошибку, что оба эти дадаиста, совершил и Рауль Хаусман, который в известном своем коллаже 1920 года изобразил русского худож- 187
ника так, как будто у того в голове одни машины. Представления немецких художников о художнике-инженере с чреватого неожиданностями Востока основывались на первом печатном сообщении о художественной революции, свершающейся вместе с революцией политической, – это была статья только что приехавшего из Москвы искусствоведа Константина Уманского под броским заголовком «Татлинизм или машинное искусство» в мюнхенском «Арарате».

Год спустя берлинский архитектор Бруно Таут написал своему голландскому коллеге Я. Й. П. Ауду: «Меня как-то близко затронуло прочитанное мною недавно высказывание Татлина, в котором он резко отвергает лозунг времени, т. е. утилитаризм»[1]. Но ни мнение дадаистов, считавших Татлина убийцей искусства во имя техники и практической пользы, ни суждение Таута не отражают сути его творчества, ведь уже в 1920 году Татлин провозгласил лозунг: «Ни к новому, ни к старому, а к нужному».

Но что он понимал под «нужным»? Бесспорно, не декоративность, которую требовал от него Родченко, предлагая ему устроить «настоящие специализированные мастерские» для обработки разных материалов, например, слесарную и токарную мастерские или деревообрабатывающую – для того, чтобы художник, получивший в них образование, умел «гениально компоновать красиво обработанный материал». Родченко представлял себе, как обученные Татлиным «комбинаторы» создают «рельефы для украшения домов», которые стояли бы «на крышах вместо унылых труб» или «свисали бы с балконов». Но вместо того, чтобы создавать красивейший декор, компонуя изготовленные с помощью профессиональной технологии «обработанные фабричным способом материалы», Татлин, по словам Родченко, обрабатывает материалы собственноручно, без машин, подобно ремесленнику, и поэтому он «пахнет землей»[2].

Но вот только сам Татлин не хотел быть ни декоратором, ни дизайнером, проектирующим с помощью науки и новейшей техники какие-либо вещи, которые другие работники изготавливали бы на машине, поэтому он довольно рано прекращает контакты с Родченко и другими ориентировавшимися на технику конструктивистами. «Я так любил Родченко», – признавался Татлин позднее, – «но он меня не понимал и пошел по пути геометрического мышления. В «Вещи» меня называли отцом конструктивизма. Им я не был никогда ... Я хочу создавать машину с помощью искусства, а не механизировать искусство – здесь разница в мышлении»[3].

Упомянутый Татлиным журнал «Вещь – Gegenstand – Objet» издавали в 1922 году в Берлине Эль Лисицкий и Илья Эренбург. Но не в нем, а в своем докладе, прочитанном тогда же в Берлине и Ганновере, Эль Лисицкий вносит коррективы в распространенное представление о «машинном» художнике: «В борьбе против эстетицизма новый художник нашел себе опору в материале. Это заслуга Татлина, который открыл материал не только для глаза, но и для осязания. Его проблемой была ориентация глаза на осязание 〈...〉 В 1916 году он создает «Угловой контррельеф» – материальное тело, размещенное в пространстве на проволоках. Подобные вещи на Западе из-за какого-то поверхностного сходства ошибочно назвали машинным искусством»[4].

Хотя Лисицкий и подтверждает в своем докладе заслугу Татлина, сумевшего «приучить живописца к работе в реальном пространстве и с современными материалами», он, подобно Родченко, подчеркивает свойственную ему «фетишизацию материала»[5], ведь ради того, чтобы «создавать вещи независимо от рациональных и научных методов техники», Татлин чрезмерно уповает на «интуитивное художественное овладение материалом»[6].

Несмотря на такую характеристику татлинских методов проектирова-
198 ния, коллаж Эль Лисицкого, созданный в 1921–1922 годах, показывает нам совершенно иного «Татлина за работой». Здесь нет ничего похожего на постижение внешних и внутренних свойств материала с помощью «осязающей» руки. Здесь изображен Татлин, который, вооружившись

рейкой и циркулем, стоит на табуретке в окружении математических знаков. Вокруг него – как некое подобие щитов – «проникающие плоскости», заимствованные из «проуна» Лисицкого – картины 1921–1922 годов, находящейся ныне в Галле. Его пытливый взгляд – глаза смотрят через обе ножки циркуля как через подзорную трубу – направлен на еще один, круглый на сей раз «проун» в верхнем правом углу изображения. Мотив «око художника – циркуль» предвосхищает знаменитый автопортрет Лисицкого 1924 года, где он стилизует себя как бы посредством двойной экспозиции под образ «конструктора» (это название произведения) нового мира – мира видимого. Но, глядя на изображение Татлина, можно вспомнить также слова из «Реалистического манифеста» Наума Габо: «С отвесом в руке, с глазами точными, как линейка, с духом напряженным на циркуль, мы строим их так, как строит мир свои творения 〈...〉»[7].

Коль скоро Татлин не является ни «машинным» художником, ни декоратором, ни конструктивистом, ни ремесленником, то тогда, может, его можно назвать – как это виделось Лисицкому и Габо – по меньшей мере строителем мира, вычерчивающим с помощью линейки и циркуля круги и прямые в пространстве, дабы выявить энергетическую напряженность лишь кажущейся пустоты? Во всяком случае, именно на это указывают в коллаже математические знаки, помещенные по обе стороны фигуры Татлина. Знаки «плюс» и «минус» над головой художника, находящейся в центре очерченного циркулем круга, позволяют трактовать его измерительную работу как проникновение из позитивного пространства предметной реальности в негативное пространство беспредметности, за пределы вертикальной плоскости, членящей изображение. Под этими математическими знаками коллаж являет нам Татлина как своего рода спутника метафизического «авиатора», впечатляющий образ которого был создан Малевичем в одноименной картине. 40
Столь же черным, как прямоугольная плоскость за фигурой Татлина, является и квадратный цилиндр на голове «авиатора». Подобно цилиндру фокусника, служит он для превращений: предметы, вроде пластически-выразительно изображенной вилки, дематериализуются в нулевую форму, излучаясь затем в виде беспредметной, чистой, белой энергии и создавая по ту сторону нулевой точки новый, динамично-энергетический мир форм. Если белые лучи справа от цилиндра авиатора по своей форме и своему направлению соответствуют ножкам раскрытого циркуля, то большой ноль в коллаже находится в нижней части изображения, под математическим знаком корня рядом с табуреткой. Приведенную здесь формулу «корень – $\sqrt{\ }$ – из бесконечности – ∞ – 〈...〉, что колеблется между имеющим смысл + и бессмысленным – »[8], Лисицкий понимает также как псевдоматематический знак «кривых тени, отбрасы-

ваемой цилиндрической спиралью»[9]. С одной стороны, это соображение основывается на том выводе, что спираль, которую мы видим рядом с формулой, становится цилиндром, если вынести ее «высшую точку в бесконечность»[10]. С другой стороны, тени цилиндрически скрученной спирали образуют мнимое пространство, которое надо рассматривать как аналогию мнимому числу «корень из плюс бесконечности минус»[11].

Спираль описывает ту траекторию, по которой Лисицкий хочет как бы ввинтиться в мнимое пространство. В отличие от почти всех других русских конструктивистов с их склонностью к прямым линиям, в противоположность голландским конструктивистам группы «Де Стейл»[12], Лисицкий придает большое значение кривой линии спирали также и в качестве элементарной формы конструкции в своих картинах и сооружениях. Обозначая элементы замкнутой формы – такие, например, как прямой угол, квадрат, куб или шар, он относит кривые линии параболы, гиперболы и спирали к элементам открытых форм. В качестве примеров таких фигур Лисицкий приводит – помимо мостов и самолетов – также и контррельефы Татлина[13].

Открытую кривую параболы, гиперболы или спирали он обнаруживает не только в контррельефах, но и в татлинском «Памятнике III Интернационала». В журнале «Мерц» (апрель–июль 1924 года) Лисицкий опубликовал изображение «Башни» с двойной спиралью, поместив в качестве подписи цитату из Николая Пунина: «Подобно тому, как равновесие частей – треугольник – лучшее выражение Ренессанса, лучшее выражение нашего духа – спираль»[14].

Для Лисицкого спираль – символ духа времени, так как по ней – как это впервые было доказано Эйнштейном – световые лучи продвигаются через пространственно-временной континуум, искривленный в четырех измерениях, выявляя тем самым форму вновь открытого пространства-времени. В жизни движется по спиралям также та «биомеханическая сила», которая, по мнению Лисицкого и его научных поручителей, «ради преодоления препятствий на своем пути вперед все приводит в движение»[15].

Но Татлин, разрабатывая концепцию двойной спирали для башни-памятника, не заботился ни о физических теориях искривленного универсума, ни о формах движения биомеханических сил в целом. Мне представляется, что двойная спираль каркасной структуры «Памятника» является единственной отчетливо выраженной спиралевидной формой в татлинском творчестве вообще; она является также единственной формой в его искусстве, поддающейся символической интерпретации. Такого рода интерпретацией усердно занимались многие исследователи – как при жизни Татлина, так и позднее, не находя, однако, в высказываниях самого Татлина соответствующей опоры. И при взгляде на графические изображения и фотографии «Памятника» зритель замечает в первую очередь не столько двойную спираль, сколько целый ряд открытых и изогнутых кривых с уменьшающимся кверху радиусом. 41

Тезис мой гласит: основная форма в работах Татлина – это не прямая, не вычерченный циркулем круг, да и не спираль, а кривая линия, точнее, открытая дуга – эластичная, как бы туго натянутая, которую нельзя рассматривать ни как сегмент круга, ни как геометрически сконструированную линию. Пользуясь этой органической формой как основой, Татлин в своем творчестве в равной мере далек как, например, от Родченко с его механическим образом созданными прямыми, углами и кругами, так и от Лисицкого с его открытыми геометрическими формами – гиперболой, параболой и спиралью.

Такая несхожесть форм никоим образом не означает, что различие между Татлиным и конструктивистами ИНХУКа или группой УНОВИС существует лишь на формальном уровне. Несходство прослеживается намного глубже. Оно коренится как в менталитете и мировоззрении – различных у этих мастеров, так и в отличающихся друг от друга представлениях о будущем общественном устройстве, ради которого все они и трудятся. В геометрических либо органических линиях отпечатываются на предстающей глазу поверхности следы тех глубинных движений, что должны по воле художников привести к светлому будущему освобожденного человечества. Татлинское предпочтение кривой резко противоречит тому духу техницизма, от которого в послереволюционные годы ожидали грядущего счастья. Писатель Евгений Замятин в своем романе-антиутопии «Мы» находит для духа того времени соответствующую словесную формулировку: «Да: проинтегрировать грандиозное вселенское уравнение. Да: разогнуть дикую кривую, выпрямить ее 〈...〉 Потому что линия Единого Государства – это прямая. Великая, божественная, точная, мудрая прямая – мудрейшая из линий ...»[16]

С подобным воззрением героя романа Замятина совпадает и позиция Родченко, заявившего в своем манифесте 1921 года «О линии» следующее: «Линия есть первое и последнее, как в живописи, так и во всякой конструкции вообще. Линия есть путь прохождения, движение, столкновение, грань, скреп, соединение, разрез. Таким образом, линия победила все и уничтожила последние цитадели живописи – цвет, тон, фактуру и плоскость»[17].

Тем самым геометрическая линия становится в ортодоксальном конструктивизме первичным фактором конструкции. Материал подчиняется ей и обязан следовать ее форме. Иное у Татлина, который утверждает, что кривые дуги вырастают из подвергнутого напряжению материала. В напряженных изгибах и прогибах зримо выражается, по его мнению, внутреннее состояние материала.

Если для Родченко эстетическое мерило – прямая и круг, то для Татлина это – кривая. Так, например, в интервью, которое взял у него Зелинский по поводу «Летатлина», художник говорит: «Я не хочу, чтобы к этой вещи подходили только утилитарно. Я ее делал как художник. Посмотрите – вот гнутье крыла 〈...〉 Разве не создает «Летатлин» впечатления чего-то эстетически законченного?»[18]

Татлин критикует господство прямой линии и прямоугольных форм у «конструктивистов в кавычках», как он называл Родченко и других. Поскольку конструктивисты будто бы занимаются стилизацией материала, исходя лишь из чисто формалистических критериев, не добиваясь при этом «органической связи материалов» с их «напряжением»[19], то они, по словам Татлина, вместо того, чтобы работать в качестве конструкторов, стали «декораторами материала».

В отличие от конструктивистов-декораторов с их геометрическим «схематизмом», Татлин подчеркивает необходимость «формы кривизны и формы сложной кривизны (образующей такие формы является сложное движение прямой или кривой)» как в архитектуре, так и в проектировании предметов повседневного обихода, с тем, чтобы последние избавились от своего «однообразия в смысле конструктивно-технического решения», сохранив, однако, свои функциональные качества в быту человека. Требуя, чтобы проектирование окружения человека на него же и ориентировалось, Татлин делает вывод, что творческий метод проектировщика вещей и архитектора «обладает отличными от метода инженера качествами», поскольку «форма сложной кривизны требует иных пластических, материальных и конструктивных взаимоотношений», чем те, которые может дать изучение механики и механизма работы машины.

Судя по программным высказываниям и учебным планам, составленным Татлиным, кривая линия и выпуклая поверхность для него отнюдь не вопрос стиля, в основе здесь предположение, что органические формы возникают как «результат объемного материала»[20], его внутренних движений и сил напряжения. Татлин призывает «художника культуры материала» открывать «в самом материале 〈...〉 предпосылки к форме»[21], вместо того, чтобы вгонять самые различные материалы в какие-либо формы, предопределенные функцией и механизмом действия машины, либо какими-либо фигурами изобразительной геометрии. Татлин исходит из гипотезы, что при постижении и учете «свойств отдельных материалов»[22], таких, например, как «цвет, фактура, плотность, эластичность, вес, прочность», подобный метод проектирования неизбежно приведет к органическим формам, то есть, к кривым линиям и выпуклым поверхностям. Утверждая материал в качестве отправной точки любого художественного и утилитарного творчества, он столь же универсален в своем подходе, сколь и Родченко, который определял геометрически сконструированную линию как решающий фактор конструирования визуальной и материальной среды.

Моя гипотеза гласит: сам Татлин, проектируя в материале, вопреки собственному постулату, что «основой, формирующей культуру, производство и опыт, являются материалы»[23], исходит не из их свойств, а из некоей определенной формы – из тугой дугообразной линии. Ради доказательства этого тезиса ограничусь поначалу очевидным. В качестве примера я приведу ряд произведений 1910–1932 годов – самого продуктивного его периода; эти вещи являют кривую линию как доминантную форму.

Как верно отметил В. И. Костин в своем анализе ранних рисунков, Татлин разработал отличавшую его искусство, базисную для него форму эластичной, напряженной дуги именно в этих, возникших около 1910 года графических листах. Такая дугообразная линия, разрабатываемая им далее в 1911–1914 годах в живописи, литографиях, акварелях, эскизах 40, 20, 173
театральных костюмов, обретает в этих вещах полноту своего выражения.

В угловом контррельефе (1914–1915) с его полными напряжения дугами 123
железной проволоки и выпуклыми поверхностями Татлин переносит эту кривую линию в сферу пространственного. Если мы сопоставим изогнутую железную проволоку или упруго выгибающуюся поверхность цинкового и железного листа в «Материальном подборе» 1916 года со столь 45
же круглящейся поверхностью стекла в ныне утраченном «Материаль- 121
ном подборе» 1914 года, то нам станет ясно, что эта напряженно-выпуклая форма выводится не из используемого в каждом отдельном случае материала; скорее, подбирается соответствующий материал – такой, что либо поддается превращению в изогнутую или выпуклую форму, либо уже изначально ею обладает, как в случае со стеклом.

Но не только стекло и металл обретают подобную форму. Такая же форма придается и дереву. Поначалу Татлину лишь с трудом удается привести форму деревянных дисков или брусков в соответствие с линейной графикой своих рисунков, с их эластичными дугами. Либо он использует кусок дерева, естественным образом изогнувшегося, как, например, в контррельефе, созданном между 1915 и 1920 годами и ныне 45
утраченном, либо выпиливает дерево по краям так, чтобы абрис стал кривой линией. По макету декорации для постановки «Зангези» в Петро- 179
граде (1923) можно судить о том, сколь хорошо годились эластичные железные проволоки для того, чтобы вычерчивать в пространстве напряженные дуги и изогнутые линии; в то же время кусок дерева должен – вопреки его естественной структуре – подпиливаться, дабы добиться лишь кажущегося впечатления эластичности изогнутой линии

157 контура. Аналогичное различие прослеживается и в эскизах костюмов для этого спектакля. У «Смеха» спереди две перекрещивающиеся дугообразные линии – вероятно, для этого должны были быть согнуты металлические прутья. У «Горя» спереди висит плоская деревянная доска – с выгибающейся линией контура с одной ее стороны, и сотворить такое можно лишь с помощью пилы, режущей, насилующей материал.

Предвосхищаются такие изогнутые контуры в более ранних татлинских эскизах декораций и костюмов для постановки оперы Михаила
178 Глинки «Жизнь за царя» (1913–1914). Выгибающиеся линии деревьев, равно как и каменной архитектуры и костюмов, свидетельствуют в этих эскизах о том, что они переносились из рисунков и картин непосредственно на сцену. Но со свойствами материалов изображенных (дерево, камень) либо реально использованных (ткань для костюмов) эти упруго выгибающиеся линии связаны весьма мало; в большей степени они связаны со спонтанным движением линий, набрасываемых рисующей рукой, – с одной стороны; с другой стороны, они могут быть связаны с формальными заимствованиями как из иконописи, так и из работ Пикассо его примитивистского, протокубистского периода (1907–1908).

Лишь когда Татлин стал рассекать дерево в соответствии с его текстурой, ему удалось во второй половине двадцатых годов добиться желаемых изгибов в согласии с материальными свойствами дерева. Впечатляющий тому пример – изготовленные под его руководством
46 санки из кленовых жердей и рессорный стул, каркас которого также сделан из кленовых жердей, «изогнутых», по словам Татлина, «по принципу венской мебели»[24]. Насколько мало, однако, процесс придания формы этим стульям из изогнутого дерева при помощи водяного пара, под действием силы машины отвечает материалу, можно судить по венским стульям, пусть даже конечный продукт и прельщает нас своей прочностью, эластичностью и легкостью. Может, сгибание и в большей степени соответствует внутренним свойствам дерева, чем ломка или пиление. Но это было бы чем-то вроде мистификации производственного процесса, если представлять изогнутые линии как результат достигнутого в конечном продукте соответствия материалу и в то же время умалчивать о химическом размачивании материала и изменении его формы под действием механического давления машины. Также и здесь изогнутая форма лишь частично обусловлена выбранным материалом. В столь же значительной степени, если не больше, она предопределяется функциональными целями (прочность, легкость, упругость), формотворческой волей художника либо свойственным эпохе стилевым восприятием.

Сложное плетение каркаса «Летатлина» и его подкупающе красиво выгнутые крылья свидетельствуют о том, что свойственное художнику чувство формы подчинило себе не только сам материал, но и способность летать. Однако именно благодаря этому господству формы над материалом и над утилитарной функцией летательный аппарат обретает свои эстетические достоинства и становится мифом, олицетворяющим неутолимую мечту человека о том, чтобы уметь летать, ту мечту, которой был бы положен конец, если бы «Летатлин» смог осуществить свое практическое назначение.

Предпочтение кривой линии сказывается также и в покрое одежды, сконструированной Татлиным в 1923–1924 годах. Необходимость
использования изогнутых линий в крое пальто и костюмов, покрой 176
«реглан» как будто бы оправдываются соображениями чисто функционального плана, которые могут показаться убедительными. Приспущенные плечи и акцентированная линия груди должны были обеспечивать свободу движений, а суженный подол не должен был пропускать холодный воздух или ветер. Однако в рисунке кроя заметны формальные заимствования из более ранних татлинских эскизов костюмов и рисунков с фигурами, где не было нужды во всей этой прекрасной заботе о практичности; и такие заимствования слишком очевидны, чтобы функциональная мотивированность этих изогнутых форм могла казаться достаточной и правдоподобной. А уж о том, что форма выводится из материала, даже и говорить не приходится. Непонятно, почему ткань для одежды должна являть в своем силуэте ту же упругую дугу, что, например, каркасные «ребра» крыла «Летатлина», созданные из совершенно другого материала.

Нагляднее всего относительная независимость формы от используемого в том или ином случае материала проступает в красиво сконструи-
рованном поильнике. Сочетание его мягко круглящихся объемов со 47
слегка изогнутыми линиями контура, находящими свое завершение в носике поильника, столь впечатляюще являет художественный почерк Татлина, что это особенно бросается в глаза при сравнении данного поильника с его слегка видоизмененным вариантом, сделанным учеником Татлина А. Сотниковым для серийного производства.

Нельзя сказать, чтобы во всех примерах форма однозначно определялась материалом, однако она также не выглядит противоречащей материалу. Скорее всего, сам материал подбирается таким образом, чтобы базисная форма Татлина – эластично выгибающаяся линия – обрела в нем оптимальное воплощение.

Это отношение зависимости отчетливо осознал Виктор Шкловский, констатировав в татлинском «Памятнике III Интернационала» господство формы над материалом: «Совет Народных Комиссаров принят Татлиным ⟨...⟩ в свой памятник как новый художественный материал и использован ⟨...⟩ для создания художественной формы»[25]. Уж если могущественный орган управления нового государства призван был в качестве материала подчиниться диктующей форму воле художника, то насколько более послушным должен был оказаться в его руках, творящих форму, материал, в значительной мере менее способный к сопротивлению, как, например, краска или дерево!

Какие же пути привели Татлина к этой характерной для него кривой линии?

1. Нижний край раздуваемого ветром паруса на том корабле, на котором
48 Татлин в молодости служил юнгой, являл именно эту, упоминавшуюся
выше упругую дугу. Вся же поверхность раздувающегося на ветру паруса
круглится подобно тому, как круглятся выпуклые формы в татлинских
контррельефах. На палубе моряк постоянно лицезреет эти формы, и
было бы любопытно узнать, не подверг ли их Татлин основательному
изучению в своих многочисленных рисунках, сделанных на борту корабля и, к сожалению, не сохранившихся. Что же может быть ближе рисующему матросу, чем надутые паруса, подстегиваемые ветром и влекущие корабль вдаль?

2. Как уже неоднократно отмечалось, этот характерный для Татлина
упругий дугообразный контур являют также склоненные набок шеи
Богородиц на многочисленных иконах. Известно, что он работал и в
качестве иконописца. Дошла до нас, однако, только одна его вещь: гра-
143 фический анализ иконы с изображением Богоматери, сделанный корот-
кими, тугими, дугообразными линиями.

3. Возможно, в том, что Татлин предпочел прямой линии кривую, сыграл
свою роль тот факт, что он был осведомлен о кривизне поля зрения у
человека. В 1918 году его друг, художник Петр Митурич, близкий ему
49 духовно, опубликовал свои заметки о соотношении кривых и прямых
линий при восприятии предмета и при разглядывании изображения.
Ход мыслей Митурича, рассматривавшего проблему естественного
физиологического зрения, должен был быть известен Татлину. Он тоже
хотел восстановить права физиологического в противовес господству
технического[26].

4. Напряженно изгибающиеся линии наблюдаются у него уже в рисун-
ках, выполненных в первый период творчества – в 1910–1914 годы. Не
исключено, что влияние его тогдашнего друга и наставника в искусстве
Михаила Ларионова сыграло известную роль в сложении его графи-
ческой манеры, которую отличают размашистые, стремительно ло-
50 жащиеся на бумагу штрихи. Повторы дуг в рисунках Ларионова перекли-
каются в ту пору с линейной стилистикой Татлина. В качестве других
источников воздействия можно рассматривать как работы Пикассо примитивистско-протокубистического периода, столь великолепно представленные в московском собрании Щукина, так и русский символизм, в

первую очередь, творчество Павла Кузнецова с его пристрастием к ритмически изгибающимся линиям. Хотя у символистов кривые линии круглятся более мягко и напряжены не столь сильно, как у Пикассо, Ларионова и Татлина, они, тем не менее, выполняют ту же функцию, что и линии у французских и русских примитивистов: покрывают поверхность изображения ритмически структурированным плоскостным узором. Но если у символистов через этот плоскостный ритм дематериализованной поверхности картины с его эфирной вибрацией и нервным мерцанием должны были проникать космические волны, дабы пробудить явственное ощущение единства всего сущего в ритмической музыке сфер, то Татлин, равно как и Пикассо, перемещает эти ритмические колебания в тяжелую материю – как в материал, подвергающийся художественной обработке, так и в тело творящего произведение художника. В процессе быстрого, неконтролируемого рисования могут высвобождаться внутренние ритмы человеческого тела. Они найдут свое отражение в туго натянутых дугах, что, упруго круглясь, уже сами по себе являют ритмическое движение, которое развивается от легкого зачина к быстрому крещендо – когда штрих расширяется под давлением рисующей руки – и завершается, отзвучав последним аккордом в сходящей на нет линии; эти дуги, ритмически сближаясь и расходясь, образуют как бы строющийся на колебательном движении линейный узор. 51

Татлин полагает, будто этот прочувствованный собственным телом ритм можно обнаружить как в «линиях роста» природных материалов, так и в изгибах и выпуклостях любых других материалов – органических и неорганических. Поэтому «культура материала» и подразумевает культивирование этого внутреннего ритма, то есть, она должна способствовать выявлению, пробуждению этого ритма к жизни посредством придания материалу формы, соответствующей его внутренним свойствам. Татлин видит в кривых линиях наиболее впечатляющее выражение этих воспринятых им в природе ритмов. Из живописи и рисунка он переносит их в реальный материал – на его выпуклые поверхности и согнутые дуги, чтобы освободить механизированный и технизированный мир от однообразной ритмики и вернуть ему волнующийся ритм живой жизни.

Обоснования, которые Татлин приводит в своих пояснительных текстах и учебных программах, находятся вполне в традициях эстетики соответствия материалу; исходным пунктом этой эстетики были в середине XIX века теории Джона Рескина в Англии и Готфрида Земпера в Германии, после рубежа веков она еще раз достигла вершины, в частности, в деятельности Немецкого Веркбунда и Баухауза[27]. Осознанная ориентация на свойства материала, равно как и попытка учитывать «настроенность» материалов при их обработке и – более того – усиливать эту «настроенность», дабы и потребитель смог ее воспринять – все это надо рассматривать как реакцию на подавление материала и создание все новых и новых синтетических и потому бесформенных материалов в ходе индустриализации. В этом смысле и нужно понимать материально-эстетическое мышление Татлина – как реакцию на индустриализацию, начавшуюся в России позже, чем на Западе. В то же время разработанные им органические формы, представляющие собой ответ на технизацию и механизацию, свидетельствуют о начавшемся процессе перехода от геометрически-конструктивных форм к биоморфно-органическому канону, что имело место в конце двадцатых годов также и в Западной Европе[28]. В полном хронологическом соответствии с этим всеобщим переходом Татлин в одной своей статье 1929 года впервые употребляет понятие «органическая форма», связывая его с обращенным к художникам и к мастерам художественного проектирования требованием использовать в своих работах «явления живой природы» в качестве образца[29].

Но органическая форма не должна непременно выводиться из свойств материала, как это утверждает художник в своих публикациях. Ведь и возникшие в процессе естественного роста природные материалы могут принимать совершенно различную форму, причем формообразование в таком случае не обязательно должно осуществляться вопреки сопротивлению материала и вопреки принципу соответствия обработки материалу. С другой стороны, бывает, что форма, якобы соответствующая материалу, таковой в действительности никак не является, не будучи, однако, «неистинной» или нефункциональной.

Достаточно бросить взгляд на произведения Татлина, дабы удостовериться в том, что их материал и форма не взаимосвязаны друг с другом прямо, как он утверждает. Их созвучие образуется опосредованно – при участии человеческого тела. Отступая от собственного постулата абсолютного соответствия формы материалу, Татлин иногда учитывает это триединство и в своих теоретических высказываниях. Так, например, он требует от «художника культуры материала» при создании утилитарного предмета учитывать не только его «функцию» и «все свойства подходящих материалов», но и «органическую форму (человека)» и его «образ жизни»[30]. «Человек», – пишет Татлин, – «существо органическое, состоящее из скелета, нервов и мускулов»[31]. Так и бытовые вещи должны проектироваться с учетом строения человеческого тела и его ритмических движений, то есть изнутри вещи должны эластично пружинить при каждом движении и быть ритмически динамичными по своей внешней форме.

Подобным образом художник хочет внести свой вклад в формирование нового образа жизни, который был бы несхож с западным не только потому, что создается бытовая «вещь, в корне отличающаяся от вещей Запада и Америки»[32]; здесь, собственно говоря, подразумевается техническая цивилизация, которая как раз в это время с большим напряжением и с большими жертвами утверждалась в Советском Союзе. Новый образ жизни опять должен был привести человека в согласие с его внутренней и внешней природой, вновь пробудить в нем чувство телесного осязания в противовес логоцентричному глазу, возродить ощущение собственного тела, даруя ему свободу естественного движения в пространстве благодаря созданию ритмически и органически продуманной одежды, мебели для сидения и средств передвижения (например, деревянные санки или «воздушный велосипед» – «Летатлин»).

Подобно своему другу, поэту В. Хлебникову, который вернулся к корням слов, дабы сотворить новый, универсальный язык человеческого общения, исходя из звучания слов, Татлин хотел в материи выявить изначальные ее свойства, чтобы создать на их основе новую культуру материала и совершенно новый образ жизни. Однако поэт и художник открыли на своем пути к первоначалу будущего отнюдь не истоки языка или пра-свойства материала. Последние давно уже затерялись в истории культуры и естествознании и остаются пока еще в лучшем случае лишь предметом научных исследований, от методов которых Хлебников и Татлин, будучи людьми искусства, отмежовывались. Обрели они иное: для поэта это был ритм в ткани текста и в устной речи, а для «художника культуры материала» – ритмическая конструкция и фактура предметов, обусловленные обработкой материала, учитывающей потребности человеческого тела.

Татлин стремится освободить природный материал от чуждой ему предназначенности посредством такого формообразования, которое уже само по себе обеспечивало бы выражение свойств этого материала. Подобное стремление направлено на высвобождение природной силы, чье существование предполагается гипотетически; эта сила понимается им как сила производящая – первопричина тех или иных свойств материала. Предполагая наличие такой независимо от человека действующей силы, Татлин сходится в этом с Хлебниковым. Татлин объясняет, каким образом поэт, занимаясь словотворчеством, исходит из звука как из основного «элемента языка», который несет «в себе импульс к словорождению»[33]. В самих же звуках либо в органически свойственной им энергии видит Хлебников, как отмечает Татлин, силу, провоцирующую словообразование: «Звук Ч, например, рождает слова : чаша, череп, чулок, чан. Все эти слова дают понятие об оболочке».

Подобно Хлебникову, Татлин воспринимает слово как форму выражения «энергии словотворчества». И сам материал понимает он также как форму материализации той же энергии. Для постановки «Зангези» Хлебникова в 1923 году были изготовлены 60 досок с разными по материалу и фактуре поверхностями, которые должны были наглядно явить характер звуков. Языковой материал литературного произведения и вещественный материал изобразительного искусства – это для него лишь два варианта воплощения одной и той же мировой энергии: «слово – единица здания языка, материал – единица организованного объема».

Такой вид обработки языкового и вещественного материала оказался творческим и продуктивным способом как для генерирования слов и смысловых значений в поэзии, так и для создания осязательно-оптических свойств и смысловых эффектов в изобразительном искусстве. Однако представление о самостоятельном движении материала, понимаемого Татлиным как материала природного, который при помощи рук художника будто бы достигает своего самовыражения, должно быть при критическом рассмотрении воспринято в своем истинном качестве – как мифопоэтическая рабочая гипотеза художника.

На самом деле этот материал, безвозвратно ныне детерминированный в социальном и техническом плане, недоступен вне рамок своей истории также и для ищущего его первоистоки художника. То, что выглядит как органическое свойство якобы естественного доисторического материала, в действительности представляет собой продукт человеческого труда; и каждый раз, когда происходит столкновение двух моментов – обработки материала и сопротивления материала, это свойство являет себя заново и в новых вариациях. В процессе взаимодействия тела и материала ритм тела может передаваться образу и поверхности предмета в полном соответствии со свойствами материала, подобно тому, как, например, на бумаге или холсте – с учетом характера их поверхности – могут запечатлеваться следы рисующей или пишущей руки, чем, однако, еще не предопределяются однозначно ни форма, ни фактура.

Искусствовед Николай Пунин, друг и первый исследователь творчества Татлина, особо подчеркивал значение и своеобразие ритма в искусстве художника, верно обосновав тем самым претензии Татлина на отвечающее природе материала проектирование вещи: «Я не знаю более чистых и полных ритмов, чем ритмы в работах Татлина. Он обладает глазом наибольшей чувствительности в отношении материала и именно сопоставлением материалов определяет границы ритмических волн»[34]. Но этот ритм, проступающий в конструкции и фактуре предметов, порождается не только внутренним движением самого материала, он обусловлен также той формой, которую придает ему рука художника в ходе обработки материала.

Симбиоз внутреннего ритма тела и материализованного образа ритма проходит через все творчество Татлина. Приведем в связи с этим ряд примеров.

У Дмитрия Сарабьянова есть одно очень точное наблюдение, касающееся взаимодействия внутренней и внешней форм движения в тат-

линских картинах раннего периода, например, в картине «Продавец 141
рыб» (1911). Фигура продавца строится здесь с помощью напряженно-изогнутых дуг, его тело как бы распространяет свой упруго-размашистый ритм движения на окружение – на рыб, стол, улицу, мужчину с корзиной и пространство в целом. Основываясь на кривых линиях, беря начало из энергетического «ядра», ритмическая структура картины как бы расходится волнообразно во все стороны, охватив в конечном счете все поле изображения.

Аналогичное соотношение внутреннего и внешнего ритма движения можно проследить и на примере «Памятника III Интернационала». Внутри каркасной конструкции вращаются по разным осям и на разных скоростях три различающихся по своей форме помещения, предназначенные для учреждений народной власти. «У нижнего этажа был годичный ритм, у второго – месячный; а третий должен был оборачиваться вокруг своей оси за день. Здесь предполагалось разместить информбюро и печать. Работающие там люди должны были тем самым отдавать себе отчет во времени», – свидетельствует одна из учениц Татлина[35], описывая ритмичное круговое движение внутри башни-памятника. Снаружи, на предстающей глазу поверхности конструкции, эти ритмы находят продолжение в повторах и ступенчатом чередовании элементов опорного каркаса, но прежде всего в устремленном кверху движении спирали, где циклические ритмы сливаются воедино с поступательным движением линий.

Названные выше примеры отнюдь не являются исключением. Все созданные Татлиным предметы не только соотносятся с формами движения человеческого тела, они и в самом прямом смысле слова близки к телу – облегают его, подобно второй коже. Если «Башню» Татлин конструировал как прозрачный покров для подвижного «коллективного тела», то согласующиеся с телом женские и мужские костюмы он проектировал уже для тела единичного. Эти защитные оболочки из ткани являют чередование кривых линий в той же мере, что и фигуры в его живописи и графике или же опорный каркас «Башни».

Все это относится и к стулу, сделанному студентом Рогожиным под 46
руководством Татлина. Деревянная конструкция, с ее упругими кривыми линиями, приведена в соответствие со строением тела человека и его осанкой. Татлин особо указывает на необходимость подбирать такой материал, который согласовывался бы с человеческим телом, и создавать такие эластичные формы конструкции, которые были бы аналогичны его структуре: «Современная мебельная фабрика совершенно не считается с потребностями человеческого тела при конструировании того или иного образца мебели. Она заинтересована лишь во внешнем эффекте. А ведь человек – существо органическое, состоящее

из скелета, нервов и мускулов. В силу этого необходима рессорность стула ‹…› Дешевая же вещь – брусковая, она не может дать никакой рессорности. Сконструированный нами стул ‹…› дает рессорность в достаточной степени»[36].

Апогея в плане эстетическом и утопическом идея уподобления чело-
56 веческого тела ритмической конструкции достигает в «Летатлине». Летчик лежит здесь в носовой части деревянного каркаса, чья форма строится на изгибах и прогибах; раздвигая и сгибая руки, летчик должен был приводить в движение выпуклые крылья с их упруго выгибающимися ребрами, чтобы удержать летательный аппарат в воздухе. «Летатлин» должен был «вернуть человеку ощущение полета»[37], похищенное у него моторными самолетами с их жесткими крыльями. В противовес принципу «машинного полета» Татлин разрабатывает возможность органического полета посредством ритмического движения тела в воздухе. Ритмичное сгибание рук должно было обеспечивать столь же ритмичные взмахи крыльев во время полета.

«Но мое крыло», – рассказывает Татлин, – «имеет три рода движений, как у птицы ‹…›. Кроме того, крылья могут делать небольшой взмах. Можно «качнуть» себя в воздухе. Человек ложится в середину на грудь, ноги и руки вдевает в лямки и атакует ветер …»

Во взаимодействии структурного ритма форм, образуемого кривыми линиями и выпуклыми поверхностями летательного аппарата, с ритмичными телодвижениями человека, находящегося в нем, Татлин видел шанс в согласии с природой осуществить мечту человечества о полете. Реализация этой мечты должна была, подобно прочим проектам Татлина, наметить путь к трансформации тела в пространственный пластический объем; на этом пути история природы и история культуры могли бы снова вернуться к норме.

Однако история пошла по иному пути. Социализм, отождествленный с форсированной индустриализацией, пренебрег указанным Татлиным путем «мягкой технологии». «Пригонка техники к ощущениям отдельного человека», к которой он стремился, равно как и его «вера в «мудрость» органических форм» осуждались его современниками как «уход от индустриального мира». «Тяжелые реакционные предрассудки» – такими словами характеризовал конструктивист Зелинский позицию Татлина, выступавшего за то, чтобы общественный прогресс происходил в согласии с внутренней и внешней природой человека.

И лишь сегодня, стоя у развалин беспощадной индустриализации и слепой веры в технику, мы, наконец, осознаем дальновидность художника с его идеей включения человеческого тела и жизненного ритма как необходимых факторов процесса обработки материала. Все еще не находит своего воплощения татлинская утопия, его стремление слить самодвижение материала с внутренним и внешним движением тела в едином, но многообразном ритме, с тем, чтобы можно было привести в согласие природу и технику посредством творимого человеком искусства.

Примечания

1 Бруно Таут. Письмо Я. Й. П. Ауду от 30 дек. 1921 г. (не опубликовано). Находится в архиве Я. Й. П. Ауда в N.I.A.S. в Амстердаме.

2 Александр Родченко. 1919. Запись в дневнике В. Ф. Степановой. Цит. по: *Von der Malerei zum Design*. Galerie Gmurzynska. Köln, 1981, S. 116 ff. Цитата дается в переводе с немецкого.

3 Цит. по: Christina Lodder. *Russian Constructivism*. New Haven and London: Yale University Press, 1983, p. 213. Цитата дается в переводе с немецкого.

4 El Lissitzky. *Neue russische Kunst*. 1922. – In: *El Lissitzky. Maler, Architekt, Typograf, Fotograf. Erinnerungen, Briefe, Schriften*. Überg. v. Sophie Lissitzky-Küppers. Dresden: VEB Verlag der Kunst, 1967, S. 337.

5 Ibid.

6 El Lissitzky. *Rußland. Die Rekonstruktion der Architektur in der Sowjetunion*. Wien: Schroll, 1930, S. 10 f. (= Neues Bauen in der Welt, Bd. 1).

7 Н. Габо, Н. Певзнер. *Реалистический манифест*. Москва, 1920.

8 El Lissitzky. *Es ist schon genug immer Maschine ...* – Merz, 1924, Nr. 8/9.

9 El Lissitzky. Brief an Sophie Küppers. Ospedale–Locarno. 6. 3. 1924. – In: *El Lissitzky. Maler, Architekt ...*, S. 38.

10 El Lissitzky. *Element und Erfindung*. – In: *El Lissitzky. Maler, Architekt ...*, S. 347.

11 Именно такую цилиндрическую спираль показывает фотограмма Лисицкого, где через светлую светотень на темном фоне фотобумаги вырисовывается мнимое пространство потенциально возможного объема. См. илл. в кн.: Floris M. Neusüss. *Das Fotogramm in der Kunst des 20. Jahrhunderts*. Köln: DuMont, 1990, S. 137.

12 См. письмо Эль Лисицкого Я. Й. П. Ауду, самому значительному архитектору группы «Де Стейл», от 30 июня 1924 г.: «Вы говорите о позиции Мондриана 〈...〉. Универсальное = прямая + вертикаль не соответствует вселенной, которая знает лишь кривизну, но отнюдь не прямые линии». – In: El Lissitzky. *Proun und Wolkenbügel. Schriften, Briefe, Dokumente*. Dresden, 1977, S. 125.

13 El Lissitzky. *Element und Erfindung*. S. 347.

14 Н. Пунин. *Памятник III Интернационала*. Петербург [Петроград]: Отдел ИЗО НКП, 1920.

15 Говоря об осведомленности Лисицкого относительно спиралеобразной мировой линии, проходящей через многомерно искривленный пространственно-временной континуум, здесь стоит процитировать одно его письмо 1923 г.: «Что касается меня, то я занят решением одной-единственной проблемы: в перерывах я курю свою трубочку и наблюдаю за тем, по каким кривым линиям поднимается дым.» – В кн.: *Künstlerbekenntnisse*. Hg. v. Paul Westheim. Berlin, o. J., перепечатано в кн.: *El Lissitzky. Maler, Architekt ...*, S. 346.

16 Евгений Замятин. *Мы*. Нью-Йорк: Международное литературное содружество, 1967, с. 5–6.

17 Александр Родченко. *Линия*. 1921. В кн.: *Родченко, Степанова. Будущее – единственная наша цель* ... Мюнхен: Издательство Престель, 1991, с. 134–135.

18 Корнелий Зелинский. *Летатлин.* – Вечерняя Москва, 1932, 6 апр.

19 Здесь и далее цит. по: В. Татлин. *Искусство в технику!* – В каталоге: *Выставка работ заслуженного деятеля искусств В. Е. Татлина.* М.–Л., 1932, с. 5–8.

20 Здесь и далее цит. по: В. Татлин. *Проблема соотношения человека и вещи. Объявим войну комодам и буфетам.* – Рабис, 1930, № 15, 14 апр., с. 9.

21 В. Татлин. *Художник – организатор быта.* – Рабис, 1929, № 48, 25 нояб., с. 4.

22 Здесь и далее цит. по: В. Татлин. *Проблема соотношения человека и вещи.*

23 Отчет по исследовательской работе за 1924 год. Отдел материальной культуры. 10 ноября 1924 года. Ленинград. Рукопись. ЦГАОР, ф. 2555, оп. 1, д. 647, лл. 348–349.

24 В. Татлин. *Художник – организатор быта.*

25 В. Шкловский. *Памятник Третьему Интернационалу.* – Жизнь искусства, 1921, № 650–652, 5, 8 и 9 янв. См. также: В. Шкловский. *Ход коня.* Сб. статей. Москва–Берлин: книгоиздательство Геликон, 1923.

26 Что касается кривизны поля зрения и последствий для истории искусств, вытекающих из осознания этого факта, см. также: Erwin Panofsky. *Die Perspektive als «symbolische Form»* (1924/1925). – In: Erwin Panofsky. *Aufsätze zu Grundfragen der Kunstwissenschaft.* Berlin, 1974, S. 99 ff.

27 Что касается вопроса о соответствии материалу, см. также след. труды: Heinrich Lützeler. *Der Werkstoff in der Kunst.* – Jahrbuch für Ästhetik und Allgemeine Kunstwissenschaft, 1965, H. 10, S. 65–97; Günter Bandmann. *Bemerkungen zur Ikonologie des Materials.* – Städel-Jahrbuch. Hg. Ernst Holzinger, Anton Legner, N.F. Bd. 2, München, 1969, S. 75–100; Günter Bandmann. *Der Wandel der Materialbewertung in der Kunsttheorie des 19. Jahrhunderts.* – In: *Probleme der Kunstwissenschaft.* Bd. 1. *Kunstgeschichte und Kunsttheorie im 19. Jahrhundert,* Berlin, 1963, S. 129–157; Dieter Hoffmann-Axthelm. *Theorie der künstlerischen Arbeit. Eine Untersuchung anhand der Lage der bildenden Kunst in den kapitalistischen Ländern.* Frankfurt, 1974, Kapitel *«Material»*, S. 103–128.

28 Thomas Brandt. *Von der Reduktion zum Wachstum. Vom Wandel geometrischer Formen in den 30er Jahren.* – In: *«. . . und nicht die leiseste Spur einer Vorschrift». Positionen unabhängiger Kunst in Europa um 1937.* Ausstellungskatalog. Kunstsammlung Nordrhein-Westfalen. Düsseldorf, 1987, S. 23–34; Hubertus Gaßner. *Zum Rhythmusbegriff in Ernö Kállais kunstkritischen Texten.* – In: *Akten des Kállai-Kongresses 1991.* Hg. Gábor Pataki. Budapest, 1993.

29 В. Татлин. *Художник – организатор быта.*

30 В. Татлин. *Проблема соотношения человека и вещи.*

31 В. Татлин. *Художник – организатор быта.*

32 В. Татлин. *Проблема соотношения человека и вещи.*

33 Здесь и далее цит. по: В. Татлин. *О «Зангези».* 1923. – Жизнь искусства, 1923, 8 мая, № 18, с. 15.

34 Н. Пунин. *Памятник III Интернационала.*

35 Margarita Woloschin. *Die grüne Schlange. Lebenserinnerungen einer Malerin.* Frankfurt, 1982, S. 221. Цитата дается в переводе с немецкого.

36 В. Татлин. *Художник – организатор быта.*

37 Здесь и далее цит. по: Корнелий Зелинский. *Летатлин.* – Вечерняя Москва, 1932, 6 апр.

Перевод с немецкого: Ольга Мамонтова.

Раду Штерн

«Летатлин»: природа против техники

Среди наиболее распространенных суждений, касающихся «Летатлина», общим местом стала мысль об оригинальности, если не полнейшей эксцентричности этого произведения, этого странного «летающего велосипеда». Сам же Татлин настаивал на том факте, что «Летатлин» не причуда, а логическое продолжение его предыдущей работы. В своей статье, полной отзвуков производственнической риторики, он заявлял следующее: «1. Летательный аппарат как объект художественного конструирования мною был выбран потому, что это наиболее сложная динамическая, материальная форма, которая может войти в обиход советских масс как предмет ширпотреба. 2. Я шел от конструкции материальных сооружений в простейших формах к более сложным: это одежды, предметы жилобихода до архитектурного сооружения в честь Коминтерна. Летательный аппарат на настоящем этапе моей работы – наиболее сложная форма, которая отвечает потребности момента в преодолении человеком пространства»[1].

И если принять вышесказанное во внимание, то окажется весьма любопытным анализ «Летатлина» не просто как оригинального аппарата, но также и как летающей скульптуры. В этом плане «Летатлин» – последнее из существенно важных произведений художника – может интерпретироваться как конечный результат его пластических поисков, которыми он занимался на протяжении всей своей жизни, и должен быть соотнесен с его предыдущими экспериментами, направленными на то, чтобы свести основу на нет и усилить динамизм художественной композиции; началось это все с первых контррельефов и получило дальнейшее развитие во внутренней кинетике «Памятника III Интернационала».

Тем не менее, если «Летатлин» и является продолжением того, чем занимался художник раньше – как в творческой, так и в общественной сфере, то его интерес к проблеме «искусственного» полета представлял собой нечто большее, чем свойственный авангарду энтузиазм по отношению к авиации. В сущности, слова «преодоление человеком пространства» перекликались с одним из популярнейших лозунгов тех лет в Советском Союзе. Конец двадцатых и начало тридцатых годов стали решающим этапом для развития советской авиации. Такие важные события в истории авиации, как беспосадочные перелеты советских летчиков в Японию, Соединенные Штаты Америки и на Северный полюс, игравшие пропагандистскую роль, широко освещались в печати и вызывали чувство национальной гордости. Всеобщее отношение к авиации было более, чем положительным, и его можно проиллюстрировать длинным списком примеров. Но, кроме того, стоило бы упомянуть и о том, что исследования, предпринятые художником для «Летатлина», в значительной мере были созвучны тому большому интересу к безмоторному полету, который выказывали тогда советские специалисты в области авиации. Как утверждает историк авиации Роберт Килмаркс, «в Советском Союзе в период между 1931 и 1933 годом выпускалось около 46 различных моделей планеров»[2].

Однако за исключением того факта, что и у планеров, и у «Летатлина» отсутствовали моторы, татлинский аппарат проектировался в совершенно ином духе, чем тот, которым определялось конструирование планеров тридцатых годов. Предпочтя отказаться от научных открытий аэродинамики, художник счел, что отправным пунктом и образцом для подражания должен стать полет птиц. Хотя Татлин и признавал в несколько туманной форме, что этой идее «со времен античного Икара несколько тысяч лет»[3], критики не преминули указать и на ряд более конкретных разработок, предшествовавших татлинской, как, например, знаменитые рисунки летательных аппаратов Леонардо да Винчи или более близкие по времени огромные монопланы Отто Лилиенталя, которые были хорошо известны. Очевидно, что Татлин не мог упустить из виду проекты Леонардо да Винчи, а его знакомство с теориями Лилиенталя подтверждено документально[4].

Тем не менее, необходимо объяснить то обстоятельство, почему Татлин выбрал это явно устаревшее направление научной мысли, а не современную дисциплину – аэродинамику, основывающуюся на технических разработках.

В вводной статье к каталогу выставки Татлина в Стокгольме в 1968 году Труельс Андерсен цитирует еще один возможный источник идей Татлина – статью К. Э. Циолковского о летательных аппаратах, в которой знаменитый русский ученый утверждал, что «если орнитоптерам и суждено когда либо придти на смену аэропланам, то рациональное конструирование орнитоптеров потребует даже еще более глубокого изучения способности птиц и насекомых летать»[5]. Но, как отметил сам же Андерсен, выводы Циолковского с достаточной определенностью демонстрировали безрезультатность попыток летать, подражая птицам.

Мне хотелось бы предложить другую гипотезу. Думаю, решающую роль в кристаллизации татлинских замыслов, приведших к возникновению «Летатлина», мог сыграть труд Павла Флоренского «У водоразделов мысли», который ни разу не публиковался полностью. Завершающие мазки на рукопись были наложены Флоренским как раз в ту пору, когда он читал лекции по философии техники студентам Вхутемаса – это было между 1921 и 1924 годом. Так что Татлин, встречавшийся с Флоренским еще до первой мировой войны и бывший в курсе всего того, что делалось во Вхутемасе, без труда мог познакомиться с идеями Флоренского. Среди основных положений, рассматривавшихся Флоренским, особый интерес в связи с «Летатлиным» представляет теория «органопроекции»[6]. Правда, она не относилась к числу оригинальных идей Флоренского, а являлась концептуальным ядром книги Эрнста Каппа «Основные направления философии техники. Новые подходы к истории зарождения культуры», вышедшей в 1877 году[7]. Отвергая с виталистической точки зрения механическую аналогию в качестве модели, пригодной для описания живых организмов, немецкий философ подошел с противоположного конца к одному из главных положений позитивизма и заявил, что все технические конструкции в основе своей аналогичны биологическим структурам.

И потому человеческое тело как наиболее совершенный организм стало первичной основой технических разработок, и любой инструмент или аппарат, когда-либо сделанный человеком, – ничто иное, как заменитель биологического органа или, говоря словами Каппа, – «проекция органа». Капп отстаивал ту точку зрения, что такие изобретения, как телескоп, педальный орган и пианино, были лишь несовершенными «проекциями органов» – глаза, уха, голосовых связок, которые являлись их «органическими образцами». Также и увеличительное стекло, микроскоп и бинокль должны рассматриваться как «органические проекции» специализированных функций глаза. Согласно воззрениям Каппа, канализационная система была очевидной «проекцией» системы кровообращения и ясно было, что любой механизм представляет собой лишь более или менее неуклюжую копию той совершенной механической системы, каковой является скелет. И потому нельзя говорить, пользуясь избитыми сравнениями из школьных учебников физиологии, в которых сильны отзвуки ятромеханических аналогий, что сердце – это природный насос, глаз – живая фотокамера, бронхи – анатомическая флейта; верно прямо противоположное: любой насос сделан по подобию сердца, любая камера – ничто иное, как механический глаз и т. д. Следовательно, утверждал Капп, исходя из того факта, что техника – это неполноценная имитация биологических органов, которые всегда обладают недосягаемым функциональным совершенством, изучение живых организмов дает ключ к техническому изобретательству.

Поражает явное сходство виталистических теорий Каппа, распространявшихся в России Флоренским, с подходом Татлина к проектированию

«Летатлина». В статье, написанной в 1930 году, когда уже началась работа над «Летатлиным», художник заявил следующее: «Наш быт строится на здоровых и естественных началах, и вещь Запада удовлетворить нас не может. Мы должны искать совершенно другие исходные пути к созданию нашей вещи. Поэтому я и проявляю такой большой интерес к органической форме как исходному пути к созданию новой вещи»[8].

Как уже указывалось выше, согласно виталистической теории Каппа, органическая форма находилась у истоков технического развития. Кроме того, органическая форма была не только первичной, но как это особенно акцентировалось дарвинизмом, наиболее приспособленной для исполнения своей функции. С этой точки зрения татлинский метод проектирования представляется не устаревшим, как утверждали его противники, а наиболее прогрессивным. В таком свете реальной проблемой технического изобретательства становится именно воссоздание «изначальной формы», которая неизбежно была совершенной.

Порой о Татлине говорят как об одном из предтеч бионики. Но те, кто трактуют «Летатлина» только как проект из сферы бионики, неспособны понять его истинную сложность. Как объяснил художник в одном интервью, при создании «Летатлина» он руководствовался намерением «вернуть человеку ощущение полета. Машинный полет аэроплана отнял его у нас. Мы не знаем ощущений движения в воздухе своего тела»[9].

«Летатлин», призванный доказать превосходство природного над искусственным и спроектированный на органической основе, и управляться должен был также органически. На все возражения, что простой механический расчет демонстрирует, что мускульная сила человека должна быть в шесть с половиной раз больше для того, чтобы поднять аппарат в воздух, Татлин отвечал, что сама природа докажет его правоту. По его словам, невозможно оценивать проект чисто математически: вместо того, чтобы заниматься вычислениями, надо учиться летать; и он выступал за то, чтобы вводить в школах уроки «летания», где детей с восьмилетнего возраста учили бы летать, так как этот возраст «примерно соответствует птичьим двум неделям», когда птицы начинают летать[10].

Тем не менее, несмотря на все высказывания Татлина, где утверждалось превосходство органического над техническим, «Летатлин» не представляет собой безусловный антитехнический протест. Недоверие Татлина к технике порождено было ее искусственным характером, ее отрывом от природы. Проектирование, основывающееся на органической форме, открывало путь к устранению различий между природным и искусственным. Подобно «Памятнику III Интернационала», который был задуман в качестве альтернативы ужасающему традиционализму ленинского плана «монументальной пропаганды», и «Летатлин» призван был воплощать оригинальную концепцию, противостоящую как ограниченности адептов техники, так и чистому формализму тех, кого Татлин называл «конструктивистами в кавычках». Направленный одновременно против эскапизма и против техницистской дегуманизации сталинской пятилетки, этот вызывающе-необычный аппарат предназначен был служить материальным доказательством того факта, что, несмотря на эстетические протесты поборников «чистого искусства» и декларативный скепсис инженеров, долгожданный синтез искусства и техники, тем не менее, возможен.

Однако если и суждено было бы в конечном счете реализовать этот синтез, то ведущая роль оставалась бы за художником, а не за инженером, поскольку творческий метод художника «обладает отличными от метода инженера качествами»[11]. Итак, в татлинской теории художественного проектирования инженеру отводилось второстепенное место; в его обязанности входила техническая доводка в деталях той формы, что уже была создана воображением художника, которому, в свою очередь, надлежало представлять по отношению к технике «противную сторону». Летающий велосипед должен был открыть путь новому типу творений техники, где формообразование осуществлялось бы согласно художнической интуиции, а не только в соответствии с научными расчетами, ведь алгебра иссушает гармонию.

Примечания

1 В. Татлин. *Искусство в технику!* – В каталоге: *Выставка работ заслуженного деятеля искусств В. Е. Татлина.* М.–Л., 1932, с. 7.
2 Robert A. Kilmarx. *A History of Soviet Air Power.* London, 1962, p. 110.
3 Корнелий Зелинский. *Летатлин.* – Вечерняя Москва, 1932, 6 апр.
4 Д. Данин сообщал, что у Татлина было русское или немецкое издание книги Лилиенталя «Полет птиц» (Дружба народов, 1979, № 2, с. 227).
5 Troels Andersen. *Notes on Tatlin.* – In: *Vladimir Tatlin. Moderna Museet, Stockholm.* Stockholm, 1968, p. 9. Цитата дается в переводе с английского.
6 Отрывок из этой работы был опубликован под названием *«Органопроекция»* в журнале «Декоративное искусство СССР» (1969, № 145, сс. 39–42).
7 Ernst Kapp. *Grundlinien einer Philosophie der Technik. Zur Entstehungsgeschichte der Kultur aus neuen Gesichtspunkten.* Braunschweig, 1877.
8 В. Татлин. *Проблема соотношения человека и вещи. Объявим войну комодам и буфетам.* – Рабис, 1930, 14 апр., с. 9.
9 К. Зелинский. Ук. соч.
10 И. Рахтанов. *Летатлин – воздушный велосипед.* – Пионер, 1932, № 9, с. 12.
11 В. Татлин. *Искусство в технику!*

Перевод с английского: Александр Варкентин.

Александар Флакер

Спираль Татлина как оптимальная проекция

Понятие «оптимальная проекция» возникло в среде сотрудников загребского «Понятийника русского авангарда» как одно из основных понятий, обозначающих авангардистские структуры. Благодаря своей первичной семантике («бросок вперед, вдаль»), а также тому факту, что понятием «проекция» пользуются математика и физика, это понятие вполне соответствует понятийному ряду, развитому авангардом; оно подчеркивает конструктивное начало текста, выделяет установку такого текста на будущее, во имя которого возможны переоценка прошлого и отрицание настоящего. Атрибут же «оптимальная» заключает в себе возможность выбора среди разных возможных проектов (см. немецкое издание «Понятийника»[1]). Если же речь идет об историческом движении «вперед», то иногда в текстах авангарда появляется понятие «спирали».

Уже Милнер в своей работе, посвященной Татлину, заметил, что понятие спирали как метафоры, обозначающей диалектику исторического движения к абсолюту, в сущности идет от Гегеля[2], но к этому замечанию надо добавить тот факт, что эта метафора получила более широкое распространение благодаря гегельянству Маркса и особенно Энгельса, утвердивших ритм исторического движения от тезиса к антитезису, от антитезиса к синтезу, ступенчатого и скачкообразного. Геометрическим знаком такого понимания диалектики стала спираль, поднимающаяся все выше и выше и разрешающая на своем пути все новые и новые противоречия. Пример такого использования метафоры мы находим, между прочим, и в текстах хорватского писателя Мирослава Крлежи. В период между 1917 и 1919 годами он пользуется в своих дневниках многими метафорами, обозначающими переоценку мира и тяготение к оптимальным решениям. Крлежа (дневник 1917 года) считает, например, авангардную живопись Матисса, Клее, Марка и Кандинского «пропедевтическими вариантами для большого виртуозного штриха через все»[3]; часто мы находим у него понятие «асимптоты»[4], но в том же году Крлежа противопоставляет толкованию «прогресса» как прямолинейного явления свое понимание «прогресса» как «взрывчатого движения во всех направлениях ⟨...⟩ к земле и к небу, вверх и вниз, налево и направо, к злу и добру, к умному и глупому»[5]. Однако позже, в 1919 году, в своем эссе, название которого – «Eppur si muove» – вызывает в памяти слова Галилея (через несколько лет к ним обратился и «конструктивист» Эренбург – «А все-таки она вертится», 1922), Крлежа представляет прогресс в виде спирали: « И она движется. Медленно. И все-таки движется! Спиралью поднимается прогресс человеческой природы, и каждые сто лет оборачивается эта «прогрессивная спираль» одним изгибом выше, так что шар таинственным оборотами поднимается все выше, преодолевая собственные противоречия постоянным подъемом»[6].

Метафору спирали Крлежа развивает на протяжении всего текста, пользуясь ею применительно к истории Европы от Французской революции до уничтожения немецкого флота у Скапа Флоу, как истории прогресса, преодолевающего все новые и новые антиномии.

Метафора спирали бытовала и в русской культуре. Говоря о деятельности Кульбина в период становления русского авангарда (речь идет о 1908 годе), Б. Лившиц в «Полутораглазом стрельце» вспоминает, что Кульбин в это время «носился с идеей «спиралеобразного развития» искусства»: «История искусства, – говорил он, – если проследить его эволюцию от первичного хаоса до наших дней, не что иное, как спиралеобразное восхождение с постоянно чередующимися фазами, с поворотами от идеализма к реализму, от реализма к идеализму и т. д.»[7]

Следующий пример – это уже замятинское толкование исторического движения искусства по формуле «+, –, ––»: «Утверждение; отрицание; и синтез – отрицание отрицается. Силлогизм замкнут, круг завершен. Над ним возникает новый – и все тот же – круг. Итак, из кругов – подпирающая небо спираль искусства.

Спираль; винтовая лестница в Вавилонской башне, путь аэро, кругами поднимающегося ввысь, – вот путь искусства. Уравнение движения искусства – уравнение спирали» («О синтетизме», 1922)[8].

В этой же статье Замятин упоминает Брейгеля; Вавилонская башня – это башня на холсте Брейгеля, с которой исследователи не раз сравнивали «Башню» Татлина, находя ее изображение и в древнерусском искусстве (см. у Стригалева[9]), в поисках моделей, предшествовавших татлинскому проекту, хотя очевидно, что тема башни, по замечанию Андерсена, стара, как крылья Икара[10].

Мы разделяем мнение Милнера, что не сама тема воздвигаемой к небу башни, а именно тема косой спирали – основная тема Татлина, аналогична идее процесса эволюции как диалектического конфликта[11]. И первые критики этой конструкции, в сущности, так ее и понимали. Так, например, Шкловский определял проект как «железную спираль» со «своей семантикой», причем он, будучи убежденным формалистом, и революцию считал одним из материалов конструкции: «Памятник сделан из железа, стекла и революции»[12].

«Революцию» в этом контексте следует понимать как идею и оптимальную проекцию. И Пунин толкует спираль как оптимальную проекцию, как линию движения освобожденного человека, символ его освобождения от всего звериного, змеиного, земного – в духе мифопоэтики символизма[13].

Татлинской спирали предшествует, правда, «Бутылка, развернутая в пространстве» Боччони (1912), как «радикализация натюрморта», по словам Андерсена[14]. Но прием итальянского футуриста сегодня уже можно воспринимать как иронический «пред-образ» идеи татлинского «Памятника». Татлинская конструкция – это идея желаемого мира, воплощенная в «сознательно утопическом и не только непрактическом проекте» (Милнер)[15], что уже, в сущности, отметил Шкловский, говоря о том, что вращение конструкции «носит скорее характер задания, чем осуществления», причем именно этому «заданию», то есть, основной идее, а не «механическим данным» (Милнер)[16] подчинены конструктивные элементы памятника, посвященного идее глобального движения в будущее, то есть, оптимальной проекции.

Наличие же спирали в художественном мышлении авангарда подтверждает не только скульптура итальянского футуриста. Можно пока что указать хотя бы только на эскизы Йоганнеса Иттена, на его рисунок «Спирали» (1916, частное собрание, Цюрих) или же на его «Огненную
66 башню» (1922; ср. ее реализацию в Нюрнберге, 1971).

Как известно, на самом верху спирали Татлин проектировал радиостанцию. И этой идее доминирования нового изобретения в системе глобальной коммуникации соответствуют оптимальные проекции литературного авангарда: глобальное видение мира в литературных текстах нередко мотивируется наличием радиостанции (тексты чешского «цивилизма» вплоть до сборника Я. Сейферта «На радиоволнах», 1925). И редко цитируемая поэма Маяковского «Пятый Интернационал» (1922) отличается конструктивным мотивом «взвинчивания» лирического субъекта со многими вариантами глагола «винтить»: «винти», «развинчиваюсь», «завинчиваюсь», «винти еще» вплоть до глобального ви́дения и проникновения в космическое пространство «спирали» солнечной системы, и, наконец, до метафорического превращения субъекта в «огромную радиостанцию»[17]. Идея спирального «взвинчивания» в надпространство соответствует, в сущности, идее татлинской спирали, хотя в тексте Маяковского упоминается только «неспиральная» Эйфелева башня.

В Загребе Татлин стал известен в ноябре 1921 года. Однако Драган Алексич в статье «Татлин. ЛС + человек»[18] исходит из дадаистского восприятия Татлина и «Башню» не упоминает. В марте 1922 года в том же журнале «Зенит» Любомир Мицич печатает монтаж под заглавием

«Шимми на кладбище Латинского квартала», в котором глобальное ви́дение мировых событий и проектов авангарда (в фрагментах монтажа фигурируют Маринетти, Тейге, Чаплин, дада, киоск Родченко) мотивируется с первых строк видением, где присутствует татлинская конструкция: «Поле близ Петрограда. Памятник Татлина достиг айсбергов туч. На самом верху - радиостанция + 400 м. Она пожирает половодье спазмов Азии, Европы, Балкан, Китая и Японии»[19].

А осенью 1922 года становится ясно, откуда дошла информация о «Памятнике». В «русском» номере журнала, в основном подготовленном в Берлине Эренбургом и Эль Лисицким, появилось его изображение, а в статье о «Новом русском искусстве», подписанной теми же редакторами журнала «Вещь», находим основные сведения о татлинском проекте. Заслуги Эренбурга и Лисицкого в ознакомлении Европы с татлинским «Памятником» как оптимальной проекцией и фирменным знаком русского авангардизма несомненны. Призрак татлинской «Башни» - этого неосуществимого, но оптимального проекта - начал с 1922 года бродить по Европе.

Примечания

1 A. Flaker. *Die optimale Projektion.* - In: *Glossarium der russischen Avantgarde.* Graz: Droschl, 1989, S. 412-421.
2 John Milner. *Vladimir Tatlin and the Russian Avant-Garde.* New Haven and London: Yale University Press, 1984, p. 160.
3 M. Krleža. *Dnevnik,* 1-5. Sarajevo: Oslobodenje, 1977. *Dnevnik 1,* s. 198.
4 Ibid., s. 311.
5 Ibid., s. 321.
6 M. Krleža. *Eppur si muove.* Zagreb: BNP, 1938, s. 9.
7 Б. Лившиц. *Полутораглазый стрелец.* М.: Советский писатель, 1989, с. 360.
8 Е. Замятин. *Сочинения.* М.: Книга, 1988, с. 412.
9 A. Strigaljow. *Von der Malerei zur Materialkonstruktion.* - In: *Tatlin.* Hg. v. Larissa Alexejewna Shadowa. Weingarten: Kunstverlag Weingarten, 1987, S. 33.
10 T. Andersen. *Notes on Tatlin.* - In: *Vladimir Tatlin. Moderna Museet, Stockholm.* Stockholm, 1968, p. 7.
11 J. Milner. Op. cit., p. 155.
12 В. Шкловский. *Памятник Третьему Интернационалу.* - Жизнь искусства, 1921, № 650-652, 5, 8 и 9 янв.
13 Н. Пунин. *Памятник III Интернационала.* Петербург [Петроград], 1920.
14 T. Andersen. Op. cit., p. 8.
15 J. Milner. Op. cit., p. 170.
16 Ibid., p. 170.
17 В. Маяковский. *Полное собрание сочинений.* Т. 4. М.: ГИХЛ, 1957, сс. 111-120.
18 *Dokumenti. Časopis «Zenit».* Ред. V. Golubović/I. Subotić. - *Književnost,* Beograd, 1981, 7-8, s. 1477-1611.
19 Ibid., s. 1528.

Дмитрий Димаков

Воссоздание произведений Владимира Татлина как раскрытие метода «культура материалов» (тезисы)

А.1.0. «Татлин принадлежит к тем, которые имеют чистую линию развития. ⟨...⟩ Когда хотят узнать художника, обыкновенно изучают его произведения, по отношению к Татлину было бы целесообразнее изучать его глаз, который сложился на его работах» (Н. Пунин. Татлин (Против кубизма). Петроград, 1921, с. 7).

1.1. «Культура материалов» – рабочий, творческий метод В. Е. Татлина, он является осью эволюции художника. Развернуть метод во времени можно только с опорой на весь круг татлинского наследия, но его нельзя оценить как целое: оно в части наиболее важных для понимания метода, программных произведениях 1914–1932 годов оказывается неполным, фрагментарным. С другой стороны, сам метод «культура материалов» еще не изучен. Это неудобное обстоятельство делает практически нужным и возможным восполнение наследия художника при одновременном исследовании его творческого метода.

2.0. Здесь, в этих тезисах, будут лишь намечены пути к восполнению наследия и предложена методика, позволяющая при воссоздании произведений В. Татлина приблизиться к раскрытию его метода.

Б.1.0. Из процедур, пополняющих уже известный массив произведений какого-либо художника и вводящих эти произведения в сферу исследования, выделим четыре:

а) поиск новых, пока еще неизвестных и исследование неизученных авторских произведений (атрибуция);

б) восстановление фрагментированных авторских произведений (реставрация),

в) воссоздание ранее бытовавших, но теперь утраченных произведений (репродукция);

г) исполнение в материале за автора его эскизов и проектов (реализация).

Перечень этот можно считать исчерпывающим.

1.1. Общими и традиционными в изучении всякого художика являются первые две процедуры (атрибуция и реставрация), а последующие (репродукция и реализация) в основном применимы к тем, чье творчество несет в себе черты проективной деятельности (сценография, дизайн, архитектура).

1.2. К Татлину применяются все процедуры, и более того: на множестве появившихся вариаций «Памятника III Интернационала», контррельефов, одежды и др. сложилась практика «реконструкций». Сейчас под «реконструкциями» его работ в склеенном виде выступают процедуры их «воссоздания» и «исполнения», не обозначая собой какого-то единого подхода того же названия.

2.0. В исследовании метода «культура материалов» для нас важнее будет разведение действительных процедур «воссоздания» и «исполнения», чем их неразличимость, установившаяся из-за некорректного употребления только интуитивно ясного понятия «реконструкция».

2.1. Если при восстановлении произведений, имеющих частичные утраты, обычно употребима «реставрация» – как практика, возвращающая авторскому произведению его полноту, то для воссоздания полностью утраченных произведений методы «реставрации», основанные на сохранении фрагментов и последующем восстановлении на их основе утрат до целого, здесь оказывается уже непригодным.

2.2. Результатом проведения процедуры «воссоздания» по сохранившимся изображениям и текстам будет не «реставрированное авторское, подлинное произведение», а «воспроизведенное в материале утраченное произведение» (или его «материальная репродукция»). Примечание: тут возникает проблема расширения смыслового поля термина «репродукция» – не только «фоторепродукция» или «цветная типографическая репродукция», но и репродукции в других материалах и технологиях.

3.0. В наследии Татлина, как и у всякого другого художника, есть задуманные, но не исполненные, начатые, но не доведенные работы. Они представляют для исследований большой интерес: практическое «завершение» их «за Татлина» позволяет опытно воспроизвести технологию метода.

3.1. Реализация (= осуществление, исполнение) эскизов и проектов Татлина в его методе до какого-то материализованного результата будет еще одной самостоятельной процедурой в изучении «культуры материалов». Но в отличии от «реставрации», где уровень сделанности и завершенности определяется подлинностью авторского произведения, либо при «воссоздании» полнотой его изображения, «реализация» обладает большей свободой трактовки эскиза или проекта как программы практических действий: в определении размеров, выборе материалов и пр.

4.0. Овеществленные результаты всех перечисленных процедур будут обладать той или иной степенью вероятности по отношению к исходному объекту «реставрации», «репродукции» или «реализации»: она определяется уровнем освоенности метода и знаний об объекте.

Поэтому при строгом анализе никакие результаты не могут быть признаны единственно верными, истинными и конечными: всегда из какого-то количества вероятных вариантов выбирается один, с точки зрения исследователя «оптимальный».

4.1. Кроме того, исследователь может ставить задачу не всестороннего изучения и (или) полного овеществления объекта, а только частичного, например, «развития формы в пространстве», «конструктивной связанности элементов» или, скажем, «поведение материала в конструкции», тогда все остальные качества объекта будут им имитироваться. В этом случае нужно будет отличать имитацию объекта от его «достоверного» варианта.

В.1.0. Остановимся подробнее на репродуцировании в материале полностью утраченных произведений как случае, наиболее часто встречаемом в практике воссоздания татлинских работ.

2.0. Требуемая высокая степень точности воспроизведения, его «достоверность», может быть достигнута при выполнении двух условий:

а) точное и всеобъемлющее описание исходного объекта репродукции по изображениям (текстам);

б) воспроизведение татлинского рабочего метода в его основных этапах как основы процесса воссоздания.

2.1. Полнота описания объекта репродукции складывается из нескольких описаний, выясняющих разные качества единой формы:

а) «морфологическое» – специфицирует, то есть перечисляет и характеризует детали формы, их взаиморасположение;

б) «материально-конструктивное» – определяет разрешимость самой конструкции, понятой как «способ соединения материальных элементов в самодостаточное предметное образование, форму»;

в) «цвето-фактурное» или «живописно-конструктивное» – задает способы «выделения» и «обобщения» элементов целостной формы за счет цветового (окраска) и фактурного (обработка) воздействия на ее поверхности;

г) «семантическое» – раскрывает образно-смысловое наполнение художественной формы.

2.1.1. Полное описание не только фиксирует знания об исходном объекте, но и составляет «пакет требований», предъявляемых к результату воспроизведения, на нем исследователь формирует программу своих практических действий. Эта программа, с ясно обрисованной целью и выстроенным порядком действий и способов ее достижения, должна быть скорректирована на «технологию» метода, в этом виде она составит исследовательскую «версию» объекта воссоздания. Примечание: сопоставление разных версий одного объекта может служить дополнительным материалом анализа полноты и направления в исследовании метода.

2.2. Известны документы и факты, свидетельствующие о многоэтапном процессе реализации метода самим Татлиным. Последовательность этапов, обычно сохранявшаяся им в работе даже над очень сложными объектами, следующая: фиксация идеи (наброски, в татлинской терминологии «рисунки») – графический эскиз («чертеж») – модельный эскиз формы или ее фрагмента в имитирующем материале – подбор материалов – изготовление деталей в материале – сборка (монтаж) фрагментов и всей формы – обобщение (окраска и фактурная обработка) формы.

2.3. Одним только соблюдением чередования этапов не исчерпывается весь метод. Их последовательность создает благоприятные условия долгого общения художника с материалом, дарит возможность посредством творческой интуиции, рук и инструментов вывести из материала присущие ему формы, а отсюда последует признание «работы материала» как «действия» материалоформы. Подборы материалов, а следовательно и разно «действующих» материалоформ, позволяют создавать сложные, многозначные произведения, с присущей им «драматургией», втягивающей в общее «действо» глобальные культурные смыслы и конкретно-исторические события. Все это вместе уже составляет интимную, сокровенную сущность метода, раскрывающуюся лишь при внимательной, постоянной работе над татлинским наследием, где требуется воспроизведение не только метода, но и фактов трудной жизни Татлина; создания своего рода «документально-практического театра» его жизни, где исследователь играет одну и ту же роль – но главную – Владимира Евграфовича Татлина.

3.0. Это «вживание», вбирающее в себя все перечисленные процедуры, становится основанием подхода к исследованию цельного в рамках эволюции Татлина и единого для всех его произведений метода.

4.0. Положения этих тезисов являются результатом работы по изучению татлинского метода «культура материалов», ведущейся с 1985 года в Пензенском художественном училище им. К. А. Савицкого при участии автора этих строк. В терминах предложенной классификации процедур за это время было сделано:

1. в октябре 1985 – мае 1986 – репродукция по 1 фотографии «Конструк- 72
ция материала. Рельеф», оригинал 1914 (?) года. Железо, дерево;

2. в октябре 1985 – мае 1986 – репродукция по 4 фотографиям «Конст- 72
рукция материала. Подбор повышенного типа (контррельеф). Угловой рельеф», оригинал 1914–1915 годов. Железо, алюминий, левкас, подкрашивание;

3. в октябре 1985 – январе 1987 – репродукция по 3 фотографиям «Повседневный костюм», оригинал 1923–1924 годов. Ткань;

4. в декабре 1985 – репродукция по 6 фотографиям «Летатлин» – уменьшенная модель существующего аппарата, имитирована в отличных от оригинала материалах;

5. с октября 1986 – репродукция по 1 фотографии «Консольный стул», оригинал 1927 года. Дерево, ткань. В процессе работы;

6. с ноября 1988 – репродукция по 1 фотографии «Макет к постановке «Зангези» В. Хлебникова, оригинал 1923 года. Дерево, картон, железо. В процессе работы;

7. с февраля 1989 – репродукция по 2 фотографиям «Конструкция материала. Материальный подбор. Рельеф», оригинал 1914 (?) года, 1916 (?). Штукатурка, стекло, железо, гудрон. В процессе работы;

73 8. в октябре 1986 – октябре 1987 – реализация проекта 1919 года: «Памятник III Интернационала». Модель. Картон, дерево, бумага, окрашивание;

73 9. в октябре 1985 – мае 1986 – реализация графического эскиза «Смех» 1923 года: театральный костюм к постановке «Зангези» В. Хлебникова. Ткань, дерево, железо, медь, латунь, картон, подкрашивание;

73 10. в октябре 1985 – мае 1986 – реализация графического эскиза «Горе» к постановке «Зангези» В. Хлебникова. Ткань, дерево, железо, картон, подкрашивание.

Вэлери Флетчер

Создание модели татлинской «Башни» в Музее Хиршхорна и Саду скульптуры

В 1983 году Музей Хиршхорна построил модель татлинского «Памят-
ника III Интернационала» для выставки «Мечты и кошмары: утопиче- 79
ские видения в современном искусстве»[1]. Проект был осуществлен под руководством Эда Шиссера (заведующего отделом выставок нашего музея) группой профессиональных модельщиков – Беном Снуффером и его ассистентами Джимом Ройтером и Дейвом Пейпером. Технические детали, о которых пойдет здесь речь, не только дают представление об их работе, но и позволяют лучше понять характер татлинской «Башни».

Подготовка

При осуществлении проекта мы опирались на известные изобразительные первоисточники, которые были собраны и репродуцированы в каталоге «Владимир Татлин»[2]:

а) два рисунка 1919 года, воспроизводящие «Башню» в ее изначальном варианте (вид спереди и сбоку);
б) две фотографии, сделанные в процессе создания модели (март–ноябрь 1920 года);
в) две фотографии, показывающие с разных точек зрения завершенную авторскую модель, выставленную в Москве в декабре 1920 года;
г) фотография татлинской модели 1925 года в Париже.

Эти первоисточники содержат противоречия во многих деталях. Рисунки 1919 года являют ясную механическую геометрию, сотворенную рукой архитектора-конструктора. Но в последующем году, по мере того, как Татлин находил те или иные решения в процессе сооружения модели, отдельные ее элементы обретали все бóльшую сложность и нестандартность. Мы повторили этот процесс и включили в модель детали как из рисунков 1919 года, так и из фотографий 1920 года. В тех случаях, когда возникало противоречие между простотой рисунка и сложностью модели, мы выбирали последнее.

Публикации тех лет помогли нам выделить то, что представлялось особо важным Татлину и его современникам[3]. Мы обращались также к доступным нам научным исследованиям[4]. Надеялись мы изучить и предыдущие реконструкции, но нам не удалось поехать в Европу и потому пришлось ориентироваться только на фотографии[5]. Оглядываясь назад, можно сказать, что необходимость «заново изобретать» модель пошла нам во благо, поскольку мы смогли без предвзятости подойти к изучению первоисточников 1919–1920 годов, чтобы увидеть, к каким это приведет результатам.

Мы решили следовать изначальному *замыслу* Татлина, который хотел создать воодушевляющий революционный *символ,* воплощенный в абстрактных формах, и одновременно архитектурный прототип ультрасовременного функционального *здания*. Как отмечал Пунин, «Башня» «должна была дать новый тип монументальных сооружений, соединяющих в себе чисто творческую форму с формой утилитарной»[6]. Письменные источники того периода четко трактовали «Башню» 1920 года как модель здания, а не как произведение искусства в чистом виде, поэтому мы не сочли возможным воссоздавать «Башню» в качестве конструктивистской скульптуры[7]. Мы чувствовали, что важно делать различие между моделью 1920 года как материальным, временным *объектом* (безвозвратно утраченным), и *проектом* 1919–1925 годов – в том виде, каким он мыслился Татлиным и его современниками. Поэтому мы решили делать не столько точную реконструкцию, сколько модель того, что существовало в воображении художника – здания, являющегося вдохновенным символом утопического будущего.

Определив свою позицию, а также чисто практические моменты, связанные с сооружением модели, мы пришли к следующим решениям, касающимся материальных характеристик нашей модели:

Масштаб и размер[8]

Поскольку высота потолков в наших галереях не достигает четырех метров, мы сделали нашу модель в половину размера татлинского оригинала, высотой примерно в 2,5 м; ее точные параметры таковы: высота – 267 см, ширина – 175 см, длина – 203 см (без постамента размером 46 × 190 × 221 см). Следуя принятому нами решению построить модель здания в полном его масштабе, такого здания, которое при высоте 400 м было бы выше, чем почти все современные небоскребы, мы поместили рядом с нашей моделью две крохотные фигурки, чьи размеры позволили бы ощутить, сколь грандиозной была бы «Башня» в натуральную величину.

Материалы

По данным Л. Жадовой, модель 1920 года была сделана из дерева, картона, проволоки, металла и восковки[9]. Помощник Татлина, Тевель Маркович Шапиро, вспоминал, что они использовали для модели 1920 года дерево, металлические гвозди и бумагу с расчерченным рисунком, поскольку никаких других материалов невозможно было достать, и они сознательно старались добиться впечатления, будто конструкция сооружена из стекла и стали[10]. Почти все источники двадцатых годов указывают, что здание предполагалось построить из промышленного металла (железа или стали) и стекла[11]. С этим существенным фактом связано вдохновляющее воздействие «Башни» на последующие утопические проекты братьев Весниных, Лисицкого, Леонидова, Мельникова, Ладовского, Габо и многих других[12]. Итак, коль скоро стало ясно, что принципиальной «фактурой» запроектированной «Башни» должны были являться стекло и металл, мы решили последовать замыслу Татлина: отказавшись от скудного набора материалов, использованных в модели 1920 года, мы стали делать такую модель, которая была бы схожа с построенным зданием будущего. Поскольку сталь – не самый практичный материал для модели в половину размера оригинала, мы использовали штампованный алюминий и стекловолокно (покрашенные серой краской под сталь) для внешней конструкции. Вращающиеся внутренние формы сделаны из молочно-белого плексигласа с черной клейкой лентой. Модель поставлена на деревянный постамент, удобный для транспортировки.

Функционирование

Поскольку по замыслу Татлина внутренние части «Башни» должны были механически вращаться на пропорциональных скоростях, мы во-
плотили эту идею в нашей модели, правда, несколько изменив скорости 79
вращения[13]. Электрический мотор, скрытый в постаменте, регулирует движение с помощью вертикальных шпинделей, соединенных с каждой геометрической формой, причем зубчатые колеса и цепи передач видны зрителю. Вращающиеся формы были задуманы как стеклянные залы, в которых находились бы люди и которые, естественно, должны были быть освещены; и потому мы сделали подсветку изнутри.

Конструкция модели

Основные компоненты конструкции были определены вначале на маленьком макете из картона и проволоки. Процесс разработки проекта, когда мы проделали путь от двумерных документальных источников через пробный макет до полной детальной реконструкции, позволил сделать ряд открытий, касавшихся, в основном, двух моментов; это: а) специфические детали татлинского проекта; б) диалектический в основе своей характер процесса конструирования и его взаимосвязь с представлением об утопическом обществе, строящимся на основах коллективизма.

Основная диагональ

Наиболее броским архитектурным элементом является огромная диагональ, придающая наклон всему зданию. В 1925 году Татлин сообщил Анне Алексеевне Бегичевой, что угол наклона «Башни» соответствует углу наклона земной оси, который составляет 113,5°[14]. Однако, когда наши модельщики двумя разными способами изучили изобразительные первоисточники, они выявили несколько иной угол наклона. На рисунок 1919 года, где здание изображено сбоку, был наложен транспортир, чтобы измерить угол наклона в середине диагонали. Мы ориентировались на середину диагонали по той причине, что нижний внутренний конец диагонали дает более крутой наклон (115°), чем внешний верхний конец (118°). Эдом Шиссером был использован математический метод пространственного анализа при исследовании модели по фотографиям 1920 года. В обоих случаях угол наклона составил 116,5°. Этот больший наклон создает в нашей модели более сильное впечатление динамического порыва, чем в других реконструкциях[15]; тем самым изменяется и открытое внутреннее пространство.

Наша модель давно уже была завершена, когда я стала размышлять над тем, как может соотноситься этот угол с научными расчетами наклона земной оси. Вероятно, Татлин избрал угол наклона в центре диагонали в 116,5° как средний между углом отклонения земной оси от плоскости эклиптики, составляющим 113,5°, и углом в 120°, который образуется при проекции земной оси на широте Ленинграда[16]. Не исключено также, если принять во внимание, сколь точно и тщательно Татлин проектировал «Башню», что такие расчеты были сделаны, и точность этих цифр провоцирует на подобные выводы. Однако это может быть просто совпадением.

Наши модельщики обнаружили далее, что диагональный элемент расположен отнюдь не «вертикально». При внимательном изучении рисунка 1919 года, где изображен вертикальный фасад, выяснилось, что этот элемент наклонен весьма сильно – не только вперед, образуя диагональ, но и вбок – на два градуса вправо. Хотя фотографии 1920 года не подтвердили, но и не опровергли данное обстоятельство, мы в нашей модели учли этот наклон в два градуса. Это повлияло на расчеты всех элементов конструкции в целом, что привело к удивительному результату – отказу от абсолютных вертикалей, что являет своего рода антитезис традиционной архитектуры.

Модельщики пришли к выводу, что диагональ не могла бы служить основным несущим элементом в реальном здании в тех размерах, которые были запланированы Татлиным. Она вырывается вперед под таким большим углом, что не сумела бы выдержать внутренние объемные элементы и рухнула бы; к тому же она была бы слишком велика, чтобы ее можно было закрепить в земле.

Центральный конус

Реальной конструктивной основой «Башни» является центральный конус, опоясанный двойными спиралями; он призван раскрывать внутреннее пространство для вращающихся геометрических элементов[17]. Центральная конструкция представляет собой «ажурный», наклоненный и усеченный конус, состоящий из 21 распорки. (Этот внутренний конус сравнительно трудно распознать, поскольку его окружают и маскируют многие другие элементы. Не следует его путать с общим силуэтом «Башни», который на первый взгляд может показаться конусообразным.) Вместо того, чтобы сохранить простоту формы конуса, Татлин весьма существенно ее усложняет. Мало того, что конус наклонен, у него еще не видно вершины, поскольку распорки обрезаны на разной высоте. К тому же, не все распорки стоят на земле: семь из них опираются на три арки, которые, в свою очередь, расположены асимметрично. Наши модельщики в конечном итоге пришли к выводу, что сложная неравномерность, присущая этой главной конструктивной основе, отражалась на всей «Башне».

Спирали

Двойные спирали оказались невероятно сложными. В соответствии со своим символическим смыслом[18] они служат визуально-эстетическим целям, сообщая мощную ритмическую энергию динамическому порыву «Башни», направленному по диагонали. Пытаясь схватить этот труднопостижимый ритм, наши модельщики обнаружили, что в модели 1920 года спирали в своем устремленном ввысь движении несомненно избегают какой-либо симметрии или равномерности. Их дуги поднимаются в разном темпе, в каких-то частях как бы ослабевая, а в других более круто взмывая вверх. Более того, Татлин сместил эти колебания при подъеме: наклоны обеих спиралей, меняющиеся по мере движения вверх, не находятся в симметричном соответствии (отсутствует здесь даже обратная симметрия, когда одна спираль давала бы обратное «отражение» другой). Все эти неравномерности порождают особую энергию, чуть ли не энергию жеста, когда спирали выглядят совершенно по-разному, если смотреть на них с различных точек зрения. Так что любая реконструкция, где спирали были бы равномерными и симметричными – как у штопора, была бы лишена большей части энергии, свойственной татлинскому оригиналу.

Эти колебания в восходящем движении спиралей мы выявили эмпирическим путем, но было найдено также и математическое выражение их ритма. Бен Снуффер проанализировал трехмерные кривые, переведя их в чертеж-график (он вычертил целый ряд точек в пространстве, соответствовавших тем местам, где поперечные балки соединяли спирали с конусом). Равномерная спираль на таком графике выглядела бы прямой линией, но татлинские спирали оказались периодическими функциями с непостоянной амплитудой (близкими к кривой синусоиды с регулярным периодом, но с различной амплитудой). Это, несомненно, наглядное воплощение того, о чем заявлял Татлин в своей статье «Искусство в технику!» (1932), определяя характер использования в архитектуре кривизны и сложной кривизны, когда формы создаются сложным движением кривых или прямых линий[19].

Но спирали играли не только эстетическую роль, основное их назначение состояло в том, чтобы быть конструктивной поддержкой для 21 распорки внутреннего конуса (из-за своего огромного размера эти распорки не были бы достаточно устойчивыми в реализованном здании). Для того, чтобы создать опору для внутреннего конуса с помощью внешних спиралей, Татлин разработал сложную систему треугольных опор-контрфорсов. Поскольку спирали поднимаются в разном темпе, эти элементы, дающие опору, поразительно неравномерны по своей длине – нет какой-либо системы, нет каких-либо пропорциональных соотношений в их направленном ввысь и вокруг конуса движении. (Ведь насколько проще было бы упорядочить всю эту конструкцию.)

Наши модельщики пришли также к выводу, что опорная система «Башни» напоминает ряд перевернутых конусов – они вставлены друг в друга, начиная от самого маленького вверху и кончая самым большим внизу, уходящим в землю (все они наклонены вдоль основной диагонали). Практически ни один из поддерживающих конструкцию контрфорсов не расположен вертикально, все они слегка наклонены в сторону, наружу.

Разработанная Татлиным система треугольников, рассчитанная нашими модельщиками, свидетельствует о его стремлении к тому, чтобы спирали воспринимались символически раздвигающимися и выходящими за зримые свои пределы. Спирали должны были не только устремляться ввысь, они *должны* были восприниматься также как уходящие глубоко в землю – иначе «Башню» невозможно было бы построить. Расположение основных контрфорсов, стоящих на земле и поддерживающих всю конструкцию, может быть должным образом определено только в том случае, если продолжить эту систему треугольников под землю. Таким образом, сама техническая конструкция подтверждает интерпретацию спиралей «Башни» как метафоры эволюционного подъема человеческой цивилизации от Земли в первобытном ее состоянии – ввысь, в космос.

Внутренние вращающиеся элементы

В своей модели 1920 года Татлин не воспользовался наиболее простым и функциональным решением – разместить все внутренние вращающиеся элементы на одной оси. Вместо этого он поместил их на слегка различающихся, ступенчато расположенных осях (что было обусловлено в основном общим наклоном «Башни»). Он сделал также неравносторонней центральную пирамиду, поэтому ее вершина описывает при вращении в пространстве круг (а не просто точку). В результате нашим модельщикам пришлось при помощи метода проб и ошибок видоизменять одновременно как внешнюю структуру, так и внутренние элементы, особенно когда эти элементы были приведены в движение. Так что внешняя конструкция могла быть определена только в многоступенчатом диалектическом процессе, совокупно с движущимися внутренними элементами.

Выявление этой диалектической взаимосвязи между отдельными компонентами «Башни» явилось одним из наиболее важных результатов нашей работы по ее реконструкции. При каждой попытке наших модельщиков упорядочить формы, привести их в соответствие с архитектурными нормами (такими, как логическая последовательность, вертикальность и функциональность), страдала вся конструкция, утрачивая тот динамизм и ту энергию, что так явственно были выражены в оригинальной модели Татлина. Только пойдя на то, чтобы повторить всю эту сложность, нестандартность и отклонения от норм, мы сумели достичь того же ощущения динамизма, что вызывает татлинский оригинал 1920 года. Если предположить, что наш опыт работы над моделью был аналогичен татлинскому, то это может объяснить расхождения между рисунками 1919 года и фотографиями завершенной модели 1920 года. Этот диалектический процесс мог бы также послужить полной смысла метафорой эволюции утопического общества: такое общество нуждалось бы во взаимодействии сил больших и малых, внутри и снаружи, дабы обрести энергию и добиться успеха.

Выводы

В то время, как многие ученые занимались исследованием смысловых значений, генезиса и воздействия основных геометрических элементов татлинской «Башни», наши усилия были направлены на выявление того, что может открыть нам сама физическая структура «Башни». Анализ мельчайших ее деталей позволил обнаружить неожиданную для нас, всепроникающую усложненность, нуждавшуюся в дополнительной интерпретации. Кто-то из исследователей может придти к выводу, что «неправильности» в модели 1920 года вызваны просто неизбежным компромиссом между воображаемым идеалом и необходимостью утилитарного подхода. Но поскольку мы открыли такое количество тончайших детальных решений, то казалось очевидным, что их включение не может быть обусловлено просто неточным конструированием. Оставаясь в пределах доминирующей геометрии своего проекта, Татлин настойчиво и сознательно вводил в конструкцию усложненность и асимметрию, вносил множество тончайших вариаций – в большом и в малом. И поэтому наши модельщики не могли не согласиться с Шапиро, который заверял, что «даже если в процессе создания модели и возникали различные непредвиденные проблемы, модель не может рассматриваться как импровизация. Положение каждого отдельного элемента тщательно продумывалось и проверялось Татлиным. Его стандарты точности были чрезвычайно высоки»[20].

Эти тончайшие изменения, вносившиеся Татлиным, могли выражать лишь его собственное художественное неприятие упорядоченности, свойственной большинству архитектурных и инженерных проектов. Но, возможно, он хотел утвердить своей «Башней» эстетику парадоксального, где простота оборачивается сложностью, а утопические цели вполне прагматичны. Татлин мог стремиться также и к метафорическому высказыванию, заявляя о том, что в более широкой организационной системе новой утопии будет достаточно пространства для творческого, революционного новаторства.

Выйдя за рамки анализа специфических деталей, сам реальный *процесс* создания нашей модели послужил иллюстрацией и подтверждением утопического конструктивизма Татлина. Отказавшись от своей чисто профессиональной привычки все упрощать и упорядочивать, наши модельщики с готовностью изучили и приняли татлинскую эстетику парадоксального; они мобилизовали собственное творческое мастерство ради того, чтобы ухватить и выразить труднопостижимую энергию, ощутимую в «Башне». Рассматривая все это как беспрецедентный вызов, ответ на который должен быть дан совместными усилиями, они постоянно обсуждали исторические источники и как их интерпретировать. Когда те или иные неравномерности и отклонения были выявлены, они советовались относительно того, каким образом работа одного из них отразится на работе других. Этот динамичный процесс, это сотрудничество индивидуальностей *и* взаимодействие интеллекта и ремесленного труда как бы концентрирует в себе утопические идеалы Татлина. Наши модельщики, сами того не подозревая, доказали правоту Татлина и других утопистов-революционеров, полагавших, что и работники ручного труда, мало искушенные в художественной или интеллектуальной символике (или же в революционной риторике), могут целиком и полностью, даже с энтузиазмом включиться в работу над проектом и внести значительный вклад в оптимальную его реализацию. Этот диалектический синергизм поражает меня как совершенное воплощение идеалистического конструктивизма Татлина.

Примечания

1 Valerie J. Fletcher. *Dreams and Nightmares: Utopian Visions in Modern Art.* Hirshhorn Museum and Sculpture Garden, Washington D.C., December 1983–February 1984. Washington D.C.: Smithsonian Institution Press, 1983.

2 *Vladimir Tatlin. Moderna Museet, Stockholm.* Stockholm, 1968. См. иллюстрации на сс. 52–55, 63, а также обложку. Два рисунка 1919 года впервые были опубликованы в кн.: Н. Пунин. *Памятник III Интернационала.* Петербург [Петроград]: Отдел ИЗО НКП, 1920. Одна из фотографий, запечатлевших работу над моделью «Башни», была опубликована впервые в журнале «Вытварне умени» (Výtvarné Umění, Прага, 1967, № 8–9). Две фотографий модели «Башни» 1920 года впервые были опубликованы в кн.: Н. Пунин. *Татлин (Против кубизма).* Петербург [Петроград]: Отдел ИЗО НКП, 1921. Фотография 1925 года впервые была опубликована в изд.: *Exposition Internationale des Arts Décoratifs et Industriels. Catalogue URSS.* Paris, 1925.

3 Н. Пунин. *О памятниках нового типа.* – Искусство Коммуны, Петроград, 1919, 9 марта, сс. 2–3; В. Татлин и др. *Наша предстоящая работа.* – VIII Съезд Советов (Ежедневный бюллетень съезда), 1921, 1 янв., № 13, с. 11; Н. Пунин. *Татлинова башня.* – Вещь – Gegenstand – Objet, Берлин, 1922, № 1–2, с. 22; Илья Эренбург. *А все-таки она вертится.* Москва–Берлин: книгоиздательство Геликон, 1922, сс. 18–20; В. Шкловский. *Памятник Третьему Интернационалу.* – Жизнь искусства, 1921, 5, 8 и 9 янв., № 650–652, с. 1; Улен (Эль Лисицкий). *Выставки в России.* – Вещь – Gegenstand – Objet, 1922, № 1–2, с. 19; А. Луначарский. Известия ВЦИК, 1922, 29 нояб., № 22; Broby-Johansen. *Quod Felix.* – Akademisk Tidskrift, 1926, Feb. 15, no. 10, pp. 134–135. Все тексты опубликованы в переводе на шведский и английский в каталоге *«Vladimir Tatlin»* (сс. 51–63) ; см. также интервью Т. Андерсена с Шапиро в том же каталоге на сс. 23–25.

4 Кроме каталога стокгольмского Музея современного искусства мы использовали также след. публикации: John Milner. *Vladimir Tatlin and the Russian Avant-Garde.* New Haven and London: Yale University Press, 1983, chap. 8, pp. 151–180; Christina Lodder. *Russian Constructivism.* New Haven and London: Yale University Press, 1983, pp. 55–66; Kestutis Paul Zygas. *Tatlin's Tower Reconsidered.* – Architectural Association Quarterly, 1976, vol. 8, no. 2, pp. 15–27. Однако практически все советские первоисточники (в первую очередь архив Татлина) и научные первоисточники (включая работы А. Стригалева и Л. Жадовой) не были для нас доступны.

5 Мы многое почерпнули из опыта создания первой реконструкции, которая была сделана из раскрашенного дерева и пластика Ульфом Линде и Пером Улофом Ультведом для татлинской ретроспективной выставки 1968 г. в стокгольмском Музее современного искусства. Благодаря их усилиям удалось определить основные элементы конструкции «Башни» (см.: *Report on the reconstructing.* – In: *Vladimir Tatlin,* pp. 26–27). После того, как эта модель разрушилась, были построены две другие модели из некрашенного дерева и пластика – одна для стокгольмского Музея современного

искусства, другая же была создана Обществом Лонжепе для Национального центра искусства и культуры им. Ж. Помпиду. Что касается еще одной большой модели, построенной Кристофером Кроссом и др. для выставки «Искусство революции» (Лондон, Галерея Хейуорд, февраль–апрель 1971 г.), то она не могла быть для нас полезной, поскольку основные ее пропорции были слишком неточными (см. илл. в кн.: John Milner. *Vladimir Tatlin...*, p. 174). Мы изучили также единственную имевшуюся в нашем полушарии модель – очень маленькую реконструкцию, сделанную для выставки «Авангард в России. 1910–1930» в Музее искусства графства Лос-Анджелес в июле–сентябре 1980 г.; в ней были нарушены пропорции и имелись недостатки в деталях. У нас не было никакой информации или фотографий модели (размеров небольших или средних), построенной под руководством Т. М. Шапиро для выставки «В. Е. Татлин. Заслуженный деятель искусств РСФСР. 1885–1953» 1977 г. (ныне в Научно-исследовательском музее архитектуры им. А. В. Щусева).

6 Н. Пунин. *Татлинова башня.*

7 Работая в музее, известном своим собранием современной скульптуры, мы в полной мере отдаем себе отчет в тех проблемах этического и эстетического плана, которые могут возникнуть при посмертной реконструкции художественного произведения. В США такого рода воссоздания произведений считаются многими учеными опасными с этической точки зрения, так что мы стремились в данном случае воплотить творческий замысел художника, не создавая объекта, который мог бы быть ошибочно принят за собственноручно сделанное им произведение. См.: College Art Association Board of Directors. *A Statement on Standards for Sculptural Reproduction and Preventive Measures to Combat Unethical Casting in Bronze.* – Art Journal, vol. 34, no. 1 (autumn 1974), pp. 44–50; Sylvia Hochfield. *Problems in the Reproduction of Sculpture.* – Artnews, November 1974, pp. 20–29; Albert Elsen. *Art Replicas: A Question of Ethics.* – Artnews, February 1979, p. 61; Sharon Churcher. *Legal Counterfeiting.* – Art & Auction, September 1968, pp. 120–125; Sylvia Hochfield. *Cast in Doubt.*– Artnews, vol. 88, no. 2, February 1989, pp. 108–115.

8 Эль Лисицкий (под псевдонимом Улен) сообщал в 1922 г., что «Башня» была пятиметровой высоты. Бробю-Йохансен в 1926 г. отмечал, что высота парижской модели составляла примерно 4 м. Жадова в каталоге выставки *«В. Е. Татлин»* (Москва, 1977, с. 20) указывала, что модель 1920 г. была приблизительно пятиметровой высоты, а Стригалев в статье *«О проекте «Памятника Ш Интернационала» художника В. Е. Татлина»* в *«Вопросах советского изобразительного искусства и архитектуры»* (Москва, 1973, сс. 413–416) высказал соображение о том, что высота ее составляла около 6–7 м. И Эренбург, и Бробю-Йохансен сообщали точную высоту реального задания – предполагалось, что она будет составлять 400 м.

9 Л. А. Жадова. См. каталог *«В. Е. Татлин»*, с. 20. В 1967 г. Шапиро рассказал в интервью с Андерсеном, что конструкция состояла из деревянных реек и фанеры с металлическими гвоздями и арматурой, а внутренние элементы – из бумаги с расчерченным рисунком и с механизмом вращения из металла.

10 Интервью с Шапиро в каталоге: *Vladimir Tatlin*, pp. 24–25. Хотя исследователи творчества Татлина признают, что свидетельства Шапиро не вполне заслуживают доверия (как отмечал Стригалев в беседе с автором 25 ноября 1989 г.), в данном и в ряде других случаев они подтверждают исторические источники, а не противоречат им.

11 В статье *«Наша предстоящая работа»*, написанной во время демонстрации модели в Москве, Татлин назвал железо и сталь материалами «современного классицизма». Пунин отмечал в 1920 г. в своей брошюре, что большие залы будут построены из стекла, а Эренбург в 1922 г. уточнил, что «Башня», являясь частью современного промышленного пейзажа, будет сооружена из стекла и железа. Шкловский также заявлял, что «Башня» будет построена из «железа, стекла и революции», в то время как Бробю-Йохансен назвал сталь и стекло.

12 Лисицкий впоследствии критиковал стремление других художников «наделять эти материалы символическим смыслом: «железо столь же крепко, как воля пролетариата. Стекло чисто, как его совесть.»» El Lissitzky. *New Russian Art.* 1922. – In: S. Lissitzky-Küppers. *El Lissitzky: Life, Letters, Texts.* London: Thames and Hudson, p. 333; (цитата дается в переводе с английского). Скульптурно-архитектурные работы Габо 1920–1923 гг. явно созданы под влиянием скорее *задуманной,* чем действительной «фактуры» «Башни» (см. статью Кристины Лоддер в наст. изд., сс. 450–458).

13 Пунин в брошюре *«Памятник III Интернационала»* писал, что внутренние формы будут способны вращаться на различных скоростях при помощи особого механизма. Нижний ярус будет вращаться вокруг своей оси со скоростью одного оборота в год, следующий будет вращаться со скоростью одного оборота в месяц и, наконец, самый верхний – цилиндр будет совершать один оборот в день. Эти скорости явно соответствуют движениям в космосе (вращение Земли вокруг Солнца, Луны вокруг Земли и Земли вокруг собственной оси), как отмечал Луи Лозовик (Louis Lozowick. *Tatlin's Monument to the Third International.* – Broom, vol. 3, 1922, no. 3, p. 234). Шкловский, Эренбург и Бробю-Йохансен также отмечали, что формы из стекла будут вращаться. По свидетельству Шапиро, в модели 1920 г. все четыре внутренние формы «могли вращаться с помощью трансмиссии из шестерен различного размера 〈...〉 Центральная ось нижнего цилиндра уходила в постамент модели и могла приводиться в движение с помощью заводной ручки» (цитата дается в переводе с английского). Рисунки и модель Татлина не показывают, каким образом решалась эта механическая проблема. Мы не стали следовать тем точным скоростям, которые были названы Пуниным, поскольку такое соотношение – 1 : 12 : 365 – привело бы к тому, что нижний цилиндр вращался бы слишком медленно, а верхний – слишком быстро по отношению к размерам нашей модели. Потому формы в нашей модели вращаются на пропорциональных скоростях, которые могут быть непосредственно восприняты (примерно 1 : 7 : 49). В стокгольмской модели 1968 г. и в обеих моделях, заменивших ее, имелись механические вращающиеся элементы, но без освещения. Модель в Лос-Анджелесе имеет подсветку, но не вращается.

14 Цит. в кн.: Christina Lodder. *Russian Constructivism,* p. 65 (см. там же прим. 120 на с. 227; Лоддер цитирует Бегичеву по машинописному тексту ее мемуаров, хранящихся в частном архиве). Стригалев (каталог *«В. Е. Татлин»,* с. 19) и Милнер (John Milner. *Vladimir Tatlin...,* p. 179) также отмечали, что наклон «Башни» соответствует углу наклона земной оси.

15 В 1967–1968 гг. стокгольмская группа пришла к решению выбрать угол в 110° (*Vladimir Tatlin,* p. 27), и он был повторен в последующих моделях.

16 Смитсоновский астроном Джофф Честер в беседе с автором 28 сентября 1989 г. объяснил, что проекция земной оси будет различаться на разных широтах. Так, угол в 116,5° будет верным для широты Ленинграда (60° с. ш.) и будет увеличиваться по мере отдаления от севера, составляя на широте Москвы 125°. Милнер (J. Milner. *Vladimir Tatlin ...,* pp. 154–155) указал, что Петроград был центром астрономических исследований.

17 Анализ основной геометрической структуры «Башни» был впервые сделан для стокгольмской модели в 1967 г. См.: Linde and Ultvedt. *Report on the reconstructing.* – In: *Vladimir Tatlin,* p. 27.

18 Как сообщает Бегичева, Татлин говорил ей в 1925 г. о том, что он выбрал спираль как динамичный «символ времени: энергия, ясность и устремленность» (см.: Christina Lodder. *Russian Constructivism,* p. 65; цитата дается в переводе с английского). Символическое значение спиралей широко изучалось (см.: John Milner. *Vladimir Tatlin ...,* chap. 8).

19 В. Татлин. *Искусство – в технику!* – В кн.: *Выставка работ заслуженного деятеля искусств В. Е. Татлина.* (Каталог). М.–Л., 1932, сс. 5–6. Направленное вверх движение

спиралей – чуть ли не взвинченное, но вместе с тем текучее – ассоциируется с ритмами движения человеческого тела, которые чужды большинству конструктивных технических проектов, и в силу этого носит чисто эстетический характер. Это может быть отнесено также и к интерпретации «Башни» как шагающей фигуры, данной Милнером в 1983 г.

20 Интервью с Шапиро. – В кн.: *Vladimir Tatlin,* р. 25. Цитата дается в переводе с английского.

Перевод с английского: Александр Варкентин.

Ирина Суботич

О восприятии искусства Татлина в югославском авангарде Четыре различных интерпретации

Как одна из ведущих фигур мирового авангарда Владимир Евграфович Татлин возникает на горизонте культурной жизни Югославии в самом начале двадцатых годов. Он и его творчество воспринимаются в качестве образца и лейтмотива, символа и парадигмы: в 1921 году как дадаистское отрицание традиционной эстетики и вкупе с представлением о татлинском «машинизме»; в 1922 году Татлин вводится в контекст явления, к которому он, собственно, и принадлежит, – в контекст конструктивизма; в 1923 году речь идет о противопоставлении кругу идей «зенитизма», или точнее, о сближении с ним и включении в него; наконец, в 1924 году появляется новый аспект – рассмотрение вопроса о татлинском интеллектуализме и в данной связи также вопроса о гибели искусства, и все это сквозь призму «объективистского марксизма».

В 1921 году в югославском авангардистском журнале «Зенит» (он выходил в Загребе, а затем в Белграде с 1921 по 1926 год) была опубликована статья Драгана Алексича «Татлин». ЛС + человек»[1], которая вполне согласовывалась с более ранней направленностью журнала, переориентировавшегося с экспрессионизма на дадаизм и конструктивизм. В статье поднимается вопрос о новой эстетической категории, полностью противоположной тем, что существовали до сих пор: машинизм как материализм, как оппозиция идеализму, антропоцентрическому экспрессионизму и духовности[2]. Югославский дадаист Драган Алексич мог быть знаком с несколько произвольным истолкованием татлинского «машинного искусства», принадлежавшим перу Константина Уманского, равно как и со словесными и изобразительными реакциями на эту концепцию берлинских дадаистов Гроса, Хаусмана и Хартфильда, на которых и ссылается Драган Алексич в своей статье о Татлине. Ставя под вопрос представления о том, что творения европейских гениев (таких, как Рафаэль, Иван Мештрович и Роден) бессмертны, он предлагает свое понимание вершины нашей эпохи: «Материализм сегодня. Материализм – не помеха искусству. Связь с человеком.» «Новую грамматику и эстетику нашей эры» он видит в элементах машинной цивилизации и употребляет характерную для нее терминологию (например, уже само название: «ЛС» – лошадиные силы, за сим следует широкий диапазон подобной же лексики – пар, электричество, солнечная энергия, ротационные машины, генераторы, батареи, трансформаторы и т. д.) Пользуясь типичным для дадаизма языком – алогичным и прерывистым, абсурдным и парадоксальным, Драган Алексич отождествляет современную эпоху с татлинизмом.

В феврале 1922 года на титульном листе «Зенита»[3] был воспроизведен
88 рисунок, изображающий «Памятник III Интернационала», он был повторен и внутри, рядом с отрывком из книги Ильи Эренбурга «А все-таки она вертится», которая послужила, несомненно, источником сведений о Татлине[4]. Юлия Сабо[5] говорит об идеологических аспектах III Интернационала, с которыми югославский авангард познакомился благодаря Татлину и его проекту. Если Эйфелева башня символизировала вступление в XX век – век современной технической цивилизации железобетонных конструкций, будучи самым высоким сооружением своего времени, вызовом представлениям об устойчивости и чувстве меры, то татлинская «Башня», начавшая постепенно вытеснять Эйфелеву башню со страниц «Зенита»[6], отождествлялась с высочайшими идеалами интернационализма, большевизма, возможностями коммуникации, жизненной энергией, художественным воображением, космическим движением (год – месяц – день), планетарными пропорциями (угол, высота), а также с геометричностью и упорядоченностью форм как вероятного выражения эзотерических предпосылок.

Уже в следующем номере «Зенита», в марте 1922 года, издатель журнала, поэт и критик Любомир Мицич опубликовал свой «Зенитистский радио-фильм в 17 частях. Шимми на кладбище Латинского квартала»[7]. Наряду с его «Категорическим императивом зенитистской поэтической школы»[8], этот текст представляет собой самый ранний пример югославского конструктивизма в поэзии, благодаря своей форме и содержанию.

Татлину отведена решающая роль в обоих сочинениях Мицича. Действие его «радио-фильма» происходит в «поле близ Петрограда, где татлинская «Башня» прорывает массу облаков. Штаб-квартира татлинского радио, расположенная на высоте 400 м, связана с семнадцатью радиостанциями, которые находятся в руках зенитовцев» в разных городах между Москвой и Парижем, в Белграде, Загребе, Токио, Пекине, Берлине, Праге, Варшаве, Лондоне, Нью-Йорке ... В произведениях Мицича Татлин играет ту же роль, что и его «Памятник III Интернационала», являя социальную ангажированность и дух интернационализма, макрокосмос в действии и взор, устремленный в будущее, обеспечивая цепь коммуникаций и трансляцию новостей, полную поразительного энтузиазма по отношению к русской революции. «Современная динамика, выраженная в спиралях»[9], воплощалась в «Категорическом императиве» путем овладения пространством («слова в пространстве») и установления координат Восток – Запад, а также благодаря символу новой эпохи и новой России – татлинскому «Памятнику III Интернационала».

Имя Татлина появляется почти во всех последующих номерах «Зенита». Эль Лисицкий упоминает его в своей статье «Искусство и выставки в России»[10], и затем в статье «Новое русское искусство», написанной вместе с Эренбургом специально для русского выпуска «Зенита», который они сами готовили к печати. Оба автора пытались внести коррективы в неверную интерпретацию творчества Татлина, господствовавшую на Западе: оно рассматривалось в плане «машинного искусства», а это было «обусловлено поверхностным сходством и тем, что забывали, что это вопрос не технических, а пластических решений проблемы»[11].

Бóльшая ясность в подходе к творчеству Татлина обнаруживается в обзоре выставки русского искусства в галерее Ван Димен в Берлине, выдержанном более или менее в духе дадаизма. Этот обзор, появившийся в марте 1923 года, принадлежит перу поэта-зенитовца Бранко Ве Полянски[12]. Его восторженное отношение к русской революции переносится на работы Татлина: «его скульптуры ни один онанирующий эстет не сможет использовать для какого-либо рода декора» и «великое панкосмическое веселье проникло в мою душу, и она прочувствовала ритм воздуха конструкцией пространства, становящегося плотью одного из контррельефов Татлина. И так я ощутил грохот революционного взрыва, ощутил пародийность декораций в старых кулуарах и силу воздействия новых художественных объектов с их механикой, гибкими линиями, движущимися поверхностями и энергией вечного бытия».

За этой эйфорией последовал период, когда произведения Татлина даже еще глубже вошли в художественную жизнь Югославии; при этом «Памятник III Интернационала» все время оставался символическим воплощением творческой мощи Татлина. Подобно Любомиру Мицичу, другой поэт-зенитовец – Стеван Живанович[13] делает сценой своих зенитистских действ окружение универсальной значимости (Эйфелева башня и «Башня» Татлина).

И, наконец, плакат для «Большого зенитистского вечера», который 90
состоялся 31 января 1923 года в Загребе[14], был создан в том же самом духе: по соседству с черными квадратами Малевича в углах и с наиболее характерными зенитистскими лозунгами (с левой стороны – «зенитизм борется за новое балканское искусство, за вечную молодость, за победу варварогения», с правой – призывы бороться с «европейским параличом, против сентиментальности, против литературы», но за «балканизацию Европы») помещено изображение татлинской «Башни». Для этого важного во многих отношениях плаката не были использованы произведения каких-либо югославских художников – а ведь плакат был выпущен

как-раз в тот период, когда осуществлялось интенсивное и плодотворное сотрудничество с Иосипом Ио Сайсселем/Клеком, который, как считают, в наиболее чистом виде представлял идеи зенитизма в искусстве; и этот факт говорит о том, что «Зенит» тем самым ясно и отчетливо заявлял о своей позиции – ориентации на международное развитие, выступая за конструктивизм, активное будущее, радикальные идеи. Типичная в целом для авангарда провокационная противоречивость не случайно, конечно, отразилась в том обстоятельстве, что имена главных действующих лиц на зенитистском вечере – Мицича и его брата Полянски – были помещены в декоративное обрамление из гирлянд в стиле «Сецессиона». Татлинский «Памятник», однако, находился в центре.

В 1924 году югославский писатель-коммунист Август Цесарец опубликовал свои заметки о путешествии в Россию, которое он совершил в 1922 году[15]. Комментируя отношение Бориса Арватова к супрематизму, конструктивизму, а также к журналу «Вещь – Gegenstand – Objet», Цесарец пишет о визионерских абстракциях, революционный характер которых обусловлен революцией масс и которые жаждут стать объектом, полезным для жизни, техники и промышленности. Это возвращение к идеям Уманского, но на другом идеологическом уровне. Цесарец задает также вопрос о связи со следующим положением: «Задачи техники – это одновременно задачи искусства. Остается ли оно в таком случае еще искусством?» Он обвиняет Татлина в отсутствии фантазии. На самом же деле, он не может избавиться от собственной потребности выявлять те представления, мысли и ассоциации, которые возбуждают у зрителей татлинские конструкции. Он ищет в них утилитарность и находит «новый субъективизм», «плоды произвольности», «предметную абстракцию» (сравнивая ее с «беспредметной абстракцией» Малевича), весьма далеких от конкретного применения в промышленности, что, как он полагает, входило в намерения художника. Цесарец считает, что эти произведения «содержат интеллектуального конструирования слишком много для того, чтобы быть искусством, и слишком мало для того, чтобы стать техникой». Общая картина современного русского искусства с явлениями-антиподами – примитивизмом Ларионова и конструктивизмом Татлина наводит на размышления об общем развитии цивилизации, которое доходит ныне до своего конца вместе с теми художниками, что «добровольно пошли на службу революции, ведущей искусство к самоубийству. Означает ли это, что искусство и революция находятся в действительности в оппозиции друг к другу?» Этот завершающий вопрос несет в себе – и тут мы подходим к самому главному – самое значительное и самое серьезное обвинение против современного авангардистского искусства. Именно дух идеологии Коминтерна повинен в том, что закрывались мастерские художников и открывались ГУЛАГи, которые существовали намного дольше и распространились намного дальше, чем эксперименты русских авангардистов. Это было также намного трагичнее для общественного положения художников и их творческой деятельности, чем принято думать. Эта идеология пропитала весь мир социализма и коммунизма более, чем на полвека; ее последствия ощутимы даже сегодня, пусть она и вправду агонизирует. И мне хотелось бы глубоко поверить в то, что Феникс более не возродится.

Примечания

1 Dragan Aleksić. *Tatlin. HP/s + čovek.* – Zenit. Zagreb. № 9. Ноябрь 1921, сс. 8–9.

2 Vida Golubović. *Berlinska dada/Tatlin.* – *Pojmovnik ruske avangarde,* no. 6, Zagreb, GZH/Zavod za znanost o književnosti, 1989, s. 261–272.

3 Zenit. Zagreb. № 11. Февраль 1922.

4 Согласно исследованиям Юлии Сабо, «Зенит» был первым зарубежным журналом, опубликовавшим проект татлинской «Башни». Вслед за «Зенитом» его воспроизвели другие авангардистские журналы.

5 Julia Szabó. *La Tour de Tatline et son influence sur l'avangarde d'Europe centrale.* – Ligeia, Paris, 1989, no. 5–6, avril/septembre, p. 65–69.

6 По разным случаям она часто появляется в журнале «Зенит» и других его изданиях: Иван Голл. *Париж горит.* Библиотека «Зенита» (Ivan Goll. *Paris brennt.* Biblioteka Zenit), 1921, № 2 (со стихами Блэза Сандрара, Валентина Парнаха, Висента Уйдобро, посвященными Эйфелевой башне); еще раз в «Зените», № 11, где также воспроизведена линогравюра «Париж» Карела Тейге с изображением Эйфелевой башни; стихотворение «Эйфелева башня» Ивана Голла, помещенное вместе с репродукцией рисунка Робера Делоне «Башня» в июньском номере «Зенита» в 1922 году (№15). Этот рисунок находится ныне в Национальном музее в Белграде.

7 Ljubomir Micić. *Zenitistički Radio-Film u 17 sočinenija. Šimi na groblju Latinske četvrti.* – Zenit. Zagreb. № 12. Март 1922, сс. 13–15.

8 Ljubomir Micić. *Kategorički imperativ zenitističke pesničke škole.* – Zenit. Zagreb. № 13. Апрель 1922, с. 18; перепечатано в кн.: L. Micić. *Kola za spasavanje.* Biblioteka Zenit, 1922, № 3, также вместе с репродукцией татлинской «Башни».

9 Из рецензии на книгу И. Эренбурга *«А все-таки она вертится»* (Zenit. Zagreb. № 12, с. 16), написанной, вероятно, издателем – Любомиром Мицичем.

10 U. L. [El Lissitzky]. *Umetnost i izložbe u Rusiji.* – Zenit. Zagreb. № 14. Май 1922, сс. 30–31. Перепечатана из журнала «Вещь – Gegenstand – Objet».

11 I. Ehrenburg, El Lissitzky. *Nova ruska umetnost.* – Zenit. Zagreb. № 17/18. Сентябрь – октябрь 1922. Оригинал титульного листа сделан Эль Лисицким. Цитата дается в переводе с английского.

12 Branko Ve Poljanski. *Kroz rusku izložbu u Berlinu.* – Zenit. Zagreb. № 22. Март 1923. Текст был написан годом раньше, но, как указано в примечании редактора, не был тогда опубликован из-за «материальных затруднений».

13 Stevan Živanović. *Verujte matere nerotkinje.* – Zenit. Zagreb. № 22, б. с.

14 Плакат находится теперь в собрании Национального музея в Белграде.

15 August Cesarec. *Konstruktivizam – Tatljin.* Književna republika. Zagreb, 1924; перепечатка в кн.: August Cesarec. *Svetlost u mraku.* Zagreb: Stvarnost, 1963, s. 292–297.

Перевод с английского: Ирина Порудоминская.

Мартин Чок

Реконструируя работы Татлина

Первую свою реконструкцию я сделал в 1966 году – это была студенческая работа. В общей сложности мною были реконструированы восемь произведений Татлина; они были созданы им в 1914–1915 годах и, как полагают, утеряны. В настоящей статье я хотел бы затронуть ряд вопросов, вставших в процессе осуществления данного проекта, формальное завершение которого было ознаменовано выставкой «Утеряно, предположительно разрушено» – она состоялась в Галерее изобразительных искусств Аннели Джуда в Лондоне и в Галерее Токио в Японии в 1981–1982 годах[1].

Каждая реконструкция отчетливо предстает именно в качестве реконструкции, не будучи ни копией, ни репликой, ни подделкой. Я не собирался подменять ими оригиналы, а стремился как бы иллюстрировать архивные материалы с помощью трехмерных объектов, которые в достаточной мере отражали бы дух подлинника, в чем бы и состояла их ценность.

Мой подход к этой работе не носил академического характера, хотя имеющийся материал я изучал очень внимательно. Реконструкции делались в мастерской, я использовал здесь свой опыт скульптора-практика, знания, обретенные в работе с материалами и конструкциями. В мои намерения не входили рабское следование оригиналу или педантическая точность – это сделало бы невозможным выполнение поставленной задачи; важно было создать вещи, чье существование оправдывалось бы их соответствием имеющимся данным и которые по духу своему были бы аутентичны оригиналу.

Источники у меня были различные. В середине шестидесятых годов Камилла Грей, познакомившаяся с вдовой Татлина, передала мне отпечатки с негативов двух фотографий, которые, как она полагала, были татлинскими оригиналами[2]. На протяжении шестидесятых–семидесятых годов постепенно становился доступным новый материал в форме публикаций, я обсуждал также работы Татлина с различными специалистами в данной области. Объектом моего внимания были труды авторов той поры – Татлина и его современников, и, кроме того, произведения искусства этого же периода. Неоценимую роль сыграли на последних стадиях реализации проекта помощь и поддержка со стороны Аннели Джуда.

Как первый, так и каждый последующий этап реконструкции всегда включал в себя пристальное изучение имеющейся изобразительной документации. Каждое словесное описание материалов приходилось сличать с изображениями и с сохранившимися произведениями тех лет. Проблема установления возраста и состояния материалов всегда трудноразрешима, дошедшие до нас произведения могли претерпеть изменения с тех пор, как они были созданы, тем более, что использованные в них материалы не всегда выбирались по принципу прочности или долговечности. Нужно ли было стремиться к тому, чтобы реконструкции соответствовали оригиналам в их изначальном состоянии или же допустимо учитывать здесь время, прошедшее с момента создания произведения?

Описание материалов, сделанное самим Татлиным, полезно лишь в качестве исходного момента. В буклете, выпущенном по случаю выставки «0,10», Татлин называет следующие материалы: «дерево, металлы, стекло, штукатурка, картон, левкас и пр.; поверхности этих материалов обрабатывались шпаклевкой, реполином[3], вапами, припорашиванием пылью и другими способами».

Что подразумевал Татлин под словом «обрабатывались» и как можно восстановить «пыль и другие способы»?

Поскольку Татлин использовал материалы, которые были уже «в возрасте», то вопрос решался за счет отказа от попытки непосредственно имитировать изображенное на иллюстрациях – выбирался такой материал, который подходил бы по своему состоянию к татлинскому. Это повлекло за собой необходимость сделать запас соответствующих материалов – старых, подгнивших кусков дерева, покрытого патиной металла. В той мере, насколько это было возможно, данные материалы использовались в необработанном состоянии, и единственным видом обработки, которой они подвергались, были резка и формовка с целью добиться нужной формы. Что касается Татлина, то он, наверное, использовал отдельные части в том виде, в каком он их находил, не ощущая, вероятно, необходимости еще как-то обрабатывать их либо придавать им какую-то форму. Вся последующая работа выполнялась с помощью минимального количества простых ручных инструментов. Непохоже, чтобы в тех условиях, что существовали тогда в России, Татлину было доступно особо разнообразное оборудование, и то свойство его произведений, которое можно назвать «антихудожественностью», согласуется с отказом от ремесленного мастерства.

Татлинские рисунки этого периода связаны с более оригинальными по своей структуре угловыми рельефами, но даже и в этом случае в них не ощущается интереса к передаче каких-либо свойств материала. Так что рисунки, пожалуй, намечают только конструктивные возможности либо же составляют часть процесса разработки структурных деталей в том или ином произведении[4].

Весь мой опыт определения и подбора материалов, работы над их формой привел меня к твердому убеждению, что на данном этапе Татлин ограничивался лишь использованием имевшихся возможностей, что на этой ранней стадии процесс конструирования осуществлялся как бы ad hoc – в зависимости от конкретных обстоятельств и не касался в тот момент геометрической организации заведомо выбранной формы или композиции, с чем этот процесс часто связывают. Это особенно отчетливо проступает в его скорее двумерных рельефах, где напряженное взаимодействие частей носит изначально «живописный» характер, поскольку здесь имеется не так много сложностей структурного порядка.

Процесс установления того факта, какие материалы были использованы в той или иной вещи, тесно связан с вопросом о цвете. Дошедшие до нас произведения Татлина и других художников того периода показывают, что для них в большинстве случаев важен был естественный цвет материала, хотя это в какой-то мере противоречит татлинскому указанию на «вапы». В своих реконструкциях я всегда использовал естественный цвет материалов; в тех же случаях, когда Татлин обращался к краскам или же брал искусственно окрашенные материалы, я прибегал к более темным по тону цветам, которые, однако, соответствовали тональным соотношениям в черно-белых фотографиях. То обстоятельство, что я переснимал черно-белые фотографии своих реконструкций, давало возможность сопоставить эти изображения «второго поколения» с теми репродукциями, что служили документальным источником.

Еще в самом начале процесса анализа документальных изображений я обнаружил достаточно убедительный в каждом конкретном случае ключ к установлению размеров оригинальных произведений. В некоторых работах для того, чтобы скрепить отдельные части, использованы чертежные кнопки[5], и это позволяет выстроить шкалу для определения размеров рельефа, которые согласуются с реальными, известными нам размерами других вещей того же времени. Использование масштабного рисунка для установления размеров было единственным моментом в процессе реконструкции, когда я счел целесообразным прибегнуть к рисунку; ведь сама фотография выступала обычно в роли подготовительного рисунка или эскиза к реконструкции.

Работа по определению размеров и форм, по выявлению материала оригинальных произведений позволяет самым непосредственным образом
95 постичь их тайны. Так, например, в маленьком контррельефе 1915 года[6] плоскость с изгибом по краю, находящаяся сверху слева, и заверша-

ющаяся внизу неким подобием острия плоскость справа оказались двумя частями одной и той же палитры. (Возможно, она была разрезана на три части, но только две из них использованы здесь.) Палитры бывают различных размеров, но здесь видно отверстие для большого пальца, а это удачный отправной пункт для установления размера вещи в целом. И в случае, если палитра была бы реконструирована в значительно большем размере, то соответственно и отверстие в плотничьем угольнике (снизу справа) было бы несообразно велико.

В другом случае относительный размер двух рельефов удалось определить благодаря тому, что в обеих вещах использован материал с одним и тем же орнаментом – вероятно, обои или упаковочная бумага. И как только был установлен этот факт, стало ясно, что на репродукциях в буклете, выпущенном по случаю выставки «0,10», обе вещи воспроизведены бок о бок, но без учета их масштабного соотношения[7].

Анализ фотографий занял значительное время, и в ходе этой работы были использованы самые различные приборы для того, чтобы разобрать неясные порой детали. Полезным оказалось делать слайды с фотографий, проецировать их в большом увеличении и смотреть на них с расстояния. Светоносность экрана может в таком случае способствовать прояснению затемненных частей изображения. Аналогичным образом воспользовался я в работе с печатными иллюстрациями экраном, применяемым в полиграфии при репродуцировании полутоновых изображений; в этом случае возникал своего рода «рисунок-интерференция» – чередование светлых и темных пятен, что порой помогало уточнить мельчайшие градации в тоне. Такой метод в чем-то близок археологическому анализу аэрофотосъемки.

В результате работы по определению и реконструированию отдельных элементов конструкций у меня зародилось впечатление, что хотя все произведения характеризуются в качестве беспредметных, существуют, тем не менее, прямые «ссылки» на реальный мир – в дополнение к более косвенным ассоциациям символического плана. И, вероятно, допустимо предположение, что в живописном рельефе 1913–1914 годов[8] композиция в целом – цилиндрический брусок, венчаемый почти квадратной плоскостью, колок из струнного инструмента, протыкающий этот брусок, короткий кусок прута или шуруп и другие схожие с колком формы – может восприниматься как мотив музыкального инструмента, подобно тому, что было в кубизме. Такой вариант не исключен, поскольку это произведение создано непосредственно после татлинского визита к Пикассо, и, кроме того, известно, что у Татлина была бандура, на которой он сам играл.

Коль скоро мы принимаем идею остаточных «ссылок» на видимый мир, становится более ясным один из элементов одного углового контр-

123 рельефа[9]. В этом рельефе большинство частей как бы переходят друг в друга, и такое их сочетание является полностью результатом процесса конструирования, так что здесь нет достаточных оснований искать какой-либо прямой переклички с формами видимого мира. Однако центральный вертикальный элемент весьма тщательно расписан, и характер росписи несовместим с другими частями конструкции, не считая панели слева, которую пересекает в центре иллюзорно написанная «тень». Отсюда следует предположение, что здесь была сделана «ссылка» на какой-то объект.

Что касается этого углового контррельефа и углового рельефа с тросами[10], то тут снова возникают вопросы относительно интерпретации оригинального материала. Угловой контррельеф запечатлен в нескольких
97 фотографиях[11], но реконструкция показывает, что если следовать общей конфигурации на одной из фотографий, то с других точек зрения рельеф не предстает в ожидаемом виде. Напрашивается предположение, что либо реконструкция весьма неточна и в изначальном анализе нужно было учесть искажение, даваемое линзой фотокамеры, либо оригинальное произведение обладало такой же гибкостью в структурном отношении, что и реконструкция. И последняя возможность подтверждается тем, как ведет себя реконструкция, весьма чутко реагируя на малейшие изменения в характере подвески и на малейшие отклонения в геометрии своего угла. Так что вся конструкция каждый раз, когда она устанавливается в новом пространстве, может выглядеть иначе.

Создается впечатление, что после выставки оригинал полностью был разобран и затем опять восстановлен на месте. Когда конструкция находится в собранном виде, то транспортировать ее нелегко и обращаться с нею непросто. Так что сама мысль о ее восстановлении в каждом отдельном случае может вполне согласовываться с конструктивными принципами Татлина и его методами ориентации на те или иные условия.

98 Угловой рельеф с тросами, являющийся самым откровенно «техническим» рельефом Татлина, особенно чувствителен к тому, как он подвешен. В этом произведении центральная группа элементов должна как бы «летать» на плоскости, образуемой проходящими через них тросами. Если же напряжение тросов не соответствует полностью требуемому и эти тросы не находятся под нужным углом, то тогда вес центральной части не может быть выдержан должным образом и ощущение равновесия начисто исчезает. Подвешивать реконструкцию сложно, но тут всегда есть момент, когда провисшая часть натягивается с помощью системы блоков, которая соединяет нижний конец тросов со стеной, и рельеф принимает правильное положение в пространстве и как бы взлетает.

В системе тросов и веревок в этом произведении поначалу было нелегко разобраться. На фотографии, сделанной в 1927 году в Государственном Русском музее, рельеф кажется плохо повешенным. В более ранних фотографиях тросы с левой стороны оканчивались на рейке, которая была прикреплена на стене под углом, на фотографии же 1927 года эти тросы фиксируются на вертикальном брусе либо на краю перегородки[12]. Справа – пять тросов, а слева – шесть, как и на фотографиях, иллюстрирующих буклет, выпущенный к выставке «0,10», и вполне возможно, что один из тросов был отведен по направлению к верхней точке угла; именно это было бы необходимо сделать для коррекции как раз такого рода ошибки в подвеске рельефа. И создается впечатление, что на ранней фотографии все тросы – из одного материала и одного размера, в то же время на более поздней они отличаются друг от друга. Какова бы ни была причина этих изменений, более ранние фотографии должны рассматриваться как свидетельство, в большей мере заслуживающее доверия. Интерпретация всех этих моментов упрощается, если принять во внимание моряцкий опыт Татлина и его интерес к парусникам. Система тросов и веревок здесь вполне совпадает с той, что использовалась для натягивания стоячего такелажа на парусных судах, и выполняет здесь сходную в значительной степени функцию[13], хотя Мэриэн Берли-Мотли полагает, что конфигурация этих элементов весьма сильно напоминает гамак.

Этим произведением, созданным в 1914–1915 годах, Татлин обогащает конструктивные принципы формообразования; и разработал он их в процессе использования динамических сил ради того, чтобы нейтрализовать давление реального веса и воспрепятствовать возможному верчению центральной группы в пространстве. Скульптура стала машиной.

Оригинал этого рельефа недавно был обнаружен в Государственном Русском музее и реставрирован. В целом реконструкция дает верное представление об оригинале, хотя они несколько различаются по своим размерам. В оригинальном произведении тросы оказались веревками из пеньки или волокна кокосовой пальмы, и следует отметить, что мое решение проблемы, как предотвратить сползание центральной группы к правому концу троса, совпадает с татлинским решением, чего, однако, не видно было в ранних фотографиях. Данное решение состоит в том, что короткая бечевка завязывается узлом вокруг основных веревок в качестве стопора, а это представляет собой один из методов, применяемых в устройстве корабельного такелажа.

Оригиналы рельефов этого периода «утеряны, предположительно разрушены», но почему они исчезли, остается неизвестным. То обстоятельство, что Татлин каждый раз в связи с той или иной выставкой заново собирал рельефы прямо на месте их экспонирования, вполне согласуется с предположением, что в какой-то момент конструкция демонтировалась и части ее либо терялись, либо непоправимо повреждались в мастерской. Вопрос этот неясен, по крайней мере, на Западе, где представление о татлинском героизме является частью тщательно разработанной концепции русского и советского искусства, в которой мифы тесно сплетаются с фактами. Но вполне вероятно и предположение о том, что присущий Татлину идеализм мог привести его к мысли разрушить эти произведения либо пренебречь ими, что могло быть связано с идеей о необходимости выхода художника на улицу, с развитием производственнической этики, интенсивными занятиями художественным проектированием и пониманием искусства как части повседневной жизни.

Примечания

1 Данные конструкции воспроизведены во многих публикациях, но в совокупности они представлены в каталоге: *Configuration 1910–1940.* Annely Juda Fine Art. London, 1981; а также в публикации: S. Nakahara. *Missing Presumed Destroyed.* – Mizue, no. 1920, 1981, November. Репродукции произведений, о которых идет речь в данной статье, были заимствованы из различных источников. Они опубликованы в следующих изданиях: Camilla Gray. *The Great Experiment. Russian Art 1863–1922.* London: Thames and Hudson, 1962 (далее указывается как C.G.); *Vladimir Tatlin. Moderna Museet, Stockholm.* Stockholm 1968 (далее указывается как M. M.); John Milner. *Vladimir Tatlin and the Russian Avant-Garde.* New Haven and London: Yale University Press, 1983 (далее как J. M.).

2 C. G. pl. 124, 127; M. M. pp. 39, 42.

3 Реполин – это эмалевая краска, до сих пор используемая в Европе. То, что Татлин употребляет здесь это слово, связано, возможно, с желанием сослаться в данном случае скорее на краски, применяемые в промышленности, чем на художественные краски.

4 J. M. pl. 117, 118, 119.

5 M. M. p. 35; C. G. pl. 123.

6 C. G. pl. 128; M. M. p. 40.

7 C. G. pl. 122, 123; M. M. p. 38.

8 C. G. pl. 123. Рельеф воспроизведен в буклете, выпущенном к выставке «0,10», в паре с другой работой; помещен он справа.

9 C. G. pl. 127; M. M. p. 42; J. M. pl. 109 (реконструкция).

10 M. M. p. 46; J. M. pl. 107, 120 (реконструкция).

11 C. G. pl. 127; J. M. pl. 106, 110; M. M. p. 37, 42.

12 J. M. pl. 116; M. M. p. 46.

13 J. M. pl. 107, 120 (реконструкция).

Перевод с английского: Ирина Порудоминская/Ольга Мамонтова.

Татьяна Любославская/Ирина Арская

Постановка Татлиным сверхповести Велимира Хлебникова «Зангези»

Постановка сверхповести Хлебникова «Зангези» – один из недостаточно изученных эпизодов творчества Татлина. Информация, содержащаяся в изобразительных источниках и текстах, позволяет отчасти заполнить пробел в наших знаниях, касающихся творческой биографии мастера двадцатых годов, хотя и не с той исчерпывающей полнотой, как хотелось бы.

Спектакль игрался 9 и 11 мая 1923 года в помещении Музея художест- 102
венной культуры в Петрограде, где Татлин руководил отделом матери-
альной культуры. Сохранившаяся афиша оповещает о спектакле 30 мая,
но подтверждений тому, что он состоялся, нет. Играли приглашенные
Татлиным студенты Академии художеств, Горного института, Универ- 103
ситета. О своем участии в качестве чтеца упоминает художник Н. Ф. Лап-
шин. Декламации студентов обучала чтица и лингвист С. Г. Вышеслав-
цева.

Оригинальный замысел инсценируемого произведения обусловил его
сложную композицию. «Зангези» состоит из двадцати «плоскостей», то
есть фрагментов, часто необычных по жанру: математические формулы,
словарь понятий «Азбуки ума» соседствуют с лирическими стихотворе-
ниями. Философски насыщенное произведение с необычайно широким
жанровым диапазоном и почти полным отсутствием сценического
действия требовало нетрадиционных методов сценографии и режис-
суры. Они были предложены Татлиным. Четыре сохранившихся эскиза
позволяют проследить процесс сложения замысла художника. Два
эскиза из Государственного центрального театрального музея имени
А. А. Бахрушина относятся к начальному этапу работы. Ранний из них 104
запечатлел «борьбу» Татлина с классицистическим интерьером зала
Музея художественной культуры. Татлин обмеряет сценическую короб-
ку, пытаясь включить в оформление спектакля замаскированные им
детали интерьера. Соотнесение двух фигур на эскизе с образовавшимся
игровым пространством показывает, что оно оказалось слишком мало
для постановки пьесы с большим количеством персонажей. В дальней-
шем Татлин отказывается от использования имевшейся в зале сцены. Во
второй эскиз он вводит в качестве сценографической доминанты дерево- 179

мачту (этот мотив использовался им ранее в проектах оформления «Жизни за царя» и «Летучего голландца»). Эскизы к «Зангези» из Рус-
105, 181 ского музея демонстрируют развитие замысла в сторону большей конструктивности и выявления проведенного в спектакле принципа соответствия словесного «материала» изобразительному. В них уже найдено расположение основных масс сценической конструкции, они ближе к реализованному решению, хотя и не соответствуют ему в деталях. В реализованном варианте Татлин развернул планшет сцены под углом к зрительному залу, вынеся его далеко вперед по отношению к сценической коробке, что значительно расширило игровое пространство. Скомпоновав свою сценическую конструкцию вертикально, во всю высоту зала, он добился создания монументального и в то же время динамичного образа, вызывающего ассоциации с «Памятником III Интернационала». О характере материальной конструкции, организовывавшей пространство сцены, можно судить только по неточным воспоминаниям очевидцев и по двум фотографиям, на которых просматривается лишь ее верхняя часть. Имея в виду десятилетний опыт работы Татлина в «системе контррельефа», можно утверждать, что это была конструкция материалоформ, разнообразных по фактуре и цвету. Для ее создания использовались дерево, металлический лист, тросы, ткань и другие материалы. Ей соответствовали костюмы, столь же разнообразные по материалу и фактуре
73 (деревянная доска в костюме «Горя»; лист золотистого металла, гнутый
73 по форме ноги «Смеха»). По ходу действия, с изменением фактуры стиха, лучи двух прожекторов выхватывали соответствующую по фактуре материалоформу, образуя, по словам Пунина, «простую и умную параллель речевому материалу поэмы». Известно, что специально для постановки Татлин изобрел «машины». Никаких сведений о них нет. Одна из машин, под названием «Иверни-выверни», демонстрировалась на «Выставке картин петроградских художников всех направлений» в 1923 году. Название «машины» соотносит ее с плоскостью XIX, которая открывается ремаркой: «К Зангези подводят коня. Он садится». Всадник обращается к коню со словами: «Иверни-выверни/Умный игрень», где, если иверни – клейма на ушах коня, тогда смысл обращения: «Скачи быстрее, конь». В следующих строках сквозь звуковой ритм скачки проступают образы туч, ночи, вечера, зари. Вероятно, этот фрагмент и есть одно из «мест высочайшего напряжения энергии словотворчества», для создания зрительного ряда к которому «пришлось ввести машины, которые своим движением дают 〈...〉 параллель действию и вместе с тем сливаются с ним» (Татлин). О связи с движением говорит название «Иверни-выверни». Вероятно, стремительно меняющаяся конструкция слов в сцене скачки сопровождалась столь же быстрой сменой разнообразных по цвету и фактуре материальных фонов, осуществлявшейся с

помощью машины «Иверни-выверни». Таким образом, здесь Татлин продолжил разработку тех идей, которые он впервые предложил в проекте «Памятника III Интернационала» и, вероятно, частично реализовал в его движущейся модели. Пространственные отношения материалоформ по ходу действия менялись, при помощи прожекторов и «машин» возникали новые варианты их сочетаний, и материальная конструкция как бы «развивалась» во времени. В последующие годы, работая в театре, Татлин возвращался к опыту 1923 года, создавая декорации с кинетическими элементами («Комик XVII столетия», «Не сдадимся», «Капитан Костров»).

Одна из важнейших составляющих наследия Хлебникова – вычисления повторяемости исторических событий, так называемых «законов времени», определяющих судьбу человечества и человека. Нахождение их позволило бы людям управлять Судьбой. Лекцию, посвященную законам времени, читал Н. Н. Пунин в перерывах между действиями. Не исключено, что он повторял свой доклад «Хлебников и государство времени», прочитанный им 10 сентября 1922 года на заседании Вольной философской ассоциации (пересказ его Н. Ф. Лапшиным был опубликован в газете «Жизнь искусства»).

К существенным аспектам хлебниковского творчества в целом и «Зангези» в частности относится создание «Звездного языка» или «Азбуки ума» – универсального интернационального языка понятий, основанного на тезисе о заданности смысла слова начальным («управляющим» словом) согласным звуком (см., например, статью «Наша основа»). Осуществленная Татлиным интерпретация «Звездного языка» восходит к статье Хлебникова «Художники мира!» (1919). Статья была написана для журнала «Интернационал искусства», в котором Татлин и Хлебников должны были сотрудничать. В статье Хлебников формулирует «задачу художников краски»: «дать основным единицам разума начертательные знаки» – и предлагает два варианта ее реализации. Оба были выполнены в спектакле. Первый способ состоит в обозначении каждого звука и, следовательно, соответствующего ему понятия иероглифически: графическое начертание выражает смысл. «Мне Вэ кажется в виде круга и точки в нем, Ха – в виде сочетания двух черт и точки» и т. д. Графические знаки, предложенные Хлебниковым, чертил на доске, расположенной на авансцене, и пояснял филолог Л. П. Якубинский. «〈...〉 Зангези с вышки произносит блестящие по звуковым сопоставлениям слова гимна согласным звукам г, л, р, м и др., опуская на землю свои достижения в письменных образах, а на земле поясняют их в чертежах и читают лекцию о богатстве речевых единиц в поэме, и главным образом, о заумии» (А. Туфанов). Согласно второму предложению Хлебникова, «можно 〈...〉 прибегнуть к способу краски и обозначить М темносиним, В – зеленым, Б – красным, С – серым, Л – белым и т. д.». В мастерской Татлина были созданы доски к «Зангези» – цветовые эквиваленты буквам-понятиям «Звездного языка», «меновые знаки между ценностями звука и ценностями глаза». Пунин считал, что в них было осуществлено «превращение сырой (тюбиковой) краски в проработанный длительно действующий цвет», а Татлин характеризовал их как «поверхности, разнообразные по материалу и обработке». Шестьдесят досок, составивших «колоду плоскостей», экспонировались на «Выставке картин петроградских художников всех направлений». Они были выполнены под руководством Татлина его учеником Н. А. Хапаевым в лаборатории материальной культуры Музея художественной культуры. Освещаемые лучом прожектора доски спускались по тросу с вершины конструкции, на которой сидел Татлин-Зангези. Их движение сопровождалось произнесением такого, например, текста: «Че девушек – червоные рубахи/Го девушек – венки лесных цветов ⟨...⟩» (известна лишь одна сохранившаяся доска, находившаяся в Кёльне, в галерее Гмуржинской). Поэт-обэриут И. В. Бахтерев в письме к А. Е. Парнису вспоминает, что «спектакль шел не только на сцене, но и антрактах, в фойе, когда звездные доски Татлина были принесены со сцены, и Татлин в костюме Зангези рассказывал о связях слова и его зрительных, фактурных воплощениях». Создание досок было основано на многолетней работе мастера с краской как одним из элементов материальной культуры. Они продолжили начатую проектом «Памятника» тему интернационала людей Земли.

В сценографию спектакля Татлин ввел три большие окрашенные доски с надписями: «ЛЮДИ», «БОГИ», «ПТИЦЫ». «Боги» – название 2-й плоскости «Зангези», в которой действуют боги разных народов мира. Оппозицию «люди» – «боги» и «птицы» Татлин, судя по сценографическому решению, рассматривал как философский ключ к сверхповести. Сонм богов – общая духовная прародина человечества; боги говорят на заумном, понятном им всем языке (тема «единого смертных разговора»). Татлин акцентировал противостояние пантеона разума народов, мира природы – «мировому торгу» современной цивилизации. Доска с надписью «ЛЮДИ» стояла на сцене, две другие («БОГИ» и «ПТИЦЫ») крепились на разных концах зрительного зала, наверху. Благодаря такому расположению они должны были стать для присутствующих смысловым знаком. Зрители включались в действие, оказываясь в состоянии выбора между двумя полюсами: Зангези, непонятым «людьми»-учениками – и символами-напоминаниями о той мировой гармонии, создать которую среди людей мечтал Хлебников.

Интересна трактовка Татлиным финала сверхповести как обращенного к современникам завещания поэта. «В заключение одна из досок объявила: Зангези умер … /Зарезался бритвой,/Оставив записку. В зрительном зале один из исполнителей произносит эти слова, но появляется на сцене Зангези, и известие об его смерти опровергается. Над сценой развертывается полотно с надписью «28. VI. 1922» – дата смерти Велимира Хлебникова» (А. Туфанов).

Постановка «Зангези» – уникальный опыт применения концепции материальной культуры в области театра. Она продолжила традицию сближения творческих методов и идей русских художников авангарда и поэтов-новаторов. Возможность создать собственный спектакль, в котором текст позволил бы предложить соответствующую методу культуры материалов сценографию и режиссуру, привлекала Татлина и в последующие годы. Позднее он несколько раз планировал поставить «Зангези», но эти замыслы остались неосуществленными.

Александр Ковалев

Ларионов и Татлин

На вопрос, кто из художников повлиял на его искусство, Татлин в марте 1928 года назвал имена Афанасьева[1], Ларионова и Пикассо[2], обозначив тем самым истоки своего творчества: народную художественную культуру, новейшие течения русской и европейской живописи.

Контакт с Ларионовым и художниками его круга в начале 1910-х годов – наиболее важный фактор развития Татлина. Ранний Татлин немыслим без Ларионова, равно как и без фольклорной традиции. К контррельефам Татлин пришел от живописи, а живопись осваивалась им через творческую концепцию Ларионова, соединившего профессиональное искусство с народной почвой.

В орбите Ларионова Татлин оказался в конце 1910 года после окончания Пензенского училища. К этому времени Ларионов был вполне сформировавшимся «мэтром» и занимал центральное положение в среде новой творческой молодежи. Позади остались выставки «Золотого руна», «Бубновый валет», опыт, проделанный русской живописью на пути преодоления импрессионизма, историзма и эстетизма.

Известно, что в январе 1911 года за обоими художниками вел наблюде-
109 ние Департамент тайной полиции. Тогда же Ларионов написал «Этюд к портрету В. Е. Татлина». В апреле, вместе с ларионовской группой – Бартом, Фон-Визиным, Гончаровой, Ларионовым, Малевичем и Моргуновым – Татлин участвует в выставке Петербургского общества художников «Союз молодежи». В том же году он оформил в Литературно-художественном кружке народную драму «Царь Максемьян и его непокорный сын Адольфа».

После раскола «Бубнового валета» Ларионов, Гончарова, Малевич, Моргунов, Шевченко и Татлин в декабре 1911 – январе 1912 года выступили под знаменем «Ослиного хвоста» на очередной выставке «Союза молодежи»[3]. Участие Татлина в марте 1912 года в «Ослином хвосте» – наиболее серьезное из его выступлений на предвоенных выставках. Главные из выставленных им работ – «Автопортрет» («Матрос», 1912), два варианта «Продавцов рыб» (1911), пейзажи, акварели и этюды 1909 года: «Персики», «Сад», «Гвоздики». В каталоге выставки под фамилией Татлина указан адрес Ларионова, у которого в то время находились его вещи. Живопись, представленная на «Ослином хвосте», – тяготевшие к примитиву работы Малевича, крестьянская живопись Гончаровой, армейские жанры Ларионова и Шевченко, эскизы Зданевича и Ле-Дантю, композиции Барта, «матросские сюжеты» Татлина – свидетельствовала об общих принципах: большинство участников выступали за содержание в искусстве и «власть новых тем», приведенных к живописной форме.

Совместная работа с Гончаровой, Ларионовым и Роговиным над изданием стихов и прозы Крученых и Хлебникова «Мирсконца»[4] осенью 1912 года – один из последних контактов Татлина с Ларионовым и его группой. И хотя на выставке «Союза молодежи» (1912–1913) он еще выступал от ее имени, разрыв оформился окончательно. 3 января 1913 года Татлин вместе с Малевичем, Моргуновым, Бурлюком и Матюшиным был избран членом общества «Союз молодежи».

Разойдясь с Ларионовым, Татлин искал новые контакты в профессиональной среде. Однако эпизодическое сотрудничество с «Бубновым валетом», «Союзом молодежи», «Миром искусства» и группой «Гилея» принципиального значения уже не имело. «Синтезостатические композиции» Татлина, впервые выставленные в мае 1914 года в его мастерской на Остоженке, открыли новый этап движения русского искусства. На смену визуальному восприятию динамики мира, интуиции, переживанию пришли осязание, логика, структурный анализ – сопоставления живописных поверхностей и объемов, выражающие идею напряжения, статики, веса, сопротивления, – отвлеченные построения на пути исследования чистой формы.

Ларионова не мог оставить равнодушным переход Татлина на чуждые
ему позиции. Владевшее им чувство нашло выход в «Портрете Влади- 110
мира Татлина» (1913), выполненном в манере реалистического лучизма, – одном из лучших холстов Ларионова, подаренном им Мишелю Сефору и находящемся теперь в Центре Жоржа Помпиду. Этим портретом завершалось их временное сотрудничество.

Вспоминая об отношении Татлина к Ларионову, Вера Пестель писала: «Татлин интересно рассказывает про то, как он был матросом, борцом, а потом ездил в Париж бандуристом. ⟨...⟩ Иногда ругает Ларионова, с которым был другом. Говорит, что он «поросенок». О том, что он все-таки замечательный художник, этого он никогда не говорит. Хотя я знаю, что он это знает и чувствует»[5].

С точки зрения развития стиля контакт с Ларионовым в 1911–1912 годах имел для Татлина решающее значение. Именно тогда, динамично трансформируя свою манеру, Татлин создал лучшие живописные произведения. С 1909 года художник проделал путь от импрессионизма и освоения принципов народного искусства к ларионовскому синтетизму, а затем к переоценке и преодолению предложенной живописной системы. Ларионовское влияние совмещалось с тяготением Татлина к жесткой организации живописной плоскости, чистоте художественного языка, углублению его синтетической основы. Это уводило Татлина от Ларионова. Выражая протест против стихийного восприятия, Татлин сдвигал проблематику живописного реализма в принципиально иной план.

Конструктивная тенденция противостояла живописной поэтике Ларионова. Даже лучизм – прямой вывод ларионовского интуитивизма, над которым он работал с конца 1911 года, сохранил импрессионистические основы. Свет и ощущение, восприятие действительности изнутри, лиризм и чувственное постижение существа вещей – основа ларионовского искусства. В подоснове лучистой, а равно и «провинциальной» живописи Ларионова лежало противостояние материалистической установке современной ему культуры, тому, что Кандинский назвал «падением в черное», стремление постичь жизнь как жизнь. Не случайно для Ларионова оказалась близка «философия жизни», а понимание взаимоотношения искусства и реальной действительности выразилось в формуле «искусство для жизни и еще больше – жизнь для искусства».

Мировоззренческие аспекты ларионовского искусства не захватили Татлина. Его не интересовали ни категория света как таковая, ни провозглашенный Ларионовым принцип писать «как видишь», ни категория «жизни» в ее понимании Ларионовым. Тезис «Искусство в жизнь», выдвинутый Татлиным после Октября, подразумевал иное отношение к действительности, понимание ее как оппозиционной субстанции, нуждающейся в творческом переустройстве. Однако интерес Ларионова к бытовой проблематике, к «теме»,«сюжету», попытка совместить профессионализм с принципами народного искусства не могли не затронуть Татлина, как и различные элементы его поэтики. Сходство выразилось в стремлении «соединить чистую плоскостную живопись с жизненными темами», передать живописную идею мотива, в композиционных решениях, в трактовке пространства, в экспрессии и лаконизме живописного
112 языка. Даже в более поздних эскизах Татлина к «Летучему голландцу»
112 Вагнера (1915–1918) аналогии с лучистыми этюдами Ларионова очевидны. Если сказать, что ранний Татлин вышел из Ларионова, это не будет ошибкой. Есть основания говорить и об обратном воздействии Татлина на Ларионова после 1914 года.

Общие живописные принципы соединили Татлина и с другими представителями ларионовского кружка: Наталией Гончаровой, например, или Виктором Бартом, искавшим пластические закономерности движе-
113 ния искусства. Стихией Барта была композиция. Влияние циркулярных ритмов Барта легко прослеживается в работах Татлина и Малевича. Не

менее сильные влияния шли от Ле-Дантю – глубокого живописца, пер- 113
вооткрывателя Пиросмани. В 1912–1913 годах Ле-Дантю сам испытал воздействие Ларионова, разворачивал в теории выдвинутые им идеи. В живописи Татлина и Малевича – в области композиции, динамического сопряжения плоскостей, цветовых и линейных ритмов – конструктивный импульс Ле-Дантю весьма ощутим.

Влияние Ларионова и традиций ларионовского кружка – первое мощное основание конструкции стиля Татлина. Разумеется, здесь немало других проблем. Например, отношение к предшествующему эстетическому опыту. Или проблема индивидуализма: оба пытались найти решение задачи создания универсального искусства, оба искали некие интегрирующие начала, оба шли к синтезу. Один в рамках станковой живописи, сочетая «высокое» профессиональное искусство и «низовое», народное, соединив позже в дягилевском балете живопись с театром, музыкой, хореографией и русской темой. Другой шел к синтезу через интеграцию различных видов искусства и поиск материала, который мог бы лечь в основу новой классики.

Один ориентировался на свободное, личностное искусство и его адекватность жизни (продолжая ларионовскую традицию после Октября, Союз художников и поэтов, известный под названием «Маковец», не случайно избрал своим девизом ларионовский тезис «искусство – жизнь», уравнивающий обе категории). Другой утверждал искусство сверхличное, внутренне свободное, синкретическое в своей основе, тяготеющее к онтологическому синтезу, последовательно стремящееся к соборности, переоформлению всей жизни.

Способность к целостному художественному мышлению – важнейшее качество Татлина как художника. Каждое его произведение развивало идею возрождения искусства и поиска нового мира, приобретало огромное значение для движения творческой мысли, служило концентрированным выражением общечеловеческих идеалов эпохи. После «Памятника Ш Интернационала» ее воплощением стал «Летатлин» – архетип нового органического искусства, зовущего к природе, к жизни, к свободе – из клетки пространства-времени – к тому, чтобы начать мир с конца, восстановив в правах красоту и дух народной традиции.

Появление в 1914 году контррельефов Татлина – новых неорганических структур – знаменовало не только разрыв с ларионовской эстетикой, но и мощный тектонический разлом оснований новейшего русского и мирового искусства. На смену «лирическому интимизму» пришла преобразующая энергия русского кубофутуризма – новая волна, направленная против личностного переживания действительности, протестующая против содержания и психологизма, литературности, темы, сюжета, понятий типа «душа художника» – революционная творческая воля, ищущая новой духовности, новой предметности и новых общественных отношений. В противовес эмоциональности импрессионизма и футуризма на осколках кубизма утверждался новый канон – система творческой организации материала: живописной плоскости, фактуры, цвета. Станковая живопись от плоскости шла к объему, трансформировалась в пространственную конструкцию. Но еще в августе 1913 года в декларации сборника «Трое» (Хлебников, Крученых, Малевич, Гуро) прозвучало: «〈...〉 все эти победы только средства. А цель – тот удивительный мир впереди, в котором даже вещи воскреснут».

Совершившийся в 1914 году переворот выразил общий сдвиг в русском авангардном искусстве – смещение мировоззренческих оснований стиля. Татлин выразил существо этого перелома решительно и твердо. Побудители этого движения были уже иные: новейшая русская поэзия и литература, теория и практика русского кубофутуризма в целом, вселенский свободный язык Хлебникова и Крученых.

За отрицанием и нигилизмом стояли романтические установки – искусство стремилось стать законодателем жизни, по словам Хлебникова, – «новым собирателем человеческого рода». Радикально настроенные художники и поэты шли к поиску нового мира – через возрождение основ искусства, алогизм форм, заумный язык, через преодоление абсурда окружающей действительности, через отказ от любых вариаций на тему ее «удвоения». Идеалом становился художник-творец, преобразующий жизнь на художественных основаниях, определяющий внешний облик и духовное содержание грядущей эпохи, предчувствующий «Зарницы Новой Грядущей Красоты Самоценного (самовитого) Слова».

Примечания

1 Алексей Федорович Афанасьев (1850–1920) – живописец и график, иллюстратор русских сказок; в 1905–1909 гг. – директор Пензенского художественного училища им. И. Д. Селиверстова, в котором учился Татлин.

2 ЦГАЛИ, ф. 1938, оп. 1, ед. хр. 59, л. 9.

3 В изданиях, посвященных Татлину, как правило, даются ошибочные сведения о каталогах выставок «Союз молодежи» (1911/1912 и 1912/1913).

4 А. Крученых, В. Хлебников. *Мирсконца*. Илл. Н. Гончаровой, М. Ларионова, Н. Роговина и В. Татлина. М.: лит. В. Титяева, 1912.

5 Вера Пестель. Воспоминания (не опубликованы). Архив Екатерины Древиной, Москва.

Магдалена Дабровски

Татлин и кубизм

В своей монографии о Татлине, вышедшей в 1921 году с подзаголовком «Против кубизма»[1], Пунин противопоставил творчество Татлина искусству французских кубистов, в особенности Пикассо. Пользуясь терминологией Глеза и Метценже, которую он заимствовал из их книги «О кубизме» (1912)[2], Пунин определял кубизм как «интегральное осуществление живописи на плоскости», что означало для него «синтетическое построение реальности». Такому кубизму Пунин противопоставил трехмерные произведения Татлина, которые он охарактеризовал как подлинное построение реальности. Тем самым он стремился доказать, что татлинские рельефы по природе своей существенным образом отличались от работ кубистов. Но высказывая суждения о Татлине и о кубизме, Пунин употребляет скорее лексику эмоционально-нравственного плана, чем строго аналитические объективные понятия, которые свидетельствовали бы о глубоком искусствоведческом понимании проблемы. Его соображения выглядят более обоснованными, если рассматривать их в свете явлений того времени – претензий русских художников на создание нечто совершенно нового, лишенного зависимости от западных, то есть французских влияний. В словах Пунина продолжают свое существование настроения более ранние: они отражают ту беспокойную атмосферу, что сложилась в начале 1910-х годов вокруг первых авангардных течений; эти течения сопровождались антизападными реакциями, которые, однако, поразительно быстро привели практически к ассимиляции влияний кубизма. И на самом деле творчество Татлина иллюстрирует этот двоякий процесс – в экспериментах кубистского, так сказать, происхождения он приходит к далеко идущим выводам, новаторским решениям, нашедшим воплощение в рельефах и контррельефах 1914–1917 годов. Несомненно, работы Татлина представляют собой синтез самых разнообразных элементов, как русских (включая иконопись), так и западных (включая кубизм). Но я склоняюсь к точке зрения Жана-Поля Буйона, который в своей статье «Кубизм и русский авангард» (1971) характеризует художественную эволюцию Татлина в первую очередь как «завершающую фазу истинно кубистических достижений и подлинное выражение кубистической революции»[3]. Связь Татлина с кубизмом более амбивалентна, более богата и сложна, чем согласились бы то признать и Пунин, и сам Татлин.

Самая радикальная экстраполяция, сделанная Татлиным из кубизма, – создание рельефов и контррельефов – являет собой кульминацию влияний кубизма, тех влияний, которые стали ощутимы в его творчестве несколько ранее, вероятно, около 1911–1912 годов, когда интерес русского авангарда к кубизму достиг апогея. В картинах Татлина, таких, как «Продавец рыб» (1911), «Матрос» (1911–1912) и «Портрет художника» (начало 1912 года), где видна близость к принципам иконописи, все основывается на идущих от кубизма приемах; это проступает и в пространственной организации композиции, находящей выражение в плоскостной структуре и легкой геометризации форм. Более того, в татлинском «Портрете
20 художника» обнаруживаются следы его происхождения – связь с некоторыми протокубистическими картинами Пикассо, такими, например, как «Поясная фигура нагой женщины» (1907) из собрания Щукина[4]. Однако эти аналогии возникают скорее на поверхностном, формальном уровне; они указывают на то, что Татлину были близки художественные намерения кубистов, но не на глубокое их понимание.

Элементы кубистической деформации более явно выражены в татлинских рисунках, сделанных примерно в 1912–1914 годах; альбомы с этими работами ныне хранятся в ЦГАЛИ в Москве[5]. Изображенные здесь человеческие фигуры покрыты своего рода геометризованным узором, призванным создать впечатление кубистического членения форм, что вызывает ассоциации – пусть и отдаленные – с произведениями Пикассо 1910–1911 годов. Хотя рисунок, как представляется, никогда не был в центре художественных изысканий Татлина, эти графические листы свидетельствуют о попытке ввести в изображение человеческой фигуры кубистическую структуру форм и ассимилировать ее. Но если Пикассо в изображении фигуры являет множественность точек зрения, акцентируя прозрачность строящих фигуру плоскостей, то Татлин просто накладывает своего рода решетку на реалистически нарисованную фигуру нагой женщины. Этот кубистический каркас не способствует возникновению образа, требующего «аналитического» прочтения, он представляет собой просто геометрическую накладку поверх изображения. Даже тогда, когда вся геометрия фигуры сводится к одной лишь линейной решетке, различие между Пикассо и Татлиным имеет решающее значение. У Пикассо решетка – структурный элемент, у Татлина же это нечто поверхностное. Композиция Татлина остается всего лишь изображением геометризованной фигуры с состоящими из линий «строительными лесами», которые играют дополняющую, но не структурнию роль. Для Пикассо исходная фигура – это только «ссылка» для закодированных структурных знаков. В результате произведение Пикассо функ-

ционирует в пределах живописного поля, в то время как вещь Татлина ориентирована на существование в более материальном пространстве. Татлин настойчиво пытается передать объем различных частей человеческой фигуры путем геометризации форм; пожалуй, в таких рисунках 119
предвосхищаются структурные принципы его живописных рельефов. Благодаря этим графическим листам становится ясно, что как художник Татлин мыслит пространственно соотнесенными частями. Возможно, эти рисунки и на самом деле способствовали переходу Татлина к трехмерным произведениям.

Принято считать, что этот переход начался у Татлина после того, как он посетил мастерскую Пикассо во время своей поездки в Париж, состоявшейся предположительно в 1913 году. Там он открыл для себя картонные конструкции Пикассо, и знакомство с этими вещами будто бы побудило его к созданию подобных же работ. Благодаря документам, доступ к которым недавно открылся в русских архивах, представляется ныне, что эта знаменитая поездка состоялась в конце марта 1914 года[6]. Поэтому приходится усомниться в том, что знакомство с конструкциями Пикассо «во плоти» по-прежнему может считаться единственным мощным стимулом его творческой активности. (Учитывая тем более, что прошло всего лишь сорок дней между возвращением Татлина и открытием выставки, где были показаны рельефы; выставка состоялась 10–14 мая 1914 года.) Полагаю, что Татлин мог начать работу над рельефами до своей поездки в Париж. Его поиски в этом направлении могли быть форсированы изучением репродукций, воспроизводивших конструкции Пикассо; четыре из них были опубликованы, например, в «Суаре де Пари» Аполлинера 15 ноября 1913 года[7]. На этих репродукциях весьма отчетливо проступала трехмерность форм. Поскольку Татлин вполне хорошо владел русской техникой иконописи – приемами выявления эффектов трехмерности, он без труда мог воспринять трехмерный характер этих произведений, даже по репродукциям. Знание такого рода вещей – а к этому добавлялась и растущая осведомленность в том, что касалось открытий кубистов, например, коллажа, собственный интерес к реальному пространству и «реальным» материалам – все это могло стимулировать его эксперименты. И состоявшееся в 1914 году знакомство с конструкциями Пикассо в натуре могло тут оказаться фактором, лишь укрепившим Татлина в его намерениях.

В 1913 году влияние кубизма в русском искусстве было еще более интенсивным, чем в 1912 году. Вероятно, художники изучали кубистические работы Пикассо в собраниях Щукина и Морозова с еще бóльшим интересом и пристрастием. Сопоставление произведений Пикассо из коллекции Щукина и работ Татлина того же периода позволяет выявить ряд любопытных точек соприкосновения. Например, пространственные

141 ритмы композиции в татлинском «Продавце рыб» (и до некоторой сте-
тит. лист пени в «Матросе») отражают – в не столь взбудораженном виде – пространственные ритмы «Натюрморта с черепом» Пикассо. Более того, очевидно сходство отдельных деталей – трактовки формы носа в «Матросе» Татлина и в «Дриаде» Пикассо, пусть даже стилизация формы носа в «Матросе» является отсылкой к иконописной традиции. В других произведениях, таких, как, «Натурщица» (1913; Третьяковская галерея) прослеживаются графические ритмы, присущие иконе, но подобные же ритмы мы наблюдаем и в картинах Пикассо «Дриада» и «Дружба». Даже колористическую схему татлинской «Натурщицы», строящуюся на сочетании синего и охры, можно связать с цветовой гаммой «Дружбы». «Натурщица» 1912–1913 годов (ЦГАЛИ), равно как и «Купание» Пикассо (1908), являет своего рода ритмическую орнаментальность и полную интеграцию фигуры в структуре фона. И все же такая формальная близость искусства обоих художников менее важна, чем известная параллель, прослеживаемая здесь на концептуальном уровне. Когда около 1908 года Пикассо постигал возможности фигуративного упрощения и монументальных ритмов, это происходило в контексте его интереса к иберийской и африканской скульптуре и к искусству Сезанна. Творческое развитие Татлина шло в контексте его интереса к иконописи и искусству Сезанна, а произведения Пикассо были в данном случае катализатором.

И что касается Татлина, то действительно важным здесь является не то обстоятельство, что он испытал влияние кубизма, а то, что он сделал кубизм отправным пунктом для создания за его пределами нечто совершенно иного – абстрактной скульптурной идиомы. Сколь бы многим ни был обязан Татлин кубизму, он значительно расходится с ним в своих художественных целях. Если кубизм сосредоточил свое внимание преимущественно на создании изображений, на передаче объема с помощью расчлененных плоскостей в границах пространства изображения, то интерес Татлина в основе своей всегда был обращен на само пространство. Его художественное развитие шло от отрицания иллюзорного изобразительного пространства к утверждению пространства реального. В этом смысле он и в самом деле находился на противоположном полюсе от Пикассо (как утверждал Пунин) и именно этот аспект его творчества оказался позднее его наибольшим вкладом в развитие конструктивизма. У Пикассо же ассамбляжи 1913–1916 годов представляли собой очень короткий эпизод в его творческой деятельности (в то время они не были особенно известны и мало экспонировались, несмотря на публикацию в «Суаре де Пари» в ноябре 1913 года). Большинство из них были выполнены в одном материале и были связаны в основном с изображением какого-либо предмета (например, гитары).

Главной задачей здесь было раскрыть объем предмета и показать его как открытую частично структуру, скомпонованную из плоскостных элементов. У Татлина же основной интерес был направлен на различные конкретные материалы и органически присущие им свойства, а также на реальное пространство. Усиленное внимание к материалу развивалось в общем контексте русской концепции «фактуры»; все это в дальнейшем активизировалось благодаря введению новых материалов, вошедших в искусство через коллаж.

Об этой ориентации свидетельствует «Бутылка» – конструкция, созданная Татлиным в конце 1913 года. Это произведение демонстрирует переход от изобразительного творчества к живописным рельефам, носящим более выраженный трехмерный характер. В ней заметна близость к одной из бумажных конструкций Пикассо – «Натюрморту», репродуцированному в «Суаре де Пари» 15 ноября 1913 года. Но Татлин, в отличие от Пикассо, создает композицию, не столько изображающую бутылку, сколько воплощающую и ее, и материал, из которого она сделана. Поиск средств, способных выразить уникальную природу того или иного материала и заложенный в нем потенциал, диктующий форму, – вот что является решающим фактором, определяющим отличие конструкции Татлина от работы Пикассо. Также и в структурном отношении рельефы и контррельефы Татлина трансформируют то, что им было
заимствовано у кубизма. Например, если сравнить другой «Натюрморт» 121
Пикассо, репродуцированный в том же выпуске «Суаре де Пари», с
«Материальным подбором» Татлина (1914), то может показаться, будто в 121
них присутствует ряд общих структурных принципов. Диагональная ось и центральный элемент, агрессивно вырывающийся вовне несколько ниже центра композиции, равно как и взаимодействие частей, происходящее в пределах формата, схожего с картинным, являются важными особенностями обоих произведений. Тем не менее, новаторский эксперимент, осуществленный в композиции Татлина, определяет ее отличие от работы Пикассо: обращаясь к кубистской практике создания открытой структуры и коллажа, Татлин делает здесь пространство активной в основе своей частью формы. Взаимодействуя друг с другом, форма и пространство становятся насущно важными в равной мере аспектами восприятия произведения искусства.

Татлинские рельефы и контррельефы 1914–1915 годов, а также и 1917 года, несмотря на то, что они включали в себя пространство в качестве активного элемента произведения, по существу своему все же были задуманы как фронтальные композиции, и их части сочетались в соответствии с композиционными принципами синтетического кубизма. Напротив, угловые контррельефы Татлина представляют собой дальнейшее исследование принципов динамического взаимодействия между худо-

жественным объектом и окружающим пространством. Они были уникальны в том, что касалось организации пространства как дополнения к форме. Правда, в одном из недавно вышедших исследований о кубизме поднимается вопрос о том, не имела ли сама формальная конфигурация угловых контррельефов прецедента в кубизме. На недавно опубликованной фотографии, сделанной в мастерской Брака в Париже в 1914 году,
122 видна бумажная угловая конструкция, которая хотя и представляет собой обычный натюрморт, сконструирована так, чтобы выдаваться из угла вперед[8]. Возможно, как предполагает Уильям Рубин в каталоге «Пикассо и Брак. Рождение кубизма», что Татлин во время своей поездки в Париж мог видеть бумажные скульптуры Брака и отозваться в своем искусстве на них. В основе построения обеих вещей лежит аналогичный замысел: конструкция выступает из угла и входит в пространство зрите-
123 ля[9]. Но, бесспорно, татлинская вещь отличается от работы Брака тем, как она включает пространство в качестве активной части композиции, а также тем, что она представляет собой подвешенную беспредметную конструкцию. Какова бы ни была взаимосвязь этих работ, данное обстоятельство, на мой взгляд, абсолютно не умаляет оригинальности творения Татлина, которое благодаря использованию «реальных», обычных материалов в фактически существующем пространстве являет новую концепцию «реальности» произведения искусства. Новая «реальность» понималась как вещественное, физическое бытие самого художественного объекта, а не как реальность изображаемого предмета или же его изображения. Как отметил Пунин в монографии «Татлин (Против кубизма)», с 1912 года Татлин призывал других художников «улучшить глаз», потому что он чувствовал, что реальность можно превратить в искусство, а искусство в реальность только посредством «восстановления глаза»[10]. Лишь находя красоту в обычных материалах, которые диктуют свои собственные формы и существуют в реальном пространстве, способен художник создать подлинно «реальные» произведения искусства. В этом отношении кубизм был важным катализатором; разрушив каноны привычных представлений о красоте, он открыл для художников новые формальные альтернативы в поиске иных путей творить искусство. Однако кубистический коллаж и кубистическая конструкция остались в рамках той системы, которая уже утвердилась в рамках кубистской концепции искусства, предусматривая дальнейшие возможности создания автономных эстетических объектов, которые еще сохраняли некоторую соотнесенность с окружающим миром. Татлин, напротив, использовал материалы, имеющие ощутимый вес и прочность, чтобы делать совершенно абстрактные материальные объекты, которые могли бы претендовать на собственное место среди прочих предметов, существующих в мире.

В то время как в кубизме изобразительное новаторство осталось средоточием интересов, у Татлина было иное: поиск нового содержания шел параллельно с поиском формальных новаций. Содержание это должно было отождествляться с формальной структурой объекта, а не с интерпретацией предмета изображения. Содержание произведения искусства заключено полностью в использованных в нем материалах и в тектонической структуре формы, вне зависимости от каких-либо изобразительных моментов.

Поэтому при рассмотрении связи творчества Татлина с кубизмом решающим является не вопрос о том, что заимствовал Татлин у Пикассо и других художников, а о том, что он, в свою очередь, сумел извлечь из сделанных из кубизма выводов. Его искусство может восприниматься как направленное «против кубизма» лишь постольку, поскольку оно стремится установить цель «за пределами» кубизма, утвердить интерес к реальной трехмерной форме в большей мере, чем к форме изобразительной. Но сам разговор об этих проблемах стал возможен только в результате кубистской «редакции» языка изобразительного искусства. В этом-то и заключался парадокс, таившийся за побуждением отвергнуть кубизм: объявляя себя противником его практики, художник в то же время основывается на его открытиях.

Примечания

1 Н. Пунин. *Татлин (Против кубизма).* Петербург [Петроград]: Отдел ИЗО НКП, 1921.
2 Albert Gleizes, Jean Metzinger. *Du Cubisme.* Paris: Figuière, 1912.
3 Jean-Paul Bouillon. *Le Cubisme et l'Avant-Garde Russe (La «Revolution» Cubiste).* – Dans: *Le Cubisme,* Travaux IV. Centre Interdisciplinaire d'Etudes et de Recherche sur L'Expression Contemporaine, Université de Saint-Etienne, 1971, p. 188–189. Хотя я не могу согласиться с другими гипотезами в статье Буйона, именно эта оценка творчества Татлина представляется мне совершенно верной.
4 Все упоминаемые в данной статье произведения Татлина в случае, если не указываются иные источники, репродуцированы в кн.: *Tatlin.* Ed. by Larissa Alekseevna Zhadova, New York: Rizzoli, 1988. Что касается картины Пикассо 1907 года «Поясная фигура нагой женщины» (ныне в Государственном Эрмитаже, Ленинград), то под названием «Голова и плечи обнаженной» она репродуцируется в след. изд.: Pierre Daix, Jean Rosselet. *Picasso. The Cubist Years 1907–1916.* New York Graphic Society. Boston, 1979, p. 196, fig. 32. Все остальные произведения Пикассо, упоминаемые в данной статье, также репродуцированы в том же самом полном каталоге его кубистических работ.
5 Лист № 56 из альбома набросков Татлина. 43 × 26 см. ЦГАЛИ, Москва.
6 Более подробно вопрос о поездке Татлина в Париж и Берлин освещается в статье Анатолия Стригалева (состоящей из двух частей): *О поездке Татлина в Берлин и Париж.* – Искусство, 1989, № 2, сс. 39–44, № 3, сс. 26–31.
7 Les Soirées de Paris, 1913, novembre 15, p. 13, 27, 39, 45. Repr. *Les Soirées de Paris.* Genève, Slatkine Reprints. 1971, Tome II, Numéros 18 à 27.
8 William Rubin. *Picasso and Braque. Pioneering Cubism.* The Museum of Modern Art. New York, 1989, p. 325.
9 С другой стороны, Татлину вовсе не нужен был пример Брака для того, чтобы придти к идее угловой конструкции, поскольку он был хорошо знаком с русской традицией помещать высоко в углу комнаты жилого дома (в так наз. «красном углу») самую важную икону.
10 Н. Пунин. Ук. соч., сс. 7–9.

Перевод с английского: Ирина Порудоминская/Ольга Мамонтова.

Марко Роши

О кажущемся сходстве контррельефов Татлина и «пластических комплексов» Балла в 1915 году

В 1915 году был опубликован манифест «Футуристическая реконструкция вселенной», подписан он был «футуристические абстракционисты» – Джакомо Балла и Фортунато Деперо. Манифест появился в Милане, в «Дирекции футуристического движения», но был на самом деле разработан в доме-мастерской Балла в Риме.

Он датирован 11 марта 1915 года, из чего следует, что он возник в то же самое время, когда в Петрограде состоялась выставка «Трамвай В». Однако особой уверенности в этой дате нет, так как футуристы любили «символические» даты – прежде всего одиннадцатое число, отсылая к 11 февраля 1909 года, когда появился обозначивший рождение этого движения «Манифест футуризма» Филиппо Томмазо Маринетти. Например: 11 февраля 1910 года датирован «Манифест художников-футуристов», 11 апреля того же года – «Технический манифест футуристической живописи» и 11 апреля 1912 года – «Технический манифест футуристической скульптуры», автор последнего – Боччони.

Манифест Балла и Деперо – это первый из порожденных художественной культурой футуризма манифестов, в котором речь идет не только о живописи, скульптуре и архитектуре, но и о культуре празднеств, моде и прикладных искусствах. Деперо вводит даже понятие «футуристической игрушки», которой он впоследствии и займется. В манифесте заявлено о «динамических пластических комплексах», чему уделяется здесь основное внимание. В нем опубликованы также черно-белые воспроизведения шести пластических комплексов, три из них созданы Балла, три – Деперо. Эти работы не дошли до нашего времени, так как были исполнены из непрочных материалов. Я покажу два диапозитива – репродукции произведений Балла, имея в виду, в первую очередь, методическую 127
цель. При рассмотрении явлений искусства, и именно современного искусства, в тех случаях, когда речь идет об их сопоставлении, все еще принято до сих пор – и прежде всего в Италии – прибегать к чисто формальному сравнению произведений, которые созданы в одно и то же время и внешне схожи, тогда как их авторы преследовали совершенно различные цели, принадлежали к различным художественным культурам, причем тут играли роль и национальные культуры.

Существует кажущееся сходство между двумя комплексами Балла и контррельефами Татлина, а также созданными несколько позже произведениями Наума Габо и Антуана Певзнера. Но достаточно прочесть подписи под репродукциями работ Балла, чтобы удостовериться в полном различии подходов. Первая подпись гласит: «Цветной пластический комплекс адского шума + танца + веселья (зеркало, станиоль, тальк, картон, железная проволока)», а другая звучит так: «Цветной пластический комплекс линий-энергий (картон, шерсть, красная нить, желтая нить)». И, что еще важнее, в манифесте стоит следующее: «Мы дадим скелет и мясо невидимому, неощутимому, невесомому и неуловимому».

В манифесте можно прочесть и слова, касающиеся первого комплекса Балла: «Наипрозрачнейшее. Стремительностью и летучестью пластического комплекса, который должен являться и исчезать, предельно легко и неощутимо».

Волшебство и игра – это полная противоположность татлинской «мастерской объема, материала и конструкции», а также его «культуре материалов».

И заключительное замечание. На мой взгляд, представление о том, что творчество Балла знали и ценили в международном масштабе, является мифом, возникшим в период после Второй мировой войны, ведь на выставках за пределами Италии побывали до этого времени лишь две картины Балла, а именно «Ритм дуги» и «Движение веревки» – они были экспонированы в «Первом немецком осеннем салоне», организованном «Штурмом». Здесь я привожу оригинальные названия, помещенные в 1913 году в немецком каталоге.

Разумеется, я был бы рад, если бы на этом симпозиуме мои соображения мог опровергнуть кто-либо из специалистов, знающих, имело ли место в России хождение манифеста «Футуристическая реконструкция вселенной» с упоминавшимися выше репродукциями в 1915 году или позже.

Перевод с немецкого: Ольга Мамонтова.

Анатолий Стригалев

Значение традиций древнерусского и народного искусства в творчестве Татлина

Русская культура второй половины XIX–начала XX века характеризовалась углубленным интересом к национальному историческому прошлому, в частности – к национальной художественной традиции. В практике пластических искусств такая тенденция реализовалась, прежде всего, через заметное увеличение доли исторических тем и сюжетов, оживление и обновление исторических жанров искусства. Во-вторых , – через стремление создать «русский стиль», в той или иной мере используя специфические древнерусские формы в новых произведениях архитектуры, изобразительных и прикладных искусств. В-третьих, – через стремление выявить, почувствовать и понять глубинную национальную традицию художественного формообразования, не используя в новом творчестве готовых исторических форм.

Владимир Татлин внутри русского художественного авангарда разделял взгляды тех, кто одну из главных задач видели в создании искусства, которое было бы и новым, и национальным. При всех частных разногласиях, лидеры и теоретики авангарда – Ларионов, Гончарова, Д. Бурлюк, Малевич, Татлин, Ле-Дантю, Шевченко и др. – сходились в том, что такое искусство питают три основных источника: сама современная жизнь во всей специфике, новое искусство «гнилого» Запада и широко понятая русская (и еще шире – «восточная») художественная традиция (см., напр., Д. Д. Бурлюк. Галдящие «бенуа» и новое русское национальное искусство. СПб, 1913, с. 7). Последнему компоненту придавалось особо принципиальное значение.

Но что есть русская традиция, каковы ее содержание и объем – об этом имелись очень разноречивые суждения. Одни считали, что развитие русского искусства оказалось насильно прерванным в начале XVIII века, и, следовательно, обращение к национальной традиции должно означать возврат к «допетровским» художественным формам. Другие (например, группа «Мир искусства») были убеждены, что русское искусство в течение XVIII–XIX века создало самобытную национальную школу в пределах общеевропейской художественной традиции и тем самым сформировало «молодую» русскую традицию – наиболее ценную и перспективную. Художники авангарда, в их числе Татлин, имели принципиально иные представления о русской традиции. Они ощущали традицию не ретроспективной, а непрерывной, питающей формообразовательными принципами старой иконописи и стенописи живое крестьянское искусство и «низкие» (традиционные и новые) жанры искусства «городского». Сознательное подключение к этой традиции вылилось в авангардное направление конца 1900-х – начала 1910-х годов, известное под именем «примитивизма» («неопримитивизма »), одним из представителей которого стал Татлин.

При всем том, связи Татлина с русской художественной традицией, как в биографическом, так и в творческом отношении сложились совершенно индивидуальным образом. По свидетельству самого Татлина, ремесло иконописца трижды оказывалось для него средством зарабатывать на жизнь: в юности, после побега из родительского дома (примерно в 1900–1902 годах), в первые годы жизни в Москве, после Пензенского училища (1910–1912 годы, а, может быть, и ранее), и во время войны, в эвакуации. Первый случай – когда он помогал молодым сельским «богомазам» – послужил для него непосредственным толчком к попытке стать профессиональным художником: это «богомазы» подготовили Татлина (правда, не совсем удачно) к поступлению в Московское училище живописи, ваяния и зодчества.

В годы обучения Татлина в официальной школе (Московской – 1902, Пензенской – 1905–1910) ознакомление с отечественной историей и древнерусским искусством вводилось в процесс образования в разных формах. Так, личное пристрастие к исторической тематике было характерно для обоих его основных педагогов в Пензе – А. Афанасьева и И. Горюшкина-Сорокопудова. Первый нашел свою версию в рамках исторического жанра – реалистическую и достаточно современную по живописному языку, лирическую и всегда наделенную специфически русским юмором. Афанасьев был знатоком и копиистом старой монументальной живописи, сам писал церковные фрески, а учащимся предлагал внимательно штудировать и копировать фрески и мозаики Византии, Равенны, Древней Руси – вместе с ним и по лучшим изданиям
130 того времени. Большое количество таких копий – единственный след студенческого периода, сохранявшийся в личном архиве Татлина, написавшего уже в самом конце жизни: «А фрески в то время меня очень интересовали».

Второй из профессоров – типичный академист, писавший множество квазиреалистических жанров из древнерусской и крестьянской жизни. В концептуальном смысле Татлину нечего было взять у Горюшкина-Сорокопудова, зато Афанасьев, по неоднократным признаниям Татлина, вообще оказался одним из трех художников, повлиявших на его формирование (двумя другими Татлин называл Ларионова и Пикассо).

Активное участие Татлина в авангардном движении началось параллельно его обучению в Пензе и не случайно было связано с тем крылом в московском и петербургском авангарде, лидером которого был М. Ларионов – переполненный идеями талантливейший художник и при этом целеустремленный борец за создание русской национальной школы авангардного искусства. Обращение к примитивизму стало для художников ларионовской группы действенным практическим способом совершенно преодолеть инерцию «общепринятого» искусства – во-первых, подключиться к ценимой ими, широко понимаемой русской традиции, опробовать целый веер возможных творческих контактов с ней – во-вторых. Для Татлина обращение к примитивизму не стало преходящим увлечением или временным этапом: из специфической поэтики примитивизма он извлек некие важные, органически ему близкие, методологические уроки на всю жизнь.

Художественная практика Татлина сочетала примитивистские установки с программной рафинированностью, изысканностью, особой обостренностью вкуса. Очень важно отметить, что черты художественного неопримитива присутствуют у Татлина не только в творчестве периода «Союза молодежи», «Ослиного хвоста» и «Бубнового валета» (то есть в 1910–1913 годы), но в разной мере и в разных проявлениях присущи большинству его основных произведений, включая контррельефы, «Башню», «Летатлина», позднюю графику, многие театральные оформления и дизайнерские проекты.

Использование своеобразной «примитивистской методологии» как раз и служило для Татлина постоянным способом наведения связей между поставленными себе актуальными задачами и русской художественной традицией. Как и у иных художников русского авангарда, его отношение к традиции не было пассеистским, но – деятельным и обновляющим, диалогическим и полемическим.

Татлинское обращение к традиции отличается двумя важными индивидуальными особенностями. Первая состоит в том, что определяющим для Татлина было спонтанное психологическое ощущение себя «внутри» русской (а также и украинской) традиции – в ее живом, бытовавшем в русской действительности варианте. Почвенность являлась для него естественной личной нормой, а традиция воспринималась не столь национальной, как народной, охватывала представления о живой и неживой, но одинаково «родной» природе, разнообразие ремесел и профессий, фольклор и унаследованную мифологию, живой язык и реальный быт. Самые смелые свои проекты Татлин нацеливал на максималистскую актуализацию традиции, но не на ее взрыв или обрыв.

Другая, очень личная для Татлина черта состояла в многосторонности его вхождения в народную традицию: не только через живопись, но и через театр, архитектуру, ремесло, музыку, литературу, быт, стиль поведения. Объем данного сообщения позволяет обозначить лишь самым кратким образом характер обращения Татлина к исторической и народной традиции в разных областях творчества.

Общепризнано (но еще не проанализировано) влияние старинной иконописи на искусство Татлина в первой половине 1910-х годов (живописные «натурщицы», станковая графика, сценография). Не менее существенно влияние старых стенописей (которым канон предоставлял бо́льшую композиционную свободу и допускал бо́льшую декоратив-
132 ность). Татлин сознательно опирался на опыт русских иконописцев и
133 фрескистов, используя их приемы в композиционном строе и ритмическом расчленении картинной плоскости, в особого рода синтетизме при обобщенном изображении силуэта и движения фигур, в плоскостной трактовке пространства и объемов, характере силуэтов и их сочетаний с контурными линиями, размещении крупных цветовых пятен, обработке живописной поверхности и т. д. Наиболее близкие Татлину школы внутри древнерусского искусства – иконопись Новгорода XIV–XV веков, фрески Ярославля и Костромы конца XVII века. Иногда сходство выглядит разительным, но все же это не прямые цитаты, а результат проникновения в самый дух старой традиции, а также – результат целеустремленного изучения технической стороны иконописи, чем Татлин занимался всю жизнь. Он писал иногда на старых иконных досках, любил применять специфический для иконописи «левкасный» (меловой) грунт, исследовал приемы иконных и малярных окрасок поверхностей и т. д.

Остается напомнить, что поиск Татлиным собственного живописного языка, опиравшегося на традиции иконы, расценивался его современниками (Н. Пунин) как русская альтернатива кубизму.

В первой же работе для театра (русская народная драма «Царь Максемьян», поставленная в духе «трагического балагана», 1911) Татлин оперирует средствами народного лубочного искусства. Совсем не интересовавшийся «костюмными» пьесами, он явно не считает таковыми пьесы с русской исторической или фольклорной тематикой: кроме «Царя Максемьяна», оформляет в разное время «Ивана Сусанина» («Жизнь за царя»), «Комика XVII столетия», »Битву при Грюнвальде», «12 месяцев» (дважды) и такое уникальное произведение, как «Зангези» В. Хлебникова. И опять следует напомнить, что поэт Хлебников, являвшийся для Татлина высшим авторитетом, как бы олицетворял собой активное взаимодействие уходившей в глубокую архаику традиции и самого крайнего новаторства.

В архитектуре Татлин исходит из старорусской традиции строить здания-памятники. С этой целью он проектирует аллюзию и антитезу Вавилонской башни, в какой-то мере учитывает и русские иконографические

источники – фрески на тему «вавилонского столпотворения». Некоторые 134
объемно-пространственные особенности его «Памятника III Интернационала» заставляют вспомнить архитектуру, изображавшуюся на иконах.

В «Летатлине» также бросается в глаза родство с древними мифами и их русскими интерпретациями – с апокрифической легендой о мужике, полетевшем на самодельных крыльях с церковной колокольни (легенда бытует в русском искусстве и после Татлина: у А. Дейнеки, А. Тарковского). В проектах одежды, домашней утвари Татлин также чаще всего отталкивается от народных ремесленных традиций, мотивов и конструктивных приемов народного искусства.

Известная любовь Татлина к музыке реализовалась главным образом в сфере народной музыки – ее инструментов и песенного репертуара. Татлин возрождает редкое в начале XX века искусство украинского бандуриста (кобзаря), собственноручно изготовляет традиционную бандуру (кобзу), играет и поет в дружеском кругу и как профессионал – в традиционном народном костюме на выставке русского народного искусства в Берлине (1914). А перед тем он создал и экспонировал (на выставке «Современная живопись», 1913–1914) какое-то, теперь нам неизвестное авангардистское произведение, называвшееся «Кобза» (то есть бандура).

Взаимодействие с традицией входило во все аспекты татлинского быта и поведения. Например, в своих устных автобиографических рассказах, очень популярных среди художников, Татлин, излагая свои приключения, как выясняется, использовал фольклорные приемы, типичные сказочные или легендарные ситуации, маски действующих лиц, речевые клише и пр. Характерны такие детали, как устройство мастерской для работы над «Летатлином» на средневековой монастырской колокольне, использование в этой работе почти исключительно природных и «древних» материалов и приемов традиционных ремесел.

Постоянный интерес к традиции совершенно не мешал Татлину ощущать себя сугубо современным человеком, да еще таким, который трудится над формированием будущего. В определенном смысле все творчество Татлина можно представить как некий мост от широко понимаемой традиции к захватывающе смелому новаторству, который он строил всю жизнь.

Разумеется, во всем изложенном заключается лишь одна из граней татлинского искусства, один из корней и компонентов его творчества. Значение этого компонента не нужно преувеличивать, но и игнорировать невозможно.

Дмитрий Сарабьянов

Живопись Татлина 1908–1913 годов в контексте русского живописного авангарда

Вся дореволюционная живопись Татлина по времени своего создания укладывается в короткий хронологический отрезок. Первое известное нам живописное произведение относится к 1908 году, а через шесть лет художник уже бросил живопись и вернулся к ней лишь на рубеже двадцатых – тридцатых годов, переменив и живописную манеру, и понимание задач и назначения живописи как таковой.

На конец 1900-х – начало 1910-х годов падает то время, когда формировались основные направления живописного авангарда. В большинстве своем русские авангардисты начинали с импрессионизма, затем приобщались к постимпрессионистическим тенденциям. Но авангард как таковой начинается с неопримитивизма, который был утвержден усилиями мастеров различных группировок, но прежде всего «Бубнового валета», «Ослиного хвоста» и «Мишени».

Русский неопримитивизм параллелен французскому фовизму и немецкому экспрессионизму. Основанный на активном интуитивизме, пользующийся свободой деформации, он, однако, лишен того духовного напряжения и беспокойства, которое свойственно художникам группы «Мост», и обращен к национально-фольклорным истокам. Получив широкое распространение, он стал своеобразным трамплином к следующему прыжку для многих живописцев, приобщившихся к «левому» движению в искусстве.

Непосредственно вслед за неопримитивизмом в творчестве его вожаков – Ларионова, Гончаровой – и некоторых из их сторонников последовал лучизм. Зародившись в самом начале 1910-х годов, он стал одним из первых вариантов беспредметного творчества, синтезировав ларионовский импрессионизм – с его изысканным истолкованием живописной поверхности и артистической импульсивностью – и экспрессионистическую идею преображения реальности ради выражения характерного начала, в ней заключенного. Лучизм стал способом экспрессионистского по своим исходным моментам выражения концепции беспредметности, которая в то время уже имела вариант В. Кандинского.

Этот последний возник на мюнхенской почве, и мы могли бы оставить его без внимания, если бы не активное участие русских в художественной жизни Мюнхена, а также прочные связи самого Кандинского с художественной культурой России. Экспрессионизм «Синего всадника» сложился из традиций «Моста», немецкого Югендстиля, русского модерна, немецкого и русского примитива, обогатился французским фовизмом, продемонстрировав тем самым близость перечисленных направлений. С экспрессионистской концепцией связаны (хотя экспрессионизму и не принадлежат) два живописца – М. Шагал и П. Филонов. Татлин оказывается в отдалении от этих художников, которые располагаются на известном расстоянии как друг от друга, так и от главных течений того времени.

Основные пути русского авангарда первой половины десятых годов шли через кубизм и вблизи от футуризма. Это были последние общеевропейские художественные направления, которые русским живописцам служили точками перехода к собственным открытиям.

Кубизм не получил в России столь чистого последовательного выражения, как во Франции. Он часто воспринимался лишь в отдельных своих проявлениях, вне основной своей концепции. Как элемент эклектической системы он присутствует у ранних «бубновых валетов», иногда становится на время предметом прямого подражания (как у Лентулова в годы обучения у Лефоконье и Метценже), получает коррективу декоративности (как у А. Экстер), наконец, оказывается этапом на пути к полной самостоятельности (как у Малевича, Поповой, Удальцовой, Розановой, Клюна).

Футуризм тем более не имел «чистого» воплощения. Но при этом разные художники – Гончарова и Ларионов, Малевич и Экстер, Розанова и Попова – соприкоснулись с ним и получили от него «оздоровительный импульс».

Для того, чтобы найти место Татлина в этих процессах, необходимо учесть еще одну тенденцию в искусстве первой половины десятых годов. Наиболее последовательно она выявилась в алогизме, который позволял преступать пределы здравого смысла, ломать привычную логику реальных явлений. Своеобразная «пред-дадаистская» программа, выдвинутая Малевичем, получила отклик в творчестве многих его соотечественников и современников.

В обозначенной панораме есть пропуски. Не учтен, например, опыт и путь Матюшина (это скажется позже), не затронуты некоторые художники, которые формировались за границами России. Не упомянуты те, кто продолжал исповедовать прежние – доавангардные принципы. Все они для полноты картины могли бы быть учтены, но лишь как факты косвенные для решения интересующего нас вопроса.

Возникает проблема: как Татлин соотносился с основными направлениями того времени; какие из них были ему необходимы для того, чтобы оттолкнуться от них в порядке противодействия, либо примкнуть к ним для временного движения в их пределах?

138 Татлин начинал с импрессионизма. Его «Гвоздика» 1908 года – результат довольно типичного для русского импрессионизма слияния натюрморта, пейзажа и интерьера. Татлинское начало было созвучно общим путям развития авангардной живописи в России – она брала точкой отсчета импрессионизм. Об этом свидетельствует опыт и Ларионова, и Кандинского, и Малевича, и Поповой. Каждый из них предлагал именно такой вариант импрессионизма, в котором можно угадать некоторые черты будущей живописной системы именно этого художника. В первой из сохранившихся картин Татлина виден интерес к живописной поверхности, к ее самоценности. Отдаленно угадывается круг фактурных опытов, столь характерных для периода открытий.

Иные предвестия можно выявить путем сопоставления «Гвоздики» с импрессионистическими работами других художников. Привлечем для
139 сравнения картину Ларионова «Сквозь сети» (1905). Она полна лучистских предчувствий. Цветовые пятна и линии готовы задвигаться, захватывая при этом всю поверхность холста, смешивая воедино предметы ближнего и дальнего плана, главное и второстепенное и создавая единую ритмическую структуру.

Для Татлина важнее извлечь из импрессионизма конструктивный эффект, расположив предмет на пути главных «силовых линий». В «Гвоздике» кувшин с букетом помещен в треугольное поле – между открытой створкой окна и подоконником. В другой ранней работе – в
139 «Сидящей фигуре» (акварель, 1909) – сама фигура попадает «в створу» диагональных линий и с трудом удерживает наплывающее из глубины пространство. Татлин разрушает созерцательную концепцию импрессионизма. Его главный пластический герой пока в этих ранних работах лишь испытывает воздействие внешних сил. Но вскоре – после преодоления системы импрессионизма – он сам становится творцом простран-
тит. лист ственной ситуации. В «Матросе» (1911) круговой разворот головы и полуфигуры возбуждает энергетическое движение, колеблет пространство и создает силовое поле вокруг центра. Приблизительно на таком же принципе построены композиции трех знаменитых «Натурщиц». Как видим, еще в импрессионистический период у Татлина зарождаются такие качества, которые предрекают его будущее развитие и отделяют от художников близких направлений.

Как известно, Татлин в конце 1900-х – начале 1910-х годов был под влиянием Ларионова, в 1912 участвовал в выставке «Ослиный хвост» и лишь потом порвал со своим старшим другом. Возникает вопрос: каким образом Татлин со своей перспективой движения к конструктивизму мог прижиться в «Ослином хвосте», что мог там найти?

Первый ответ, который сразу приходит на ум, связан с иконографией. Каждый из неопримитивистов выбирал для себя излюбленный круг сюжетов, связанный с личной судьбой или пристрастиями. Ларионов – провинцию и солдат, Гончарова – крестьян, их труд, быт. Шевченко – солдат и прачек, Татлин – рыбаков и моряков. Каждый художник благодаря этим мотивам и сюжетам попадал в «свою стихию», которая питала воображение традиционно-фольклорными формами мышления, бытовыми реалиями, включенными в мифологизированную систему представлений. Эта ориентация расшатывала устои академизма и реализма, провоцировала свободное отношение к натуре. Продавцы рыб, матросы, изображенные в разных видах и вариантах, демонстрируют обострение живописного динамизма. Татлин извлекает из него особые выгоды. Здесь речь должна идти не столько о цветовом строе и фактуре, сколько о линейно-ритмической системе.

Еще около 1910 года Татлин создает ряд акварелей и рисунков, в которых находит важный для всего дальнейшего пути элемент формы. Если по методу Малевича искать в татлинской живописи ее «прибавочный элемент» (вспомним, что для супрематизма он является в качестве прямой линии, а в кубизме – серповидной), то мы могли бы его определить как «строгую» кривую – фрагмент большого круга или параболы. Эти линии, которыми очерчиваются фигуры и предметы, создают эффект целесообразности формы, ее экономичности и целенаправленной функциональности. По мере развития энергия все более устремляется в линию, которая не только сильным движением обрисовывает форму, но и в ряде случаев фиксирует грани объема. Эти пластические
качества проявляются и в «Матросе» и в «Продавце рыб». Последняя из 141
этих двух картин строится на сцеплении разнонаправленных движений, на синтетическом осмыслении явления, исключающем его аналитическое разложение и исследование.

Отрываясь от неопримитивистской концепции, Татлин одновременно отмежевывается и от других живописных вариантов, тяготеющих к экспрессионизму. Сравним «Продавца рыб» с почти одновременной кар-
тиной Филонова «Запад и Восток». Разница между ними не только в том, 140
что филоновское произведение наполнено символическими значениями, что люди у Филонова – выразители человеческих первообразов, что рыбы – христологические знаки, тогда как у Татлина – обычные продукты природы, к тому же превращенные в товар. Аналитический метод Филонова культивирует отдельности, которые скрепляются в единое целое высшим ритмом. У Татлина ритм органический, объединяющий реальности, не менее силен и по-своему велик своей земной природой.

Вслед за этим возникает новая стадия размежевания – с кубизмом. Сравним внешне близкие картины – Татлина «Продавец рыб» и Малевича «Уборка ржи». В отличие от Малевича Татлин не ищет устойчивости, не акцентирует объем предметов и фигур. Он трактует картину как вещь, в которой не нарушена самоценность ни одного предметного качества. Фактура подчеркивает характер клеевой краски, нанесенной на холст. Линейная ритмика акцентирует поверхность. Картина-предмет имеет свою плоскость и не может ни в чем нарушить этого своего первородства. Нас не должно смущать то обстоятельство, что Татлин в скором времени выйдет в пространство. Оно для него будет так же реально, как сейчас реальна плоскость.

143 Интересно сравнить и более поздние работы – эскиз «Анализа компо-
142 зиции» Татлина и картину Малевича «Англичанин в Москве» – с точки зрения отношения художников к картинной плоскости. У Малевича, который в отличие от Татлина отказывается от целостного показа некоего явления, пространство и плоскость находятся в сложных взаимоотношениях. Истолкование и того и другого достигает большой степени условности. Пространственный прорыв в бесконечность, образуемый белым силуэтом рыбы, отдельные фрагменты реальности, создающие дискретные пространственные единицы, наложенные друг на друга силуэты, буквы, «зависшие» на переднем плане, усугубляющие условность изображения, – все это делает отношение плоскости с пространством скорее мыслимым, чем зримо-реальным.

Татлин придерживается своей концепции реальности. В одном месте он разрушает плоскость листа – имитирует своего рода разрез там, где изображена голова младенца. Татлин не режет лист на самом деле, как это будет делать десятилетия спустя Лючио Фонтана. Но иллюзия разреза настолько убедительна, что мы принимаем ее за реальность.

Встреча Татлина с Пикассо состоялась в тот момент, когда кубизм уже исчерпал себя, и художники начинали утверждать новые идеи. Выход в реальное пространство в «материальных подборах» и контррельефах был закономерен для Татлина, как, впрочем, и для других русских мастеров, прошедших через кубизм и обратившихся к скульпто-живописи (Клюн, Попова, Пуни и другие).

Уместно сравнить одно из произведений «пластической живописи» (как ее называла сама художница) Любови Поповой – «Кувшин на столе»
45 (1915) с татлинским «Материальным подбором» (1916). Попова сохраняет живописную плоскость, из которой навстречу зрителю выступают объемные формы. Они раскрашены и таким образом на них распространяется живопись. Различие между иллюзией объема и самим объемом упраздняется.

Татлин, в отличие от тех художников, которые отталкивались от опыта кубизма, выходя в пространство, преодолевает изобразительность, придавая исконную самоценность пространству, краске, материалу. Эти категории окружающего мира существуют у него в своей реальности.

Обретение новых форм совершалось у Татлина тогда же, когда рождался супрематизм у Малевича. В рождении супрематизма сыграл безусловную роль алогизм Малевича. Алогизм нужен был и Татлину – для того, чтобы сделать решительный шаг в новое художественное измерение, не оправданное привычной логикой. Но пути художников при этом расходились коренным образом.

Наглядно сравнивать супрематические картины Малевича и «материальные подборы» Татлина не имеет смысла: они настолько далеки друг от друга, что в таком сопоставлении «не за что зацепиться». Разницу легче определить словесно. Малевич вышел за пределы земной системы, создал мир «четвертого измерения». Условные значения, возникшие в процессе той перекодировки мира, которую он предпринял, приобрели в его представлении безусловный смысл. Условный знак получил самоценность и обрел самобытие.

Татлин отдался реальному миру, стремясь вскрыть его материальные первоэлементы и придать им значение неких святынь. В отличие от четвертого это было, пользуясь метафорой, «нулевое» измерение, которое «с обратного конца» приближалось к четвертому. Таким образом определились две линии, которые, враждуя, то отталкивались, то притягивались друг к другу. Малевич и Татлин так и остались в истории фигурами, символизирующими эти движения. Один с неба, другой с земли, несмотря на вражду, они протягивали друг другу руки, так как земля не может обойтись без неба, как и небо без земли. Друг без друга они теряют смысл своего существования.

Мэриэн Берли-Мотли

«Матрос» Татлина – новая интерпретация

Картина Татлина «Матрос», хранящаяся в Государственном Русском
тит. лист музее в Ленинграде, хорошо известна всем исследователям его творчества. Основываясь на надписи, которая находится на обратной стороне холста, ее обычно датируют 1911 годом[1]. Впервые картина была показана, вероятно, на выставке «Ослиный хвост», открывшейся 11 (24) марта 1912 года в Москве[2]. На бескозырке матроса – надпись «терегущий», и, хотя начальной буквы «с» не видно, это, полагаю, название реально существовавшего корабля – «Стерегущий»[3]. Почти все, кто писал об этой картине, идентифицировали «Матроса» как автопортрет, приводя для сравнения
146 фотографии, такие, например, как портретный снимок 1916 года. И действительно, сам тип лица с пухлой нижней губой убедительно подтверждает справедливость такого отождествления. Но я попытаюсь доказать, что у Татлина были веские основания назвать эту картину «Матрос», а не «Автопортрет» и что по этим же причинам он, возможно, поставил на задней стороне картины дату «1911 год», даже если это произведение было создано в начале 1912 года, как отмечал Пунин[4].

Анализ формальных особенностей картины был дан Дмитрием Сарабьяновым – он охарактеризовал ее как одну из ключевых работ Татлина[5]. Ученый отметил, что композиция строится на круговом движении, в центре которого – голова матроса, и что тем самым реализуется лежащий в основе русской иконописной традиции принцип сочетания круга с прямоугольником. Но если это соображение безусловно является убедительным, то предположение о том, что центральный образ и две небольшие фигуры на заднем плане могут представлять собой один и тот же персонаж, противоречит тем реальным фактам, которые послужили источником для этого произведения: о них-то и пойдет здесь речь.

Думаю, что непосредственным импульсом для художника оказалось здесь событие, произошедшее в 1911 году. В мае этого года в Петербурге
147 был торжественно открыт монумент работы скульптора Константина Изенберга (1859–1911), который призван был увековечить память о героизме двух русских моряков, проявленном во время русско-японской войны: 26 февраля (10 марта) 1904 года в Порт-Артуре они затопили свой корабль, чтобы он не попал в руки врага, и погибли. Надпись на

обратной стороне памятника рассказывала об этом событии. Он был установлен на видном месте на Петербургской стороне, где расположен ныне Парк им. Ленина. Татлин, который в 1911 году жил в Москве, мог видеть памятник либо съездив в Петербург, либо – согласно хронологии Жадовой – в ту пору, когда он жил в Петербурге и занимался в частной студии Бернштейна[6]. Название увековеченного в памятнике корабля – «Стерегущий», что и следует из надписи, помещенной в верхней части монумента. Это был эсминец, участвовавший в бою с японскими подводными лодками на рейде Порт-Артура, когда японцы в ночь с 26 на 27 января (5–6 февраля) 1904 года внезапным нападением с моря на порт и береговые укрепления начали русско-японскую войну[7]. Война закончилась унизительным поражением российского оружия, и в 1905 году был подписан мирный договор.

Логично предположить, что желание Татлина изобразить матроса со «Стерегущего» было вызвано скорее открытием памятника в Санкт-Петербурге, чем реальным событием семилетней давности – гибелью корабля. Я вернусь к этому событию позже. Здесь же особо интересен вопрос, почему Татлин решил увековечить память о событии, которое – подобно написанной в XIX веке опере Глинки «Жизнь за царя» (а для постановки этой оперы Татлину еще предстоит в 1913–1914 годах создать эскизы декораций и костюмов) служило прославлению преданности русского крестьянства царю – той преданности, что переходила в готовность отдать за него жизнь. Поскольку Татлин сам был моряком и, вероятно, был в море и в 1904 году, он наверняка знал, что в период русско-японской войны в Императорском флоте служили не профессиональные матросы, а мобилизованные в связи с войной бедные крестьяне, которые в общем и целом отнюдь не собирались добровольно жертвовать жизнью ради царя. Поэтому соблазнительно предположить, что Татлин – как это было в случае с декорациями для оперы Глинки – в 1911 году в своем «Матросе» отдает дань скорее этим простым русским крестьянам, а не царю, за которого они погибли. Но, конечно, памятник, обусловивший появление живописного произведения, нельзя рассматривать в этом ключе. Монумент должен был получить одобрение царских цензоров и призван был служить потребностям власть имущих, прокламируя верность русского крестьянства императорскому режиму.

Присутствие царя Николая II на торжественном открытии памятника подтверждает это предположение. Фотография, запечатлевшая церемонию открытия, была опубликована 15 мая 1911 года в популярном журнале «Нива»; в случае, если Татлин и не посетил тогда Петербург, этот снимок мог стать для него источником информации о памятнике[8]. Матрос, стоящий перед царем с бескозыркой в руке, как бы представляет в своем лице весь флот, присутствуя на церемонии открытия царем памятника двум героическим матросам. В сообщениях о памятнике называлась и фамилия матроса – Осинин, говорилось также, что он спасся после затопления корабля, на котором он, по его словам, находился в тот самый момент, когда открыли кингстоны, чтобы пустить корабль ко дну. Царь вручил ему по этому случаю Георгиевский крест.

Коль скоро Татлин решил увековечить давнее событие именно в это время и именно для той публики, от которой можно было ожидать, что она узнает корабль и сумеет воспринять все сопутствующие событию моменты благодаря широкому вниманию, уделявшемуся памятнику, то вправе ли мы и далее рассматривать молодого художника как политическую фигуру, как революционера, каковым он, несомненно, стал после 1917 года? В 1909–1911 годах Татлин (в ту пору он был студентом и жил в Пензе) находился под надзором полиции за участие в революционной деятельности, и такое его положение как будто противоречит нашей версии[9]. Но мы должны учитывать и то обстоятельство, что после революции 1905 года значительная часть студенчества числилась, вероятно, в таких списках[10].

На самом деле наше первоначальное впечатление от картины изменится, если мы станем прочитывать изображение, исходя из описания увековеченного в памятнике события. Начальное «с» в названии корабля усечено на монументе и, может быть, именно поэтому отсутствует в картине, хотя и предполагается, что оно находится слева, на той части бескозырки, которая нам не видна. Изображенный скульптором момент, когда вода уже хлещет через иллюминатор, мог натолкнуть Татлина на идею показать иную сцену – когда вода уже вошла в трюмы корабля. Если фигура слева на картине Татлина – это, несомненно, живой человек, то бессильно поникшая фигура справа – с опущенной головой, с повисшими за спиной руками, будто лишенная опоры, – может восприниматься и как тело погибшего человека. Но к этому доводу я еще вернусь. Центральную же фигуру, полагаю, следует рассматривать как канонический образ русского матроса, лишь случайно оказавшийся также автопортретом бывшего моряка Татлина. Этот уподобленный иконописному образу моряк как бы замещает здесь моряка реального, запечатленного на фотографии открытия памятника. Метод использования белого подмалевка с целью подчеркнуть форму бровей, носа и глазниц имеет свои непосредственные истоки в таком произведении, как фреска XII века с изображением апостола из церкви Георгия в Старой Ладоге,
130 которую Татлин копировал в 1906–1910 годах.

Но вернемся к нашей интерпретации этой сцены. Может, круговое вращение в композиции, столь точно подмеченное Сарабьяновым, в действительности указывает на то, что мы смотрим на кренящееся набок судно, идущее ко дну? А может быть, орудийный ствол – это дымовая труба, оказавшаяся теперь в горизонтальном положении? В соответствии с таким прочтением изображенный слева живой моряк должен идти по верхней палубе, в то время как моряк, изображенный справа, находится на нижней палубе, где он успел утонуть. Если это верно, то это означает, что мы смотрим на пространство, которое разворачивается скорее сверху вниз, чем от переднего плана к заднему. Такая радикальная «реструктуризация» пространства стала возможной, пожалуй, лишь благодаря влиянию кубизма. Отсутствие разломов форм, смещения частей здесь очевидно, но кубизм, вероятно, смог дать Татлину искомый им ключ к созданию нового типа картинного пространства. В этом смысле картину можно рассматривать как работу, предвосхищающую его позднейшие рельефы.

Каковы бы ни были стилистические истоки этого произведения – и тут нельзя не назвать Матисса – становится ясно, что Татлин написал своего «Матроса», желая воспользоваться общественным резонансом, вызванным открытием памятника. Апеллируя к патриотически настроенному зрителю, он, может, надеялся найти покупателя для этой картины. Мы знаем также, что на одной из выставок он был единственным экспонентом, указавшим свой номер телефона; это также дает основания полагать, что Татлин – вещь это вполне естественная – стремился к продаже своих работ[11]. Еще известно, что в какой-то момент он высказал желание выставляться исключительно с художниками «Мира искусства» (а они вряд ли могли быть его союзниками в творческих делах); можно предположить, что он надеялся на большее внимание и на больший успех, экспонируя свои работы вместе с более солидным по возрасту объединением[12]. Если с этой точки зрения Татлин предстает слишком меркантильным, то нелишне вспомнить, что у него не было иных источников дохода после того, как он оставил море. Однако Татлину не повезло с его патриотической картиной. На выставке «Ослиный хвост» она не была замечена ни зрителями, ни критиками, вероятно, потому, что наибольшее внимание было привлечено к картинам Ларионова и Гончаровой, сочтенными скандальными по своему характеру. Татлин вновь экспонировал своего «Матроса» на выставке «Союза молодежи» зимой 1912–1913 года, но к этому времени публика, видимо, уже успела подзабыть и памятник и увековеченное в нем событие. Затем картина была выставлена в 1922 году в Берлине, и в 1927 году она была показана в Ленинграде, так что Татлин явно считал эту вещь важной для своего творчества того периода, вероятно, из стилистических соображений.

И еще одно дополнение к вышесказанному. Внимательное изучение целого ряда книг, написанных русскими и английскими современниками русско-японской войны и освещающих обстоятельства гибели «Стерегущего», являет нам совсем иную историю, нежели та, что нашла отражение в монументе и – если моя интерпретация верна – в картине Татлина[13]. После того, как эсминец был выведен из строя артиллерийским огнем, японцы взяли его на абордаж и уничтожили весь экипаж, кроме тех, кто успел броситься за борт. Затем японский корабль взял «Стерегущего» на буксир, но трос не выдержал, и получивший множество пробоин эсминец затонул. Японцы не стали задерживаться ради того, чтобы подобрать бросившихся за борт русских матросов, и, судя по этим сообщениям, никто не смог спастись. Вот так и был порожден и увековечен в назидание потомству миф о двух героических матросах, пожертвовавших жизнью ради блага отечества[14].

Примечания

1 Надпись гласит: «В. Е. Татлин 911 г. «Матрос»». Картина поступила в 1926 году в Государственный Русский музей из собрания ленинградского Музея художественной культуры.

2 Л. А. Жадова (см.: *Tatlin*. Ed. by Larissa Alekseevna Zhadova. New York: Rizzoli, 1988, p. 490) не упоминает «Матроса» в числе произведений, экспонированных на выставке «Ослиный хвост», в то время как Д. В. Сарабьянов (ibid., p. 61, note 18) сообщает о том, что «Матрос» был представлен на этой выставке. В каталоге выставки «Ослиный хвост» (воспроизведен в кн.: Donald E. Gordon. *Modern Art Exhibitions: 1900–1916*. München, 1974, vol. 2, p. 566) несколько картин Татлина, в том числе «Матрос», судя по всему, упоминаются в качестве работ Шевченко. Выставка «Союза молодежи», где был экспонирован «Матрос» и которую Жадова относит к зиме 1911–1912 года (см.: *Tatlin,* p. 489), на самом деле состоялась годом позже, как указывает Анжелика Зэндер Руденстайн (см.: *The Guggenheim Museum Collection: Paintings. 1880 – 1945.* New York, 1976, vol. 2, p. 449).

3 В своем сообщении на симпозиуме, посвященном творчеству Татлина, в ноябре 1989 года в Кунстхалле Дюссельдорфа Анатолий Стригалев связал слово «стерегущий» с ролью Татлина в русском авангарде. Мои же соображения, также изложенные в докладе на этом симпозиуме и в настоящей статье, предполагают выход за пределы такого буквального прочтения. Я признательна Ларисе Сальминой-Хаскел, бывшей сотруднице Государственного Эрмитажа, сумевшей идентифицировать корабль.

4 Н. Пунин. *Татлин (Против кубизма).* Петербург [Петроград]: Отдел ИЗО НКП, 1921.

5 *Tatlin,* pp. 50 ff., p. 445.

6 Джон Милнер называет 1910 год как время, когда Татлин посещал студию Бернштейна (John Milner, *Vladimir Tatlin and the Russian Avant-Garde*. New Haven and London: Yale University Press, 1983, p. 18).

7 Из недавних работ, посвященных русско-японской войне, см.: *The War of the Rising Sun and Tumbling Bear: A Military History of the Russo-Japanese War. 1904–1905*. London and New York, 1988.

8 См.: Нива, XLII, 1911, май, № 21, с. 393.

9 См. написанный А. Стригалевым раздел в кн.: *Tatlin,* p. 40, note 65.

10 Впервые предположение о том, что Татлин в молодости мог быть совершенно аполитичным, высказала Маргит Роуэлл (Margit Rowell. *Vladimir Tatlin: Form/Faktura*. – October, winter 1978, no. 7, p. 86).

11 3 марта по новому стилю 1915 года, Петроград, 1-я футуристическая выставка картин «Трамвай В». См.: Herman Berninger, Jean-Albert Cartier. *Pougny. Catalogue de l'œuvre.* Tome 1. *Les années d'avant-garde, Russie-Berlin, 1910–1923.* Tübingen: Wasmuth, 1972, p. 148.

12 См. недатированное письмо Татлина к А. Бенуа, вероятно, 1913 г. в кн.: *Tatlin,* p. 182.

13 См.: Newton A. McCully. *The McCully Report: The Russo-Japanese War. 1904–1905.* Ed. R.A. von Doenhoff. Annapolis, Md., 1977, pp. 71–73. Маккалли, капитан-лейтенант военно-морских сил США, был прикомандирован в качестве наблюдателя к русскому флоту. См. также: L. Thiriaux. *La Guerre Russo-Japonaise.* Namur, 1904, pp. 116–117; П. Ларенко. *Страдные дни Порт-Артура.* Спб., 1906.

14 В ходе тщательного изучения архивов русского флота, проведенного в 1954 году несколькими офицерами флота и историками, не подтвердился рассказ Осинина о том, что он был свидетелем затопления корабля. См.: В. Нестеров. *Памятник Стерегущему.* – Блокнот агитатора, 1973, № 20, сс. 42–49. Он и другие моряки, о которых говорилось в его сообщении, могли спастись скорее на более ранней стадии сражения, нежели в момент самого потопления корабля.

Перевод с английского: Александр Варкентин/Ольга Мамонтова.

Флора Сыркина

Феномен театра Татлина

Татлин пришел в театр не потому, что в начале XX века едва ли не все русские живописцы, особенно представители «Мира искусства», обратились к сценографии, но в силу самой природы своего дарования. Это – присущее ему пространственное мышление, породившее контррельефы, «Памятник III Интернационала», «Летатлина», предметы прикладного искусства – мебель, посуду, одежду и т. д. Это – декоративность его палитры, любовь к праздничности цвета, локальным контрастным цветосочетаниям, столь характерным для его станковой живописи. Это – врожденная, я бы сказала, генетическая (его мать была поэтессой) любовь к литературе, поэзии, драматургии. Это – редкая музыкальность: он прекрасно играл на бандуре, пел, аккомпанируя себе и режиссируя свои песни. Талант актера и режиссера особенно проявился в «Зангези», посвященном его другу Велимиру Хлебникову, где Татлин был одновременно и постановщиком, и исполнителем главной роли, и художником. Таким образом, сама многогранность его дарования идеально гармонировала с синтетической природой искусства театра.

Главная тема сценографии Татлина – Россия. Русская народная драма и русская классика, пьесы о советской России, революции, Великой Отечественной войне, мирной жизни народа.

Из всех «левых» художников, дебютировавших в театре в 1910-е годы, Татлин был первым, кто создал конструктивные объемные декорации в трехмерном пространстве сцены уже в 1911 году – в народной драме «Действо о царе Максимилиане и его непокорном сыне Адольфе»[1], где перевел плоскость лубка на трехмерный язык сцены – выстроил объемный параллелепипед помоста с крутой лестницей и стереометрической примитивной архитектурой. Даже позднее, в 1913 году, в спектаклях «первого в мире футуристов театра» в Санкт-Петербурге в театре «Луна-парк» – в трагедии «Владимир Маяковский» Маяковского, оформленной П. Филоновым и И. Школьником (поактно), и в опере «Победа над солнцем» на музыку М. Матюшина, оформленной К. Малевичем, художники ограничились экспозицией на сцене своей станковой живописи в виде больших картин-панно на темы спектаклей. Они так и не решили столь актуальной для театра того времени проблемы нового пространственного освоения сцены. Таким образом, Татлин и здесь шагал впереди времени.

Татлин, всегда мысливший архитектурными образами, и в театре тяготел к сценической архитектуре – к строенным декорациям. В театре он всегда строитель: в 1910-е годы неопримитивистских и кубофутуристических построек, в 1920-е конструктивистских, в 1930-е – начале 1940-х – конструктивных. Только в конце 1940-х – начале 1950-х он вынужден был в строенные декорации вводить живописные.

Характерным свойством декораций Татлина была их динамика. Художник всегда стремился сообщить оформлению самостоятельную, оправданную действием подвижность. В «Комике XVII столетия» действие разворачивалось на вращающемся круге, который вмещал декорации разных мест действия. Близко от круга на неподвижном планшете
сцены высилось голое дерево-вертикаль, с одной веткой сверху. В 180
финале, когда актеры, изображавшие древнерусских лицедеев, представляли народную игру «Лодка»[2], они садились друг за другом за выстроенным пандусом круга как будто в лодку и с пением начинали грести без весел. Благодаря вращению круга они словно бы уплывали со сцены. В это время ветка, до того неподвижная, вдруг начинала подниматься и опускаться в такт песни, словно машущая рука, посылающая прощальный привет. В пьесе «Не сдадимся» Татлин для того, чтобы передать ощущение опасности жизни людей на дрейфующей льдине, выстроил с помощью противовесов колеблющуюся площадку. Однако специалисты-консультанты заявили художнику, что на огромной льдине в действительности не бывает качки. Татлин справедливо горевал: «В угоду жизненной правде пришлось отказаться от художественного образа». Движущийся и ломающийся лед сценографу удалось воссоздать на сцене в постановке «Кронштадт» («Весна 21-го»). Трескающиеся льдины художник воплотил на приподнятом планшете сцены с помощью отдельных раздвижных и колеблющихся на противовесах досок. Когда доска-льдина приподнималась, под ней как бы поблескивала вода – то была подсветка из электрических ламп. Чтобы определить смысловой масштаб каждого эпизода пьесы, Татлин сделал так, что подвижные кулисы и падуги стали играть роль диафрагмы, которая по ходу действия то сужала, то расширяла игровое пространство сцены.

Татлин по природе конструктор и в театре всегда искал такую пластическую среду, которая бы активно соучаствовала в постановке, при этом он искал фактуру уникальную. По воспоминаниям В. Н. Мюллера – в ту пору заведующего постановочной частью МХАТ-II, когда художник начал работать над «Комиком XVII столетия» А. Островского, он решил все декорации построить из плетеной лозы. Материал этот, уже привезенный в театр раньше, использовал в своих декорациях другой сценограф. Татлин воспринял это как предательство и категорически отказался от уже опробованной фактуры. В конце концов художник сконструировал декорации старорусской Москвы из фанеры. Он любил естественный, а не бутафорский материал, его целостность. Мюллер рассказывал, что когда надо было покачивать ту ветку на голом дереве и он предложил Татлину использовать для этого веревочку, художник гневно воскликнул: «Веревка – это чужая фактура!» и придумал механизм из дерева. Для «Глубокой разведки»[3] основным материалом стали деревянные доски, сообщавшие постройкам лагеря геологов-изыскателей характер временности и дискомфортности. В «Деле» Сухово-Кобылина[4] огромные шкафы, набитые деловыми бумагами, должны были быть расположены на фоне занавеса из полированного дерева – незыблемый тупик судейских канцелярий.

Как правило, Татлин вкладывал в театр, как, впрочем, и в живопись, и в графику, самого себя, часть своей биографии. В эскизах декораций и костюмов-образов к опере «Летучий голландец» он изображает готовую
182 разрушиться от шторма палубу корабля, а на ней склоненную огромную мачту – одну из примет его нелегкого отрочества и юности, когда он плавал юнгой и матросом на кораблях. Мачта – непременная вертикаль его театральных композиций – переходит из спектакля в спектакль. Время от времени, в зависимости от темы спектакля, она преображалась то в
179 наклонную голую сосну в «Зангези» (1923), то в нефтяную вышку в «Глубокой разведке» и т. д. Вертикаль, как главная композиционная деталь декораций, присутствовала едва ли не во всех спектаклях, оформленных Татлиным. В ГТЦМ[5] им. А. А. Бахрушина в Москве хранится множество риснуков и ка́лек с изображением оснащенных мачт, а также деревьев, похожих на мачты.

В эскизах костюмов не единожды появляется сам художник: в «Летучем голландце» – в нескольких листах костюма-образа моряка и рулевого, в «Жизни за царя» – отроком, осиротевшим сыном Ивана Сусанина (вспомним сиротство Татлина, раннюю смерть его матери и отца), постаревшим матросом-революционером – в эскизах к «Кронштадту» и молодым русским актером – в «Комике XVII столетия». На эскизах к «Делу» героиня Лидочка предстает в облике матери художника, просвещенной русской женщины. Вероятно можно было бы продолжить эту галерею семейных портретов, если бы мы располагали большим количеством фотоматериалов. Это – не просто фиксация судьбы, но, мне думается, и страх забвения биографии, лика художника. Не потому ли он повсюду, как зарубки на память о себе и своей нелегкой жизни, оставляет автопортреты, мачты, корабельные палубы, кубрики – некий закодированный миф о себе, своей судьбе.

Конфликт – постоянный бич, преследовавший Татлина в театре из-за его характера – требовательности к себе и к другим. Замыслив образное решение спектакля, сценограф не допускал и малейшей неточности в его осуществлении. Любое покушение на собственное решение приводило к тяжелым разрывам Татлина с театрами, начиная с первого же, в 1911 году, когда Бонч-Томашевский в «Царе Максимилиане» небрежно отнесся к эскизам костюмов Татлина, и в результате они были искажены до неузнаваемости. Самый большой конфликт вызвала постановка «Дело», где Татлин представил судейских чиновников как бы масками-привидениями. Для этого уже в эскизах он разработал систему обработки ткани мундиров таким образом, что они словно бы таяли в сценическом пространстве. Необходимо было обработать костюмы красками с помощью пульверизатора так, чтобы ткань становилась почти неприметной для зрителя. Но режиссер Попов пожалел портить новое сукно и запретил роспись ткани. Татлин организовал своего рода диспут-суд в ВТО[6], который, однако, ничего не изменил в постановке.

Неизвестно, как бы развивалось дарование Татлина в театре, если бы не те долголетние, до конца его жизни сотрясавшие советское искусство директивы сверху. О Татлине можно сказать, что он не сломился, хотя и ссутулился и до конца боролся с натурализмом в театре.

Феноменом театра Татлина является непреходящая художественная ценность его театральных работ. Его эскизы, во-первых, воскрешают историю нашего театра, а, во-вторых, смотрятся как подлинные произведения станкового искусства – живописи и графики.

Театр оказался положительным героем в трагедии Татлина. Он сыграл роль его спасителя и кормильца в годы, когда чиновники по искусству предавали художника анафеме, когда его станковые творения, считаясь порождением формализма, не приобретались музеями (после его смерти они были выброшены из его квартиры на помойку). В годы остракизма и забвения Татлина только театр оценил и принял его талант.

Примечания

1 Литературно-художественный кружок, постановщик Бонч-Томашевский.
2 Игра и пение воспроизводили эпизоды из жизни Степана Разина.
3 МХАТ, 1943, постановщик Кедров.
4 Центральный театр Красной Армии, 1940, постановщик Попов.
5 Государственный центральный театральный музей.
6 Всероссийское театральное общество.

Ирина Арская/Татьяна Любославская

Татлин и Хлебников. К некоторым аспектам сценической интерпретации «Зангези»

Спектакль «Зангези» был поставлен Владимиром Татлиным в мае 1923 года. Татлин, уже имевший опыт театрального художника, стал его единоличным создателем: режиссером, художником и исполнителем главной роли. Говоря о «Зангези», мы можем в полной мере иметь в виду «театр Татлина».

Сверхповесть «Зангези» – одно из последних, итоговых творений Хлебникова («Зангези» собран-решен 16 января 1922 года). В его сложную структуру органично вошли словотворческие опыты, математические законы времени, эксперименты по созданию общего для народов Земли языка, то есть все то, что было главным делом жизни поэта. Идеи Хлебникова изложены в основном в проповедях героя сверхповести – отшельника Зангези, поэта-пророка, трагически не понятого не только случайными слушателями, но и учениками.

Сохранившиеся изобразительные источники, воспоминания очевидцев, критические отзывы свидетельствуют о чрезвычайно бережном отношении Татлина к хлебниковскому тексту. Эскизы, созданные на разных этапах работы над спектаклем, представляют собой варианты пластического эквивалента описания места действия Хлебниковым: «Горы. Над поляной подымается шероховатый прямой утес, похожий на железную иглу, поставленную под увеличительным стеклом ⟨…⟩ он стоит рядом с отвесными кручами заросших хвойным лесом каменных пород. С основной породой его соединяет мост-площадка» – «любимое место Зангези ⟨…⟩ Отсюда он читает свои проповеди к людям или лесу». В двух эскизах запечатлены моменты действия из плоскостей VIII и IX, в другие два – включены упомянутые Хлебниковым «вещественные» детали. Облик лишь двух персонажей – «Горя» и «Смеха» –
157 описан Хлебниковым, и только для них проектирует костюмы Татлин, точно следуя авторской ремарке. Кроме того, в основе костюма «Горя» – доски и маски – строки Хлебникова: «Любую доску я/Пойму как царевну печаль!» (надпись на эскизе – неточная цитата); «Как синей бабочки крыло/На камне,/Слезою черной обвело/Глаза мне». По-видимому, текст не подвергался значительным сокращениям. Эти факты свидетельствуют о намеренной установке на максимально адекватную автор-

скому замыслу сценическую интерпретацию текста, что подтверждается и другими известными нам источниками. Просматривающаяся на сохранившихся фотографиях и изображениях сценическая конструкция расположена по вертикали, ступенеобразно. Отчасти такое решение обусловлено пространством зала Музея художественной культуры (МХК), не приспособленного для театральных постановок. Однако ориентация Татлина на точное следование хлебниковскому тексту позволяет рассматривать сценическую конструкцию как овеществленную метафору: «площадка лестницы мыслителей», где «мыслитель» – художник-ученый, профессия которого – «искусство будущего» (Хлебников). 160, 161

Существовали причины, дававшие Татлину право взять на себя роль alter ego Хлебникова – Зангези и говорить от его имени. Импульс, полученный Татлиным от знакомства с поэтом, интенсивное переживание его произведений сопутствовали художнику всю жизнь, что неоднократно отмечалось мемуаристами и исследователями. Работы 1910–1920-х годов – от материальных подборов до «Летатлина» – либо создавались не без воздействия хлебниковских идей, либо осмыслялись впоследствии Татлиным как сопричастные им. Единомыслие двух мастеров по многим аспектам творчества очевидно. Контекст культуры русского авангарда, внутри которого выкристаллизовалось «мышление материалоформой», в значительной мере создавался под воздействием Хлебникова. Творческая система Татлина сложилась в русле общих поисков художников и поэтов-новаторов.

Внутренняя логика развития Татлина привела его от живописных произведений 1911–1913 годов, пронизанных острым осознанием краски как материальной основы живописи, к вычленению материала как первоэлемента, созданию в 1914 году материальных подборов и, позднее, контррельефов. В сфере искусства изобразительного такая концепция не имела аналогов. В этом отношении в среде художников Татлин был одинок, зато считал своим единомышленником Хлебникова, видя в исследованиях языка как материала литературы аналогию собственной работе. Памятуя о широко варьировавшемся культурой русского авангарда тезисе об «аналогичности путей, ведущих к постижению художественной истины у живописи и поэзии» (Маяковский, 1912), можно сказать, что самосознание Татлина как лидера новаторского искусства питалось, в частности, мыслью о создаваемом им и Хлебниковым магистральном движении в культуре. В качестве одного из побудительных мотивов для осуществления «Зангези» Татлин выделил тезис: Хлебников «на слово смотрит как на пластический материал ‹...› Такое отношение дало мне возможность вести работу над постановкой». В 1916 году Хлебников написал строки, удивительные по точности прогнозирования эволюции творчества художника: «Так неслыханны и вещи/Жестяные кистью вещи». В этих строках – двоякая оценка контррельефов: «неслыханные» – соотнесение их с прошлым и настоящим, тогда как «вещие» – взгляд на них из конкретного, моделируемого в произведениях Хлебникова будущего. Для поэта вещь, не включенная в систему идеального мироустройства, не являющаяся моделью мироотношения «творянина», в конечном счете, антагонистична человеку. В контррельефах Хлебников увидел плодотворную художественную концепцию, знак возможного разрешения антагонизма человека и предметной среды, «победы» над вещами. Отсюда «вещие» вещи (сравните: Татлин, 1923 год: «Для выяснения различий нужно сопоставить вещь в плане материальной культуры с вещью отрицательного значения»). Именно поэтому Хлебников включал Татлина в «отряд солнцеловов». Лейтмотив стихотворения – тема разума и хаоса, побеждающей хаос направленной творческой воли художника-будетлянина («〈...〉 он железною подковой/Рукой мертвой завязал»). Аналогична ведущая тема «Зангези». Коллизия «онемевшие слепцы» – «солнцелов» повторена в отношениях Зангези и толпы, но уже исполнена трагизма. «Слепцы» в сверхповести остаются таковыми, но они не «онемевшие». Своим стихотворением Хлебников предоставил Татлину права единомышленника.

Последняя крупная работа Татлина, предварившая постановку «Зангези», – «Памятник III Интернационала» (1919–1920). Известно, что такое название произведение получило в процессе работы, изначально планировалось создать памятник Октябрьской революции. С. И. Дымшиц-Толстая вспоминает о предложении Хлебникова Татлину быть Председателем от ИЗО в планируемом Правительстве Председателей Земного шара (1917). Трансформация названия, выделение идеи Интернационала как доминирующей, несомненно, связаны с Хлебниковым. Видимо, «Башня» могла стать рабочим зданием будущего правительства.

Материальные подборы и контррельефы, разрушая традиционный взгляд на морфологию искусства, оставались в сфере своего реального функционирования музейными предметами. Проект «Памятника» декларировал активные взаимоотношения искусства и жизни. В понимании искусства как проекта жизни проявилось единство взглядов поэта и художника. Перенесение Татлиным мемориальной функции с «мертвого» памятника на живое сознание работающих в здании людей согласуется с представлением Хлебникова о людях будущего как о «творянах». Проектом «Памятника» Татлин сформулировал свою точку зрения не только на искусство будущего, но на грядущее мироустройство. Воплощенная в нем мечта созвучна «Лебедии будущего», «Городу будущего» и другим футурологическим произведениям Хлебникова. В них описана та среда, в которой «Памятник» может существовать как один из ее естественных компонентов.

В 1922 году Татлин устроил выставку памяти Хлебникова в МХК. В письме к П. В. Митуричу он называет смерть Хлебникова «главным, что случилось за все это время с нами». Сказанное выше позволяет точнее расставить акценты, рассматривая созданный Татлиным спектакль.

Татлин отмечал: «Постановка «Зангези» проводится на принципе: «слово – единица здания, материал – единица организованного объема»; «параллельно словесному построению решено ввести материальную конструкцию». Оригинальная сценографическая идея параллельного формообразования в процессе спектакля мотивируется общим с Хлебниковым пониманием формообразования как конструирования из разнородных по материалу, но взаимодействующих элементов («Разноцветные глыбы слова разного строения» у Хлебникова). Созданная Татлиным материальная конструкция – итог последовательного развития творческой идеи, материализованная история пути ее автора в искусстве: от «элементов материальной культуры» через «связь различных материалов» к «конструкции материалов». Введение материальной культуры приобрело, таким образом, символический смысл. Ее взаимодействие с текстом Хлебникова демонстрировалось как суммарный результат многолетней единой направленности творческих устремлений («Зангези» по оценке Татлина – «завершение творчества Хлебникова»). Поэтому костюмом Зангези послужил Татлину рабочий комбинезон, в котором он сфотографирован за сооружением модели «Памятника III Интернационала». Татлиным была сформулирована «сверхзадача» постановки: «сделать доступным массам творчество Хлебникова».

Критика (за исключением Н. Пунина) отнеслась к постановке отрицательно. Обращает на себя внимание главный и единодушный упрек: отсутствие зрелищности. Принципиально важно, что Татлин отказался от приемов, которые могли бы превратить его постановку в зрелище. Желание «не отводить слушателей от самой поэмы, не затемнить ее смысл», отмеченное в рецензии Пунина, послужило мотивом для приглашения актеров-непрофессионалов, отказа от грима, костюмов и т. д. Спектакль должен был стать жизнестроительным актом, главная роль в котором отводилась зрителям. Пространства сцены и зала сообщались без занавеса и кулис. Таким образом, зрители оказывались у подножия «лестницы мыслителей», на первой ступени которой располагались лекторы-разъяснители, выше – ученики Зангези, а на вершине «лестницы» – главный герой, освещенный лучем прожектора. «Все, что говорит Зангези – движущийся медленно луч от мыслителя к непонимающей толпе» (Татлин). Задумывались два параллельных действия с противоположным разрешением конфликта. Антитезой равнодушию персонажей сверхповести к проповедям Зангези должно было стать понимание идей Хлебникова и Татлина зрителями. Обращенность спектакля к современникам подчеркивалась надписью на сценической конструкции: «СССР». Извечно существующий конфликт поэта и толпы воспринимался Хлебниковым особенно трагично именно в силу жизнестроительной направленности его творчества: «И с ужасом я понял,/Что я никем не видим,/Что нужно сеять очи,/Что должен сеятель очей идти». Эту миссию взял на себя Татлин. Конфликт «солнцелова» и «слепцов», «изобретателей» и «приобретателей» он предполагал разрешить по-будетлянски: превращением современников в «творян». Инструментом для этого должны были служить новаторские сценографические приемы, суммированные Татлиным как «представление + лекция + выставка материальных конструкций». Исполнение главной роли было для Татлина символом сопричастности хлебниковским идеям, а для свидетелей постановки должно было стать декларацией солидарности с ними. Лозунг «ни к новому, ни к старому, а к нужному», выдвинутый Татлиным в 1923 году, при более широком его толковании может быть применен и к постановке «Зангези». Спектакль, рассмотренный с этой точки зрения, органично входит в контекст творчества Татлина двадцатых годов в круг таких произведений, как «Памятник III Интернационала», проекты одежды, предметы быта, «Летатлин».

Александр Парнис

Киевские эпизоды театральной биографии Татлина

В театральной деятельности Татлина, как считают исследователи, была более чем десятилетняя пауза. Между экспериментальной постановкой «Зангези» Хлебникова (1923) и «Комиком XVII столетия» А. Н. Островского (1935) в 1925 году Татлиным была осуществлена постановка в ленинградском Большом Драматическом театре «Кромдейра-Старого» (по Жюлю Ромену), о которой не сохранилось почти никаких сведений. Однако в 1926 году, как нам удалось установить, Татлин поставил еще два спектакля в киевском Театре юного зрителя (ТЮЗ), о которых ранее ничего не было известно[1].

Об опыте этой театральной работы Татлин глухо, без упоминания спектаклей, говорит в письме к ректору Вхутемаса П. И. Новицкому от 1 апреля 1927 года: «На театре я работал как художник-декоратор и оформитель, а также знаю механику сцены, и за это время механизировал несколько сцен. В Киевском институте как добавочную работу вел формально-технические дисциплины (пространство)»[2].

В 1939 году в одном из выступлений Татлин вспомнил об этих постановках, не уточняя названия: «Помню в 1926 году в Киеве я впервые соприкоснулся с работой в детском театре, я ставил одну из гофмановских сказок – не помню названия. Работа в детском театре доставила мне большое творческое удовлетворение. Помню, я искал такое разрешение для спектакля, которое, не утрачивая остроты образов и положений, было бы доходчивым для детей. Это оказалось очень трудно, сложно и потребовало от меня затраты многого времени и усидчивой последовательной работы»[3].

Попытаемся реконструировать эти спектакли и восстановить «белые пятна» театральной биографии Татлина. В 1925 году искусствовед и ректор Киевского художественного института И. Врона пригласил Татлина на должность профессора и заведование теакинофотоотделом, который он возглавлял около двух лет[4]. Практическими результатами педагогической деятельности Татлина было участие его учеников (и его ассистента Н. А. Трёскина) во Всеукраинской юбилейной выставке в ноябре 1927 года, на которой было экспонировано большое количество их работ – макетов и эскизов к театральным и кинопостановкам[5]. Большинство из этих студентов стали впоследствии известными театральными художниками. Приезд в Киев Татлина совпал с зарождением нового театра. В конце 1924 года молодые энтузиасты организовали ТЮЗ. Они пытались найти свое творческое направление, разработать и расширить тематику, создать новый театр с современным репертуаром. Имея опыт работы в театре и работая в институте с театральной молодежью, Татлин сразу же включился в это начинание и фактически стал одним из основоположников украинского детского театра.

Но до «гофмановского» спектакля, о котором вспоминал художник, был еще один спектакль, в котором он участвовал, – по пьесе молодого украинского писателя В. З. Гжицкого «За звездами» («По зóрi»). Премьера постановки «По зóрi» на украинском языке состоялась в киевском ТЮЗе 28 февраля (закрытый спектакль) и 1 марта 1926 года (официальное открытие). Режиссером-постановщиком была И. С. Деева, текст пьесы в обработке режиссера «березильца» Е. Капли-Яворовского, балет ставил Васютин, музыка – молодого композитора И. А. Виленского. В оформлении спектакля, кроме Татлина, принимал участие его друг, художник и скульптор Е. Я. Сагайдачный, с которым они вместе входили в петербургский «Союз молодежи» и участвовали в новаторских выставках.

Один из организаторов киевского ТЮЗА, актер и режиссер А. И. Соломарский вспоминал в письме к автору этого сообщения: «Амвросий Бучма принимал участие в постановке спектакля «По зóрi». Как-то он пришел на репетицию с художником В. Татлиным. А. Бучма очень ярко, интересно и образно рассказывал нам о неповторимых карпатских горах. ⟨...⟩ В. Татлин, который вместе с актерами внимательно слушал А. Б., вдруг произнес вслух: «Железо, железо», – и быстро вышел из репетиционной комнаты ⟨...⟩ Вскоре В. Татлин принес в театр макет оформления «По зóрi». Карпатские горы у него были сделаны из черного листового железа: «Только такая фактура при соответствующем освещении способна дать яркую картину прекрасных карпатских гор» А. Б. макет принял: «Карпатские горы из железа – давайте попробуем, в этом что-то есть, это хорошо!» ⟨...⟩ С Татлиным работал художник Сагайдачный, которого я запомнил слабо и позже потерял из виду. Вместе с осветителем театра А. Ржаницыным художники долго возились над освещением. Горы, наконец, заиграли. Правда, актеры скользили по этим горам, срывались в пропасть, на сцене стоял железный гул и грохот. Но художник, автор оформления, торжествовал: «Это именно то, чего я добивался, это настоящее дыхание, подлинная жизнь Карпат». Костюмы были яркими, красочными, гуцульскими. Сцена театра была скромной, из зрительного зала были видны разной величины станки, обитые железом, они размещались на двух планах, высота – 1,5 – 2 метра. Спектакль получился. ⟨...⟩ Видимо, эта своеобразная фактура сделалась популярной в мире художников, потому что другой художник, Валентин Шкляев, после спектакля «По зо́рі» применил фактуру «белая жесть» для изображения реки в спектакле «Хо» по пьесе Я. Мамонтова в нашем театре. Здесь налицо фактурная перекличка»[6].

Содержание пьесы В. Гжицкого было навеяно героико-романтическим пафосом, характерным для того времени. Действие происходит в Восточной Галиции, повстанцы собираются в горы под красные знамена. Мальчик Юрко слышит разговор отца с соседом о том, что в горах собираются красные звезды и с ними придет свобода. Слово «зо́рі» (звезды), произнесенное иносказательно, Юрко понимает буквально и собирает детей и идет с ними в горы, чтобы раздобыть звезды и помочь людям обрести свободу и счастье.

Эта пьеса, поставленная ранее в харьковском ТЮЗе (1924), пользовалась большим успехом и у киевского зрителя и шла долго. Как конкретно решил Татлин (совместно с Сагайдачным) сценическое оформление спектакля, сказать трудно – не сохранилось ни макета, ни эскизов костюмов. Почти не дает никакого представления и единственная разысканная нами фотография, изображающая одну из сцен второго акта спектакля[7]. Рецензии на спектакль также почти ничего не раскрывают. В одной газете сообщалось, что «оформление художника Татлина прекрасное»[8], а в другой: «Отвлеченные принципы декораций Татлина непонятны детской аудитории – они должны быть более ясные, конкретные, увязанные с общим стилем театра»[9].

То, что Татлин в основу своей постановки положил «железные» конструкции, говорит о том, что он строил спектакль на тех же принципах сценического конструктивизма, которые он осуществил три года назад в своей постановке «Зангези». Эти же идеи он разрабатывал и развивал в своих лекциях в художественном институте. Именно в это же время он пытался, по свидетельству его тогдашней жены, скульптора М. П. Холодной и режиссера А. Бегичевой, восстановить в Киеве свою петроградскую постановку «Зангези» и обращался за помощью к известному украинскому режиссеру Лесю Курбасу, руководителю «Березиля»[10]. В спектакле «По зо́рі» Татлин использовал материальные (железные) конструкции, родословную которых он вел с 1914 года, когда он начал создавать свои контррельефы из железа, дерева и стекла, которые Маяковский не без иронии назвал «коверканьем прекрасной жести и железа»[11]. Татлин считал, как сообщил в устной беседе его ассистент Н. А. Тряскин, что декорации следует делать из подлинных материалов, что нужно применять «новую фактуру», например, кирпичи. Интересно, что сам Тряскин отговаривал Татлина делать горы из железа и из-за этих расхождений вынужден был отказаться от участия в этом спектакле[12]. Спектакль «По зо́рі» в целом получил хорошие отзывы. Тот же рецензент, охарактеризовавший татлинское оформление как непонятное, писал, что в режиссерской работе Деева «добилась от спектакля хорошего ритма и слитности составных элементов»[13].

Вторым спектаклем, который Татлин поставил в ТЮЗе и который, по его словам, доставил ему «большое творческое удовлетворение», была не «гофмановская сказка», а пьеса драматурга Н. Г. Шкляра (1876–1952) «Бум и Юла», написанная по мотивам сказок Г. Х. Андерсена. Эта сказка-сатира о вольных музыкантах и Добрейшем Короле была написана в 1910 году и премирована в 1911 году, она входила в репертуар многих дореволюционных театров. Так как новых пьес для детских театров еще не было, то, естественно, она перекочевала в современный репертуар ТЮЗов. Кроме киевского ТЮЗа, «Бум и Юла» шла также и в Харькове. Премьера киевского спектакля состоялась 3 апреля 1926 года – режиссер В. Кожич, композитор И. Виленский, в сценическом оформлении, кроме Татлина, принимал участие Е. Я. Сагайдачный[14].

Сюжет пьесы-сказки Н. Шкляра, которая состоит из трех действий, был переосмыслен и наполнен новым общественным содержанием, соответствующим запросам времени. Герои сказки – уличные музыканты Бум и Юла, бедные дети, лишившиеся семьи и крова. Они, пройдя испытания, возвращаются как бы к самим себе, к своему представлению о счастье, с которым прежде всего связана свобода – свобода выбора и свобода действий.

Как отмечалось в рецензии, спектакль, над которым Татлин, по его словам, работал «долго и трудно», был решен в стиле гротеска. После критики первой постановки «По зóрі» он решил сделать его «доходчивым для детей», но «не утрачивая остроты образов и положений». Рецензент писал: «Труднее было найти такую форму гротеска, в которой не пропадала бы сказочность и какая бы отвечала современному детскому представлению про королей, придворных и слуг. Решить это задание во многом помогли костюмы по рисункам [художников]. Эти костюмы, пошитые из дешевой материи, а частью (лучшие костюмы) из такого, казалось бы, не соответствующего материала, как обыкновенная рогожа, производят прекрасное впечатление. Оформление сцены художником Татлиным мало убеждает в первом действии ⟨...⟩ Несогласовано оформление первого действия с постановкой, за исключением одного момента – выхода из дупла старой бабы. Целиком оправдано оформление второго действия с точки зрения функциональности и сочетания красок. Третье действие с этого взгляда немного хуже»[15].

Известны другие попытки Татлина участвовать в постановках киевских театров. Лесь Курбас, по воспоминаниям режиссера А. Бегичевой, пригласил его оформить постановку «Ив де Труадек» (по Жюлю Ромену), но она не была реализована. По свидетельству Бегичевой, Татлин в ноябре 1926 года участвовал в ее инсценировке «Гайдамаков» (по поэме Т. Шевченко) в Киевской артиллеристской школе и исполнял в прологе и эпилоге казацкие думы[16].

Первые спектакли киевского ТЮЗа, в которых принимал участие Татлин, по словам А. И. Соломарского, были «яркими страницами»[17] в жизни и становлении украинского детского театра, и в этом, конечно, большая заслуга художника Татлина.

Известно, что в Киеве Татлин занимался не только преподавательской и театральной деятельностью, но работал также и в книжной и журнальной графике. Он сделал обложку к сборнику украинских поэтов «Встреча на перекрестке» («Зустріч на перехресті», 1926), в композицию 193
которой на равных соавторских правах включил рядом с именами М. Семенко, Гео Шкурупия и М. Бажана и свое имя. Нам удалось также обнаружить еще два ранее неизвестных рисунка Татлина, напечатанных в киевском журнале «Кіно», в котором он стал сотрудничать с 1927 года. Подписей под рисунками нет, но имя Татлина значится в списке художников, оформлявших журнал. Характерны стилистические особенности этих рисунков – не вызывает сомнений, что они принадлежат Татлину. Первый рисунок представляет собой коллаж к очерку Ю. Яновского 168
«История мастера», напечатанному под псевдонимом Ю. Юрченко, о первом фильме А. Довженко «Сумка дипкурьера» («Кіно», 1927, № 5). Любопытно, что в этом коллаже в украинском названии «Сумка дипкурьера» допущена ошибка – пропущен апостроф, что для художника, украинский язык для которого не был родным, простительно, но эта ошибка неожиданным образом может служить косвенным доказательством авторства Татлина. Этот коллаж конструируется на динамическом сокращении кадров-диагоналей и пересечении слов, составляющих название фильма. В центре коллажа дан перевернутый кадр (две борющиеся фигуры), в котором сфокусирован основной мотив фильма. Сюжет фильма связан с гибелью дипкурьера Т. Нетте. Здесь Татлин, который в 1912 году был первым иллюстратором Маяковского, как бы снова встречается со своим другом и соратником, автором стихотворения «Товарищу Нетте – пароходу и человеку».

Второй рисунок, помещенный на обороте обложки девятого номера 168
журнала «Кіно» (май 1927), – это иллюстрация к фильму «Борислав смеется» (по повести И. Франко), которая также построена на смещении плоскостей и игре букв, составляющих название фильма. Композиция этого рисунка напоминает обложку сборника «Встреча на перекрестке» и схожа с ним по своей стилистике. С большой степенью вероятности автором этого рисунка, как и первого коллажа, следует считать Татлина. И хотя Татлин продолжает значиться в анонсах журнала за весь 1927 год, других его рисунков в остальных номерах обнаружить не удалось.[18]

Эти впервые найденные материалы о неизвестных постановках Татлина и его работе в журнале «Кіно» позволяют определить, какое место занимал украинский миф в творческой биографии художника и установить его роль в истории украинского искусства.

Примечания

1 Информация об этих спектаклях, приведенная в статье Ф. Я. Сыркиной о сценографии Татлина (в кн.: *Tatlin*. Szerkesztette: Larisza Alekszejevna Zsadova. Budapest: Corvina, [1984], p. 163), была предоставлена нами.
2 Там же, с. 260–261.
3 Государственный центральный театральный музей имени А. А. Бахрушина, ф. 467, ед. хр. 70.
4 Вітчизна, Київ, 1986, № 10, с. 201.
5 *Каталог всеукраїнскої юбілейної виставки «10 років Жовтня». 1917–1927.* Харьків – Київ – Одеса, 1927, с. 45–46.
6 Письмо А. И. Соломарского к А. Е. Парнису от 18 апреля 1978 г.
7 Жизнь искусства, 1927, № 4, с. 8 (сцена из второго акта).
8 Пролетарська правда, Київ, 1926, 3 березня.
9 Киевский пролетарий, 1926, 2 марта.
10 Из беседы автора с М. П. Холодной; А. Бегичева. *Комісар Наркомосу.* – Вітчизна, 1968, № 2, с. 163.
11 В. Маяковский. *Полное собрание сочинений.* Т. 4, М., 1957, с. 246.
12 Этими сведениями я обязан Д. Е. Горбачеву.
13 Киевский пролетарий, 1926, 2 марта.
14 Вісті ВУЦВК, Київ, 1926, 2 квітня; Пролетарська правда, 1926, 9 квітня.
15 Пролетарська правда, 1926, 9 квітня.
16 Вітчизна, 1968, № 2, с. 164–165.
17 А. И. Соломарский. *Шестьдесят лет в театре.* Киев, 1981, с. 41.
18 Здесь нет возможности подробно остановиться на атрибуции этих рисунков. К этому вопросу мы надеемся еще вернуться.

Николетта Мислер

Летучий матрос

В 1932 году писатель Исай Рахтанов в своем очерке, где есть нечто жутковато схожее с рассказами Даниила Хармса, создает весьма любопытный образ Татлина: «Высокий человек на сцене говорил: «Расчеты? Только пусть товарищи инженеры не обижаются на меня. Вы спрашивали ворону, по каким расчетам у нее крыло? 〈...〉 Вы спрашивали, почему она летает», – продолжал высокий человек. – «Нет? И напрасно. Я был матросом. Чайки летали за нашей кормой. И не уставали. Три дня летали и все не уставали. Был шторм, ветер доходил до огромных баллов, а им хоть бы что, летят и не устают почтенные птицы»»[1].

Подобный же образ чайки, без устали носящейся за кормой корабля, мы обнаруживаем в интервью, которое Татлин дал писателю Корнелию Зелинскому в том же 1932 году: «Разве не дает «Летатлин» впечатления чего-то эстетически законченного? Как парящая чайка? Не правда ли? Но чайка может целыми неделями лететь за пароходом, держась только на воздухе»[2].

Эти слова представляются глубоко автобиографичными, и они несут в себе ту двойную ассоциацию, что проходит через всю творческую деятельность Татлина: парусник, летящий подобно чайке, и чайка, будто плывущая по ветру, подобно паруснику. И в самом деле, как отметил Татлин в том же интервью с Зелинским: «Но на нем нужно учиться плавать в воздухе, так же, как мы учимся плавать в воде 〈...〉».

Следовательно, Татлин сам дает нам ключ к пониманию «Летатлина» – несомненно, наиболее синтетичного произведения во всем его творчестве, побуждая нас таким образом непосредственно связать его с тем, что окружало художника в его морских путешествиях, особенно с тем опытом и с теми впечатлениями, которых он набрался во время своих первых выходов в море, еще до того, как он созрел как художник. И эта взаимосвязь важна для понимания Татлина – человека интровертного, немногословного, написавшего не слишком много сочинений, в отличие от своих коллег по искусству; она важна, поскольку ее можно принять как «матрицу» для целого ряда морских ассоциаций. И тем больше оснований вскрыть глубинный, подсознательный контекст этого постоянного мотива – и тут нам следовало бы делать упор не только на очевидных «практических» аспектах профессий Татлина, который был юнгой, а затем искусным мастеровым – столяром. Конечно, это предположение еще должно быть подкреплено документально. Но я не собираюсь здесь приводить новые биографические данные, поскольку не занималась специальными изысканиями в этой области, и полагаю в любом случае, что наши русские коллеги открыли и исследовали – насколько это было возможно – бóльшую часть конкретных фактов татлинской биографии.

Разумеется, и сам Татлин подчеркивал в своих кратких автобиографических заметках важность своего морского опыта. Например, в 1952–1953 году он утверждал следующее: «Я хочу сказать, что кроме жалования это давало мне и подготовку как художнику»[3]; это соображение находит отзвук и в другой автобиографии: «В период плавания рисовал тоже»[4]. Татлин сообщает далее, что он ходил в плавание на различных судах Русского Общества пароходства и торговли добровольного флота, в том числе на пароходе «Евгения Ольденбургская» и на учебном паруснике Одесского училища торгового мореплавания «Великая княжна Мария Николаевна». Последнее подтверждается соответствующим «Удостоверением» (находится ныне в ЦГАЛИ, Москва) за подписью капитана судна: «Дано сие матросскому ученику Владимиру Татлину в том, что он в навигации 1904 года находился в плавании на вверенном мне учебном судне от 19 августа по 23 октября. Что подписью и приложением казенной печати удостоверяю»[5].

Согласно хронике жизни художника, составленной Л. Жадовой и опубликованной в подготовленной ею монографии о Татлине, Татлин служил на паруснике «Воронеж» и на упоминавшихся выше судах «Евгения Ольденбургская» и «Великая княжна Мария Николаевна». В то же время в документальном разделе этой же монографии публикуется автобиография Татлина 1929 года, где он сообщает, что нанялся на маленький парусник *в* Воронеже. Так что часть информации, собранной из различных источников, остается пока еще противоречивой и фрагментарной. Например, относительно хранящихся ныне в ЦГАЛИ четырех
48 фотографий парусника, на котором служил Татлин, нет даже самых элементарных сведений.

В настоящее время нашло широкое распространение предположение, что Татлин обрел отличавшее его мастерство в работе с материалами в ту пору, когда он плавал на судах по морям. Маргит Роуэлл, к примеру, отождествляет проявления такого рода способностей Татлина с каждым из периодов его творчества, ранним или поздним. Мы узнаем, что он «вырезал и придал совершенную форму» основе из палисандрового
45 дерева в своем контррельефе 1916 года (ныне в Государственной Третьяковской галерее, Москва) и что распорка крыла в «Летатлине» «не выпи-

лена, а расщеплена и спрессована до заданной толщины» в соответствии с «принципом кораблестроителей сохранять дерево и, следовательно, его волокна в целости»[6]. Этот аспект татлинского таланта подчеркивает также Анатолий Стригалев: «Очевидно, именно во время плаваний он приучился сам делать свою мебель, оборудование для мастерской, особую одежду, инструменты и даже свою бандуру»[7].

Стригалев говорит и о том, сколь важны были эти юношеские годы для формирования искусства Татлина, непосредственно связывая его художественное развитие с этим периодом в его жизни. Мне кажется, что значение этого морского этапа жизни Татлина даже выходит за пределы фактов чисто материального характера. Правда, данную сторону его жизни не стоило бы чрезмерно акцентировать, но представляется резонным предположение, что сам реальный опыт морского путешествия на борту парусника – путешествия, которое в существенной мере сочетало в себе некую причинную связь и элементы приключения, имел фундаментальное значение для Татлина. Что-то есть в этом такое, что воскрешает в памяти странствия кочевников по степным просторам. Позвольте здесь снова процитировать автобиографию Татлина: «Я ходил в дальние плавания ради заработка, но это давало мне возможность увидеть корабли, моря, дальние страны, людей, рыб и птиц, за которыми я уже тогда пристально наблюдал, и все это натолкнуло меня на идеи, которые я в последствии частично осуществил»[8].

В этом описании своих плаваний Татлин делает акцент на ощущении инициации, и это чувство проступает чуть ли не в той же словесной форме у Павла Филонова в его рассказе о собственных странствиях – также своего рода инициации, когда молодой художник спустился на лодке по Волге, совершил поездку за рубеж, путешествовал пешком и опять на лодке с другими паломниками: «Во время этих поездок писались и рисовались рабочие, нищие, метельщики, паломники, бедуины, греки, негры, абиссинцы, евреи, турки, цыгане, крестьяне, рыбаки, бакенщики с Волги, старики, девушки и дети и пейзаж»[9].

Не случайно оба художника обладали одной и той же способностью фанатично и педантично наблюдать предметный мир и живые существа. Это привело у них к возникновению интереса к анатомированию организмов (у Татлина он был сосредоточен на птицах, у Филонова на человеческом теле) как средству постичь законы функциональные (для Татлина) либо законы психологические (для Филонова). Понятие странствия-инициации представляется важным, поскольку оно подразумевает путешествие без точно обозначенной цели (даже в татлинских путешествиях «цель» – отнюдь не то же самое, что практическая цель – заработать деньги). Такое понимание странствия является составной частью русской культуры, в качестве примера здесь можно привести странствия

Хлебникова. Путешествие в никуда – это отчасти и сюжет оперы Вагнера «Летучий голландец», которая, между прочим, в русских постановках иногда называлась «Моряк-скиталец». Эта опера имела особое значение для творческой биографии «летучего матроса» Татлина. И действительно, он был настолько захвачен либретто «Летучего голландца», что решил сделать эскизы всего оформления спектакля – костюмов и декораций, не имея на то официального заказа (это было между 1915 и 1918 годом). В татлинских эскизах нашли воплощение две темы, связанные с плаванием на парусном судне: метафора путешествия как такового и переход от плавания под парусами к полету под воздействием все той же движущей силы – ветра. О том, что Татлин делал эти эскизы, так и не получив заказа, но что он, тем не менее, работал над ними с большим увлечением, вспоминал впоследствии Родченко; и этот факт в какой-то мере подкрепляет впечатление о Татлине как о человеке прагматичном, но не утилитаристе, о художнике, заинтересованном в материальном качестве своих произведений, но никогда – в материальной выгоде. Родченко писал: «Владимир Евграфович жил на Старо-Басманной 〈...〉. Он тогда работал над постановкой оперы Вагнера «Летучий голландец». Работал без заказа, просто для себя. Это были костюмы и детали архитектурные к декорациям, я тогда поразился их количеству и вариантам одной и той же детали крепления потолка в комнате. Все это изучалось им с тщательным вниманием и огромным художественным вкусом»[10].

В тех же воспоминаниях Родченко дает картину повседневной жизни Татлина, все еще тесно связанной с его моряцкой жизнью. Здесь возникает тот же образ, что демонстрируют нам некоторые портреты Татлина, образ, которым он, видно, особо гордился. Родченко сообщает: «Жил он один, и, как у бывшего матроса, было всюду прибрано и чисто 〈...〉 Он любил все простое, но добротное и крепкое. Он носил матросскую фланельку, матросские брюки 〈...〉»[11].

Что касается любви Татлина к матросской форме, то в данной связи
173 сразу вспоминаются две его акварели 1910 года, изображающие «продавцов флотских форм» (одна – в саратовском Государственном художественном музее им. А. Н. Радищева; другая – в Государственном центральном театральном музее им. А. А. Бахрушина в Москве). О том же, как выглядел Татлин в образе моряка, дают представление фотографии, где
109 он запечатлен в матросской робе, портрет работы Ларионова 1908 (?)
тит. лист года, автопортрет 1911 года (Государственный Русский музей, Ленин-
175 град) и литографический автопортрет 1912 года (собрание Д. В. Сарабьянова). Конечно, это не единственный из тех характерных образов, в которых являл себя молодой Татлин. Другой его ролью была роль бан-
22 дуриста, в которой он предстает перед нами как на фотографиях, так и в

портрете работы Веры Пестель «Татлин и его бандура» (1916, местонахождение неизвестно), показанном в 1916 году на выставке «Магазин» в Москве. Та же самая Вера Пестель, весьма живо рассказывая о Татлине, дает понять, сколь большое значение этот неразговорчивый художник придавал своему внешнему облику: «Татлин ⟨...⟩ ходил и зиму, и лето в старом сером драповом пальто, без перчаток, круглый год в одной и той же жесткой фетровой шляпе – вроде канотье, – он называл ее «татлиневая» ⟨...⟩»[12]. 174

О том обстоятельстве, что Татлин рассматривал покрой матросской блузы – широкой и удобной, обеспечивающей в плечах свободу движений рук, – как идеальную форму для одежды, свидетельствуют созданные им самим эскизы моделей одежды. В пояснении к татлинскому эскизу пальто и костюма, сделанному им для самого себя, автор, оставшийся анонимным, сообщает: «Характерные черты данного на рисунке пальто следующие: несколько расширенная в плечах и торсе (корпусе) и суженная книзу форма создает следующие качества: тепло не выдувается снизу, материал не облегает тела и оставляет воздушную прослойку, – с одной стороны, удерживая этим лучше тепло (принцип двойной рамы), с другой – создает более гигиеничные условия»[13].

Фактически речь снова идет о покрое матросской одежды, которая должна защищать от ветра, не сковывая при этом движений, что особенно очевидно в татлинском эскизе мужского пальто (1923, Государст- 176
венный центральный театральный музей им. А. А. Бахрушина), который,
в свою очередь, можно сравнить с эскизами костюма «Рулевого» для 176
«Летучего голландца» (два варианта в Музее им. А. А. Бахрушина)[14]. Родченковские наблюдения относительно бытового аскетизма Татлина опять-таки демонстрируют, до какой степени жизнь на борту корабля наложила отпечаток на всю жизнь Татлина. На борту корабля ценится каждая пядь пространства, и вся мебель, утварь, иные предметы обихода либо приделаны к стенам, либо прикреплены друг к другу и, кроме того, количество их сведено до необходимого минимума. Не удивительно поэтому, что в своей статье «Объявим войну комодам и буфетам» Татлин настойчиво отстаивает такого рода принцип. Он заявляет: «Вся наша жизнь, да и производство обременены вещами и, главным образом, теми, которые хранят другие вещи. Надо стремиться к тому, чтобы уничтожить их, взять от них лишь отдельные части и ввести эти части в архитектуру здания (полки в нише стены и т. п.)»[15].

Нечто от этого стремления «скрепить все воедино» ощущается в татлинских контррельефах, где делается акцент скорее на символическом, нежели на функциональном использовании туго натянутой проволоки,
как, например, в контррельефе 1914–1915 годов, показанном на выставке 98
«0,10», которая состоялась в Петрограде в декабре 1915 – январе 1916 года.

Разумеется, то обстоятельство, что в этом рельефе есть изобразительный мотив такелажа, отмечали многие исследователи, но несомненно здесь и наличие иного изобразительного мотива, даже более явно выраженного – а именно грот-мачты парусника; этот мотив навязчиво повторяется чуть ли не во всех работах Татлина. Флора Сыркина указывала на этот момент в целом ряде случаев[16], отождествляя его то с формой дерева, то с формой корабельной мачты. Но, наверное, стоило бы подчеркнуть, что эти два изобразительных элемента на самом деле не слишком различаются, а составляют скорее некую пару или образуют взаимосвязь – подобно взаимосвязи понятий паруса и полета в искусстве Татлина.

Наиболее технически-четкое и выверенное изображение корабельной
177 мачты у Татлина – в рисунке углем на кальке, который хранится ныне в
Государственном центральном театральном музее им. А. А. Бахрушина
в Москве; не будем забывать, что Татлин окончил Пензенское художест-
венное училище с дипломом рисовальщика. Однако даже этот сухо-
ватый рисунок несет в себе геометрическую квинтэссенцию лесного
дерева. В свою очередь, изображения деревьев несут в себе потенциаль-
ную структуру корабельной мачты. Возьмем, к примеру, большое дерево
178 слева в эскизе декораций («Лес») для четвертого акта «Ивана Сусанина»
(1913–1914)[17]. Перед нами голый искривленный ствол с единственной
обнаженной ветвью, которая напоминала бы рею, не будь у нее легкого
изгиба. В то же время изображение корней сведено к треугольнику, как
бы поддерживающему ствол; нечто подобное мы обнаруживаем также в
179 конструкции большой грот-мачты на фотографии макета для поста-
новки «Зангези» (1923) и в нижней части арматуры диагональной кар-
касной конструкции, поддерживающей «Памятник III Интернационала»
179 (это с особой наглядностью проступает в схематичном его изображении
в книге Ильи Эренбурга «А все-таки она вертится»).

В различных эскизах, сделанных для «Зангези», распознается мотив
грот-мачты в разных его видах – то в «морском» варианте, то в сближе-
нии с ботанической формой. В настоящее время в Государственном
179 центральном театральном музее им. А. А. Бахрушина находится эскиз с
растительной по сути своей формой, пусть даже многочисленные голые ветви вызывают ассоциации скорее с реями. Но запечатленное на фотографии макета декораций к «Зангези»[18] дерево в центре сцены вызывает в памяти грот-мачту на палубе корабля, причем это дерево разделено на две отчетливо выраженные части: более тонкая из них наполовину вставлена в более массивную и закреплена на ее вершине, в чем можно, несомненно, видеть отсылку на основной способ соединения мачты и стеньги, зачастую помещаемой в центре. Этот специфический метод скрепления в очередной раз напоминает нам о том, сколь мастерски

умел Татлин связывать и соединять друг с другом различные объекты;
правда, когда такое скрепление находит место в более высокой части
конструкции корабля, оно становится непосредственным намеком на
полет. И, наконец, этот синтетичный мотив вновь повторяется в декора-
циях к спектаклю по пьесе Александра Островского «Комик XVII столе-
тия» (1934–1935), где на сцене возникает тонкое дерево или мачта и где 180
единственная ветвь торчит подобно настоящей ветви. Однако то место,
где она прикрепляется к дереву, и на сей раз представляет собой прочное
соединение стеньги с туго натянутым канатом, что опять же вызывает
ассоциации с такелажем.

Татлину принадлежит также элегантное изображение палубы парус-
ника, помещенное на обложке книги Сергеля «На парусном судне» 180
(1929)[19]. Кстати, что касается иллюстраций, то сейчас по достоверным
источникам твердо установлено авторство Татлина, несмотря на то, что
иллюстрации подписаны псевдонимом «Лот»[20]; представляется, как бы
то ни было, что в иллюстративном ряде запечатлелись воспоминания
Татлина о его моряцкой жизни. Другой пример, свидетельствующий о
направленности интересов Татлина, – это уже упоминавшийся выше
рисунок для «Летучего голландца» (уголь, калька; ГЦТМ им. А. А. Бахру- 177
шина), где изображены грот-мачта, реи и такелаж; примечательна в этом
плане также его знаменитая картина маслом, представляющая всю
сцену. Данная вещь может показаться чуть ли не иллюстрацией к тат-
линскому описанию проекта оформления к фильму по роману Федора
Сологуба «Навьи чары», который в 1917 году намеревался поставить Все-
волод Мейерхольд: «Мейерхольд попросил меня сделать мистическое,
странное дерево для съемок 〈...〉 Но я понял «странное дерево» по-сво-
ему и построил огромную корабельную мачту со всеми подобающими
морскими атрибутами – снастями и наблюдательными вышками. Караб-
кайся по мачте, то есть дереву, играй на здоровье»[21].

Эти описания мачт и марсов, на которые можно «вскарабкаться», за-
ставляет вспомнить о блистательном решении, воплощенном Тат-
линым в качестве режиссера-постановщика в «Зангези»: он декламиро-
вал свою роль, взобравшись на самый верх высокой конструкции. При-
мечателен рисунок – эскиз декорации, опубликованный Н. Н. Пуниным в 181
журнале «Русское искусство»[22] (уголь, бумага; ныне в Государственном
Русском музее); вознесенная на самый верх фигура, характерное ее
положение возбуждают здесь ассоциации с человеком, сидящим высоко
на рее, в так называемом «вороньем гнезде».

Паруса реже появляются в работах Татлина, поскольку он явно пред-
почитал вызывать ощущение движения на воде посредством движения
или раскачивания сцены, как, например, в «Комике XVII столетия»[23], где
сцена вращалась. Это относится и к постановке пьесы «Не сдадимся»

(1935)[24]: первоначально предполагалось, что актеры будут находиться на наклонной плоскости «льдины», которая должна была покачиваться благодаря противовесу. Сцена с наклонной плоскостью в центре пред-
182 стает перед нами и в живописном произведении (масло) по мотивам «Летучего голландца», где изображена палуба корабля; это, строго говоря, станковая картина, и она является, несомненно, одной из наиболее загадочных и наиболее живописных работ Татлина. Палуба выглядит здесь как беспорядочное нагромождение деревянных балок – перекрещиваясь, они уводят взгляд в глубину сцены. Мачта с ее марсом и свернутыми парусами изображена, как на техническом чертеже, и мотив мачты повторяется в некоем нереальном углубленном пространстве, где синий цвет усиливает ощущение хаоса и безлюдья. Все как бы замерло. Но в то же время все предвещает бурю, и призрачный корабль, то летящий сквозь шторм, то исчезающий в нем, навязчиво ассоциируется с мыслью о неминуемой гибели, подобно мифу о полете Икара. Такое скрещение различных моментов являет нам совершенно иного Татлина, нежели того прямолинейного художника – пусть даже и визионера, которого мы столь хорошо знаем. Будто из глубины его юности неожиданно всплывают некие подсознательные видения, и нам приоткрываются смутные, таинственные стороны этого прагматичного художника, который, по словам Николая Пунина, повторенным Евгением Ковтуном, «закреплял за собой землю»[25].

Примечания

1 И. Рахтанов. *Летатлин – воздушный велосипед.* – Пионер, 1932, № 9, с. 12.
2 К. Зелинский. *Летатлин.* – Вечерняя Москва, 1932, 6 апр., с. 2.
3 *Автобиография заслуженного деятеля искусств Татлина.* 1953. Рукопись. ЦГАЛИ. Цитата дается в переводе с английского.
4 В. Татлин. *Автобиография.* 1929. Рукопись. Частное собрание, Москва.
5 Удостоверение № 315, выданное Ведомством Главного Управления Торгового Мореплавания и Портов (учебное судно Одесского училища торгового мореплавания «Великая княжна Мария Николаевна») и датированное 23 октября 1904 года. Этот документ был экспонирован на выставке «В. Е. Татлин – заслуженный деятель искусств РСФСР», состоявшейся в 1977 году в Центральном доме литераторов в Москве.
6 Margit Rowell. *Vladimir Tatlin: Form/Faktura.* – October, winter 1978, no. 7, p. 98. На эту тему см. также: Kestutis Paul Zygas. *Tatlin's Tower Reconsidered.* – Architectural Association Quarterly, 1976, vol. 8, no. 2, pp. 15–27.
7 A. Strigalev. *From Painting to the Construction of Matter.* In: *Tatlin.* Ed. by Larissa Alekseevna Zhadova. New York: Rizzoli, 1988, p. 14.
8 *Автобиография заслуженного деятеля искусств Татлина.*
9 П. Филонов. *Автобиографии.* 1929–1932. ЦГАЛИ, ф. 2348, оп. 1, ед. хр. 22–23.
10 А. Родченко. *О Татлине. 1915–1917 гг.* – В кн.: А. М. Родченко. *Статьи. Воспоминания. Автобиографические записки. Письма.* М.: Советский художник, 1982, с. 84.

11 Там же, с. 85.

12 В. Пестель. *О художественном произведении.* Машинописный текст. Частный архив. С. 8.

13 *Новый быт.* – Красная панорама, 1924, № 23, с. 17.

14 Эта связь между морской формой и татлинским эскизом костюма была отмечена Л. А. Жадовой в статье: *Татлин – проектировщик материальной культуры.* – В сб.: *Советское декоративное искусство.* 1977–1978. М.: Советский художник, 1980, с. 219.

15 В. Татлин. *Проблема соотношения человека и вещи. Объявим войну комодам и буфетам.* – Рабис, 1930, № 15, с. 9.

16 F. Syrkina. *Tatlin's Theatre.* In: *Tatlin.* Ed. by Larissa Alekseevna Zhadova, pp. 155–177.

17 Ibid., p. 157.

18 Эта фотография была опубликована в журнале «Русское искусство» (1923, № 1, илл. к с. 20) в качестве иллюстрации к статье Н. Пунина *«Обзор новых течений в искусстве Петербурга»,* сс. 17–28.

19 С. Сергель. *На парусном судне.* М.: Молодая гвардия, 1929.

20 L. Zhadova. *Tatlin, the Illustrator and Designer of Books.* In: *Tatlin.* Ed. by Larissa Alekseevna Zhadova, pp. 130–131.

21 См.: *Художник или конструктор.* – Советское искусство, 1934, № 43.

22 Н. Пунин. *Обзор новых течений...* Рисунок был воспроизведен на той же странице, что и макет.

23 F. Syrkina. Op. cit., pp. 164–165.

24 Ibid., p. 167.

25 Н. Пунин. *Искусство и революция.* Неизданные воспоминания. Рукопись. Частный архив, Ленинград. Цит. Е. Ковтуном в кн.: *Советское искусство 20–30-х годов.* Л.: Искусство, 1988, с. 15.

Перевод с английского: Александр Варкентин/Ольга Мамонтова.

Джон Э. Боулт

Татлин и его антистол

Владимира Татлина зачастую воспринимают и вспоминают как инженера, чертежника, конструктора, а его жизнь и творчество обычно определяют словами «рациональный», «продуманный», «практический». Николай Пунин, например, говорил о нем как о приверженце «материалов, объема, конструкции»[1], а Велимир Хлебников называл его «винта певцом суровым»[2]. Поэтому на первый взгляд Татлин мог бы показаться апологетом разумного, чьи солидные познания в области математики, конструирования и аэронавтики якобы свидетельствовали об упорядоченности его интеллекта, трезвости ви́дения, позитивистском складе ума.

Желаемое нередко принималось за действительное, и вокруг искусства Татлина образовался плотный слой легенд. Если мы удалим этот слой и, избавившись от своих сомнений, отбросим предвзятые суждения, то перед нами предстанет совершенно другая творческая личность: художник, который склонялся скорее к иррациональности дада, чем к линейному лаконизму конструктивизма. И действительно, в биографии Татлина есть существенные моменты, позволяющие утверждать, что он во многом был дадаистом или, точнее, абсурдистом, а его живой художественный инстинкт толкал его к созданию «невещей» и к разработке чисто фантастических проектов, а не функциональных предметов для новой, революционной действительности. Не случайно же Георг Грос называл Татлина «великим безумцем»[3], а Абрам Эфрос писал, что у Татлина «облик великомученика», что он был «однодумом и тяжелоходом»[4], и такие характеристики дают основания сближать Татлина с длинным рядом русских юродивых. Но если мы не примем во внимание это обстоятельство, то как же еще можно объяснить тот сущностный парадокс, в рамки которого история искусства заключила историю татлинского искусства, утверждая, что Татлин был пионером «материальной культуры» и конструктивизма? Парадокс состоит в том факте, что ныне все разговоры о Татлине, восторги по поводу его творчества сосредоточены на произведениях, которые *не* сохранились (а, возможно, и не были задуманы для будущего, как, например, рельефы), на проектах, которые Татлин так и *не* реализовал («Памятник III Интернационала»), на конструкциях, которые *не* функционировали («Летатлин»), на проектах, осуществленных *не* в реальной жизни, а в театре. Более того, тот факт, что вплоть до недавнего времени многие исследования искусства Татлина основывались на посмертных реконструкциях и подделках, – это еще одно звено в цепи мнимостей. И именно эта постоянная игра отрицаниями, изъятиями, несовместимостями впрямую связывает Татлина не с московскими конструктивистами – такими, например, как Александр Родченко, а с ленинградскими абсурдистами – обэриутами. Ключевым символом этой близости являются дружба Татлина с Даниилом Хармсом, лидером обэриутов, и сделанные художником иллюстрации к детской сказке для взрослых Хармса «Во-первых и во-вторых», вышедшей в 1929 году[5].

В 1919 или в 1920 году художник Владимир Милашевский побывал в мастерской Татлина. Там как раз шла работа над моделью «Памятника III Интернационала», которая была помещена на круглом постаменте, напоминавшем амвон. Вот как Милашевский описал эту сцену:

«Мы стали обедать. Для этого все уселись на «амвоне», по его окружности. Мы сидели спинами к башне, наши взоры устремлялись радиально от модели, как от центра, и упирались в стены мастерской. Сосед через одного уже оказывался за пределами видимости. Чтобы обратиться к кому-то с вопросом, надо было откинуться назад и выгнуться в сторону, собеседник Ваш тоже должен был сделать подобное змеиное телодвижение в Вашем направлении. Общаться приходилось по хорде окружности. Теперь можно было бы сказать, что это был антистол, нечто противоположное тому обычному столу, вокруг которого веками располагались собеседники, устремляя взоры друг на друга»[6].

Некоторые места этого рассказа побуждают связать Татлина с Хармсом и с абсурдистской концепцией бытия как комплекса взаимосвязей, единственный допустимый смысл которого – так называемое «пятое значение»: все привычные характеристики предмета, которые мы отождествляем с его функциональной оправданностью, неверны, и единственной вечной синтагматической ценностью является сам предмет, с его абсолютной независимостью, вызовом законам гравитации. Вот как пояснял это Хармс: «Всякий предмет ⟨...⟩ обладает четырьмя *рабочими* значениями и ПЯТЫМ, *сущим* значением. Первые четыре суть: 1) начертательное значение (геометрическое), 2) целевое значение (утилитарное), 3) значение эмоционального воздействия на человека, 4) значение эстетического воздействия на человека. Пятое значение определяется самим фактом существования предмета. Оно вне связи предмета с человеком и служит самому предмету. Пятое значение – есть свободная воля предмета ⟨...⟩ Такой предмет «РЕЕТ» ⟨...⟩ Реющими бывают не только предметы, но также: жесты и действия»[7].

В своем описании мастерской Татлина Милашевский дает понять, что Татлин упорядочивал свой мир, дабы сотворить беспорядок: общаться друг с другом невозможно, произведение искусства («Башня») обрело независимость, из-за чего нарушились нормальные пространственные соотношения между творцом и его творением, а конечный результат – «антистол» – стал жутковато напоминать «невещи» и «очеловеченную» мебель в квартире Хармса. Более того, сам тот факт, что Татлин, по свидетельству Юрия Анненкова, намеревался поместить бьющееся сердце внутри своей «Башни», чтобы создать «оживленную машину»[8], являет некую параллель Хармсу с его убеждением, что вещи обладают своей собственной экзистенциальной духовностью. Поэтому и статью Татлина «Объявим войну комодам и буфетам»[9] следует понимать не как выступление – с позиций конструктивизма – в защиту новой утилитарной мебели, а скорее как призыв воспринимать комоды как комоды в том же смысле, в каком надо понимать требование Хармса, чтобы шкаф был шкафом[10].

Обэриуты были увлечены подобной сознательной «дислексией». И в своем стремлении «углублять смысл предмета и слова, но никак не разрушать его»[11], они создавали свою литературу абсурда, пользуясь дадаистским монтажом, произвольно растягивая и смещая художественное время, воплощая дух бесконечности (это основная тема книги «Во-первых и во-вторых»), пародируя нумерацию. Татлин не был членом группы обэриутов, хотя его критик и покровитель Пунин, а также молодые коллеги Леонид Чупятов и Владимир Лебедев, судя по всему, принадлежали к ней[12]. Во всяком случае, все они принимали участие в различных видах деятельности ГИНХУКа в Ленинграде. Ведь именно там Татлин оформил в 1923 году постановку «Зангези» Хлебникова, Пунин возглавлял с 1924 по 1926 год секцию общей идеологии, а Александр Введенский и Игорь Терентьев внесли свой вклад в фонологические эксперименты («заумь»).

В произведениях Татлина отразились многие идеи обэриутов; об этом свидетельствуют как необычные сочетания материалов – прибитые к картине ведро или кусок канализационной трубы, так и бесконечное вращение его практически не могущей быть построенной «Башни». Конечно же, очень соблазнительно предположить, что именно по этой причине немецкие дадаисты тянулись к Татлину: Рауль Хаусман создал
187 коллаж «Татлин у себя дома», а Джон Хартфильд и Георг Грос объявили
188 в 1920 году на «Первой международной выставке дада» в Берлине: «Искусство умерло. Да здравствует новое машинное искусство Татлина!» Но, как указал недавно один немецкий искусствовед[13], дадаисты были знакомы скорее с легендой, чем с реальным творчеством Татлина, интерпретируя его исключительно как замену буржуазного представле-

ния о «красоте» пролетарским, связанным с промышленным производством. Они, пожалуй, согласились бы с суждением Пунина, характеризовавшего искусство Татлина как технологическую комбинацию материалов и говорившего об экономности и эффективности его решений как результате следования формуле «функция определяет форму»: «Если современный человек хочет полностью подчинить себе все силы, воздействующие на создание того или иного произведения искусства, он должен подходить к работе, изучая и анализируя ее с помощью научных методов»[14].

Создается, однако, впечатление, что ни дадаисты, ни Пунин так и не постигли органической абсурдности творчества Татлина. Конечно, Татлин интересовался механикой, конструированием, технологией, но его художественный жест выходил за рамки практического и, в конечном счете, имел мало общего с «научными методами», как, например, и его «Памятник III Интернационала» с его выкрашенными в красный цвет ребрами, сверкающим стеклом, радиоаппаратурой. Некоторые поклонники Татлина, а также ряд искусствоведов рассматривали ее позднее как прообраз творений конструктивизма и машинного века. Но для многих проницательных современников, таких, как актер Константин Миклашевский и художник Иван Пуни, это была «оранжерея для выращивания ананасов»[15] и «идеологический абсурд»[16].

Многое свидетельствует об «абсурдности» татлинского ви́дения мира. Борис Семенов, например, рассказывает, что Татлин верил в левитацию (ср. с «реянием» Хармса)[17], а Грос вспоминает о курах и цыплятах, населявших мастерскую Татлина, а не о строгой геометрии его работ[18]. По призванию Татлин был лицедеем, и многие из его творческих актов – актов создания и воссоздания – несли на себе отпечаток профессий актера, факира, волшебника. Он играл на бандуре; в 1911 году он впервые обратил на себя внимание публики как художник-оформитель народного фарса «Царь Максимилиан и его непокорный сын Адольф»; в 1917 году он создавал декорации для кинокартины «Навьи чары», так и не выпущенной на экран; будучи в 1914 году в Париже, он как-то раз надел не себя «пестрый халат и темные очки», чтобы привлечь внимание Пикассо[19]. Иными словами, Татлин, как и обэриуты, был ценителем культуры буффонады, а следовательно и цирка, искусства клоунов и фокусников. Из тех немногих его произведений, что дошли до нас (может, правильнее было бы сказать – из тех многих его произведений, что не дошли до нас), почти все – по словам Аркадия Рылова, работы «нелепые, но смелые»[20] – относятся к тому же разряду «антивещей», что и стол в мастерской Татлина. Это и костюм, который никто не носил, и стул, на котором никто не сидел, и летательный аппарат, на котором никто не летал, – все объекты, чья художественная значимость обеспечивалась присущей им необычайной «легкостью бытия». Создается впечатление, будто великий фокусник Татлин ловким трюком или обманом зрения сумел заставить нас поверить в то, что «Башня» должна стать реальной башней, а «Летатлин» предназначался для массового производства. Следовательно, творения Татлина были абсурдными, но отнюдь не бессмысленными, поскольку они апеллировали к высшему, пятому значению и существовали либо существуют как некая объективная сущность таким же образом, как старушки и лишенные конечностей люди в коротких рассказах Хармса.

Книга Хармса «Во-первых и во-вторых» вышла в свет в 1929 году тиражом 10 000 экземпляров. Созданные Татлиным обложка и девять
190, 191 иллюстраций хорошо известны с тех пор, так как они часто репродуцируются, однако же текст известен мало. Книга разбита на десять глав или кадров. Автор («я») вместе со своим другом Петькой (жанровым персонажем русских сказок и родственником Петрушки) идут и поют песни. Откуда и куда они идут, автор нам так и не сообщает. Но по мере того, как разворачивается действие, им встречаются разные люди, предметы и места. Первым на пути попадается «самый маленький человек в мире», который охотно присоединяется к путешественникам. Потом к ним примыкает «человек такой длины, что не видать, где ноги кончаются». Далее им встречаются осел, лодка и автомобиль, а в предпоследней главе рассказывается, как все четыре человека останавливаются на ночлег в гостинице в некоем городе. Наутро компанию пополняют слон и собачонка, и все отправляются в путь в прекрасном настроении, насвистывая песни. Что было потом, автор обещает рассказать в следующий раз. Ни конца, ни начала у этой достойной пера Свифта истории о разношерстной компании случайных попутчиков («во-первых» и «во-вторых» явно можно продолжить до бесконечности) нет. Отсутствуют и реальные временные, географические и метеорологические координаты. Даже имени удостоился лишь один персонаж – Петька. Что же касается других конкретных личностей, то это только «самый маленький человек в мире» и «длинный человек».

Иллюстрации Татлина к сказке «Во-первых и во-вторых» значительно отличаются от его выполненных в духе футуризма работ для книг
192 «Мирсконца» и «Требник троих» (1912–1913), в сказке он иллюстрирует сюжет буквально и последовательно. Каждый отрезок текста (кроме первого и последнего) дополняется на развороте графической интерпретацией описываемого эпизода, причем в отличие от автора текста Татлин насыщает голые монохромные структуры конкретными деталями – на иллюстрациях появляются лица, дороги, телеграфные столбы, деревья и т. д. Как отмечала Лариса Жадова[21], пожалуй, самое существенное добавление, сделанное Татлиным, – это явное отождествление самого себя с

«длинным человеком». И если мы внимательно присмотримся к лицам художника и изображенного им персонажа, то нам бросится в глаза их поразительное сходство. Вот как вспоминал облик Татлина Василий Комарденков: «Был он высок ростом, широк в плечах, вообще – крепко сшит. У него была как-то по особому посажена голова, простое, но волевое лицо»[22].

Можно добавить, что у Татлина был крупный нос, носил он обычно черный мешковатый пиджак, а волосы в беспорядке падали на лоб. Все это мы видим на знаменитой фотографии, сделанной Моисеем Наппельбаумом, и – в изображении «длинного человека» в книге Хармса. Возможно, здесь даже есть своего рода фонетический ключ – в слове «д*лин*ный», когда «лин» отзывается как эхо в фамилии «Тат*лин*»; это нечто вроде игры словами, которой он увлекался как раз в тот период, в начале работы над «Ле*татлин*ым». Но если Татлин – «длинный человек», то кто же тогда «самый маленький человек в мире»? Разумеется, Казимир Малевич. И не только из-за созвучия слов «*мале*нький» и «*Мал*евич», но и потому что Малевич действительно *был* маленьким и полным. Ведь о нем говорили и так: «он был весь какой-то квадратный, с бегающими неприятными глазами, неискренний, самовлюбленный, туповато односторонний»[23]. Такое описание не слишком отличается от татлинской характеристики «самого маленького человека в мире», особенно там, где он изображен лицом к лицу с «длинным» (в 4 главе). Как бы то ни было, для Хармса эти два художника олицетворяли собой полярные достижения русского авангарда, и есть нечто особенно актуальное для тех лет и волнующее в том обстоятельстве, что именно их обэриуты («Петька и я») взяли в попутчики, отправляясь в неведомое. Более того, исходя из известного факта взаимной вражды между Малевичем и Татлиным, можно предположить, что Татлин с радостью ухватился за возможность провести параллель между маленьким ростом и мелким творческим калибром, тем более что сюжет позволял сделать еще ниже «самого маленького человека», а самого себя выдвинуть на первый план.

Даже если такая интерпретация сказки «Во-первых и во-вторых» и неверна, то все равно сам ее сюжет заслуживает внимания, также, как и примечательное созвучие литературного и художественного восприятия у Хармса и Татлина. Это был единственный случай их совместной работы над одним проектом, хотя в то же самое время ученики Малевича Вера Ермолаева и Лев Юдин много иллюстрировали и Хармса, и Введенского, а Татлин – таких авторов, как Михаил Семенко и Сергей Сер- 193, 180
гель. Хармс и его «проволоки и пружины 〈...〉, коробочки, чертики, символы и эмблемы»[24], Татлин и его курятник, антистол и бандура – и тот, и другой, писатель и художник жили в сочиненном ими мире, не

имевшим ничего общего с «четырьмя значениями», полностью относившемся к области «бессмысленного»[25]. Вот последняя иллюстрация в книге «Во-первых и во-вторых»: похожий на Дон Кихота Татлин, сидя на слоне, движется по направлению к закату, после десятилетия несбывшихся надежд и грустного опыта; и кажется будто слышен его голос, пересказывающий на свой лад самую абсурдную историю Хармса из его «Голубой тетради»:

«Была одна краснореброя Башня, у которой не было боков и основания. У нее не было и скелета, поэтому краснореброй ее называли условно.

Двигаться она не могла, так как у нее не было мотора. Движущихся частей тоже у нее не было.

У нее не было даже стекла и металла. И каркаса у нее не было, и хребта у нее не было, и никаких внутренностей у нее не было.

Ничего у нее не было! Так что непонятно, о чем идет речь. Уж лучше мы о ней не будем больше говорить»[26].

Примечания

1 Н. Пунин. *Новейшие течения в русском искусстве.* Л.: Государственный Русский музей, 1927, лекция 1, с. 8.

2 В. Хлебников. *Татлин, тайновидец лопастей.* См. статью: Р. Дуганов. *Рисунки Хлебникова.* – В сб.: *Панорама искусств.* М.: Советский художник, 1987, № 10, с. 373.

3 George Grosz. *Ein kleines Ja und ein großes Nein.* Reinbek: Rowohlt, 1955, S. 172.

4 А. Эфрос. *Об Аристархе Лентулове.* – В сб.: А. М. Эфрос. *Мастера разных эпох.* М.: Советский художник, 1979, сс. 249, 250.

5 Д. Хармс. *Во-первых и во-вторых.* М. – Л.: Госиздат, 1929.

6 В. Милашевский. *Вчера, позавчера.* Л.: Художник РСФСР, 1972, с. 202.

7 Д. Хармс. *Предметы и фигуры, открытые Даниилом Ивановичем Хармсом.* 1927. – Цит. по публикации: I. Levin. *The Fifth Meaning of the Motor-Car.* – Soviet Union/Union Sovietique. Tempe, 1978, vol. 5, part 2, pp. 287–300

8 Ю. Анненков. *Дневник моих встреч.* New York: International Literary Association, 1966, т. 2, с. 243.

9 В. Татлин. *Проблема соотношения человека и вещи. Объявим войну комодам и буфетам.* – Рабис, 1930, № 15, с. 9.

10 «Пятое значение шкафа – есть шкаф.» – I. Levin. Op. cit., p. 229.

11 А. Введенский и др. ОБЭРИУ. Цит. по публикации: R. R. Milner-Gulland. *«Left-Art» in Leningrad: the OBERIU Declaration.* – Oxford Slavonic Papers, 1970, vol. 3, p. 70.

12 См.: I. Levin. Op. cit., p. 288.

13 Х. Ольбрих. *Советская выставка 1922 года в Германии.* – В сб.: *Взаимосвязи русского и советского искусства и немецкой художественной культуры.* М.: Наука, 1980, с. 165.

14 Н. Пунин. *Первый цикл лекций.* Петроград: 17 Государственная типография, 1920, с. 54. Цитата дается в переводе с английского.

15 К. Миклашевский. *Гипертфория искусства.* Петроград, 1924, с. 65.

16 И. Пуни. *Современная живопись.* Берлин: Френкель, 1923, с. 31.

17 Б. Семенов. *Время моих друзей.* Л.: Лениздат, 1982, с. 270.
18 G. Grosz. Op. cit.
19 По рассказу Георгия Якулова. См.: В. Комарденков. *Дни минувшие.* М.: Советский художник, 1972, с. 56.
20 А. Рылов. *Воспоминания.* Л.: Художник РСФСР, 1977, с. 193.
21 L. Zhadova. *Tatlin, the Illustrator and Designer of Books.* – In: *Tatlin.* Ed. by Larissa Alekseevna Zhadova. New York: Rizzoli, p. 131.
22 Комарденков. Ук. соч., с. 55.
23 А. Родченко. *О Татлине. 1915–1917 гг.* – В сб.: А. М. Родченко. *Статьи. Воспоминания. Автобиографические записки. Письма.* М.: Советский художник, 1982, с. 84.
24 А. Порет. *Воспоминания о Данииле Хармсе.* – В сб.: *Панорама искусств.* М.: Советский художник, 1980, № 3, с. 352.
25 Пункт 12 манифеста Хармса «Предметы, открытые . . .»: «Переведя этот ряд в другую систему, мы получаем словесный ряд, человечески БЕССМЫСЛЕННЫЙ.» – In: I. Levin. Op. cit., p. 300.
26 Парафраза произведения Даниила Хармса *«Голубая тетрадь № 10».* – Даниил Хармс. *Избранное.* Würzburg: Jal-Verlag, 1974, с. 47.

Перевод с английского: Ольга Мамонтова.

Петер Нисбет

Татлин Лисицкого*

Наверное, первый публичный показ Татлиным своего «Памятника III Интернационала», состоявшийся в конце 1920 года, произвел ошеломляющее впечатление на различные соперничавшие между собой группировки художественного авангарда Москвы, Петрограда и других городов. Татлинская «архитектурная скульптура» несомненно послужила катализатором многих из важнейших творческих процессов, протекавших в последующие годы в творческих кругах. Это предположение основано на рассеянных по различным источникам сообщениях о серьезных и напряженных спорах, вызванных демонстрацией модели.

Особенно интересно свидетельство Эля Лисицкого. Лисицкий, ставший за восемнадцать месяцев, проведенных им в Витебске, страстным сторонником супрематизма Малевича, приехал в Москву в 1920 году и сразу же занял самостоятельную позицию в столь характерных для интеллигенции в период после гражданской войны дискуссиях, где сталкивались противоположные точки зрения. Один из примеров таких споров приведен им в рукописи статьи о советской архитектуре, написанной в конце 1924 года (то есть, через четыре года после того, как был впервые выставлен «Памятник»). Лисицкий пишет: «На большом собрании в Академии в Москве (1921 год), на котором проводилось голосование насчет того, строить «Башню» или нет, я был первым, кто выступил с критическими замечаниями по поводу проекта, и кто тем не менее проголосовал в его пользу»[1].

Несмотря на то, что Лисицкий называет в качестве даты 1921 год, он все же явно имеет в виду публичную дискуссию, состоявшуюся, согласно свидетельствам других ее участников, 10 декабря 1920 года[2]. Верным показателем силы вызова, брошенного татлинской моделью, служит уже само то обстоятельство, что эта дискуссия вообще состоялась и что

---

* Данная статья представляет собой сокращенный и исправленный текст доклада, сделанного на симпозиуме в Дюссельдорфе в ноябре 1989 года. Я приношу искреннюю благодарность Юргену Хартену, Кристине Лоддер, Хубертусу Гаснеру, Дэвиду Эллиоту и Сьюзен Комтон за дружескую помощь, оказанную при подготовке этой публикации.

сам масштаб вещи потребовал от каждого художника-авангардиста публичного изложения своей позиции. Кроме того, для Лисицкого характерно, что он высказался за осуществление этого проекта: он всегда был склонен к экспериментированию и к тому, чтобы учиться на неудачах и ошибках. В настоящем контексте представляется особенно интересным, что он сразу подверг проект критике и что несколько лет спустя он счел необходимым упомянуть об этом.

Конечно, Лисицкий никогда не скрывал своего иной раз сдержанного отношения к творчеству Татлина. К его восхищению постоянно примешивался известный скептицизм[3]. Для Лисицкого, верного сподвижника Малевича, было совершенно естественным критическое отношение к давнишнему сопернику своего учителя. Согласно свидетельствам, Татлин еще в 1919 году объявил, что «супрематизм был суммой всех ошибок прошлого»[4]. И хотя Малевич, судя по всему, в эти годы о Татлине никак не высказывался, кажется маловероятным, чтобы супрематисты относились к нему с полным одобрением.

Наряду с приведенной выше записью существует и другое свидетельство о непосредственной реакции художника на «Памятник», заслуживающее серьезного внимания. Коллаж Лисицкого под первона- 198
чальным названием «Татлин за работой над «Памятником III Интернационала»» известен с начала 1960-х годов по многочисленным выставкам и репродукциям, однако он никогда не подвергался серьезным исследованиям[5].

На прямую связь с объектом нашего внимания указывает фигура мужчины, стоящего в рабочей одежде на низком столе и держащего в руках деревянную рейку. Фигура нарисована графитным карандашом и кажется при этом чуждым, почти фотографическим элементом. Она действительно скопирована со ставшей сейчас уже знаменитой фотографии, запечатлевшей Татлина и его ассистентов за работой над моделью «Памятника»[6]. Эта фигура как бы накладывается на конфигурацию из геометрических плоскостей и скрещивающихся линий. Эта продуманная, дразняще трехмерная абстрактная композиция очень близка к «проунам» Лисицкого, особенно к композиции, известной ныне под названием «Взаимопроникающие плоскости»[7]. Она как бы образует «фон» и «стены» «пространства», в которое помещена фигура занятого работой Татлина. Справа в это обрамление введены: другой «проун», в какой-то мере строящийся на круговой композиции, известной под названием «Проун 6 Б»[8], цилиндрический элемент и вытянутая треугольная фигура; они создают конфигурацию, очевидно, находящуюся в центре внимания стоящего человека.

Глаза человека заменены раскрытым циркулем. Задаваемая тем самым связь с геометрией и математикой укрепляется и помещенными на некоторых плоскостях «проунов» графиками и формулами, лишенными привычного значения, например, увеличенный знак бесконечности, наложенный на кубический корень из минус нуля, явно не имеет математического смысла. Над этим сочетанием образа человека, науки и абстрактного искусства парит единственный собственно коллажный элемент в этом произведении: фотография женской головы, частично обрезанная справа и у шеи, рот женщины покрыт белым прямоугольником.

При любом толковании этой своеобразной композиции необходимо учитывать, что она возникла не как самостоятельное произведение искусства, а как иллюстрация к короткому рассказу писателя и журналиста Ильи Эренбурга, творчески близкого Лисицкому. Иллюстрация, напечатанная в сборнике Эренбурга «Шесть повестей о легких концах» – это линейный рисунок, созданный на основе этого коллажа; для той же книги Лисицкий выполнил еще пять иллюстраций и обложку[9]. В сущности, упоминание в названии коллажа Татлина и его «Памятника» сбивает с толку. Рассказ, сопровождаемый иллюстрацией, называется «Витрион». Это многослойное, сложное повествование в характерном для Эренбурга телеграфном и полном аллюзий стиле о персонаже по имени Василий Белов, и иллюстрация, как становится ясным из нижеследующего краткого изложения сюжета, должна была бы на самом деле называться «Белов за работой над своей движущейся конструкцией «Витрион»». Более того, по содержанию рассказа видно, что то, что Лисицкий использовал фотографию Татлина, – не случайность и что это имеет определенный смысл, хотя иллюстрация и лишена прямой отсылки на фотографию. Она раскрывает новый аспект в восприятии авангардистами Татлина и его творчества в начале 1920-х годов. На первых страницах рассказа мы знакомимся с Беловым, который сидит один в мрачной комнате:

«Странные в комнате вещи: доски с прибитыми штепселями, подкова, веревки вокруг, жестяные диски, стекло, заржавленное колесо стенных часов, коробки от гильз, ерунда. Все это не случайно, не завалявшийся хлам, но тщательно подобрано, полно значения. Белов – не чудак, не старьевщик – художник-конструктор»[10].

Несмотря на тяжелую повседневную жизнь, Белов может призывать к себе. «Циркуль. Число. Описанный круг велик и прекрасен.» Существование «дано капустным, корявым, гнилым. Но можно, циркульной пастью схватив, рассчитать и построить (...)», но это существование приводит к «Вещи», которая может быть построена так, «чтоб одна, вне земли вертелась – новое тело среди тел». (Иллюстрация Лисицкого содержит прямые отсылки на ключевые элементы этого описания.)

Белов, как мы узнаем, на протяжении двух лет занимается созданием «Памятника новой эры», «новой формы», состоящей из цилиндров, шаров и сцепленных друг с другом треугольников, которая «вращается» и «ходит». (Лисицкий удивительно точно воспроизводит и этот предмет в своей иллюстрации.) Памятник «не может стоять 〈...〉, как воронье пугало»; он гуляет по Москве, неизбежно привлекая к себе внимание и побуждая людей уверовать в новую эру. Конструктор назвал свое творение Витрионом, «как будто в животе беловском под цилиндрами еще топорщится романтическая дрянь».

Однако в жизни Белова есть и другая «вещь» – женщина по имени Лидия Степановна Барыкова, которую он любит, но не понимает, почему. «Можно построить такую, что будет в пространстве вертеться – большая, стальная, одна. Только с любовью никак не сладить: положишь – взлетит, скажешь «лети!» – грохнется камнем, убьет.» Лидия не отвечает ему взаимностью, жалуясь на то, что он никогда не передает в своем творчестве любовь. (Конечно же, женская голова в коллаже – это Лидия.)

Витрион отвергнут Государством, поскольку он не сыскал одобрения «большого коммуниста». Вместо этого представитель подотдела цирка Тео (Театрального отдела Наркомпроса. – Примечание переводчика) предлагает Белову показывать Витриона в цирке – там он будет иметь успех, так как зрителям уже приелись слоны. Лидия приходит на первое выступление Витриона в цирке, занятого – что символично – в скетче «Третий Интернационал». Витрион сразу же направляется к Лидии, и они вместе покидают цирк и проводят ночь в ее квартире. Наутро туда врывается Белов и яростно, в припадке гнева и ревности, уничтожает Витриона.

Пролежав несколько недель больным, Белов узнает от Лидии, что она беременна от Витриона. Это известие сводит его с ума, и он попадает в психиатрическую больницу, где он в конце концов утешает себя мыслью о том, что он – родоначальник, патриарх «большого жестяного племени» потомков Витриона. Все, что его окружает – «не тело – жесть, нагретая до пота». Белов счастлив как тем, что он породил эту новую расу, так и тем, что он не с ними, а «на койке у окна». На этом рассказ заканчивается.

Вряд ли необходимо специально указывать на многочисленные намеки на Татлина, присутствующие в этом рассказе. Можно даже сказать, что в этом не лишенном комизма рассказе использована модель Голема, Пигмалиона и Ученика чародея с тем, чтобы в сатирическом ключе показать многие из притязаний советских «художников-конструкторов». Множество очевидных черт сходства между Татлиным с его «Памятником» – с одной стороны и Беловым с его Витрионом – с другой делают решение Лисицкого ввести прямую отсылку к Татлину вполне понятным и обоснованным.

Таким образом, этот коллаж возникает на пересечении трех различных творческих судеб, и при любом его толковании необходимо уточнять, с какой точки зрения он подвергается рассмотрению. Коллаж нам говорит и о писателе Эренбурге, и об иллюстраторе Лисицком, и, конечно же, о самом Татлине.

Если в центре внимания находится Эренбург, то рассказ «Витрион» и столь близкую к тексту иллюстрацию можно оценивать как результат той глубокой заинтересованности, которую вызывали у писателя проблемы, обсуждавшиеся в кругах советских авангардистов. Очевидно, что Эренбург был о них хорошо информирован. Незадолго до своего приезда в Берлин в конце 1921 года он написал очень важную статью о современном русском искусстве для одного французского журнала и, кроме того, короткий, полный энтузиазма трактат, содержащий обзор течений в советском авангарде и положительные отзывы о Татлине, Родченко, Лисицком и других[11]. Таким образом, портрет художника-конструктора в рассказе – это не невежественная карикатура, а сознательное преувеличение. В художественных произведениях Эренбурга в ту пору присутствуют ирония и карнавальный гротеск. Эта остроумная амбивалентность лежит в основе занятного портрета Белова/Татлина. Идеализм героя, его преданность своему делу и изобретательность изображены в рассказе с явной симпатией, однако с этим соседствует весьма суровая критика недальновидности и несостоятельности художника. Все стороны – от коммунистического правительства до романтического индивидуума – подвергаются суровой критике, как явной, так и скрытой.

Бо́льшая часть вышесказанного подтверждается, если рассматривать коллаж под углом творческого развития Лисицкого. И хотя духовный путь Эренбурга отмечен непостоянством, преходящими восторгами и временными увлечениями, в тот момент (в 1922 году) он явно стоял близко к Лисицкому по своим интересам и убеждениям. В частности, они в это время совместно издавали трехъязычный журнал «Вещь – Gegenstand – Objet». Как и у Эренбурга, проблема разрешения конфликта между органическим и механическим занимала центральное место в творчестве Лисицкого, который был в достаточной мере предан идее индивидуального (особенно в ее эмоциональном и эротическом плане) и иррациональности творческой деятельности, чтобы с симпатией относиться ко многим из содержащихся в рассказе намекам. Большевистское правительство вызывало настороженность и у Лисицкого, на его культурную политику он смотрел с известным недоверием.

Тем не менее, учитывая тесную связь между изображением и вымышленным повествованием Эренбурга, остается вопрос о том, насколько в нем раскрывается собственный взгляд Лисицкого на Татлина. Конечно же, уже само введение изображения Татлина в этот отнюдь не лестный контекст представляется частью постоянного соперничества Лисицкого с Татлиным[12]. Необходимо, однако, подчеркнуть, что хотя изображенный человек – это действительно Татлин, работает этот конструктор, как уже было сказано выше, строя созданные самим же Лисицким формы («проуны») и их же используя. Несмотря на то, что Лисицкий всегда публично заверял, что его искусство – его «проуны» – объективно, надличностно и в некотором роде анонимно, здесь имеет явное смысловое значение использование Лисицким фигуры Татлина для своеобразного автопортрета, представляющего самого художника.

Если дальше следовать предположению о том, что в этом коллаже на определенном уровне разрабатываются собственные художественные взгляды Лисицкого, то можно придти к рассмотрению того, каким образом этот коллаж (как, впрочем, и другие иллюстрации к сборнику Эренбурга) демонстрирует поиски Лисицкого, направленные на решение проблемы введения человека в абстрактное искусство путем сочетания конструктивистских форм и изобразительных элементов. В дальнейшем Лисицкий разрабатывал эту тему в архитектуре и в дизайне окружающей среды, включая в них человека и приспосабливая к нему окружение.

Однако эта проблема важна не только для Лисицкого. Несомненно, именно она волновала и Татлина, когда он прекратил работу над рельефами и контррельефами. «Памятник», согласно одной из интерпретаций, – это абстрактная скульптура, включающая в себя людей. Существенная часть последующих произведений Татлина, созданных в 1920-е годы, связана с проблемой соотнесения человеческого фактора со сферами дизайна и инженерного искусства (как в социальном, так и в техническом плане). И в самом деле в большинстве случаев Татлин решал эту проблему путем изучения того, каким образом сконструированные формы могут охватывать или окружать человека: будь то одежда или скелетообразный летательный аппарат. При рассмотрении вопроса под этим углом зрения представляется примечательным тот факт, что Лисицкий в своем коллаже не просто показывает Татлина за работой над отдельной конструкцией, а включает его фигуру в окружение уподобленных «проунам» форм.

В связи с этим комплексом проблем и предположений так называемый «Татлин за работой» Лисицкого может пролить свет на большее, чем только на рассказ, который он иллюстрирует столь искусно и остроумно. Если исходить из критериев, задаваемых позднейшими научными исследованиями, то этот коллаж может являть собой также и выразительное свидетельство того, с какой силой Татлин своими творческими свершениями бросал вызов коллегам-художникам. Со всей присущей ему завуалированностью и двусмысленностью высказывания коллаж говорит о тех трудностях, которые испытывали художники при прямом обращении к Татлину. Смысловая многозначность коллажа делает его интересным и красноречивым документом, решающим свидетельством в длинной истории воздействия Татлина на искусство и культуру того времени.

Примечания

1 ЦГАЛИ, ф. 2361, оп. 1, ед. хр. 27, л. 1–8. Цитата дается в переводе с немецкого. Пауль Вестхайм, редактируя для публикации статью Лисицкого, убрал из нее это и некоторые другие анекдотичные замечания. См. его открытку Лисицкому от 22 декабря 1924 года (ЦГАЛИ, ф. 2361, оп. 1, ед. хр. 36, л. 6). Окончательный вариант статьи был опубликован в журнале Вестхайма «Дас Кунстблатт» (Das Kunstblatt, Bd. 9, Nr. 2, Februar 1925, S. 49–53). В книге «Эль Лисицкий. Художник, архитектор, полиграфист, фотограф» (*El Lissitzky. Maler, Architekt, Typograf, Fotograf. Erinnerungen, Briefe, Schriften.* Überg. v. Sophie Lissitzky-Küppers. Dresden: VEB Verlag der Kunst, 1967, S. 366–368), составленной Софи Лисицкой-Кюпперс, статья перепечатана в неполном, дающем превратное представление виде.

2 См.: *Tatlin.* Hg. v. Larissa Alexejewna Shadowa. Weingarten: Kunstverlag Weingarten, 1987, S. 423. Столкновение между Габо и Татлиным, о котором идет речь в докладе Кристины Лоддер, сделанном на этом же симпозиуме, вероятно, тоже произошло во время этой дискуссии.

3 Свои сомнения Лисицкий наиболее полно изложил в лекции о новом русском искусстве, прочитанной в 1923 году. Лисицкий обвинил Татлина и его единомышленников в известном романтизме, фетишизации материала и игнорировании «необходимости создания нового плана». Из замечаний Лисицкого явствует, что хотя «Памятник» был первым произведением представителя «нового поколения», которое потребовало от самого себя «изобретательности, элементарного формообразования, ясной конструкции и умения владеть материалом», эти цели в нем не были вполне реализованы. Текст этой лекции сохранился в архиве Лисицкого (ЦГАЛИ, ф. 2361, оп. 1, ед. хр. 26, л. 1–30) и перепечатан в книге: *El Lissitzky. Maler, Architekt ...,* S. 330–340. Цитата дается в переводе с немецкого.

4 Процитировано Николаем Пуниным в газете «Искусство Коммуны», № 10 от 9 февраля 1919 г. Цитата дается в переводе с английского.

5 Акварель, тушь, графитный карандаш и коллаж на бумаге, 29,2 × 22,8 см. Этот коллаж, будучи собственностью господина и госпожи Эрик Эсторик (к которым он, вероятно, попал из собрания вдовы художника), был впервые выставлен в 1962 году в галерее Гросвенор в Лондоне (*Two Decades of Experiment in Russian Art (1902–1922)*, cat. no. 37), где он был датирован 1917 годом и носил название «Татлин за работой над скульптурой III Интернационала». В дальнейшем при экспонировании и воспроизведении давалась исправленная дата – 1921–1922 г., а иногда и сокращенное название – «Татлин за работой»

6 Лисицкий почти наверняка воспользовался фотографией, опубликованной в монографии Николая Пунина в 1921 г., за год до того, как Лисицкий сделал свой коллаж.

7 Живописный вариант этой композиции находится ныне в Государственной галерее Морицбург в Галле (см.: *El Lissitzky 1890–1941,* exh. cat. Busch-Reisinger Museum, 1987, p. 170, Proun Inventory no. 68), в то время как гуашь хранится в музее Буш-Райзингер, Гарвардский университет *(El Lissitzky 1890–1941,* p. 161, Proun Inventory no. 20, pl. 48).

8 *El Lissitzky 1890–1941,* pp. 90–91, pl. 27–28.

9 Подробно об этой книге и об участии в ней Лисицкого см.: *El Lissitzky 1890–1941,* p. 185, no. 1922/12, pl. 91. Интересно отметить, что иллюстрация, опубликованная в сборнике Эренбурга на одном развороте со стр. 9, представляет собой точный линейный рисунок по коллажу Лисицкого. Единственное расхождение состоит в том, что справа от бессмысленных алгебраических символов добавлены плотные столбцы цифр, видимо, взятые из газеты (возможно, из биржевого отчета?). Различные виды резкой штриховки использованы для передачи красок оригинала.

10 Здесь и далее цитируется по: Илья Эренбург. *Шесть повестей о легких концах.* Москва – Берлин: книгоиздательство Геликон, 1922.

11 Elie Ehrenbourg. *L'Art russe d'aujourd-hui.* – L'Amour d'art, 1921, vol. 2, no. 11, novembre, p. 367–370; Илья Эренбург. *А все-таки она вертится.* Москва – Берлин: книгоиздательство Геликон, 1922. Интересно, что во второй публикации Эренбург сообщает о тех насмешках, которым подвергся «Памятник» во время его демонстрации в 1922 г. (сс. 19–20).

12 Более явно такое «соперничество» ощущается в письме Лисицкого Адольфу Бене от 20 мая 1924 г. (частный архив, Берлин), где речь идет о так называемой «Ленинской трибуне». Лисицкий особо подчеркивает, что идея этого проекта была разработана им самим и его студентами в Витебске еще до того, как татлинский «Памятник» был завершен или стал известен.

Перевод с английского: Ирина Порудоминская/Ольга Мамонтова.

Елена Ракитина

Татлин и Родченко

Весьма часто имена Татлина и Родченко перечисляются через запятую. Получается, что они не только современники, но и во многом соратники в искусстве.

Сопоставление творчества двух мастеров и выяснение истории их взаимоотношений, конечно, интересно для биографии обоих. Хотя документальные свидетельства сторон не равноценны. Сохранилось несколько коротких официальных записок Татлина и Родченко, корректных и вежливых, которые, разумеется, трудно считать дружеской перепиской[1]. Родченко записал свои впечатления о встречах с Татлиным в 1916–1918 годах[2], не рассказав, впрочем, по каким причинам разошлись их пути[3]. Возможно, он и не отдавал себе отчета в том, что за случайными поводами к ссоре могли стоять принципиальные творческие расхождения.

Татлинские работы он воспринимал с точки зрения новизны приемов, оставаясь невнимательным к их внутренней жизни. В этом отношении его восприятие работ Татлина достаточно характерно и, я бы сказала, традиционно для части современников Татлина.

Так, еще в 1920 году в книге «Новое искусство в России», изданной в Потсдаме, молодой русский дипломат К. Уманский[4] бесхитростно характеризует контррельефы, которые ему кажутся антипластичными, как искусство машины и победу интеллектуального, материального над духовным искусством Кандинского и Малевича.

Еще шаг и эти определения становятся эпатирующими лозунгами дадаистов – Искусство умерло! Да здравствует новое машинное искусство Татлина!

Татлин, автор проекта «Башни», становится художественным мифом. Еще шаг – и журнал «Вещь», издаваемый в Берлине Ильей Эренбургом и Эль Лисицким – оппонентом как Татлина, так и Родченко – объявляет Татлина отцом конструктивизма.

Родченко в Москве тоже выдвигает и пропагандирует конструктивизм вместе с группой художников и социологов.

Татлин после 1922 года не обращается к контррельефам. Родченко пишет последнюю картину.

Дадаисты из лозунга «долой искусство» устроили одну из самых утонченных эстетических игр XX века.

Родченко обращается, как и ряд других мастеров, к производственному искусству, пространственным и оптическим проектам предметов быта, тканей, обложек.

Татлин, не связанный организационно с этой группой художников, живя в Петрограде, тоже делает проект пальто и складывает у себя дома экономичную печь[5].

Внешне, вроде бы, немало совпадений, которые можно принять за общность, если исходить из сходства заданий и тем, оперировать только цитатами и декларациями, не вспоминая о работах.

Такое случилось, например, с Борисом Гройсом в его книге «Gesamtkunstwerk Stalin», изданной недавно в Мюнхене[6]. У него все новаторское в искусстве десятых–двадцатых годов сплавлено в один собирательный образ многоголового чудовища, которое говорит то голосом Малевича и Хлебникова, то голосом Гана и Арватова. Головы легко переставляются и отсекаются. Татлин и Родченко здесь в одной компании – и очень дурной в контексте книги. Они поклоняются машине и сочиняют конструкции-модели организации жизни по художественно единому плану, и ими движет воля к власти. Но их план реализует коварный Иосиф Сталин, который сам организует жизнь по единому художественному замыслу. Вот такой детектив.

Конечно, я сразу вспомнила, что Родченко как фотограф ездил на строительство Беломорканала в тридцатые годы. Он был мистифицирован продемонстрированной чекистами приезжим деятелям культуры моделью перевоспитания заключенных в здоровых советских граждан[7].

Но у Татлина что-то не припомнила такого рода обольщений.

Вспомнила и сенсационные историко-искусствоведческие экскурсы Т. Вулфа, объявлявшего «Черный квадрат» и Баухауз виновными в триумфе идеологии нацизма. И советского эстетика Михаила Лифшица[8], говорившего сходные вещи и о Пикассо, и о Малевиче, и обо всех модернистах на свете. И очень милыми и сентиментальными показались мне задиристые утверждения тридцатилетней давности парижского критика Вальдемара Жоржа: по его мнению, первым настоящим конструктивистом был Маркс, поскольку он изучал силовые линии преобразования мира.

Дело, конечно, не в том, чтобы доказывать, что один – виноват, другой – нет. Родченко – тоже жертва сталинизма, и производственный конструктивизм – не модель жизни при сталинизме. Один из оппонентов производственного конструктивизма довольно точно определял социальный идеал этого круга: американизм минус капитализм[9]. Дело в том, что нам пора привыкнуть, что значение одной художественной личности может быть бо́льшим, чем целое течение, и что она есть особый и по-своему живущий художественный мир. И при большем внимании к работам Родченко и Татлина мы сразу же регистрируем их диаметрально противоположные позиции в искусстве. Это художники различного типа.

За всем, что делал Татлин, мы ощущаем человека, пытливо вглядывающегося в видимое и пытающегося понять мир, живущий за поверхностью видимого. Материал, фактура – для него пути вчувствования, проникновения в абсолютную гармонию. Он – художник абсолютного глаза. Мастерство у него становится художественным переживанием. Нет, Татлин не мистик в отличие от Малевича периода белого супрематизма. Его девиз – чистота и ясность художественного ощущения.

У Родченко иная позиция, иная природа таланта и иная школа. Для Николая Пунина, близкого друга Татлина и первого настоящего историка новаторских движений в русском искусстве, Родченко – недоучившийся ученик Татлина[10]. Для других – некий вывод из супрематизма. Родченко полемически отвечает на «Белое на белом» Малевича «Черным на черном». Малевич находит следы супрематизма даже в проекте Родченко для рабочего клуба на Парижской выставке декоративных искусств в 1925 году[11], хотя «Родченко» как художественное понятие в кругах супрематистов носит резко негативный характер. Несомненно и общее воздействие супрематической стилистики на многие обложки Родченко и вообще на многие проекты конструктивистов-производственников. Но все это не делает близкими принципиально разные, диаметрально противоположные тенденции в искусстве.

Родченко поражает восприимчивостью самых разных принципов. Но он – не эклектик. Это реакции на все и на вся художника, постоянно конкурирующего со всеми новаторскими художниками. Он не прошел в отличие от Татлина или Поповой школы анализа современных течений. Его школа – реакция и постоянное соревнование с видимым сегодня и сейчас. В этом смысле здоровое формальное варьирование геометрических форм в творчестве Ольги Розановой ему гораздо ближе и Татлина, и Малевича. В своих реакциях и импровизациях, работая быстро, сериями, он находит прекрасные варианты. Совершив, казалось, бы головокружительный пируэт от Бердслея к абстрактному формотворчеству, он остается верен линии как основному элементу своего искусства. Татлинская культура материала ему чужда. Через линейные построения на плоскости он выходит к построениям в пространстве. Родченко – художник нового стиля, декоративист по своей природе.

Отец Татлина был инженером, строителем мостов. От него у Татлина любовь к изобретениям, к настоящим, хорошо сработанным вещам. Детство Родченко прошло в театре, где отец служил бутафором. Первый пейзаж в его жизни был нарисованной декорацией. Искусственный мир сцены был реальнее настоящего за стенами театра.

Художник Родченко, один из активистов группы конструктивистов-производственников, по существу занят тем, что создает декорации к миру, который не существует, но который теоретически может возникнуть. Стиль РСФСР – стиль прямой линии. Вроде бы полный презрения к пестрой жизни нэпманской Москвы начала двадцатых годов – это и стиль сегодняшнего дня. Агитация за возможное будущее, но и последний крик художественной моды.

У Татлина иное. Печь он делал потому, что жил в холодной комнате, шил пальто, сужающееся книзу, чтобы не пробирал холодный ветер с моря. Никакой агитации за будущее, никакой остроты моды. Эти предметы и одежду легко представить себе у его героев из «Летучего голландца» и «Зангези», на иллюстрациях к книжке Даниила Хармса «Во-первых и во-вторых».

Если Татлин – отец конструктивизма, то тогда Родченко – не конструктивист, как он не является супрематистом, хотя и называл на выставках свои работы супрематизмом! Такая постановка проблемы была бы, однако, чистой схоластикой. От Татлина начинается очень многое – и конструктивизм, и ассамбляжи, и многие, многие пространственные объекты. Он очень мало сделал и очень многое дал для дальнейшего развития искусства. Без шока от проекта татлинской «Башни», конечно, нельзя представить себе развитие и быстрое утверждение конструктивизма. Но Татлин шире конструктивизма, как Швиттерс не ограничивается дадаизмом. Более того, мы сталкиваемся с историческим парадоксом: один из вдохновителей конструктивизма резко противостоит конструктивизму.

Чувствуя это противостояние, Кристина Лоддер в своей обстоятельной работе выдвигает термин «органический конструктивизм»[12]. Татлин, разумеется, очень органичен, так же, как и внимателен он к жизни негеометрической криволинейной формы. Но, во-первых, термин «органический», органическая культура в истории новаторских течений русского XX века привычно связывается с работой Михаила Матюшина и его учеников. А они исходят от других принципов. Во-вторых, неизбежно в круг конструктивизма невольно оказываются включены художники, сознательно противостоящие ему, такие, как Петр Митурич или Лев Бруни.

Таким образом, попытка сопоставления творческих принципов Татлина и Родченко вновь приводит нас к весьма принципиальному для общей истории искусства определению границ и логики развития конструктивизма, определению соотношения художественной личности и направления, масштаба и своеобразия работы каждого художника.

Примечания

1 А. М. Родченко. *Статьи. Воспоминания. Автобиографические записки. Письма.* Сост. В. А. Родченко. М.: Советский художник, 1982, сс. 114–115.

2 А. М. Родченко. *О Татлине. 1915–1917 гг.* – В сб.: А. М. Родченко. *Статьи. Воспоминания ...,* сс. 83–87. Отметим, что даты в подзаголовке не совсем точны. В воспоминаниях речь идет и о событиях 1918 г.

3 Из воспоминаний Родченко может возникнуть впечатление, что он был одним из инициаторов, вместе с Татлиным, распространения на Москву деятельности Отдела изобразительных искусств Народного комиссариата просвещения. «Пришел однажды В. Е. [Татлин] вечером ко мне и с таинственным видом стал рассказывать, что приезжали в Москву И. Пуни (случайная описка Родченко – имеется в виду Н. Пунин – Е. Р.), Альтман и Штеренберг 〈...〉. Его [Татлина] назначили московским комиссаром отдела искусств, и я должен пойти к нему» (А. М. Родченко. *Статьи. Воспоминания ...,* с. 87). Между тем, весной 1918 г. Родченко, страстно увлеченный анархизмом, выступает как яростный противник петроградцев. В полемике против нового органа организации художественной жизни достается, конечно, и Татлину: «Один из нас действительно стал избранным и властью. Ужас для нас такая победа ...»; «Смотрите: вот аквариум, в нем плавают солидно нами же избранные художники, но толстое стекло между нами. Смотрите, как они танцуют наш дерзостный танец. Хлопая им, лязгаем зубами от голода.» (*Новый комиссариат* [*Художественная коллегия*]. – Анархия, 1918, № 43, 21 апр.). В другой из заметок этого времени художники, поддержавшие предложение петроградцев, упрекаются им в предпочтении чисто практической выгоды перед искусством: «〈...〉 Моргунов, Татлин 〈...〉 пробираются 〈...〉 полегоньку, помаленьку в выгодные комиссариаты 〈...〉 (Анархия, 1918, № 50, 30 апр.).

4 Konstantin Umanskij. *Neue Kunst in Rußland. 1914–1919.* Potsdam: Gustav Kiepenheuer Verlag, München: Hans Goltz Verlag, 1920.

5 Характерно непонимание Родченко своеобразия деятельности Татлина в сфере дизайна. При обсуждении программы занятий Татлина со студентами на производственных факультетах Вхутеина (октябрь 1928) он считает, что у Татлина много повторов с тем, что делает он, Родченко, и Лисицкий (ЦГАЛИ, ф. 681, оп. 3, ед. хр. 208, л. 239).

6 Boris Groys. *Gesamtkunstwerk Stalin. Die gespaltene Kultur in der Sowjetunion.* München: Hanser, 1988.

7 «Меня потрясла та чуткость и мудрость, с которыми осуществлялось перевоспитание людей.» См.: А. Родченко. *Перестроика художника.* – Советское фото, 1935, № 5–6. Цит. по: *А. М. Родченко. В.Ф. Степанова.* Автор вступительного текста, сост. А. Н. Лаврентьев. М.: Книга, 1989, с. 111.

8 М. Лифшиц. *Кризис безобразия.* М.: Искусство, 1966. *Искусство и современный мир.* М. 1973, и М.: Изобразительное искусство, 1978.

9 Выражение поэта Н. Смирнова.

10 См., например, статью *«Обзор новых течений в искусстве Петербурга»* в журнале «Русское искусство», Москва–Петроград, 1923, № 1, сс. 18–21.

11 K. S. Malevich. *Essays on Art.* 1915–1933. Part II, New York: George Wittenborn Inc., 1971, pp. 80–81.

12 Christina Lodder. *Russian Constructivism.* New Haven and London: Yale University Press, 1983, chapter 7.

Шарлотта Дуглас

Татлин и Малевич: история и теория. 1914–1915

Владимир Татлин и Казимир Малевич занимают почетное место в истории искусства, и в значительной мере это обусловлено их ранним переходом к искусству чистой формы, свершившимся во втором десятилетии нашего века. И по сей день причины этого решающего перехода – к рельефам у Татлина, к супрематизму в живописи у Малевича – остаются во многом загадочными. Отчасти это связано с тем, что по природе своей творческое новаторство – процесс «алхимический», а отчасти это можно объяснить сдержанностью самих художников, не стремившихся являть этот процесс публичному вниманию.

Вероятно также, мы сами не даем себе разобраться в истоках абстракции, с готовностью принимая на веру мысль о полярности этих двух мастеров, порожденную их личной враждебностью, и потому полагаем, будто они работали в полной изоляции друг от друга[1]. Эти мастера длительное время рассматривались как правители двух совершенно различных миров: Малевич повелевал сферой космического, эфирного, духовного, а Татлин представал как мастер земного, материального[2]. Если же говорить об их подходе к искусству, то он характеризовался как оппозиция интуитивного и рационального. Однако, принимая во внимание значение их деятельности для истории искусства и эстетики, творчество обоих художников должно исследоваться не только в противопоставлении, как это делали их современники, но также и с наших сегодняшних позиций, с учетом наших сегодняшних задач, то есть определяя точки соприкосновения Татлина и Малевича и выявляя «фактуру» их взаимодействия в решающий период развития беспредметного искусства, в 1914–1915 годах. Этот предполагаемый творческий диалог, в ходе которого подготавливалось выступление художников на исторически важной выставке «0,10», а также вклад обоих мастеров в общее развитие абстрактного искусства – таковы исследуемые в настоящей работе темы[3].

И Татлин, и Малевич мгновенно осознали, что их достижения обладали отнюдь не преходящим значением. Татлин начал творить миф о своем визите к Пикассо, по-видимому, сразу же после возвращения из Франции, и примерно месяц спустя он уже демонстрировал плоды своего «нового мышления», пусть и далеко не широкому кругу зрителей. То значение, которое Татлин придавал этой выставке в своей мастерской, проходившей с 10 по 14 мая 1914 года, дает основание полагать, что он прекрасно понимал огромную важность своих работ. Хотя каталога, судя по всему, не было, выставка в какой-то степени могла иметь официальный характер. По заказу Татлина были отпечатаны приглашения, и он специально выделил время и часы для осмотра выставки – ежедневно с 6 до 8 часов вечера. Чтобы это не выглядело просто рядовым событием, был приглашен Сергей Подгаевский – он должен был каждый вечер, начиная с 7 часов, декламировать свои «постзаумные рекорды»[4]. Предполагалось, видимо, что зрители будут присутствовать на выставке-представлении целых два часа[5]. Выставка состоялась в конце сезона, и, учитывая, что Татлин лишь недавно вернулся из-за рубежа, представляется примечательным тот факт, что он не отложил ее до осени. Он явно стремился к тому, чтобы его рельефы были соотнесены с текущим выставочным сезоном – тем самым сезоном, когда получила весьма большой резонанс работа Малевича – сценография оперы «Победа над солнцем», поставленной в декабре 1913 года. В последующие годы Татлин, указывая даты своих первых рельефов, относил их к «сезону 1913–1914 годов».

Татлин был уверен в своих рельефах, что побуждало его и дальше их выставлять, в том же году, несмотря на то обстоятельство, что многие из художников авангарда с началом первой мировой войны вернулись к более доступным для восприятия стилям. К концу 1914 года его рельефы были уже хорошо известны. Татлин участвовал по меньшей мере в двух из большого числа выставок, организованных в пользу жертв войны и их семей[6]. Рельефы не прошли незамеченными, несмотря на тот факт, что это были большие выставки. Критик газеты «Утро России» отмечал, что на выставку «Художники Москвы – жертвам войны» Татлин представил «прекрасные декорации и рисунки костюмов к опере «Жизнь за царя»» и «мало понятные «живописные рельефы», теоретические и надуманные. Около этих рельефов, сделанных из бесформенных кусков дерева, картона, проволоки, жести и т. д., некоторые члены выставочной комиссии произвели совершенно нежелательный и ненужный шум, требуя их удаления с выставки. В. Е. Татлин – человек бесспорно талантливый: об этом ясно говорят его превосходные эскизы декораций и костюмов. И даже если его живописные рельефы не более чем эксцентрическая выходка для того, чтобы привлечь к себе внимание, то должно признать, что он заслуживает его в большей мере, чем разные заваленные декоративными работами благополучные «маэстро»»[7].

Вполне возможно, что Малевич увидел татлинские рельефы в мае 1914 года, но даже если он и не был приглашен на выставку в мастерской Татлина, пренебрег ею или же просто упустил ее, он мог с интересом изучить эти рельефы на одной из последующих выставок. Рельефы привлекли общественное внимание и даже получили признание, что не могло не вызвать раздражения у одержимого духом соперничества Малевича. Он принимал участие в тех же выставках, но не был удостоен даже части того внимания, что выпало на долю Татлина[8]. Можно себе представить, сколь велико было желание Малевича ответить на все это столь же радикальной переменой, ломкой художественного стиля.

В начале 1915 года сенсационно новые работы Татлина, равно как и скульптура Брака и Пикассо 1913–1914 годов, нашли широкий отклик в произведениях других художников авангарда. В ту пору агрессивный, «веселый» подчас, трехмерный кубизм очутился в центре интересов русского авангарда. И опять-таки неизбежны были встречи Малевича и Татлина на одних и тех же выставках. Они участвовали в выставках «Трамвай В» и «1915 год», открывшихся в марте 1915 года[9]. На выставку «Трамвай В» Татлин отправил свои рельефы, а Малевич послал восемнадцать картин, включая работы недавно созданные, но не вызывающие особого потрясения – «Дама у афишного столба», «Авиатор», «Англичанин в Москве». 40, 142 Однако в каталоге этой выставки можно обнаружить первый намек на то, что Малевич был занят поиском нового стиля в живописи; в нем перечислены пять произведений со следующим пояснением: «содержание картин автору неизвестно». Художник специально касается здесь вопроса о содержании – неведомом либо неясном, и это можно рассматривать как обращение к той же проблеме, что поднята татлинскими рельефами. Так что экспонированные Малевичем работы могут представлять собой раннюю на них реакцию.

И снова татлинские рельефы были восприняты прямо-таки феноменально. Пошли даже слухи, что Щукин купил для своего собрания один из них – «три кусочка дерева», показанных на выставке «Трамвай В», – за три тысячи рублей[10]. Вскоре после открытия выставки Малевич отправился на лето в Кунцево. По его письмам из Кунцево мы можем до известной степени судить о характере его занятий в то время[11]. Годом раньше Малевич связывал свои надежды со второй постановкой оперы «Победа над солнцем» и энергично строил планы насчет премьеры в Москве, но эти планы пришлось отложить – в конце июля началась война. К ним вернулись в 1915 году, когда Крученых и Матюшин принялись работать над новым изданием текста. Это было как раз в ту пору, когда Малевич, должно быть, испытывал сильнейший внутренний прессинг, побуждавший его сделать нечто совершенно сенсационное – могущее сравняться с татлинскими рельефами – для показа на ближайшей выставке; ею стала знаменитая выставка «0,10», тогда уже находившаяся в стадии планирования.

В 1915 году Малевич, вероятно, был одним из тех немногих людей, кто сумел понять революционную суть татлинских рельефов и осознать, что Татлин делает важный шаг, выходя за пределы кубизма. По словам Николая Харджиева, Татлин и в самом деле брал у Малевича уроки кубистической живописи, и только в 1914 году, когда появились первые рельефы, Татлин сообщил Малевичу, что он больше не считает его своим учителем[12]. В 1915 году Малевич писал, что «кубизм [идет] через уничтожение вещи к чистой живописи»[13], и на протяжении всей осени он старался убедить других художников авангарда в необходимости следовать его примеру и выйти за рамки кубизма.

До войны многие русские авангардисты обращали свой взор в первую очередь на Пикассо, ожидая, что он укажет новые направления в искусстве. Не только Татлин, но и Малевич пристально следил за творчеством Пикассо. Потому не удивительно, что кубистические рельефы Брака и Пикассо могли оказаться непосредственным побудительным стимулом для Татлина, подобное же значение имели они для творчества многих других представителей авангарда. Существенные различия между ранними рельефами Татлина и «Гитарой» Пикассо (1912–1913) не раз уже отмечались[14], но поскольку ныне нам известно, что Татлин посетил ателье Пикассо не в 1913 году, а в начале апреля 1914 года (в конце марта по старому стилю)[15], можно предположить, что он увидел другие рельефы Пикассо, исполненные им в ту пору; это были рельефы, более свободные по структуре и не столь плоскостные, как «Гитара». Трех-
213 мерные произведения Пикассо из скрученной и раскрашенной жести,
122 равно как угловой рельеф Брака, созданный примерно в тот же период,
являют отдельные формальные элементы, которые явно сближаются с некоторыми элементами в ранних рельефах Татлина.

Но, конечно, Татлин пошел дальше, чем Пикассо или Брак. К 1915 году он открыл, что при переходе кубизма к трехмерным структурам материал сам по себе уже дарует достаточную возможность контрастных решений, обеспечивающих во многом бытие художественного произведения в качестве самостоятельного объекта. В татлинских рельефах постепенно устранялись следы предметности, но сохранялось свойственное синтетическому кубизму продуманное разнообразие поверхностей и их фактуры и текстуры. В связи с этим у Татлина, естественно, зародился интерес к природе материалов, различным их фактурам и к форме, необходимо из этого следующей.

Прорыв Малевича к супрематизму не заставил себя долго ждать. Возможно на самом деле, что он продвигался по пути к супрематизму даже еще до выставки «Трамвай В». Но решающий шаг к супрематизму Малевич сделал позже – скорее прямо перед началом своей работы над рисунками для «Победы над солнцем» либо во время этой работы. Рисунки были *совершенно новыми,* хотя Малевич и старался убедить Матюшина в том, что он не внес каких-либо существенных изменений в первоначальные эскизы 1913 года[16]. Уже к концу мая 1915 года свершилось «открытие» супрематизма, было разработано предварительное теоретическое обоснование и был запланирован выпуск совместного журнала под названием «Нуль». В те дни Малевич обеспокоенно писал Матюшину насчет публикации, послал ему три рисунка и задним числом связал свои новые идеи с первой постановкой «Победы над солнцем», которая – что было весьма удобно – состоялась в декабре 1913 года, то есть за четыре месяца до выставки в мастерской Татлина.

Рисунки, которые Малевич надеялся опубликовать в новом издании 215
«Победы», весьма отличаются по стилю от рисунков 1913 года. К тому же они воплощают образы и идеи военного времени; в этом плане примечательно смертоносное оружие, которое несет «Будетлянский силач» – оно появляется также в общей картине битвы. Согласно описанию Малевича, оружие состояло из пористых вращающихся конусов, способных поглощать огонь и превращать его в электричество. Изображенная здесь битва представляет собой, конечно, воздушный бой, с использованием электрических конусов, и в основу композиции положены карты, разработанные на основе аэрофотосъемки; эти карты стали публиковаться во время войны и получили в ту пору широкую известность. И вот тогда, сделав открытие, подобное татлинскому, Малевич обнаружил, что ощущение полета может быть передано просто прямоугольниками, и оно сохраняется даже в том случае, если устраняются все прочие намеки на предметную форму[17]. И хотя схематичные изобразительные «ссылки» на карты могут быть прослежены в ряде супрематических композиций, в большинстве случаев общая динамика и простое взаимодействие одного прямоугольника с другим в достаточной мере обеспечивают художественную целостность картины.

Подобно Татлину, Малевич характеризовал и обосновывал созданные им абстрактные формы весьма точно – как формы, свойственные самому физическому материалу, из которого сотворено произведение искусства, в данном случае таковыми являются имманентные свойства самой краски. «Нужно обратиться непосредственно к массам живописным как таковым и искать в них форм, им присущих», – писал Малевич в брошюре, которую он раздавал на выставке «0,10». Этот внезапный интерес к органически свойственным материалам формам может показаться несколько неожиданным для Малевича. Возможно, он возник в связи с дискуссией о природных формах материалов, которая развернулась тогда среди близких друзей Татлина, включая Исакова, Удальцову и Попову. Исаков писал, например, что творческое воображение художника должно быть направлено на постижение истинной природы металла, на выявление его скрытытх сил и возможностей[18]. В названной выше брошюре Малевич отмечал с сожалением, что также и в скульптуре не уделяется достаточно внимания природе материала. Он писал: «Всякая живописная плоскость, превращенная в выпуклый живописный рельеф, – есть искусственная скульптура ...» И далее: «Из глыбы мрамора не выводилась ему присущая форма куба, квадрата, шара и т. п.»

Но к моменту открытия выставки «0,10» Татлин уже сделал тот шаг, к которому призывал своих собственных коллег Малевич: в его новых рельефах были устранены все очевидные признаки предметности, содержание их зависело только от взаимоотношений формы и материалов. «Материальные подборы», несмотря на большое количество использованных в них материалов, несмотря на «прозаичность» этих материалов, поражают своей гармоничностью и своими естественными, почти классическими пропорциями. В угловых рельефах есть некая невесомость; она порождается не только тем, что рельефы как бы «парят» в пространстве между небом и землей, не только ощущаемой в них пространственностью, которая, в свою очередь, обусловлена отсутствием фиксированного заднего плана, но и общей устремленностью композиции ввысь и некоторым наклоном объемной конструкции. Подобно Малевичу, который добился того же самого в своих диагональных супрематических композициях, Татлин будто устраняет саму силу тяжести, отказываясь от заднего плана.

Точки соприкосновения обоих художников распространяются даже на их конечные эстетические цели: оба стремились к универсальному искусству, являющему себя в самой природе материала, в естественном равновесии и иллюзии невесомости. В последующие пять лет, по меньшей мере, прослеживаются общие интересы в их творчестве: у Малевича – в технизированных рисунках летющих супрематических конструкций, у Татлина же в геометрии вращающихся частей «Башни». Свойственный обоим художникам интерес к невесомости обрел конкретное проявление в определившемся в конечном счете стремлении к безмоторному полету; свидетельство тому – «планиты» у Малевича и «Летатлин» у Татлина.

Конечно же, имелись также и весьма существенные различия в подходе обоих художников к беспредметному искусству. Что касается Малевича, то тут особо примечателен его интерес к философским проблемам и вопросам формы, к его рациональному объяснению в интеллектуальном контексте супрематизма[19]. Татлина же отличает скорее чисто эстетический подход к творчеству; понимание материалов и умение удачно их комбинировать в произведении искусства основывается у него на художнической интуиции. Друг Татлин, критик Исаков, отмечал это обстоятельство в 1915 году, говоря о стремлении Татлина сочетать разнородные материалы таким образом, чтобы их взаимоотношения являлись бы подтверждением прирожденной художественной интуиции[20].

Но имело место еще более фундаментальное различие между двумя художниками, и оно оказало существенное влияние на дальнейшее развитие искусства: Малевич использовал отдельные элементы супрематизма как «единицы» в новой *системе,* способной функционировать в пределах каждого вида творческой деятельности, включая живопись, скульптуру, поэзию и музыку. Супрематические элементы легли в основу последовательного формального стиля, в основу систематизации прикладного искусства и архитектуры и в основу науки дизайна. Малевич сумел сразу же увидеть открывшиеся в этом плане перспективы, еще до того, как состоялась выставка «0,10». Татлин, однако же, следовавший в том направлении, куда вела его интуиция, вскоре прекратил работу над рельефами ради проектов, относящихся скорее к сфере научной фантастики.

Примечания

1 В наиболее острой форме враждебность в отношениях Татлина и Малевича начала проявляться, пожалуй, только в период их новаторских открытий в области абстрактного искусства.

2 В 1930-х гг. критик и историк искусства Н. Н. Пунин следующим образом обосновывал это различие: «Сколько я их помню, они всегда делили между собой мир: и землю, и небо, и междупланетное пространство, устанавливая всюду сферу своего влияния. Татлин обычно закреплял за собой землю, пытаясь столкнуть Малевича в небо за беспредметность. Малевич, не отказываясь от планет, землю не уступал, справедливо полагая, что и она – планета и, следовательно, может быть беспредметной.» См. его неопубликованные мемуары «Искусство и революция». Цит. по: *К. С. Малевич. Письма к М. В. Матюшину.* Сост. Е. Ф. Ковтун.– В сб.: *Ежегодник рукописного отдела Пушкинского дома. 1974 год.* Л.: Наука, 1976, с. 183.

3 Вопрос об общих моментах в супрематизме и в татлинских контррельефах впервые был мною поднят в статье о выставке «0,10», опубликованной в изд.: *The Avant-Garde in Russia 1910–1930: New Perspectives.* Los Angeles County Museum of Art, 1980, pp. 34–45.

4 Сергей Подгаевский, художник и поэт, по-видимому, незадолго до этого приехал в Москву с Украины. Он опубликовал несколько сборников в Зенькове (Полтавская область). Уже в Москве в 1914 г. он опубликовал новую свою вещь – «Писанка футуриста Сергея Подгаевского». Восемнадцать произведений Подгаевского перечислены в каталоге ларионовской выставки «№ 4» (№№ 127–144).

5 Печатное приглашение на выставку в мастерской гласило: «М. Г. 10, 11, 12, 13 и 14 мая с. г. от 6-ти до 8-ми час в. будет открыта студия художника Владимира Татлина (Остоженка, 37, кв. 3), для бесплатного обзора его синтезостатичных композиций, при чем, в означенные дни от 7-ми час. футурист Сергей Подгаевский будет динамодекламировать свои последние постзаумные рекорды. Москва 1914.» Приглашение, с которым ознакомился автор, было адресовано Л. И. Жевержееву и отправлено ему 8 мая 1914 г. Рукописный отдел ГРМ, № 61, ф. 121, ед. хр. 117.

6 Татлин участвовал в открывшейся 6 декабря 1914 г. выставке «Художники Москвы – жертвам войны», где был представлен целый ряд группировок, а также в выставке «Художницы – семьям призванных», которая открылась 26 декабря. Относительно последней выставки см.: Утро России, 1914, 11 дек., № 308, с. 5; Утро России, 1914, 28 дек., № 324, с. 4.

7 Утро России, 1914, 7 дек., № 304, с. 5.

8 Малевич указан в качестве экспонента в каталоге выставки «Художницы – семьям призванных», и почти наверняка он принимал участие в большой выставке «Художники Москвы – жертвам войны». Его лубки на военные темы были также представлены на выставке «Война и печать», открывшейся в Москве 20 ноября 1914 г.

9 Из обзоров выставок ясно, что оба художника участвовали в выставке «1915 год», хотя в каталоге они не числятся. На выставке «Трамвай В» Пуни представил сложный рельеф из дерева, металла, обоев и других материалов под названием «Игроки в карты». Богуславская показала композицию (ассамбляж), в которую были включены настоящая обертка от талька и кусок деревянной рамы. Клюн выставил «Пробегающий пейзаж» – рельеф, состоящий из кусков раскрашенного дерева. Среди всех этих трехмерных кубистических работ не так просто было распознать революционный характер ранних рельефов Татлина.

10 См.: Биржевые ведомости, 1915, март, № 14706.

11 Подборку писем Малевича см. в.: *К. С. Малевич. Письма к М. В. Матюшину*. Сост. Е. Ф. Ковтун. Ук. соч., сс. 185–195; Jewgeni Kowtun. *»Sieg über die Sonne«. Materialien*. – In: *Sieg über die Sonne. Aspekte russischer Kunst zu Beginn des 20. Jahrhunderts*. Berlin, 1983, S. 38–49; Е. Ковтун и А. Повелихина. *К. Малевич. Письма и воспоминания*. – Наше наследие, 1989, № 2, с. 127–135.

12 Н. И. Харджиев. *Вместо предисловия*. – В кн.: *К истории русского авангарда*. Стокгольм, 1976, с. 88.

13 К. С. Малевич. *От кубизма к супрематизму. Новый живописный реализм*. Петроград, 1916 [1915], с. 10.

14 Margit Rowell. *Vladimir Tatlin: Form/Faktura*. – October, winter 1978, no. 7, pp. 83–108.

15 А. Стригалев. *О поездке Татлина в Берлин и Париж*. – Искусство, 1989, № 3, с. 29.

16 Эти произведения, датируемые 1913 г., находятся ныне в Государственном Литературном музее в Москве. Рисунки же 1913 г. широко репродуцировались, начиная с книги Камиллы Грей (Camilla Gray. *The Great Experiment: Russian Art 1863–1922*. London: Thames and Hudson, 1962, p. 163).

17 Такие прямоугольники в течении некоторого времени служили определенным психологическим целям в кубистических произведениях Малевича.

18 С. К. Исаков. *К «контррельефам» Татлина*. – Новый журнал для всех, 1915, № 12. Отметим, что эта статья была, вероятно, написана в октябре – ноябре 1915 г. Есть и другие свидетельства тому, что Малевич внимательно следил за работой Татлина. В брошюре, распространявшейся на выставке «0,10» и написанной, возможно, еще до того, как Татлин изобрел новый метод подвешивания рельефов, Малевич назвал «контррельефы» кубистическими или скорее кубофутуристическими. Использование Малевичем слова «контррельеф» совпадает по времени с первым печатным использованием этого же термина у Татлина – в его буклете, также раздававшемся на выставке «0,10».

19 Даже мистические теории Малевича были систематичны по своему характеру.

20 С. К. Исаков. Ук. соч.

Перевод с английского: Ольга Мамонтова.

Ханс-Петер Ризе

Селективное восприятие

Размышляя о Татлине, я даже не пытаюсь разработать какие-либо схемы восприятия и интерпретации, подкрепляя их точным указанием соответствующих источников. Я предпочитаю исходить при этом из тех впечатлений, которые сложились у меня за последние годы и которые вызваны относительным однообразием того, что было опубликовано о нем. Имею смелость утверждать, что Татлин остался одним из самых неизвестных художников так называемого русского авангарда. Конечно, его «Памятник III Интернационала» встречается в любом серьезном справочнике по архитектуре и скульптуре. И само собой разумеется, что ни одному из серьезных авторов, занимающихся кубизмом и русским авангардом, не миновать разговора о его контррельефах. Во всех публикациях на эту тему, как правило, встречается и фотография, запечатлевшая «Летатлина», тот самый летательный аппарат, к которому авторы в большинстве случаев затрудняются найти подход.

Но уже одно это перечисление бесспорно вызовет у большинства из нас определенные представления; ведь в публикациях постоянно встречаются одни и те же репродукции, и именно они встают перед нашим мысленным взором.

Конечно, каждый знает, как и чем это объясняется. Татлинское наследие само по себе относительно невелико, и лишь немногое в достаточной мере документировано, а все известные на сегодняшний день документы уже тщательно исследованы и опубликованы, причем неоднократно.

Но даже если свести все воедино, то что же мы, собственно, узнаем об этом художнике Татлине, не считая тех свершений, что ныне уже как бы прочно вошли в историю изобразительного искусства? И зададимся далее еще одним вопросом: в какую взаимосвязь ставятся его творческие достижения и художественные артефакты? Поскольку, думаю, их историческая значимость может проявить себя лишь в конкретной взаимосвязи. Конечно, бывали и такие случаи в истории изобразительного искусства, когда художественный эффект, порождаемый произведениями, возникал независимо от авторов этих работ и зачастую даже вопреки той художественно-эстетической стратегии, которой обязаны были эти работы своим существованием. Известны нам и такие периоды в истории искусства, от коих если и дошли какие-либо произведения, то не сохранилось никакой информации относительно той культурной ситуации, на фоне которой они возникли и которая могла бы послужить основой их интерпретации.

Это, однако, не относится к русскому авангарду, о чем свидетельствуют многочисленные документы. Но, тем не менее, современника, интересующегося взаимосвязями этого искусства с обществом, довольно быстро охватывает чувство, что он не обладает той полной информацией, которая бывает в его распоряжении в иных случаях.

Причины этого очевидны: политическое осуждение этого искусства, полное прекращение всяческих исследований на данную тему и «ссылка» конкретного живого материала в запасники музеев. Моим советским коллегам лучше, чем мне, известна история мытарств русского авангарда, и здесь об этом и о последствиях этого явления уже достаточно много говорилось. Я не имею также в виду те пробелы в исследованиях, которые обусловлены будто бы техническими причинами. Я полагаю скорее, что у этого искусства и его создателей трагическая судьба в двойном смысле и что сегодня мы рискуем, может быть, раз и навсегда перекрыть путь объективным исследованиям, а тем самым и прояснению истины.

Напрашивается вопрос, а не было ли для западного восприятия русского авангарда весьма удобным то обстоятельство, что осужденный сталинским приговором авангард как бы освободился от душка политико-эстетических импликаций, в которых в противном случае пришлось бы разбираться? (Впрочем, в этой связи следовало бы обсудить и тезис Бориса Гройса, сводящийся к тому, что авангард как бы вобрал в себя какое-то начало тоталитаризма в эстетически отчужденном виде. Но в таком случае следовало бы обсудить этот тезис и в качестве элемента истории восприятия данного искусства. Я, однако, не собираюсь продолжать здесь более подробное рассмотрение этого вопроса, поскольку намерен предложить и проследить иной ход аргументации.)

Нельзя так запросто отбрасывать предположение, что западное искусствознание при восприятии искусства русского авангарда уж если не умышленно скрывало, то, по крайней мере, охотно опускало всякие общественно-политические измерения этого искусства, измерения, которые нелегко определить имеющимися категориями, ведь основные схемы интерпретации без труда прослеживаются во многих книгах.

А что, если задаться вопросом, может быть, мы, искусствоведы, как бы воспитанные классической истории искусства, не располагали и не располагаем теми критериями, которыми можно было бы оценить новое искусство русского авангарда? Анатолий Стригалев в написанном им разделе монографии о творчестве Татлина, составленной Ларисой Жадовой, отмечает, что Татлин сам, говоря, например, о своих контррельефах, никогда не касался отдельных произведений, а всегда рассматривал их в качестве нового вида искусства. Однако западная интерпретация следует известной, налаженной схеме: поиск прообраза и импульсов, выявление структурных взаимосвязей и совпадений. Тем самым мы узнаем то, что и так очевидно, а именно, о наличии взаимосвязи между ранними кубистическими скульптурами Пикассо и татлинскими рельефами. Но что дает нам эта информация на самом деле? К чему она?

Тот, кто сегодня, десять лет спустя, еще раз внимательно перечитает каталог выставки «Париж – Москва», найдет в нем немало указаний на то, что такие – и я говорю это вполне осознанно – западные схемы интерпретации применительно к русскому авангарду служат лишь тому, чтобы лишить его важного политико-социального измерения.

В каком свете должны мы, например, трактовать следующее заявление Татлина, сделанное в характерном для него стиле от третьего лица: «Татлин был первым художником, который стал работать с советской властью»? Мы склоняемся к тому, чтобы рассматривать такого рода высказывания в контексте времени, но ведь это означает в действительности, что мы вроде бы прощаем художнику подобные заявления как вполне допустимую ошибку, поскольку высокий уровень его творчества как бы компенсирует дефицит политического сознания. Даже коллега Стригалев – мне хотелось бы его здесь процитировать – склонен скорее смягчать этот аспект проблемы авангарда в целом и особенно у Татлина, указывая на то, что «было бы несправедливо недооценивать их [авангардистов] самосознание». Западные истолкователи – в их числе и авторы статей парижского каталога – дошли до почти полного разрушения единства «художник – произведение». Работы соотносят с европейским авангардом начала века, выявляют взаимосвязи и влияния, избегая таким образом подробной интерпретации текстов художника, равно как и специфического рассмотрения соотношения теории и художественной практики. Это тем проще, чем обширнее и известнее творчество мастера. Если взять, например, Малевича, то тут западные исследователи опирались исключительно на работы, находящиеся в собственности Городского музея в Амстердаме. Тексты, которые в свое время были изданы под редакцией Труельса Андерсена (что заслуживает нашей признательности), в большинстве своем представляют собой не просто дополнение к тем сочинениям из литературного наследия Малевича, которые сам художник еще в двадцатые годы предназначал для публикации, а являют совершенно иной аспект его мышления и его теории; однако на сегодняшний день, насколько мне известно, они не стали пока основой для нового подхода к его творчеству.

Что касается Татлина, то здесь положение еще хуже. Западные музеи фактически не располагают сколь-нибудь значительными собраниями его работ. Бóльшая часть того, что мы видим, это «реконструкции». А те фотографии, что всегда и везде воспроизводятся, создают, мне кажется, теперь уже своего рода защитный вал вокруг самих работ художника, которые как таковые по-настоящему пока еще не открыты. Несколько утрируя, можно сказать, что в западных публикациях мы имеем дело с неким «фантомом Татлина». Но создается впечатление, будто этого хватает для интерпретации, поскольку в восприятии западной истории искусства этим работам отведено прочное и очевидно устойчивое место – уж не потому ли, что они существуют в общедоступных репродукциях?

Однако практически достаточно сопоставить отдельные периоды творчества Татлина с их художественными результатами, чтобы ощутить поразительную неоднородность его искусства. Если бросить ретроспективный взгляд на его творчество в целом, можно с полной уверенностью сказать, что Татлин был настоящим художником-концептуалистом, а именно в том смысле, что для него изначально единичный результат художественной деятельности фактически не имел никакого значения; его интересовало растворение каждой отдельной работы, как ее ни называть – произведением искусства, артефактом или дизайном, – в общем контексте, который определялся не историко-эстетическим, а общественным началом. Когда Татлин пишет, что существовала необходимость «связать чисто художественную форму с утилитарными намерениями», то в восприятии западного искусствознания и западных научных исследованиях такое высказывание стоит весьма обособленно. Это, конечно, имеет свои причины, которыми заниматься здесь не место. Однако по отношению к такому художнику, как Татлин, нежелание отказываться от собственных установок означает если не искажение, то, по крайней мере, сужение его творчества.

Татлин поддерживал революцию и порожденную ею советскую власть не только в художественных манифестах и призывах, но и в более конкретных формах, в большей мере, чем преобладающая часть его товарищей по искусству, участвуя также и в административных мероприятиях, связанных с построением нового общества. Едва кто-либо другой из художников-авангардистов занимал после 1917 года столь многочисленные и влиятельные должности в аппарате управления культурой, как Татлин.

Можно пойти еще дальше и сказать, что Татлин после модели «Памятника III Интернационала» не создал больше ни одного выдающегося художественного произведения. Но здесь я спотыкаюсь о собственную формулировку: а что значит вообще «выдающееся художественное произведение»? В каких рамках и по каким критериям оно измеряется? Что касается восприятия его искусства, то тут представляется очевидным, что произошло «творческое онемение» Татлина, причем «онемение», возникшее из сочетания внутренней подавленности и внешнего давления. В восприятии Запада, в том числе и в непосредственном восприятии коллег-художников, этот момент до сих пор не нашел отражения: пока еще не удосужились проанализировать это «онемение» и соотнести его с татлинским творчеством в целом. В данной связи нас не волнует вопрос о взаимоотношениях Татлина с «новым обществом» в Союзе после нэпа. Речь идет скорее о том, что именно Татлин является хорошим примером того, насколько легкомысленно усвоило западное искусствознание политические критерии оценки ради объяснения художественных процессов. Но следовало бы доказать, что реакция Татлина на внутреннее состояние советского общества была не менее сложной и запоздалой по времени, нежели его реакция на первые сотрясения старого общества в предреволюционные годы. Кстати, эти обстоятельства до сих пор ни на Западе, ни на Востоке не были в достаточной мере изучены. Более того, ныне в Москве я наблюдаю нечто прямо противоположное, видя, как в рамках ликвидации «белых пятен» истории исследуется и авангард: бросается в глаза, что при этом используются преимущественно те же самые методы и схемы интерпретации, знакомые нам по Западу со времен войны. Склонность многих советских коллег перенять западные толкования, считая их более «верными», чем собственные, которые были деформированы во времена сталинизма, к сожалению, нередко приводит к тому, что опять просто воспроизводятся какие-то схемы.

Причем понятно определенное нежелание связываться с интерпретациями общественно-политического характера, поскольку такого рода интерпретации практически дискредитированы. Если же это нежелание зайдет настолько далеко, что период авангардного искусства вновь станет восприниматься суженно, то тогда над этим искусством, может, окончательно нависнет угроза исторического искажения.

В рамках выставки Гюнтера Юккера в Москве были организованы и выступления ряда западных искусствоведов и художников. И тут дала себя знать весьма любопытная реакция со стороны публики, в большинстве своем очень заинтересованной и знающей. Эта реакция, оказавшаяся стандартной, проявлялась в том, что любой вид теоретического истолкования искусства с точки зрения его взаимосвязи с общественными началами или его политической ангажированности сразу же спонтанно отвергался. Я испытал это и на себе, делая доклад на ту же тему, что освещается в данной статье, только в более обобщенной форме. После того, как этот доклад был опубликован в одном из советских журналов по искусству, я получил письмо от одного искусствоведа, который написал мне: «В этом-то и заключалась трагедия так называемого русского авангарда, что он связался с большевистской революцией. Лишь самым выдающимся и сильным художникам, таким, как Малевич и Татлин, благодаря своему божественному дарованию не пришлось поплатиться за это заблуждение полным уничтожением своего таланта.»

Но что касается Татлина, равно как и Малевича, представляется очевидным, что автор процитированных выше строк не ухватил самой сути этого искусства. Вопрос заключается лишь в том, уж не мы ли в значительной мере подготовили почву для позднейшей «переинтерпретации» этого искусства. Именно в случае с Татлиным это подозрение кажется мне более, чем обоснованным. Ни у одного другого художника того времени восприятие и интерпретация творчества не были столь упрощены и унифицированы, как у него. Благодаря этому симпозиуму (а его можно только приветствовать) начнется, надеюсь, возрождение Татлина; но оно окажется чреватым разрушительными последствиями, если не высвободит те силы и возможности, которые позволят как бы поставить Татлина с головы на ноги. А это означает включение в поле зрения всего Татлина. Это означает увидеть и понять человека, его творчество и его теорию как некое единое целое. Лишь тогда все его творческие достижения, все его произведения предстанут в соотнесенности друг с другом и их подлинная значимость будет осознана. И лишь тогда действительно можно было бы говорить о полном восприятии такого явления, как Татлин.

Перевод с немецкого: М. В. Сперанская.

Кристина Пашут

Татлин и Мохой-Надь

«Никому из нас, кто предложил Мохой-Надя, не нравился его конструктивизм. Это русское направление, созданное вне Баухауза, с его жесткими, будто бы техническими формами, казалось нам отвратительным»[1], – так высказался Поль Ситроен, один из студентов Мохой-Надя в Баухаузе, говоря о своем учителе как о представителе конструктивизма. Сам Мохой-Надь, если верить ему, не слишком заботился о том, чтобы его называли конструктивистом. «Но мне абсолютно безразлично, ⟨...⟩ причисляет ли меня он [Кэмень] или же кто-то другой к супрематистам, конструктивистам, функционалистам и так далее. ⟨...⟩ Каково бы ни было качество моих картин маслом и скульптур, я рад, что мне даровано редкое счастье переводить революцию в материальную реальность», – писал он в 1924 году[2].

Судя по этому мимоходом сделанному замечанию, он был уверен в абсолютной ценности своего собственного искусства. Тем не менее, он должен был осознавать, что решающий шаг на пути к «переводу революции в материальную реальность» был сделан не им, а Татлиным.

По мнению Д. В. Сарабьянова, Татлин «представляет плеяду тех художников, ⟨...⟩ которые начинали свой путь с традиционных форм станковой живописи, ⟨...⟩ а затем ⟨...⟩ отдавали свои достижения другим видам творчества ⟨...⟩. К числу таких художников принадлежали, кроме Татлина, Малевич и Мондриан ⟨...⟩, Мохой-Надь и Швиттерс»[3]. Хотя по отношению к Татлину и Мохой-Надю это соображение в целом верно, оно не может быть отнесено ко *всем* этапам их творческого пути. Схожие и несхожие черты в творческих биографиях обоих художников отражают моменты сходства и различия в искусстве Восточной и Центральной Европы.

Значение Мохой-Надя состоит не столько в его роли первооткрывателя, сколько в роли распространителя художественных идей и определенных творческих методов, и это осуществлялось им на самом высоком уровне. Его бесспорно можно считать конструктивистом, по крайней мере, в период между 1920 и 1924 годом, что дает себя знать как в его картинах, так и в скульптурах. Впервые сходство в творческой деятельности Татлина и Мохой-Надя проступает именно в области скульптуры: это конструирование рельефов и ассамбляжей у Татлина между 1914 и 1920 годом, у Мохой-Надя – между 1920 и 1924 годом; затем оно прослеживается в их теориях комбинации материалов – у Татлина между 1914 и 1915 годом, у Мохой-Надя между 1923 и 1929 годом. Далее, они в одно и то же время создают идеальное представление о художнике-инженере. И, наконец, они намечают в общих чертах грандиозные утопии и предпринимают попытки их реализации. С другой стороны, их теории и практическая деятельность в корне различались в том, что касалось подхода к проблемам искусства и общества и непосредственных политических задач, искусства и власти.

1. Рельефы и ассамбляжи: конструктивизм Татлина и Мохой-Надя

Очевидно, что уже в первые годы эмиграции, то есть в 1920–1921 годах, Мохой-Надь познакомился с творческой деятельностью Татлина – по книге Константина Уманского и его лекции в Вене, по фотографиям, привезенным из Москвы Альфредом Кэменем (он же Дуруш) и Белой Уитцом, статьями и иллюстрациями, опубликованными в журнале «Эдьшег» («Единство»), были и другие источники информации[4]. Еще до того, как Мохой-Надь увидел на «Первой выставке русского искусства», которая состоялась в последние месяцы 1922 года в галерее Ван Димен в Берлине, татлинский «Контррельеф» (кат. 569), он опубликовал вместе с Кашаком в 1922 году статью Пунина о «Памятнике III Интернационала» в юбилейном майском номере венгерского журнала «Ма» («Сегодня»), издававшегося в Вене, а в сентябре того же года – фотографию «Памятника III Интернационала» в «Книге новых художников». Тем не менее, в декабре 1923 года статью о конструктивизме для брошюры в серии «Книги Баухауза» Мохой-Надь заказал Родченко, а не Татлину (как было бы логичным)[5], что имеет свое объяснение.

И именно в написанной позднее книге – «Резюме одного художника», где Мохой-Надь вспоминает о начальном этапе своего творческого пути, особенно ощутимо, что он старается стереть из памяти факт существования не только Татлина, но и всего русского конструктивизма. Он упоминает лишь влияние «высокоразвитой индустриальной Германии». Как писал Мохой-Надь, его рельефы были «скорее новыми структурами, созданными в качестве собственной интерпретации машинной техники, смонтированными заново из демонтированных частей. ‹...› Я проектировал трехмерные ассамбляжи, конструкции, выполненные из стекла и металла»[6].

226 Рельефы Мохой-Надя появились на пять или шесть лет позже, чем контррельефы и материальные подборы Татлина. Он перенял от Тат-

лина использование необработанных промышленных материалов. Мохой-Надь прикреплял подшипники, куски стекла и катушки к неотесанным доскам, из обработанных же кусков дерева он сконструировал свою «Деревянную скульптуру» (1921)[7]. Несмотря на это (если судить по 226
сохранившимся фотографиям), его скульптуры выглядят двумерными и близкими по своей структуре к картинам того же периода, таким, как «Большая железнодорожная картина» (1920–1921), «Великое колесо» («Большой измеритель эмоций»; 1920–1921) и «Картина Е» (1921). (Основная идея везде одна и та же: резкий контраст простых геометрических элементов с нейтральной, необработанной скорее основой – это может быть грунтованный или негрунтованный холст, черный холст, бязь, клееная фанера или эмаль.) В картинах формы создаются либо красками, либо посредством коллажа, в рельефах – с помощью монтажа. В результате во всех случаях возникает ощущение статичности, формы находятся в одной плоскости со стеной, конструкция не отделяется от основы. Драматическое напряжение, которое отличало угловые рельефы и контррельефы Татлина, у Мохой-Надя смягчается, переходя в игру, сбалансированность и гармонию – как в картинах, так и в скульптурах.

В ту пору, когда Мохой-Надь познакомился – либо мог познакомиться – с конструктивизмом Татлина, то есть в 1920–1921 годы, у того уже был позади первый, самый бурный и богатый открытиями «лабораторный» период творчества. Первая фаза отказа от прежних устремлений наблюдается у Татлина примерно в 1920 году, когда он переехал из Москвы, крупного художественного центра, в Петроград. Приблизительно в то же самое время, ранней весной 1920 года Мохой-Надь покинул аграрную Венгрию и после недолгой остановки в Вене прибыл в Берлин – город, впечатляющий своими размерами. Именно там он и познакомился с творчеством Татлина – в первую очередь, по различным публикациям, среди которых были книга Уманского и статьи Пунина, и во всех этих работах Татлин подавался в качестве «машинного» художника, инженера-конструктора нового общества. Реальная личность Татлина, с ее сложностью и противоречивостью, была скрыта за тем стереотипным образом Татлина, который был создан на Западе. Мохой-Надь познакомился с этим расхожим представлением о Татлине в ту же самую пору, когда происходило его знакомство с новой цивилизацией Берлина, с его мостами, железнодорожными станциями и стрелками. И в ту пору, когда состоялось знакомство с дада в Берлине. Все эти влияния пересекались и сливались воедино, так что Мохой-Надь не сумел осознать истинного значения Татлина и его художественного первенства. Все это тем более понятно, если учесть, что, несмотря на известные моменты поверхностного сходства, оба они в самой основе своей и по своим творческим целям различались весьма принципиально.

Мохой-Надь должен был быть привлечен этим образом художника-инженера Татлина, не видя, что на самом деле этот конструктор был деревенским мастером на все руки, который возвысил собственные работы до уровня икон и который каждый раз возвращался к природным формам (к изгибам и внутренней динамике тела) и к природным материалам (в первую очередь, к дереву). Даже его летательный аппарат, который он хотел поднять в воздух с помощью мускульной силы, был подогнан к человеческому телу. В отличие от изготовленных вручную модели «Памятника III Интернационала» и «Летатлина», так называемые «телефонные картины» Мохой-Надя выпускались серийно в промышленной мастерской, а его свето-пространственный модулятор был реализован только благодаря помощи ряда инженеров и выполнен из самых прочных промышленных материалов, с использованием электрического механизма. Так что, в действительности Мохой-Надь скорее, чем Татлин, воплощал идеальное представление о художнике-инженере, особенно если принять во внимание его деятельность в области фотографии, кинематографии и типографики. Что же касается Татлина, то он отнюдь не пренебрегал проектированием полезных вещей, и такого рода работа была важной частью его деятельности во Вхутемасе. Но в центре всех его интересов – будь то конструирование одежды, стула или чайника – было человеческое тело, формам которого следовали в каждом из его проектов даже самые незначительные изгибы и общий ритм, что связывало таким образом его искусство с будущим потребителем. Очень редко отходил Татлин от этого человеческого измерения, как, например, в модели «Памятника III Интернационала», выполнявшегося по заказу. Мохой-Надь, однако, с самого начала стремился к визуальному воплощению наиболее смелых научных фантазий – от граммофона, который мог бы проиграть выгравированный на пластинке рисунок, вплоть до игры света, которую можно было бы проецировать на облака. Но ремесленное мастерство и изобретательность «деревенского умельца» Татлина и склонное к утопиям смелое воображение Мохой-Надя временами в чем-то сближались. А вот что их более всего различало, то это место, которое каждый из них занимал в своем обществе, роль, сознательно выбранная одним и навязанная другому.

2. *Искусство и общество*

Искусство Татлина и Мохой-Надя питали различные источники, творчество каждого из них играло различную роль в своем окружении. Исходным моментом для обоих были первичные свойства материала, которые они тщательно анализировали на раннем этапе своей преподавательской деятельности (Татлин – в Москве в 1918–1919 годах и в Петрограде в 1919–1920 году, Мохой-Надь – во вводном курсе в Баухаузе, начиная с 1923 года, а также в книге «От материала к архитектуре», изданной в 1929 году, и во многих других проектах, которые остались нереализованными). После 1920 года оба стремятся порвать с ролью художника, заточенного в башню из слоновой кости, дабы работать на благо всего общества, создавая полезные и важные для него произведения. Однако их утопические идеи отличаются друг от друга в той же степени, что и те роли, которые они играли в реальной жизни. Мохой-Надь остался в стороне от деятельности Венгерской советской республики 1919 года и никогда не жаждал занять такое общественное положение, что давало власть в руки, пусть даже в области культуры. Для него «быть левым» означало считать всех представителей рода человеческого в равной степени одаренными. Он мечтал об обществе, в котором каждый индивидуум мог бы извлечь максимальную пользу из имеющихся технических и культурных возможностей и в полной мере развить свою личность. Мохой-Надь был выходцем из средних слоев, Татлин – из так называемой хорошей семьи, но он, однако, начал свой жизненный путь в качестве матроса, в то время как Мохой-Надь вступил в жизнь как студент-юрист и поэт.

Татлин, мощный талант которого проявился еще до 1914 года, с первых дней встал на сторону Октябрьской революции, он был среди тех, кто направлял организаторскую деятельность в области искусства (в 1918 году он являлся членом комиссии, занимавшейся памятниками, участвовал в создании системы народного образования, в работе ГИНХУКа и т. д.). И с этого времени почти вся его общественная и педагогическая деятельность зависела от властей предержащих, от милости или немилости той или иной клики либо личности. А власти, на стороне которых он находился, не только отказались от сооружения «Памятника III Интернационала», но даже допустили исчезновение его модели в запасниках, той самой модели, что могла сберечь для потомков утопические идеи Татлина.

Тридцатые годы стали поворотными на творческом пути Татлина. В художественной биографии Мохой-Надя, бежавшего от фашизма, после 1933 года также произошел перелом. Он принял решение покинуть Германию и даже Европу. Скромная, но все же реально существовавшая модель, воплощавшая его идеи, – его свето-пространственный модулятор путешествовала с ним повсюду и, в конце концов, прибыла со своим создателем в Америку. Свои знания, обретенные в работе с материалом, светом, бытовыми предметами, Мохой-Надь реализовал в практической преподавательской деятельности и изложил в своей посмертно выпущенной книге «Видение в движении». Его влияние продолжало ощущаться по разным линиям, благодаря ученикам и публикациям его произведений, в то время как само имя и творчество Татлина, художника куда более значительного, на несколько десятилетий стало мифом. И лишь сейчас реконструируется подлинная история его деятельности – на основе обрывочных сведений, фрагментов искусства, что сохранились на его родине, усилиями исследователей, ведущих свою работу как в России, так и за ее пределами.

Примечания

1 Высказывание Ситроена приводится Сибил Мохой-Надь в кн.: Sibyl Moholy-Nagy. *Moholy-Nagy. Experiment in Totality.* Cambridge, Mass.: MIT, 1969, p. 35.
2 Письмо Мохой-Надя издателю «Дас Кунстблатт» см.: Op. cit., pp. 43-44.
3 Dmitrij Vlagymirovics Szarabjanov. *Tatlin festészete. – Tatlin.* Szerkesztette: Larisza Alekszejevna Zsadova. Budapest: Corvina, [1984], p. 46.
4 См.: K. Passuth. *Contacts between the Hungarian and Russian Avant-gardes in the 1920s.* – In: *The First Russian Show.* Annely Juda Fine Art. London, 1983, pp. 48–66.
5 Письмо Мохой-Надя Александру Родченко см. в кн.: Krisztina Passuth. *Moholy-Nagy.* London: Thames and Hudson, 1985, pp. 392–393.
6 L. Moholy-Nagy. *The New Vision and Abstract of an Artist.* New York: George Wittenborn, 1967, p. 67.
7 L. Moholy-Nagy. *Von Material zu Architektur.* München: Albert Langen, 1929, Nr. 108.

Перевод с английского: Александр Варкентин/Ольга Мамонтова.

Кристина Лоддер

О влиянии Владимира Татлина на Наума Габо

Цель этой статьи – выявить суть и степень влияния Татлина на Наума Габо в период между 1917 и 1922 годами, в тот период, когда оба художника разрабатывали свои стили, отличавшиеся друг от друга, и участвовали в создании философии конструктивизма. Произведения Татлина могли послужить для Габо первым толчком к работе над конструкциями, которые он стал делать в Норвегии в 1915 году. Татлинские работы, однако, могли оказать свое воздействие в сочетании с рядом других стимулирующих факторов – влиянием кубизма, футуризма и творчества Архипенко, а также научными занятиями Габо в Мюнхене. Возвращение Габо из Норвегии открыло период более непосредственного контакта с искусством и идеями Татлина – Габо был тогда неизвестным скульптором, находившимся в самом начале своего творческого пути; завершился этот период в 1922 году, когда Габо эмигрировал в Германию, будучи одним из самых значительных представителей конструктивизма, внесшим свой вклад в его специфическую теорию и практику.

Приехав в Москву осенью 1917 года, Габо, безусловно, познакомился с новейшими достижениями авангарда, в том числе и с идеей чистой абстракции. Первая из документированных абстрактных конструкций Габо известна по публикации в венгерском журнале «Эдьшег» – здесь она
датируется 1919 годом[1]. По-видимому, эта работа ведет свое происхожде- 232
ние в какой-то мере от экспериментов Габо с «головами». Особенно четко прослеживается связь с композицией «Голова в угловой нише», известной также под названием «Сконструированная голова № 3» (1917–1920, Музей современного искусства, Нью-Йорк)[2]. Отдельные части воспроизведенной в «Эдьшег» конструкции ассоциируются с конкретными формами: в объемной диагональной форме угадывается нос, а в круглящихся элементах вверху и внизу – соответственно голова и плечи. Создается впечатление, что эта конструкция сделана из картона и дерева и что плоскости окрашены, из-за чего возникает некоторая неоднозначность во взаимодействии форм и усиливается игра света и тени. Интерес к разнообразию фактур и материалов отмечает начало нового этапа в творчестве Габо и дает основания предполагать, что первые свои абстрактные эксперименты он сделал под непосредственным влиянием

и впечатлением от рельефов Татлина. Сама форма в первой абстрактной композиции Габо указывает на такого рода воздействие, причем тонкие пересекающиеся плоскости свидетельствуют, по-видимому, о более явном внешнем сходстве с татлинскими угловыми контррельефами 1914–1915 годов. Шероховатые поверхности и то, как композиция движется по плавным кривым вокруг диагональной оси, – все это вызывает в памяти работы Татлина. Более того, характер размещения всей конструкции в пространстве, уподобленному пространству коробки, аналогичен характеру подвески татлинских рельефов, которые пересекали угол помещения.

Габо не был в России с апреля 1914 по весну 1917 года и поэтому не мог видеть на выставках какие-либо рельефы Татлина; они и не экспонировались в период между выставками «Магазин» в марте 1916 года и «Обзор новых течений искусства» в 1922 году[3]. Правда, Габо мог видеть репродукции этих рельефов в буклете «Владимир Евграфович Татлин», выпущенном в 1915 году, и в первом (и единственном) номере журнала «Изобразительнос искусство» (1919)[4]. После своего приезда в Москву осенью 1917 года он, возможно, посещал кафе «Питтореск» (Татлин оформлял это кафе вместе с Георгием Якуловым и другими художниками летом и осенью того же года) или же «Кафе поэтов» (оно открылось в конце ноября, и Татлин также участвовал в его оформлении), хотя в оформлении обоих кафе художественное ви́дение Татлина не нашло достаточно отчетливого выражения[5]. Вряд ли у Габо был доступ в личную мастерскую Татлина, где некоторые из рельефов висели на стенах[6], но вполне вероятно, что у него была возможность попасть в студию Татлина, находившуюся в Государственных свободных художественных мастерских. Студенты там делали работы, которые Владимир Стенберг впоследствии назвал «татлинскими вещами»[7]. Брат Габо – Натан (позже Антуан) Певзнер, по-видимому, начал преподавать в Государственных свободных художественных мастерских осенью 1919 года, приблизительно тогда же, когда Татлин переехал в Петроград. Поэтому не исключена возможность, что время их работы в мастерских ненадолго совпало, и Габо в таком случае мог получить туда доступ[8]. Габо мог видеть и те произведения Татлина, которые были приобретены Отделом ИЗО, равно как и те, что находились в собрании Щукина[9].

После 1920 года влияние Татлина становится более косвенным, и связано оно главным образом с моделью «Памятника III Интернационала», которая была выставлена в Москве в декабре 1920 года. Габо, конечно, оценил воплощенную в «Башне» идею овладения кинетической энергией. Еще в августе того же года он писал в «Реалистическом манифесте»: «Реализация наших мироощущений в формах пространства и времени – вот что является единственной целью нашего изобразительного творчества ⟨...⟩ Мы утверждаем ⟨...⟩ кинетические ритмы как основные формы наших ощущений реального времени»[10]. В качестве демонстрации этих принципов Габо создал «Кинетическую конструкцию (Стоящая волна)», которая находится в Галерее Тейт (Лондон). Она состоит из тонкого металлического прута, который вибрирует благодаря подключенному к нему мотору; совершая колебательные движения в воздухе, прут описывает в пространстве некую мнимую фигуру. Габо датировал эту работу зимой 1919–1920 года[11]. Если дата верна, это означает, что вещь была сделана до завершения Татлиным модели «Башни»[12]. Правда, Габо часто датировал свои произведения скорее временем возникновения замысла, а не временем их исполнения, так что эта конструкция могла быть создана и позже. Если все же она была сделана в ту самую зиму, то, возможно, толчком к ее созданию и даже к зарождению у Габо интереса к кинетике могла послужить в известной степени статья Пунина, опубликованная в 1919 году, где описывается татлинский проект. Пунин подчеркивал следующее: «⟨...⟩ Во-первых, чтобы всеми элементами памятника были все технические аппараты современности, способствующие агитации и пропаганде, ⟨...⟩ а во-вторых ⟨...⟩ памятник был местом наиболее напряженного движения»[13]. В настоящее время трудно точно определить характер взаимоотношений обоих художников. Тем не менее представляется примечательным тот факт, что конструкции Татлина и Габо были, по-видимому, единственными скульптурами, приводимыми в движение мотором, которые появились в тот период[14].

Работа Габо «Конструкция в углублении» (ныне утеряна) сходна по 234
композиции с картонным рельефом. Старая фотография, датированная Габо 1921 годом, позволяет предположить, что это произведение скорее всего было создано не до, а после его «Реалистического манифеста», появившегося в августе 1920 года, и после демонстрации татлинской «Башни» в Москве в декабре того же года. В этом рельефе подход к структуре поверхности изменился и акцентируются теперь прозрачность, геометричность и более сложные взаимосвязи и соотношения абстрактных плоскостей. Похоже, что в рельеф включено стекло, это может быть также какой-либо из ранних разновидностей пластмассы[15]. Усиление ясности и точности отчасти может объясняться влиянием Малевича и воздействием художественного языка супрематизма. В том, как использовано стекло ради создания на разных уровнях ощущения формы, и в том, как отражениями порождается впечатление глубины, заметна близость к характеру оркестровки форм в супрематистской живописи. С другой стороны, сама идея применить стекло могла быть навеяна замыслом Татлина, который предполагал в «Башне» использовать стекло, превознося его как чисто современный материал. В статье

«Наша предстоящая работа», опубликованной в декабре 1920 года, Татлин объявил стекло и железо «материалами современного классицизма»[16]. Габо, как и Татлин, мог видеть в использовании стекла выражение достижений современной техники и метафору современности.

Технический аспект проекта «Башни», отражавший ее принадлежность к машинному веку, конечно, оказал огромное влияние на художни-
235 ков той поры. «Конструкция в рельефе» Габо, вероятно, была создана в 1921 году. Недавно обнаруженная фотография конструкции, где видна общая компоновка составляющих ее частей, позволяет высказать предположение, что в этом произведении Габо использовал геометрические элементы из стекла и пластика, поместив их на фоне основы – темного по цвету прямоугольника. Прямоугольные формы, напоминающие трубки (видимо, какая-то продукция массового производства), могли быть наполнены подкрашенными жидкостями[17]. Этот рельеф являет ряд любопытных точек соприкосновения с «Цветоконструкцией материалов № 7» (1920, Государственная Третьяковская галерея, Москва) Георгия Стенберга. В обоих произведениях использованы стеклянные трубки, разнообразные по фактуре материалы, очевидны и схожие геометрические элементы. Характер форм, смешанная техника и материалы, примененные в обеих «Конструкциях», порождает образность индустриально-технического плана. В произведении Стенберга обыгрывается большее разнообразие фактур, поскольку в него включены песок и металлические поверхности; и эта вещь знаменует собой переход от более ранних живописных работ к конструкциям, которые были созданы под более непосредственным впечатлением от технических структур и которые были выставлены затем в мае 1921 года на выставке ОБМОХУ. Конструкции, показанные на этой выставке Родченко, братьями Стенберг, Медунецким и Иогансоном, отражают в целом идеализацию технических форм, нашедшую выражение в татлинской «Башне».

Габо, несомненно, проникся визионерским духом, воплощенным в «Башне» Татлина. Впоследствии он вспоминал: «Я был среди сотен художников, захваченных видением новой жизни»[18]. Этот момент отразился в ранних проектах Габо, таких, как проект «Радиобашни». Позднее Габо датировал его зимой 1919–1920 года, но добавлял при этом, что татлинский «Памятник» был сделан в предыдущем году[19]. Это дает основания полагать, что эскиз Габо был исполнен после завершения татлинского проекта «Башни». Вероятно, вдохновляющее воздействие здесь оказал татлинский пример. В эскизе Габо заметна перекличка с формами Эйфелевой башни, у подножия сооружения изображено небольшое здание; и в этом можно видеть отражение ряда особенностей, характерных для иллюстраций (рисунков, воспроизводящих «Башню») к брошюре Пунина[20]. Габо безусловно видел модель «Башни» и утверждал, будто обсуждал ее с самим Татлиным во время публичной дискуссии, проходившей в Клубе Сезанна при Вхутемасе в декабре 1920 года. Он рассказывал: «Татлин сидел там же, не произнося ни слова. «Прости меня», – попросил я его, поскольку ему лично я уже высказал свое мнение о всем этом деле. Я заявил перед аудиторией, что «Башня» – это средневековая идея ... [вроде] Вавилонской башни ... В одном отношении эта новая башня отличалась, вероятно, от старой – движущимися частями. Но эта идея представляется полной бессмыслицей. «Вы прекрасно знаете», – сказал я, – «что в техническом плане это даже не подлежит обсуждению. Дело не в том, что ее невозможно построить – ее нельзя будет построить никогда. Шести-семиэтажное здание нельзя заставить поворачиваться вслед за солнцем»[21].

То, что Габо раскритиковал «Башню» с точки зрения возможностей ее реализации, отнюдь не означает, что она не стимулировала его собственные творческие идеи. Открытое пространственное решение структуры «Башни», ее прозрачность и динамизм, сплав художественного и технического начал – все это, как представляется, было созвучно устремлениям Габо, нашедшим выражение в «Реалистическом манифесте». Утверждения Татлина, в том числе его заявление о том, что «инженеры создают новые формы», перекликаются с декларациями Габо, например, с такими: «С отвесом в руке, с глазами точными, как линейка, с духом напряженным на циркуль, строим их так, как строит мир свои творения, как инженер мосты, как математик формулы орбит»[22].

Учитывая такое сходство задач и интересов Габо и Татлина, можно предположить, что отчасти пример Татлина вдохновил Габо на последующие поиски такого образа, который сочетал бы в себе и скульптурное и архитектурное начала. Общепризнанной вершиной творческих поисков Габо была «Колонна», созданная в 1922 году[23]. Основу конструкции со- 237
ставляют две большие пересекающиеся стеклянные плоскости. Габо ясно определил свой замысел, назвав эту конструкцию архитектурной метафорой. К тому же она должна была выступать и в качестве произведения малых форм, и в качестве монументальной городской скульптуры. Габо, очевидно, проектировал «Колонну» как памятник Конституции и предусматривал, что текст советской конституции будет выгравирован на четырех прозрачных плоскостях[24]. Это дает основание предположить, что, подобно «Башне» Татлина, «Колонна» была задумана как ответ на ленинский план «монументальной пропаганды» 1918 года[25]. Однако, принимая во внимание то обстоятельство, что замысел и исполнение этой вещи относятся к более позднему времени, она должна рассматриваться скорее как критическая реакция на татлинский проект, чем как прямой ответ на положения плана. И в самом деле, в отличие от «Башни», «Колонна» – в качестве монументального произведения –

является гораздо более простым, не выходящим за известные пределы и практически осуществимым сооружением. По-видимому, Габо планировал, что ночью текст будет светиться огнями[26]. Подобное использование света свидетельствует о близости к татлинскому проекту; Пунин писал, что в проекте были предусмотрены «прожекторы, которые могли бы писать в небе световые буквы»[27], и «проекционные фонари для большого экрана»[28]. Может, еще более отчетливой параллелью, которую наверняка бы одобрил Татлин, является параллель с коротким прозаическим текстом Велимира Хлебникова, написанным в 1921 году и озаглавленным «Радио будущего», где поэт предсказывал, что радиоволны будут проецироваться на «темных полотнах огромных книг, ростом выше домов, выросших на площадях деревень, медленно переворачивающих свои страницы»[29]. Известно, что Габо читал Хлебникова, и действительно, позднее он писал: «Милый, милый Велимир! Как много ты предвосхитил!»[30] Свою роль в концепции «Колонны» играла прозрачность стекла – момент, обусловленный соображениями эстетического плана. Но пропагандистская функция «Колонны» предполагала и иное его значение – в прозрачности стекла мог находить свое выражение также и тот символический смысл, который, как считал Пунин, был неотъемлемой частью концепции «Башни»: ее прозрачность должна была символизировать чистоту устремлений нового социалистического правительства[31].

В ту пору, когда Габо создавал «Колонну», другие русские художники, вдохновленные примером Татлина, прониклись идеями Первой рабочей группы конструктивистов и направили свой творческий опыт на проектирование предметного окружения. Клуцис, например, занимался разработкой уличных установок и киосков, предназначавшихся для агитпропаганды. Габо был менее экстремален в своих представлениях о том, в каких направлениях развивать идеи Татлина, и оставался в рамках вполне опознаваемой концепции искусства. И если говорить об этих эстетических аспектах, то симптоматичен, возможно, тот факт, что «Колонна» в равной мере отражает как влияние Малевича, так и влияние Татлина. Но подобного же рода сложное сплетение взаимосвязей и источников можно обнаружить также и в трехмерных произведениях других художников – таких, как Клуцис и Родченко, которые более глубоко восприняли утилитаристские устремления.

В задачи моего исследования входило также намерение показать, сколь велико было значение татлинской «Башни» для Габо и, возможно, для других художников – как в формальном, так и в идеологическом отношении. Иными словами, она не только оказалась стимулом, побудившим членов Первой рабочей группы конструктивистов сформулировать свои идеи, но и дала эстетический импульс к использованию безупречной, машинным способом созданной формы, а также материалов и форм промышленной техники.

Примечания

1 См.: Egység, 1922, no. 2, p. 8. Здесь это произведение названо «Realista kompozicio» – «Реалистическая композиция».
2 Более подробно об этом см.: Steven Nash. *Naum Gabo: Sculptures of Purity and Possibility.* – In: *Naum Gabo: Sixty Years of Constructivism.* Ed. by Steven Nash and Jörn Merkert. München: Prestel, 1985, pp. 18 ff.; Christina Lodder. *Russian Constructivism.* New Haven and London: Yale University Press, 1983, pp. 37–38.
3 См.: *Выставки советского изобразительного искусства.* Том 1. 1917–1932. М.: Советский художник, 1965, сс. 97 и 530. *Vladimir Tatlin. Moderna Museet, Stockholm.* Stockholm, 1968, p. 89; *Tatlin.* Ed. by Larissa Alekseevna Zhadova. London: Thames and Hudson, 1988, pp. 492–493.
4 Монография *«Татлин (Против кубизма)»* Николая Пунина вышла в свет в 1921 году.
5 Создается впечатление, что только Георгий Якулов был ответственным за проектирование оформления для кафе «Питтореск», которое после Октябрьской революции было переименовано в «Красный петух». Татлина и других художников Якулов привлек лишь для исполнения этого проекта. См.: Jean-Claude Marcadé. *Situation de Georges Yakoulov en 1972 (Quelques éléments concernant la naissance du «constructivisme».* – Dans: *Notes et Documents Edités par la Société des Amis de Georges Yakoulov.* Paris, 1972, no. 3, p. 5–7. Давид Бурлюк, Георгий Якулов, Вера Ходасевич и Аристарх Лентулов также, как и Татлин, участвовали в оформлении «Кафе поэтов». См.: В. П. Лапшин. *Кафе поэтов в Настасьинском переулке. – Художник, стена.* М., 1978, сс. 178–188. В газете «Московский листок» от 16 дек. 1917 г. были упомянуты имена только первых трех художников.
6 См.: В. Комарденков. *Дни минувшие.* М., 1972, сс. 55–56.
7 Владимир Августович Стенберг в беседе с автором. Апрель 1974 г.
8 Сам Татлин не дает точной даты своего переезда в Петроград. Недавно высказано предположение, что он переехал туда в конце лета или ранней осенью. См.: *Tatlin.* Ed. by Larissa Alekseevna Zhadova, p. 446. Антуан Певзнер указал 1918 год как дату начала своей профессорской деятельности в Государственных свободных художественных мастерских (*Notes Biographiques.* Dans: Bernard Dorival. *Le dessin dans l'œuvre d'Antoine Pevsner.* Paris: Prisme, n. d.). Ракитин предполагает, что он пришел на место Малевича, когда последний в начале осени 1919 г. уехал в Витебск (см.: V. Rakitin. *Gustav Klucis: Between the Non-Objective World and World Revolution.* In: *The Avant-Garde in Russia 1910–1930: New Perspectives.* Los Angeles County Museum of Art, 1980, p. 60).
9 Рассказ Габо о сотрудничестве с Отделом ИЗО и его закупочной комиссией сохранился в фильме *«Наум Габо»* Джона Рида (1972), расшифровка фонограммы которого находится в Библиотеке редких книг и рукописей Бейнеке Йельского университета (John Read. *Naum Gabo.* 1972. Film. Transcript of the Soundtrack, Roll 2, pp. 5–6, The Beinecke Rare Book and Manuscript Library, Yale University). Более подробно он описал свою деятельность в качестве члена закупочной комиссии Отдела ИЗО в письме Герберту Риду (см. копию письма Риду от 24 июня 1958 г., с. 2, в Библиотеке Йельского университета).

10 «Реалистический манифест» (Москва, 5 авг. 1920 г.) воспроизведен в четверть своего формата в кн.: *Gabo: Constructions, Sculpture, Paintings, Drawings, Engravings* (London: Lund Humphries, 1957, p. 149) вместе с переводом Габо (ibid., pp. 151–152). Напечатанный манифест подписан Габо и Антуаном (здесь Нотоном) Певзнером. Антуан Певзнер всегда представлял себя в качестве соавтора (см., например: *Propos d'un Sculpteur. Interview d'Antoine Pevsner par Rosamond Bernier.* – L'Œil, 1956, novembre, no. 23, p. 30). В 1957 году Габо заявил, что он был единственным автором манифеста *(Gabo,* p. 158). Алексей Певзнер подтвердил это заявление и рассказал, как Габо писал манифест, а Антуан просил его дать ему подписать этот манифест (Alexei Pevsner. *A Biographical Sketch of my Brothers Naum Gabo and Antoine Pevsner.* Amsterdam, 1964, p. 24). Позже Габо утверждал, что он написал основную часть манифеста, а Антуан написал раздел о живописи и поставил свою подпись.

11 См.: Colin Sanderson and Christina Lodder. *Catalogue Raisonné of the Constructions and Sculptures of Naum Gabo.* – In: *Naum Gabo: Sixty Years of Constructivism,* p. 205, no. 9.1.

12 Naum Gabo. *The «Kinetic Construction» of 1920.* – Studio International, 1969, vol. 178, no. 914, september, p. 89.

13 Н. Пунин. *О памятниках нового типа.* – Искусство Коммуны, 1919, 9 марта, №14, сс. 2–3.

14 Во время демонстрации модели «Памятника» Татлину пришлось нанять мальчика, который поворачивал ручку и тем самым приводил в движение внутренние элементы «Башни». Это обстоятельство, однако, не наносит ущерба идее в целом.

15 Скорее всего, здесь было использовано стекло – учитывая тот факт, что промышленное производство пластмассы было налажено в России только в конце 1920-х гг. Но характер запечатленных здесь краев дает основания предположить, что некоторые элементы все же были сделаны из пластмассы. Возможно, Габо приобрел часть материалов в Норвегии, либо заменил отдельные фрагменты, восстанавливая произведение уже после 1922 г., в эмиграции.

16 В. Татлин и др. *Наша предстоящая работа.* – VIII Съезд Советов (Ежедневный бюллетень съезда), 1921, 1 янв., № 13, с. 11.

17 Габо сообщил Алену Баунессу в 1977 г., что это было полихромное произведение. Ранее же он упоминал в беседе с Оулсоном и Чанином «конструкцию 1921 года», в которой использовались «трубки с подкрашенными жидкостями для преломления света». См.: Sanderson and Lodder. *Catalogue Raisonné,* pp. 207–208, no. 11.

18 Наум Габо. Дневник, 23 авг. 1940 г. Семейный архив.

19 В 1957 г. Габо писал: «Проект радиостанции, который я сделал зимой 1919–1920 года, и татлинская модель «Памятника III Интернационала», сделанная годом раньше, показывают, в каком направлении развивались наши идеи в ту пору» (*Gabo,* подпись к илл. 26).

20 Н. Пунин. *Памятник III Интернационала.* Петербург [Петроград]: Отдел ИЗО НКП, 1920.

21 S. Frederick Starr, Kenneth Frampton. *Russian Art in Revolution and Emigration: An Interview with Naum Gabo.* 1969. Отредактированная запись интервью (рукопись), с. 19 (Библиотека Йельского университета). Об этой дискуссии и критических высказываниях Габо сообщает также Николай Харджиев в статье: *Маяковский и Татлин.* – *Neue russische Literatur. Almanach.* Salzburg, 1978, S. 90. Согласно исследованиям Петера Нисбета, Лисицкий также упоминал о своем участии в дискуссии (предположительно той же самой), где обсуждался вопрос, строить ли «Башню»; по словам художника, дискуссия проходила в 1921 году в Академии в Москве (см. статью Петера Нисбета в наст. изд.). Эта информация содержится в статье Лисицкого (ЦГАЛИ, ф. 2361, оп.1, ед. хр. 27, л. 1–8), которая была впоследствии переработана и опубликована под заголовком *«Архитектура СССР»* (*SSSR's Architektur.* – Das Kunstblatt, 1925, Bd. 9, Nr. 2, Februar).

22 Реалистический манифест. – *Gabo*, pp. 151–152.
23 См. подпись к илл. 26 в кн.: *Gabo*.
24 Чарльз Уилсон, ассистент Габо, в беседе с автором. Март 1988 г.
25 Лисицкий тоже сообщал, что Габо был включен в работу по осуществлению плана «монументальной пропаганды», в своей лекции «Новое русское искусство» *(Neue russische Kunst*. – In: *El Lissitzky. Maler, Architekt, Typograf, Fotograf. Erinnerungen, Briefe, Schriften,* überg. v. Sophie Lissitzky-Küppers. Dresden: VEB Verlag der Kunst, 1967, S. 343).
26 Чарльз Уилсон.
27 Н. Пунин. *О памятниках нового типа.* – Искусство Коммуны, 1919, 9 марта, № 14. Цитата дается в переводе с английского.
28 Н. Пунин. *Татлинова башня.* – Вещь – Gegenstand – Objet, 1922, Nr. 1–2.
29 Велимир Хлебников. *Радио будущего.* – В кн.: Велимир Хлебников. *Творения.* М., 1986, с. 637.
30 Наум Габо. Запись в маленьком блокноте. Без даты, вероятно, 1970-е гг. Семейный архив.
31 Н. Пунин. *Памятник III Интернационала.*

Перевод с английского: Ирина Порудоминская/Ольга Мамонтова.

Любовь Руднева

Владимир Татлин – тридцатые годы

В обогащении культуры, развитии искусства и в тридцатые годы значительна роль творческих поисков Владимира Татлина – художника. Наиболее восприимчивые из одаренных людей молодого поколения той поры испытывали сильное влияние художественных исканий и самой личности Татлина – цельной, редкой по своей универсальности. Духовным уроком и уроками мастерства оказывалось и то, что вопреки все более усиливающейся грубейшей нормативности, распространению эрзацискусства, а вскоре и открытой травле – оставался он верным себе ... Для многих из тех, кто бывал в его мастерской, притягательным было отношение Татлина к тому, что он задумывал и чего упорно добивался, испытывая любовь к самому процессу работы. Его пытливость оказывалась неуемной, как и поиски ответов на вопросы, которые он сам перед собою ставил, воплощая свои замыслы. И это влияло на творческий потенциал тех, кто искал контактов с ним, формировало вкус, помогало обрести собственную дорогу в искусстве.

Несмотря на размах таланта, опыт и искусность, Татлин с жесткой требовательностью относился к себе. Начав свой путь как уникальный художник, он и в пору невзгод и лишений с удивительной независимостью и свободой раскрывал свой глубоко духовный образный потенциал, работая над портретом, натюрмортом. И выявлялись все новые особенности его ви́дения, мастерства. Пристально, по-татлински проницательно вглядывался он в лицо своего современника. В самых разнообразных живописных и графических воплощениях разведывал он возможности раскрытия внутреннего содержания личности, ее состояния, порой и судьбы... Создавал он в ту пору труднейшее – образы, на которых была особая печать времени. И ни на йоту не уступал он псевдореалистическому неискусству ...

В середине тридцатых годов довелось мне непосредственно наблюдать рождение некоторых портретов – коснусь сути этого. Сеансов пять или шесть писал он на холсте (размером, примерно, 65 × 55 см) мой портрет. Иногда ронял фразу – другую. Относились они не к модели, к иному – его взаимоотношениям с красками, холстом. Сеансы длились часа по полтора, иногда дольше. Увлекало то, как Татлиным распоряжалась его рабочая одержимость ... Знал: модель менее всего начинена амбициями, досужими соображениями о «схожести». И об этом позднее художник обмолвится. После второго сеанса он показал мне портрет, – почудилось тогда, тот уже жил на полотне. И не походил по характеру решения на те работы художника, которые я видела прежде. Внутренние ритмы его как бы звучали, мазок был объемным. От вздыбленных бронзового отлива прядей, от обертонов пурпурного цвета кофты, по-своему аккомпанировавших пронзительной голубизне – не глаз, а, казалось, удивленного взгляда молодой женщины, шло волновое движение. Во всем была световая насыщенность, укрощенная художником, смягченная в моделировке лица, вокруг которого возникали какие-то взвихрения ...

О неожиданно «ярой» динамичности того портрета говорила мне уже в наши дни М. Гонта, жена поэта Дмитрия Петровского, дружившая с Татлиным еще с двадцатых годов. Посещая мастерскую его в середине тридцатых, запомнила она, по ее выражению, «будоражащий» портрет, который и просуществовал так недолго ...

У Татлина возникли трудные взаимоотношения с цветовым «морем» – оказалось, оно бушевало в пурпурной кофте, сшитой из старинного прабабушкиного платка. Еще сеанс, другой, третий длилась схватка – что-то не расшифровывалось для художника. Он часто бросал на кофту, как на живое существо, свой пронзительный взгляд из под тяжелых век, к чему-то вновь и вновь примериваясь, ярился – было это заметно по губам. Что-то вдруг бормотал. Менялось направление движения кисти, почти в ритме стаккато. И вдруг возмущенно пожаловался: «Дребезжит!» Это про цвет кофты на холсте.

Он схватил большую кисть – начал записывать портрет. И лишь на мгновение запнулся перед тем, как потушить взгляд на полотне.

Чтобы пояснить атмосферу, в которой возник второй портрет той же модели, коснусь некоторых черт личности Татлина, о которых раньше писали не часто. Он проникался доверием, несмотря на естественную настороженность, вызванную весьма горьким опытом, если убеждался, что его, пусть и совсем молодой собеседник сам прошел какой-то серьезный духовный искус, интересы и взгляды его в чем-то близки ему – Татлину; да еще если к тому же тот рано, как и сам Владимир Евграфович, начал свою самостоятельную жизнь. Он дорожил возможностью быть точно понятым, находить прямой отзвук своим переживаниям, замыслам у своего младшего собеседника. Впрочем, был он горазд на шутки, ироничен, если кто-то сторонний, пусть и ненароком, любопытствовал, касаясь его жизни, работы. Бывал он и саркастичен, вспоминая очередную баталию – схватку с оппонентами-«обличителями», любителями собраний и «проработок» ... Но как легко и быстро он, оставляя все суетное и вязкое «за кормой», уходил в разговоре в другое: как о старшем единомышленнике размышлял о Леонардо да Винчи, притом без котурнов и пафоса. Татлин не был многоречив, но продолжая, видимо, свой давний диалог, что-то упорно додумывал. И не случайно в его мастерской продолжал долгую жизнь его эскиз к «Летучему голландцу» Вагнера, его бередили и реформаторские замыслы композитора ... Но почти всегда, о чем бы ни шла речь, руки Владимира Евграфовича, если только он в это время что-либо не показывал, были заняты. То он совершенствовал детали для своих маленьких шедевров – театральных макетов, то ладил и прикидывал нечто подсобное, только ему ведомое ...

Но чаще всего его мысль обращалась к Велимиру Хлебникову, чьи стихи он читал самым разным людям, как музыкант и живописец, выявляя хлебниковскую оркестровку, наивность и мудрость, полифонию. В этом чтении Татлин, несомненно, особенно остро, непосредственно ощущал присутствие своего самого близкого друга. Было в его прочтении, как и в исполнении исторических песен, дум – раздольном и проникновенном – артистическое, импровизационное обновление. Мне казалось, так изгонял он свое одиночество, в непрекращающемся общении с Хлебниковым продолжал свое движение вперед. Вспоминался хлебниковский афоризм: «Желающий разум, сделанный не тем что есть, а тем что хочется ...»

Но бывал Татлин и редкостным слушателем: так, однажды, после маленького диспута, возгоревшегося между нами, прочла я ему трагическую поэму о любви Маяковского – «Про это», как ни парадоксально, «пропущенную» им. Слушал он чуть присутулясь, упершись руками о колени, склонив голову слегка набок, вслушиваясь, вглядываясь во что-то свое и маяковское, поглощенно. И как раз после того прочтения (а поэма, по его словам, произвела на него сильное впечатление) он
244 вытащил лист бумаги и сделал карандашный портрет. Было это год или полтора спустя, после живописного ...

Изображение было поколенным. Поза модели, сидящей в каком-то трехчетвертном повороте к зрителю, так что мягко очерченные легкой линией плечи чуть диагонально обрисовываются на фоне более плотных, но не жестких, широких вертикалей фона, создает ощущение спокойной жизненной силы. Голова слегка наклонена и чуть повернута в сторону зрителя. Фигуру скупо, ненавязчиво обозначают сбегающие линии, передавая женственность образа. Не нарушая цельности портрета, лицо, особенно глаза, вернее – правый, распахнутый глаз с большим, сгущенным, чем-то напоминающим врубелевскую пристальность зрачком, притягивает внимание. Взгляд как бы исходит из самой сущности той, что так просто, непритязательно изображена на листе. В нем своеобразная мудрость, знание и, пожалуй, всматривание – возникает и не прекращается действие. Длится. Ибо вызвано духовностью личности, образа. И от этого спокойствия позы, изображения глаза как средоточия духовного действия возникает ощущение некоей монументальности. Возможно, в этом «глядении» – взгляде-действии есть и чуть исповедальное, особенность самого Татлина.

Он как-то показывал мне рисунки Врубеля, которыми дорожил с какой-то только ему присущей сокровенностью. Убрав их, вынул из папки портрет, разглядывал его и вдруг подарил, сказав: «Возьми. Возьми себе!»

Осенью того же 1936 года у Татлина и Мейерхольда почти одновременно возникла мысль о встрече. И хотя они давно не виделись, о высоком даровании и новаторстве художника режиссер говорил не однаджы и во всеуслышание. А в ту пору расспрашивал меня, как складывается жизнь Татлина. (С 1935 года по приглашению Мейерхольда работала я в научной лаборатории его театра и преподавала в Училище.) Татлина давно интересовали новые замыслы Мейерхольда, сам ход репетиций «Бориса Годунова» – «Комедии о настоящей беде Московскому государству», суть толкование режиссером «пушкинской реформы» современного театра. Он благодарно упомянул и мейерхольдовскую постановку оперы Мусоргского «Борис Годунов» начала десятых годов еще на сцене Мариинского театра в Петербурге. Глубоко любя Мусоргского и Пушкина, он умел дорожить новым прочтением их ... Встреча в доме Мейерхольда длилась долго. Вначале она искрилась шутками, они помогли избыть волнение, отстраниться от морока, который постиг обоих великих мастеров – травля усиливалась. Но развивался разговор-размышление о насущном: постановке народных трагедий – пушкинской, шекспировской, современных на будущей сцене реконструированного Театра Мейерхольда – о совместной работе. Возникали контуры необходимых преобразований ...

Но вскоре запретили работу над трагедией Пушкина. 7 января 1938 – «ликвидировали» театр. В 1939 арестовали Мейерхольда, потом казнили. А Татлин дорожил той встречей как знаком глубокой общности – о том говорил мне и когда посмотрел «Ревизора», и позже.

А по дороге к Мейерхольду, в трамвае, указал он взглядом на странную женщину в шляпке-анахронизме, «кораблике» с цветами. Чуть вытянутое лицо с серовато-пепельным налетом утратило возраст. Отсутствующий вид, руки сомкнуты на коленях. Прошли месяцы, Татлин показывал мне натюрморты, цветы, как маленькие исповеди. И вдруг – портрет той женщины. В серовато-голубоватых, темносиних тонах, и в притушенной игре светлых вторжений – цветы на шляпке – замкнутый абрис фигуры с углами плеч, со слегка удлиненным лицом, корабликом-

шляпкой. Геометричность не подчеркнута, а как бы вытолкнута состоянием Безымянной, запечатанной одиночеством. Образ, в который вшифровывался тип, – из этого существа время и судьба вычли жи-
245 вой импульс, надежду. А в сороковом году возник портрет Хлебникова к однотомнику – откровенно романтичный, своеобразным контрапунктом, связанный с пространством неба, пейзажем. В сгущающейся штриховке как бы затаилось особое состояние сосредоточенности – фигура работающего поэта – а он распрямившись сидит на скамье – словно вбирает, сгущает пространство, и он приближен к зрителю, особенно руки. Под пишущими пальцами светящееся поле белого листка. И светел лик его. Задумчивый взгляд по невидимой диагонали уходит за пределы листа. Разомкнуты слегка губы. Его друг, знаток искусства, Н. Харджиев сказал мне: «Это ж губы за работой. Губы Хлебникова!» За плечом его – будто колыханье оголенных ветвей, а в глубине – диагональное движение, вправо, к верхней кромке неба – в легкой растушовке, зыблемой, Пушкин, длящий вертикаль от постамента-купола. Среди трагических катаклизмов шел диалог с Пушкиным: Татлина, Мейерхольда, Хлебникова. И ярко проявлены в портретах той поры и новые свойства образных, духовных достижений Татлина …

Василий Ракитин

Татлин и революция

Владимир Татлин любил одну старую городскую солдатскую песню.

«Кому номер сто седьмой, тот воротится домой,
Мне, мальчишке, первый номер ...
Где стоял я, там и помер».

Татлину выпал первый номер в искусстве революционных лет ...

Большевистская эпоха установила новый критерий взаимоотношений художника и общества. Общество, как бы оно не менялось и не перерождалось, всегда право. Художник должен все время перестраиваться, чтобы быть во внешнем соответствии с обществом. То есть по существу устанавливался рабовладельческий тип взаимоотношений.

Татлин не умел перестраиваться. Но и его биографию, опустив некоторые детали, легко представить как вполне благополучную биографию художника своего времени. Одним из первых получил звание заслуженного деятеля искусств. И похоронен Татлин на самом престижном Новодевичьем кладбище в Москве.

Конечно, некоторые комментарии к фактам вносят сомнения. Заслуженный деятель искусств не может, а потом и просто не хочет показывать свою фигуративную живопись на выставках. В целом, его работа для театров в поздние годы – необходимость зарабатывать на кусок хлеба. Такая же, как изготовление пособий для географического факультета Московского университета на Ленинских горах. Так получилось, что на Новодевичьем кладбище хоронили фактически нищего.

Кто-то смутно помнил, что он делал что-то после революции. Немногие знали, что он – гений. Третьи слышали, что он неудачливый чудак. Впрочем, именно эта репутация и помогла ему пережить постоянно тяжелые времена.

Репутация чудака, пожалуй, одна из самых устойчивых характеристик его личности. Между тем, очевидно, что понятие «чудак» обычно выражает сознательное неприятие творческих устремлений мастера. Потом наступает следующая стадия: неприятие расценивается как несправедливое непонимание и остается только восстановить справедливость.

Татлин не боролся как Дон Кихот против ветряных мельниц. Он делал вид, что его вообще как бы нет в искусстве его времени. Сам тип творческой личности Татлина – активное художественное созерцание, соединение силы и тонкости, ясности и сложности – противостоял как плакатному прямолинейному динамизму двадцатых годов, так и псевдорепрезентативному социал-классицизму тридцатых годов.

В измерениях истории искусств Татлин, современник Натана Альтмана[1], Александра Герасимова[2], Александра Дейнеки[3], оказывается в большей степени современником Леонардо да Винчи, старых мастеров Дальнего Востока или строителей старых русских храмов.

Но именно Татлин, тихий, стоящий вне группировок мастер, смело пошел навстречу яростной реальности эпохи гражданской войны! Мы видим его в числе сознательных организаторов новой модели художественной жизни, задуманной с ренессансным размахом и широтой.

Можно утверждать, что активным общественным деятелем Татлина сделало новое искусство, вера в его историческую необходимость и универсальность, беспокойство о его судьбах в годы крушения всех устоев жизни. У него не было никаких карьерных амбиций и ему была глубоко чужда спекулятивно-политическая психология дня, также как он не ощущал ностальгии и по вчерашнему дню. Просто искусство оказалось в опасности и ему нужно было помочь найти новые способы жизни.

У Татлина были чистые и по своему наивно-патриархальные представления об этой новой модели жизни искусства. Еще в 1914 году в интервью московской газете «Новь» он мечтал о гармоническом единстве различных художников, о художественной среде как одной дружной семье, причем, как считал он, инициативу должны проявить самые обиженные: новаторы[4].

В 1917 году Татлин вместе с Софьей Дымшиц-Толстой, Георгием Якуловым и Надеждой Удальцовой выступил инициатором создания «Левой Федерации» профессионального союза художников-живописцев. Левая федерация была уверена, что «форма искусства требует соответствующей формы жизни»[5]. Искусство десятых годов научилось быть независимым от общества. И оно хотело сохранить эту внутреннюю свободу. Художники пытались установить статус-кво с разбушевавшейся стихией жизни и найти в ней место для независимого существования искусства.

Татлин вел себя осторожно, как опытный лоцман. Его пытаются вовлечь в деятельность кружка вокруг газеты «Анархия», но он соблюдает дистанцию. Анархичность духа не противоречит художественной свободе, но «Анархия» только полемизирует, атакует все и всех, а он – не дуэлянт, а художник.

После кровавого подавления анархизма у московских новаторов нет иного выхода, как выяснить отношения с новой большевистской государственностью. Она говорит уже не от имени абстрактной свободы, а от имени не менее абстрактного пролетариата, объявляя свою власть диктатурой пролетариата. Пролетарское как новый идеологический миф заменяет народное, которым широко и отвлеченно манипулировали на первом, демократическом, послефевральском этапе революции. Новая государственность нуждается в моральной и практической поддержке. Новое искусство – в сносных условиях функционирования в экстраординарных условиях развернувшейся гражданской войны. Основа временного соглашения – признание автономии искусства, признание за художниками права по-своему организовать художественную жизнь. На короткий период происходит подмена: интересы художественные кажутся интересами государственными. Часть художественных деятелей увлекается опасной в перспективе исторической метафорой о мнимом параллелизме новаторства и социального процесса. Современное искусство по форме есть революционное, революционное искусство – пролетарское[6]. Но как бы то ни было, короткое время никто не мешает мечтать и предлагать невероятные проекты.

Татлин, человек дела, очень заметен в этой ситуации. Отдел изобразительных искусств, где его позиция очень весома, предлагает планы реорганизации художественной школы и музейного дела. Он хочет иметь дело непосредственно с массами, поверх голов идеологов, отвергая «партийное единомыслие с вождями народа». И вместе с тем, Отдел изобразительных искусств при Наркомпросе – учреждение государственное. Через него новая государственность хочет проводить свою собственную политику, приучить художников к принципам этой политики. Неизбежна цепь компромиссов, временных, но компромиссов. Татлин вынужден наблюдать, как реализуется установка памятников по ленинскому плану «монументальной пропаганды», хотя он, как и Малевич, отрицает основные принципы этого плана. Не вдохновляют его и идеи агитационного искусства: художники-новаторы опасаются, что новое искусство хотят сделать средством пропаганды. В недрах Отдела изобразительных искусств среди сторонников нового искусства разгорается настоящий политический, в терминах тех лет – контрреволюционный конфликт. Малевич бежит в провиниициальный Витебск. Татлин «эмигрирует» из красной столицы Москвы в голодный и опустевший Петроград, с замерзшей водой и клозетами, вшами и сомнамбулически мечтающими последними интеллигентами. Татлина берет под опеку – как памятник новой культуры – художественный критик, теперь комиссар по искусству Николай Пунин[7]. Он дает возможность работать над «Башней», абсолютом динамоформы. Идея свободы творчества принимает для Татлина характер образа жизни …

О «Башне» писали много и интересно. Я хочу обратить внимание лишь на некоторые аспекты ее возникновения и восприятия в плане социальной психологии. Сейчас, когда в СССР наконец-то опубликована антиутопия Евгения Замятина «Мы», можно с большей долей вероятности прогнозировать, что некоторые критики скоро отождествят «Башню» с замятинским «Интегралом». Во всяком случае уже оформление обложки издания подталкивает к такого рода историческим аллюзиям[8]. Между тем, «Башня» с ее новой гармонией, когда тонкое, артистическое становится мерой универсального, противостоит и механической логике «Интеграла», и пониманию, сугубо прикладному, Интернационала определенными кругами большевизма. Они через Интернационал хотели стать всемирной силой, последним Римом на земле.

Чему посвящена «Башня» – забытому всеми Третьему Интернационалу? Но она и реквием погибающему Петрограду, и прорыв в мировое пространство через идеологические шоры. Она – романтический порыв к бесклассовой новой цивилизации и преодоление древней несправедливости разъединения народов, новая, наконец-то достроенная Вавилонская башня. За «Башней» встает новое представление о свободном человечестве и свободном гармоничном человеке. Он-то и был не нужен новой государственности. Как свидетельствовал Максим Горький: «Культурная работа ⟨…⟩ почти всегда – я хорошо знаю это – принимала характер, враждебный тем людям, которые взяли власть»[9].

Революция как историческая неизбежность и с трудом контролируемая стихия открыла свободу. Мы наблюдаем параллельное социальное творчество – творчество людей искусства, творчество массы и одномерное целенаправленное социальное строительство государства, которое шло путем «регламентаций и казарменного упорядочения»[10]. Подобный параллелизм приводил к острым и часто трагическим конфликтам. Он был и у Татлина – нескандальный, тихий, но принципиальный – несовместимость высокого идеализма и прагматической жесткой политической реальности …

«Башня» определила взгляд Татлина на каждодневную жизнь эпохи, на ее реальности. Татлин не хочет им служить. Нет, он не делает вид, что он над жизнью. Общий словарь странным образом связывает его с некоторыми из тенденций эпохи. Например, «нужное искусство». Нужное кому и для чего? Здесь Татлину было бы очень трудно найти союзников. Его замечательные проекты – «Зангези», «Летатлин» – замечены как нечто любопытное и странное, но не как новое слово. Татлин с каждым годом все больше ощущает себя Робинзоном на необитаемом острове, в художественной пустыне. Политика? По воспоминаниям, он избегал говорить о ней. Но он вполне сознательно уходит из эпицентра художественной жизни, становится аутсайдером. Украинский искусствовед Иван Врона, неплохо знавший Татлина в Киеве в 1926–1927 годах, вспоминал, что мастер ощущал официальную художественную культуру двадцатых годов «глубоко реакционной и враждебной себе и своим убеждениям»[11].

Незаметный выход Татлина из художественной жизни – один из симптомов исчезновения иллюзий в социальной сфере в целом. Идеалы оказывались ненужными и опасными.

И все-таки, если поэт Илья Сельвинский мог сказать, что революция произошла для того, чтобы Александр Блок написал поэму «Двенадцать»[12], то с еще большим основанием мы можем сказать, что революция произошла для того, чтобы Владимир Татлин сделал свою «Башню».

Примечания

1 Альтман, Натан (1889–1970) – художник, один из организаторов художественной жизни в Петрограде в 1918–1921 гг., автор своего рода «агит-живописи», соединившей приемы беспредметного искусства с лозунгом и плакатом.

2 Герасимов, Александр (1881–1963) – художник, творчество которого часто олицетворялось с так называемым социалистическим реализмом 1930–1950-х гг., президент Академии художеств СССР в 1947–1957 гг.

3 Дейнека, Александр (1899–1969) – художник «советской мечты», художественная программа которого определена текстом одного из сделанных им плакатов «Здоровый дух требует здорового тела».

4 *К организации «Художественного общества» на новых началах. Отклики на вопросы редакции.* – Новь, 1914, № 152, 23 дек.

5 *Общее собрание художников. Доклад т*[*оварища*] *Удальцовой (Левая федерация).* – Анархия, 1918, № 96, 28 июня.

6 Особенно это очевидно в текстах и лозунгах первых номеров петроградской газеты «Искусство Коммуны», что вызвало протест наркома просвещения А. Луначарского (*Ложка противоядия.* – Искусство Коммуны, 1918, № 4). В Москве более популярен был лозунг «раскрепощенное искусство – раскрепощенному пролетариату».

7 Пунин, Николай (1888–1953) – автор ряда работ о творчестве Татлина, ставил Татлина выше всех современных художников. Но, естественно, мы не можем ставить знак равенства между мнением Пунина и взглядами Татлина на искусство и конкретные свои работы.

8 Е. Замятин. *Мы.* О. Хаксли. *О дивный новый мир.* М.: Художественная литература, 1989 (художник А. Антонов).

9 М. Горький. Собр. соч. М.: Художественная литература, 1953, т. 24, с. 34.

10 Л. Лунц. *Почему мы «Серапионовы братья».* – Литературные записки, Петроград, 1922, № 3, с. 13.

11 И. Врона. *Мои воспоминания о Владимире Евграфовиче Татлине.* Киев, 1967. Машинопись, с. 2. Частный архив.

12 И. Сельвинский. *Записки поэта.* М.– Л: ГИХЛ, 1928, с. 14.

Борис Гройс

Произведение искусства как нефункциональная машина

Русский авангард, как и исторический авангард начала XX века в целом, можно рассматривать в первую очередь как реакцию на возникновение современной техники. Появление машины как искусственного объекта, не имеющего прямых образцов ни в природе, ни в традиции и отсылающего своей формой лишь к внутреннему принципу своего функционирования, оказало почти магическое воздействие на многих художников, побудив их к попытке сконструировать произведение искусства как своего рода «эстетическую машину», функционирующую не в качестве знака чего-либо иного, какого-либо внешнего ей «содержания», а лишь как обнаружение собственной конструкции. Художники авангарда поставили тем самым знак равенства между произведением искусства и машиной по общему признаку «оригинальный артефакт» с тем, чтобы таким образом инициировать и легитимировать новый тип художественной практики и завоевать независимость от господствующей художественной традиции, скомпрометированной в рамках авангардного дискурса в качестве «домашинной».

Эта стратегия, оказавшаяся достаточно эффективной в борьбе со старым искусством, тем не менее породила новую проблему, надолго ставшую в центр внимания как самих художников-авангардистов, так и критики, а именно проблему соотношения между авангардным художественным объектом и утилитарной машиной. Индустриальная машина не является, разумеется, чистой манифестацией своей формы: эта форма диктуется ей извне ее утилитарной функцией и наличными техническими средствами для реализации этой функции.

В связи с этим очевидным фактом авангардная практика и теория оказались перед нелегкой дилеммой. Попытки оградить искусство от технической утилитаризации и сохранить его автономию неизбежно оказывались под подозрением в реакционности, в стремлении вернуться к необязательной субъективности в искусстве, к господству частного эстетического вкуса: идентификация искусства и машины не могла быть поставлена под сомнение, ибо тогда оказывался под ударом основной аргумент авангарда в борьбе с традицией, и, соответственно, его raison d'être. Но полная идентификация с машиной естественно приводила авангардное искусство снова к предметности, к определенности внешним.

Дело еще осложнялось и тем, что послереволюционная советская идеология стремилась и все общество организовать по образцу машины, так что дальнейшее следование исходной идентификации искусство = машина неизбежно приводило авангард не только к технической, но и к социальной, идеологической и, в конечном счете, государственно-бюрократической утилитаризации.

Вся история русского авангарда есть в известном смысле история реализации метафоры искусство = машина: русский авангард настолько последовательно развивался (от кубизма к супрематизму, к конструктивизму, к производственничеству и т. д.), насколько последовательно он интерпретировал эту метафору как тождество – вплоть до полной интеграции в государственную машину сталинизма[1]. При этом, впрочем, ни один конкретный художник авангарда не выдержал логики этого движения до конца. Каждый – от Малевича до Родченко – отступал в какой-то момент, был осужден самим авангардным сознанием как реакционер и действительно вскоре начинал попятное движение к традиционным формам. Это отступление не являлось, разумеется, результатом слабости характера соответствующих художников. Отождествление искусство = машина с самого начала было стратегическим ходом в борьбе авангарда за автономную и даже господствующую позицию в искусстве, и поэтому отказ от этого отождествления в тот момент, когда оно само начинало угрожать автономии авангарда, не в меньшей степени диктовался самой логикой этой борьбы, нежели настаивание на нем.

Полное описание соответствующих стратагем совпадает, как уже говорилось, с историей русского авангарда в целом. Между тем особое место в ней занимает творчество Татлина, поскольку из всех русских авангардистов он, возможно, с наибольшей последовательностью осуществил попытку создания автономных художественных объектов-машин, среди которых естественно выделяются «Памятник Ш Интернационала» (1920; его также можно рассматривать как своего рода машину, обеспечивающую вращение его элементов) и, в особенности, «Летатлин» (1930–1931), и поэтому – по необходимости очень краткое – рассмотрение реализованных в этих работах художественных стратегий способно, может быть, прояснить дилеммы исторического авангарда в целом.

Художественную программу Татлина, обычно обозначаемую как конструктивизм, современники часто воспринимали как наиболее радикальное обращение к «машинному искусству»[2]. Это делает понятной полемику представителей авангарда с этой программой по меньшей мере с двух противоположных позиций. Так, для Малевича – особенно в послереволюционный период – скрытая или явная полемика с конструктивизмом становится по существу основной темой и основным внутренним мотором его сочинений. А именно, Малевич видит в стирании грани между художником и инженером новую угрозу наступления «предметности» и, соответственно, утраты искусством достигнутого им в супрематизме уровня «беспредметности», которую Малевич чем далее, тем более интерпретирует не столько как отказ от изображения предметов мира, сколько как «бесцельность», неутилитарность, ненаправленность воли на конкретные блага, то есть как отказ не только от мира традиции, но и от построения нового мира – задачи, которую Малевич рассматривает как основную ловушку для нового искусства. При этом Малевич выдвигает прежде всего тот аргумент, что утилитаризация сделает искусство зависимым от науки с ее относительным и исторически изменчивым знанием: искусство для Малевича есть дело «неученых» и повинуется скрытому, «беспредметному», внутреннему ритму жизни, объемлющему пространство и время в целом, и потому равно доступное каждому. Малевич признает как техническую машину, так и социальную машину коммунизма «беспредметными» лишь постольку, поскольку их форма не иерархизирована, но утилитаризация этой формы равна для него возникновению нового знания, новой иерархии, новой предметности и, следовательно, регрессу по отношению к беспредметности супрематизма[3].

В то же самое время конструктивизм Татлина и его учеников атакуется с «левых» позиций, в том числе, например, Николаем Тарабукиным, как «наивный и дилетантский», как дело рук кустаря, далекого от современного производства[4]. В конструкциях Татлина усматривается отсутствие специальных знаний и утилитарной функции, придающей художественному объекту действительную целесообразность, а, следовательно, и внутреннюю убедительность. Подобно этому и Лев Троцкий утверждает, в частности, что истинная красота связана с целесообразностью и потому сравнивает «Памятник Ш Интернационала» Татлина с Эйфелевой башней в пользу последней[5]. Действительно, ни в отношении устойчивости конструкции в целом, ни в техническом обеспечении требуемого вращения татлинская башня не выдерживает инженерной критики. Такого рода критика особенно определенно прозвучала по адресу «Летатлина» – аппарата, как кажется, ориентированного по своей форме на действительный полет, который должен был по заверениям и самого Татлина полететь, но не полетел.

Эту нефункциональность татлинских машин обычно рассматривали как их недостаток и оправдывали двояко. Самое распространенное оправдание состоит в том, что машины Татлина утопичны: они не соответствуют современному им состоянию техники, но зато указывают путь дальнейшему ее развитию и в этом смысле опережают свое время.

Инженерный дилетантизм Татлина превращается таким образом в вариант научной фантастики. Но такое объяснение является на деле малоубедительным: татлинские машины отличаются от временно неисполнимых научных проектов тем, что неуспех их запрограммирован и ясен с самого начала, поскольку принцип их строения не представляет собой в научном отношении ничего нового. Так, «Летатлин» не предполагает никакого технически нового принципа движения: подобные аппараты давно были известны и также давно известно было, что они не летают. Если верно то, что Татлин был знаком с соответствующими расчетами Циолковского, то он должен был ясно отдавать себе отчет в том, что «Летатлин» полететь не может[6].

Второй тип оправдания состоит в том, что тот же «Летатлин», скажем, представляет собой прежде всего произведение искусства – об этом и сам Татлин говорит К. Зелинскому в известной беседе[7]. Но понимать это, как это часто делается, в том смысле, что формы «Летатлина» сами по себе «красивы», означает вернуться на стезю традиционной эстетики, с которой Татлин боролся, и отказаться от постановки вопроса, почему же «Летатлин» построен все же именно как машина. Ведь для создания красивого «органического» узора достаточно эстетики, скажем, Югендстиля – авангарда для этого не требуется.

Напрашивающаяся здесь интерпретация состоит в том, что именно нефункциональность, неутилитарность, дилетантизм, в частности, татлинской «Башни» или «Летатлина» и есть то, что делает их фактом искусства: Татлина интересует машина в тот момент, когда она не работает, когда она не выполняет своей утилитарной функции. Машина и технический прогресс должны сначала потерпеть поражение, чтобы затем быть эстетизированы, они должны сначала утратить практическую ценность, чтобы получить ценность художественную. Татлинская стратегия напоминает, таким образом, скорее ready-made Дюшана, нежели инженерный проект, ориентированный на будущее. В этой связи следует обратить внимание на то, что сам Татлин в той же беседе с Зелинским называет предшественником «Летатлина» Икара, то есть ссылается на миф о полете, закончившемся поражением. «Летатлин» отсылает своей формой к бесконечной веренице таких исторически зафиксированных поражений (летательная машина Леонардо – лишь наиболее известный из таких примеров). Чисто визуально он напоминает далее огромного архаического птеродактиля, залетевшего в современную цивилизацию из доисторических времен. Это, конечно, не случайно: русский авангард – и, в особенности, то его крыло, к которому принадлежал Хлебников и к которому был близок Татлин, – ориентировался не только на индустриальную машину, но и на архаическую, магическую технику: авангардистские тексты и объекты являются машинами архаического бессознательного, инструментами «вещественной магии», которую русский авангард часто идентифицифовал с архаическим пластом русской жизни, русского народного искусства и языка. В этой перспективе «Летатлин» может быть интерпретирован как знак неправильного, профанного, дикарского, магического или «неученого» восприятия современной техники, что отсылает и к трактатам Малевича, разумеется, известным Татлину, но что в еще большей степени соответствует общей антизападнической ориентации русского авангарда: общую ориентацию на примитивное, архаическое и магическое русский авангард перенял, разумеется, у западного авангарда, но он придал ей специфическую националистическую окраску.

Эта интерпретация ставит «Летатлина» в один ряд с такими текстами того времени, как романы Андрея Платонова, рассказы Зощенко или поэзия Хармса, которого Татлин, кстати говоря, иллюстрировал и у которого часто встречается мотив выпадения из окна. Во всех этих случаях тематизируется ситуация профанного, ненаучного, «русского» сознания, неправильно понимающего «современную культуру», и можно сказать, что именно постольку, поскольку русский авангард фиксировал эту ситуацию неудачи (а не постольку, поскольку он интерпретировался как утопический проект победы этого научно-ненаучного мышления), он имеет то гуманистическое измерение, которое за ним часто отрицают, и продолжает своеобразным образом традиционную русскую тему не нового, а маленького человека. Но крах техники в «ненаучной» России понимается здесь, разумеется, не только как неудача профана, но и как неудача самой современной техники, неспособной дать настоящее переживание полета, настоящее преображение человеческой ситуации; в этом смысле «Летатлин» летает выше любого самолета, не сдвигаясь с места: он демонстрирует воочию, что всякий самолет в сущности остается на месте.

Уже ранние контррельефы Татлина поражают при непосредственном знакомстве прежде всего предельной бедностью и антитехничностью своих материалов, исключающих всякую речь об утопии. Татлинский «Памятник III Интернационала» – Вавилонская башня с вечным вращением, интегрирующим Революцию в бесконечность космических циклов – также едва ли столь уж утопична – ведь и о Вавилонской башне известно, в первую очередь, что она была разрушена[8]. Почему же все-таки Татлин соединяет свою судьбу с коммунистической утопией? Можно предположить, что причины этому те же, что и у многих других писателей и художников его поколения, которым социально-индустриальная коммунистическая машина показалась честнее, откровеннее, нежели «идеализм» традиционного общества и его искусства, так что они приняли эту «машинную честность», не обязательно разделяя связанные с ней надежды на светлое будущее. Если у Татлина и были иллюзии, то они, видимо, относились именно к аутентичности созданного им образа мира как нефункциональной машины, – противопоставленного официальной ориентации на эффективность.

Остается, таким образом, вопросом, насколько Татлин, создавая свой магический симулякр машины, сознавал, что и вся тогдашняя социальная машина со всеми ее внешними претензиями на научность и эффективность сама являлась в точности таким же симулякром, то есть своего рода неутилитарной и непродуктивной авангардной «конструкцией». Возможно, что он позже все же понял это и именно тогда перешел к рисованию цветов. Но во всяком случае для современного «посткоммунистического» сознания татлинские машины и, в особенности, «Летатлин» – вместе со взятым Татлиным эпиграфом к нему из Сталина: «техника решает все»[9] – воспринимается именно так: как памятник тому уникальному синтезу архаики, магии и техники, каким был русский коммунизм.

Примечания

1 О соотношении русского авангарда и сталинизма см. в кн.: Boris Groys. *Gesamtkunstwerk Stalin. Die gespaltene Kultur in der Sowjetunion.* München: Hanser, 1988.

2 Характерным является плакат с надписью «Die Kunst ist tot. Es lebe die neue Maschinenkunst Tatlins», продемонстрированный Георгом Гросом и Джоном Хартфильдом на Берлинской выставке «Дада» в июне 1920 г.

3 См., напр.: Kasimir Malewitsch. *Suprematismus. Die gegenstandslose Welt.* Köln: DuMont, 1989, S. 61 f.

4 Nikolaï Taraboukine. *Le dernier tableau. Du chevalet à la machine.* Paris: Editions Champ libre, 1980, p. 40.

5 Leo Trotzkij. *Literatur und Revolution.* Berlin: Gerhardt, 1968, S. 168 f.

6 *Vladimir Tatlin. Moderna Museet, Stockholm.* Stockholm, 1968, pp. 9–10.

7 Ibid. pp. 77–80.

8 О космической символике татлинской башни см.: John Milner. *Vladimir Tatlin and the Russian Avant-Garde.* New Haven and London: Yale University Press, 1983, chapter 8.

9 Эпиграф к статье Татлина «Искусство в технику!» (1932), отсылающей к «Летатлину». Цит. по: *Vladimir Tatlin. Moderna Museet, Stockholm,* p. 75.

Вячеслав Колейчук

Владимир Татлин глазами неоконструктивиста

В картине авангарда начала XX века Владимир Татлин занимает особое место. Своим творчеством он закладывал основы нового художественного мышления, новой области художественного творчества. Вся предметная составляющая его творчества совокупно с теоретическими и методическими разработками представляется мне иллюстрацией, зримой моделью его концептуального мышления, художнической воли, основой которой была не рефлексия на бывшее до него в искусстве, не принципы отражения действительности, а созидание нового.

Поднявшись над повседневностью, черпая импульсы для своего творчества в сферах, далеких от традиционного искусства – математике, механике, материаловедении, психологии – он закладывает основы тому, что в его время одними называлось «искусство для искусства», другими – «тренировкой, настройкой глаза», а в настоящее время подобное творчество определяют как «гимнастику для ума».

В начале века художники осознали, что эволюционные принципы жизни в искусстве сменились на революционные. Стало возможным производить не только художественные предметы и раритеты, но и стили, измы, арты, принципы формообразования, шире – художественные идеи. Наиболее мощно и четко это было продемонстрировано второй, послевоенной волной авангарда.

Концептуальный, программный, волевой подход к художественной деятельности, с одной стороны, потребовал сужения рамок той или иной экспериментальной деятельности в искусстве (сравним с научной деятельностью), что привело к созданию и самоопределению десятков направлений (кинетизм, оп-арт, поп-арт, концептуализм, хеппенинг, инварьемент, соц-арт и т. д.), с другой стороны, привел к разрушению наших традиционных представлений о роли и месте искусства в культуре, его типологии форм и средств. Исследовательский, экспериментальный пафос в искусстве приобрел зримые, конкретные черты, как в творческом, так и в организационном плане.

При всем том столь сжатый во времени, региональный подход к тем или иным, чаще локальным, художественным задачам позволил художникам в суггестивной форме отработать их и явить миру в широком спектре авторских концепций (как тему с вариациями), акцентировать тем самым наше внимание к ним, вскрыть новые горизонты нашего видения мира, повысить его разрешающую способность, вписать новые слова в словарь визуального творчества, а в целом дать мощный импульс для развития визуального мышления, визуальной культуры.

Именно в провидении нового предназначения искусства, его новых форм и средств, в развитии и пропаганде экспериментального мышления в искусстве творчество Владимира Татлина представляется актуальным и сегодня. Именно в этом, а не только в стилистическом плане, видятся связи художественного авангарда начала века и настоящего времени. Всмотримся пристальней в творчество мастера.

Известно, что он вел курс «Культура материала» сначала в Петрограде (Государственные свободные художественно-учебные мастерские, 1919–1920), продолжил эту работу в Киевском художественном институте (1925–1927), и затем в московском Вхутеине (1927–1930). Проблема материала, вернее, проблема, что считать материалом в художественном творчестве, была поставлена, разработана и продемонстрирована Татлиным в его рельефах и контррельефах. Этот опыт позволил Татлину выдвинуть концепцию «всеобщего живописного материала». Впервые был продемонстрирован принцип переозначивания, превращения художником реального материала (штукатурка, металл, стекло, дерево и др.) в свободно парящую в пространстве дематериализованную живописную субстанцию, где реальные свойства материала (фактура, текстура, прозрачность, гибкость, масса) становятся свойством отстраненной живописной материи.

В контррельефах Татлин артистично демонстрирует свою антитезу традиционной задаче живописцев из краски создавать иллюзорную предметность. Задача на опредмечивание замещается здесь на задачу распредмечивания. В памяти всплывает строчка из А. Пушкина: «... И гений, парадоксов друг». Заметим, что принцип такого смелого расширения нашего представления о материале, его переозначивания в искусстве нашел в дальнейшем свое развитие.

В настоящее время художник, дизайнер, архитектор часто означивает материал через процесс своей преобразующей деятельности. В этом случае в понятийный ряд материала включается широкий ряд объектов, свойств и явлений материального и нематериального мира, вплоть до психологических и организационных. Необходимость такой расширительной трактовки возникает при определении всякого рода комбинаторных систем, где на роль материала (назовем его – «аналитический материал») претендуют как серии элементов, как и правила (законы) их организации. Вспомним, далее, техники коллажа и ассамбляжа. Здесь путем сопоставления, комбинирования достаточно сложных визуальных образов достигается образная трансформация исходных элементов. В результате появляется некий новый визуальный текст – целостный образ, как бы сотканный из взаимодополняющих или взаимоисключающих культурных, смысловых, символических и других цитат. Процедура переозначивания, перевода законченной художественной формы, объекта, паттерна в ранг исходного материала для последующего преобразования стала привычным и широко распространенным приемом в искусстве. Приведу примеры.

260 Метод формообразования, названный мною «самоколлажем», основан на позиционных преобразованиях целостных изображений. На изображение наносится сетка разреза той или иной симметрии, при этом образуются элементы, обладающие собственной симметрией. Затем путем поворотов и перестановок этих элементов в ткань изображения как бы включаются новые визуальные образы – стеклянные, зеркальные, металлические и другие элементы и формы. Хотя программа формообразования строится на жесткой системе преобразований симметрии по безотходной технологии, выбор самого материала для последующих преобразований носит чисто творческий и мало поддающийся формализации характер и обусловлен скорее творческой практикой, тренировкой глаза. Механичность (комбинаторность) способа формообразования компенсируется в этом случае разнообразием, сложностью и характерностью возникающих визуальных образов.

Исследователями творчества В. Татлина Л. Жадовой, А. Стригалевым было отмечено его стремление к использованию гибких, упругих, пружинообразных конструкций и композиций. И если в его графике, а затем в проекте и модели «Башни III Интернационала» это скорее композиционный прием, то в известной модели «Летатлина» и «Кресле» свойства упругости, гибкости материала явились основополагающим принципом формообразования, импульсом создания нового для конструктивизма формального языка, языка природообразных форм.

Современные принципы использования упругости как формообразующего фактора я мог бы продемонстрировать на ряде собственных работ и работ архитектора Б. Стучебрюкова.

Здесь образ, структура объектов детерминирована в основном упру-
262 гими свойствами листовой латуни. В композиции «Стоящая нить» ряд латунных изогнутых лепестков растягивают стальную нить, стоящую вертикально. У зрителя создается парадоксальное ощущение от вертикальной композиции, в которой на тончайшей тетиве висят латунные элементы. Ему не ясно, что держит ее в вертикальном положении. Стереотипные конструктивные представления зрителя не дают ему объяснения факта существования композиции, более того, она (композиция) противоречит им. Опыт вступает в противоречие с наблюдаемым явле-

нием, наступает что-то вроде «интеллектуального шока». Ответ все же прост – невидимые глазу упругие силы позволяют преодолеть земное тяготение и заставляют стоять композицию вертикально. В композиции «Мёбиус-9» пространственная форма образуется из плоского, упругого, 262 просеченного листа латуни. И здесь пространственная форма, ее пластические характеристики – это в основном результат действия упругих свойств материала.

В «Мобилёре» Б. Стучебрюкова (1980) упругость и гибкость стальной 263 пружины использованы наиболее артистично. Скрытая от глаза зрителя механическая система кручения стальной полоски кольцевой формы превращает круг в ряд пространственных форм. При этом происходит чередование медленных эластичных и взрывообразных, катастрофических фаз изменений объекта. Композиция завораживает зрителя, несет медитативные функции.

Естественно, что моя теоретическая и художественная рефлексия на творчество В. Татлина не могла обойти стороной его всемирно известный «Памятник III Интернационала». Известно, что символы (а таковым для нас является «Башня» Татлина) имеют большую притягательную силу, становятся не только знаком времени, стиля, но и визитной карточкой их автора. Поэтому естественным было мое желание посвятить памяти В. Татлина одну из конструктивных композиций. «Космическая спираль» («Посвящается В. Татлину») – композиция, в 265 которой новыми конструктивными средствами (самонапряженная конструкция) мне хотелось выразить свое уважение к творчеству мастера и отметить незримую связь людей и времен.

Райнер Кроне/Давид Мос

Татлин и Флэйвин

«Метафорическое сравнение с глазом часто казалось способным предоставлять «привилегированный» язык для описания эпистемологической путаницы», – отмечал Фредрик Джеймсон, говоря о русском формализме и структурализме. И продолжал: «Именно так неоднократно характеризовали Маркс и Энгельс иллюзию идеализма – идею автономии культуры и надстройки в целом – как результат перевертывания, когда воспринимаемые глазом объекты отражаются на его сетчатке в перевернутом виде»[1]. Что касается объектов, которые определяются совершенно различными признаками и обусловленного этим (композиционного) смыслового значения, то тут встает вопрос: выявляется ли смысловое значение, исходя из их соотнесенности с соответствующими моментами в культуре и обществе, из взаимосвязей формы, или же исключительно на основе органически им присущих и отчетливо распознаваемых свойств?

О своих световых скульптурах из неоновых трубок Дэн Флэйвин сказал в 1966 году следующее: «Превалирует здесь физическая явленность трубки как предмета, занимающего свое место, независимо от того, включена она или нет. (Несмотря на то обстоятельство, что я делаю упор на реальность неонового света, я продолжаю ощущать, что составной термин «образ-предмет» лучше всего определяет характер использования мною данного художественного средства.)»[2] Рассматривая далее диалектическое соотношение структуры объектов и их восприятия (интерпретации), Флэйвин задается вопросом о границах формы и пределах пространства, занимаемого объектами. В какой момент – если это вообще случается – переходит существующая форма за очерчивающие ее границы и начинает оказывать – разворачиваясь и раскрываясь - несколько иное или более сильное воздействие на зрителя?

Благодаря использованию такого художественного средства, как цвет, произведения Флэйвина можно рассматривать как расширение сферы тех формальных поисков, которыми занимался в первые десятилетия нашего века Владимир Татлин. В серии работ, известных под названием «контррельефы», Татлин помещал конструктивистские формы в пространственные ситуации, которые предопределяли сложность этих

скульптурных работ, и подчеркивал лежащую в их основе неоднозначность конвенциональности и концептуальной взаимосвязи различных
материалов и форм. Угловой контррельеф 1914–1915 года (дерево, 98
железо, металл, проволока и т. д.), показанный в 1915 году на выставке «0,10» в Петрограде (кат. 132), как бы натянут между двумя плоскостями – прямоугольными стенами, и тем самым он аннулирует значимость этих стен как массивных несущих плоскостей, так что пространство, создаваемое самой конструкцией, становится главным. Нечто подобное и у Флэйвина – он также ставит под вопрос устойчивость и массивность стены как несущей структуры, и это обстоятельство играет свою роль во всех его световых работах.

Отталкиваясь от своих первых скульптур начала шестидесятых годов, состоящих из отдельных неоновых трубок, Флэйвин быстро определил конкретные концептуальные позиции, касающиеся значения и компоновки длинных трубок. Такое его произведение, как «Без названия (Барнетту Ньюмену в память о его простой проблеме красного, желтого и синего)» (1970), состояло из шести неоновых трубок длиной по 2,44 м – по две каждого цвета; вещь была установлена в углу, при этом горизонтальные трубки, смыкаясь со стенами, образовывали нечто вроде гипотенузы прямоугольного треугольника. Красный, желтый и синий цвета в скульптуре Флэйвина – это непосредственная ссылка на серию картин Ньюмена под названием «Кто боится красного, желтого и синего?» (1966–1967). Обе вертикально расположенные красные трубки в зависимости от высоты потолка того или иного выставочного зала можно раздвигать или сдвигать – так, чтобы они достигали потолка. Это стремление к всеохватности взаимосвязано с картинами Ньюмена, который использовал свои огромные горизонтальные цветовые плоскости ради попытки чисто физически передать зрителю ощущение трансцендентности. Помещая свою композицию в угол и раздвигая ее так, чтобы она доставала до потолка, Флэйвин преодолевает те обозначенные форматом вещи пределы, за которые так никогда и не смог выйти Ньюмен, поскольку взгляд неизбежно фиксирует границы поля картины. Флэйвин же посредством света мог насытить глаз цветом, не будучи вынужденным мириться с каким-либо четко очерченными границами.

Аналогичные трудности ощущал и Татлин в работе с таким художественным средством, как живопись, – системой коммуникации, которая втиснута в определяющие формат произведения границы картинного поля, находящего завершение в четырех углах холста, и которая не имеет выхода за эти пределы. Его контррельефы свидетельствуют о желании прорвать ровную плоскость картины и перешагнуть за границы холста. На выставке «0,10» Татлин показал в первый раз серию из двенадцати рельефов. Поскольку он не мог смириться с радикальными супрематистскими картинами Казимира Малевича, его контррельефы экспонировались в отдельном помещении. У входа в него находилась табличка с надписью: «Выставка профессиональных живописцев». Тот факт, что Татлин считал свои рельефы живописными работами, а не скульптурой, говорит о том, что их возникновение было обусловлено решением чисто живописных проблем, которые он не сумел согласовать с требованиями живописи, – в отличие от Малевича, нашедшего радикальный в формальном отношении ход.

В 1923 году Татлин развил свою концептуальную установку, шедшую вразрез с принципами обычной живописи. С 1923 по 1925 год он работал в Музее художественной культуры в Петрограде/Ленинграде, где он отстаивал ту точку зрения, что «краску-цвет» нужно рассматривать как самостоятельный материал. После тщательного изучения специфических свойств различных материалов он обобщил результаты своих исследований в точных дефинициях в системе понятий материальной культуры: «а) элементы материальной культуры (образцы: дерево, стекло, ткань, металл, краска и т. д.); б) подборы различных материалов (рельефы, контррельефы и т. д.); в) конструкции из материалов: частично уже имеющиеся, частично изготовленные в мастерской вещи – модель памятника, печь, посуда, одежда и т. д.»[3]

Этот углубленный подход к материалам и предметам определяет также установку Флэйвина по отношению к его первичному материалу – неоновым трубкам. Но Флэйвин, однако, идет дальше Татлина, поскольку он ориентируется в своей работе с художественным средством не столько на материальную, сколько на концептуальную сторону, его интерес обращен на все имплицитные смысловые значения света. Его использование световой трубки весьма отчетливо направлено на заданную функцию самого предмета, и благодаря отсутствию каких-либо манипулятивных действий базисная функциональность вещи переходит в иное качество, порождая новое смысловое значение. В то время как Татлин концентрирует свое внимание на фактуре и на органически присущих его материалам и объектам качествах, Флэйвину удается дематериализовать свое отношение к материалу и сосредоточить свой интерес не столько на самом объекте (неоновая трубка), сколько на его воздействии как произведения искусства в определенном контексте. «Весной 1963 года я ощутил, что уже настолько сжился со своими новыми работами, что пора с ними кончать. Отталкиваясь от недавно созданной схемы, я провозгласил возникновение «диагонали личного экстаза (диагональ 25 мая 1963 года)», обычной полосы длиной в два с половиной метра, светящейся неоновым светом любого цвета из тех, что есть в продаже 〈...〉 Не было буквально никакой нужды закреплять эту систему композиционно; создавалось впечатление самодостаточности ее бытия:

непосредственно, динамично и ярко жила она на стене моей мастерской – парящий и броский газоподобный образ, который своим ярким свечением будто обнаруживал факт своего физического присутствия в приближении к невидимому».

Флэйвин утверждает, что сама люминесцентная трубка не обязательно определяется своими материальными границами, а обнаруживает свою явленность в более широких рамках, изменяясь на стене в процессе рассматривания и находя свое продолжение в отражениях на полу и потолке. Способность менять форму и концептуальная гибкость этих световых скульптур очевидны. Флэйвин отмечал: «Я знаю, что могу повторить любую часть своей флюоресцентной системы в адекватном виде. Элементы или части этой системы просто изменяются в той или иной ситуации, когда она инсталлируется». В противоположность авангарду начала XX века, Флэйвин прибегает к синекдохе, с легкостью вводя в искусство современные материалы и ассимилируя в нем органически присущие им ценностные качества.

Флэйвин обогащает диалектику связи между объектом и ситуацией, в которой тот находится, между представлением, сложившимся ранее, и восприятием. Банальность художественного материала в его откровенной демонстрации явлена весьма внятно, но не подчеркивается, поскольку все «ссылки» на истинную функцию неоновой трубки – служить механизмом для освещения – скрыты. Расширение сферы значимости объекта в процессе его перехода в произведение искусства контролируется и регулируется в концептуальном направлении. Отдельным произведениям даются разнообразные поясняющие названия, из-за чего становится возможным возникновение сравнений и взаимосвязей по отношению к их интенции и смысловому значению. Некоторые названия, например, «Золотое, розовое и красное, красное» (1964) относятся исключительно к элементам скульптуры, в то же время другие, такие как «Без названия (Флэйвину Старбаку Джадду)» (1968) или же «Монумент 7 для В. Татлина» (1964), позволяют зрителю завязать более интимные отношения с произведением и ассоциативным путем также и с художником. Глубинность ассоциаций зависит от «ссылок», из которых одни могут быть знакомы зрителю, другие же – более «закрытые» – оставляют простор для догадок. Это отрицание специфичности сосуществует со способностью скульптуры приспосабливаться к пространству, в котором она находится, и тем самым реагировать на него.

То, чего Татлин интуитивно достиг в таких работах, как «Памятник III Интернационала», за счет раздвижения пространственных рамок, Флэйвин развил в более радикальном направлении посредством дематериализации, расширив поле действия и осознаваемую явленность классических границ. Благодаря своим утопическим масштабам, татлинский

«Памятник» порывает с классическими геометрическими правилами и утверждается в пространстве, замыкая в себе или создавая неправильные формы, а также замаскировывая во внешнем облике свойственную ему массивность и ставя, в конечном счете, под вопрос определение и очер-
269 тания пространства. В «Монументе Владимиру Татлину» (1968, Государственный музей Креллер-Мюллер, Оттерло) Флэйвин обращается к теме татлинской «Башни». Восемь неоновых трубок в точно соотнесенных пропорциях – такова конструкция световой башни Флэйвина. Зритель воспринимает центральную часть скульптуры как нечто массивное, и это впечатление еще более усиливается отражениями на полу. Две нижних трубки одинакового размера перекрывают друг друга на четверть своей длины; по этому принципу построена вся конструкция, поскольку остальные неоновые трубки каждый раз укорачиваются именно на эту длину. Верхние трубки составляют ровно одну четверть длины нижних. Такой чисто внешний конструктивный контраст с татлинской спиралью отнюдь не свидетельствует о некоей противоположности. Речь идет скорее о получившей дальнейшее развитие творческой разработке и выражении феномена решительного отказа от правил, свершившегося ранее, и это перенесено у Флэйвина в иное художественное средство. Конструктивно упорядоченная скульптура Флэйвина выстроена из элементов, которые представляют собой стандартные продукты массового производства, выпускающиеся в ограниченном наборе размеров; и такая скульптура разворачивает полный спектр своих значений там, где она являет себя зрителю в контролируемой ситуации, допускающей возникновение отражений и теней. Свет скрывает форму трубок подобно жидкости, переливающейся за материальные границы сосуда, и предстает взору зрителя, движущегося вокруг скульптуры, в постоянном течении и изменении.

Флэйвин сказал в 1967 году: «⟨...⟩ не рассматривайте мою работу как создание скульптуры, а меня как скульптора ⟨...⟩. Я не компоную и не делаю каких-либо объемных натюрмортов ⟨...⟩. Мне чужды проблемы скульптуры и живописи ⟨...⟩.» В двадцатые годы Татлин отошел от живописи, отказываясь также быть только скульптором, и разносторонние его занятия архитектурой, биологией, техникой и конструированием демонстрируют потребность художника не столько решать, сколько создавать формальные проблемы. То обстоятельство, что Флэйвин в 1964–1982 годах делал памятники Татлину, говорит о том, что он сумел оценить многогранную новаторскую деятельность Татлина. Творчество Флэйвина требует столь же динамичного и гибкого концептуального подхода.

Собранность, с которой Флэйвин осваивал художественные средства и материал, свидетельствует о его знакомстве с теми обширными исследованиями природы материалов, что были предприняты Татлиным, либо же об интуитивном их постижении. В 1924 году Татлин сделал два доклада, посвященных классификации материальной культуры; и уже в самих их названиях заложены такие содержательные моменты, которые были осмыслены лишь десятилетия спустя. Доклады – своего рода максимы, ориентированные на будущее, – были озаглавлены: «Форма как результат пространства-материала» и «Развитие восприятия пространства от новейших художественных течений до контррельефа»[4]. Именно компетентный анализ сопоставимых явлений современного искусства расширяет и углубляет понимание творчества такого художника, как Татлин. Несмотря на то, свершения обоих художников разделены временны́м интервалом в пятьдесят лет, несмотря на огромную несхожесть творческого окружения каждого из них, лишь искусство, может быть, способно преодолеть все преграды – временны́е, географические, политические – и выйти из-под диктата истории.

Примечания

1 Frederic Jameson. *The Prison-House of Language: A Critical Account of Structuralism and Russian Formalism*. Princeton, NJ: Princeton University Press, 1972, p. 206.
2 Это и все последующие высказывания Дэна Флэйвина цит. по буклету: *«monuments» for V. Tatlin. 1964–1982*. Rijksmuseum Kröller-Müller, Otterlo, 1985.
3 Протокол отчета, принятого на заседании постоянной комиссии Музея художественной культуры 3 сент. 1923 г. ЦГАЛИ, ф. 4340, оп. 1, ед. хр. 18, л. 13. Цитата дается в переводе с английского.
4 Названия докладов даются в переводе с английского.

Перевод с английского: Александр Варкентин/Ольга Мамонтова.

Anhang
Приложение

Über die Autoren — Об авторах

Abbildungsverzeichnis — Список иллюстраций

Personenregister — Указатель имен

Über die Autoren

Irina Arskaja
Geboren 1960 in Leningrad. Studium der Kunstgeschichte an der Universität Leningrad, wissenschaftliche Mitarbeiterin am Staatlichen Russischen Museum, St. Petersburg. Forschungsschwerpunkt: russische Avantgarde der zehner und zwanziger Jahre.

John E. Bowlt
Professor für Slawistik, Direktor des Institute of Modern Russian Culture an der University of Southern California, Los Angeles. Zahlreiche Veröffentlichungen zum russischen Symbolismus, Kubofuturismus und Konstruktivismus.

Marian Burleigh-Motley
Geboren in Dublin. Ph. D. am Institute of Fine Arts der New York University, Dozentin an der Princeton University, am Hunter College, an der City University of New York sowie am Institute of Fine Arts der New York University. Seit 1987 am Metropolitan Museum of Art, New York.

Martyn Chalk
Geboren 1945. Arbeitet als Bildhauer und lehrt am Humberside College of Higher Education in Hull. Seine Rekonstruktionen der Reliefs von Wladimir Tatlin sind international bekannt. Arbeiten in öffentlichen und privaten Sammlungen.

Rainer Crone
Geboren 1942. 1987–1991 Stellvertretender Direktor der Kunsthalle Düsseldorf. Ordentlicher Professor am Institut für Kunstgeschichte (Kunst des 20. Jahrhunderts) der Ludwig-Maximilians-Universität München und Honorarprofessor an der Columbia University, New York.

Magdalena Dabrowski
Geboren in Polen. M. A. und Ph. D. am Institute of Fine Arts der New York University. Associate Curator am Department of Drawings des Museum of Modern Art, New York. Zahlreiche Veröffentlichungen zur Kunst der russischen Avantgarde, zum Konstruktivismus, zu Mondrian und zur geometrischen Abstraktion.

Dmitri Dimakow
Geboren 1955. Architekt und Kunsthistoriker. Seit 1982 Dozent an der K.-A.-Sawizki-Kunstschule in Pensa.

Charlotte Douglas
Kunsthistorikerin. Associate Professor an der New York University. Forschungsschwerpunkt: russische Kunst des 20. Jahrhunderts. Zahlreiche Veröffentlichungen zur Avantgarde, u. a. zu Malewitsch, Herausgeberin einer englischen Ausgabe der Werke Welimir Chlebnikows.

Aleksandar Flaker
Geboren 1924 in Białystok (Polen). Studium an der Universität Zagreb, Professor an den Universitäten Zagreb und Wien. Zahlreiche Veröffentlichungen zur vergleichenden Literaturwissenschaft und zur russischen Avantgarde.

Valerie J. Fletcher
Kunstgeschichts- und Französischstudium am Connecticut College, New London, und an der Columbia University, New York. 1976–1978 wissenschaftliche Mitarbeiterin am Metropolitan Museum of Art, New York, seit 1978 am Hirshhorn Museum and Sculpture Garden, Washington D.C., dort seit 1989 Kuratorin für Skulptur. Zahlreiche Veröffentlichungen zur modernen Kunst.

Hubertus Gaßner
Geboren 1950. Studium der Kunstgeschichte, Philosophie und Soziologie, Promotion über ein Thema des russischen Konstruktivismus. 1980–1988 Hochschullehrer für Kunstwissenschaft an der Gesamthochschule Kassel, anschließend Ausstellungstätigkeit an der Schirn-Kunsthalle in Frankfurt a. M., seit 1989 Leiter des documenta-Archivs in Kassel. Veröffentlichungen zur sowjetischen Avantgarde.

Boris Groys
Geboren 1947. Studium der Mathematik und Philosophie an der Universität Leningrad, wissenschaftlicher Mitarbeiter an der Abteilung für strukturale Linguistik der Universität Moskau. 1981 Ausreise aus der Sowjetunion. Wissenschaftlicher Mitarbeiter am Philosophischen Institut der Universität Münster. Zahlreiche Veröffentlichungen zur russischen Kunst des 20. Jahrhunderts.

Pontus Hulten
Geboren 1921 in Stockholm. 1963–1973 Direktor des Moderna Museet, Stockholm. 1977–1981 Gründungsdirektor des Musée National d'Art Moderne im Centre Georges Pompidou, Paris, 1981–1983 Gründungsdirektor des Museum of Contemporary Art, Los Angeles, 1984 Gründungsdirektor des Institut des Hautes Etudes en Arts Plastiques, Paris, 1985 Direktor des neuen Palazzo Grassi, Venedig. 1990 Gründungsintendant der Kunst- und Ausstellungshalle der Bundesrepublik Deutschland, Bonn.

Wjatscheslaw Koleitschuk
Geboren 1941. Studium am Moskauer Architekturinstitut. Leiter der Abteilung Designtheorie am Forschungsinstitut für technische Ästhetik in Moskau. Arbeit als Künstler.

Alexandr Kowaljow
1944–1992. Studium der Kunstgeschichte an der Universität Moskau. A. Kowaljow war Sekretär des Künstlerverbandes der UdSSR.

Tatjana Ljuboslawskaja
Geboren 1958 in Leningrad. Studium der Kunstgeschichte an der Universität Leningrad, wissenschaftliche Mitarbeiterin am Staatlichen Russischen Museum, St. Petersburg. Forschungsschwerpunkt: russische Avantgarde der zehner und zwanziger Jahre.

Christina Lodder
Geboren 1948. Kunsthistorikerin, unterrichtet am Department of Art History der University of St. Andrews, Schottland. Autorin des Buches »Russian Constructivism«, Mitarbeit am Catalogue raisonné der Konstruktionen Naum Gabos,

Veröffentlichungen über die kulturellen Beziehungen zwischen Rußland und Deutschland.

Jean-Claude Marcadé
Directeur de recherche am Centre National de la Recherche Scientifique (CNRS), Paris. Autor des Buches »Le futurisme russe« (Paris, 1989), Herausgeber der gesammelten Schriften von Kasimir Malewitsch (in Französisch).

Nicoletta Misler
Geboren 1946 in Mailand. Studium an der Universität Mailand. Seit 1979 Dozentin für Geschichte der modernen Kunst Osteuropas an der Slawischen Abteilung des Istituto Universitario Orientale in Neapel.

David Moos
Studium der Kunstgeschichte und der modernen Literatur an der McGill University, Montreal, Promotion an der Columbia University, New York. Veröffentlichte zusammen mit Rainer Crone »Kazimir Malevich. The Climax of Disclosure« (1991).

Peter Nisbet
Daimler-Benz-Kurator am Busch-Reisinger Museum der Harvard University, Cambridge, Mass. 1987/88 organisierte er dort eine umfassende Lissitzkyausstellung, die in abgewandelter Form auch in Hannover und Halle gezeigt wurde.

Alexandr Parnis
Geboren 1938 in Dunajewzi. Studium an der Technischen Hochschule in Kiew und am Pädagogischen Institut in Stawropol. Literaturwissenschaftler, wissenschaftlicher Mitarbeiter am Institut für Weltliteratur in Moskau. Forschungsschwerpunkt: russische Literatur des frühen 20. Jahrhunderts.

Krisztina Passuth
Studium der Kunstgeschichte an der Universität Budapest, 1965 Promotion ebendort. Arbeitete in Budapest am Ungarischen Nationalmuseum sowie am Museum für Bildende Künste, dort als Leiterin der Abteilung für moderne Kunst. 1978 Mitorganisatorin der Ausstellung »Paris–Berlin« im Centre Georges Pompidou, Paris. 1987 Doktorwürde der Sorbonne. Zur Zeit Professorin für Kunstgeschichte an der Universität Budapest. Zahlreiche Veröffentlichungen zur europäischen Kunst der zwanziger Jahre.

Wassili Rakitin
Geboren 1939 in Moskau. Studium der Kunstgeschichte an der Universität Moskau. Forschungsschwerpunkt: russische Avantgarde des 20. Jahrhunderts. Mehrere Veröffentlichungen zu diesem Themenkreis, Mitorganisator verschiedener Ausstellungen. Lebt in Frankfurt a. M.

Jelena Rakitina
Geboren 1939 in Moskau. Studium der Kunstgeschichte an der Universität Moskau. Forschungsschwerpunkt: russische und sowjetische Kunst der zehner bis dreißiger Jahre, dabei besonderes Interesse an Bühnenbildnerei. Lebt in Frankfurt a. M.

Hans-Peter Riese
Geboren 1941. Studium der Philosophie, Soziologie und Geschichte. Kunstkritiker, Korrespondent in Moskau, gegenwärtig Chefredakteur Hörfunk beim Hessischen Rundfunk, Frankfurt a. M. Artikel und Bücher zum Problem der

konstruktiven Kunst und der russischen Avantgarde.

Marco Rosci
Geboren 1928 in Novara. Studium der Literatur- und Kunstgeschichte an der Universität Mailand. 1967–1972 Professor für Kunstkritik in Mailand, seit 1973 Professor für Kunstgeschichte an der Universität Turin. Kunstkritiker von »La Stampa«, Turin.

Ljubow Rudnewa
Geboren 1914. Kunsthistorikerin und Schriftstellerin. Zahlreiche Buch- und Zeitschriftenveröffentlichungen, u. a. über Meierhold und die Kunst und Kultur der dreißiger Jahre.

Dmitri Sarabjanow
Geboren 1923 in Moskau. Studium der Kunstgeschichte an der Universität Moskau. Dort seit 1960 Dozent und seit 1972 Professor für russische und sowjetische Kunstgeschichte; seit 1987 korrespondierendes Mitglied der Akademie der Wissenschaften. Forschungsschwerpunkt: russische Malerei des 19. und 20. Jahrhunderts. Autor mehrerer bedeutender Monographien.

Radu Stern
Geboren 1951. Dozent für Kunstgeschichte des 20. Jahrhunderts an der Universität Lausanne. Mehrere Veröffentlichungen zu Tatlin in »Arta«, »Casabella« und »Arts Magazine«.

Anatoli Strigaljow
Geboren 1924 in Leningrad. Studium am Moskauer Architekturinstitut. Mitarbeiter des Kunstwissenschaftlichen Forschungsinstituts in Moskau. Forschungsschwerpunkt: russische bildende Kunst und Architektur des ersten Drittels des 20. Jahrhunderts. Zahlreiche Veröffentlichungen zu Tatlin.

Irina Subotić
Geboren 1941 in Belgrad. Kuratorin für bildende Kunst am Nationalmuseum in Belgrad. Forschungsschwerpunkt: Kunst des 20. Jahrhunderts, insbesondere die Beziehungen zwischen den europäischen Avantgardebewegungen der zwanziger Jahre.

Flora Syrkina
Geboren 1920 in Iwanowo. Studium am Moskauer Institut für Philosophie, Literatur und Geschichte und an der Universität Moskau. 1945–1948 Aspirantur an der Staatlichen Tretjakowgalerie, Moskau. 1948–1988 wissenschaftliche Mitarbeiterin am Forschungsinstitut für Theorie und Geschichte der bildenden Kunst der Akademie der Künste der UdSSR.

Abbildungsverzeichnis

Titelseite
Wladimir Tatlin
Matrose, 1911
Tempera auf Leinwand, 71,5 × 71,5 cm
Staatliches Russisches Museum,
St. Petersburg

S. 18
Sarra Lebedewa
Porträt Wladimir Tatlin (Detail), 1943
Bronze
Staatliche Tretjakowgalerie, Moskau
Photo: Archiv Anatoli Strigaljow

S. 20 links
Wladimir Tatlin
Bildnis eines Malers, 1913
Öl auf Leinwand, 104 × 88 cm
Gebietsmuseum der bildenden Künste,
Kostroma
Photo: Archiv Anatoli Strigaljow

S. 20 rechts
Wladimir Tatlin
Illustration zum Sammelband »Gebetbuch der drei« (zu David Burljuks Gedicht »Sonnenuntergang - Maler mit breitem Pinsel . . .«), 1913
Lithographie, 20 × 16,5 cm
Photo: Archiv Anatoli Strigaljow

S. 22 oben
Tatlin spielt Bandura
Photographie um 1910

S. 22 unten
Tatlin (stehend, 2. v. r.) auf See
Photographie um 1910

S. 31
Wladimir Tatlin
Blaues Konterrelief, 1914
Holz, Metall, Leder, Farbe,
79,5 × 44 cm
Privatsammlung, München
Photo: Archiv Jean-Claude Marcadé

S. 40
Kasimir Malewitsch
Aviator, 1914
Öl auf Leinwand, 125 × 65 cm
Staatliche Tretjakowgalerie, Moskau
Photo: Archiv Hubertus Gaßner

S. 41
Wladimir Tatlin
Skizze des Denkmals der Dritten Internationale, 1919
Verbleib unbekannt
Photo: Zentrales Staatliches Bachruschinmuseum für Theatergeschichte, Moskau

S. 44
Wladimir Tatlin
Akt, 1913
Öl auf Leinwand, 104,5 × 130 cm
Staatliches Russisches Museum,
St. Petersburg

S. 45 links
Wladimir Tatlin
Materialkombination, 1916
Holz, Blech, 100 × 64 cm
Verbleib der abgebildeten Variante unbekannt; endgültige Variante: Staatliche Tretjakowgalerie, Moskau
Repr. nach: »Tatlin«, ed. by L. A. Zhadova, New York: Rizzoli, 1988

S. 45 rechts
Wladimir Tatlin
Konterrelief, 1915–1920
Holz, Glas, Konservendose usw.
Verbleib unbekannt
Repr. nach: Camilla Gray, »Die russische Avantgarde der modernen Kunst 1863–1922«, Köln: DuMont, 1963

S. 46 oben
Schlittengestell, Ende der 20er Jahre (zwei Varianten; unter Anleitung Tatlins im Moskauer Wchutein hergestellt)
Ahorn
Verbleib unbekannt
Repr. nach: »Tatlin«, ed. by L. A. Zhadova, New York: Rizzoli, 1988

S. 46 unten
N. Rogoschin (unter Anleitung Tatlins)
Modell eines Stuhles, 1927
Ahorn, Stoff
Verbleib unbekannt
Repr. nach: Camilla Gray, »Die russische Avantgarde der modernen Kunst 1863–1922«, Köln: DuMont, 1963

S. 47
Alexei Sotnikow (unter Anleitung Tatlins)
Trinkgefäß für Kleinkinder (erste Variante), 1930
Glasiertes Steingut, Durchmesser 7,5 cm
Privatsammlung, Moskau
Repr. nach: »Tatlin«, ed. by L. A. Zhadova, New York: Rizzoli, 1988

S. 48
Segelschiff, auf dem Tatlin zur See fuhr
Photographie um 1900–1910
Zentrales Staatsarchiv für Literatur und Kunst, Moskau

S. 49
Pjotr Mituritsch
Illustration zum Sehvorgang, 1918
Repr. in: »Vestnik narodnogo prosveščenija sojuza kommun Severnoj oblasti«, Peterburg, Nr. 4/5, September/Oktober 1918

S. 50
Michail Larionow
Illustration zum Sammelband »Weltvomende«, 1912
Lithographie, 18,6 × 15 cm
© VG Bild-Kunst, Bonn 1993

S. 51
Pawel Kusnezow
Teppichknüpferinnen, 1915/16
Öl auf Leinwand, 78 × 87,5 cm
Privatsammlung, Moskau
Photo: Archiv Hubertus Gaßner

S. 56
Wladimir Tatlin
Darstellung der Position des Piloten im Letatlin, um 1932
Verbleib unbekannt
Repr. in: »Brigada chudožnikov«, 1932, Nr. 6

S. 66 links
Johannes Itten
Studie zum »Turm des Feuers«, 1919
Tusche auf Papier, 28 × 21,5 cm
Privatsammlung
© VG Bild-Kunst, Bonn 1993
Photo: Archiv DuMont Buchverlag

S. 66 rechts
Johannes Itten
Turm des Feuers, 1922/1971
Konstruktion 1971 im Auftrag der Kunsthalle Nürnberg: Holz, Plexiglas (Verschollenes Original: Holz, Glas, Metall, Höhe 360 cm)
© VG Bild-Kunst, Bonn 1993
Photo: Archiv DuMont Buchverlag

S. 72 links
Unter Leitung von Dmitri Dimakow an der Kunstschule Pensa geschaffene Reproduktion eines Eck-Konterreliefs (1915) von Wladimir Tatlin, 1985/86
Eisen, Aluminium, Lewkas, Farbe,

65,5 × 118 × 70 cm
Kunstschule Pensa
Photo: Dmitri Dimakow

S. 72 rechts
Unter Leitung von Dmitri Dimakow an der Kunstschule Pensa geschaffene Reproduktion eines Konterreliefs (1914) von Wladimir Tatlin, 1985/86
Eisen, Holz, 129 × 126 × 45 cm
Kunstschule Pensa
Photo: Dmitri Dimakow

S. 73 oben links
Unter Leitung von Dmitri Dimakow an der Kunstschule Pensa geschaffene Realisierung des Kostümentwurfs »Kummer« (1923) von Wladimir Tatlin, 1985/86
Stoff, Holz, Eisen, Karton, Farbe
Russische Gesellschaft für künstlerische Produktion (RChPO), Moskau
Photo: Dmitri Dimakow

S. 73 oben rechts
Unter Leitung von Dmitri Dimakow an der Kunstschule Pensa geschaffene Realisierung des Kostümentwurfs »Lachen« (1923) von Wladimir Tatlin, 1985/86
Stoff, Holz, Eisen, Kupfer, Messing, Karton, Farbe
Russische Gesellschaft für künstlerische Produktion (RChPO), Moskau
Photo: Dmitri Dimakow

S. 73 unten
Unter Leitung von Dmitri Dimakow an der Kunstschule Pensa in Form eines Modells geschaffene Realisierung des Entwurfs »Denkmal der Dritten Internationale« (1919) von Wladimir Tatlin, 1986/87
Karton, Holz, Papier, Farbe, 96 × 65 × 68,7 cm
Russische Gesellschaft für künstlerische Produktion (RChPO), Moskau
Photo: Dmitri Dimakow

S. 79 oben
Modell des Denkmals der Dritten Internationale von Wladimir Tatlin, ausgeführt von Ed Schiesser, Ben Snouffer, Jim Reuter und Dave Paper, 1983
Aluminium, gestrichen, Fiberglas, Plexiglas, Klebeband, Metallgetriebe, Elektromotor, elektrische Beleuchtung, 267 × 175 × 203 cm, Sockel 46 × 190 × 221 cm
Hirshhorn Museum and Sculpture Garden, Smithsonian Institution, Washington, D. C.
Photo: HMSG

S. 79 unten
Das am Hirshhorn Museum geschaffene Modell des Denkmals der Dritten Internationale mit den erleuchteten Innenelementen in Rotation
Photo: HMSG

S. 88
Titelseite der Zeitschrift »Zenit«, Zagreb, Nr. 11, Februar 1922
Nationalmuseum, Belgrad
Photo: M. Jeremić, Belgrad

S. 90
Plakat für den »Großen Zenitistischen Abend« am 31. Januar 1923
Nationalmuseum, Belgrad
Photo: M. Jeremić, Belgrad

S. 95
Von Martyn Chalk geschaffene Rekonstruktion eines Konterreliefs (1915) von Wladimir Tatlin, 1966–1970
Holz, Eisen, Draht, 78,5 × 80 × 70 cm
Courtesy Annely Juda Fine Art, London
Photo: Archiv Martyn Chalk

S. 97
Von Martyn Chalk geschaffene Rekonstruktion eines Eck-Konterreliefs (1915) von Wladimir Tatlin, 1966–1970
Eisen, Zink, Aluminium, 78,8 × 154 × 76 cm

Courtesy Annely Juda Fine Art,
London
Photo: Archiv Martyn Chalk

S. 98
Von Martyn Chalk geschaffene Rekonstruktion eines Eckreliefs (1915) von Wladimir Tatlin (Detail), 1980/81
Metall, Holz u. a., 225 × 232 × 82 cm
Courtesy Annely Juda Fine Art,
London
Photo: Archiv Martyn Chalk

S. 102
Weißer Saal des Mjatlew-Hauses,
St. Petersburg, Isaaksplatz (ehemals Veranstaltungsraum des Petrograder Museums für Künstlerische Kultur), wo im Mai 1923 Welimir Chlebnikows Stück »Sangesi« aufgeführt wurde
Ansicht um 1980
Photo: Archiv Irina Arskaja/Tatjana Ljuboslawskaja

S. 103
Tatlin (in der Mitte) mit Darstellern des Stückes »Sangesi« auf der Bühne im Mjatlew-Haus (Nikolai Punin und Lew Jakubinski sitzend links), 1923
Zentrales Staatsarchiv für Literatur und Kunst, Moskau

S. 104
Wladimir Tatlin
Bühnenbildentwurf zu »Sangesi«, 1923
Bleistift auf Papier, 34,5 × 50,8 cm
Zentrales Staatliches Bachruschin-museum für Theatergeschichte,
Moskau
Photo: Archiv Irina Arskaja/Tatjana Ljuboslawskaja

S. 105
Wladimir Tatlin
Bühnenbildentwurf zu »Sangesi«, 1923
Kohle auf Papier, 55 × 76 cm
Staatliches Russisches Museum,
St. Petersburg
Photo: Archiv Irina Arskaja/Tatjana Ljuboslawskaja

S. 109
Michail Larionow
Studie zu einem Porträt Wladimir Tatlins, 1911 (1908?)
Öl auf Leinwand, 76,8 × 59,1 cm
Privatsammlung

Photo: Archiv Alexandr Kowaljow

S. 110
Michail Larionow
Porträt Wladimir Tatlin, 1913
Öl auf Leinwand, 90 × 72 cm
Musée National d'Art Moderne, Paris

Photo: Archiv Alexandr Kowaljow

S. 112 oben
Michail Larionow
Rayonistische Studie
(Roter Rayonismus), 1914
Gouache auf Karton, 27 × 33 cm
Privatsammlung

Photo: Archiv Alexandr Kowaljow

S. 112 unten
Wladimir Tatlin
Bühnenbildentwurf zur Oper »Der fliegende Holländer« (Schiffsdeck), 1915–1918
Kohle auf Papier, 89 × 70,7 cm
Zentrales Staatliches Bachruschin-museum für Theatergeschichte,
Moskau
Photo: Archiv Alexandr Kowaljow

S. 113 oben
Viktor Bart
Kreuzigung, 1911
Photo: Archiv Alexandr Kowaljow

S. 113 unten
Michail Le Dantu
Akt, 1912
Photo: Archiv Alexandr Kowaljow

S. 119
Wladimir Tatlin
Sitzende Figur in Vorderansicht,
um 1913

Blatt 76 in einem Skizzenbuch,
43 × 26 cm
Zentrales Staatsarchiv für Literatur und Kunst, Moskau
Repr. nach: »Tatlin«, ed. by L. A. Zhadova, New York: Rizzoli, 1988

S. 121 links
Pablo Picasso
Stilleben, 1913
Holz, Papier
Zerstört
Repr. in: »Les Soirées de Paris«, Nr. 18, 15. November 1913
© VG Bild-Kunst, 1993
Photo: Archiv Magdalena Dabrowski

S. 121 rechts
Wladimir Tatlin
Materialkombination, 1914
Stuck, Glas, Eisen, Goudron
Verbleib unbekannt
Photo: Archiv Magdalena Dabrowski

S. 122
Atelier von Georges Braque (Hôtel Roma, Paris, Rue Caulincourt 101) mit seiner einzigen dokumentierten Papierplastik (vollendet nach dem 18. Februar 1914)
© VG Bild-Kunst, 1993
Repr. nach: W. Rubin, »Picasso and Braque. Pioneering Cubism«, The Museum of Modern Art, New York, 1989

S. 123
Wladimir Tatlin
Eck-Konterrelief, 1915
Eisen, Aluminium, Lewkas
Verbleib unbekannt
Repr. in: N. Punin, »Tatlin (Protiv kubizma)«, Petrograd, 1921
Photo: Archiv Magdalena Dabrowski

S. 127 links
Giacomo Balla
Farbiger plastischer Komplex von Höllenlärm + Tanz + Fröhlichkeit, um 1915
Spiegel, Stanniol, Talk, Pappe, Draht
Zerstört
Repr. im Manifest »Ricostruzione futurista dell'universo«, Mailand, 1915
Photo: Rheinisches Bildarchiv, Köln

S. 127 rechts
Giacomo Balla
Farbiger plastischer Komplex von Linienenergien, um 1915
Pappe, Wolle, roter Faden, gelber Faden
Zerstört
Repr. im Manifest »Ricostruzione futurista dell'universo«, Mailand, 1915
Photo: Rheinisches Bildarchiv, Köln

S. 130
Wladimir Tatlin
Kopie eines Freskos (12. Jh.) aus der St.-Georgs-Kirche in Staraja Ladoga, 1906–1910
Aquarell, weiße Farbe auf Transparentpapier, auf Papier geklebt,
24 × 15,5 cm
Zentrales Staatsarchiv für Literatur und Kunst, Moskau

S. 132 links
Detail einer Ikone aus Nowgorod, 15. Jh.
Photo: Archiv Anatoli Strigaljow

S. 132 rechts
Von Sergei Tschechonin nach einem Entwurf Tatlins (Kostümentwurf »Zarewitsch«, 1911, für das Theaterstück »Zar Maximilian und sein widerspenstiger Sohn Adolf«) bemalter Teller, 1923
Porzellan, Aufglasurfarben, Durchmesser 23 cm
Museum des St. Petersburger Porzellanwerks
Photo: Archiv Anatoli Strigaljow

S. 133 links
Detail eines Freskos in der Prophet-Elias-Kirche in Jaroslawl, 1680
Photo: Archiv Anatoli Strigaljow

S. 133 rechts
Wladimir Tatlin
Mann, eine Streichholzschachtel aufhebend, 1910
Tusche auf Papier auf Karton, 25,8 × 18 cm
Staatliche Tretjakowgalerie, Moskau
Photo: Archiv Anatoli Strigaljow

S. 134
Fresko in der Auferstehungskirche in Tutajew bei Jaroslawl, um 1680
Photo: Archiv Anatoli Strigaljow

S. 135
Tatlin mit Mitarbeitern neben dem Modell des Denkmals der Dritten Internationale, um 1920
Photo: Archiv Anatoli Strigaljow

S. 138
Wladimir Tatlin
Nelken, 1908
Öl auf Leinwand, 73,5 × 66,5 cm
Staatliches Russisches Museum, St. Petersburg

S. 139 oben
Michail Larionow
Durch das Netz, 1905
Öl auf Leinwand, 58 × 69 cm
Staatliche Tretjakowgalerie, Moskau

Photo: Archiv Dmitri Sarabjanow

S. 139 unten
Wladimir Tatlin
Sitzende Gestalt, 1909
Aquarell und Gouache auf Papier, 26 × 22 cm
Zentrales Staatsarchiv für Literatur und Kunst, Moskau

S. 140
Pawel Filonow
Westen und Osten, 1912/13
Öl, Tempera, Gouache auf Papier, 39,5 × 46 cm
Staatliches Russisches Museum, St. Petersburg
Photo: M.W. Skomoroch

S. 141
Wladimir Tatlin
Fischverkäufer, 1911
Leimfarbe auf Leinwand, 76 × 98 cm
Staatliche Tretjakowgalerie, Moskau

S. 142
Kasimir Malewitsch
Ein Engländer in Moskau, 1914
Öl auf Leinwand, 88 × 57 cm
Stedelijk Museum, Amsterdam
Photo: Archiv Dmitri Sarabjanow

S. 143
Wladimir Tatlin
Kompositionsanalyse (Skizze), 1913
Graphitstift und Gouache auf Papier, 49 × 33 cm
Sammlung Anna Kapiza, Moskau

S. 146 links
Wladimir Tatlin
Matrose, 1911
Tempera auf Leinwand, 71,5 × 71,5 cm
Staatliches Russisches Museum, St. Petersburg

S. 146 rechts
Wladimir Tatlin im Jahre 1916
Photographie
Zentrales Staatsarchiv für Literatur und Kunst, Moskau

S. 147 oben
Stadtplan von St. Petersburg, Ausschnitt: Petersburger (heute Petrograder) Seite, Alexanderpark; Nr. 133: Standort des »Stereguschtschi«-Denkmals von Konstantin Isenberg
Repr. aus: Karl Baedeker, »Russia«, Leipzig, 1914

S. 147 unten
Konstantin Isenberg
Denkmal zum Untergang der »Stereguschtschi«, 1911
Photographie von der Einweihung des Denkmals in Anwesenheit Zar Nikolaus' II.
Repr. nach: »Niva«, XLII, Nr. 21, 15. Mai 1911

S. 157 links
Wladimir Tatlin
»Kummer« (Kostümentwurf zu »Sangesi« von Welimir Chlebnikow), 1923
Kohle auf Papier auf Karton, 54,6 × 37,6 cm
Zentrales Staatliches Bachruschin-museum für Theatergeschichte, Moskau
Photo: Archiv Irina Arskaja/Tatjana Ljuboslawskaja

S. 157 rechts
Wladimir Tatlin
»Lachen« (Kostümentwurf zu »Sangesi« von Welimir Chlebnikow), 1923
Kohle auf Papier auf Karton, 54,6 × 37,6 cm
Zentrales Staatliches Bachruschin-museum für Theatergeschichte, Moskau
Photo: Archiv Irina Arskaja/Tatjana Ljuboslawskaja

S. 160
Szene aus »Sangesi«, Photographie von der Aufführung am 9. Mai 1923 im Museum für Künstlerische Kultur (im Mjatlew-Haus), Petrograd
Photo: Archiv Irina Arskaja/Tajana Ljuboslawskaja

S. 161
Nikolai Lapschin
Illustration zu Nikolai Punins Artikel »Über Sangesi«, erschienen in »Žizn' iskusstva«, 1923, Nr. 20
Photo: Archiv Irina Arskaja/Tatjana Ljuboslawskaja

S. 168 oben
Wladimir Tatlin
Collage zu Juri Janowskis (Pseud.: Jurtschenko) Essay »Des Meisters Geschichte« (über Alexandr Dowschenkos Film »Die Tasche des diplomatischen Kuriers«), 1927
Repr. in: »Kino«, Kiew, 1927, Nr. 5
Photo: Alexandr Parnis

S. 168 unten
Wladimir Tatlin
Zeichnung nach Motiven aus dem Film »Borislaw lacht« (nach der Erzählung von Iwan Franko), 1927
Repr. in »Kino«, Kiew, 1927, Nr. 9
Photo: Alexandr Parnis

S. 173 links
Wladimir Tatlin
Der Verkäufer von Seemanns-uniformen, 1910
Aquarell, Gouache, Tusche auf Karton, 32 × 20 cm
Staatliches Radischtschew-Kunst-museum, Saratow

S. 173 rechts
Wladimir Tatlin
Seemannsuniformen, kurz nach 1910
Aquarell und Gouache auf Papier, 65,6 × 53 cm
Zentrales Staatliches Bachruschinmu-seum für Theatergeschichte, Moskau

S. 174
Wera Pestel
Tatlin und seine Bandura, 1916
Verbleib unbekannt
Repr. als Postkarte, 14 × 9 cm
Photo: Nicoletta Misler

S. 175
Wladimir Tatlin
Matrose, 1912
Lithographie (Postkarte), 14 × 9,3 cm
Sammlung Dmitri Sarabjanow, Moskau

S. 176 links
Wladimir Tatlin
Entwurf eines Herrenmantels, 1923
Bleistift auf Papier, 62 × 39,5 cm
Zentrales Staatliches Bachruschin-museum für Theatergeschichte, Moskau

S. 176 rechts
Wladimir Tatlin
»Der Steuermann« (Kostümentwurf

zur Oper »Der fliegende Holländer«), 1915–1918
Bleistift auf Transparentpapier, 63,6 × 37,1 cm
Zentrales Staatliches Bachruschinmuseum für Theatergeschichte, Moskau

S. 177
Wladimir Tatlin
Mast (Bühnenbildentwurf zur Oper »Der fliegende Holländer«), 1915–1918
Kohle auf Papier, 73,5 × 51 cm
Zentrales Staatliches Bachruschinmuseum für Theatergeschichte, Moskau

S. 178
Wladimir Tatlin
»Der Wald« (Bühnenbildentwurf für den 4. Akt der Oper »Iwan Sussanin« [»Ein Leben für den Zaren«] von Michail Glinka), 1913/14
Leimfarbe auf Karton, 54,4 × 95,5 cm
Staatliche Tretjakowgalerie, Moskau
Repr. nach: »Tatlin«, ed. by L. A. Zhadova, New York: Rizzoli, 1988

S. 179 oben
Wladimir Tatlin
Bühnenbildmaquette zu »Sangesi« von Welimir Chlebnikow, 1923
Verbleib unbekannt
Repr. in: »Russkoe iskusstvo«, 1923, Nr. 1

S. 179 unten links
Zeichnung des Modells des Denkmals der Dritten Internationale von Wladimir Tatlin (Pause nach einer Photographie)
Repr. in: Ilja Ehrenburg, »Und sie bewegt sich doch«, Berlin Moskau: Helikon, 1922

S. 179 unten rechts
Wladimir Tatlin
Bühnenbildentwurf zu »Sangesi« von Welimir Chlebnikow, 1923
Bleistift und Tusche auf Papier, 24,9 × 31 cm
Zentrales Staatliches Bachruschinmuseum für Theatergeschichte, Moskau
Repr. nach: »Tatlin«, ed. by L. A. Zhadova, New York: Rizzoli, 1988

S. 180 oben
Wladimir Tatlin
Bühnenbild zum »Komödianten des 17. Jahrhunderts« von Alexandr Ostrowski
Photographie der Aufführung des Zweiten Moskauer Akademischen Künstlertheaters, 1935
Repr. nach: »Tatlin«, ed. by L. A. Zhadova, New York: Rizzoli, 1988

S. 180 unten
Wladimir Tatlin
Umschlag zu Sergei Sergels Buch »Auf einem Segelschiff«, 1929
Zinkographie, 21,9 × 14,2 cm
Repr. nach: »Tatlin«, ed. by L. A. Zhadova, New York: Rizzoli, 1988

S. 181
Wladimir Tatlin
Bühnenbildentwurf zu »Sangesi« von Welimir Chlebnikow, 1923
Kohle auf Papier, 55 × 76 cm
Staatliches Russisches Museum, St. Petersburg

S. 182
Wladimir Tatlin
Schiffsdeck (Bühnenbildentwurf zur Oper »Der fliegende Holländer«), 1915–1918
Öl auf Leinwand, 87 × 156 cm
Zentrales Staatliches Bachruschinmuseum für Theatergeschichte, Moskau

S. 187
Raoul Hausmann
Tatlin zu Hause, 1920
Collage, 41 × 28 cm
Verbleib unbekannt (Eigentum des Moderna Museet, Stockholm)

S. 188
Raoul Hausmann und Hannah Höch
1920 bei der Dadamesse in Berlin
Photo: Christie's/A. C. Cooper, London

S. 190/191
Wladimir Tatlin
Umschlag und sieben Illustrationen (»Drittens«, »Viertens«, »Viertens« [zweite Abbildung], »Fünftens«, »Siebtens«, »Achtens«, »Neuntens«) von neun zu Daniil Charms' Kinderbuch »Erstens und zweitens«, 1929
Zinkographien, 26,5 × 20 cm

S. 192
Wladimir Tatlin
Illustration zum Sammelband »Gebetbuch der drei« (zu Wladimir Majakowskis Gedicht »Lest eiserne Bücher . . .« [»Ladenschilder«]), 1913
Lithographie, 21 × 17,6 cm

S. 193
Wladimir Tatlin
Umschlag zu der Anthologie »Begegnung am Scheideweg« (Gedichte von Michail Semenko, Geo Schkurupi, Mikola Baschan), 1927
Zinkographie
Repr. nach: »Tatlin«, ed. by L. A. Zhadova, New York: Rizzoli, 1988

S. 198
El Lissitzky
Tatlin bei der Arbeit am Denkmal der Dritten Internationale, 1921/22
Aquarell, Tusche, Graphit und Collage auf Papier,
29,2 × 22,8 cm
Sammlung Mr. und Mrs. Eric Estorick, London
© VG Bild-Kunst, Bonn 1993
Photo: Archiv DuMont Buchverlag

S. 213
Pablo Picasso
Glas, 1914
Bemaltes Blech, Nägel, Holz,
15 × 23 × 10 cm
Musée Picasso, Paris
© VG Bild-Kunst, Bonn 1993
© Photo: R. M. N., Paris

S. 215 links
Kasimir Malewitsch
Sieg (Entwurf eines Prospekts für die Oper »Sieg über die Sonne« von Michail Matjuschin und Alexei Krutschonych), 1915
Bleistift auf Papier
Staatliches Literaturmuseum, Moskau
Photo: Archiv Charlotte Douglas

S. 215 rechts
Kasimir Malewitsch
»Zukünftlerischer Kraftmensch« (Kostümentwurf zu »Sieg über die Sonne«), 1915
Bleistift auf Papier
Staatliches Literaturmuseum, Moskau
Photo: Archiv Charlotte Douglas

S. 226 oben links
Laszlo Moholy-Nagy
Relief mit h, um 1921
Materialassemblage
Verbleib unbekannt
Photo: Archiv Krisztina Passuth

S. 226 oben rechts
Laszlo Moholy-Nagy
Relief mit s, um 1922
Materialassemblage
Verbleib unbekannt
Repr. in einem Katalog der Galerie »Der Sturm«, Berlin, 1922
Photo: Archiv Krisztina Passuth

S. 226 unten links
Laszlo Moholy-Nagy
Holzstatue, 1921
Verbleib unbekannt
Repr. in einem Katalog der Galerie »Der Sturm«, Berlin, 1922
Photo: Archiv Krisztina Passuth

S. 226 unten rechts
Laszlo Moholy-Nagy
Nickelplastik, 1921
Eisen, Nickel, Höhe 36,5 cm

The Museum of Modern Art,
New York
Photo: Archiv Krisztina Passuth

S. 232
Naum Gabo
Construction en creux, 1919
Karton, Holz
Verbleib unbekannt
Repr. in: »Egység«, 1922, Nr. 2
Photo: Archiv Christina Lodder

S. 234
Naum Gabo
Construction en creux, 1921
Plastik, Holz
Verbleib unbekannt, ehemals Sammlung Comte de Noailles
© Photo: Nina und Graham Williams

S. 235
Naum Gabo
Reliefkonstruktion, 1921
Glas, Trolith, Galalith und Zelluloid auf schwarzem Grund (Metall?)
Vermutlich zerstört
© Photo: Nina und Graham Williams

S. 237
Naum Gabo
Säule, 1922
Glas (später durch Plexiglas ersetzt), Metall, Holz, 105,3 × 73,6 × 73,6 cm
The Solomon R. Guggenheim Museum, New York
© Photo: Nina und Graham Williams

S. 244
Wladimir Tatlin
Porträt Ljubow Rudnewa (Feigelman), 1936
Bleistift auf Papier
Sammlung Ljubow Rudnewa, Moskau
Photo: Ljubow Rudnewa

S. 245
Wladimir Tatlin
Porträt Welimir Chlebnikow (Frontispiz der »Unveröffentlichten Werke« von W. Chlebnikow, hg. v. von Nikolai Chardschijew und T. Griz), 1940
Zinkographie, 15,7 × 9,9 cm
Repr. nach: »Tatlin«, ed. by L. A. Zhadova, New York: Rizzoli, 1988

S. 260 oben
Wjatscheslaw Koleitschuk
Glasprisma, 1983
Selbstcollage
Photo: Wjatscheslaw Koleitschuk

S. 260 unten
Wjatscheslaw Koleitschuk
Landschaft im klassischen Stil, 1985
Selbstcollage
Photo: Wjatscheslaw Koleitschuk

S. 262 links
Wjatscheslaw Koleitschuk
Stehender Faden, 1978
Messing, Stahldraht
Photo: Wjatscheslaw Koleitschuk

S. 262 rechts
Wjatscheslaw Koleitschuk
Möbius-9, 1975
Poliertes Messing, 38 × 56 × 17 cm
Photo: Wjatscheslaw Koleitschuk

S. 263
B. D. Stutschebrjukow
Mobiljor, 1980 (zwei Zustände)
Stahl, Elektromotor,
Durchmesser 41 cm
Photos: Wjatscheslaw Koleitschuk

S. 265
Wjatscheslaw Koleitschuk
(mit W. Stepanow und W. Galkin)
Kosmische Spirale
(W. Tatlin gewidmet), 1972
Photo: Wjatscheslaw Koleitschuk

S. 269
Dan Flavin
Monument for Vladimir Tatlin, 1968
Weiße Leuchtstoffröhren,
Breite 400 cm
Rijksmuseum Kröller-Müller, Otterlo
© VG Bild-Kunst, Bonn 1993
© Photo: Rijksmuseum Kröller-Müller/E. M. J. Heuker of Hoek

Об авторах

Ирина Арская
Род. в 1960 г. в Ленинграде. Окончила Ленинградский гос. университет, искусствовед. Научный сотрудник Гос. Русского музея в Санкт-Петербурге. Занимается историей русского авангарда 1910–1920-х гг.

Мэриэн Берли-Мотли
Род. в Дублине. Получила звание доктора философии в Институте изящных искусств при Нью-йоркском университете. Преподавание в Университете Принстона, Колледже Хантер, в Городском университете Нью-Йорка, а также в Институте изящных искусств Нью-йоркского университета. С 1987 г. сотрудник Музея Метрополитен в Нью-Йорке.

Джон Э. Боулт
Профессор славистики, директор института современной русской культуры при университете Южной Калифорнии, Лос-Анджелес. Многочисленные работы о русском символизме, кубофутуризме и конструктивизме.

Хубертус Гаснер
Род. в 1950 г. Изучал историю искусств, философию и социологию, защитил диссертацию о русском конструктивизме. В 1980–1988 гг. преподавал искусствознание в Высшей школе в Касселе, затем занимался подготовкой выставок в Выставочном зале Ширн во Франкфурте-на-Майне. С 1989 г. заведующий архивом «Документа» в Касселе. Труды по советскому авангарду и истории фотографии.

Борис Гройс
Род. в 1947 г. Изучал математику и философию в Ленинградском гос. университете. Был научным сотрудником отделения прикладной лингвистики при Московском гос. университете. В 1981 г. покинул СССР. Научный сотрудник Института философии в Мюнстере. Публикации по вопросам русского искусства XX в.

Магдалена Дабровски
Род. в Польше. Окончила Институт изящных искусств при Нью-йоркском университете и там же получила звание доктора философии. Хранитель-ассистент Отдела рисунков Музея современного искусства в Нью-Йорке. Многочисленные труды по искусству русского авангарда, о конструктивизме, Мондриане и геометрической абстракции.

Дмитрий Димаков
Род. в 1955 г. Архитектор, историк художественной культуры. С 1982 г. преподаватель Пензенского художественного училища им. К. А. Савицкого.

Шарлотта Дуглас
Историк искусства. Адъюнкт-профессор Нью-йоркского университета. Основная область исследований – русское искусство XX в. Многочисленные публикации, в т. ч. о

Малевиче. Составитель и редактор вышедших на английском языке произведений Велимира Хлебникова.

Александр Ковалев
1944–1992. Окончил Московский гос. университет, искусствовед. Был секретарем Союза художников СССР.

Вячеслав Колейчук
Род. в 1941 г. Окончил Московский архитектурный институт. Заведующий сектором теории формообразования ВНИИТЭ, художник.

Райнер Кроне
Род. в 1942 г. В 1987–1991 гг. заместитель директора Кунстхалле в Дюссельдорфе. Ординарный профессор Института истории искусств (искусство XX в.) при Университете Людвига-Максимилиана в Мюнхене, внештатный профессор Университета Колумбия в Нью-Йорке.

Кристина Лоддер
Род. в 1948 г. Историк искусства. Преподает на отделении истории искусств Университета Сент-Эндрю в Шотландии. Автор книги «Русский конструктивизм», соавтор полного каталога конструкций Наума Габо. Труды о культурных связях России и Германии.

Татьяна Любославская
Род. в 1958 г. в Ленинграде. Окончила Ленинградский гос. университет, историк искусства. Сотрудник Гос. Русского музея в Санкт-Петербурге. Занимается историей русского авангарда 1910–1920-х гг.

Жан-Клод Маркаде
Директор по научным исследованиям Национального центра научных исследований в Париже. Автор книги «Русский футуризм» (Париж, 1989). Составитель и редактор собрания сочинений Казимира Малевича (на французском языке).

Николетта Мислер
Род. в 1946 г. в Милане. Училась в Миланском университете. С 1979 г. преподает историю современного искусства Восточной Европы на отделении славистики Института-университета Востока в Неаполе.

Давид Мос
Изучал историю искусств и современной литературы в Университете Мак-Джил в Монреале, защитил диссертацию в Университете Колумбия в Нью-Йорке. Вместе с Райнером Кроне выпустил книгу «Казимир Малевич».

Петер Нисбет
Хранитель Музея Буш-Рейзингер при Гарвардском университете в Кембридже, Массачусетс. В 1987–1988 гг. организовал в том же музее большую выставку Лисицкого, которая была затем показана в измененном виде также в Ганновере и Галле.

Александр Парнис
Род. в 1938 г. Учился в Техническом институте в Киеве и Педагогическом институте в Ставрополе. Научный сотрудник Института мировой литературы в Москве. Занимается русской литературой начала XX в.

Кристина Пашут
Изучала историю искусств в Будапештском университете, в 1965 г. там же защитила диссертацию. Работала в Будапеште в Венгерском национальном музее и Музее изобразительного искусства, в последнем в качестве заведующей отделом современного искусства. В 1978 г. участвовала в организации выставки «Париж–Берлин» в Центре Ж. Помпиду в Париже. В 1987 г. – доктор Сорбонны. Профессор истории искусств в Будапештском университе-

тете. Многочисленные труды по европейскому искусству двадцатых годов.

Василий Ракитин
Род. в 1939 г. в Москве. Окончил Московский гос. университет, искусствовед. Занимается исследованием русского авангарда XX в., публикации на данную тему. Участвует в организации выставок. Живет во Франкфурте-на-Майне.

Елена Ракитина
Род. в 1939 г. в Москве. Окончила Московский гос. университет, искусствовед. Занимается исследованием русского искусства 1910–1930-х гг., особенно русской сценографии. Живет во Франкфурте-на Майне.

Ханс-Петер Ризе
Род. в 1941 г. Изучал философию, социологию и историю. Художественный критик, был корреспондентом в Москве. В настоящее время главный редактор радиопередач Гессенского радиовещания во Франкфурте-на-Майне. Статьи и книги о проблемах искусства конструктивизма и русского авангарда.

Марко Роши
Род. в 1928 г. в Новаре. Изучал историю литературы и искусства в Миланском университете. В 1967–1972 гг. профессор, преподавал художественную критику в Милане. С 1973 г. профессор истории искусств Туринского университета. Художественный критик газеты «Ла Стампа» в Турине.

Любовь Руднева
Род. в 1914 г. Писатель, эссеист. Автор книг и журнальных публикаций, посвященных культуре тридцатых годов.

Дмитрий Сарабьянов
Род. в 1923 г. в Москве. Окончил Московский университет, где преподает с 1960 г. историю искусств. С 1972 г. профессор, с 1987 г. член-корреспондент Академии наук. Основная область исследований – русское искусство XIX–XX вв. Автор ряда крупных монографий.

Анатолий Стригалев
Род. в 1924 г. в Ленинграде. Окончил Московский архитектурный институт. Научный сотрудник Научно-исследовательского института искусствознания в Москве. Основная область исследования – русская художественная культура первой трети XX в. Автор целого ряда работ о Татлине.

Ирина Суботич
Род. в 1941 г. в Белграде. Хранитель изобразительного искусства в Национальном музее в Белграде. Основная область исследований – искусство XX в., особенно связи европейского авангарда двадцатых годов.

Флора Сыркина
Род. в 1920 г. в Иваново. Училась в Московском институте философии, литературы и истории, в Московском гос. университете и в аспирантуре Гос. Третьяковской галереи. В 1948–1988 гг. научный сотрудник Научно-исследовательского института теории и истории изобразительного искусства Академии художеств СССР.

Александар Флакер
Род. в 1924 г. в Белостоке (Польша). Учился в Университете в Загребе. Профессор университетов в Загребе и в Вене. Многочисленные труды по сравнительному литературоведению и по русскому авангарду.

Вэлери Флетчер
Изучала историю искусств в Колледже Коннектикут в Нью-Лондоне и в

Университете Колумбия в Нью-Йорке. В 1976–1978 гг. научный сотрудник Музея Метрополитен в Нью-Йорке, с 1978 г. – Музея Хиршхорна и Сада скульптуры в Вашингтоне, там же с 1989 г. хранитель скульптуры. Многочисленные труды по современному искусству.

Понтус Хультен
Род. в 1921 г. в Стокгольме. В 1963–1973 гг. директор Музея современного искусства в Стокгольме. В 1977–1981 гг. первый директор Национального музея современного искусства Центра Ж. Помпиду в Париже, в 1981–1983 гг. первый директор Высшего института пластических искусств в Париже, в 1985 г. директор нового Палаццо Грасси в Венеции. С 1990 г. первый интендант Зала искусств и выставок ФРГ в Бонне.

Мартин Чок
Род. в 1945 г. Скульптор. Преподает в Хамберсайд-колледж в Халле. Его реконструкции татлинских рельефов известны во всем мире. Произведения Чока находятся в публичных и частных собраниях.

Раду Штерн
Род. в 1951 г. Преподаватель истории искусства XX в. в Университете в Лозанне. Ряд публикаций в «Арта», «Касабелла» и «Артс мэгэзин».

Список иллюстраций

Титульный лист
Владимир Татлин
Матрос. 1911
Холст, темпера. 71,5 × 75,1 см
Государственный Русский музей,
С.-Петербург

С. 18
Сарра Лебедева
Портрет Владимира Татлина
(фрагмент). 1943
Бронза
Государственная Третьяковская
галерея, Москва
Фото: архив Анатолия Стригалева

С. 20 слева
Владимир Татлин
Портрет художника. 1913
Костромской областной музей
изобразительных искусств
Фото: архив Анатолия Стригалева

С. 20 справа
Владимир Татлин
Иллюстрация к сборнику «Требник
троих» (к стихотворению Давида
Бурлюка «Закат – маляр широкой
кистью ...»). 1913
Литография. 20 × 16,5 см
Фото: архив Анатолия Стригалева

С. 22 вверху
Татлин играет на бандуре
Фотография начала 1910-х гг.

С. 22 внизу
Татлин (стоит, второй справа)
во время плавания
Фотография начала 1910-х гг.

С. 31
Владимир Татлин
Голубой контррельеф. 1914
Дерево, металл, кожа, окраска.
79,5 × 44 см
Частное собрание, Мюнхен
Фото: архив Жана-Клода Маркаде

С. 40
Казимир Малевич
Авиатор. 1914
Холст, масло. 125 × 65 см
Государственная Третьяковская
галерея, Москва
Фото: архив Хубертуса Гаснера

С. 41
Владимир Татлин
Рисунок «Памятника III Интер-
национала». 1919
Местонахождение неизвестно
Фото: Центр. гос. театр. музей
им. А. А. Бахрушина,
Москва

С. 44
Владимир Татлин
Натурщица. 1913
Холст, масло. 104,5 × 130 см
Государственный Русский музей,
С.-Петербург

С. 45 слева
Владимир Татлин
Материальный подбор. 1916
Дерево, жесть. 100 × 64 см
Местонахождение данного вари-
анта неизвестно; окончательный
вариант: Государственная
Третьяковская галерея, Москва

Репр. по кн.: «Tatlin», ed. by
L. A. Zhadova, New York: Rizzoli,
1988

С. 45 справа
Владимир Татлин
Контррельеф. 1915–1920
Дерево, стекло, консервная банка
и т. д.
Местонахождение неизвестно
Репр. по кн.: Camilla Gray, «Die
russische Avantgarde der modernen
Kunst 1863–1922», Köln: DuMont,
1963

С. 46 вверху
Санки детские. Конец 1920-х гг.
(два варианта, изготовлены в московском Вхутеине под руководством Татлина)
Клен
Местонахождение неизвестно
Репр. по кн.: «Tatlin», ed. by
L. A. Zhadova, New York: Rizzoli,
1988

С. 46 внизу
Н. Рогожин (под руководством
Татлина)
Модель стула. 1927
Клен, ткань
Местонахождение неизвестно
Репр. по кн.: Camilla Gray, «Die
russische Avantgarde der modernen
Kunst 1863–1922», Köln: DuMont,
1963

С. 47
Алексей Сотников (под руководством Татлина)
Поильник для грудных детей
(первый вариант). 1930
Каменная масса, глазурь.
Диаметр 7,5 см
Частное собрание, Москва
Репр. по кн.: «Tatlin», ed. by L. A.
Zhadova, New York: Rizzoli, 1988

С. 48
Парусник, на котором плавал
Татлин
Фотография 1900–1910-х гг.
ЦГАЛИ, Москва

С. 49
Петр Митурич
Рисунок, иллюстрирующий процесс
восприятия глазом предметного
мира. 1918
Репр. в журн.: «Вестник народного
просвещения союза коммун
Северной области»,
Петербург, № 4/5, сент./окт. 1918

С. 50
Михаил Ларионов
Иллюстрация к сборнику
«Мирсконца». 1912
Литография. 18,6 × 15 см
© VG Bild-Kunst, Bonn 1993

С. 51
Павел Кузнецов
Ковровщицы. 1915–1916
Холст, масло. 78 × 87,5 см
Частное собрание, Москва
Фото: архив Хубертуса Гаснера

С. 56
Владимир Татлин
Изображение положения летчика в
«Летатлине». Около 1932
Местонахождение неизвестно
Репр. в журн.: «Бригада художников», 1932, № 6

С. 66 слева
Йоганнес Иттен
Этюд к «Огненной башне». 1919
Бумага, тушь. 28 × 21,5 см
Частное собрание
© VG Bild-Kunst, Bonn 1993
Фото: архив изд-ва Дюмон

С. 66 справа
Йоганнес Иттен
Огненная башня. 1922/1971
Конструкция 1971 г. по заказу
кунстхалле Нюрнберга. Дерево,
плексиглас
(Пропавший оригинал: дерево,
стекло, металл, высота 360 см)

Фото: архив изд-ва Дюмон

С. 72 слева
Репродукция углового контррельефа Татлина (1915), создана в 1985–1986 г. под руководством Дмитрия Димакова в Пензенском художественном училище
Железо, алюминий, левкас, подкрашивание. 65,5×118×70 см
Пензенское художественное училище
Фото: Дмитрий Димаков

С. 72 справа
Репродукция центрового контррельефа Татлина (1914), создана в 1985–1986 г. под руководством Дмитрия Димакова в Пензенском художественном училище
Железо, дерево. 129×126×45 см
Фото: Дмитрий Димаков

С. 73 вверху слева
Костюм «Горе» по эскизу Татлина 1923 г., создан в 1985–1986 г. под руководством Дмитрия Димакова в Пензенском художественном училище
Ткань, дерево, железо, картон, подкрашивание
Российское художественно-производственное объединение, Москва
Фото: Дмитрий Димаков

С. 73 вверху справа
Костюм «Смех» по эскизу Татлина 1923 г., создан под руководством Дмитрия Димакова в Пензенском художественном училище
Ткань, дерево, железо, медь, латунь, картон, подкрашивание
Российское художественно-производственное объединение, Москва
Фото: Дмитрий Димаков

С. 73 внизу
Реализация проекта (1919) «Памятника III Интернационала». Модель, создана в 1986–1987 г. под руководством Дмитрия Димакова в Пензенском художественном училище
Картон, дерево, бумага, подкрашивание. 96×65×68,7 см
Российское художественно-производственное объединение, Москва
Фото: Дмитрий Димаков

С. 79 вверху
Модель «Памятника III Интернационала» Владимира Татлина, создана Эдом Шиссером, Беном Снуффером, Джимом Ройтером, Дейвом Пейпером. 1983
Алюминий, покрашен, стекловолокно, плексиглас, клейкая лента, металлическая передача, электродвигатель, электрическое освещение. 267×175×203 см, постамент 46×190×221 см
Музей Хиршхорна и Сад скульптуры, Вашингтон
Фотография Музея

С. 79 внизу
Модель «Памятника III Интернационала», создана в Музее Хиршхорна, с подсвеченными внутренними элементами, находящимися во вращении
Фотография Музея

С. 88
Титульный лист журнала «Зенит», Загреб, № 11, февраль 1922
Национальный музей, Белград
Фото: М. Еремич, Белград

С. 90
Плакат для «Большого зенитистского вечера», 31 января 1923
Национальный музей, Белград
Фото: М. Еремич, Белград

С. 95
Контррельеф Владимира Татлина (1915). Реконструкция: Мартин Чок, 1966–1970
Дерево, железо, проволока.

78,5 × 80 × 70 см
Галерея изобразительных искусств Аннели Джуда, Лондон
Фото: архив Мартина Чока

С. 97
Угловой контррельеф Владимира Татлина (1915). Реконструкция: Мартин Чок, 1966–1970
Железо, цинк, алюминий.
78,8 × 154 × 76 см
Галерея изобразительных искусств, Лондон
Фото: архив Мартина Чока

С. 98
Угловой рельеф Владимира Татлина (1915) (фрагмент). Реконструкция: Мартин Чок, 1980–1981
Металл, дерево и др.
225 × 232 × 82 см
Галерея изобразительных искусств, Лондон
Фото: архив Мартина Чока

С. 102
Белый зал дома Мятлевых, С.-Петербург, Исакиевская площадь (ранее актовый зал петроградского Музея художественной культуры), где в мае 1923 г. состоялась постановка пьесы Велимира Хлебникова «Зангези».
Вид 1980-е гг.
Фото: архив Ирины Арской/ Татьяны Любославской

С. 103
Участники спектакля «Зангези» на сцене дома Мятлевых (Татлин – в центре, Николай Пунин и Лев Якубинский сидят слева). 1923
ЦГАЛИ, Москва

С. 104
Владимир Татлин
Эскиз оформления сцены к «Зангези». 1923
Бумага, карандаш. 34,5 × 50,8 см
Центр. гос. театр. музей им. А. А. Бахрушина, Москва
Фото: архив Ирины Арской/ Татьяны Любославской

С. 105
Владимир Татлин
Эскиз оформления сцены к «Зангези». 1923
Бумага, уголь. 55 × 76 см
Государственный Русский музей, С.-Петербург
Фото: архив Ирины Арской/ Татьяны Любославской

С. 109
Михаил Ларионов
Этюд к портрету Владимира Татлина. 1911 (1908?)
Холст, масло. 76,8 × 59,1 см
Частное собрание

Фото: архив Александра Ковалева

С. 110
Михаил Ларионов
Портрет Владимира Татлина. 1913
Холст, масло. 90 × 72 см
Национальный музей современного искусства, Париж

Фото: архив Александра Ковалева

С. 112 вверху
Михаил Ларионов
Лучистый этюд (Красный лучизм). 1914
Картон, гуашь. 27 × 33 см
Частное собрание

Фото: архив Александра Ковалева

С. 112 внизу
Владимир Татлин
Эскиз декорации к опере «Летучий голландец» (Палуба корабля). 1915–1918
Бумага, уголь. 89 × 70,7 см
Центр. гос. театр. музей им. А. А. Бахрушина, Москва
Фото: архив Александра Ковалева

С. 113 вверху
Виктор Барт
Распятие. 1911
Фото: архив Александра Ковалева

С. 113 внизу
Михаил Ле-Дантю
Натурщица. 1912
Фото: архив Александра Ковалева

С. 119
Владимир Татлин
Сидящая фигура, в фас. Около 1913
Лист из альбома. 43 × 26 см
ЦГАЛИ, Москва
Репр. по кн.: «Tatlin», ed. by L. A. Zhadova, New York: Rizzoli, 1988

С. 121 слева
Пабло Пикассо
Натюрморт. 1913
Дерево, бумага
Разрушен
Репр. в журн.: «Ле Суаре де Пари», № 18, 15 ноября 1913
© VG Bild-Kunst, Bonn 1993
Фото: архив Магдалены Дабровски

С. 121 справа
Владимир Татлин
Материальный подбор. 1914
Штукатурка, стекло, железо, гудрон
Местонахождение неизвестно
Фото: архив Магдалены Дабровски

С. 122
Мастерская Жоржа Брака (Отель Рома, Париж, Рю Коленкур, 101) с его единственной запечатленной на фотографии бумажной скульптурой (закончена после 18 февраля 1914).
© VG Bild-Kunst, Bonn 1993
Репр. по кн.: William Rubin, «Picasso and Braque. Pioneering cubism», The Museum of Modern Art, New York, 1989

С. 123
Владимир Татлин
Угловой контррельеф. 1915
Железо, алюминий, левкас
Местонахождение неизвестно
Репр. в кн.: Н. Пунин, «Татлин (Против кубизма)», Петроград, 1921
Фото: архив Магдалены Дабровски

С. 127 слева
Джакомо Балла
Цветной пластический комплекс адского шума + танца + веселья. Около 1915
Зеркало, станиоль, тальк, картон, железная проволока
Разрушен
Репр. в манифесте «Футуристическая реконструкция вселенной», Милан, 1915
Фото: Рейнский фотоархив, Кельн

С. 127 справа
Джакомо Балла
Цветной пластический комплекс линий-энергий. Около 1915
Картон, шерсть, красная нить, желтая нить
Разрушен
Репр. в манифесте «Футуристическая реконструкция вселенной», Милан, 1915
Фото: Рейнский фотоархив, Кельн

С. 130
Владимир Татлин
Копия фрески (XII век) из церкви Св. Георгия в Старой Ладоге. 1906–1910
Калька на бумаге, акварель, белая краска. 24 × 15,5 см
ЦГАЛИ, Москва

С. 132 слева
Фрагмент иконы из Новгорода. XV век
Фото: архив Анатолия Стригалева

С. 132 справа
Тарелка с росписью Сергея Чехонина по эскизу Татлина (эскиз костюма «Царевич» к спектаклю «Царь Максимилиан и его непокорный сын Адольф», 1911). 1923

Фарфор, роспись надглазурная.
Диаметр 23 см
Музей С.-Петербургского фарфорового завода
Фото: архив Анатолия Стригалева

С. 133 слева
Фрагмент фрески из церкви Ильи Пророка в Ярославле. 1680
Фото: архив Анатолия Стригалева

С. 133 справа
Владимир Татлин
Поднимающий спички. 1910
Бумага на картоне, тушь.
25,8 × 18 см
Государственная Третьяковская галерея, Москва
Фото: архив Анатолия Стригалева

С. 134
Фрагмент фрески из Воскресенского собора в Тутаеве под Ярославлем. 1680-е гг.
Фото: архив Анатолия Стригалева

С. 135
Татлин и группа его помощников около модели «Памятника III Интернационала». Около 1920
Фото: архив Анатолия Стригалева

С. 138
Владимир Татлин
Гвоздика. 1908
Холст, масло. 73,5 × 66,5 см
Государственный Русский музей, С.-Петербург

С. 139 вверху
Михаил Ларионов
Сквозь сети. 1905
Холст, масло. 58 × 69 см
Государственная Третьяковская галерея, Москва
© VG Bild-Kunst, Bonn 1993
Фото: архив Дмитрия Сарабьянова

С. 139 внизу
Владимир Татлин
Сидящая фигура. 1909
Бумага, акварель, гуашь. 26 × 22 см
ЦГАЛИ, Москва

С. 140
Павел Филонов
Запад и Восток. 1912–1913
Бумага, масло, темпера, гуашь.
39,5 × 46 см
Государственный Русский музей, С.-Петербург
Фото: М. В. Скоморох

С. 141
Владимир Татлин
Продавец рыб. 1911
Холст, клеевая краска. 76 × 98 см
Государственная Третьяковская галерея, Москва

С. 142
Казимир Малевич
Англичанин в Москве. 1914
Холст, масло. 88 × 57 см
Городской музей, Амстердам
Фото: архив Дмитрия Сарабьянова

С. 143
Владимир Татлин
Анализ композиции (эскиз). 1913
Бумага, карандаш, гуашь. 49 × 33 см
Собрание Анны Капицы, Москва

С. 146 слева
Владимир Татлин
Матрос. 1911
Холст, темпера. 71,5 × 71,5 см
Государственный Русский музей, С.-Петербург

С. 146 справа
Владимир Татлин в 1916 г.
Фотография
ЦГАЛИ, Москва

С. 147 вверху
Фрагмент плана С.-Петербурга: Петербургская сторона (ныне Петроградская сторона), Александровский парк; № 133 – Памятник «Стерегущему» Константина Изенберга

Репр. из кн.: Karl Baedeker, «Russia», Leipzig, 1914

С. 147 внизу
Константин Изенберг
Памятник «Стерегущему». 1911
Фотография открытия памятника в присутствии царя Николая II
Репр. по журн.: «Нива», XLII, № 21, 15 мая 1911

С. 157 слева
Владимир Татлин
«Горе» (эскиз костюма к «Зангези» Велимира Хлебникова). 1923
Бумага на картоне, уголь.
54,6×37,6 см
Центр. гос. театр. музей им. А. А. Бахрушина, Москва
Фото: архив Ирины Арской/ Татьяны Любославской

С. 157 справа
Владимир Татлин
«Смех» (эскиз костюма к «Зангези» Велимира Хлебникова). 1923
Бумага на картоне, уголь.
54,6×37,6 см
Центр. гос. театр. музей им. А. А. Бахрушина, Москва
Фото: архив Ирины Арской/ Татьяны Любославской

С. 160
Сцена из спектакля «Зангези».
Фотография спектакля 9 мая 1923 г. в Музее художественной культуры (дом Мятлевых), Петроград
Фото: архив Ирины Арской/ Татьяны Любославской

С. 161
Николай Лапшин
Иллюстрация к статье Пунина «О Зангези», опубликованная в газете «Жизнь искусства», 1923, № 20
Фото: архив Ирины Арской/ Татьяны Любославской

С. 168 вверху
Владимир Татлин
Коллаж к очерку «История мастера» Юрия Яновского (псевдоним Юрченко) (о фильме Александра Довженко «Сумка дипкурьера»). 1927
Репр. в журн.: «Кино», Киев, 1927, № 5
Фото: Александр Парнис

С. 168 внизу
Владимир Татлин
Рисунок по мотивам фильма «Борислав смеется» (по одноименной повести Ивана Франко). 1927
Репр. в журн.: «Кино», Киев, 1927, № 9
Фото: Александр Парнис

С. 173 слева
Владимир Татлин
Продавец флотских форм. 1910
Картон, акварель, гуашь, тушь.
32×20 см
Государственный художественный музей им. А. Н. Радищева, Саратов

С. 173 справа
Владимир Татлин
Флотские формы. Начало 1910-х гг.
Бумага, акварель, гуашь.
65,5×53 см
Центр. гос. театр. музей им. А. А. Бахрушина, Москва

С. 174
Вера Пестель
Татлин и его бандура. 1916
Местонахождение неизвестно
Репр. на открытке. 14×9 см
Фото: Николетта Мислер

С. 175
Владимир Татлин
Матрос. 1912
Литография (открытка). 14×9,3 см
Собрание Дмитрия Сарабьянова, Москва

С. 176 слева
Владимир Татлин
Эскиз мужского пальто. 1923
Бумага, карандаш. 62 × 39,5 см
Центр. гос. театр. музей им.
А. А. Бахрушина, Москва

С. 176 справа
Владимир Татлин
«Рулевой» (эскиз костюма к опере
«Летучий голландец»). 1915–1918
Калька, карандаш. 63,6 × 37,1 см
Центр. гос. театр. музей им.
А. А. Бахрушина, Москва

С. 177
Владимир Татлин
Мачта (эскиз декорации к опере
«Летучий голландец»). 1915–1918
Бумага, уголь. 73,5 × 51 см
Центр. гос. театр. музей им.
А. А. Бахрушина, Москва

С. 178
Владимир Татлин
«Лес» (эскиз декорации к IV акту
оперы «Иван Сусанин» [«Жизнь за
царя»] Михаила Глинки). 1913–1914
Картон, клеевая краска.
54,4 × 95,5 см
Государственная Третьяковская
галерея, Москва
Репр. по кн.: «Tatlin», ed. by
L. A. Zhadova, New York: Rizzoli,
1988

С. 179 вверху
Владимир Татлин
Макет декорации к «Зангези»
Велимира Хлебникова. 1923
Местонахождение неизвестно
Репр. в журн.: «Русское искусство»,
1923, № 1

С. 179 внизу слева
Рисунок модели «Памятника
III Интернационала» (калька с
фотографии)
Репр. в кн.: Илья Эренбург,
«А все-таки она вертится», Берлин–
Москва: Геликон, 1922

С. 179 внизу справа
Владимир Татлин
Эскиз декорации к «Зангези»
Велимира Хлебникова. 1923
Бумага, карандаш, тушь.
24,9 × 31 см
Репр. по кн.: «Tatlin», ed. by
L. A. Zhadova, New York: Rizzoli,
1988

С. 180 вверху
Владимир Татлин
Декорация к «Комику XVII века»
Александра Островского
Фотография спектакля Второго
МХАТа. 1935
Репр. по кн.: «Tatlin», ed. by
L. A. Zhadova, New York: Rizzoli,
1988

С. 180 внизу
Владимир Татлин
Обложка книги Сергея Сергеля
«На парусном судне». 1929
Цинкография. 21,9 × 14,2 см
Репр. по кн.: «Tatlin», ed. by
L. A. Zhadova, New York: Rizzoli,
1988

С. 181
Владимир Татлин
Эскиз декорации к «Зангези»
Велимира Хлебникова. 1923
Бумага, уголь. 55 × 76 см
Государственный Русский музей,
С.-Петербург

С. 182
Владимир Татлин
Палуба корабля (эскиз декорации
к опере «Летучий голландец»).
1915–1918
Холст, масло. 87 × 156 см
Центр. гос. театр. музей им.
А. А. Бахрушина, Москва

С. 187
Рауль Хаусман
Татлин у себя дома. 1920
Коллаж. 41 × 28 см
Местонахождение неизвестно

(собственность Музея современного искусства, Стокгольм)

Фото: Музей современного искусства, Стокгольм

С. 188
Рауль Хаусман и Ханна Хёх на выставке «Дада» в Берлине. 1920
Фото: Кристиз/А. С. Купер, Лондон

С. 190/191
Владимир Татлин
Обложка и семь из девяти иллюстраций к детской книге Даниила Хармса «Во-первых и во-вторых» («В-третьих», «В-четвертых», «В-четвертых» – вторая иллюстрация, «В-пятых», «В-седьмых», «В-восьмых», «В-девятых»). 1929
Цинкографии. 26,5 × 20 см (формат книги)

С. 192
Владимир Татлин
Иллюстрация к сборнику «Требник троих» (к стихотворению Владимира Маяковского «Читайте железные книги ...» [«Вывескам»]). 1913
Литография. 21 × 17,6 см

С. 193
Владимир Татлин
Обложка антологии «Встреча на перекрестке» (стихотворения Михаила Семенко, Гео Шкурупи, Миколы Бажана). 1927
Цинкография
Репр. по кн.: «Tatlin», ed. by L. A. Zhadova, New York: Rizzoli, 1988

С. 198
Эль Лисицкий
Татлин за работой над Памятником III Интернационала, 1921–1922
Бумага, акварель, тушь, графит и коллаж. 29,2 × 22,8 см
Собрание г-жи и г-на Эрик Эсторик, Лондон

Фото: архив изд-ва Дюмон

С. 213
Пабло Пикассо
Стакан. 1914
Крашеная жесть, гвозди, дерево. 15 × 23 × 10 см
Музей Пикассо, Париж

Фото: Объединение национальных музеев, Париж

С. 215 слева
Казимир Малевич
Победа (эскиз задней завесы к опере «Победа над солнцем» Михаила Матюшина и Алексея Крученых). 1915
Бумага, карандаш
Государственный литературный музей, Москва
Фото: архив Шарлотты Дуглас

С. 215 справа
Казимир Малевич
«Будетлянский силач» (эскиз костюма к опере «Победа над солнцем»). 1915
Бумага, карандаш
Государственный литературный музей, Москва
Фото: архив Шарлотты Дуглас

С. 226 вверху слева
Ласло Мохой-Надь
Рельеф с буквой «h». Около 1921
Ассамбляж
Местонахождение неизвестно
Фото: архив Кристины Пашут

С. 226 вверху справа
Ласло Мохой-Надь
Рельеф с буквой «s». Около 1922
Ассамбляж
Местонахождение неизвестно
Репр. в каталоге галереи «Дер Штурм», Берлин, 1922
Фото: архив Кристины Пашут

С. 226 внизу слева
Ласло Мохой-Надь
Деревянная скульптура. 1921
Местонахождение неизвестно
Репр. в каталоге галереи «Дер Штурм», Берлин, 1922
Фото: архив Кристины Пашут

С. 226 внизу справа
Ласло Мохой-Надь
Никелированная скульптура. 1921
Железо, никель. Высота 36,5 см
Музей современного искусства, Нью-Йорк
Фото: архив Кристины Пашут

С. 232
Наум Габо
Конструкция в углублении. 1919
Картон, дерево
Местонахождение неизвестно
Репр. в журн.: «Эдьшег», 1922, № 2
Фото: архив Кристины Лоддер

С. 234
Конструкция в углублении. 1921
Пластик, дерево
Местонахождение неизвестно, ранее в частном собрании графа де Ноай
© фото: Нина и Грэм Уильямс

С. 235
Наум Габо
Конструкция в рельефе. 1921
Стекло, тролит, галалит и целлулоид на черном фоне (металл?)
Предположительно разрушена
© фото: Нина и Грэм Уильямс

С. 237
Наум Габо
Колонна. 1922
Стекло (позднее заменено на плексиглас), металл, дерево. 105,3 × 73,6 × 73,6 см
Музей Соломона Гуггенхейма, Нью-Йорк
© фото: Нина и Грэм Уильямс

С. 244
Владимир Татлин
Портрет Любови Рудневой (Фейгельман). 1936
Бумага, карандаш
Собрание Любови Рудневой, Москва
Фото: Любовь Руднева

С. 245
Владимир Татлин
Портрет Велимира Хлебникова (фронтиспис книги «Неизданные произведения» В. Хлебникова. Ред. и ком. Николая Харджиева и Т. Грица). 1940
Цинкография. 15,7 × 9,9 см
Репр. по кн.: «Tatlin», ed. by L. A. Zhadova, New York: Rizzoli, 1988

С. 260 вверху
Вячеслав Колейчук
Стеклянная призма. 1983
Самоколлаж
Фото: Вячеслав Колейчук

С. 260 внизу
Вячеслав Колейчук
Пейзаж в классическом стиле. 1985
Самоколлаж
Фото: Вячеслав Колейчук

С. 262 слева
Вячеслав Колейчук
Стоящая нить. 1978
Латунь, стальная проволока
Фото: Вячеслав Колейчук

С. 263 справа
Вячеслав Колейчук
Мёбиус-9. 1975
Полированная латунь. 38 × 56 × 17 см
Фото: Вячеслав Колейчук

С. 263
В. Д. Стучебрюков
Мобилёр. 1980 (два состояния)
Сталь, электродвигатель.

Диаметр 41 см
Фото: Вячеслав Колейчук

С. 265
Вячеслав Колейчук (при участии В. Степанова и В. Галкина)
Космическая спираль (Посвящается В. Татлину). 1972
Фото: Вячеслав Колейчук

С. 269
Дэн Флэйвин
Монумент Владимиру Татлину. 1968
Белые неоновые трубки. Ширина 400 см
Государственный музей Креллер-Мюллер, Оттерло
© VG Bild-Kunst, Bonn 1993
Фото: Государственный музей Креллер-Мюллер/Э. М. Й. Хойкер оф Хук

Personenregister

(Kursiv gesetzte Seitenzahlen verweisen auf Abbildungen.)

Afanasjew, Alexei Fjodorowitsch (1850–1920) 108, 116, 129
Alberti, Leon Battista (1404–1470) 36
Aleksić, Dragan (1901–1958) 67, 87
Altman, Natan Issajewitsch (1889 bis 1970) 208, 248, 251
Andersen, Hans Christian (1805–1875) 166
Andersen, Troels 24, 25, 60, 65, 84, 86, 99, 221
Annenkow (Annenkov), Juri Pawlowitsch (1889–1974) 186, 195
Aristoteles 33, 35
Arwatow, Boris Ignatjewitsch (1896 bis 1940) 91, 205

Bachterew, Igor Wladimirowitsch (geb. 1908) 106
Balla, Giacomo (1871–1958) 126 f.; *127*
Bandmann, Günter 58
Bart, Viktor Sergejewitsch (1887–1954) 108, 109; *113*
Baschan, Mikola (Nikolai) Platonowitsch (1904–1983) 167; *193*
Beardsley, Aubrey Vincent (1872–1898) 206
Begitschewa (Begičeva), Anna Alexejewna 78, 86, 165, 166, 167, 169
Behne, Adolf 203
Benedict, Kurt 30
Benois, Alexandr Nikolajewitsch (1870 bis 1960) 151
Berdjajew, Nikolai Alexandrowitsch (1874–1948) 35
Bloch, Ernst (1885–1977) 32
Blok, Alexandr Alexandrowitsch (1880 bis 1921) 251
Boccioni, Umberto (1882–1916) 66, 126
Boguslawskaja, Xenija Leonidowna (1892–1972) 217
Bontsch-Tomaschewski, Michail Michailowitsch (1884–um 1920) 155
Bouillon, Jean-Paul 117, 124
Bowness, Alan 240
Brandt, Thomas 58
Braque, Georges (1882–1963) 32, 122, 123, 125, 211, 213; *122*
Broby-Johansen 84, 85, 86
Brueghel, Pieter (1525/30–1569) 65
Bruni, Lew Alexandrowitsch (1894 bis 1948) 208
Burleigh-Motley, Marian 99
Burljuk, David Davidowitsch (1882 bis 1967) 29, 35, 109, 128, 239
Butschma, Amwrossi 164

Cendrars, Blaise (1887–1961) 92
Cesarec, August (1893–1941) 91, 92
Cézanne, Paul (1839–1906) 32, 120
Chagall, Marc (1887–1985) 137
Chalk, Martyn 25, 26; *95, 97, 98*
Chanin, Abraham 240
Chapajew, Nikolai Alexejewitsch (1896–?) 106
Chaplin, Charles (1889–1977) 67
Chardschijew (Chardžiev), Nikolai Iwanowitsch 212, 218, 240
Charms, Danill Iwanowitsch (eig. Juwatschow; 1905–1942) 19, 170, 185, 186, 188, 189, 193, 194, 195, 207, 256
Chester, Geoff 86
Chlebnikow (Chlebnikov), Welimir (Viktor Wladimirowitsch; 1885 bis 1922) 17, 26, 53, 74, 75, 101–107, 109, 115, 116, 133, 152, 156–162, 163, 172, 184, 194, 205, 236, 238, 240, 243, 246, 255; *245*

Chodassewitsch, Walentina Michailowna (1894–1970) 20, 23, 239
Cholodnaja, M. P. 165, 169
Churcher, Sharon 85
Citroen, Paul (1897–1983) 224
Connaughton, R. M. 151
Courbet, Gustave (1819–1877) 32
Cross, Christopher 84

Danin, Daniil 63
Deineka, Alexandr Alexandrowitsch (1899–1969) 134, 248, 251
Dejewa, I. S. 164, 166
Delaunay, Robert (1885–1941) 92
Depero, Fortunato (1892–1960) 126
Diaghilew, Sergei Pawlowitsch (1872 bis 1929) 114
Doenhoff, R. A. von 151
Dorival, Bernard 239
Douglas, Charlotte 36, 240
Dowschenko, Alexandr Petrowitsch (1894–1956) 167
Duchamp, Marcel (1887–1968) 25, 255
Duganov, R. 194
Dymschiz-Tolstaja, Sofja Issaakowna (1888–1963) 159, 248

Efros, Abram Markowitsch 17, 194
Ehrenburg (Ehrenbourg, Erenburg), Ilja Grigorjewitsch (1891–1967) 17, 38, 40, 65, 67, 68, 84, 86, 88, 89, 92, 178, 199, 200, 201, 203, 204
Einstein, Albert (1879–1955) 40
Einstein, Carl (1885–1940) 29
Elsen, Albert 85
Engels, Friedrich (1820–1895) 64, 266
Exter, Alexandra Alexandrowna (1882 bis 1949) 137

Filonow (Filonov), Pawel Nikolajewitsch (1883–1941) 28, 33, 137, 141, 142, 152, 172, 183; *140*
Flavin, Dan (geb. 1933) 266–271; *269*
Fletcher, Valerie J. 84
Florenski, Pawel Alexandrowitsch (1882–1943?) 60, 61
Fontana, Lucio (1899–1968) 143
Fonwisin, Artur Wladimirowitsch (1882–1973) 108
Frampton, Kenneth 240
Franko, Iwan Jakowlewitsch (1856 bis 1916) 167
Furzewa, Jekaterina 26

Gabo, Naum (eig. Nehemia Borissowitsch Pevsner; 1890–1978) 39, 57, 77, 86, 126, 231–240; *232, 234, 235, 237*
Galilei, Galileo (1564–1642) 65
Gan, Alexei Michailowitsch (1889 bis 1940) 205
George, Waldemar 205
Gerassimow, Alexandr Michailowitsch (1881–1963) 248, 251
Gleizes, Albert (1881–1953) 32, 117, 124
Glinka, Michail Iwanowitsch (1804 bis 1857) 45, 148
Gogol, Nikolai Wassiljewitsch (1809 bis 1852) 245
Goll, Yvan (1891–1950) 92
Golubović, Vida 68, 91
Gonta, M. 242
Gontscharowa, Natalija Sergejewna (1881–1962) 108, 109, 114, 128, 136, 140, 150
Gorbatschow, D. Je. 169
Gordon, Donald E. 151
Gorjuschkin-Sorokopudow, Iwan Silytsch (1873–1954) 129
Gorki, Maxim (eig. Alexei Maximowitsch Peschkow; 1868–1936) 250, 251
Gray, Camilla 93, 99, 100, 218
Grosz, George (1893–1959) 37, 87, 184, 186, 188, 194, 195, 257
Groys, Boris 205, 208, 220, 257
Gschizki, Wladimir Senonowitsch 164, 165
Guro, Jelena Genrichowna (eig. Notenberg; 1877–1913) 33, 115

Hausmann, Raoul (1886–1971) 37, 87, 186; *187, 188*
Heartfield, John (eig. Helmut Herzfeld; 1891–1968) 37, 87, 186, 257
Hegel, Georg Wilhelm Friedrich (1770–1831) 64
Höch, Hannah *188*
Hochfield, Sylvia 85

Hoffmann-Axthelm, Dieter 58
Huidobro, Vicente (1893–1948) 92

Ioganson, Karl Waldemarowitsch (um 1890–1929) 235
Isenberg, Konstantin Wassiljewitsch (1859–1911) 145; *147*
Issakow (Isakov), Sergei Konstantinowitsch (1875–1953) 33, 36, 214, 216
Itten, Johannes (1888–1967) 67; *66*

Jakubinski, Lew Petrowitsch (1892 bis 1945) 106
Jakulow, Georgi Bogdanowitsch (1882 bis 1928) 195, 232, 238, 239, 248
Jameson, Frederic 266, 271
Janowski (Pseud. Jurtschenko), Juri Iwanowitsch 167
Jermolajewa, Wera Michailowna (1893-bis 1938) 194
Jewreinow, Nikolai Nikolajewitsch 19
Juda, Annely 93, 99, 229
Judin, Lew Alexandrowitsch (1903 bis 1941) 194

Kandinsky, Wassily (1866–1944) 28, 64, 111, 137, 138, 204
Kapli-Jaworowski, Je. 164
Kapp, Ernst 61
Kassák, Lajos (1887–1967) 225
Kedrow, Michail Nikolajewitsch (1894 bis 1972) 155
Kemény, Alfred (Alfred Durus; 1895 bis 1945) 224, 225
Kilmarx, Robert A. 60, 63
Klee, Paul (1879–1940) 64
Kljun, Iwan Wassiljewitsch (Kljunkow; 1873–1942/43) 144, 217
Kluzis (Klucis), Gustav Gustavowitsch (1895–1944) 238, 239
Komardenkow (Komardenkov), Wassili Petrowitsch (1897–1973) 192, 195, 239
Koschitsch, Wladimir Platonowitsch 166
Kostin, Wladimir Iwanowitsch 44
Kowtun (Kovtun), Jewgeni Fjodorowitsch 182, 217
Krleža, Miroslav (1893–1981) 64, 65, 68
Kron, Alexandr Alexandrowitsch (1909–1983) 154
Krutschonych (Kručenych), Alexei Jelissejewitsch (1886–1968) 109, 115, 116, 212
Kulbin, Nikolai Iwanowitsch (1868 bis 1917) 32, 65
Kurbas, Les 166
Kusnezow, Pawel Warfolomejewitsch (1878–1968) 50; *51*

Ladowski, Nikolai Alexandrowitsch (1881–1941) 77
Lapschin, Nikolai Fjodorowitsch (1888 bis 1942) 101, 105; *161*
Lapšin, V. P. 239
Larenko, P. 151
Larionow, Michail Fjodorowitsch (1881–1964) 28, 33, 50, 91, 108–115, 128, 129, 130, 136, 138, 140, 150, 217; *50, 109, 110, 112, 139*
Lébédeff, Jean (I. K. Lebedew) 36
Lebedew, Wladimir Wassiljewitsch (1891–1967) 186
Lebedewa, Sarra Dmitrijewna (1892 bis 1967) *18*
Le-Dantu, Michail Wassiljewitsch (1891–1917) 109, 114, 128; *113*
Le Fauconnier, Henri (1881-1946) 137
Lenin, Wladimir Iljitsch (eig. Uljanow; 1870–1924) 24 f., 236, 249
Lentulow, Aristarch Wassiljewitsch (1882–1943) 137, 194, 239
Leonardo da Vinci (1452–1519) 60, 243, 248
Leonidow, Iwan Iljitsch (1902 bis 1959) 77
Levin, Ilya 195
Lifschiz (Lifšic), Michail 205
Lilienthal, Otto (1848–1896) 60
Linde, Ulf 25, 84, 86
Lissitzky, El (Lasar Markowitsch; 1890 bis 1941) 38, 39, 40, 41, 42, 57, 67, 68, 77, 84, 85, 89, 92, 196–203, 204, 208, 240; *198*
Liwschiz (Livšic), Benedikt Konstantinowitsch (1886–1939) 65, 68
Lodder, Christina 57, 84, 86, 196, 202, 207, 209, 238, 239, 240
Lozowick, Louis (1892–1973) 86, 203

Lunatscharski (Lunačarskij), Anatoli Wassiljewitsch (1875–1933) 84, 251
Lunc, Lev Natanowitsch (1901 bis 1924) 251

McCully, Newton A. 151
Majakowski (Majakovskij), Wladimir Wladimirowitsch (1897–1930) 17, 67, 68, 152, 158, 165, 167, 169, 243
Malewitsch (Malevič, Malevich), Kasimir Sewerinowitsch (1878–1935) 23, 24, 28, 33, 35, 39, 90, 91, 108, 109, 115, 128, 137, 138, 141, 143, 144, 152, 193, 194, 196, 197, 204, 205, 206, 209, 210–218, 221, 223, 224, 233, 238, 239, 249, 253, 254, 255, 257, 267; *40, 142, 215*
Mamontow, Jakow Andrejewitsch (1888–1940) 165
Manet, Edouard (1832–1883) 32
Marc, Franz (1880–1916) 64
Marcadé, Jean-Claude 36, 239
Marconi, Guglielmo (1874–1937) 67
Marinetti, Filippo Tommaso (1876 bis 1944) 67, 126
Markow, Wladimir Iwanowitsch (eig. Woldemar Matwei; 1877–1914) 29, 30, 35
Marx, Karl (1818–1883) 64, 266
Matisse, Henri (1869–1954) 64, 149
Matjuschin (Matjušin), Michail Wassiljewitsch (1861–1934) 33, 109, 137, 152, 207, 212, 214, 217
Medunezki, Konstantin Konstantinowitsch (1899–1934) 235
Melnikow, Konstantin Stepanowitsch (1890–1974) 77
Meštrović, Ivan (1883–1962) 87
Metzinger, Jean (1883–1956) 32, 117, 124, 137
Meyerhold, Wsewolod Emiljewitsch (1874–1940) 179, 224, 245, 246
Micić, Ljubomir (1895–1971) 67, 88, 89, 90, 92
Miklaschewski (Miklaševskij), Konstantin Michailowitsch 188, 195
Milaschewski (Milaševskij), Wladimir 185, 195
Milner, John 65, 66, 67, 68, 84, 85, 86, 99, 100, 151, 257
Mituritsch, Pjotr Wassiljewitsch (1887 bis 1956) 49, 160, 208; *49*
Moholy-Nagy, Laszlo (1895–1946) 224–230; *226*
Mondrian, Piet (1872–1944) 57, 224
Monet, Claude (1840–1926) 35
Morgunow, Alexei Alexejewitsch (1884–1935) 108, 109, 208
Morosow, Iwan Abramowitsch (1871–1921) 120
Müller, Wladimir Nikolajewitsch 153, 154
Mussorgski, Modest Petrowitsch (1839 bis 1881) 245

Nappelbaum, Moissei Solomonowitsch (1869–1958) 192; *Umschlag*
Nesterov, V. 151
Nette, T. 167
Newman, Barnett (1905–1970) 267
Nikolaus II. (1868–1918) 148
Nisbet, Peter 240
Nowizki, Pawel Iwanowitsch (1888 bis 1971) 163

Ol'brich, Ch. 195
Olson, Ruth 240
Ossinin 148, 151, 153
Ostrowski, Alexandr Nikolajewitsch (1823–1886) 153, 163, 178
Oud, Jacobus Johannes Pieter (1890 bis 1963) 37, 57

Panofsky, Erwin (1892–1968) 34, 36
Paper, Dave 76
Parnah, Valentin 92
Parnis, Alexandr Jefimowitsch 106, 169
Pestel, Wera Jefimowna (1887 bis 1952) 23, 110, 116, 174, 183; *174*
Petrowski, Dmitri Wassiljewitsch (1892 bis 1955) 242
Pevsner, Alexei Borissowitsch 239
Pevsner, Antoine (Natan Borissowitsch P.; 1886–1962) 36, 57, 127, 232, 239
Picasso, Pablo (1881–1973) 32, 33, 35, 50, 96, 108, 117, 118, 119, 120, 121, 122, 124, 125, 129, 144, 189, 205, 210, 211, 213, 221; *121, 213*
Pirosmani, Niko (Nikolai Aslanowitsch Pirosmanaschwili; 1862–1918) 114

Plato 33
Platonow, Andrei Platonowitsch (1899 bis 1951) 256
Podgajewski, Sergei 211, 217
Poljanski, Branko Ve (eig. Branislav Micić; 1898–1940?) 89, 90
Popow, Alexei Dmitrijewitsch 155
Popowa, Ljubow Sergejewna (1889 bis 1924) 137, 138, 144, 206, 214
Poret, Alisa Ivanovna (1902–1984) 195
Puni, Iwan Albertowitsch (Jean Pougny; 1894–1956) 144, 188, 195, 217
Puni, Xenija 36
Punin, Nikolai Nikolajewitsch (1888 bis 1953) 17, 24, 33, 35, 54, 58, 68, 69, 84, 85, 86, 105, 106, 117, 124, 125, 132, 145, 151, 161, 181, 182, 183, 184, 186, 188, 194, 195, 203, 206, 208, 209, 217, 225, 227, 233, 235, 236, 238, 239, 240, 249, 251
Puschkin, Alexandr Sergejewitsch (1799–1837) 245, 246, 259

Rachtanow (Rachtanov), Issai Arkadjewitsch (1907–1979) 63, 170
Radlow (Radlov), Nikolai Ernestowitsch (1889–1942) 34, 36
Raffael (1483–1520) 87
Rakitin, Wassili 239
Rasin, Stepan Timofejewitsch (um 1630–1671) 155
Read, Herbert 239
Read, John 239
Reuter, Jim 76
Rodin, Auguste (1840–1917) 25, 87
Rodtschenko (Rodčenko), Alexandr Michailowitsch (1891–1956) 28, 34, 37, 38, 42, 43, 57, 67, 172, 173, 175, 183, 185, 195, 200, 204 209, 230, 235, 253
Rogoschin, N. N. 55; *46*
Rogowin, Nikolai Jefimowitsch 109
Romains, Jules (1885–1972) 163, 167
Rosanowa, Olga Wladimirowna (1886 bis 1918) 137, 206
Rowell, Margit 32, 36, 151, 171, 183, 218
Rschanizyn, A. 164
Rubin, William 122, 125
Ruskin, John (1819–1900) 51
Rylow, Arkadi Alexandrowitsch (1870 bis 1939) 189, 195
Sagaidatschny, Jewgeni Jakowlewitsch 164, 165, 166
Salmina-Haskell, Larissa 151
Samjatin (Zamjatin), Jewgeni Iwanowitsch (1884–1937) 42, 57, 65, 68, 249 f., 251
Sandberg, Willem (1897–1984) 24
Sanderson, Colin 239, 240
Sarabjanow, Dmitri Wladimirowitsch 54, 145, 149, 151, 174, 224, 229
Schapiro (Šapiro, Shapiro), Tewel Markowitsch (1898–?) 24, 25, 35, 77, 83, 84, 85, 86
Schewerschejew, Lewki Iwanowitsch (1881–1942) 217
Schewtschenko, Alexandr Wassiljewitsch (1883–1948) 108, 109, 128, 140, 151
Schewtschenko, Taras Grigorjewitsch (1814–1861) 167
Schiesser, Ed 76, 78
Schkljajew, Walentin 165
Schkljar, N. G. (1876–1952) 166
Schklowski (Šklovskij), Viktor Borissowitsch (1893–1984) 48, 58, 66, 68, 84, 85, 86
Schkolnik, Iossif Solomonowitsch (1883–1926) 152
Schkurupi, Geo 167; *193*
Schterenberg, David Petrowitsch (1881–1948) 208
Schtschukin, Sergei Iwanowitsch (1854–1936) 35, 50, 118, 120, 212, 233
Schwitters, Kurt (1887–1948) 207, 224
Sdanewitsch, Kirill Michailowitsch (1892–1970) 109
Seifert, Jaroslav (1901–1986) 67
Seissel/Klek, Josip Jo 90
Selinski (Zelinskij), Korneli Ljuzianowitsch (1896–1970) 55, 56, 57, 58, 63, 170, 182, 255
Selwinski (Sel'vinskij), Ilja Lwowitsch (1899–1968) 251
Semenko, Michail Wassiljewitsch (1892–1937) 167, 194; *193*
Semjonow (Semenov), Boris 188, 195
Semper, Gottfried (1803–1879) 51
Sergel, Sergei 179, 183, 194; *180*
Seuphor, Michel 110

Shadowa (Zhadova, Zsadova), Larissa Alexejewna 32, 35, 57, 63, 68, 77, 84, 124, 146, 151, 169, 171, 182, 183, 192, 194, 195, 202, 218, 220, 229, 238, 261, 271
Smirnow, N. 209
Snouffer, Ben 76, 81
Sologub, Fjodor Kusmitsch (eig. Teternikow; 1863–1927) 179
Solomarski, A. I. 164, 167, 169
Soschtschenko, Michail Michailowitsch (1895–1958) 256
Sotnikow, Alexei Georgijewitsch (1904 bis 1988) 48; *47*
Stalin, Josef (Iossif) Wissarionowitsch (eig. Dschugaschwili; 1879 bis 1953) 205, 220, 257
Stein, Alexandr Petrowitsch (geb. 1906) 153
Stenberg, Georgi Awgustowitsch (1900–1933) 234, 235
Stenberg, Wladimir Awgustowitsch (1899–1982) 232, 235, 239
Strigaljow (Strigalev), Anatoli Anatoljewitsch 24, 34, 35, 36, 68, 84, 86, 125, 151, 171, 183, 218, 220, 221, 261
Stutschebrjukow, B. D. 261, 262; *263*
Suchowo-Kobylin, Alexandr Wassiljewitsch (1817–1903) 154
Syrkina, Flora Jakowlewna 169, 177, 183
Szabó, Julia 88, 92

Tarabukin (Taraboukine), Nikolai Michailowitsch (1899–1956) 254, 257
Tarkowski, Andrei Arsenjewitsch (geb. 1932) 134
Taut, Bruno (1880–1938) 37, 57
Teige, Karel (1900–1951) 67, 92
Terentjew, Igor Gerassimowitsch (1892 bis 1941) 186
Trjaskin, N. A. 163, 165
Trotzkij, Leo (Lew Davidowitsch Bronstein; 1879–1940) 254, 257
Tschechonin, Sergei Wassiljewitsch (1878–1936) *132*
Tschupjatow, Leonid Terentjewitsch (1890–1941) 186
Tufanow, Alexandr Wassiljewitsch (1877–1941) 106, 107

Udalzowa, Nadeschda Andrejewna (1886–1961) 137, 214, 248, 251
Uecker, Günther (geb. 1930) 223
Uitz, Béla (1887–1972) 225
Ultvedt, Per Olof 25, 84
Umanski (Umanskij), Konstantin 37, 87, 91, 204, 208, 225, 227
Urban, Peter 103, 240

Wagner, Richard (1813–1883) 111, 154, 172, 173, 243
Wasjutin 164
Wesnin, Alexandr Alexandrowitsch (1883–1959) 77
Wesnin, Leonid Alexandrowitsch (1880–1933) 77
Wesnin, Viktor Alexandrowitsch (1882 bis 1950) 77
Westheim, Paul 57, 202
Wilenski, I. A. 164, 166
Wilson, Charles 240
Wolfe, Tom (geb. 1931) 205
Woloschin, Margarita 58
Wrona (Vrona), Iwan 163, 250, 251
Wrubel, Michail Alexandrowitsch (1856–1910) 243, 244
Wwedenski (Vvedenskij), Alexandr Iwanowitsch (1904–1941) 186, 194, 195
Wyscheslawzewa, Sofja Grigorjewna 101

Zander-Rudenstine, Angelica 151
Ziolkowski, Konstantin Eduardowitsch (1857–1935) 60, 255
Živanović, Stevan 89, 92
Zygas, Kestutis Paul 84, 183

Указатель имен

(Цифры, набранные курсивом, указывают на номер страницы с иллюстрацией.)

Алексич Драган (1901–1958) 317, 336–337
Альберти Леон Баттиста (1404–1472) 291
Альтман Натан Исаевич (1889–1970) 429, 465, 468
Андерсен Труельс 278, 311, 316, 440
Андерсен Ханс Кристиан (1805–1875) 397
Анненков Юрий Павлович (1889–1974) 411
Аполлинер Гийом (1880–1918) 360
Арватов Борис Игнатьевич (1896–1940) 339, 426
Аристотель 287
Ауд Якобус Йоханнес Питер (1890–1963) 292
Афанасьев Алексей Федорович (1850–1920) 353, 357, 369

Бажан Микола (Николай) Платонович (1904–1983) 398; *193*
Балла Джакомо (1871–1958) 366–367; *127*
Барт Виктор Сергеевич (1887–1954) 353, 354, 355; *113*
Баупесс Ален 457
Бахтерев Игорь Владимирович (р. 1908) 351
Бегичева Анна Алексеевна 327, 334, 396, 397
Бене Адольф 424
Бенедикт Курт 286
Бенуа Александр Николаевич (1870–1960) 384
Бердслей Обри Винсент (1872–1898) 427
Бердяев Николай Александрович (1874–1948) 290
Берли-Мотли Мэриэн 346
Блок Александр Александрович (1880–1921) 468
Блох Эрнст (1885–1977) 286
Богуславская Ксения Леонидовна (1892–1972) 437
Бонч-Томашевский Михаил Михайлович (1884–ок. 1920) 388
Боччони Умберто (1882–1916) 317, 366
Брак Жорж (1882–1963) 287, 363, 365, 432, 433; *122*
Брейгель Питер (1525/30–1569) 316
Бробю-Йохансен 333, 334
Бруни Лев Александрович (1894–1948) 428
Буйон Жан-Поль 358, 365
Бурлюк Давид Давидович (1882–1967) 284, 289, 354, 368, 456
Бучма Амвросий 395

Вагнер Рихард (1813–1883) 355, 461
Васютин 395
Введенский Александр Иванович (1904–1941) 411, 414
Веснин Александр Александрович (1883–1959) 326
Веснин Виктор Александрович (1882–1950) 77
Веснин Леонид Александрович (1880–1933) 77
Вестхайм Пауль 423
Виленский И. А. 395, 397
Врона Иван 394, 467
Врубель Михаил Александрович (1856–1910) 462
Вулф Том (р. 1931) 426
Вышеславцева Софья Григорьевна 348

Габо Наум (наст. имя Неемия Борисович Певзнер; 1890–1978) 294, 326, 334, 367, 423, 450–458; *232, 234, 235, 237*
Галилеи Галилео (1564–1642) 316
Ган Алексей Михайлович (1889–1940) 426
Гегель Георг Фридрих Вильгельм (1770–1831) 315
Герасимов Александр Михайлович (1881–1963) 465, 468
Гжицкий Владимир Зенонович 395–396
Глез Альбер (1881–1953) 286, 358
Глинка Михаил Иванович (1804–1857) 299, 380
Голл Иван (1891–1950) 340
Гонта М. 460
Гончарова Наталия Сергеевна (1881–1962) 353, 354, 355, 357, 368, 373, 376, 382
Горбачев Д. Е. 399
Горький Максим (наст. имя Алексей Максимович Пешков; 1868–1936) 467
Горюшкин-Сорокопудов Иван Силыч (1873–1954) 369
Грей Камилла 341, 437
Гройс Борис 426, 439
Грос (наст. фам. Эренфрид) Георг (1893–1959) 292, 336, 409, 411, 412, 474
Гуро (наст. фам. Нотенберг) Елена Генриховна (1877–1913) 287, 357

Данин Даниил 314
Деева И. С. 395, 397
Дейнека Александр Александрович (1899–1969) 372, 465, 468
Делоне Робер (1885–1941) 340
Деперо Фортунато (1892–1960) 366
Джеймсон Фредрик 479
Джуда Аннели 342
Довженко Александр Петрович (1894–1956) 398
Дуглас Шарлотта 290
Дымшиц-Толстая Софья Исааковна (1888–1963) 391, 465
Дюшан Марсель (1887–1968) 279, 472
Дягилев Сергей Павлович (1872–1929) 356

Евреинов Николай Николаевич 273
Ермолаева Вера Михайловна (1893–1938) 414

Жадова Лариса Алексеевна 287, 325, 333, 383, 401, 477
Жевержеев Левки Иванович (1881–1942) 436
Живанович Стеван 338
Жорж Вальдемар 426

Замятин Евгений Иванович (1884–1937) 296, 316, 467
Зданевич Кирилл Михайлович (1892–1970) 354
Зелинский Корнелий Люцианович (1896–1970) 297, 400, 472
Земпер Готфрид (1803–1879) 302
Зощенко Михаил Михайлович (1895–1958) 473
Зэндер-Руденстайн Анжелика 383

Изенберг Константин Васильевич (1859–1911) 379; *147*
Иогансон Карл Вальдемарович (ок. 1890–1929) 453
Исаков Сергей Константинович (1875–1953) 288, 290, 434, 435, 436, 437
Иттен Йоганнес (1888–1967) 317; *66*

Кандинский Василий Васильевич (1866–1944) 283, 315, 355, 373–374, 375
Капли-Яворовский Е. 395
Капп Эрнст 312–313
Кедров Михаил Николаевич (1894–1972) 388
Килмаркс Роберт 311
Клее Пауль (1879–1940) 315
Клуцис Густав Густавович (1895–1944) 455
Клюн (наст. фам. Клюнков) Иван Васильевич (1873–1942/43) 374, 377, 437
Ковтун Евгений Федорович 407, 437

Кожич Владимир Платонович 397
Комарденков Василий Петрович (1897–1973) 414, 456
Костин Владимир Иванович 298
Кошак Лайош (1887–1967) 445
Крлежа Мирослав (1893–1981) 315–316
Кросс Кристофер 333
Крученых Алексей Елисеевич (1886–1968) 354, 357, 432
Кузнецов Павел Варфоломеевич (1878–1968) 302; *51*
Кульбин Николай Иванович (1868–1917) 287, 316
Курбас Лесь 396, 397
Курбе Гюстав (1819–1877) 286
Кэмень Альфред (Дуруш; 1895–1945) 444, 445

Ладовский Николай Александрович (1881–1941) 326
Лапшин В. П. 456
Лапшин Николай Федорович (1888–1942) 348, 350; *161*
Ларенко П. 384
Ларионов Михаил Федорович (1881–1964) 286, 287, 301, 302, 339, 353–357, 368, 369, 370, 373, 375–376, 382, 403; *50, 109, 110, 112, 139*
Лебедев Владимир Васильевич (1891–1967) 411
Лебедев И. К. (Жан) 290
Лебедева Сарра Дмитриевна (1892–1967) *18*
Ле-Дантю Михаил Васильевич (1891–1917) 354, 356, 368; *113*
Ленин (наст. фам. Ульянов) Владимир Ильич (1870–1924) 279, 313
Лентулов Аристарх Васильевич (1882–1943) 374, 456
Леонардо да Винчи (1452–1519) 311, 461, 465, 472
Леонидов Иван Ильич (1902–1959) 326
Лефоконье Анри (1881–1946) 374
Лившиц Бенедикт Константинович (1886–1939) 316
Лилиенталь Отто (1848–1896) 311, 314
Линде Ульф 279, 332
Лисицкий Эль (наст. имя Лазар Маркович; 1890–1941) 293–295, 308, 318, 326, 333, 334, 338, 417–424, 425, 429, 457; *198*
Лифшиц Михаил 426, 429
Лоддер Кристина 428
Лозовик Луи (1892–1973) 334
Луначарский Анатолий Васильевич (1875–1933) 332, 468
Лунц Лев Натанович (1901–1924) 468

Маккалли Ньютон 384
Малевич Казимир Северинович (1878–1935) 276, 278, 283, 287, 290, 294, 338, 339, 353, 354, 356, 357, 368, 374, 375, 376, 377, 378, 385, 414, 417–426, 427, 430–437, 440, 443, 444, 455, 456, 466, 470–471, 473, 481; *40, 142, 215*
Мамонтов Яков Андреевич (1888–1940) 396
Мане Эдуар (1832–1883) 286
Маринетти Филиппо Томмазо (1876–1944) 318, 366
Марк Франц (1880–1916) 315
Марков Владимир Иванович (наст. имя Вальдемар Матвей; 1877–1914) 284–285, 290
Маркс Карл (1818–1883) 315, 479
Матисс Анри (1869–1954) 315, 382
Матюшин Михаил Васильевич (1861–1934) 287, 354, 374, 385, 428, 432, 434
Маяковский Владимир Владимирович (1897–1930) 273, 317, 385, 390, 396, 398, 461
Медунецкий Константин Константинович (1899–1934) 453
Мейерхольд Всеволод Эмильевич (1874–1940) 406, 462–463
Мельников Константин Степанович (1890–1974) 326
Метценже Жан (1883–1956) 286, 358, 374
Мештрович Иван (1883–1962) 336
Миклашевский Константин Михайлович 412
Милашевский Владимир 410–411
Милнер Джон 315, 316, 334, 335, 383

Митурич Петр Васильевич (1887–1956) 301, 392, 498; *49*
Мицич Любомир (1895–1971) 317–318, 337–339, 340
Мондриан Пит (1872–1944) 444
Моне Клод (1840–1926) 298
Моргунов Алексей Алексеевич (1884–1935) 354, 354, 426
Морозов Иван Абрамович (1871–1921) 360
Мохой-Надь Ласло (1895–1946) 444–449; *226*
Мусоргский Модест Петрович (1839–1881) 462
Мюллер Владимир Николаевич 368–387

Наппельбаум Моисей Соломонович (1869–1958) 414; *обложка*
Нестеров В. 384
Нетте Т. 398
Николай II. (1868–1918) 380
Нисбет Петер 457
Новицкий Павел Иванович (1888–1971) 394
Ньюмен Барнетт (1905–1970) 480

Ольбрих Х. 415
Осинин 381, 384
Островский Александр Николаевич (1823–1886) 386, 394, 406

Панофски Эрвин (1892–1968) 289
Парнах Валентин 340
Парнис Александр Ефимович 351
Певзнер Алексей Борисович 457
Певзнер Антуан (наст. имя Натан Борисович; 1886–1962) 291, 367, 451, 456, 457
Пейпер Дейв 324
Пестель Вера Ефимовна (1887–1952) 276, 354, 404; *174*
Петровский Дмитрий Васильевич (1892–1955) 460
Пикассо Пабло (1881–1973) 285, 286, 287, 290, 299, 301, 302, 344, 353, 358–365, 369, 412, 426, 430, 432, 433, 440; *121, 213*
Пиросмани Нико (Николай Асланович Пиросманашвили; 1862–1918) 356
Платон 287
Платонов Андрей Платонович (1899–1951) 473
Подгаевский Сергей 431, 436
Полянски Бранко Ве (наст. имя Бранислав Мицич; 1898–1940?) 338, 339
Попов Алексей Дмитриевич 388
Попова Любовь Сергеевна (1889–1924) 374, 375, 377, 426, 434
Порет Алиса Ивановна (1902–1984) 416
Пуни Иван Альбертович (Жан Пуни; 1894–1956) 377, 412, 437
Пуни Ксения 290
Пунин Николай Николаевич (1888–1953) 273, 279, 288, 290, 295, 305, 317, 319, 325, 332, 333, 334, 349, 350, 351, 361, 363, 371, 379, 392, 406, 407, 409, 411, 412, 423, 427, 429, 436, 445, 446, 453, 455, 466, 468
Пушкин Александр Сергеевич (1799–1837) 462, 463, 476

Радлов Николай Эрнестович (1889–1942) 289
Разин Степан Тимофеевич (ок. 1630–1671) 388
Ракитин Василий 456
Рафаель (1483–1520) 336
Рахтанов Исай Аркадьевич (1907–1979) 400
Рескин Джон (1819–1900) 302
Ржаницын А. 395
Рид Герберт 456
Рид Джон 456
Роговин Николай Ефимович 354, 357
Рогожин Н. Н. 306; *46*
Роден Огюст (1840–1917) 279, 336
Родченко Александр Михайлович (1891–1956) 283, 289, 292–293, 296–297, 318, 403, 410, 425–429, 445, 453, 455, 470
Розанова Ольга Владимировна (1886–1918) 374, 427
Ройтер Джим 324
Ромен Жюль (1885–1972) 394, 397
Роуэлл Маргит 287, 290, 383, 401–402, 437
Рубин Уильям 363

Рылов Аркадий Александрович (1870–1939) 412

Сабо Юлия 337, 340
Сагайдачный Евгений Яковлевич 395–396, 397
Сайссель/Клек Иосип Ио 339
Сальмина-Хаскел Лариса 383
Сандберг Виллем (1897–1984) 278
Сандрар Блэз (1887–1961) 340
Сарабьянов Дмитрий Владимирович 305–306, 379, 381, 383, 444
Сезанн Поль (1839–1906) 286, 361
Сейферт Ярослав (1901–1986) 317
Сельвинский Илья Львович (1899–1968) 468
Семенко Михаил Васильевич (1892–1937) 398, 414; *193*
Семенов Борис 412
Сергель Сергей 406, 414; *180*
Сефор Мишель 354
Ситроен Поль (1897–1983) 444
Смирнов Н. 429
Снуффер Бен 324, 329
Сологуб (наст. фам. Тетерников) Федор Кузьмич (1863–1927) 406
Соломарский А. И. 395, 398
Сотников Алексей Георгиевич (1904–1988) 300; *47*
Сталин (наст. фам. Джугашвили) Иосиф Виссарионович (1879–1953) 426, 474
Стенберг Владимир Августович (1899–1982) 451, 456
Стенберг Георгий Августович (1900–1933) 453
Стригалев Анатолий Анатольевич 278, 289, 316, 333, 334, 365, 383, 402, 439–440, 477
Стучебрюков Б. Д. 477–478; *263*
Сухово-Кобылин Александр Васильевич (1817–1903) 387
Сыркина Флора Яковлевна 399, 405

Тарабукин Николай Михайлович (1899–1956) 471
Тарковский Андрей Арсеньевич (р. 1932) 372
Таут Бруно (1880–1938) 292
Тейге Карел (1900–1951) 318, 340
Терентьев Игорь Герасимович (1892–1941) 411
Троцкий (наст. фам. Бронштейн) Лев Давидович (1879–1940) 471
Тряскин Н. А. 394, 396
Туфанов Александр Васильевич (1877–1941) 350, 352

Удальцова Надежда Андреевна (1886–1961) 374, 434, 465
Уилсон Чарльз 458
Уитц Бела (1887–1972) 445
Уйдобро Висенте (1893–1948) 340
Ультвед Пер Улоф 279, 332
Уманский Константин 292, 336, 339, 425, 445, 446

Филонов Павел Николаевич (1883–1941) 283, 287, 374, 376, 385, 402; *140*
Флоренский Павел Александрович (1882–1943?) 311–312
Флэйвин Дэн (р. 1933) 479–484; *269*
Фон-Визин, Артур Владимирович (1882–1973) 353
Фонтана Лючио (1899–1968) 377
Франко Иван Яковлевич (1856–1916) 398
Фурцева Екатерина 280

Хапаев Николай Алексеевич (1896–?) 351
Харджиев Николай Иванович 433, 437, 463
Хармс (наст. фам. Ювачев) Даниил Иванович (1905–1942) 275, 400, 410–415, 428, 473
Хартфильд Джон (наст. имя Хельмут Херцфельд; 1891–1968) 292, 336, 411, 474
Хаусман Рауль (1886–1971) 292, 336, 411; *187, 188*
Хёх Ханна *188*
Хлебников Велимир (наст. имя Виктор Владимирович; 1885–1922) 273, 280, 304–305, 348–352, 354, 357, 371, 389–393, 394, 403, 409, 426, 455, 461, 463, 472; *245*
Ходасевич Валентина Михайловна (1894–1970) 275, 276, 456
Холодная М. П. 396

Цезарец Август (1893–1941) 339–340
Циолковский Константин Эдуардович (1857–1935) 311, 472

Чаплин Чарльз (1889–1977) 318
Честер Джофф 334
Чехонин Сергей Васильевич (1878–1936) *132*
Чок Мартин 280; *95, 97, 98*
Чупятов Леонид Терентьевич (1890–1941) 411

Шагал Марк (1887–1985) 374
Шапиро Тевель Маркович (1898–?) 278, 279, 325–326, 331, 332, 333, 334
Швиттерс Курт (1887–1948) 428, 444
Шевченко Александр Васильевич (1883–1948) 353, 354, 368, 376, 383
Шевченко Тарас Григорьевич (1814–1861) 398
Шиссер Эд 324, 327
Шкловский Виктор Борисович (1893–1984) 300, 309, 316–317, 333, 334
Шкляев Валентин 396
Шкляр Н. Г. (1876–1952) 397
Школьник Иосиф Соломонович (1883–1926) 385
Шкурупи Гео 398; *193*
Штеренберг Давид Петрович (1881–1948) 429

Щукин Сергей Иванович (1854–1936) 289, 301, 359, 360, 432, 451

Эйнштейн Альберт (1879–1955) 295
Эйнштейн Карл (1885–1940) 285
Экстер Александра Александровна (1882–1949) 374
Энгельс Фридрих (1820–1895) 315, 479
Эренбург Илья Григорьевич (1891–1967) 273, 293, 316, 318, 333, 334, 337, 338, 405, 419–421, 424, 425
Эфрос Абрам Маркович 273, 409

Юдин Лев Александрович (1903–1941) 414
Юккер Гюнтер (р. 1930) 442

Якубинский Лев Петрович (1892–1945) 350
Якулов Георгий Богданович (1882–1928) 451, 456, 465
Яновский (псевд. Юрченко) Юрий Иванович 398

Dank des Verlags

Der DuMont Buchverlag möchte allen danken, die die deutsch-russischen und englisch-russischen Übersetzungen durch die Bereitstellung verschiedener russischer Quellen, die von den Beiträgern in deutscher oder englischer Übersetzung zitiert wurden, sehr befördert haben. Besonderer Dank geht an Frau Patricia Railing, Artists Bookworks, die Nikolai Punins Texte »Tatlin (Gegen den Kubismus)« und »Das Denkmal der Dritten Internationale« in russischer Sprache zur Verfügung stellte, und an den Verlag Corvina, Budapest, der uns die im folgenden genannten Teile des russischen Manuskripts der von Larissa Shadowa herausgegebenen, 1984 in ungarischer, 1987 (Kunstverlag Weingarten) in deutscher und 1988 (Rizzoli sowie Thames und Hudson) in englischer Sprache erschienenen Tatlinmonographie überließ: Dmitri Sarabjanow, »Die Malerei Tatlins«; Flora Syrkina, »Das Theater Tatlins«; Wladimir Tatlin, »Unsere bevorstehende Aufgabe«, »Über ›Sangesi‹«, »Rechenschaftsbericht über die Forschungsarbeit im Jahre 1924«, »Lebenslauf«, »Der Künstler als Organisator der Lebensweise«, »Das Verhältnis zwischen Mensch und Gegenstand«, »Kunst in die Technik!«; Korneli Selinski, »Letatlin« (Auszug); Issai Rachtanow, »Letatlin – das Luftfahrrad« (Auszug). Ferner dankt der Verlag Frau Maria Christina Zopff und Herrn Kai-Uwe Hemken, die bei Literaturrecherchen behilflich waren.